Berekoven/Eckert/Ellenrieder · Marktforschung

W0033960

Ludwig Berekoven
Werner Eckert
Peter Ellenrieder

Marktforschung

Methodische Grundlagen
und praktische Anwendung

8., überarbeitete Auflage

GABLER

Prof. Dr. Ludwig Berekoven war Inhaber des Lehrstuhls für Marketing, Internationales Marketing und Handel an der Universität Erlangen-Nürnberg.

Prof. Dr. Werner Eckert ist Professor für Betriebswirtschaftslehre und Internationales Marketing an der Fachhochschule Regensburg.

Dr. Peter Ellenrieder ist Inhaber eines mittelständischen Unternehmens.

Die Deutsche Bibliothek – CIP-Einheitsaufnahme

Berekoven, Ludwig:
Marktforschung : methodische Grundlagen und praktische
Anwendung / Ludwig Berekoven ; Werner Eckert ; Peter
Ellenrieder. – 8., überarb. Aufl. – Wiesbaden : Gabler, 1999
 ISBN 3-409-36989-9

1. Auflage 1977
2. Auflage 1986
3. Auflage 1987
4. Auflage 1989
5. Auflage 1991
6. Auflage 1993
7. Auflage 1996
8. Auflage 1999
Nachdruck 2000

Der Gabler Verlag ist ein Unternehmen der Fachverlagsgruppe BertelsmannSpringer.

© Betriebswirtschaftlicher Verlag Dr. Th. Gabler GmbH, Wiesbaden 1999
Lektorat: Barbara Roscher

Das Werk einschließlich aller seiner Teile ist urheberrechtlich geschützt. Jede Verwertung außerhalb der engen Grenzen des Urheberrechtsgesetzes ist ohne Zustimmung des Verlags unzulässig und strafbar. Das gilt insbesondere für Vervielfältigungen, Übersetzungen, Mikroverfilmungen und die Einspeicherung und Verarbeitung in elektronischen Systemen.

www.gabler.de

Höchste inhaltliche und technische Qualität unserer Produkte ist unser Ziel. Bei der Produktion und Verbreitung unserer Bücher wollen wir die Umwelt schonen: Dieses Buch ist auf säurefreiem und chlorfrei gebleichtem Papier gedruckt. Die Einschweißfolie besteht aus Polyäthylen und damit aus organischen Grundstoffen, die weder bei der Herstellung noch bei der Verbrennung Schadstoffe freisetzen.

Die Wiedergabe von Gebrauchsnamen, Handelsnamen, Warenbezeichnungen usw. in diesem Werk berechtigt auch ohne besondere Kennzeichnung nicht zu der Annahme, daß solche Namen im Sinne der Warenzeichen- und Markenschutz-Gesetzgebung als frei zu betrachten wären und daher von jedermann benutzt werden dürften.

Umschlaggestaltung: Schrimpf und Partner, Wiesbaden
Satz: Fotosatz L. Huhn, Maintal
Druck und Bindung: Wilhelm & Adam, Heusenstamm
Printed in Germany

ISBN 3-409-36989-9

Vorwort

Das vorliegende Werk entstand seinerzeit aus dem Bedürfnis nach einem modernen Lehrbuch, das Studierenden und Wirtschaftspraktikern eine geschlossene, alle wesentliche Aspekte der Marktforschung umfassende Darstellung bietet. Es sollte in die Lage versetzen, konkrete Aufgabenstellungen zu erarbeiten und erfolgreich zu lösen. Deshalb wurde auf Systematik und Verständlichkeit besonderer Wert gelegt und auch versucht, unter Verzicht auf Nebensächliches gleichsam das zentrale, gesicherte Wissen darzulegen.

Aufgrund der vielfach attestierten besonderen Eignung zu Lehr- und Lernzwecken ist das Buch inzwischen zum Standardwerk der Marktforschung geworden.

Die vorausgegangene Auflage wurde 1996 vollständig überarbeitet und erweitert, deshalb bedurfte diese nun vorliegende achte Auflage im wesentlichen der Aktualisierung und einiger Ergänzungen. Wo immer möglich erfolgte eine Bezugnahme auf die Ausgangs-Fragestellungen im Marketing. Darüber hinaus sollte auch durchgängig erkennbar sein, wo die Marktforschung an ihre theoretischen und praktischen Grenzen stößt, denn diese Einsicht sollte der Leser tunlichst nicht erst in der Praxis gewinnen müssen.

Die Arbeit ist in sechs große Abschnitte gegliedert:

Teil 1 enthält grundlegende Ausführungen über Bedeutung, Struktur und Steuerung der Informationsprozesse im Absatzbereich sowie die maßgebendsten Gesichtspunkte zur Informationsgewinnung und zur Datenmessung.

Teil 2 umfaßt die zahlreichen, in der Praxis zur Anwendung gelangenden Marktforschungs-Instrumente, deren Anlage und Wirkungsweise im einzelnen erläutert werden.

Teil 3 ist der Datenauswertung gewidmet, angefangen bei den einfachen statistischen Analysen bis hin zu den komplizierteren Verfahren. Hierbei wurde auf eine verständliche und mit Beispielen der Marktforschungspraxis angereicherte Darstellung Wert gelegt. Vollständigkeit konnte dabei nicht das Ziel sein; wer diese sucht, muß auf die umfangreiche Statistikliteratur zurückgreifen. Es fragt sich inzwischen ohnehin, ob das Verständnis für Marktforschung durch die Darstellung der Rechenverfahren wesentlich gefördert wird, oder ob es nicht ausreicht, über deren Anwendungsmöglichkeiten und -grenzen informiert zu sein. Die Entwicklung in der Praxis deutet jedenfalls auf eine stärkere Arbeitsteilung zwischen Marktforschern und Statistikern (bzw. deren EDV-Programmen) hin.

Teil 4 befaßt sich mit ausgewählten Fragestellungen im Marketing (Marktsegmentierung/Prognosen/Präferenz-/Markenwert-/Konkurrenzforschung) und zeigt auf, welche problemorientierten Lösungen die Marktforschung bieten kann.

Teil 5 liegt eine andere Sichtweise zu Grunde. Marktforschung erfolgt ja nicht nur aus Herstellersicht für Konsumgüter (-Marken), sondern erstreckt sich auch auf andere Wirtschaftsbereiche. Deshalb werden in diesem Teil die Besonderheiten beispielhaft und gestrafft anhand des gewerblichen Bedarfs, des Einzelhandels und der internationalen Marktforschung dargestellt.

Bewußt breiter Raum wurde der angewandten Marktforschung in Teil 6 gewidmet. Die praktische Umsetzung des gebotenen Stoffes erfolgt in der Form, daß an einem Beispiel aus dem Fruchtsaftmarkt – beginnend mit der Entwicklung der Produktidee über die Produktentwicklung bis hin zur nationalen Einführung – die wesentlichen Marktforschungsinstrumente anwendungsbezogen vorgestellt werden. So wird am klarsten erkennbar, in welchem Zusammenhang und in welcher Abfolge die verschiedenen Überlegungen anzustellen sind. Der Leser kann so das Gelesene bzw. Gelernte rekapitulieren. Eine solche Darstellung erschließt nach aller Erfahrung das Verständnis für die Einsatzmöglichkeiten des Marktforschungs-Instrumentariums ganz außerordentlich.

Mein besonderer Dank gilt Herrn Dr. Raimund Wildner für seine kritische Durchsicht sowie für so manche wertvolle Anregung und Ergänzung insbesondere im statistischen Teil.

Nürnberg   L. BEREKOVEN

Inhaltsverzeichnis

Zweiter Teil

Marktforschungsinstrumente der Praxis 91

A. Erhebungsverfahren der Ad-hoc-Forschung 93

Dritter Teil

Auswertung der erhobenen Daten

Vierter Teil

Marktforschung bei ausgewählten Problemstellungen

Sechster Teil

Von der Produktidee zur Markteinführung – Der Einsatz der Marktforschung am praktischen Fallbeispiel   327

Erster Teil

Informationen –
Bedarf, Quellen, Messung

A. Die Rolle der Information im Marketing

1. Information und Entscheidung

1.1 Der Begriff „Information"

Jede Entscheidung in einem Unternehmen ist – unabhängig von der Ebene, auf der sie gefällt wird und unabhängig von der Bindungsdauer, die sie beinhaltet – eng mit dem Konstrukt „Information" verknüpft, da Informationen die wesentlichsten Grundlagen unternehmerischer Entscheidungen darstellen. Dieser Zusammenhang soll im folgenden näher betrachtet werden.

Es erweist sich als zweckmäßig, bei der Erläuterung des Informationsbegriffes von den elementaren Begriffen „Signal", „Nachricht" und „Kommunikation" auszugehen.

Signale (Zeichen) sind wahrnehmbare Reize (Laute, Schriftzeichen, elektrische Wellen) mit geistigen Inhalten.

Nachrichten sind sinnvolle Kombinationen von Signalen.

Als **Informationen** gelten Nachrichten, die für den Empfänger neu, also bisher unbekannt sind. In Kurzform bezeichnet bieten Informationen also zweckorientiertes Wissen oder zweckbezogene Nachrichten.

Als **Kommunikation i.e.S.** bezeichnet man den Vorgang der Nachrichten- bzw. Informationsübermittlung. Modellhaft läßt sich der Kommunikationsprozeß wie folgt darstellen:

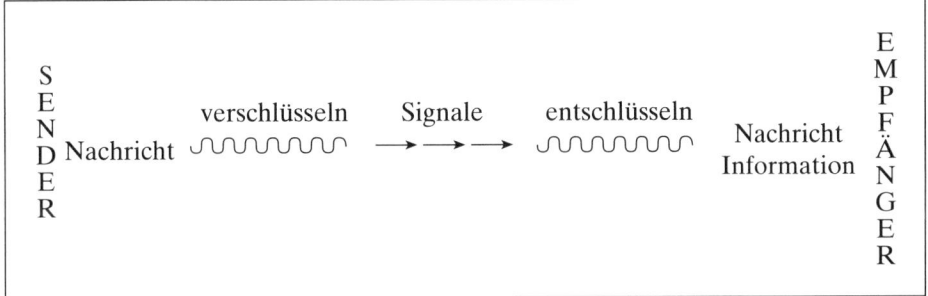

Abbildung 1: Grundmodell des Kommunikationsvorganges i.e.S.

Betrachtet man zunächst den Sender, so werden hier die Bedeutungsinhalte der ausgehenden Nachrichten in Signale umgesetzt (verschlüsselt). Nach Ankunft beim Empfänger werden diese wieder in Nachrichten mit gleichen Bedeutungsinhalten transformiert (entschlüsselt). Waren diese Nachrichten dem Empfänger bisher unbekannt, handelt es sich für ihn um Informationen, waren sie es nicht, sind sie im Grunde Wiederholungen und daher überflüssig (= **redundant**). Es wird hier also deutlich, daß ein zweimaliger Umsetzungsvorgang mit dazwischenliegender Signalübermittlung stattfindet.

Der **Kommunikationsprozeß** i.w.S. umfaßt nicht nur die Übermittlung von Informationen, sondern eine Reihe andersartiger Operationen. Im einzelnen sind dies:

- Auswahl,

- Beschaffung (Erhebung),

- Übermittlung,

- Verarbeitung,

- Speicherung,

- Verwertung

von Informationen.

Oft treten beim Kommunikationsprozeß Störungen auf, die den originären Informationsgehalt beeinträchtigen, wobei menschliches Verhalten einen bedeutenden potentiellen Störfaktor darstellt. Die möglichen Fehlerquellen können hier nur beispielhaft skizziert werden. Dies geschieht zweckmäßigerweise, indem man sich die einzelnen Phasen des Kommunikationsprozesses vergegenwärtigt und sie auf potentielle Fehlerquellen hin untersucht, wie die Abbildung 2 zeigt.

1.2   Der Entscheidungsprozeß

Informationen bilden die Basis für die Steuerung des Unternehmensgeschehens, das aus einer Vielzahl interdependenter Aktivitäten besteht. Unternehmensführung kann, entsprechend abstrahiert, als ein fortwährendes Treffen von Entscheidungen angesehen werden.

Prozeßphase	Mögliche Fehlerquellen
Beschaffung	Der Sender hat bewußt oder unbewußt Informationen vorenthalten oder verfälscht.
Erhebung	Der Sender hat eine unzureichende, nicht problemgerechte Erhebungsmethode angewendet.
Übermittlung	Der Kommunikationskanal weist Mängel auf. Der Sender hat die Nachrichten so verschlüsselt, daß sie der Empfänger nicht oder anders versteht.
Verarbeitung	Der Empfänger entschlüsselt die Nachricht falsch. Der Empfänger nimmt die Informationen nicht richtig auf.
Speicherung	Der Empfänger begreift die Information nicht richtig. Der Empfänger speichert die Informationen am falschen Ort und/oder auf falsche Weise. Der Empfänger vergißt die Information.
Verwertung	Der Empfänger interpretiert die Information falsch. Der Empfänger zieht aus der Information falsche Schlüsse. Der Empfänger wendet die Information auf falsche Weise an.

Abbildung 2: Mögliche Fehlerquellen im Informationsprozeß

Entscheidungsprozesse im allgemeinen und so auch im Marketing laufen idealtypisch betrachtet in folgenden fünf Hauptphasen ab:

- Erkennung und Definition des Problems
- Entwicklung von Lösungsalternativen
- Bewertung und Entscheidung für eine Lösungsalternative

  Planung (und Entscheidung i.e.S.)

- Realisierung der Lösungsalternative

  Organisation

- Überprüfung des Lösungserfolgs

  Kontrolle

Jede einzelne dieser Phasen setzt in der Regel eine Fülle von Informationen voraus, die entweder aus der jeweils vorhergehenden Phase resultieren oder zusätzlich gewonnen werden müssen.

Unter Informationsgesichtspunkten ist die dritte Prozeßphase von besonderem Interesse, da sich hier die eigentliche Entscheidung abspielt, weshalb diese Phase oft auch als Entscheidungsprozeß im engeren Sinne bezeichnet wird. Hier müssen die Entscheidungsträger verschiedene Lösungsalternativen im Hinblick auf ihren Beitrag zur Zielerreichung bewerten und die optimale Alternative auswählen.

1.2.1 Planung

Ausgangspunkt eines jeden Entscheidungsprozesses ist eine zu lösende Aufgabe. Der Anstoß hierzu kann von verschiedenen Seiten kommen. So ist es beispielsweise denkbar, daß vordergründig keine Probleme zur Lösung anstehen. Darüber darf allerdings nicht verkannt werden, daß eine wesentliche Aufgabe des Marketing ein ständiges Suchen und Erkennen von Chancen, die z.B. in neuen Produkten oder Märkten liegen, ist. Für schon so manches blühende Unternehmen, das die Entwicklung „verschlafen" hat, gab es eines Tages ein böses Erwachen. Die Problemstellung kann sich aber auch dadurch ergeben, daß die gesteckten Ziele nicht erreicht wurden und die Diskrepanz zwischen Soll und Ist durch entsprechende Anpassungsmaßnahmen überwunden werden muß.

Das erkannte **Problem** muß nun analysiert und definiert werden. Dazu bedarf es der gründlichen Untersuchung der unternehmensinternen Gegebenheiten und Möglichkeiten sowie der relevanten externen Daten. An diese Informationen über vergangene und gegenwärtige Verhältnisse schließt sich die Frage an, wie sich diese Rahmenbedingungen in Zukunft entwickeln werden. Die durch Prognosen zu gewinnenden Informationen sind naturgemäß mit entsprechenden Unsicherheiten belastet.

Nachdem über die Rahmenbedingungen Klarheit herrscht, können **Entscheidungen** über die Unternehmenspolitik getroffen werden. Inhalt der Unternehmenspolitik ist zunächst die Festlegung von Unternehmenszielen, die unter diesen Bedingungen realistischerweise angestrebt werden können. In Abstimmung mit der Zielfixierung wird anschließend die Entscheidung über die Unternehmensstrategie, d.h. der Mittel und Wege zur Zielerreichung, gefällt. Dazu bedarf es zunächst betrieblicher Informationen über die Einsatzmöglichkeiten der unternehmenspolitischen Aktionsparameter.

Aus der Vielzahl dieser Instrumente sind **Handlungsalternativen** zu entwickeln, die eine Erreichung der gesetzten Ziele ermöglichen. Die einzelnen Alternativen werden bewertet, und die zieloptimale Alternative wird ausgewählt. Dies stellt die eigentliche Entscheidung dar. Zur Bewertung der Alternativen müssen die Wirkungen der einzelnen Alternativen prognostiziert werden. Notwendige Voraussetzung hierzu sind Informationen über den Markt, die Struktur und das Verhalten der Marktpartner in Abhängigkeit der eingesetzten Unternehmensstrategien. In Abbildung 3 sind die wichtigsten für die Unternehmensplanung relevanten Informationsbereiche aufgegliedert.

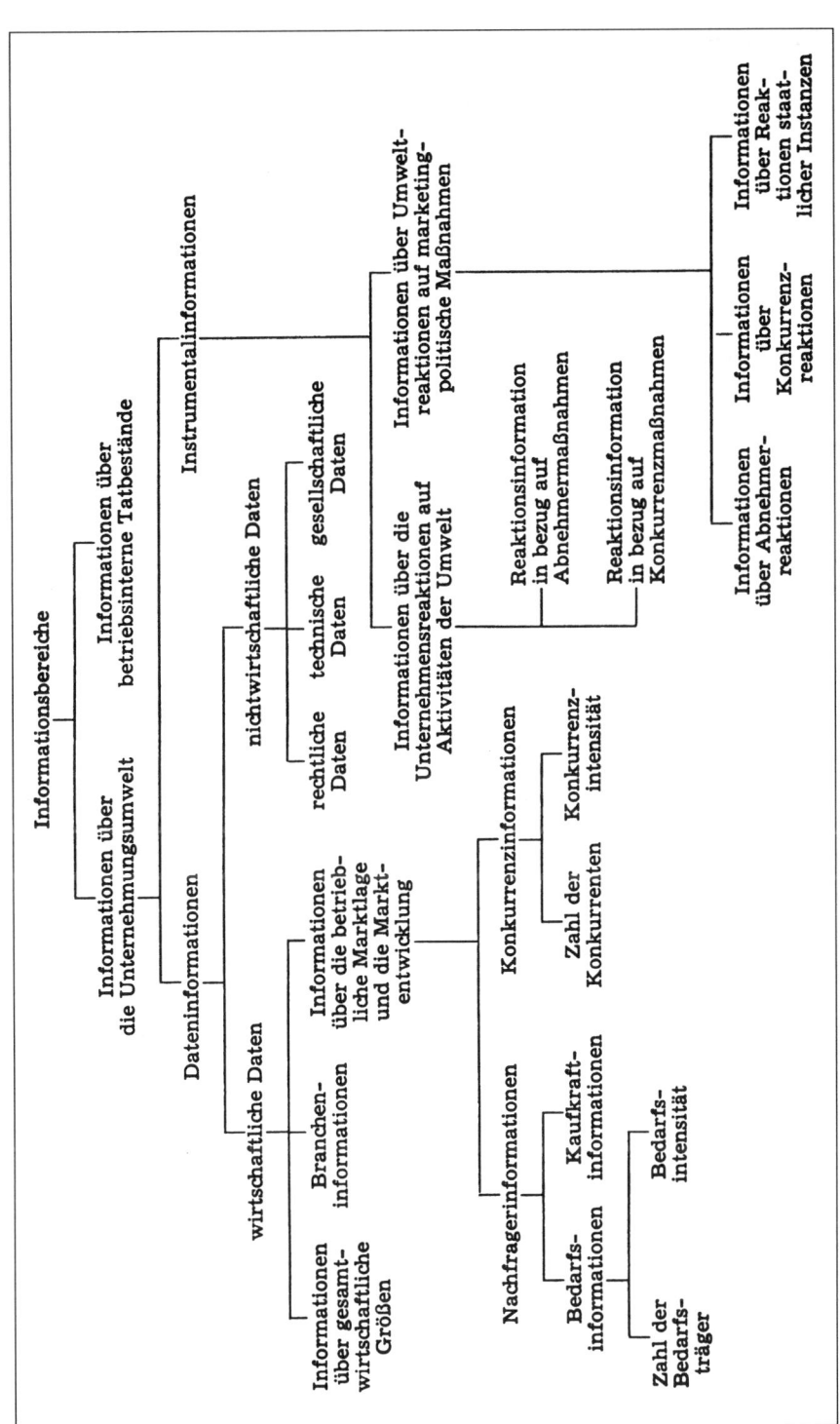

Abbildung 3: Informationsbereiche

Quelle: J. Bidlingmaier, Marketing, Bd. 1, 10. Aufl., Opladen 1983, S. 35

1.2.2 Organisation

In dieser Phase geht es um die Realisierung der aufgestellten Unternehmenspläne. Dazu bedarf es einer strukturellen Ordnung, innerhalb der die Durchführung der konkreten Maßnahmen erfolgt. Die logische Strukturierung geht in folgenden Schritten vor sich:

 Beschreibung der Gesamtaufgabe,

 Analyse der Gesamtaufgabe in Teilaufgaben,

 Zuordnung der Teilaufgaben an Aufgabenträger einschließlich der Zuweisung von Kompetenz und Verantwortung,

 Synthese, d.h. Ordnung der Beziehung zwischen den einzelnen Aufgabenträgern zum Zwecke der Koordination der einzelnen Marketingmaßnahmen.

In der Praxis werden die hier formal dargestellten Organisationsaufgaben durchaus unterschiedlich gelöst. Innerhalb der für längere Zeit gewählten Organisationsstruktur werden nun jeweils die geplanten Maßnahmen realisiert.

1.2.3 Kontrolle

Aufgabe der Kontrolle ist es, den Grad der Zielerreichung zu überprüfen. Als **Soll-Ist-Vergleich** ist sie ein unabdingbares Korrelat zu jeder Planung. Die Kontrolle beschränkt sich aber nicht nur auf Erfolgsmessung von Entscheidungen, sondern umfaßt auch die Erforschung der Ursachen von **Soll-Ist-Abweichungen** und ist somit im Rahmen des gesamten Entscheidungsprozesses wiederum Ausgangspunkt der Planung. Die Kontrolle setzt Informationen über die geplanten (Soll-Werte) und erzielten Ergebnisse (Ist-Werte) voraus. Diese Informationen werden vielfach in Form sogenannter Kennzahlen (z.B. return on investment, Umsätze nach Artikel- oder Kunden-Gruppen) ermittelt. Darüber hinaus werden auch Informationen über die Ursachen von Soll-Ist-Abweichungen benötigt.

Aus den bisherigen Überlegungen geht hervor, daß Informationen im Entscheidungsprozeß eine zentrale Stellung einnehmen. Die Zusammenhänge zwischen Entscheidung und Information werden in der folgenden Abbildung 4 beispielhaft anhand des Informationsbedarfs im Marketing-Entscheidungsprozeß veranschaulicht. Auf der linken Seite der Abbildung wird zunächst der Informationsbedarf in den einzelnen Phasen des Entscheidungsprozesses aufgezeigt, auf der rechten Seite wird der Inhalt je einer langfristigen und kurzfristigen Entscheidung an Beispielen verdeutlicht.

Marketingentscheidungsprozeß	Informationsbedarf	Beispiel langfristiger Überlegungen	Beispiel kurzfristiger Überlegungen
Planung Problemerkennung, Problemanalyse, Problemdefinition	Informationen über das zu lösende Problem, Problemursachen und Nebenbedingungen	Umsatzstagnation eines Produktes infolge Marktsättigung	Umsatzverlust bei Produkt X infolge Niedrigpreispolitik eines Konkurrenten
Zielfixierung	Informationen über die unternehmensinternen und -externen Daten und ihre zukünftige Entwicklung	Marktposition soll jedenfalls gehalten, möglichst aber verbessert werden	Abwehr der Konkurrenz, möglichst Rückgewinnung der verlorenen Marktanteile
Entwicklung von Handlungsalternativen	Informationen über die Verfügbarkeit und Kosten unterschiedlicher Marketinginstrumente bzw. Instrumentalkombinationen	Erschließung neuer Verwenderkreise oder neuer Absatzwege oder intensivere Bearbeitung der Altkunden	Sonderangebote mit Kampfpreisen oder verstärkte Promotion
Bewertung und Auswahl der optimalen Handlungsalternative	Informationen über den mutmaßlichen Erfolg der einzelnen Alternativen hinsichtlich der Erreichung der Ziele (einschl. Entscheidungskriterien)	Entscheidung für die Erschließung neuer Absatzmittler	Entscheidung für verstärkte Promotion
Organisation Analyse der zu realisierenden Marketingaufgaben	Informationen über Art und Umfang der zu lösenden Aufgaben	Bearbeitung aller Verbrauchermärkte	Promotion bei ca. 500 A-Kunden innerhalb 2 Wochen mit Besuch und Verteilung von Display-Material
Aufgaben- und Kompetenzverteilung sowie Koordination der Marketing-Maßnahmen	Informationen über die Einsetzbarkeit der Personen- und Sachmittelkombinationen, ihre Leistungsfähigkeit und Wirkung	Einteilung, Einweisung und Ausrüstung der Außendienstmitarbeiter	Einteilung, Einweisung und Ausrüstung der Verkaufshelfer und Verteilung von Display-Material
Kontrolle Soll-Ist-Vergleich	Information über die erzielten Ergebnisse (Ist-Werte), Informationen über die plangemäße Durchführung	Kontrolle der Bearbeitung Kontrolle des Umsatzes und der Kosten	Überwachung des zeitlichen Einsatzes Kontrolle der Umsatzentwicklung und der Kosten
Ursachenforschung	Informationen über die Ursachen der Soll-Ist-Abweichungen	Kooperationsbereitschaft der Verbrauchermarktunternehmen überschätzt	Störmaßnahmen der Konkurrenz

Abbildung 4: Informationsbedarf im Marketing-Entscheidungsprozeß

1.3 Die Bewertung von Informationen

In der Regel können um so bessere Entscheidungen getroffen werden, je geeigneter die verfügbare Informationsgrundlage ist. Um dabei die Qualität und den Nutzen von Informationen beurteilen zu können, sind Bewertungsmaßstäbe notwendig. Hieraus lassen sich dann wiederum Anhaltspunkte für die konkrete Auswahl angemessener Informationen gewinnen.

Im Prinzip sind zwei Aspekte für die Bewertung entscheidend. Im Vordergrund steht die **Qualität** der Information, einmal beurteilt nach objektiven Meßkriterien, zum anderen aber natürlich auch daran, wie nützlich sie zur Deckung des spezifischen Informationsbedarfs ist.

Insoweit Informationen etwas kosten – und das ist in der Marktforschung die Regel – stellt sich natürlich auch das Problem der Bewertung unter **ökonomischem** Aspekt, d.h., der Aufwand für eine Information muß unter Abwägung der Kosten-Nutzen-Relation erfolgen.

1.3.1 Qualitative Bewertungskriterien

Die folgenden Kriterien dienen sowohl als Bewertungsraster für schon vorliegende Informationen als auch als Anforderungsprofil für notwendige, noch zu beschaffende Informationen.

(1) Nützlichkeit

Im allgemeinsten Sinne bemißt sich der Wert von Informationen danach, wie nützlich das gewonnene Wissen für den Empfänger ist. So wie etwa bei Gegenständen aus bestimmten (technischen) Eigenschaften Nützlichkeiten, d.h. (Teil-)Qualitäten erwachsen, so gewinnen Zahlen oder Fakten ihren Wert dann bzw. dadurch, daß sie etwa als Entscheidungsgrundlage dienen können. Wie hoch dieser Wert im einzelnen eingeschätzt wird, ist Gegenstand von Nutzen-Kosten-Abwägungen, die im Abschnitt 1.3.2 zur Sprache kommen.

(2) Vollständigkeit

Verknüpft mit der Frage, welche verschiedenen Arten von Informationen gewonnen werden sollen ist die Forderung nach Vollständigkeit. Die Informationsgrundlage ist unvollständig, wenn Teile des entscheidungsnotwendigen Wissens fehlen. Worin im gegebenen Fall „Vollständigkeit" besteht, bestimmt sich aus dem Sachverstand des Entscheidungsträgers. Was man eigentlich wissen müßte, um ein Problem zu lösen, ist dabei oft garnicht so leicht zu beantworten, wie es Außenstehenden erscheinen mag. Wichtig ist dabei vor allen, daß keine „entscheidenden

Aspekte" übersehen bzw. vernachlässigt werden. Das ist ein zwar zutreffender, aber eben sehr allgemeiner Rat. Es müssen also m.a.W. die einschlägigen Informationen im Hinblick auf ihre evtl. unterschiedliche Bedeutung hin beurteilt werden (können); auf unbedeutendere könnte u.U. zu Lasten der Vollständigkeit z.B. verzichtet werden.

(3) Aktualität

Die Aktualität ist ein weiteres Qualitätskriterium. Informationen sind i.d.R. um so wertvoller, je neueren Datums sie sind. Wenn auf ältere zurückgegriffen wird bzw. werden muß (vgl. z.B. back-data-Infos) macht das nur Sinn, wenn mittlerweile keine „entscheidenden" Veränderungen erfolgten. Das läßt sich oft nur mutmaßen, in günstiger gelagerten Fällen kann man anhand von Vergangenheits-Entwicklungsdaten zumindest begründeter abschätzen, in welchem Rahmen sich Veränderungen inzwischen bewegt haben könnten.

Klar ist ferner, daß die Aktualität dort höchste Priorität besitzt, wo auf kurzfristige Veränderungen kurzfristig reagiert werden muß, wie das etwa in der Preispolitik der Fall sein kann. Je schneller also in den Märkten Aktionen und Reaktionen erfolgen, um so stärker wird der Bedarf an aktuellsten Informationen, die ihrerseits natürlich wieder die Änderungen beschleunigen. Entsprechend wächst z.B. der Druck auf die Marktforschungs-Institute, die Zeit zwischen ihren Markterhebungen und der Ergebnisbereitstellung zu verkürzen. Die Gefahr, daß „Aktualität" dabei zu einem (u.U. kostspieligen) Selbstzweck wird, mittels der lediglich die Neugier befriedigt wird, ist überall dort gegeben, wo solche Informationen dann erst einmal in die Schublade wandern, daraus also keine unmittelbaren Entscheidungen abgeleitet werden (können).

(4) Wahrheit

Richtige Entscheidungen hängen maßgebend davon ab, daß die zu Grund liegenden Informationen zutreffend sind, also den tatsächlichen Sachverhalten entsprechen. Konkret stellen sich also etwa folgende Fragen: Stimmen die Marktberichte des Außendienstes ... die Verlautbarungen über die Konkurrenz.... die Untersuchungsergebnisse des Marktforschungs-Instituts?
Manche Angaben mögen leicht überprüfbar sein, am ehesten vielleicht noch einzelne Fakten, in vielen Fällen ist dies jedoch erschwert oder praktisch unmöglich. In diesen Fällen bleibt man angewiesen auf die Glaubwürdigkeit des betreffenden Informanden.

Letzteres gilt in hohem Maße für die Ergebnisse von Marktforschungs-Instituten, weshalb auf die Notwendigkeit einer sorgfältigen Auswahl unter den Instituten hinzuweisen ist. Viele Abschnitte befassen sich im weiteren Verlauf mit Erhebungs-, Meß- und Auswertungsfehlern und lassen damit erkennen, wie groß hier die Möglichkeiten für Nachlässigkeiten, Irrtümer und Fälschungen sind. Eklatante Fehlleistungen kommen wegen der schwierigen Nachvollzieh- und Kontrollierbarkeit oft nur zufällig an's Tageslicht, erhebliche Ungenauigkeiten im Zweifelsfall selten.

Wie zutreffend Informationen sind, stellt sich noch in einem ganz anderen Zusammenhang. Wo Marktforschungsergebnisse auf Umfragen beruhen, basieren diese i.d.R. auf Stichproben. Exakt zutreffen können solche Ergebnisse nur zufällig. Vielmehr liegt es in der Natur solchen Vorgehens, daß sie im Rahmen von Wahrscheinlichkeit und Streumaß vom wahren Wert (berechenbar) abweichen. In Kenntnis dieser noch zu schildernden Zusammenhänge läßt sich die Genauigkeit durch eine Vergrößerung der Stichprobe, d.h. mit entsprechendem Mehraufwand steigern. Im einzelnen muß also abgewogen werden, wieviel Mehraufwand eine höhere Genauigkeit rechtfertigt.

Schließlich ist in diesem Zusammenhang noch ein dritter Aspekt von Bedeutung. Zutreffend im strengen Sinne können nur „vollendete Tatsachen" sein, also Vergangenes und Gegenwärtiges. Entscheidungen sind aber zukunftsgerichtet, müssen also Zukünftiges möglichst genau gedanklich vorwegnehmen. An die Stelle zutreffenden Wissens treten somit Erwartungen, d.h. Wahrscheinlichkeitsannahmen oder (begründete) Vermutungen. Indem zusätzliche Informationen über mußmaßliche künftige Entwicklungen beschafft werden, kann zwar die Unsicherheit verringert, aber nie völlig beseitigt werden.

Das Hauptproblem der Unternehmensführung liegt also in den unsicheren Erwartungen, die mit zukunftorientierten Entscheidungen untrennbar verbunden sind. Dementsprechend versteht man unter der Sicherheit einer Information die Wahrscheinlichkeit, mit der der Eintritt eines Ereignisses erwartet wird.

Je nach der Wahrscheinlichkeit des Eintritts lassen sich folgende Entscheidungssituationen unterscheiden:

a) Entscheidungen unter **Gewißheit**
   Solche, sog. deterministische Entscheidungssituationen liegen vor, wenn die objektive Wahrscheinlichkeit des Eintritts 100 % beträgt, das Ereignis also eindeutig und zuverlässig (z.B. naturgesetzlich begründet) zu bestimmen ist.

b) Entscheidungen unter **Ungewißheit** (Unsicherheit)
   Hierbei wird wie folgt unterschieden:
   – **objektiv-stochastische** Entscheidungssituationen (= unter Risiko)
     hier schafft das Gesetz der großen Zahl kalkulierbare Erwartungen, die man auch als sichere Erwartungen i.w.S. bezeichnen kann. Die Eintrittswahrscheinlichkeiten lassen sich also berechnen.
   – **subjektiv-stochastische** Entscheidungssituationen (= mit subjektiver Wahrscheinlichkeit).

28

Aufgrund der eher optimistischen oder pessimistischen Einstellung des Entscheidungsträgers, die auf seiner persönlichen Erfahrung und/oder Ansicht beruht, ordnet er den verschiedenen Ereignissen subjektive Eintrittswahrscheinlichkeiten zu.

- **indeterministische** Entscheidungssituationen (= unter Unsicherheit i.e.S.)
  In diesen sog. verteilungsfreien Fällen können den relevanten Größen weder objektive noch subjektive Wahrscheinlichkeiten zugeordnet werden. Deshalb werden für diese Situationen Entscheidungsregeln formuliert, bei denen entweder mehr die Risikofreude oder mehr das Sicherheitsbedürfnis in den Vordergrund gestellt ist.

1.3.2   Ökonomische Bewertungskriterien

Betriebswirtschaftlich betrachtet ist die einschlägige Entscheidungs-Maxime sehr einfach zu formulieren, nämlich:

Informationen sind dann bzw. soweit zu beschaffen, wie deren Kosten geringer sind als die durch ihre Verwendung verursachten Erträge.

Ebenso ideal wie betriebswirtschaftlich einleuchtend wäre also z.B. der Fall, daß eine „todsichere" Information zu einem zusätzlichen Großauftrag führen würde; hier lassen sich Aufwand und Ertrag vglw. leicht gegenüberstellen, also ausrechnen, was diese Information maximal kosten darf, wenn sie rentabel sein soll.

Solche Gegebenheiten sind in der Praxis durchaus nicht selten, aber was gemeinhin unter (Marktforschungs-)Informationen verstanden wird, sind nicht derartige „Tips", sondern entbehren dieses direkten Wirkungszusammenhanges. Die Krux liegt hier also – wie bei den meisten solcher „Investitions"-Entscheidungen – nicht so sehr in der Ermittlung des anfallenden Aufwands (etwa für eine Marktstudie), sondern vielmehr in der richtigen (Voraus-)Bestimmung der Ertragswirkung.

Informationen wirken – wenn überhaupt – gleichsam auf Umwegen, denn bevor ihr „Mehrwert" erkennbar wird, müssen aus ihnen die richtigen Entscheidungen getroffen und daraus wiederum die richtigen (Marketing-)Maßnahmen eingeleitet, deren Wirkungen abgewartet und gemessen werden. Solches schließt also z.B. auch ein, daß die betreffenden Informationen ihr Geld durchaus wert gewesen wären, aber die daraus resultierenden Entscheidungen falsch und/oder die Maßnahmen unzureichend waren.

Und nicht zuletzt besteht darüber hinaus das Problem, daß der (Ertrags-)Wert einer Information erst beurteilt werden kann, wenn er vorliegt und eben nur allenfalls abgeschätzt werden kann, wenn die Informationsgewinnung in Auftrag gegeben wird. Ergibt z.B. eine Befragung durch ein Institut lediglich das, was der Auftraggeber schon wußte bzw. zu wissen glaubte, wird er den Informationswert vermutlich wesentlich niedriger einschätzen (und die Kosten als zu hoch) als wenn neue, überraschende Einsichten zutage gefördert werden, die sich womöglich sogar noch leicht in zusätzliche Erträge umsetzen lassen.

Über diese Problematik sollte Klarheit bestehen, wenn nachfolgend über den Bayes'schen Berechnungsansatz als dem bekanntesten dieses Genres referiert wird. Wie erkennbar sein wird, müssen Eintrittswahrscheinlichkeiten geschätzt und zu Hilfe genommen sowie zur Bestimmung der Kostenobergrenze mit der Fiktion einer „Gewinnerwartung bei vollkommener Information" gearbeitet werden.

Die Vorgehensweise läßt sich wie folgt skizzieren[1]: Voraussetzung für die Lösung jedes Entscheidungsproblems ist zunächst eine klare Strukturierung. Dies erfordert, daß sich der Entscheidungsträger Klarheit darüber verschafft,

- welche Handlungsalternativen er besitzt (z.B. ob ein neues Produkt eingeführt werden soll oder nicht),

- welche Ereignisse mit welcher Wahrscheinlichkeit eintreten können (z.B. mit welcher Wahrscheinlichkeit ein Marktanteil von x % eintreten wird)[2],

- welche monetären Konsequenzen eine ganz bestimmte Handlungsalternative bei Eintritt eines bestimmten Ereignisses nach sich ziehen wird (z.B. Verlust von 50 000 DM bei Einführung des neuen Produktes, wenn nur 15 % Marktanteil erreicht werden).

Der Zusammenhang zwischen Handlungsalternativen, Ereignissen und monetären Konsequenzen läßt sich in einer Matrix, der sogenannten Pay-off-Tabelle, anhand eines Beispiels verdeutlichen.

---

1 Ausführlichere Darstellungen zum Bayes-Ansatz finden sich etwa in den Werken von Green/Tull oder Hamann/Erichson, z.T. im Zusammenhang mit dem umfangreichen Gebiet der Entscheidungstheorie.

2 Da der Entscheidungsträger aufgrund seiner Erfahrungen und Intuition in der Lage ist, die Wahrscheinlichkeit für das Eintreten der Ereignisse anzugeben, liegt ein Entscheidungsproblem unter Risiko vor, was Voraussetzung für die Anwendung des Bayes-Verfahrens ist. Liegen demgegenüber keine Informationen über die Wahrscheinlichkeit des Eintretens der Ereignisse vor, so liegt ein Entscheidungsproblem unter Unsicherheit i.e.S. vor, was sich nicht mit Hilfe des Bayes-Ansatzes lösen läßt.

Ereignisse und ihre Eintrittswahrscheinlichkeit / Handlungsalternative	Marktanteil 15 %	30 %	45 %	Gewinnerwartungswert
	Wahrscheinlichkeit 0,5	0,3	0,2	
Produkt-Neueinführung	– 50 000	+ 100 000	+ 250 000	+ 55 000
Nicht-Einführung	0	0	0	0

Abbildung 5: Pay-off-Tabelle

Bei einer Produktneueinführung und einem erzielten Marktanteil von 15 % würde die Unternehmung den Break-even-Punkt nicht erreichen und einen Verlust von 50 000 DM erleiden, bei 30 % oder 45 % Marktanteil hingegen einen Gewinn von 100 000 bzw. 250 000 DM erzielen. Bei Nichteinführung würde die Unternehmung – allerdings nur unter Zugrundelegung des buchhalterischen Kostenbegriffs – weder Gewinn noch Verlust erwirtschaften. Aufbauend auf diese Entscheidungsmatrix vollzieht sich das Bayes'sche Entscheidungsverfahren nun in zwei Schritten:

(1) A-priori-Analyse

Die A-priori-Analyse befaßt sich mit der Ermittlung der optimalen Marketing-Entscheidung vor der Beschaffung zusätzlicher Informationen. Es geht hierbei also um die Frage, welche Alternative gewählt werden sollte, wenn lediglich der jetzige Informationsstand (A-priori-Wahrscheinlichkeit) des Entscheiders berücksichtigt würde. Rechnerisch wird dabei so vorgegangen, daß für jede Handlungsalternative die Gewinnerwartungswerte berechnet werden (s. letzte Spalte der Abbildung 5) und anschließend diejenige Alternative gewählt wird, die den größten Gewinnerwartungswert aufweist. Im vorliegenden Beispiel sollte das Produkt eingeführt werden, da es einen Gewinnerwartungswert von 55 000 DM gegenüber Null DM bei Nichteinführung besitzt[3].

(2) Präposterior-Analyse

Die Präposterior-Analyse versucht nun Antwort auf die Frage zu geben, ob zusätzliche Informationen und ggf. in welchem Umfang beschafft werden sollten oder ob es günstiger ist, darauf zu verzichten und die Entscheidung allein aufgrund des derzeitigen Informationsstandes zu fällen. Die Obergrenze für die Beschaffungskosten der zusätzlichen Informationen wird dabei durch den **„Erwartungswert vollkommener Information"** (EVI) festgelegt.

---

3 Der Gewinnerwartungswert errechnet sich folgendermaßen: (-50 000) DM x 0,5 + 100 000 DM x 0,3 + 250 000 DM x 0,2 = 55 000 DM.

Angenommen, der Entscheidungsträger könnte sich vollkommene Information über den künftigen Umweltzustand verschaffen (völlige Gewißheit), würde er natürlich immer die objektiv günstigste Handlungsalternative wählen. In unserem Beispiel würde er demnach – wenn er sicher weiß, daß er nur einen Marktanteil von 15 % erreicht und damit Verlust macht – das Produkt nicht einführen. Bei sicherem Wissen um einen 30- oder 45 %igen Marktanteil hingegen würde er das Produkt einführen. Im Zustand vollkommener Information ergibt sich damit ein Gewinnerwartungswert von 80 000 DM[4]. Die Differenz zwischen dem Gewinnerwartungswert bei vollkommener Information (80 000 DM) und dem Gewinnerwartungswert der optimalen Entscheidung bei unvollkommener Information (55 000 DM) wird als der „Erwartungswert vollkommener Information" (25 000 DM) bezeichnet. Der EVI-Wert ist somit jener Entgang an Gewinnerwartung, der auf unvollkommene Information zurückzuführen ist. Für die Information darf im Höchstfall also ein Betrag von 25 000 DM ausgegeben werden. Bei einer höheren Ausgabe würden die Kosten der Informationsbeschaffung den Nutzenzuwachs übersteigen.

Der Zustand vollkommener Information kann aber realiter nie erreicht werden, man kann sich ihm nur annähern. Welcher Informationsstand bestenfalls erreicht werden kann, muß nun mittels der Präposterior-Analyse ermittelt werden. Mit Hilfe eines relativ komplizierten Rechenganges, der auf „bedingten Wahrscheinlichkeiten" (Satz von Bayes!) aufbaut, läßt sich der „Erwartungswert des Gehaltes einer Information" bestimmen. Da es sich um einen **Erwartungs**wert handelt, bedeutet dies, daß realistischerweise nicht von vornherein ein bestimmtes Informationsergebnis unterstellt werden kann, sondern eine Wahrscheinlichkeitsverteilung für alternative Ergebnisse zugrunde gelegt werden muß. Aus dieser Wahrscheinlichkeitsverteilung wird dann der Erwartungswert berechnet.

Auf diese Weise erhält man nun eine Entscheidungsgrundlage, ob die Informationsbeschaffung sich lohnt oder nicht. Übersteigt nämlich der Erwartungswert des Informationsgehaltes deren Kosten, so zahlen sich zusätzliche Informationen aus, im umgekehrten Falle ist deren Beschaffung zu unterlassen.

Die beim Bayes-Ansatz vorab erfolgte Schätzung der Marktforschungsergebnisse und ihrer Eintrittswahrscheinlichkeit ist natürlich nicht unproblematisch. Andererseits ist es sicher vorteilhaft, wenn der Entscheidungsträger gezwungen wird, das Problem systematisch zu durchdringen und bestimmte Ausgangswerte (Alternativen, Wahrscheinlichkeiten, geschätzte Resultate) schriftlich zu fixieren.

---

4 Da der Entscheidungsträger bei jedem Ereignis immer die günstigste Alternative ergreift, bedeutet dies, daß er in 50 % der Fälle eine Auszahlung von Null DM, in 30 % aller Fälle von 100 000 DM und in 20 % aller Fälle eine Auszahlung von 250 000 DM erhält. Daraus ergibt sich ein Gewinnerwartungswert von 0,5 x 0 DM + 0,3 x 100 000 DM + 0,2 x 250 000 DM = 80 000 DM.

1.3.3 Entscheidungsproblematik

Auf Grund dieser Problematik kann der exakte Nachweis eines Zuviel oder Zuwenig an Informationsaufwand vielfach – vielleicht sogar überwiegend – nicht gelingen. Die Ansicht, daß man hier garnicht genug tun könnte, mag zwar von einer durchaus löblichen marktorientierten Grundeinstellung (u.U. auch nur von Ressortinteresse) zeugen, entspricht aber nicht betriebswirtschaftlichem Kalkül.

Verständlich, aber aus dieser Sicht bedenklich ist in diesem Zusammenhang auch die Ausrichtung des Jahresbudgets für Marktforschung am Umsatz oder am Werbeetat oder an anderen Größen wie Gewinn, liquide Mittel u.ä., weil das die Notwendigkeit einer **Kosten-Nutzen-Analyse** überdeckt. Wenn z.B. gerade zum Jahresende hin die Marktforschungsinstitute einen starken Auftragseingang zu verzeichnen haben, so ist das schwerlich mit erhöhtem Informationsbedarf zu erklären, sondern bekanntermaßen damit, daß noch schnell die Etat-Reste „verbraten" werden müssen.

Die Schwierigkeiten einer Erfolgsvorhersage, aber auch einer Erfolgskontrolle lassen zwangsläufig Raum für weniger stringente Maßstäbe, nach denen die Bestimmung des Informationsbedarfs bzw. des Marktforschungsaufwands in der Praxis erfolgt.

Im wesentlichen dürften dabei folgende Aspekte eine Rolle spielen:

- die grundsätzliche Einstellung der Unternehmensleitung zum Marketing und – in diesem Zusammenhang – zum Wert der Marktforschung;

- der Sachverstand hinsichtlich Problemerkennung und Lösungsmöglichkeiten durch die Marktforschung;

- der Risiko-Aspekt in Abhängigkeit von der Unternehmens-Größe; Marktforschungs-Untersuchungen lassen sich meist nicht beliebig miniaturisieren. Klein- und Mittelbetrieben sind die Ausgaben vielfach zu hoch bzw. zu risikoreich;

- der Nachahmungseffekt innerhalb einer Branche (die Konkurrenz macht's auch);

- das besondere Interesse an (laufenden) Informationen über Marktverhalten und -erfolge der Konkurrenz;

- das Absicherungsbedürfnis des Entscheidungsträgers, mitunter etwas pauschal als Alibi-Funktion bezeichnet, und zwar sich selbst gegenüber, Vorgesetzten gegenüber, Nachgeordneten gegenüber.

Schließlich mögen auch gewisse Prestige-Aspekte mit hineinspielen. Forschung zu betreiben und Marktforschungsaufträge zu vergeben, gilt sicherlich vielfach als fortschrittlich bzw. bequem.

Der Katalog vorab läßt erkennen, daß sich über den erforderlichen Informationsbedarf streiten läßt, wenn – fast zwangsläufig – Einstellungen, Ansichten und/oder
(verdeckte) persönliche Interessen eine Rolle spielen. Daher ist auch zu vermuten,
daß – zumindest im nachhinein und aus unbeteiligter Sicht betrachtet – viel unnüt-
zer Aufwand betrieben wird. Schätzungsweise wird nur ein Bruchteil der Informationen tatsächlich in Entscheidungen umgesetzt.

2.   Information und Marketingpolitik

2.1   Begriffliche Abgrenzungen

Unter Marketing wird bekanntlich ein **Unternehmensführungskonzept** verstanden,
welches zur Erreichung der (marktlichen) Unternehmensziele alle betrieblichen
Aktivitäten konsequent auf die Erfordernisse der relevanten Absatzmärkte aus-
richtet. Dies setzt im Idealfall eine **aktive** Einstellung sowie ein **schöpferisches,
planvolles** und **koordiniertes** Vorgehen voraus.

Als Marketinginformationen gelten somit alle Informationen, die für die Ziel- und
Instrumentalplanung im Marketing relevant sind. Dabei handelt es sich nicht nur
um unternehmensinterne Daten (sachliche, personelle und finanzielle Kapazität,
bisheriger Absatzerfolg, Verkäuferleistungen usw.), sondern wegen der Marktbezo-
genheit vor allem auch um Daten über das Umweltsystem der Unternehmung
(Entwicklung des Gesamtmarktes, Käuferverhalten, Wirkung absatzpolitischer
Maßnahmen usw.).

In der Praxis wird die Marktforschung zum einen nach den Untersuchungs- bzw.
Erhebungsmethoden untergliedert, also etwa in **qualitativ** bzw. **quantitativ** orientierte Marktforschung, **Ad-hoc**-Forschung und **Tracking**-Forschung, **Testmarkt**forschung. Zum anderen wird häufig auch die Art der Güter bzw. Märkte zur Charakterisierung herangezogen. Entsprechend spricht man etwa von **Pharma**forschung,
Finanzmarktforschung, **Fernseh**forschung, **Handels**forschung u.ä.

2.2   Der Marktforschungsprozeß

Entsprechend dem Ablauf des allgemeinen Kommunikationsprozesses (Auswahl –
Erhebung – Übermittlung – Verarbeitung – Speicherung – Verwertung) vollzieht
sich auch der Marktforschungsprozeß.

Zunächst wird die **Aufgabenstellung** konkretisiert. Aus der Definition des Informationsproblems werden Untersuchungsziel und -gegenstand abgeleitet. Die Dimensionen des Untersuchungsgegenstandes werden durch die Aufstellung eines Problemkataloges aufgeschlüsselt. Um größere Klarheit über die zu untersuchenden Sachverhalte zu erhalten, berücksichtigt man nicht nur Sekundärinformationen, sondern macht sich mitunter durch eine Voruntersuchung (pilot-study) mit dem Untersuchungsgegenstand vertraut.

Danach werden die **Informationsquellen** festgelegt. Grundsätzlich können Sekundär- und/oder Primärquellen unterschiedlichster Art erschlossen werden. Die **Auswahlentscheidung** darüber wird von der Qualität der zu erwartenden Ergebnisse, dem mutmaßlichen Zeit- und Kostenaufwand sowie der personellen Kapazität bestimmt.

Beim weiteren Vorgehen ist einmal zu entscheiden, mit welcher **Methode** (Befragung, Beobachtung, Test) die Informationen gewonnen werden sollen und welche Methodenelemente (Standardisierungsgrad, Kommunikationsweise, Sample) angewendet werden sollen. Die konkrete Auswahl hängt wiederum ab von Art, Umfang und Zuverlässigkeit der prospektiven Resultate sowie von Zeit- und Kostenüberlegungen. Sodann ist zu klären, welche Auswahlverfahren am besten geeignet sind und wie die Zielgruppe zu bestimmen ist.

In einem nächsten Schritt wird über die Gestaltung des **Erhebungsrahmens** entschieden, also über Aufbau und Entwicklung des Fragebogens bzw. Anlage und Ablauf der Beobachtung oder des Experimentes.

Weiterhin ist zu klären, wer die **Durchführung** der Erhebung übernehmen soll. Läßt sich diese durch unternehmenseigene Kräfte bewerkstelligen oder wird die Untersuchung an ein Marktforschungsinstitut delegiert?

Schließlich sind die Erhebungsergebnisse **auszuwerten.** Wird die Erhebung extern durchgeführt, wird i.d.R. damit gleichzeitig auch der Auftrag für bestimmte Sonderauswertungen vergeben.

Daran schließen sich **Analyse** und **Interpretation** der Erhebungsresultate an. Sie bilden die Grundlage für die Lösung der zu Beginn definierten Problemstellung.

Das hier skizzierte Vorgehen kann in der Praxis natürlich entsprechenden unternehmens- oder problembedingten Modifizierungen unterliegen; außerdem schließt es eine Reihe von Rückkoppelungen und Simultanentscheidungen ein.

Abbildung 6 zeigt den idealtypischen Forschungsablauf auf einen Blick.

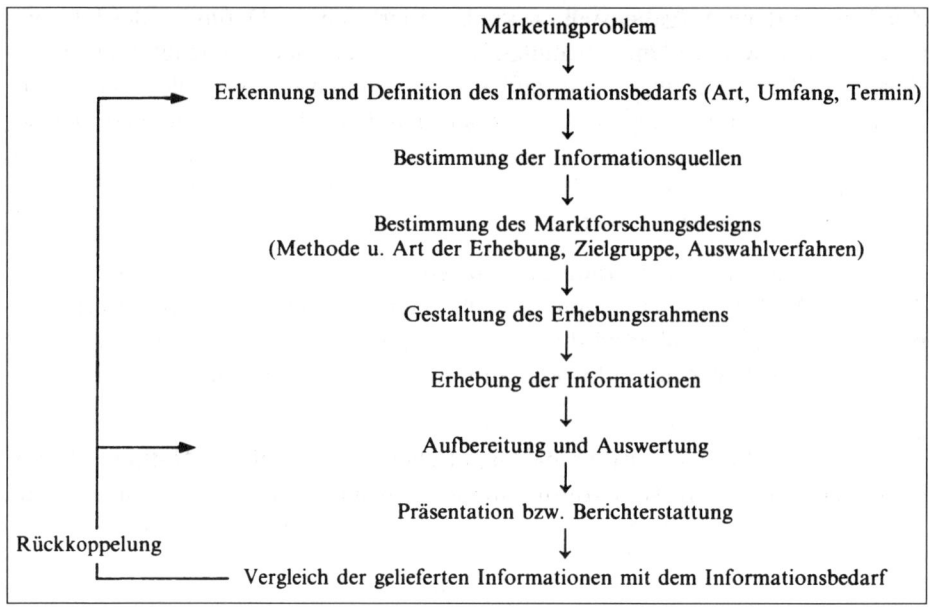

Abbildung 6: Idealtypischer Ablauf des Marktforschungsprozesses

3. Organe der Informationsbeschaffung

3.1 Betriebliche Marktforschung

Eine Unternehmung steht in allen Bereichen immer wieder vor der grundsätzlichen Frage, ob sie eine Leistung selbst erbringen oder fremd beziehen soll. Am bekanntesten sind solche **Make-or-buy-Entscheidungen** im Fertigungsbereich. Auch Marktinformationen lassen sich entweder durch betriebliche Eigenleistung oder Fremdbezug gewinnen.

Eine unternehmenseigene Marktforschung wirft eine Reihe insbesondere organisatorischer Fragen auf. Grundsätzlich sind primär folgende Fragen zu beantworten:

- Welche Marktforschungsaufgaben fallen nach Art und Umfang in welchen zeitlichen Intervallen an?

- Was erfordern diese Aufgaben an personeller und sachlicher Ausstattung?

- Ist das Kosten-Nutzen-Verhältnis günstiger als bei Fremdbezug?

Wie diese Fragen beantwortet werden, hängt vor allem vom Stellenwert der Marktforschung in der Unternehmung selbst ab, zum anderen natürlich auch vom Leistungsangebot externer Marktforscher bzw. Marktforschungsinstitute.

Bezüglich der innerbetrieblichen **Organisation** ist zum einen zu entscheiden, wie die Marktforschung in die Unternehmenshierarchie eingegliedert werden soll. Es bieten sich im wesentlichen zwei Alternativen an, nämlich als **Stabsstelle** oder als Teil eines **zentralen Funktionsbereiches** „Information".

Die am häufigsten gewählte Lösung „Marktforschung als Stabsstelle" kann grundsätzlich auf zweierlei Weise in den Instanzenaufbau eingeordnet werden. Dient die Marktforschung primär der Unterstützung der Marketingabteilung, wird sie dieser zugeordnet, und zwar der Marketingleitung oder einer niedrigeren hierarchischen Ebene wie etwa den Produktgruppenmanagern. Je höher dabei die Marktforschung angesiedelt ist, um so größer ist allerdings die Gefahr, daß darunter die vertrauensvolle Zusammenarbeit mit nachgeordneten Managern der Marketing-Linie beeinträchtigt wird. Gelegentlich wird die Marktforschung auch als Stabsstelle der Unternehmensleitung zugeordnet. Oftmals auch als „Volkswirtschaftliche Abteilung" o.ä. bezeichnet, dient sie dann primär der Informationsbeschaffung und -aufbereitung für die Unternehmensführung.

Die zweite Alternative „Marktforschung als Teilbereich eines zentralen Funktionsbereichs Information" ist relativ selten und meistens auch nur in Großunternehmen anzutreffen. Der große Arbeitsanfall und die Notwendigkeit zur Koordination lassen es hier sinnvoll erscheinen, die Informationsbeschaffung und -verarbeitung für alle Unternehmensbereiche zentral zusammenzufassen. Die Marktforschung hat hier als selbständige Abteilung innerhalb dieses Bereichs einerseits einen direkten Zugriff auf alle im Unternehmen verfügbaren Informationen und dient andererseits allen Unternehmensbereichen als Informationslieferant. Eine Kompromißlösung zwischen den dargestellten Alternativen findet sich insbesondere in Unternehmen mit divisionaler Gliederung (Spartenorganisation). Dort wird in den einzelnen Sparten produktgruppenspezifische Marktforschung betrieben, umfassende Anliegen wie generelle Konjunktur- und Marktuntersuchungen werden dagegen von einer selbständigen Marktforschungsabteilung, die in der Regel der Marketingabteilung unterstellt ist, wahrgenommen.

Nach der Frage der hierarchischen Eingliederung ist weiter zu klären, wie die Marktforschungsabteilung intern organisiert werden sollte. Hier besteht wiederum die grundsätzliche Möglichkeit einer **funktionalen** oder **divisionalen** Gliederung oder eben einer Kombination von beiden. Letztere kann etwa so aussehen, daß die Abteilung prinzipiell divisional gegliedert ist, die einzelnen Spartenmarktforscher sich aber zusätzlich auf bestimmte Funktionen methodischer bzw. instrumenteller Art wie Stichprobenverfahren, Produkttests, Befragungen etc. spezialisieren und mit diesem Know-how im Bedarfsfall den Marktforschungskollegen beratend unterstützen. Letzten Endes hängt die Strukturierung der Marktforschungsabteilung stark von der Branche, der Unternehmensgröße, dem Leistungsprogramm, der Absatzstruktur und der Intensität der Zusammenarbeit mit Marktforschungsinstituten ab.

Nicht erst im Zeichen des lean-managements ist sowohl die personelle Marketing-als vor allem auch die Marktforschungs-Ausstattung geschrumpft. Leistungsfähige Marktforschungs-Institute liefern ihre Ergebnisse inzwischen so stark aufbereitet und verdichtet, daß mitunter der Marketingleiter allein ausreicht, um diesen Aufgabenbereich zu bewältigen.

Vorbei sind die Zeiten großer Marktforschungs-Abteilungen speziell in den Markenartikel-Unternehmen und nur noch Historie ist das Wirken ihrer damals berühmten Leiter wie Cabus (Henkel), Gansera (Unilever), Rohr (Colgate) oder Bossle (Nestle). Umgekehrt aber stocken derzeit viele Unternehmen und Institutionen, die mittlerweile die Bedeutung der Marktforschung auch für sich entdecken, ihr Personal in diesem Bereich z.T. erheblich auf.

3.2 Institutsmarktforschung

In Deutschland gibt es derzeit etwa 170 Marktforschungsinstitute.[5] Die Branche kann sich seit Jahrzehnten einer fast ständig steigenden Nachfrage erfreuen. Vor 10 Jahren betrug ihr Gesamtumsatz 600 Mio. DM, heute werden über 1,5 Mrd. DM erzielt. Infolgedessen wuchs auch die Zahl der Institute, zumal es hier noch vglw. leicht ist, sich selbständig zu machen, insbesondere im Bereich der psychologisch orientierten Marktforschung bzw. Beratung. Etwa 50 Institute existieren noch nicht länger als 3 Jahre (vgl. Marcotti).

Die Branche gliedert sich in einige wenige Groß-Institute (GfK-Nürnberg, A.C. Nielsen, Infratest-Burke, IMS), etwa einem Dutzend Unternehmen mittlerer Größe mit Umsätzen zwischen etwa 10 und 30 Mio. DM und eben einer Vielzahl von kleinen und kleinsten Instituten mit z.T. erheblicher Spezialisierung (vgl. Marcotti).

Trotz ständiger Marktausweitung hat der Wettbewerb stark zugenommen. Das bezieht sich nicht nur auf die beiden Hauptrivalen, nämlich GfK und Nielsen, sondern gilt auf allen Ebenen. Nicht nur die Professionalisierung, sondern auch die Kommerzialisierung ist gewachsen. Wie auch in anderen, verwandten Bereichen sind Informationen inzwischen zu einer Ware geworden, die vermarktet werden muß. Infolgedessen ist auch der Drang und Zwang zu immer neuen Untersuchungskonzepten verständlich. Die größeren Institute verfügen auf diese Weise sehr häufig

---

5 Einen kompletten Überblick über die Branche bietet das inzwischen jährlich erscheinende Handbuch der Marktforschungsunternehmen (Dt. Fachverlag Ffm.), herausgegeben vom Berufsverband deutscher Markt- und Sozialforscher (BVM), Offenbach. Darin sind ca. 250 Forschungsinstitute, 30 Feldorganisationen, 50 Berater, 90 Studios und ca. 30 andere Dienstleister aufgeführt.

über eine respektable Angebotspalette. Zum Teil kommen dabei Verfahren zum Einsatz, die in Lizenz verwertet werden und meist aus dem Ausland stammen.

Bemerkenswert ist in diesem Zusammenhang eine gewisse Akzentverlagerung in Richtung Datenauswertung. Komplizierte und nur noch für Experten verständliche statistische Verfahren, die ursprünglich z.T. aus ganz anderen Disziplinen stammen, wie etwa der mathematischen Psychologie, finden Anwendung und verheißen den Kunden neue Einsichten. Die Zeiten, in denen auch Marketingleiter oder Firmenchefs das Generieren von Marktforschungsergebnissen noch nachvollziehen konnten, scheinen zu schwinden. Möglicherweise erklärt sich daraus z.T. der Trend, daß mittlerweile das Zustandekommen der Daten kundenseitig nur noch wenig interessiert, vielmehr die Ergebnisse und die notwendigen Folgerungen daraus ganz im Vordergrund stehen. Solches führt zum einen zu einer **kundengerechteren Datenverdichtung** und zum anderen zu einer **problemadäquateren Daten- bzw. Ergebnis-Aufbereitung** und damit – wenn nicht zwangsläufig, so doch naheliegend – letztendlich auch zur **Marketing-Beratung** und zur Unterstützung bei der **Implementierung**.

Für die Vergabe von Marktforschung an Institute u.ä. lassen sich gewichtige Gründe aufzählen:

- bessere Methodenkenntnis,
- Erfahrung mit ähnlichen Problemen,
- leistungsfähigere Erhebungsinstrumente,
- größere Objektivität,
- Kostenanfall nur bei Inanspruchnahme.

Gegen eine Delegation der Marktforschung können insbesondere folgende Argumente sprechen:

- geringere Vertrautheit mit dem zu lösenden Problem,
- Kommunikationsschwierigkeiten,
- unsolide Auftragserfüllung,
- Indiskretionen,
- höhere Kosten.

Es entspricht dabei dem allgemeinen Trend zur Spezialisierung, daß – ähnlich wie bei der Werbung – die „selbstgestrickte" Marktforschung zugunsten einer Delegation an Institute zurücktritt, zumindest was Primärerhebungen angeht. Damit sollen nun keineswegs die Tatsache und die Möglichkeit, Marktforschung in vielfältiger Form auch in eigener Regie zu betreiben, negiert werden, was insbesondere für kleinere Unternehmen gilt. Befragungen des eigenen Kundenkreises gehören z.B. ebenso dazu wie eine Reihe von Beobachtungen. Zu den großen Ausnahmen zählen andererseits Aufbau und Durchführung von eigenen Panels. Auch Teil-Delegationen werden häufig praktiziert; etwa als Zusammenarbeit mit Hochschul-Instituten oder als Inanspruchnahme von gewerblichen Instituten, die sich auf reine Feldbefragungen spezialisiert haben.

Im Vergleich zur Delegation an Institute mit ihrer Professionalität, ihrer Routine und den Synergieeffekten sind die eigenen Marktforschungsaktivitäten mühsamer und – gemessen an der Qualität – mutmaßlich oft auch teurer. Natürlich sieht sich der betriebliche Marktforscher auch nicht in der angenehmen Rolle eines Auftraggebers, der Etats zu vergeben hat. Und schließlich steht er auch nicht unmittelbar im Schußfeld einer evtl. Kritik, weil für die Qualität der Arbeit das Institut verantwortlich ist.

Die Institute ihrerseits kennen natürlich diese Zusammenhänge und wissen auch um ihre Alibi-Funktion bei betrieblichen Marktforschungs- und Marketing-Fachleuten. Je stärker der Wettbewerb, um so mehr müssen Institute um Qualität und Preiswürdigkeit, aber auch um Kontaktpflege bemüht sein. Mitunter geraten sie auch in die gleiche, zwiespältige Situation wie Gutachter; Objektivität ist zwar gefragt, aber die Erwartungen des Auftraggebers hinsichtlich bestimmter Ergebnisse sind auch bekannt.

Die Auswahl eines geeigneten, leistungsfähigen Institutes erfolgt i.d.R. nach folgenden Kriterien:

- Erfahrung bzw. Spezialisierung bzgl. Märkten und/oder Methoden,

- personelle und sachliche Ausstattung,

- Kundenkreis nach Art und Umfang,

- Ruf des Instituts hinsichtlich Angebotsqualität, Durchführung (Kontakt, Termintreue, Präsentation usw.),

- Mitgliedschaft in einschlägigen Fachverbänden,

- Ruf des Instituts hinsichtlich Leitung, Management, wissenschaftliche Leistungen, Auszeichnungen u.ä.

Erwähnt seien in diesem Zusammenhang auch die Bemühungen, **Qualitätsnormen** für Marktforschungsleistungen aufzustellen (ISO 9.000), anhand derer diese beurteilt werden können. Die Meinungen über Nützlichkeit und Praktikabilität sind allerdings geteilt.

Auf der einen Seite ist es wohl grundsätzlich sinnvoll, Angebote von mehreren Instituten einzuholen und dann nach dem Preis-/Leistungsverhältnis zu entscheiden. Andererseits kann sich Institutstreue auch auszahlen, denn ein gutes, dauerhaftes Verhältnis zwischen Unternehmen und Institut bringt nicht nur Vorteile wie kostenlose Sonderanalysen oder gelegentliche Zusatzinformationen, sondern auch stetige Qualitätsverbesserungen wegen der zunehmenden Problemvertrautheit und Spezialkenntnisse des Instituts. Das Zustandekommen einer ersprießlichen Zusammenarbeit setzt allerdings auch voraus, daß der Auftraggeber fairerweise folgende Punkte berücksichtigt:

ausführliche und präzise Definition des Untersuchungsproblems,

Hinweise auf methodische Wünsche, z.B. bezüglich Auswahl- und Auswertungs-verfahren,

Terminwünsche für Angebotsabgabe und Durchführung der Untersuchung.

Nachdem sich der Auftraggeber entschieden hat, werden verschiedene Punkte, die zum Teil bereits angesprochen wurden, mit der Auftragsvergabe verbindlich geregelt. Dazu gehören insbesondere:

präzise Aufgabenstellung,

Art der Ergebnisse,

Eingriffs- und Korrekturmöglichkeiten,

Kommunikation zwischen Institut und Auftraggeber (Kontaktperson),

Hilfeleistung durch Auftraggeber,

Form der Berichterstattung,

Honorierung,

Termine.

3.3 Marktforschungsberater und Informationsbroker

Außer den Marktforschungsinstituten gibt es auch zahlreiche Marktforschungsberater. Es sind i.d.R. freiberufliche Spezialisten, die im Auftrag ihrer Klienten bei der Analyse und Auswertung von Untersuchungen mitwirken. Sie führen selbst keine Erhebungen durch, stellen aber Kontakte zu den Marktforschungsinstituten her.

Etwa seit Ende der siebziger Jahre etablieren sich in der Bundesrepublik auch sogenannte **Informationsbroker.** Es handelt sich hierbei um Spezialisten, die für interessierte Unternehmen gegen Honorar problemspezifische Informationen nachweisen, beschaffen und auswerten. Dies geschieht soweit möglich durch direkten Abruf nationaler und internationaler Datenbanken mit Hilfe von EDV-Online- oder Datenfernübertragungssystemen. Dank ihrer Erfahrung können Informationsbroker daher Informationen nicht nur schnell, sondern vor allem auch kostengünstig beschaffen. Während die Leistungsprofile der Informationsbroker anfangs ziemlich ähnlich waren, weisen sie heute zum Teil deutliche Spezialisierungen auf (z.B. Länder, Branchen o.ä.).

Neben diesen erwerbswirtschaftlichen Informationsbrokern sind zunehmend auch andere Institutionen wie etwa die Industrie- und Handelskammern oder die Technologieberatungsinstitute auf dem Gebiet der Datenbeschaffung und -auswertung tätig.

Die Inanspruchnahme solcher Informationslieferanten kann betriebliche Marktforschung natürlich nicht ersetzen, aber doch insofern erheblich entlasten, als sie u.U. viel Sucharbeit im Vorfeld der Fragestellung erspart.

3.4 Berufsorganisationen

Unter den deutschen Berufsorganisationen sind der Arbeitskreis Deutscher Marktforschungsinstitute e.V. (ADM) und der Bundesverband Deutscher Markt- und Sozialforscher e.V. (BVM) zu nennen. Der ADM, dem einige Dutzend Marktforschungsinstitute angehören, hat die Förderung der gemeinsamen Belange seiner Mitglieder sowie eine gewisse Selbstkontrolle zum Ziel. Der BVM dagegen vertritt als Organisation der Marktforscher in den Betrieben und Instituten deren berufsständische Interessen.

Auf internationaler Ebene sind in erster Linie folgende Organisationen zu nennen:

ESOMAR (European Society for Opinion and Market Research); Schwerpunkt: Erfahrungsaustausch, Standesinteressen

WAPOR (World Association for Public Opinion Research); Schwerpunkt: Meinungsforschung

IMF (International Marketing Federation); Zusammenschluß nationaler Marketing- und Marktforschungsvereinigungen.

3.5 Sonstige Informationsquellen

Wenn im Zusammenhang mit Marktforschung von Informationsquellen die Rede ist, denkt jedermann sofort an Umfragen, also die Erhebungen bei Konsumenten, auch Firmen und Institutionen. Das zu recht, denn im Rahmen dieses als Primärforschung bezeichneten Bereichs werden die meisten Anstrengungen unternommen und der größte Aufwand betrieben. Derartige Untersuchungen sind speziell auf den Informationsbedarf der Auftraggeber zugeschnitten, die Informationen selbst werden gleichsam an der Quelle erhoben.

Aber es gibt noch andere Möglichkeiten, nämlich die Gewinnung von Informationen aus (irgendwo) bereits vorhandenem Datenmaterial; sie wird als Sekundärerhebung bzw. **Sekundärforschung** (desk research) bezeichnet. Im Unterschied zur Primärforschung wird hier also auf Daten zurückgegriffen, die selbst oder von Dritten für ähnliche oder auch ganz andere Zwecke bereits erhoben wurden. Dieses

Datenmaterial wird unter den speziellen Aspekten der Fragestellung gesammelt, analysiert und ausgewertet.

Praktisch bei jeder Art von Informationsbeschaffung sollte zunächst nach möglichen Sekundärquellen gesucht werden, denn

- Sekundärinformationen sind in aller Regel billiger als Primärerhebungen;

- Sekundärmaterial ist im Normalfall schneller zu beschaffen;

- bestimmte Daten (z.B. volkswirtschaftliche Gesamtdaten) sind auf anderem Wege nicht eruierbar;

- selbst im Falle einer notwendigen Primärerhebung dienen Sekundärdaten zur Einarbeitung in die Materie und zur Ökonomisierung der Erhebungsarbeit.

Vor Beginn der Informationssuche sollten die zugrunde liegende Fragestellung wie auch der relevante Informationsbedarf sowie die hierfür denkbaren Informationsquellen schriftlich fixiert werden, um ein möglichst ökonomisches Vorgehen bei der Ausschöpfung sekundärstatistischer Quellen zu gewährleisten.

Nachfolgend zunächst ein kurzer Überblick über die wichtigsten Sekundärquellen:

(1) Interne Datenquellen

Zu den internen (unternehmenseigenen) Datenquellen rechnen in erster Linie:

- Buchhaltungsunterlagen,

- Unterlagen der Kostenrechnung (z.B. Absatz- und Vertriebskosten; Deckungsbeiträge, absolut und relativ, zeitliche Entwicklung usw.),

- allgemeine Statistiken (z.B. Umsätze insgesamt, nach Produktgruppen, Artikeln, Kunden, Vertretern, Gebieten, Perioden usw.),

- Kundenstatistiken (z.B. Kunden nach Art, Größe und Gebiet, Auftragsgrößen, Vertriebswege, Reklamationen, Mahnungen usw.),

- Berichte und Meldungen des Außendienstes (z.B. Besuchsberichte usw.),

- frühere Primärerhebungen, die für neue Problemstellungen ausgewertet werden.

Es braucht dabei kaum besonders betont zu werden, welche Bedeutung einem gut ausgebauten internen Berichts- und Informationswesen für das Management zukommt. Durch gut gestaltete Management-Informationssysteme lassen sich Informationsbasis und -zugriff nachhaltig verbessern.

(2) Externe Datenquellen

Die Zahl der externen Datenquellen ist mit den Jahren geradezu lawinenartig angewachsen. Es entsteht der Eindruck, als gäbe es über alles und jedes Veröffentlichungen (nur eben gerade nicht über das speziell Gewünschte). Erforderlich ist deshalb i.d.R. eine systematische Suche einschließlich eines zähen „Weiterhangelns" von Auskunftsstelle zu Auskunftsstelle und vom Allgemeinen zum Besonderen. Eine Erleichterung für den Einstieg in die Sucharbeit bieten Sammelwerke in Gestalt von Verzeichnissen über Datenquellen und/oder Veröffentlichungen.

Für den gesamten Media-Bereich existiert z.B. seit Jahrzehnten das zweibändige Handbuch „Stamm, Leitfaden für Presse und Werbung"; neuen Datums ist das „Quellen-Lexikon der Marktforschung" vom Institut für Marktforschung (inma) in München. Der Marcotti-Verlag publiziert „Markt und Forschung" in jährlichen Abständen mit allen einschlägigen frei zugänglichen Studien von Instituten, Verlagen, Universitäten, Herstellern usw. Darüberhinaus bieten viele Fachzeitschriften solche Zusammenstellungen an und stehen für Auskünfte zur Verfügung. Ähnlich bekannt und verbreitet wie der „Stamm" ist der „Hoppenstedt" aus Darmstadt als Quelle aller „Verbände, Behörden, Organisationen der Wirtschaft" mit seinen über 20.000 Institutionen.

Aus der Vielfalt externer Datenquellen können nachfolgend nur die wichtigsten angeführt werden.

- Statistisches Bundesamt mit seinem Jahrbuch, der Monatszeitschrift „Wirtschaft und Statistik", vielen Einzelpublikationen, der Statis-Bund CD-Rom mit allen ZR-Daten des Bundesamtes und Statistische Landesämter sowie die von der Dt. Bundesbank (z.T. ab 1948) von Kreisen, Städten und Gemeinden.

- Industrie- und Handelskammern am Ort bzw. in der Region und deren Zentrale (DIHT) in Bonn,

- Handwerkskammern, Rationalisierungskuratorium der deutschen Wirtschaft (RKW) mit ihrer Zentrale in Eschborn,

- Bundesstelle für Außenhandelsinformationen (BfAI) in Köln mit ihren zahlreichen Veröffentlichungen (u.a. länder- oder branchenorientiert), Auskunftsdiensten, Datenbanken,

- Deutsche Auslands-Handelskammern, deutsche diplomatische Vertretungen, Exportberatungs-Institutionen von Ländern und Gemeinden sowie exportorientierte Messen. Analoge Institutionen existieren in vielen anderen Ländern und natürlich die internationalen Organisationen wie UNO, die Weltbank usw. sowie die einschlägigen Behörden der Europäischen Union,

- Wirtschaftswissenschaftliche Institute, darunter z.B. das Deutsche Institut für Wirtschaftsforschung (DIW) Berlin, das Rheinisch-Westfälische Institut für Wirtschaftsforschung (RWI) Essen, das Institut für Wirtschaftsforschung Hamburg, das Institut für Weltwirtschaft (IfW) Kiel, das Institut für Wirtschaftsforschung (Ifo) München,

- Kreditinstitute, insbesondere Banken mit ihrer Fülle von Veröffentlichungen und sonstigen Informationsangeboten. Sehr geschätzt sind z.B. die Publikationen der Deutschen Bundesbank,

- Universitäten mit ihren einschlägigen Instituten und Lehrstühlen,

- Wirtschaftsverbände und -organisationen,

- Werbeträger, hier vor allem die großen Zeitungs- und Zeitschriften-Verlage mit ihren umfangreichen Dokumentationen (MADIS von Burda, SIAM von Bauer, MARIA von Gruner & Jahr u.ä.), aber auch elektronische Medien (Funk/Fernsehen) sowie die Adressenverlage.

- Marktforschungs-Institute, Unternehmensberater-Institute; ihre Marktnähe bürgt i.d.R. für präzise und aktuelle Informationen. Zumindest die größeren Institute bieten zunehmend auch frei verkäufliche sog. **multiclient-Studien** an, die auf eigenen Primär-Erhebungen fußen. Andere Veröffentlichungen basieren im wesentlichen auf Sekundärmaterial, das von den Instituten fach- und praxisgerecht aufgearbeitet wurde. Angeboten werden schließlich auch sog. **Back-Data-** Informationen. Das sind die Ergebnisse aus älteren Primär-Erhebungen, die nicht (mehr) der Exklusivität ihrer seinerzeitigen Auftraggeber unterliegen, sich aber für gewisse Fragestellungen (z.B. Einarbeitung in einen neuen Markt) durchaus noch eignen können.

Zu erwähnen wäre – last not least – die ungeheure Vielfalt an Veröffentlichungen in Gestalt von Fachbüchern und Fachzeitschriften, von Firmenverlautbarungen sowie von Tagungen, Kongressen und Seminaren.

Mit steigendem, immer unüberschaubarer werdenden Informationsangebot gestalten sich die Erfassung und Auswertung der relevanten Informationsquellen zunehmend schwieriger. Angesichts der täglich weltweit rund 20 000 Fachpublikationen in Zeitschriften, Fachbüchern, Forschungsberichten, Vorschriften, Gesetzen, Patenten etc. wächst die Gefahr, wichtige entscheidungsrelevante Informationen unberücksichtigt zu lassen. Eine zwischenzeitlich unerläßliche Hilfestellung bietet die Speicherung und Verarbeitung dieser Informationen in maschinell lesbarer Form in Datenbanken.

Zumeist Unternehmen der Medienindustrie und der Datenverarbeitungsindustrie, aber auch Wirtschaftsforschungsinstitute, statistische Ämter und politische Organisationen sammeln und bereiten als Datenbankersteller eine Vielzahl von Informationen auf. Sogenannte **Datenbankanbieter,** die nicht unbedingt gleichzeitig Datenbankersteller sein müssen, speichern mehrere Datenbanken auf einem Großrechner (host) und bieten sie Interessenten zur Nutzung an. Das an Informationen interessierte Unternehmen kann diese im Prinzip auf zwei Wegen abrufen, nämlich „on-line" oder „off-line".

„On-line" bedeutet einen **permanenten Datenzugriff** über eine Standleitung, erfordert aber Fachkenntnisse und Erfahrungen, z.B. hinsichtlich der Datensprache und des Such-Procedere, setzt darüber hinaus eine entsprechende hardware sowie natürlich eine Nutzungserlaubnis voraus.

Wo solche Voraussetzungen (noch) nicht gegeben sind, empfiehlt sich die Inanspruchnahme einer **Informations-Vermittlungsstelle** (IVS). Solche Einrichtungen privater oder öffentlich geförderter Natur gibt es inzwischen zu Hunderten. Sie recherchieren also im Kundenauftrag.

„Off-line" bietet demgegenüber keinen unmittelbaren Zugriff auf die Datenbanken, es müssen vielmehr entsprechende **Datenträger** (CD-Rom, Disketten, Magnetbänder) angefordert und mittels eigenem PC bzw. Datenverarbeitungsanlage genutzt werden.

Marketingrelevante Datenbanken enthalten folgende Informationskategorien:

- Welt- und volkswirtschaftliche Informationen,

- Branchenwirtschaftliche Informationen,

- Allgemeine Wirtschafts- und Marktinformationen,

- Unternehmensnachweise und -profile,

- Produktnachweise und -informationen,

- Informationen bezüglich Geschäftsverbindungen.

Nach der Form der gespeicherten Informationen unterscheidet man:

- Numerische Datenbanken
  enthalten vornehmlich statistische Informationen des Statistischen Bundesamtes, Ifo-Institutes, EU, OECD, UN, Weltwährungsfonds und aller Börsen.

- Textdatenbanken
  enthalten Texte. Man kann hier weiterhin unterscheiden:

  – Bibliographische Datenbanken
    Sie werden auch Hinweisdatenbanken genannt, da sie nicht den vollständigen Inhalt der Bücher, Aufsätze und Dokumente, sondern nur Angaben wie Titel der Publikation, bibliographischer Angaben und Schlagworte des Inhaltes enthalten.

– Faktendatenbanken
Diese sind die gebräuchlichsten der Textdatenbanken. Ihr Vorteil besteht darin, daß der Nutzer im Gegensatz zu den bibliographischen Datenbanken die Information zusammengefaßt sofort erhält.

– Volltextdatenbanken
Die Nachteile der bibliographischen und Faktendatenbanken, bei denen die Dokumente nur genannt werden oder in Zusammenfassungen vorliegen, vermeiden die Volltextdatenbanken, die den kompletten Inhalt der Publikationen abspeichern.

Die Anforderungen, die eine Datenbank zu erfüllen hat, lassen sich stichpunktartig wie folgt charakterisieren:

- Speicherung einer Vielzahl sachlicher und fachlicher Informationen, um ständig wechselnden Fragestellungen gerecht zu werden

- hohe Zuverlässigkeit

- anwendungsorientierte, auch für den Laien leicht erlernbare Abfragesprache

- mehrdimensionale Abfragemöglichkeiten

- komfortable Berichtgestaltung sowohl im Standard- als auch im individuellen Format.

On-line-Datenbanken besitzen neben der Archivierung immenser Datenmengen vor allem den Vorteil, die relevanten Informationen innerhalb kurzer Zeit bereitzustellen. Ein weiterer Vorteil ist die Möglichkeit des logischen Verknüpfens mehrerer Kriterien in einer Recherche. Im Gegensatz zu den eindimensionalen Auswahlkriterien der traditionellen Quellen (z.B. Produkt **oder** Land **oder** Unternehmen) sind mehrdimensionale Suchkriterien (Produkt **und** Land **und** Unternehmen) möglich. Die nachfolgende Abbildung 7 zieht einen Vergleich zwischen konventionellen Informationsmedien und externen Datenbanken anhand verschiedener Kriterien.

Die Kosten einer Recherche durch einen Informationsbroker liegen zwischen 300 und 800 DM, können durchaus jedoch bis 3 000 DM betragen.

Trotz des breiten Spektrums an Informationsquellen sind der Sekundärforschung regelmäßig Grenzen gesetzt. Das kann verursacht sein durch:

- mangelnde Aktualität der erreichbaren Daten.
Viele Daten sind oft bereits zum Zeitpunkt ihrer Veröffentlichung veraltet und um so weniger verwendbar, je mehr Dynamik von den dahinterstehenden Beweggrößen erwartet werden muß.

Kriterium	Konventionelle Informations- medien	Externe Datenbanken
Schnelligkeit der Reaktion	niedrig	hoch
Vielfalt der Zugriffsmöglichkeiten	niedrig	hoch
Internationalität	nur sehr aufwendig zu erreichen	gegeben
Kreativität	zumeist nicht gegeben	sehr hoch
Aktualität	nicht immer gewährleistet	sehr hoch
Informations-Aufnahme	sehr arbeitsaufwendig	schnell
Informations-Speicherung	körperliche Lagerung von Aufzeichnungen	elektronische Speicherung
Informations-Retrieval	zumeist sehr aufwendig	einfach und schnell
Anforderungen an technische Qualifikation	niedrig	hoch

Abbildung 7: Vergleich von konventionellen Informationsmedien und externen Datenbanken anhand verschiedener Kriterien (vgl. Leonhard)

   mangelnde Sicherheit und Genauigkeit der erreichbaren Daten.
   Neben angebrachten Zweifeln an der Objektivität manchen zugänglichen Materials rechnen hierzu auch häufig fehlende Einblicke in die Art und Weise des methodischen Vorgehens bei der Erstellung des Sekundärmaterials.

   mangelnde Vergleichbarkeit der erreichbaren Daten.
   Gerade bei Statistiken finden sich sehr häufig unterschiedliche definitorische Abgrenzungen einzelner Größen, die eine direkte Gegenüberstellung verbieten. Für die Bereinigung fehlt es dann oft an den notwendigen Klassifikationserläuterungen oder an der Kenntnis des Umfangs der aus den aggregierten Größen zu eliminierenden Teilgrößen.

   mangelnden Umfang und mangelnde Detailliertheit der erreichbaren Daten.
   Die unmittelbare Begrenzung liegt wohl meist in mangelnden Sekundärinformationen hinsichtlich Breite, Tiefe und/oder Sachzusammenhang bezogen auf die eigenen Anforderungen.

Je höher und spezieller die Anforderungen an die Informationen also sind, um so eher erwächst daraus die Notwendigkeit für eigene (Primär-)Erhebungen.

B.   Datenquellen und Datenmessung

1.   Die Auswahl der Informanden

Wie bereits erwähnt, geht es bei der **Primärforschung** (field research) um die Gewinnung originärer Daten. Die Informationen werden also gleichsam „vor Ort" erhoben und zwar stehen dafür im Prinzip zwei Möglichkeiten zur Verfügung, nämlich die **Befragung** und die **Beobachtung**.

Wer bei Befragungen als Auskunftsquelle dienen soll, bestimmt sich nach dem Untersuchungsanliegen. Das klingt einfach, ist es vielfach aber nicht.

Folgende Fragen müssen nämlich beantwortet werden:

    Die Antworten welches Personenkreises interessieren?

    Wie läßt er sich charakterisieren, wie abgrenzen?

    (Wie) läßt sich dieser Personenkreis identifizieren?

    Kann mit entsprechender Auskunftsbereitschaft gerechnet werden?

Geht es etwa um Investitionsentscheidungen, so stellt sich bekanntlich nicht nur die Aufgabe, den Kreis der infragekommenden Unternehmen, sondern darüber hinaus diejenigen, die darüber zu entscheiden haben, zu bestimmen. Da es sich oft um Gruppenentscheidungen handelt, ist das nicht so einfach.

Häufig läßt sich zwar der Personenkreis exakt bestimmen, aber nicht ohne weiteres auch (adressenmäßig) identifizieren. Oft interessieren ausschließlich Menschen mit bestimmten Merkmalen, Erfahrungen, Erlebnissen u.ä.

Mitunter setzt sich der Kreis der grundsätzlich Infragekommenden, also solcher, die Stellung beziehen könnten, aus Engagierten und Nicht-Engagierten, aus Betroffenen oder Nichtbetroffenen zusammen. Sollen etwa die Ansichten zu geplanten baulichen Innenstadt-Veränderungen erhoben werden, fallen die Antworten bekanntlich unterschiedlich aus je nachdem, ob man die Einzelhändler, die Autofahrer, die Anwohner befragt oder eben alle Städter inclusive die in den Außenbezirken. Untersuchungsergebnisse lassen sich also u.U. durch die Auswahl der Befragten von vornherein nachhaltig beeinflussen!

Eine möglichst präzise Eingrenzung des Befragtenkreises geschieht allein aus ökonomischen Gründen, ansonsten müßte man Tausende befragen, um u.U. darunter auch auf einige wenige zu treffen, die man wirklich erreichen will.

Es gibt zweifellos Fälle, wo die Auskünfte einer Person mit entsprechendem Sachverstand und Überblick für die betreffende Fragestellung ausreichen. Eine größere

Zahl von Personen zu befragen macht also nur einen Sinn, wenn unterschiedliche Antworten zu erwarten sind und deren Spektrum und (prozentuale) Verteilung interessieren.

Ein vollständiges Bild läßt sich logischerweise nur dann gewinnen, wenn alle infrage kommenden Auskunftspersonen antworten. Wenn dieser Kreis nur klein ist, also etwa die deutschen Mineralöl-Konzerne umfaßt, macht das keine Probleme, zumindest was Vollständigkeit und Adressen angeht.

Anders dagegen, wenn Masseninformationen benötigt werden, also z.B. von allen deutschen Haushalten, allen Opel-Besitzern oder allen Studenten. **Vollerhebungen** (Totalerhebungen) wie sie etwa die Volkszählungen darstellen, verbieten sich hier aus finanziellen, zeitlichen und organisatorischen Gründen. Statt hier alle zu befragen, erfolgt eine Beschränkung (**Teilerhebung**) auf einen kleineren Kreis, der, sofern er nach bestimmten statistischen Gesichtspunkten gebildet wird, als **Stichprobe** (Sample) bezeichnet wird.

Da aber nach wie vor die Untersuchung Aufschlüsse über die Grundgesamtheit erbringen soll, muß die Auswahl dieser Stichprobe so erfolgen, daß aus dem Ergebnis der Teilerhebung möglichst exakt und sicher auf die Verhältnisse der Gesamtmasse geschlossen werden kann. Das ist dann der Fall, wenn die Stichprobe **repräsentativ** für die Grundgesamtheit ist.

Es handelt sich hierbei um sog. induktive (schließende) Statistik. Sie erlaubt den **Repräsentationsschluß,** bekannter unter der Bezeichnung **„Hochrechnung".** Volkstümlicher ausgedrückt ist es eine „Verallgemeinerung", aber eben eine zulässige. Am einfachsten vorstellbar ist die Idealforderung, nämlich:

Eine Teilmasse ist **repräsentativ,** wenn sie in der Verteilung aller interessierenden Merkmale der Gesamtmasse entspricht, d.h. ein zwar verkleinertes, aber sonst wirklichkeitsgetreues Abbild der Gesamtheit darstellt.

Bestimmte Auswahlverfahren (vgl. S. 53 f.) entsprechen diesem Ideal zwar nicht, erlauben aber dennoch eine zutreffende Hochrechnung auf die Grundgesamtheit. Somit kann allgemeiner gelten:

Eine Teilmasse ist dann repräsentativ, wenn sie einen zutreffenden Rückschluß auf die Grundgesamtheit zuläßt.

Für den Marktforscher stellt sich nun das Problem, die Auswahl des Samples aus der Gesamtmasse so zu treffen, daß die obige Bedingung bestmöglich erfüllt wird. Es steht dazu eine Reihe von Stichproben- bzw. Auswahlverfahren zur Verfügung, deren Eignung letztlich von den Voraussetzungen der jeweiligen Untersuchung abhängt.

Grundsätzlich werden zwei Gruppen von Auswahlverfahren unterschieden:

- Verfahren der Zufallsauswahl

- Verfahren der bewußten Auswahl.

Alle nachstehend skizzierten Verfahren bezwecken eine Auswahl, die eine Übertragung der Ergebnisse von der Teilmasse auf die Grundgesamtheit ermöglicht. Eine sogenannte **willkürliche Auswahl** oder „Auswahl auf Geratewohl" ist hier nicht zu erörtern, wenngleich auch sie unter bestimmten Umständen durchaus vertretbar sein kann, z.B. wenn im Rahmen einer Vorstudie ein Katalog qualitativer Merkmale gesammelt werden soll, oder wenn Aussagen über vermutliche Kausalzusammenhänge unter konstanten Bedingungen getroffen werden sollen.

1.1 Verfahren der Zufallsauswahl (Random-Verfahren)

Ausgehend von wahrscheinlichkeitstheoretischen Überlegungen liegt hier das Prinzip zugrunde, daß jede Einheit der Grundgesamtheit eine Wahrscheinlichkeit „größer Null" haben muß, um in die Stichprobe einbezogen zu werden. Im Unterschied zur willkürlichen bzw. bewußten Auswahl läßt sich damit der Stichproben- bzw. Zufallsfehler mathematisch **berechnen.** Mit zunehmender Zahl der so ausgewählten Einheiten steigt dann die Wahrscheinlichkeit, daß die Stichprobe in ihrer Zusammensetzung der Grundgesamtheit entspricht; damit wächst c.p. auch die Wahrscheinlichkeit, daß sich die Ergebnisse hinsichtlich ihrer Genauigkeit denen einer Vollerhebung angleichen.

1.1.1 Einfache, reine Zufallsauswahl

Versinnbildlicht durch das sog. Urnenmodell (Lotterieauswahl) werden hier die Elemente, die in das Sample eingehen, unmittelbar aus der Grundgesamtheit gezogen. Voraussetzung ist, daß die Grundgesamtheit zumindest symbolisch vollständig vorliegt (z.B. als Kartei) und so durchmischt ist, daß die gleiche Auswahlchance der einzelnen Elemente nicht beeinträchtigt wird.

Die recht umständliche Vorgehensweise der reinen (= uneingeschränkten) Zufallsauswahl wird in der Praxis mit den meist sehr großen Grundgesamtheiten zumeist durch nachfolgende Techniken ersetzt:

- Auswahl mit Zufallszahlentabellen bzw. Zufallszahlengenerator
  Die auf Listen, Karteien o.ä. vorliegende Grundgesamtheit wird durchnumeriert. Die zu ziehenden Nummern werden einer Zufallszahlentabelle – wie sie in den meisten statistischen Tafelwerken enthalten ist – entnommen bzw. über einen Zufallszahlengenerator oder programmierbaren Rechner ermittelt.

■ Systematische Zufallsauswahl
Soll aus einer Grundgesamtheit mit N Untersuchungseinheiten eine Stichprobe vom Umfang n gezogen werden, so wird bei der systematischen Zufallsauswahl aus den ersten $\frac{N}{n}$ Elementen der Grundgesamtheit zunächst per Zufallsauswahl ein Startpunkt t ausgewählt und ausgehend hiervon jedes $s = \frac{N}{n}$ – te Element gezogen[6].

■ Schlußziffernverfahren
Entnommen werden aus der durchnumerierten Datei jene Elemente, die eine bestimmte Endziffer aufweisen.

■ Buchstabenauswahl
Die Stichprobe wird aus allen Elementen gebildet, deren Nachnamen bestimmte Anfangsbuchstaben tragen.

Die Vorzüge der reinen Zufallsauswahl liegen vor allem darin, daß die Kenntnis der **Merkmalsstruktur** der Grundgesamtheit nicht erforderlich ist. Verzerrungen durch falsche Quotenvorgaben oder durch die subjektive Auswahl der Untersuchungspersonen durch den Interviewer können aufgrund des objektiven Zufallsprozesses nicht entstehen.

Andererseits setzt das Verfahren voraus, daß die Grundgesamtheit **vollständig** vorliegt und **zugänglich** ist (z.B. in Form von Adressenverzeichnissen), eine Bedingung, die, abgesehen von den höheren Kosten für die Planung und Durchführung der Erhebung, vielfach nicht erfüllt werden kann. Ergebnisverzerrungen durch Unerreichbare und Verweigerer lassen sich auch nicht vermeiden.

Statistik-Puristen kommen zwar bei der reinen Zufallsauswahl stets ins Schwärmen, wegen der erwähnten Schwierigkeiten arbeitet die Praxis aber mittlerweile schätzungsweise zu 80 % mit Quota-Stichproben (vgl. S. 55 ff.), dies aber – infolge zunehmender telefonischer Umfragen – inzwischen mit rückläufiger Tendenz.

1.1.2 Geschichtete Zufallsauswahl (stratified sampling)

Bei der geschichteten Zufallsauswahl wird die Grundgesamtheit in mehrere Untergruppen (Schichten) aufgeteilt, aus denen dann jeweils separate Stichproben gebildet werden (nach Zufalls- oder bewußter Auswahl).

Sie eignet sich vorrangig dann, wenn die Grundgesamtheit insgesamt heterogen ist, sich aber – im Hinblick auf den Untersuchungsgegenstand – aus relativ homogenen Teilgruppen zusammensetzt (z.B. im Einzelhandel: Kleinläden vs. SB-Warenhäuser). Die Schichtung bewirkt dann eine Reduzierung des Stichprobenfehlers.

---

6   Dies gilt allerdings nur dann, wenn $\frac{N}{n}$ ganzzahlig ist.

Das Verfahren der geschichteten Zufallsauswahl kann natürlich nur dann angewendet werden, wenn die **Verteilung** der interessierenden Merkmalsdimensionen bekannt ist, so daß eine Schichtenbildung vorgenommen werden kann.

Im Hinblick auf die Art der Schichtung wird unterschieden in:

- Proportional geschichtete Stichprobe
  Jede Schicht ist in der Stichprobe im gleichen Verhältnis wie in der Grundgesamtheit vertreten. Die Stichprobenwerte der einzelnen Schichten können damit unmittelbar aufaddiert werden.

- Disproportional geschichtete Stichprobe
  In Fällen, in denen relativ kleine Schichten eine besondere Bedeutung für das Untersuchungsergebnis haben oder die Schichten stark unterschiedliche Streuungen aufweisen, besteht die Möglichkeit, den einzelnen Schichten in der Stichprobe einen von den Verhältnissen in der Grundgesamtheit abweichenden Anteil einzuräumen. Beispielsweise werden umsatzstärkere Betriebe mit größeren Anteilen, als ihnen nach der zahlenmäßigen Gesamtverteilung zustünde, nämlich entsprechend ihrer Umsatzbedeutung, in das Sample eingebracht.
  Bei der Hochrechnung auf das Gesamtergebnis müssen die Ergebnisse der einzelnen Schichten mit ihrem Schichtgewicht (entspricht der umgekehrten Auswahlchance) multipliziert werden. Abbildung 8 zeigt einen solchen disproportionalen Ansatz am praktischen Beispiel.

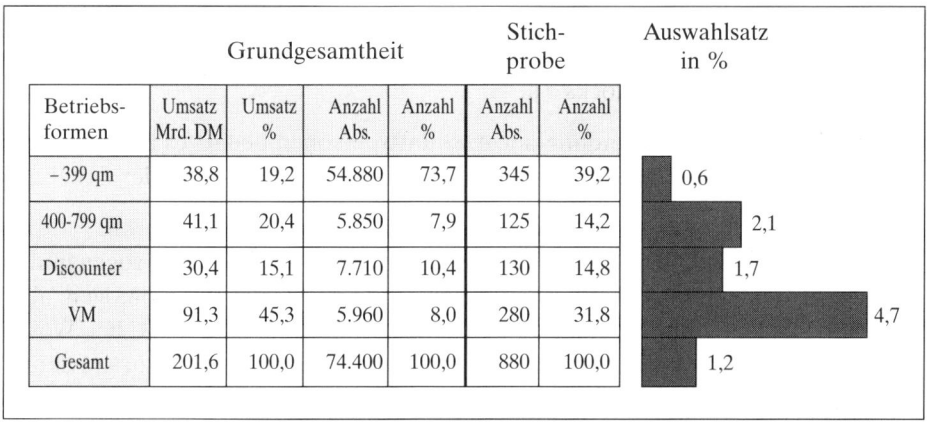

	Grundgesamtheit				Stich-probe		Auswahlsatz in %
Betriebs-formen	Umsatz Mrd. DM	Umsatz %	Anzahl Abs.	Anzahl %	Anzahl Abs.	Anzahl %	
– 399 qm	38,8	19,2	54.880	73,7	345	39,2	0,6
400-799 qm	41,1	20,4	5.850	7,9	125	14,2	2,1
Discounter	30,4	15,1	7.710	10,4	130	14,8	1,7
VM	91,3	45,3	5.960	8,0	280	31,8	4,7
Gesamt	201,6	100,0	74.400	100,0	880	100,0	1,2

Abbildung 8: Disproportionale (Quoten-)Stichprobe im deutschen Lebensmittel-Einzelhandel

Quelle: GfK Handelspanel

Optimal geschichtete Stichprobe

Im Vordergrund einer optimal geschichteten Stichprobe (Unterfall der disproportional geschichteten Stichprobe) steht das Bemühen, bei gegebenem Stichprobenumfang den Zufallsfehler zu minimieren bzw. für einen vorgegebenen
und tolerierten Zufallsfehler den Stichprobenumfang zu minimieren. Sie ent-
nimmt daher homogenen Untergruppen entsprechend kleine Teilstichproben,
heterogenen Untergruppen entsprechend größere.

Diese im Prinzip naheliegende Vorgehensweise scheitert jedoch in der Praxis
meist daran, daß die für eine optimale Schichtung erforderlichen Informationen
über die einzelnen Schichten in der Grundgesamtheit fehlen.

1.1.3 Klumpenauswahl (cluster sampling)

Eine Klumpenauswahl liegt dann vor, wenn die Grundgesamtheit in „Klumpen"
d.h. (meist „natürliche") Konglomerate von Untersuchungseinheiten unterteilt
wird und dann at random eine bestimmte Zahl dieser Klumpen ausgewählt und mit
allen ihren Elementen in das Sample einbezogen wird. Bei der Klumpenauswahl
verkörpern somit nicht einzelne Elemente der Grundgesamtheit, sondern ganze
Gruppen von Elementen die Auswahleinheiten.

Das Verfahren hat den Vorzug, daß die Grundgesamtheit weder vollständig (etwa
als Kartei) vorliegen, noch daß ihre Struktur im einzelnen bekannt sein muß. Darüber hinaus bietet es vor allem praktische Vorteile. Am deutlichsten zeigt sich das
beim sogenannten **Flächenstichproben-Verfahren** (area sampling). Die Auswahleinheiten (Klumpen) werden hier geographisch definiert, z.B. als Planquadrate eines Stadtplans, als Häuserblocks o.ä.

Zur Bestimmung und Auffindung der Auskunftspersonen bedarf es keiner Adres-
senlisten. Außerdem senkt die räumliche Konzentration die Kosten der Erhebung
ganz erheblich.

Die spezielle Gefahr der Klumpenauswahl liegt im Auftreten des sogenannten
Klumpen-Effekts. Immer dann, wenn ausgewählte Cluster in sich homogen, aber
von der Grundgesamtheit stark abweichend strukturiert sind (z.B. bei Wohn-
blöcken, Altersheimen, Beamtendienstwohnungen), kann das leicht zu gravierenden Ergebnisverzerrungen führen.

1.2   Verfahren der bewußten Auswahl

Die Verfahren der Zufallsauswahl basieren auf Zufallsmechanismen. Bei den Verfahren der bewußten Auswahl hingegen wird das Sample **konstruiert,** die Auswahl erfolgt

gezielt und überlegt nach sachrelevanten Merkmalen. Selbstverständlich geht es auch hier wieder darum, die Auswahl so vorzunehmen, daß das Sample hinsichtlich der interessierenden Merkmale möglichst repräsentativ für die Grundgesamtheit ist.

1.2.1   Quota-Verfahren

Dem Quota-Verfahren liegt folgender Gedanke zugrunde: Wenn die Verteilung aller Merkmalsausprügungen auf allen Merkmalsdimensionen einer Grundgesamtheit bekannt wäre, so wäre es möglich, ein Modell dieser Grundgesamtheit zu erstellen, also eine Stichprobe zu entwickeln, die in allen Merkmalen für die Grundgesamtheit repräsentativ ist. Im Gegensatz zum Zufallsprinzip setzt dies aber die Kenntnis der Merkmale (Quoten) und ihre anteilige Verteilung in der Grundgesamtheit voraus, um entsprechende Quoten bilden zu können (z.B. Männer 45 %, Frauen 55 %).

In dieser umfassenden Form läßt sich die Ausgangsüberlegung natürlich nicht realisieren. In der Praxis beschränkt man sich daher beim Quota-Verfahren auf einige wenige Dimensionen, und zwar solche, deren Verteilung in der Grundgesamtheit bekannt ist und von denen man weiß oder annimmt, daß sie für den Untersuchungsgegenstand eine ausschlaggebende Rolle spielen.

Wollte man also z.B. anhand einer Quota-Auswahl die Trinkgewohnheiten der Wohnbevölkerung Nürnbergs untersuchen, so wäre zunächst zu überlegen, welche Merkmale der Nürnberger mutmaßlich einen engen Bezug zu deren Trinkgewohnheiten haben. Die Antwort darauf könnte lauten: Alter, Geschlecht, Gesundheitszustand, Einkommen und Beruf.

Falls nun diese als sachrelevant angesehenen Merkmale alle auch zur Quotierung herangezogen werden sollten, so wären – etwa aus der amtlichen Statistik – die Verteilungen dieser Merkmale in der Wohnbevölkerung Nürnbergs festzustellen und zahlenmäßig auf den vorgesehenen Sample-Umfang umzurechnen.

Allerdings wird man im vorliegenden Fall sicherlich auf eine Quotierung des Merkmals „Gesundheitszustand" verzichten, da hierüber wohl kaum geeignete statistische Daten vorliegen und zudem mit der Quotierung eines solchen Merkmals stärkste Probleme bei der praktischen Durchführung (Auffindung usw.) entstehen. Durchführungstechnischer Vorzüge wegen (Aufteilung der Interviewer, Verminderung der Gefahr von Klumpeneffekten usw.) würde man statt dessen unter Umständen das Merkmal „Wohnbezirk" heranziehen, obwohl es bestenfalls mittelbar einen Bezug zu den Trinkgewohnheiten aufweist.

Aus dem so entstandenen **Quotierungsplan** wird dann dem einzelnen Interviewer eine bestimmte Zahl von Interviews zugeteilt und eine **Quotenanweisung** ausgehändigt, aus der z.B. hervorgehen könnte, daß

insgesamt	12 Interviews,
davon	6 im Bezirk Nürnberg-Schweinau
	6 im Bezirk Nürnberg-Johannis
	7 männliche Personen
	5 weibliche Personen
	2 Personen zwischen 16 und 25 Jahren
	5 Personen zwischen 26 und 35 Jahren
	4 Personen zwischen 36 und 45 Jahren
	1 Person zwischen 46 und 55 Jahren
	3 Arbeiter
	4 Angestellte/Beamte
	1 Selbständiger/Freiberuflicher
	4 Nicht-Erwerbstätige

durchzuführen sind.

Für die Quota-Auswahl ist also charakteristisch, daß der einzelne Interviewer selbst die Auskunftspersonen auswählt. Welche konkreten Personen er befragt, bleibt ihm frei überlassen, sie müssen nur – über die Summe seiner Interviews gesehen – den ihm vorgegebenen Quoten entsprechen.

Bei korrekter Durchführung entsteht so insgesamt ein Sample, das in allen einzelnen Quotierungsmerkmalen der Zusammensetzung der Grundgesamtheit entspricht.

Die Vor- und Nachteile des Quota-Verfahrens gegenüber den Random-Verfahren werden in der Literatur sehr ausführlich behandelt, nicht zuletzt aufgrund des darob lange geführten Methodenstreits. Im wesentlichen spricht für das Quota-Verfahren, daß es kostengünstig, schnell und elastisch zu handhaben ist. Es bietet sich oft auch noch in solchen Fällen an, in denen eine Zufallsauswahl nicht mehr oder nur mit unverhältnismäßig großem Aufwand eingesetzt werden kann.

Zu seinen Lasten sprechen Argumente, die vorwiegend die Repräsentanz des Samples und damit die Güte der Ergebnisse in Frage stellen:

Eine mathematisch-statistische fundierte Fehlerberechnung ist nicht möglich!

Alle eine Zufallsauswahl voraussetzenden Auswertungs- und Testverfahren können (streng genommen) nicht angewendet werden!

Viele interessierende Quotierungsmerkmale (z.B. Erfahrung mit Schlankheitskur ja/nein?) sind hinsichtlich ihrer Verteilung in der Gesamtmasse nicht bekannt. Entsprechende Daten müssen dann erst durch eine Voruntersuchung (z.B. Omnibus, vgl. S. 117 f.) gewonnen und (als Filterfragen) genutzt werden.

56

- Die nötige Korrelation zwischen Untersuchungs- und Quotierungsmerkmalen ist unter Umständen nicht oder nur sehr indirekt gegeben, zumindest wird sie häufig nur subjektiv vermutet (z.B. Geschlecht und Theaterbesuch).

- Praktisch können nur wenige Merkmale quotiert werden, da die Erhebung sonst zu schwierig wird (Auffindung der Restquoten).

- Die Verzerrung durch Ausfälle, Verweigerungen usw. ist unbekannt.

- Die Gefahr interviewerbedingter Verzerrungen ist relativ groß, z.B. durch Bevorzugung bestimmter Personen (Bekannte, Weiterempfohlene, leicht Erreichbare usw.) oder durch bewußte Nichteinhaltung von Quotenvorgaben (vgl. dazu auch S. 106).

Wenngleich die Stichhaltigkeit dieser Einwände keineswegs in Frage steht, so bleibt aber entgegenzuhalten, daß sich das Quota-Verfahren vielfältig bewährt und in einer Reihe von Vergleichstests den Random-Verfahren als ebenbürtig erwiesen hat, zumal ja auch diese nicht frei von durchführungstechnischen Schwächen sind.

1.2.2   Cut-off-Verfahren (Auswahl nach dem Konzentrationsprinzip)

Ebenfalls zu den gängigen Verfahren der bewußten Auswahl zählt die sogenannte Auswahl nach dem Konzentrationsprinzip. Dabei beschränkt man die Erhebung auf solche Elemente der Grundgesamtheit, denen für den Untersuchungstatbestand ein besonderes Gewicht zukommt.

Das Verfahren eignet sich nur dann, wenn die einzelnen Elemente in der Grundgesamtheit ein starkes Ungleichgewicht aufweisen und relativ wenigen Elementen ein sehr hoher Erklärungsbeitrag für die zu untersuchenden Sachverhalte in der Grundgesamtheit zuzumessen ist. Beispiele für seine Verwendung finden sich vor allem in der Investitionsgüter-Marktforschung, wo die Befragung führender Großbetriebe vielfach bereits so weitreichende Ergebnisse erbringt, daß eine Ausdehnung auf die übrigen Betriebe unwirtschaftlich wäre.

1.2.3   Typische Auswahl

Der Vollständigkeit halber bleibt die sogenannte typische Auswahl als Form der bewußten Auswahl anzuführen, wenngleich sie nicht als ein methodisch gesichertes, den Repräsentationsschluß ermöglichendes Verfahren angesehen werden kann.

Man greift nach freiem Ermessen solche Elemente aus der Grundgesamtheit heraus, die als besonders charakteristisch und typisch erachtet werden und schließt von den erzielten Ergebnissen entsprechend auf die Grundgesamtheit.

Der typischen Auswahl ist vor allem entgegenzuhalten, daß sowohl die Entscheidung, welche Elemente als typisch anzusehen sind, als auch darüber, in welchem Umfang verallgemeinert werden kann, weitgehend subjektivem Ermessen überlassen bleibt.

1.3   Mehrstufige und kombinierte Verfahren

In der empirischen Marketingforschung ist es sehr häufig notwendig, von den oben genannten Grundtypen der Zufallsauswahl abzuweichen bzw. sie zu erweitern und miteinander zu kombinieren.

So ist es aufgrund von unzureichendem bzw. fehlendem statistischem Material oder wegen der Größe und der großen regionalen Streuung der zu untersuchenden Grundgesamtheiten häufig nicht möglich, die Elemente der Stichprobe mittels Zufallsauswahl unmittelbar aus der Grundgesamtheit auszuwählen. Gerade bei repräsentativen Bevölkerungsumfragen liegt das dazu nötige Adressenmaterial nicht vollständig vor, so daß man gezwungen ist, mehrstufig vorzugehen, d.h. eine Reihe von Auswahlverfahren hintereinander zu schalten. Dabei zerlegt man die Grundgesamtheit zunächst in genau definierte Stichprobeneinheiten (z.B. Städte oder Gemeinden) und zieht aus der Menge dieser Einheiten entweder mittels Zufallsauswahl oder bewußter Auswahl eine sogenannte **Primärstichprobe.** Auf der nächsten Auswahlstufe werden wiederum Stichprobeneinheiten (z.B. Haushalte) definiert und aus den gezogenen Primäreinheiten ausgewählt. Aus diesen Haushaltseinheiten werden schließlich auf einer letzten Stufe die Zielpersonen gezogen.

Je nachdem, ob auf den einzelnen Auswahlstufen das gleiche oder aber unterschiedliche Auswahlverfahren herangezogen werden, liegen **reine** oder **kombinierte** mehrstufige Verfahren vor. Es wurde in diesem Zusammenhang bereits mehrfach betont, daß es von den jeweiligen Umständen der Erhebung abhängt, welche Verfahren bzw. welche Verfahrensmodifikationen sich am besten eignen.

Eine traditionelle Auswahltechnik bei Bevölkerungsumfragen ist das sog. **Random-Route-**(Walk)**-Verfahren.** Dabei werden – in der Regel auf der letzten Stufe eines mehrstufigen Auswahlverfahrens – die Interviewer veranlaßt, bestimmte vorgegebene, per Zufallsauswahl (at random) ausgewählte Ausgangspunkte (z.B. Straße XY) aufzusuchen und von diesen aus nach exakten Regeln weiterzugehen; beispielsweise ist dann jeder zweite Haushalt in jedem zweiten Gebäude auf der rechten Seite der Straße zu befragen.

Wenngleich das Random-Route-Verfahren erhebliche Vorzüge aufweist (räumliche Konzentration der Erhebungsarbeit, gute Kontrollmöglichkeiten, geringere

Kosten), muß darauf hingewiesen werden, daß es nicht unumstritten ist, da eine mathematisch-statistische Berechnung des Stichprobenfehlers nur näherungsweise möglich ist.

Auch bei diesen einfachen, ungeschichteten mehrstufigen Verfahren muß selbstverständlich stets gewährleistet werden, daß die Repräsentanz und die Genauigkeit der Stichprobe gewahrt wird. Es muß daher darauf hingewiesen werden, daß mehrstufige Auswahlverfahren zu einer Verschlechterung der Stichprobenergebnisse führen können.

So kann beispielsweise der vorab genannte Klumpen-Effekt nicht ausgeschlossen werden, der dadurch entsteht, daß man aus Kostengründen pro übergeordneter Auswahleinheit nicht nur jeweils eine Einheit zieht, sondern gleich mehrere, so daß diese zum **Sampling Point** werden. Besitzt dieser Sampling Point eine für die Grundgesamtheit nicht charakteristische Struktur (z.B. Villenort), so sind die daraus ausgewählten Haushalte nicht repräsentativ für die Grundgesamtheit. Aufgrund dieser Verzerrungsgefahr bedürfen komplexe Auswahlverfahren eines erheblich **größeren Stichprobenumfanges** als einstufige Verfahren – als Richtgröße kann ein doppelter Stichprobenumfang gelten –, um die gleiche Ergebnisgenauigkeit und -sicherheit aufzuweisen. Insbesondere um diesen Verzerrungen entgegenzuwirken, wird die mehrstufige Zufallsauswahl sehr häufig mit einer Schichtung auf den einzelnen Stufen verbunden.

Stellvertretend für mehrstufig geschichtete Auswahlverfahren stehen die **Musterstichprobenpläne (ADM-MSP),** die von führenden Instituten gemeinsam für repräsentative Bevölkerungsstichproben entwickelt wurden.

Die Musterstichprobenpläne sehen 3 Auswahlstufen vor, die hintereinander geschaltet sind. Es sind dies:

(1) Auswahl von Sampling Points

(2) Auswahl von Haushalten in den gezogenen Sampling Points

(3) Auswahl der Zielpersonen in den gezogenen Haushalten.

Für die Auswahl auf den einzelnen Stufen wurden alternative Vorgehensweisen entwickelt.

(1) Auswahl von Sampling Points

Die Grundgesamtheit bei nationalen Bevölkerungsumfragen – hierfür wurden die Musterstichprobenpläne primär entwickelt – setzt sich aus der in Privathaushalten lebenden deutschen Bevölkerung der Bundesrepublik Deutschland zusammen. Die Stichprobenauswahl erfolgt aus dieser ersten Stufe durch eine auf dem Flächenstichproben-Verfahren (area sampling) basierende geschichtete Zufallsauswahl. Hierzu wird das Gebiet der Bundesrepublik Deutschland nach den

Stimmbezirken zur Wahl des deutschen Bundestages eingeteilt. Die ca. 80 000 Wahlstimmbezirke, denen je nach Größe zwischen 200 und 2 000 Wahlberechtigte angehören, werden anschließend nach Bundesländern, Regierungsbezirken, Landkreisen, Gemeindegrößenklassen und ggf. weiteren interessierenden Merkmalen geschichtet. In jeder Schicht erfolgt nun eine **uneingeschränkte Zufallsauswahl** von Stimmbezirken. Auf diese Weise erhält man die sogenannten Sampling Points.

(2) Auswahl von Haushalten in den gezogenen Sampling Points

Nach der Auswahl der Sampling Points (= Stimmbezirke) werden alle in einen Stimmbezirk fallenden Privathaushalte nach bestimmten, alternativen Verfahren aufgelistet und daraus eine Stichprobe mittels systematischer **un**geschichteter Zufallsauswahl gezogen.

(3) Auswahl der Zielpersonen in den gezogenen Haushalten

Ist die Grundgesamtheit auf Hausfrauen oder Haushaltsvorstände beschränkt, so ist die Zielperson jeweils diese Person im Haushalt. Befragt werden dann alle Zielpersonen.

Setzt sich die Grundgesamtheit hingegen aus allen erwachsenen Personen zusammen, so gibt es für die Bildung der Stichprobe folgende Möglichkeiten. Entweder werden alle Haushaltsmitglieder der gezogenen Haushalte befragt, oder es werden dort zunächst alle Haushaltmitglieder aufgelistet und per Zufallsauswahl (Zufallszahlenfolge/Schwedenschlüssel/nächster Geburtstag) jede n-te Person ausgewählt.

Eine dritte Möglichkeit besteht darin, nur ein Haushaltsmitglied pro Haushalt zu befragen. Um die Repräsentanz zu wahren, obgleich sich die Auswahlchancen für die Personen umgekehrt proportional zur Anzahl der Personen im Haushalt verhalten, muß nach bestimmten Verfahren vorgegangen werden. Infrage kommt hier eine Auswahl vornamensalphabetisch, oder fortlaufend nach Alter oder fortlaufend nach Alter und Geschlecht.

Schließlich sei noch vermerkt, daß auf dieser letzten Stufe des Auswahlverfahrens in den Musterstichprobenplänen auch die dargestellten Verfahren der bewußten Auswahl zur Anwendung gelangen können.

Die Musterstichprobenpläne wurden in einem Baukastensystem angelegt, d.h. verschiedene Vorgehensweisen auf den einzelnen Auswahlstufen lassen sich beliebig miteinander kombinieren. Neben einem Grundsystem für nationale Bevölkerungsstichproben lassen sich damit Stichprobenpläne zusammenstellen, die individuelle Institutsbelange und -aufgaben berücksichtigen.

Die Abbildung 9 zeigt das ADM-MSP-Rahmenschema mit allen Baukasten-Elementen auf den jeweiligen Stichprobenstufen, Abbildung 10 die Auswahlverfahren nochmals im Überblick (vgl. dazu auch Althoff).

Auswahlverfahren	Baukasten-Elemente				Definitionen Grundsätze
Stichprobe ...-stufige, geschichtete RANDOM-Stich-probe entsprechend ADM-MSP ... oder QUOTEN-Stich-probe mit RAN-DOM-Auswahl der Sample Points					
1. Stichprobenstufe	Techn. Ablauf	Schichtung	Ausw.-Verfahren	Ausw.-Chance	
Auswahl der Sampling Points	1. Einphasig: Auswahl von STBZ = Sample Point (ggf. Synthe-sierung)	Schichtungs-merkmale:	– uneinge-schränkte – systematische Zufallsauswahl	– proportional Haushalte – proportional Wahlberechtigte – gleich	Mindest-anforderungen bei der Aus-wahl der Schichtungs-merkmale bei nationalen Stichproben-systemen
	2. Zweiphasig: (a) Gemeinde-Auswahl	Schichtungs-merkmale:	systematische Zufallsauswahl	– proportional Haushalte – proportional Einwohner durch „Selbst-gewichtung"	
	(b) STBZ-Auswahl = Sample Point	ggf. nach Stadtbezirken	– uneinge-schränkte – systematische Zufallsauswahl	– proportional Haushalte – proportional Wahlberechtigte – gleich	
2. Stichprobenstufe	Auflistungs-vorschrift	Auflistungs-weg	Auflistungs-umfang	Auswahl-verfahren	
Auswahl der Haushalte	(a) Total-auflistung		alle Straßen/ Haushalte im STBZ	– uneinge-schränkte oder – systematische Zufallsauswahl	(a) Definition des Privat-Haushaltes (b) Operable Einheit = Türklingel (c) Auflistungs-regeln
	(b) Partielle Vorabauf-listung	fest vor-gegebene Straßen RANDOM-Walk	Listung jedes x-ten Haushaltes X Haushalte in Reihe	– uneinge-schränkte oder – systematische Zufallsauswahl	
	(c) Parallele Teilauf-listung	fest vor-gegebene Straßen RANDOM-Walk	Listung aller Haushalte Listung der Zielhaushalte	systematische Zufallsauswahl	
3. Stichprobenstufe Auswahl der Zielperson	(a) *ohne* ZP = Hausfrau/ HH-Vorstand				Kontrolle der in der Hand des Interviewers liegenden Durchführung des Stich-probenplanes
	(b) RANDOM-Auswahl	Auflistungs-vorschrift: – fortlaufend nach Alter – vornamens-alphabetisch	Auswahlvorschrift: – Zufallszahlenreihe – Schwedenschlüssel – „Nächster Geburtstag"		
	(c) QUOTEN-Auswahl	entsprechend vorgegebener Quoten			

Abbildung 9: ADM-MSP-Rahmenschema für mehrstufige geschichtete Auswahl-verfahren

Quelle: Arbeitskreis Deutscher Marktforschungsinstitute ADM (Hrsg.): Muster-Stichproben-Pläne

61

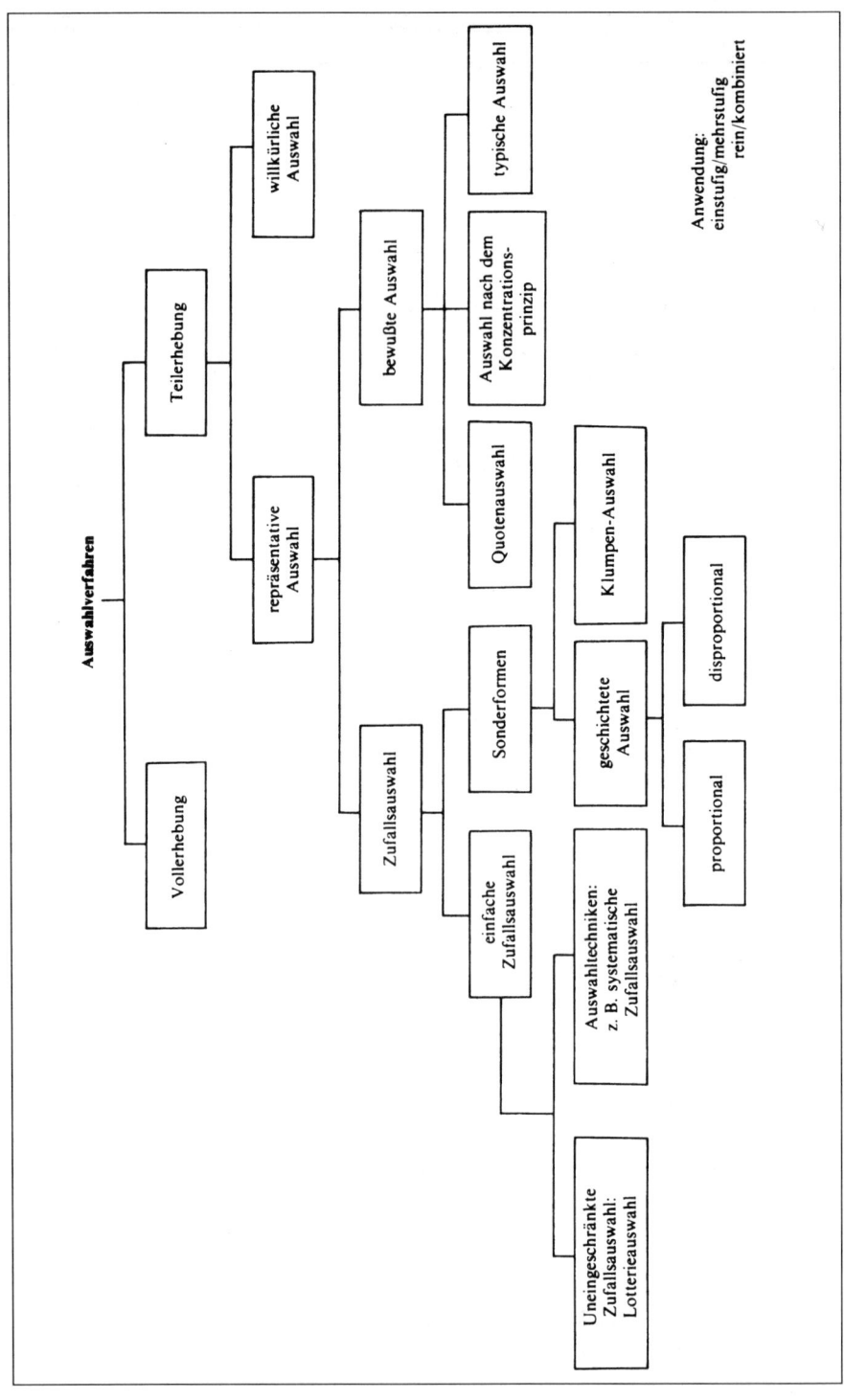

Abbildung 10: Grundformen von Auswahlverfahren

2. Fehler und Genauigkeit

In der Marketingforschung, wo im Zuge komplexer Prozesse aus einer vielschichtigen Realität Sachverhalte erfaßt und analysiert werden, muß geradezu zwangsläufig mit dem Auftreten von Faktoren gerechnet werden, die zu Ergebnisbeeinträchtigungen führen können, d.h. zu einem Abweichen der erlangten Meßwerte bzw. Daten von der tatsächlichen Beschaffenheit der zu untersuchenden Objekte.

Bei der Messung statistischer Massen unterteilt man in **Zufallsfehler** und **systematische Fehler**. Zufallsfehler sind solche, die gleichmäßig um einen richtigen Wert streuen, so daß sie sich per Saldo ausgleichen. Systematische Fehler hingegen verteilen sich nicht gleichmäßig um einen wahren Wert, sondern konzentrieren sich in einer bestimmten Richtung.

Für die Marktforschung ist diese Unterscheidung jedoch wenig operational. Deshalb gebraucht man hier den Begriff **„Zufallsfehler"** im allgemeinen zur Kennzeichnung des „berechenbaren Fehlers" und meint damit vorwiegend den **Stichprobenfehler** bei Random-Verfahren. Der Ausdruck **„systematische Fehler"** findet dementsprechend zur Kennzeichnung der übrigen, mit Hilfe der Wahrscheinlichkeitsrechnung **nicht quantifizierbaren Fehler** Verwendung.

2.1 Zufallsfehler

Bei einer Stichprobenerhebung wird von den in der Stichprobe ermittelten Verhältnissen (qualitative Merkmalsausprägungen und/oder quantitative Merkmalswerte) auf die „entsprechenden" Werte in der Grundgesamtheit geschlossen. Es bedarf nun keiner weiteren Begründung, daß eine solche Hochrechnung, gemessen an den „wahren Werten", nicht ein gleich genaues und sicheres Ergebnis erbringen kann wie eine Vollerhebung.

Besonderes Interesse gilt daher der Frage, wie dieser Stichprobenfehler ermittelt werden kann bzw. wie ein Sample angelegt sein muß, damit es eine bestimmte Stichprobenabweichung nicht überschreitet.

Zu diesem Zweck denke man an eine einfache Zufallsauswahl, also z.B. an den Fall, in dem aus einem Behältnis mit 1000 gut vermischten schwarzen und weißen Kugeln eine Stichprobe von 50 Kugeln entnommen wird, um den Anteil der weißen Kugeln in der Grundgesamtheit = P zu ermitteln.

Man kann ohne weiteres errechnen, wie viele unterschiedliche Stichprobenzusammensetzungen theoretisch überhaupt denkbar sind, und welchen Anteil jeweils die weißen Kugeln in der einzelnen Stichprobe = p haben.

Es ergibt sich eine Normalverteilung der p-Werte:

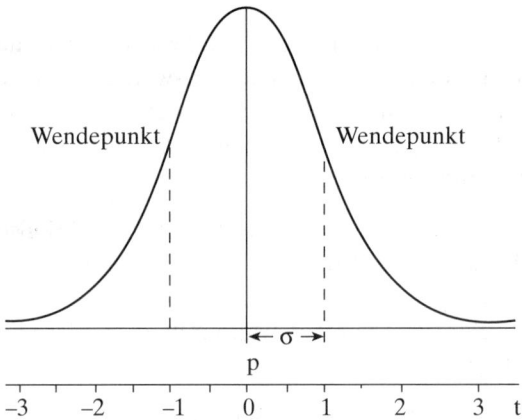

Die Ergebnisse der einzelnen denkbaren Stichproben streuen also um den wahren Wert P, wobei die meisten Ergebnisse relativ nahe am wahren Wert liegen und nur wenige stark davon abweichen.

Als Streuungsmaße für den Stichprobenanteil p dienen gemeinhin die **Varianz,** also die durchschnittliche quadratische Abweichung, oder die **Standardabweichung** (hier als σ_p bezeichnet), also die Quadratwurzel aus der Varianz.

Es ist bekannt, daß, wenn die Gesamtfläche zwischen der X-Achse und einer Normalverteilungskurve als 100 % genommen wird, der Bereich $P \pm \sigma_p$ 68,3 % der Gesamtfläche umfaßt. Auf die Stichprobe übertragen bedeutet dies, daß 68,3 % aller denkbaren Stichprobenergebnisse in den **Fehlerbereich** (auch **Abweichungs-, Sicherheits-** oder **Vertrauensbereich** genannt) $P \pm \sigma_p$ fallen.

In der Praxis kann jedoch eine Aussage, die nur für etwa 2/3 aller theoretisch denkbaren Fälle zutrifft, in der Regel nicht befriedigen. Die Sicherheit der Aussage, d.h. die Wahrscheinlichkeit, daß das Ergebnis der Stichprobe in den angegebenen Fehlerbereich fällt, läßt sich nun dadurch steigern, daß der Fehlerbereich erweitert wird. σ_p wird also mit einem sogenannten **Sicherheitsfaktor** (t) multipliziert, so daß der Fehlerbereich allgemein bezeichnet werden kann als

Fehlerbereich = $P \pm t \cdot \sigma_p$

Die nachstehende Tabelle zeigt, bei welcher Größe von t das Stichprobenergebnis mit welcher Wahrscheinlichkeit in den angegebenen Fehlerbereich fällt:

Bei t =	liegen ... Prozent aller möglichen Stichprobenergebnisse p für den (wahren) Anteilswert P im Bereich $P \pm t \cdot \sigma_P$
1,00	68,3 %
2,00	95,5 %
3,00	99,7 %
3,29	99,9 %

Es läßt sich somit z.B. mit fast völliger Sicherheit (99,7 %) sagen, daß das Stichprobenergebnis nicht mehr als 3 σ_P vom gesuchten wahren Wert abweicht.

Das vorab Ausgeführte sollte nochmals verdeutlicht werden: Die Qualität von Stichprobenergebnissen mißt sich daran, wie genau der wahre Wert (den nur eine Vollerhebung ausweisen kann) getroffen wird. Dazu dient als Maß einmal die **Streuung,** mit der zum Ausdruck kommt, wie weit der ausgewiesene Wert nach oben bzw. nach unten vom wahren Wert abweichen kann.

Das zweite Maß ist die **Wahrscheinlichkeit,** mit der die ausgewiesene Streuung nun auch tatsächlich zutrifft, wie (un)sicher die Bandbreite also ist.

Zur Veranschaulichung diene erneut das Urnenbeispiel. Bei **gleich viel** schwarzen und weißen Kugeln, gut gemischt, stellt sich bei der Entnahme recht schnell das Mischungsverhältnis heraus, auch wenn eine Farbe öfter hintereinander erscheint als Ausdruck des (statistischen) Zufalls. Enthält die Grundgesamtheit jedoch ein relativ seltenes Merkmal, also z.B. nur 5 % weiße Kugeln, dauert es u.U. sehr lange, im anderen Extrem sehr kurz, bis diese Farbe erscheint und noch viel länger, bis man sich dem tatsächlichen Mischungsverhältnis nähert. Erforderlich sind in solchen Fällen also erheblich größere Stichproben, um auf entsprechend aussagefähige Fallzahlen zu kommen, sofern man sich eben nicht mit sehr ungenauen Ergebnissen zufrieden geben will. Nur kennt man vorher das Mischungsverhältnis eben leider nicht.

Für den Marktforscher stellt sich das Problem in der Praxis oft von einer anderen Seite. Er weiß von den konkreten Umständen der jeweiligen Aufgabenstellung her,

 wie genau das Stichprobenergebnis sein muß **(Streuung)** und

 mit welcher Sicherheit die Aussage getroffen werden soll **(Wahrscheinlichkeit).**

Davon ausgehend muß er dann den Stichprobenumfang bestimmen[7]:

Es gilt $\sigma_p = \sqrt{\frac{p \cdot q}{n}}$, wobei $\quad$ p = Anteil der Elemente in der Stichprobe, welche die Merkmalsausprägung aufweisen

$\quad$ q = Anteil der Elemente, die die Merkmalsausprägung nicht aufweisen

$\quad$ n = Stichprobenumfang

Man erkennt zunächst deutlich, daß σ_p, also die Standardabweichung des Stichprobenanteils p (der sog. Standardfehler), mit steigendem Stichprobenumfang abnimmt. Bezeichnet man nun den größten zulässigen Fehler als $e = t \cdot \sigma_p$, so ergibt sich daraus nach entsprechender Umformung die Formel[8]:

$$n = \frac{t^2 \cdot p \cdot q}{e^2}$$

Da in der Praxis p und q im voraus nicht bekannt sind, sind sie am zweckmäßigsten für den ungünstigen Fall, nämlich je 50 % anzusetzen[9].

Angenommen, ein Stichprobenergebnis soll auf ± 5 % (e = 5) genau sein und eine Sicherheit von 99,7 % aufweisen (997 von 1 000 möglichen Stichproben fallen in den zulässigen Fehlerbereich: t = 3), so wäre demgemäß ein Stichprobenumfang von

$$n = \frac{9 \cdot 50 \cdot 50}{25} = 900$$

erforderlich.

Bei nochmaliger Betrachtung der obenstehenden Formel sollte besonderes Augenmerk darauf gerichtet werden, daß der notwendige Umfang der Stichprobe vom Umfang der Grundgesamtheit **unabhängig** ist[10]. Geht man von einer Stichprobengröße von 4 000 Pesonen für ein repräsentatives Sample für die Bundesrepublik Deutschland aus (ca. 80 Mio. Einwohner), so sind für eine repräsentative Stichprobe in Nürnberg (ca. 500 000 Einwohner = $\frac{1}{160}$) eben nicht nur 25 Befragte (4 000 : 160), die dem Verhältnis beider Grundgesamtheiten entsprächen, ausreichend. Die Güte einer Stichprobe wird also nicht von der Relation Stichprobe/Grundgesamtheit, sondern von ihrem absoluten Umfang bestimmt.

Des weiteren ergibt sich daraus, daß die Güte einer Stichprobe im wesentlichen nicht proportional zum Umfang n, sondern mit der Quadratwurzel aus n zunimmt,

---

7 Näherungsformel, die bei einem Stichprobenumfang von nicht mehr als 5 % der Grundgesamtheit hinreichende Werte erbringt.

8 Siehe Fußnote 8.

9 50 · 50 ergibt das größtmögliche Produkt.

10 Vorausgesetzt, die Grundgesamtheit ist nicht zu klein.

d.h. eine **Vervierfachung** der Stichprobe bedeutet nur eine **Verdoppelung** der Güte der Stichprobe.

Ergänzend sind jedoch folgende Einschränkungen zu nennen:

(1) Die Darlegungen beziehen sich auf die Erfassung qualitativer Merkmalsausprägungen (sog. homograder Fall). Bei der Erfassung quantitativer Merkmalswerte (sog. heterograder Fall) treten an die Stelle der Merkmalsanteile die Mittelwerte in Stichprobe und Grundgesamtheit. Im übrigen gelten aber dann die gleichen Überlegungen.

(2) Es wurde von einer uneingeschränkten Zufallsauswahl ausgegangen. Ein differenziertes Random-Verfahren erfordert auch eine aufwendigere Berechnung.

(3) Die Fehlerberechnung bezieht sich auf das Gesamtergebnis. Soll mehrdimensional, also für verschiedene Untergruppen gesondert analysiert werden, so bestimmen die Anforderungen an die kleinste zu analysierende Zelle den Gesamtstichprobenumfang.

(4) Eine mathematisch exakte Fehlerermittlung ist nur bei Random-Verfahren, nicht aber bei den Verfahren der bewußten Auswahl möglich. Allerdings zeigen die Erfahrungen der Praxis, daß beide Erhebungsverfahren im großen und ganzen gleiche Ergebnisse erbringen, und somit bezüglich der Fehlerbereiche und des Stichprobenumfangs durchaus eine sinngemäße Übertragung statthaft ist.

2.2 Systematische Fehler

Auf systematische Fehler findet das Gesetz der großen Zahlen keine Anwendung. Zwar ist es durchaus möglich, daß sich einzelne systematische Fehler in ihrer Wirkung gegenseitig aufheben – genauso können sie sich aber auch verstärken, ohne daß hierüber wahrscheinlichkeitstheoretisch begründete Aussagen getroffen werden könnten.

Da systematische Fehler in sämtlichen Phasen des Informationsprozesses auftreten und die verschiedenartigsten Ursachen und Ausprägungen aufweisen, kann der nachfolgende Katalog nur die wesentlichsten Bereiche herausgreifen:

(1) Durch den **Träger** der Untersuchung hervorgerufene systematische Fehler
    (a) Fehler in der **Erhebungsplanung**
      – Verwendung unkorrekter (z.B. veralteter) Unterlagen
      – falsche Definition der Grundgesamtheit
      – Fehler in der Erhebungsstrategie (Auswahl und Kombination der Methodenelemente)
      – Fehler in der Erhebungstaktik (z.B. Fragebogengestaltung usw.).

- Verwendung eines ungeeigneten Auswahlverfahrens und/oder Fehler bei der Verfahrensanwendung (z.B. auch ungeeignete Quotierung usw.)
(b) Fehler in der **Erhebungsdurchführung**
- mangelhafte Organisation der Feldarbeit
- ungenügende Kontrolle
(c) Fehler in der **Auswertung**
(d) Fehler in der **Interpretation** und Darstellung der Ergebnisse.

(2) Durch **Interviewer** hervorgerufene systematische Fehler (Interviewer-Bias)[11]
    (a) Verzerrung des **Auswahlplanes** (z.B. Quotenfälschung, Selbstausfüllung, nur Bekannte befragen usw.)
    (b) Verzerrungen der **Antworten**
- Beeinflussung der Auskunftspersonen durch äußeres Erscheinungsbild und Auftreten
- suggestives Vorbringen der Fragen
- selektive und/oder nachlässige Antwortregistrierung.

(3) Durch **Probanden** hervorgerufene systematische Fehler
- **Non-Response-Fälle** (Kontakt- und/oder Antwortverweigerung, Beantwortungsunfähigkeit)
- **Falschbeantwortung** (z.B. durch Überforderung, Prestige, Affekt, mangelnde Erinnerung, Drittbeeinflussung usw.).

Angesichts der Erscheinungsvielfalt des systematischen Fehlers ist verständlich, daß seine Gesamtwirkung im jeweiligen Einzelfall praktisch nur geschätzt werden kann. Durch Kontrollen, sachliche Überlegungen und gegebenenfalls auch Erfahrungswerte müssen die Größenordnung und die Richtung der Einzelfehler eruiert und der Umfang des Nettofehlers abgesteckt werden.

3. Meßtheoretische Grundlagen

3.1 Messen und Meßdaten

Wie gezeigt, dienen Auswahlverfahren dazu, diejenigen Untersuchungseinheiten zu bestimmen, die für eine Erhebung heranzuziehen sind. Diese Untersuchungseinheiten (z.B. Personen eines Verbrauchersamples, Geschäfte einer Handelsstichprobe usw.) sind als Merkmalsträger aufzufassen, d.h. sie weisen bestimmte Merkmalsausprägungen auf.

---

11 In der recht ausführlichen Literatur zum Interviewereinfluß wird häufig analog der Unterscheidung Zufallsfehler/systematische Fehler zwischen **interviewer errors** und **interviewer bias** unterschieden. Als interviewer errors gelten dabei entsprechend solche Fehler (Irrtümer, Verwechslungen usw.), von denen man annimmt, daß sie sich bei hinreichend großer Zahl der Fälle gegenseitig ausgleichen. Beide Fehlergruppen zusammen ergeben den **interviewer effect**.

Derartige Merkmalsausprägungen gilt es an den Untersuchungseinheiten festzustellen. Dabei kann natürlich nicht die Untersuchungseinheit in ihrer komplexen Gesamtheit erfaßt werden, vielmehr wird man sich selektiv auf die Ausprägungen derjenigen Merkmalsdimensionen konzentrieren, die für die jeweilige Fragestellung interessieren. Bei einer Untersuchung zur Kaufbereitschaft für eine neue Marke wären das z.B. die Merkmalsausprägungen zur subjektiven Einschätzung der Marke, zur Ausgabebereitschaft für das Produkt und zur Markenpräferenz im Vergleich zu Konkurrenzmarken, nicht aber andere, in diesem Zusammenhang uninteressante Eigenschaften der befragten Person wie etwa ihre politische Einstellung oder ihre Vereinsmitgliedschaft etc.

Die Merkmalsausprägungen werden dabei in aller Regel zwischen Untersuchungseinheiten variieren, d.h. die jeweilige Merkmalsdimension ist eine Variable. Um nun die Untersuchungseinheiten auf dieser Merkmalsdimension positionieren und miteinander vergleichen zu können, müssen die Merkmalsausprägungen festgestellt und in Zahlenwerte bzw. Symbole überführt werden, was nichts anderes bedeutet, als die Merkmalsausprägung bei den jeweiligen Untersuchungseinheiten zu messen. Unter „**Messen**" versteht man nämlich zunächst die systematische Beobachtung und Aufzeichnung von empirischen Sachverhalten, mithin die Datenerhebung. Das Ergebnis der Messung ist dann die nach bestimmten Regeln vollzogene systematische Zuordnung von Zahlen oder Symbolen zu beobachteten Merkmalsausprägungen auf den zu untersuchenden Merkmalsdimensionen.

Erst durch diesen Meßvorgang entstehen Daten, die sich dann in weiteren Schritten so verdichten lassen, daß sie aussagekräftige Informationen als Grundlage für Marketingentscheidungen liefern. **Daten** sind also gemessene, d.h. zahlenmäßig erfaßte Merkmalsausprägungen von Untersuchungseinheiten auf Merkmalsdimensionen bzw., mit anderen Worten, Meßwerte einer bestimmten Variablen. Ergebnis solcher Messungen an den Untersuchungseinheiten ist – wie in Abbildung 11 abgebildet – eine Datenmatrix.

Diese Datenmatrix ist das Eingangsmaterial für weitere Auswertungen der Meßwerte. Dabei ist darauf hinzuweisen, daß die Ergebnisse solcher Auswertungen auch bei noch so eleganter Umformung nur aus dem Eingangsmaterial abgeleitet sind. Die Güte der erhaltenen Informationen bemißt sich folglich an der Qualität des Erhebungsmaterials. Die sorgfältige Messung von Merkmalsausprägungen nimmt somit eine Schlüsselstellung im Marktforschungsprozeß ein.

MD UE	MD$_1$ Alter	MD$_2$ Marken- präferenz	MD$_3$ Ausgabe- bereitschaft
UE$_1$	MA$_{11}$	MA$_{12}$	MA$_{13}$
UE$_2$	MA$_{21}$	MA$_{22}$	MA$_{23}$
.	.	.	.
.	.	.	.
.	.	.	.
UE$_n$	MA$_{n1}$	MA$_{n2}$	MA$_{n3}$

UE = Untersuchungseinheit
MD = Merkmalsdimension (Variable)
MA = Merkmalsausprägung

Abbildung 11: Matrix der Meßdaten

3.2 Meßniveaus

Um Messungen vornehmen zu können, wird ein Instrument benötigt, mit dem die Zuordnung von Zahlenwerten zu den Merkmalsausprägungen geleistet werden kann, d.h. man braucht einen Maßstab. So wie bei physikalischen Messungen ein Meterstab verwendet wird, um die Länge eines Gegenstandes zu messen, muß auch in der Marktforschung ein Maßstab angewendet werden, um beispielsweise den Grad der Einstellung einer Person gegenüber einem bestimmten Objekt, etwa der Marke X, zahlenmäßig zu erfassen. Einen solchen Maßstab liefert die **Skala,** die in der jeweiligen Untersuchung verwendet wird. Eine Skala ist damit als das Ziffer- blatt eines Meßinstrumentes aufzufassen, an dem die jeweilige Merkmalsausprä- gung zahlenmäßig abgelesen werden kann. Wie bei einem Maßstab die Längenein- heit, so bilden in der Marktforschung beispielsweise die Antwortvorgaben sehr gut = 1, gut = 2, weniger gut = 3, überhaupt nicht = 4, zur Frage: „Wie gut gefällt Ihnen die Marke X?" die Skalenwerte, die die entsprechenden Merkmalsausprägungen zahlenmäßig abbilden sollen.

Der Informationsgehalt der gemessenen Daten hängt nun ganz wesentlich von dem **Meßniveau** ab, mit dem die Merkmalsausprägungen der Untersuchungsobjekte ge- messen werden. So sind die Ausprägungen des Merkmals „Geschlecht" sicherlich nicht von gleich hoher Qualität wie die Ausprägungen des Merkmals „Alter", denn die Aus- prägungen des letztgenannten Merkmals lassen sich beispielsweise zusammenzählen, es läßt sich ein Mittelwert berechnen, was bei den Ausprägungen des Merkmals „Ge- schlecht" nicht möglich ist. Diese unterschiedliche Qualität der Daten liegt darin be- gründet, daß die Merkmale auf unterschiedlichen Meßniveaus gemessen werden.

Mit dem Meßniveau einer Skala sind somit die mathematischen Eigenschaften der von den Skalen gelieferten Meßwerte gemeint. So lassen sich – wie oben bereits er- wähnt – bei Skalen mit höherem Meßniveau (den sogenannten metrischen Skalen)

70

Meßeinheiten addieren und subtrahieren, was bei Skalen mit niedrigem Meßniveau nicht zulässig ist. Folgende Meß- bzw. Skalenniveaus sind zu unterscheiden:

- Nominalniveau
- Ordinalniveau
- Intervallniveau
- Rationiveau

Abbildung 12 gibt einen zusammenfassenden Überblick über die verschiedenen Meßniveaus und deren Eigenschaften.

		Meßniveau	Mathematische Eigenschaften der Meßwerte	Beschreibung der Meßwerteigenschaften	Beispiele
Zunahme des Informationsgehaltes	nicht-metrische Daten	**Nominalniveau**	$A = A \neq B$	*Klassifikation:* Die Meßwerte zweier UEn sind identisch oder nicht identisch	*Zweiklassig:* Geschlecht (männlich/weiblich) *Mehrklassig:* Betriebstyp (Discounter/Verbrauchermarkt/Supermarkt)
		Ordinalniveau	$A > B > C$	*Rangordnung:* Meßwerte lassen sich auf einer MD als kleiner/größer/gleich einordnen	*Präferenz- und Urteilsdaten:* z.B. Marke X gefällt mir besser, gleich gut, weniger als Marke Y
	metrische Daten	**Intervallniveau**	$A > B > C$ **und** $A - B = B - C$	*Rangordnung und Abstandsbestimmung:* Die Abstände zwischen Meßwerten sind angebbar	Intelligenzquotient Kalenderzeit
		Rationiveau (Verhältnis-Skala)	$A = x \cdot B$	*Absoluter Nullpunkt:* Neben Abstandsbestimmung können auch Meßwertverhältnisse berechnet werden	Alter Jahresumsatz

Abbildung 12: Meßniveaus und ihre Eigenschaften

Nominal-, Ordinal-, Intervall- und Rationiveau bilden eine hierarchische Ordnung. Mit zunehmendem Meßniveau wachsen Aussagekraft und Informationsgehalt der Daten. Jedes Meßniveau besitzt neben seinen charakteristischen Eigenschaften auch alle Eigenschaften der ihm vorstehenden Niveaus. Jedes höhere Meßniveau schließt das niedrigere mit ein, so daß es grundsätzlich möglich ist, Daten höheren Meßniveaus in Daten niedrigeren Niveaus zu transformieren, also etwa Intervall-daten in Ordinaldaten überzuführen. Umgekehrt ist dies nicht möglich. Daraus ergibt sich als Konsequenz für die Erhebungsplanung, immer das höchstmögliche Meßniveau zu wählen, da eine Transformation auf ein niedrigeres Niveau auch nachträglich noch möglich ist, auf ein höheres hingegen nicht.

4. Skalierungen

Der Begriff der Skalierung wird in der wissenschaftlichen Literatur nicht einheitlich gebraucht. Im allgemeineren Sinne, der auch den nachfolgenden Ausführungen zugrunde gelegt werden soll, umfaßt der Vorgang der Skalierung nicht nur die Konstruktion von Meßskalen, sondern auch die Zuordnung von Zahlen zu Objekten oder Eigenschaften mit Hilfe dieser Meßskalen und kann damit im Prinzip mit dem Begriff der Messung gleichgesetzt werden.

Das Ziel der Skalierungsverfahren besteht in erster Linie darin, theoretische, nicht beobachtbare Sachverhalte, die „innerhalb" der Person wirksam werden (sogenannte hypothetische Konstrukte oder intervenierende Variable wie Emotionen, Einstellungen, Wertungen, Präferenzen etc.) zu messen. Zu diesem Zweck werden diese qualitativen Merkmale skaliert, m.a.W. also in **quantitative** Größen transformiert.

Die Abbildung 13 gibt einen Überblick über die Vielzahl der je nach Sachverhalt und Intention unterschiedlichen Skalierungsverfahren. Hauptunterscheidungskriterium ist dabei, ob die Positionierung der Untersuchungseinheiten auf der Skala durch Selbst- oder durch Fremdeinstufung vorgenommen wird.

4.1 Selbsteinstufungsverfahren

Die **Rating-Skala** ist die in der Marktforschung wegen ihrer Vielseitigkeit und einfachen Handhabbarkeit zweifelsohne am häufigsten eingesetzte Skalierungsmethode. Als Verfahren der direkten Selbsteinstufung ist sie dadurch charakterisiert, daß die Befragten aufgefordert werden, ihre Position auf der interessierenden Merkmalsdimension selbst anzugeben. Hierzu wird ihnen ein Maßstab entweder in numerischer, verbaler, graphischer oder hieraus kombinierter Form vorgegeben. Die Skalafrage über die Verwendungshäufigkeit der Marke X ist ein Beispiel für eine verbal umschriebene Skala. Für die Datenauswertung werden den einzelnen Antwortangaben die unter dem betreffenden Kästchen stehenden Zahlenwerte zugeordnet.

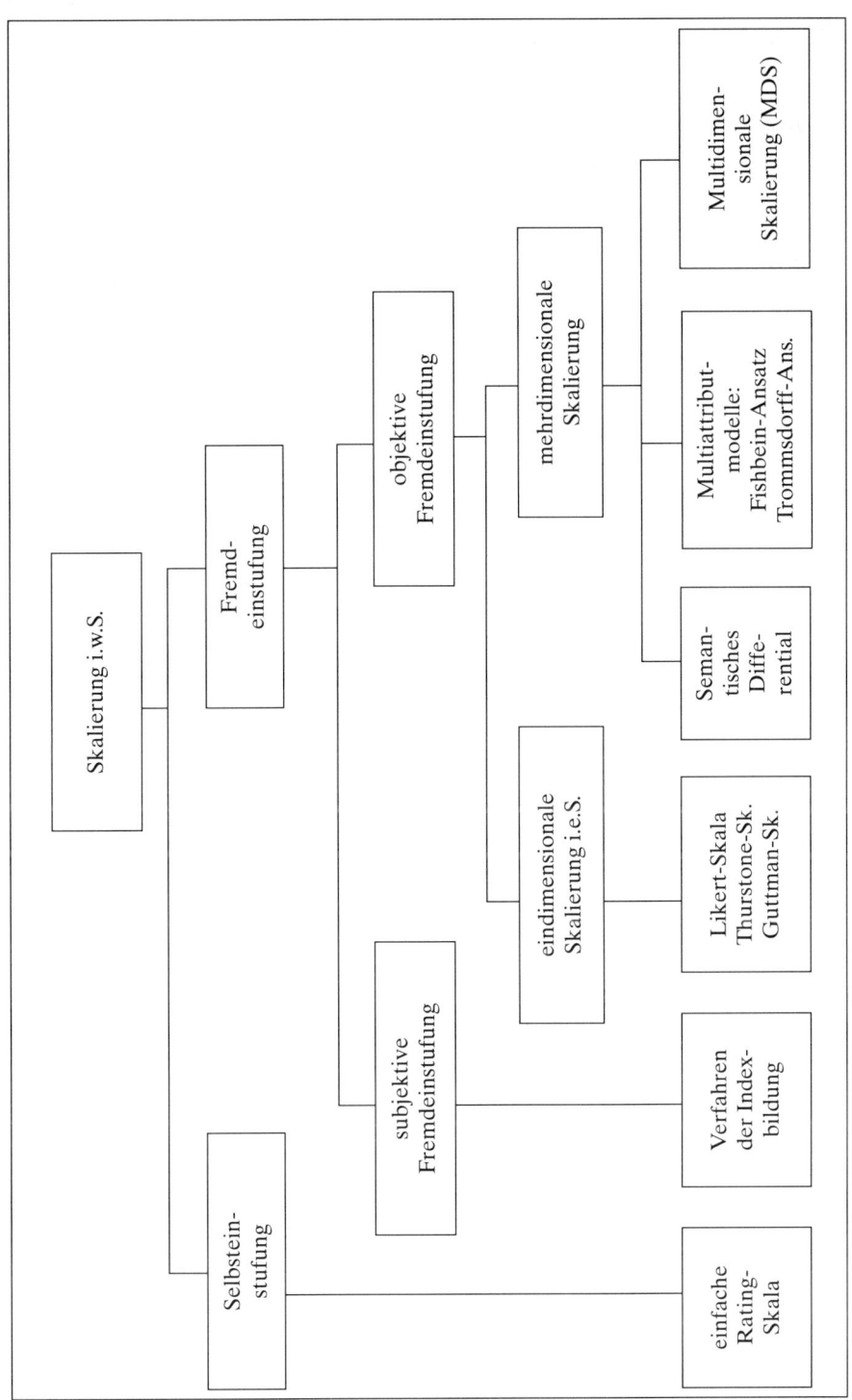

Abbildung 13: Die gebräuchlichsten Skalierungsverfahren im Überblick

Ich persönlich verwende Marke X ...						
	wöchentlich		monatlich			
täglich	mehr-mals	einmal	mehr-mals	einmal	seltener	so gut wie nie / nie
☐	☐	☐	☐	☐	☐	☐
7	6	5	4	3	2	1

Abbildung 14: Rating-Skala

Weitere Beispiele für unterschiedlich geartete Maßstabsvorgaben, in denen auch mit graphischen Hilfsmitteln gearbeitet wird, zeigt Abbildung 15. Die Ausprägung der Merkmale kann dabei, wie die Abbildung zeigt, monopolar sein, d.h. zwischen einem Minimum und einem Maximum bestehen verschiedene Intensitätsgrade; sie kann aber auch bipolar sein, was dann der Fall ist, wenn an den Polen der Skala Ausdrücke mit gegensätzlicher Bedeutung stehen.

Streng genommen liefern Rating-Skalen nur **ordinal** skalierte Angaben. Wenn sie üblicherweise jedoch wie metrische Meßdaten behandelt werden, so läßt sich dies damit begründen, daß die Abstände auf der Skala vom Befragten bei entsprechender graphischer Darstellung als gleiche Intervalle aufgefaßt werden, d.h. der Unterschied zwischen den Meßwerten 6 und 7 wird als ebenso groß wie die Differenz zwischen den Meßwerten 3 und 4 wahrgenommen. Damit sind die mathematischen Voraussetzungen für eine Intervallskala erfüllt.

Rating-Skalen werden aufgrund ihrer leichten Anwendbarkeit auch zur Einstellungsmessung herangezogen. Verwendet man dabei, wie beispielsweise zur Messung der Einstellung gegenüber der Marke X, nur die unten stehende Einstellungsfrage, dann wird durch diese Skala der Merkmalsdimension „Einstellung gegenüber der Marke X" ein Meßwert zugeordnet.

Wie gefällt Ihnen Marke X?

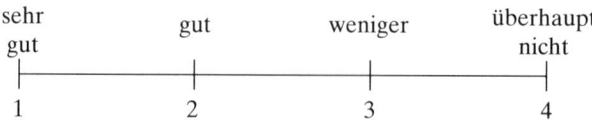

Bei einer solchen einfachen Einstellungsmessung beruht der gemessene Einstellungswert damit nur auf einem Indikator, d.h. die Auskunftsperson hat nur auf eine Frage zu antworten. Bei den im folgenden dargestellten Verfahren der Fremdeinstufung, insbesondere den Skalierungsverfahren i.e.S., stützt man sich auf mehrere Indikatoren, die dann zu einem Skalenwert zusammengefaßt werden.

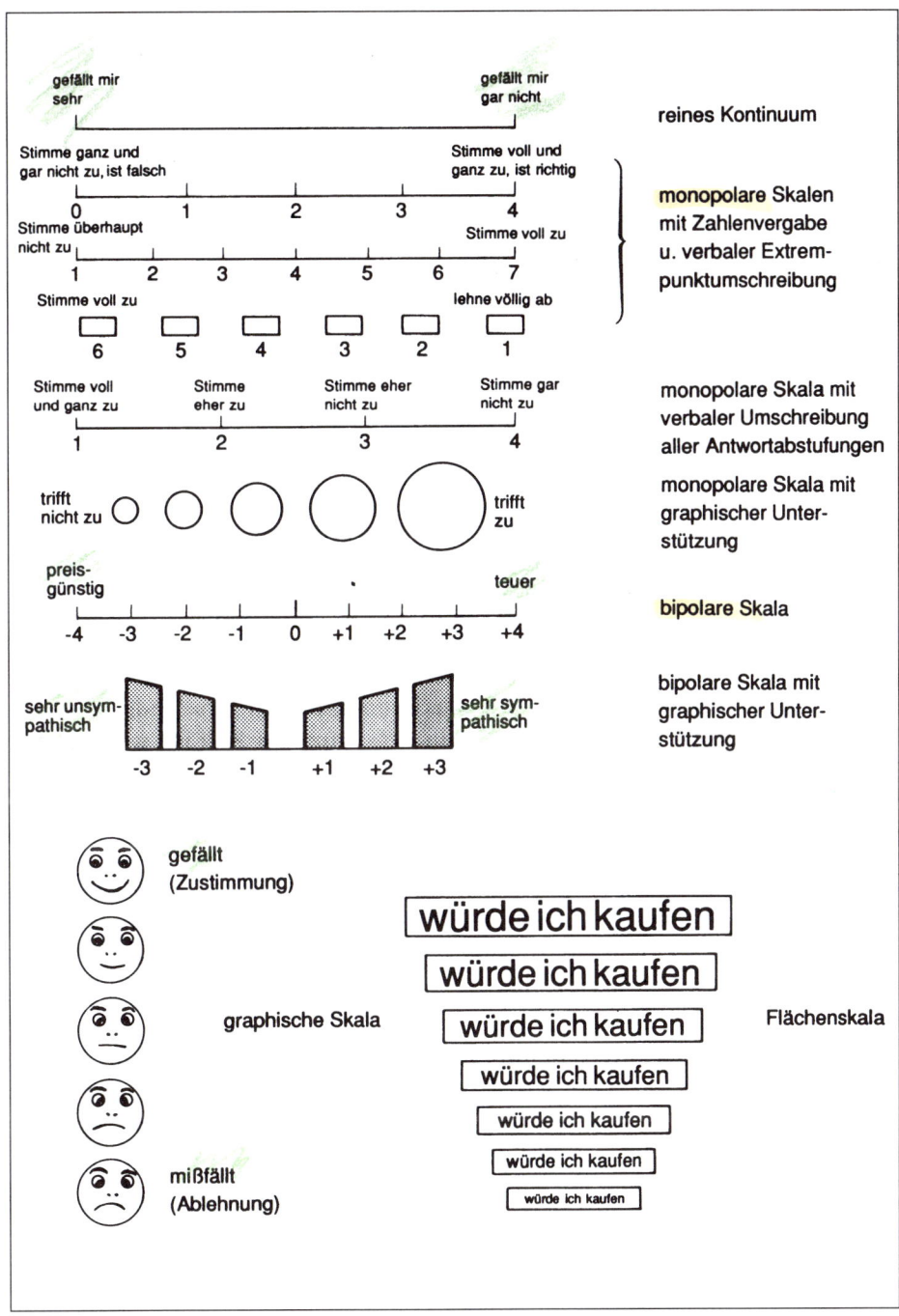

Abbildung 15: Beispiele für in der Marktforschung verwendete Rating-Skalen

Im allgemeinen werden bei Rating-Skalen 4 bis 7 Stufen vorgegeben, um die **Diskriminationsfähigkeit** (d.h. das Unterscheidungsvermögen) der Befragten nicht zu überfordern. Weiterhin ist fraglich, ob die Befragten gezwungen werden sollten, eine Antwort zu geben (forciertes Rating) oder ob Ausweichkategorien (weiß nicht, keine Antwort) vorgesehen werden müssen. In der Regel ist es empfehlenswert, Ausweichkategorien für ungeeignet empfundene Skalen vorzusehen und diese neben die Rating-Skala zu stellen.

Die Hauptkritik an den Rating-Skalen richtet sich gegen die Neigung der Auskunftspersonen, bevorzugt entweder Extrempositionen oder aber mittlere Positionen („Tendenz zur Mitte") anzukreuzen. Durch Wechsel der Beurteilungsrichtung der Routinebeantwortung entgegenzuwirken, schafft i.d.R. nur mehr Verwirrung.

4.2 Fremdeinstufungsverfahren

Charakteristikum der Fremdeinstufungsverfahren ist, daß die Befragten nicht mehr nur mit einer einzelnen Frage konfrontiert werden, sondern mit einer mehr oder weniger umfangreichen Batterie unterschiedlicher Items, die in der Regel als Skalafragen dargestellt werden.

Aus den verschiedenen Skalen wird dann vom Untersuchungsleiter die eigentliche Meßskala konstruiert und der Befragte darauf positioniert. Damit wird dem Befragten nicht die eigentliche Meßskala vorgelegt, sondern sie ergibt sich erst aus der Verknüpfung der Einzelmeßwerte durch den Untersuchungsleiter. Bei den Fremdeinstufungsverfahren erfolgt die direkte Positionierung der Auskunftsperson also nicht durch diese selbst, sondern durch den Untersuchungsleiter. Indirekt beruhen aber auch diese Verfahren durchaus auf Selbsteinstufung.*

Bei einer solchen Vorgehensweise ergeben sich vor allem zwei Problembereiche: Der erste betrifft die **Itemselektion,** d.h. die Auswahl und Zusammenstellung der Itembatterie, der zweite bezieht sich auf die **Reaktionsinterpretation,** d.h. wie die Positionierung der Auskunftspersonen auf der eigentlichen Meßskala aufgrund ihrer Antworten auf die verschiedenen Frageitems zu erfolgen hat.

Je nachdem, ob die Itemselektion und die Reaktionsinterpretation auf der Grundlage des subjektiven Empfindens des Untersuchungsleiters oder aber objektiv, d.h. auf der Grundlage eines streng standardisierten Verfahrens vorgenommen werden, lassen sich die Fremdeinstufungsverfahren weiter unterteilen.

---

*   Anstelle der (Selbsteinstufungs-)Frage: „Halten Sie sich für umweltbewußt?" und den Antwortmöglichkeiten von „ja sehr" bis „überhaupt nicht", werden dazu verschiedene Einzelfragen gestellt, etwa: „Achten Sie (sehr... überhaupt nicht) bei Ihren Einkäufen darauf, ob die Produkte umweltverträglich sind?" Aus mehreren solcher Fragen bzw. Antworten bestimmt sich dann (mittels verdichtender Faktoranalyse) der Grad des Umweltbewußtseins.

4.2.1 Verfahren der Indexbildung

Die Verfahren der Indexbildung sind dadurch charakterisiert, daß bei ihnen sowohl die Auswahl der Items als auch die Reaktionsinterpretation mehr oder weniger willkürlich erfolgen. So liegt hier beispielsweise die Bestimmung, mit welchem Gewicht die einzelnen Fragen in das Gesamtergebnis eingehen, allein im subjektiven Ermessen des Untersuchungsleiters. Damit unterscheidet sich das Verfahren der Indexbildung nachhaltig von den Skalierungsverfahren im eigentlichen Sinne bzw. den mehrdimensionalen Skalierungsverfahren.

Zu untersuchende Merkmalsdimensionen stellen sich häufig nicht ein-, sondern mehrdimensional dar, d.h. die Merkmalsdimension konstituiert sich aus mehreren Teildimensionen, ohne daß diese vollkommen korrelierende Indikatoren für den gleichen Sachverhalt sind. So wird beispielsweise die Produktzufriedenheit von Hausfrauen mit einem Waschmittel durch die zwei Teildimensionen Waschkraft und Hautverträglichkeit beschrieben. Die Produktzufriedenheit ist nun erst dann vollständig erfaßt, wenn die Merkmalsausprägungen auf beiden Teildimensionen ermittelt worden sind. Ziel der Indexbildung ist es nun, auch Sachverhalte, die ihrem Wesen nach mehrdimensional sind (wie die Produktzufriedenheit in unserem Beispiel), durch eine einzige Maßzahl, den **Index,** auszudrücken.

Das nachfolgende Beispiel soll den Vorgang der Indexbildung verdeutlichen. Für jede Teildimension muß zunächst mindestens ein Indikator gefunden werden, womit sich dann die Produktzufriedenheit für die einzelnen Untersuchungseinheiten durch die Lage in einem zweidimensionalen Eigenschaftsraum abbilden läßt.

Hautverträglichkeit Waschkraft	niedrig (0)	mittel (1)	hoch (2)
niedrig (0)	a	c	f
mittel (1)	b	e	h
hoch (2)	d	g	h

Hieraus entstehen nun 9 Klassen verschiedener Produktzufriedenheit, die aber nicht ohne weiteres in eine hierarchische Ordnung gebracht werden können. Es läßt sich also nicht sagen, welche der beiden Klassen b oder c zufriedener ist. Somit läßt sich zunächst nur hinsichtlich jeder Teildimension eine Rangordnung bilden.

	Waschkraft			Hautver- träglichkeit		
niedrig	a	c	f	a	b	d
mittel	b	e	h	c	e	g
hoch	d	g	i	f	h	i

Soll nun die mehrdimensionale Eigenschaft Produktzufriedenheit als eine quantitative Variable dargestellt werden, so muß der zugrundeliegende mehrdimensionale Eigenschaftsraum auf eine eindimensionale Skala reduziert werden. Dabei werden den Teildimensionen, wie in der ersten Abbildung geschehen, Zahlenwerte zugeordnet, die dann für die jeweiligen Merkmalskombinationen addiert werden, d.h. es wird ein Index gebildet.

Indexwert	Klasse
4	i
3	g h
2	d e f
1	b c
0	a

Ein Index ist somit eine **eindimensionale Variable,** auf die die möglichen Merkmalskombinationen aus einem mehrdimensionalen Raum abgebildet werden.

Differenzieren läßt sich der oben beschriebene Vorgang der Indexbildung noch dadurch, daß Gewichtungen vorgenommen werden, die die vermutete Bedeutung der Teildimension für die letztlich mit dem Index zu messende Merkmalsdimension berücksichtigen. So hätten in obigem Beispiel die Werte für die Merkmalsdimension Waschkraft mit dem Faktor 2 multipliziert werden können, um damit zum Ausdruck zu bringen, daß die Waschkraft einen doppelt so hohen Einfluß auf die Produktzufriedenheit hat wie die Hautverträglichkeit.

Abschließend sei noch auf die grundlegende Problematik der Indexbildung hingewiesen. So ist es fraglich, ob die Punktwerte für die einzelnen Ausprägungen der Teildimensionen zu einer Gesamtpunktzahl addiert werden dürfen. Dies wäre nur dann erlaubt, wenn die verwendeten Zahlenwerte nicht nur Ordinalniveau, sondern Intervall- oder Rationiveau besäßen, was jedoch zweifelhaft erscheint.

4.2.2 Eindimensionale Skalierung i.e.S.

Als Skalierungsverfahren i.e.S. werden gemeinhin nur solche Verfahren bezeichnet, die mindestens ordinalskalierte Meßwerte[12] liefern und auf dem Prinzip der objektiven Fremdeinstufung beruhen.

---

12 Vgl. dazu S. 71: Solche Verfahren also, bei denen sich die Meßwerte mindestens in eine Rangordnung bringen lassen.

Die im folgenden dargestellten Skalierungsverfahren werden daher vornehmlich zur Einstellungsmessung herangezogen, so daß vorab einige Bemerkungen zum hypothetischen Konstrukt der Einstellung zweckmäßig erscheinen. Die Anzahl der Einstellungsdefinitionen ist kaum mehr überschaubar. Einigkeit besteht jedoch dahingehend, daß unter der **Einstellung** eine gelernte Reaktionsbereitschaft (Prädisposition) des Individuums zu verstehen ist, auf ein bestimmtes Objekt in konsistenter Weise entweder positiv oder negativ zu reagieren. Diese Definition, die auch im Marketingbereich weite Verbreitung gefunden hat, soll im folgenden übernommen werden.

Große Unklarheit und Uneinigkeit bestehen in der Literatur bezüglich der Struktur von Einstellungen, insbesondere über deren Dimensionalität. Als Dimensionen werden die voneinander unabhängigen Achsen verstanden, die einen psychologischen Merkmalsraum aufspannen. Die Forderung nach Unabhängigkeit impliziert, daß die Dimensionen nicht miteinander korreliert sein dürfen und, geometrisch betrachtet, senkrecht aufeinanderstehende Vektoren repräsentieren.

Analysiert man die unterschiedlichen Einstellungsansätze, so gelangt man zu dem Ergebnis, daß Einstellungen als eindimensional angesehen werden. Auch die sogenannte Dreikomponententheorie, nach der sich Einstellungen aus drei Komponenten konstituieren, die die drei bedeutendsten Sphären der menschlichen Psyche „fühlen" (**affektive** Komponente), „denken" (**kognitive** Komponente) und „handeln" (**konative** Komponente) widerspiegeln, ist ihrem Wesen nach nicht wie vielfach behauptet dreidimensional. Vielmehr liegt hier eine Verwechslung der Begriffe „Dimension" und „Komponente" zugrunde. Die Dreikomponententheorie, die auf Gleichgewichts- bzw. Konsistenztheorien basiert, faßt Einstellungen als ein System aufeinander bezogener Komponenten auf, die sich gegenseitig beeinflussen. Damit wird explizit postuliert und konnte empirisch auch bestätigt werden, daß die Komponenten in einem interdependenten Beziehungsverhältnis zueinander stehen, was der Forderung der Unabhängigkeit der Dimensionen widerspricht.

Eindimensionale Skalierungsverfahren versuchen, Einstellungen zu messen, indem sie eine der Komponenten mittels geeigneter Indikatoren operationalisieren und messen. Im einzelnen sind dies:

- Likert-Skalierung: Affektive Komponente

- Thurstone-Skalierung: Affektive Komponente

- Guttman-Skalierung: Konative Komponente.

Die Skalenkonstruktion ist bei allen diesen Verfahren jedoch sehr aufwendig und läuft in den meisten Fällen den Erfordernissen der Marktforschungspraxis entgegen. Am verbreitetsten ist immer noch das bereits 1932 von Likert entwickelte Verfahren der aufsummierten Itemwerte, dessen Aufbau und Vorgehensweise im folgenden kurz skizziert wird. Bezüglich der übrigen Verfahren sei auf die einschlägige Literatur verwiesen.

Der Ablauf der Likert-Skalierung vollzieht sich in folgenden Schritten:

(1) Formulierung einer Reihe von Statements zum Einstellungsobjekt, wobei diese a priori als entweder sehr positive oder sehr negative Position auf dem Meßkontinuum klassifiziert werden.[13]

(2) In einer Voruntersuchung werden die Statements einer Testgruppe vorgelegt. Die Befragten haben den Grad ihrer Zustimmung bzw. Ablehnung zu jedem Statement anhand einer fünfstufigen, graphisch dargebotenen Rating-Skala anzugeben. Die Skala reicht von „stimme voll zu" über „unentschieden" bis zu „lehne völlig ab".

(3) Zuordnung von Zahlenwerten zu den einzelnen Antwortmöglichkeiten. Hierbei ist auf eine einheitliche Richtung zu achten. Bei Statements, die eine positive Haltung zum Einstellungsobjekt ausdrücken, erhält die Zustimmungskategorie den höchsten Wert, bei „negativen" Statements die Ablehnungskategorie.

(4) Errechnung der Skalenwerte für jede Auskunftsperson durch Addition ihrer Itemwerte. Anschließend werden die Auskunftspersonen nach ihren Skalenwerten geordnet. Die 25 % mit den höchsten Skalenwerten ergeben die obere Extremgruppe, die 25 % mit den niedrigsten Skalenwerten entsprechend die untere Extremgruppe.

(5) Für jedes Statement wird – getrennt nach den beiden Extremgruppen – der arithmetische Mittelwert der abgegebenen Antworten errechnet. Die Differenz zwischen den beiden Mittelwerten je Statement gilt als das Maß für seine Trennschärfe bzw. für sein Diskriminationsvermögen.

(6) Die Statements mit dem höchsten Diskriminationsvermögen werden für die endgültige Skala herangezogen.

(7) In der nun folgenden eigentlichen Einstellungsmessung haben die Auskunftspersonen den Grad ihrer Zustimmung bzw. Ablehnung zu den ausgewählten Statements anhand einer fünfstufigen Skala anzugeben. Die Position des Befragten auf dem Meßkontinuum ergibt sich durch einfache Addition seiner Itemwerte und anschließender Bildung des arithmetischen Mittelwertes.

4.2.3 Mehrdimensionale Skalierung

In einem Atemzug mit der Einstellung wird üblicherweise das Image genannt. Uneinigkeit herrscht allerdings dahingehend, ob Image und Einstellung lediglich zwei synonyme Begriffe für das gleiche Phänomen, oder aber zwei verwandte, jedoch

---

13 Für die Likert-Skala benötigt man Statements mit monotoner Funktionscharakteristik.

voneinander abzugrenzende hypothetische Konstrukte sind. Ohne an dieser Stelle tiefer in diese Grundsatzdiskussion einzusteigen, wird im folgenden das **Image** als ein **mehrdimensionales Konstrukt** aufgefaßt, das die differenzierte Struktur bzw. Determinante der recht einfachen, eindimensionalen Größe Einstellung repräsentiert. Somit stellt die Einstellung eine Zusammenfassung des Images zu einer eindimensionalen Größe dar.

4.2.3.1 Semantisches Differential

Ein mehrdimensionales Meßinstrument stellt das von Osgood und Mitarbeitern entwickelte Semantische Differential dar.

Vor dem Hintergrund psycholinguistischer Forschung wurde das Semantische Differential zur Analyse von Wortbedeutungen („meaning") entwickelt.[14] Es besteht zu diesem Zweck aus etwa zwei Dutzend vorgegebener, 7stufiger, bipolarer Rating-Skalen mit adjektivistischen Gegensatzpaaren, auf denen die Probanden ein vorgegebenes Wort einzustufen haben. In zahlreichen, von ihnen durchgeführten Untersuchungen konnten Osgood et al. feststellen, daß die Eigenschaftspaare nicht unabhängig voneinander waren. Mittels der Faktorenanalyse ließ sich die Vielfalt der verwendeten Adjektivpaare immer auf drei voneinander unabhängige Dimensionen (Faktoren) – **Bewertung** (gut/schlecht, angenehm/unangenehm), **Stärke** (stark/schwach, groß/klein), **Aktivierung** (aktiv/passiv, schnell/langsam) – zurückführen. Die drei Dimensionen spannen den sogenannten semantischen Raum auf. Durch die Ermittlung der Ausprägungen auf diesen Dimensionen ist es damit relativ einfach möglich, die Bedeutung eines Wortes vollständig zu beschreiben und vor allem verschiedene Wortbedeutungen miteinander zu vergleichen.

Grundlegend für Osgoods Theorie ist, daß nur Eigenschaftspaare mit **metaphorischer,** also nicht objektbezogener Bedeutung (z.B. männlich/weiblich für Zigaretten) das semantische Differential konstituieren. Dies ist auf das Bestreben Osgoods zurückzuführen, möglichst unterschiedliche Wörter bezüglich ihrer Bedeutung miteinander vergleichen zu können, was auf der Grundlage sachlicher, gegenstandsbezogener Eigenschaften (z.B. guter/schlechter Geschmack) nicht möglich ist. Das mag zwar zutreffen, unbestritten ist aber auch, daß die Beurteilung eines Objekts sich nicht nur auf derartige metaphorische (konative) Dimensionen beschränken läßt.

Weiterhin ist häufig zu beobachten, daß die Probanden, die beim Semantischen Differential bekanntlich zu einer Urteilsabgabe verpflichtet sind (sog. „forced choi-

---

14 Das Semantische Differential wurde Mitte der fünfziger Jahre von P.R. Hofstätter für Marketingzwecke weiterentwickelt und ist in Deutschland als Polaritätenprofil bekannt. Der wesentliche Unterschied zwischen den beiden Instrumenten besteht darin, daß Hofstätter für alle Objekte immer den gleichen Satz von 24 polaren Eigenschaftswörtern benutzt, während Osgood et al. zwar auch nur konnotative Items benutzen, diese jedoch konkret im Hinblick auf das Untersuchungsobjekt auswählen.

ce"), keinen Bezug zwischen Einstellungsobjekt und Item herzustellen vermögen. So fällt es etwa schwer zu beurteilen, ob eine bestimmte Marke nun hart oder weich auf den Befragten wirkt.

Schließlich wird kritisiert, daß durch die Beschränkung auf solche Items keine unmittelbare Umsetzungsmöglichkeit der Ergebnisse in konkrete Marketingmaßnahmen besteht. Deshalb wird das Semantische Differential im Marketingbereich üblicherweise modifiziert angewandt, indem neben den **affektiv-wertenden** (= Konnotationen) auch objektbezogene **sachlich-rationale** (= Denotationen) Items aufgenommen werden. In dieser Form ist das Verfahren nicht zuletzt aufgrund seiner leichten Handhabung zum Standardinstrument der Imagemessung geworden. Die Bezeichnung „Semantisches Differential" wurde zwar beibehalten, genauer gesagt handelt es sich aber um ein **Multi-Item-Profil**.

Zur Auswertung bietet sich eine graphische Veranschaulichung des Durchschnittsprofils über alle Befragten bezüglich des Untersuchungsobjektes an, wie dies etwa in Abbildung 16 für die Sektmarke A durch die durchgezogene Linie veranschaulicht ist. Zudem können natürlich Profile verschiedener Untersuchungsobjekte einander gegenübergestellt und durch Distanzmaße und Profilkorrelationen auf ihre Ähnlichkeit hin überprüft werden.[15] Häufig werden mit dem Semantischen Differential auch der Vergleich des Profils eines Idealproduktes mit dem Profil einer oder mehrerer konkret einzustufender Marken sowie ein Vergleich der Profilverläufe des gleichen Untersuchungsobjektes bei verschiedenen Befragungsgruppen (z.B. bei Verwendern/Nichtverwendern) durchgeführt.

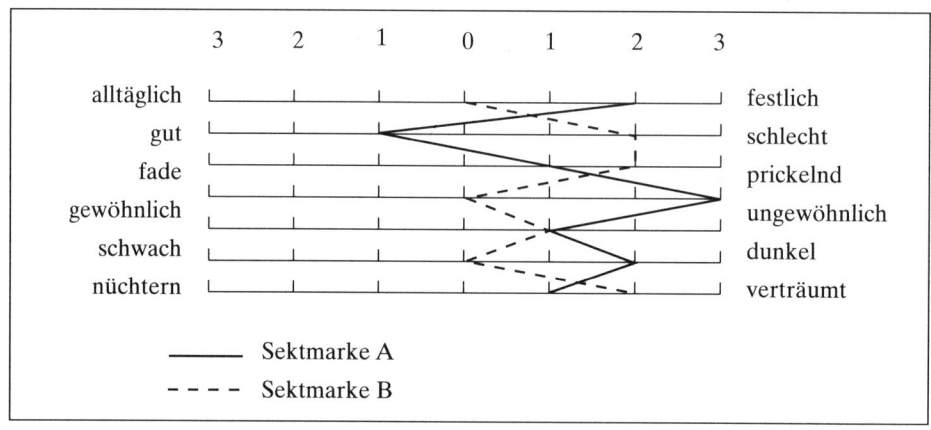

Abbildung 16: Auszug aus einem Semantischen Differential (Multi-Item-Profil) für zwei Sektmarken

---

15 Die Gesamtdistanz zwischen zwei Profilen berechnet sich dabei nach der Formel $D = \sqrt{\Sigma d_i^2}$, wobei d_i die Urteilsdifferenz zwischen beiden Objekten auf der i-ten Skala ist.

4.2.3.2 Multiattributmodelle

Die mehrdimensionale Einstellungsmessung mit Hilfe des Semantischen Differentials erfaßt durch ihre metaphorischen (d.h. übertragen gebrauchten) Statements nur sehr allgemeine Merkmale des Untersuchungsobjektes (z.B. die Anmutungsqualität). Eine wesentlich genauere Technik der mehrdimensionalen Einstellungsmessung stellen die sog. Multiattributmodelle dar. Der Vorteil dieser Modelle ist vor allem darin zu sehen, daß die Messung **in Abhängigkeit** vom Untersuchungsobjekt erfolgt, also konkreten Bezug auf dieses nimmt. Die Multiattributmodelle lassen sich in komponierende und dekomponierende Verfahren einteilen.[16] Bei den **komponierenden** Verfahren – dies sind insbesondere der Fishbein- und der Trommsdorff-Ansatz – sind zunächst aus der Vielzahl der Eigenschaften eines Objektes die einstellungsrelevanten Merkmale zu bestimmen. Anschließend werden ihre Beiträge zur Gesamtwirkung gemessen und die einzelnen Meßergebnisse durch das Modell zusammengefaßt.

Bei den **dekomponierenden** Verfahren, zu denen u.a. die multidimensionale Skalierung (MDS) zählt, müssen die einstellungsrelevanten Merkmale nicht im vorhinein bestimmt werden, sondern die Befragten geben lediglich Globalurteile über verschiedene Einstellungsobjekte ab. Das Modell bestimmt dann aus diesen globalen Beurteilungen die einstellungsrelevanten Merkmale bzw. deren Wichtigkeit. Da die MDS ein Spezialfall der multivariaten Analyse ist, wird sie später gesondert abgehandelt.

Ausgangspunkt der Multiattributmodelle ist wie gesagt die Annahme, daß **Produkteinstellungen** auf der Basis einzelner **Produkteigenschaften** gebildet werden.

Grundsätzlich werden bei beiden Modellvarianten in einem ersten Schritt diejenigen Eigenschaften ermittelt, die für die Einstellungsbildung auch tatsächlich eine Rolle spielen. Dabei wird unterstellt, daß aus der Vielzahl der Produkteigenschaften nur einige wenige für die Einstellungsbildung verantwortlich sind. In einem zweiten Schritt werden anschließend für jede Produkteigenschaft die kognitive und die affektive Komponente gemessen, womit der Annahme gefolgt wird, daß sich die Einstellung gegenüber einem Objekt aus dem Wissen der Auskunftspersonen um diese Eigenschaften (kognitive Komponente) zusammensetzt. Unterschiede in den Modellen von Fishbein und Trommsdorff ergeben sich, wie die nachfolgende Abbildung 17 zusammenfassend zeigt, in der Messung und Verknüpfung der beiden Komponenten.

Wie die formale Schreibweise der beiden Multiattributmodelle erkennen läßt, wird die Gesamteinstellung eines Produktes durch die Bewertung mehrerer Produktmerkmale, die in bestimmter Weise miteinander verknüpft werden, gebildet. Die

---

16 Vgl. V. Trommsdorff, H. Schuster, Die Einstellungsforschung für die Werbung. In: B. Tietz (Hrsg.), Die Werbung. Bd. 1.

	Fishbein-Modell	Trommsdorff-Modell
Kognitive Komponente (Wissen)	Subjektive Einschätzung der Auskunftspersonen über die Wahrscheinlichkeit der Existenz der betreffenden Eigenschaft (indirekte Messung) *Daß Autos der Marke X sehr geräumig sind, ist ... sehr wahrscheinlich/sehr unwahrscheinlich*	Subjektive Einschätzung der Auskunftspersonen über die wahrgenommene graduelle Ausprägung der betreffenden Eigenschaft (direkte Messung) *Wie geräumig sind Autos der Marke X?* *sehr geräumig/überhaupt nicht geräumig*
Affektive Komponente (Bewertung)	Bewertung der betreffenden Eigenschaftsausprägung erfolgt durch die Messung der subjektiven Wertschätzung (direkte Messung) *Wenn Autos der Marke X geräumig sind, so ist das...* *sehr gut/sehr schlecht*	Bewertung der betreffenden Eigenschaftsausprägung erfolgt durch die Messung der wahrgenommenen Ausprägung dieser Eigenschaft beim Idealprodukt und anschließendem Vergleich (indirekte Messung) *Wie geräumig ist das ideale Auto dieser Klasse?* *sehr geräumig/überhaupt nicht geräumig*
Verknüpfung	$$E_{ij} = \sum B_{ijk} \cdot a_{ijk}$$ $E_{ij} =$ Einstellung der Person i zu Produkt j $B_{ijk} =$ Von Person i wahrgenommene Wahrscheinlichkeit der Existenz der Eigenschaft k bei Produkt j $a_{ijk} =$ Bewertung der Eigenschaft k von Produkt j durch Person i	$$E_{ij} = \sum |B_{ijk} - J_{ik}|$$ $E_{ij} =$ Einstellung der Person i zu Produkt j $B_{ijk} =$ von der Person i wahrgenommene Ausprägung der Eigenschaft k bei Produkt j $J_{ik} =$ von der Person i gewünschte Ausprägung der Eigenschaft k bei einem Idealprodukt
Aussage	Je größer der berechnete Zahlenwert ist, desto positiver ist die Gesamteinstellung zum Produkt bei entsprechender Meßwert-Zuweisung (positiv = großer Meßwert)	Je kleiner der berechnete Zahlenwert ist, je geringer also die Distanz zum Idealprodukt ist, desto positiver ist die Einstellung zum Produkt.

Abbildung 17: Vergleichende Übersicht der Multiattributmodelle von Fishbein und Trommsdorff (vgl. Hätty)

Gesamteinstellung ergibt sich somit als die Summe mehrerer Teileinstellungen – Trommsdorff bezeichnet diese als Eindruckswerte – bezüglich verschiedener Produkteigenschaften. Werden diese Teileinstellungen bzw. Eindruckswerte als unabhängige Dimensionen aufgefaßt, was Trommsdorff etwa explizit postuliert, indem er Interaktionseffekte zwischen den Skalen zur Messung der Eindrucksausprägungen als unerwünscht deklariert, so handelt es sich bei den Multiattributmodellen um mehrdimensionale Meßansätze.

Beide Modelle addieren jedoch alle Teileinstellungen bzw. Eindruckswerte zu einem einzigen Wert auf, der einen Punkt auf dem affektiv-wertenden Kontinuum (gut/schlecht o.ä.) markiert.

Folgendes Beispiel mag dies verdeutlichen. Ein sportlicher Fahrer wird den großen Kofferraum eines PKWs für unnötig, ja vielleicht sogar für hinderlich erachten und bezüglich dieser Eigenschaft eine eher negative (Teil-)Einstellung besitzen, während er hingegen die hohe PS-Zahl als äußerst positiv empfindet. Ein anderer, eher wirtschaftlich denkender Fahrer wird gerade von dem großen Kofferraum sehr angetan sein, aber der hohen PS-Zahl aufgrund des damit verbundenen hohen Benzinverbrauchs eher skeptisch gegenüberstehen. Verknüpft man nun die beiden Teileinstellungen jeweils zu einem globalen Gesamteinstellungswert, dann könnte es durchaus sein, daß beide Fahrer die gleiche Gesamteinstellung gegenüber dem Fahrzeug haben, also auf dem gut/schlecht-Kontinuum den gleichen Wert einnehmen, obgleich die Gründe für diese affektive Beurteilung völlig unterschiedlich sein mögen.

Nach Trommsdorff ist die Dimensionalität Unterscheidungsmerkmal für die häufig gleichgesetzten Begriffe des Images und der Einstellung. Die Eindruckswerte bzw. Teileinstellungen werden – die richtige Auswahl der Produkteigenschaften vorausgesetzt – als unabhängig angesehen und repräsentieren die Dimensionen des Images.[17] Das Image läßt sich dementsprechend als ein mehrdimensionales, mit subjektiven Wertungen versehenes, insgesamt recht komplexes psychisches Konstrukt auffassen, das die differenzierte Struktur bzw. Determinanten der recht einfachen eindimensionalen Größe „Einstellung" repräsentiert. Die Einstellung ist somit nichts anderes als eine grobe Zusammenfassung des Images zu einer eindimensionalen Größe.

---

17 Vgl. V. Trommsdorff, Image als Einstellung zum Angebot. In: C. Graf Hoyos, W. Kroeber-Riel, L.v. Rosenstiel, B. Strümpel (Hrsg.), Grundbegriffe der Wirtschaftspsychologie, München 1980

5. Gütekriterien

Die Güte der durch die Messung erzeugten Daten hängt in ganz entscheidender Weise von der Qualität des Meßvorganges, insbesondere des Meßinstrumentes ab. Damit die Meßergebnisse und die daraus resultierenden Schlußfolgerungen verläßlich sind, muß der Meßvorgang folgenden drei Gütekriterien Rechnung tragen:

- Objektivität
- Reliabilität
- Validität.

5.1 Objektivität

Der Meßvorgang ist dann objektiv, wenn die Meßergebnisse unabhängig vom Untersuchungsleiter sind. Eine objektive Messung zeichnet sich also dadurch aus, daß mehrere Personen, die unabhängig voneinander die Meßergebnisse registrieren, zum gleichen Ergebnis gelangen. Entsprechend den Ablaufschritten des Meßvorganges lassen sich 3 Arten von Meßobjektivität unterscheiden:

(1) Durchführungsobjektivität

Ein Meßvorgang ist hierbei um so objektiver, je weniger der Untersuchungsleiter die Auskunftspersonen durch sein äußeres Erscheinungsbild bzw. durch seine Bedürfnis-, Ziel- und Wertstruktur beeinflußt. Hieraus ergibt sich die Forderung nach geringstmöglicher sozialer Interaktion zwischen Auskunftsperson und Untersuchungsleiter.

(2) Auswertungsobjektivität

Ein Meßvorgang ist um so objektiver, je weniger Freiheitsgrade der Untersuchungsleiter bei der Auswertung der Meßergebnisse hat. Dies ist dann gegeben, wenn die Frageitems weitestgehend standardisiert sind.

(3) Interpretationsobjektivität

Ein Meßvorgang ist um so objektiver, je weniger Freiheitsgrade der Untersuchungsleiter bei der Interpretation der Meßergebnisse hat.

Die Objektivität läßt sich durch den sogenannten Objektivitätskoeffizienten berechnen. Dabei werden die Ergebnisse zweier Meßvorgänge, die von unterschiedlichen Untersuchungsleitern durchgeführt wurden, miteinander korreliert.

5.2   Reliabilität

Mit der Reliabilität (Zuverlässigkeit) ist die **formale Genauigkeit** der Merkmalser-
fassung angesprochen. Ein Meßinstrument ist unter der Voraussetzung konstanter
Meßbedingungen dann reliabel, wenn die Meßwerte präzise und stabil, d.h. bei wiederholter Messung reproduzierbar sind. Der Grad der Reliabilität einer Messung
läßt sich durch den Standardfehler ausdrücken, der ein Streumaß ist und damit angibt, um wieviel die Meßwerte bei wiederholter Messung um einen Mittelwert liegen.

Ein Meßfehler, der bei wiederholter Messung auftritt, kann drei Ursachen haben:

- Fehlende Bedingungskonstanz, d.h. äußere Einflüsse führen zu schwankenden
  Meßergebnissen.

- Fehlende Merkmalskonstanz, womit das in der Marktforschung durchaus übliche Phänomen angesprochen ist, daß beispielsweise die Einstellung eines Befragten bei wiederholter Messung unter sonst gleichen Bedingungen und bei
  fehlerfreiem Instrument unterschiedliche Werte ergibt.

- Fehlende instrumentale Konstanz, d.h. mangelnde Präzision des Meßinstrumentes. Man kann davon ausgehen, daß sich in der Marktforschung Meßinstrumen-
  te durch jede Messung verändern, z.B. weil bei den Auskunftspersonen Lernef-
  fekte aufgetreten sind.

Die Reliabilität eines Meßvorganges wird mit Hilfe folgender Methoden ermittelt:

(1) Test-Retest-Methode

Die Skala wird hierbei den gleichen Befragten mehrmals vorgelegt. Abweichende
Ergebnisse bei Bedingungskonstanz sind ein Hinweis für die Unzuverlässigkeit des
Instrumentes, wobei jedoch der schon aufgezeigte Einfluß von Lernprozessen bei
den Befragten berücksichtigt werden muß.

(2) Split-half-Methode

Das Meßinstrument (z.B. eine eindimensionale Skala, die sich aus vielen Items
zusammensetzt) wird in zwei gleiche Hälften geteilt. Dies kann bewerkstelligt
werden, indem alle Items durchnumeriert und sowohl die gerad- als auch die unge-
radzahligen zu jeweils einer Teilskala zusammengefaßt werden (sogenannte Odd-
even-Methode). Die Skalenwerte beider Teilskalen werden anschließend miteinander korreliert. Ein hoher Korrelationskoeffizient gilt hierbei als Ausdruck für eine
hohe Reliabilität des Meßinstrumentes.

5.3 Validität

Die Validität oder Gültigkeit eines Testverfahrens gilt als gegeben, wenn es den eigentlich interessierenden Sachverhalt tatsächlich zu erfassen vermag bzw. genau das mißt, was auch gemessen werden sollte. Der Begriff der Validität beinhaltet damit die **materielle Genauigkeit** von Testergebnissen.

In der Literatur findet sich für das Konstrukt der Validität eine Vielzahl unterschiedlichster Kategorisierungsansätze. Zugrundegelegt werden soll im folgenden die auf Campbell und Stanley zurückgehende Differenzierung zwischen interner und externer Validität experimenteller Untersuchungen.

5.3.1 Interne Validität

Interne Validität eines Testverfahrens liegt vor, wenn die gemessene Variation der abhängigen Variablen einzig und allein auf den Experimentalfaktor, d.h. die „Manipulation" der unabhängigen Variablen zurückgeführt werden kann. Gewährleistet ist dies insbesondere dann, wenn während des Experimentes keine unkontrollierten Störeinflüsse auftreten. So erlauben beispielsweise Laborexperimente eine bessere Kontrolle solcher Störfaktoren als Feldexperimente.

5.3.2 Externe Validität

Ein Testverfahren ist als extern valide zu bezeichnen, wenn seine Ergebnisse **generalisierbar** sind, d.h. von der betrachteten Stichprobe auf die jeweils zugrundeliegende Gesamtheit übertragen werden können. Im Vordergrund steht dabei insbesondere die Repräsentanz sowohl der Untersuchungssituation als auch der in die Testmaßnahmen einbezogenen Probanden. Wahrscheinlich verhalten sich z.B. Testpersonen während ihres Einkaufs in einem Versuchslabor rationaler als bei ihren täglichen Einkäufen.

An dieser Stelle offenbart sich bereits deutlich das Spannungsverhältnis zwischen interner und externer Validität. Die Bemühungen um höchstmögliche interne Validität führen nämlich zwangsläufig dazu, daß die Versuchsbedingungen immer „künstlicher" und damit gleichzeitig auch realitätsferner werden. Eine hohe interne Validität geht somit fast automatisch zu Lasten der externen Validität. Man spricht hier nicht zu Unrecht von einem „asymmetrischen Verhältnis" dieser beiden Gütekriterien.

Zur Überprüfung der internen und externen Validität werden verschiedene Versuchsanordnungen verwendet, mit deren Hilfe man Störfaktoren auszuschalten versucht (vgl. S. 154 f.).

Zusammenfassend lassen sich die Gütekriterien an folgendem Beispiel anschaulich erklären:

Ein Altwarenhändler handelt mit Metallen. Um das Gewicht zu ermitteln, benutzt er eine alte verrostete Waage. Das Skalenblatt der Waage ist schon beschädigt, manche Skalenstriche sind überhaupt nicht mehr vorhanden. Außerdem befindet sich in der Nähe ein starker Elektromagnet.

Die Schrottwaage ist kein objektives Meßinstrument, denn beim Ablesen der Skala ist soviel Augenmaß und Ermessen notwendig, daß zwei Schrotthändler, die die Skala unabhängig voneinander ablesen würden, zu unterschiedlichen Meßwerten kämen.

Auch ist die Schrottwaage kein reliables Meßinstrument, denn selbst wenn das Skalenblatt repariert wird, würden bei Meßwiederholungen unterschiedliche Meßwerte zustande kommen. Dies liegt darain, daß die Waage verrostet ist, und daher keine exakten Meßwerte zuläßt.

Selbst wenn die alte Schrottwaage durch eine neue ersetzt würde, kämen keine validen Meßwerte zustande, da das Gewicht der gewogenen Metallteile durch den in der Nähe stehenden Elektromagneten verfälscht wird.

Es besteht somit folgender Zusammenhang zwischen den Gütekriterien: **Objektivität ist Voraussetzung für Reliabilität, diese wiederum für die Validität eines Meßinstrumentes**.

Zweiter Teil

Marktforschungsinstrumente der Praxis

A. Erhebungsverfahren der Ad-hoc-Forschung

1. Allgemeiner Überblick

Wenn in der Primärforschung z.B. von Ad-hoc-Umfragen, von Panel oder vom Testmarkt gesprochen wird, verbinden sich damit in der Praxis gängige Verfahren bzw. Konzepte, die sich im wesentlichen durch folgende Einzelaspekte charakterisieren lassen:

Nach dem/den Auftraggeber(n):	Individual-, Gemeinschafts-, Beteiligungs-Untersuchung
Nach der Erhebungsthematik:	Einthemen-, Mehrthemen-Untersuchung
Nach dem Erhebungsansatz:	mehr qualitativ (psychologisch) orientiert, mehr quantitativ ausgerichtete Untersuchung
Nach der Erhebungsmethode:	Befragung, Beobachtung mit (Experiment/Test) bzw. ohne besondere Versuchsanordnung
Nach der Erhebungssituation:	Individual-, Simultan-, Gruppenuntersuchung
Nach der Kommunikationsweise:	Verbal: mündlich (face-to-face), telefonisch, schriftlich Visuell: Beobachtung, apparative Registrierung
Nach den Erhebungsquellen:	Art der Auskunftspersonen bzw. der Beobachtungsquellen
Nach den Erhebungsintervallen:	Einmalig (ad-hoc), in regelmäßigen Abständen (tracking-Forschung) bei identischen Auskunftsquellen (Panel-Erhebungen) bei vergleichbaren Auskunftsquellen (Wellenerhebung)

Am Beispiel Fernsehforschung (vgl. S. 136), die bekanntlich der Erhebung der Einschaltquoten dient, läßt sich das wie folgt verdeutlichen.

Es handelt sich hier um

- eine Beteiligungsuntersuchung (zahlreiche Sender als Auftraggeber)

- eine Einthemen-Untersuchung (nur Einschaltquote)

- eine quantitative Untersuchung (reine Zeit/Sender-Registrierung)

- eine apparative Beobachtung

- eine individuelle Beobachtung

- eine repräsentative Haushaltstichprobe

- eine regelmäßige (laufende) Erhebung

- einen identischen Kreis von Auskunftsquellen

Welches Erhebungsverfahren im einzelnen gewählt wird, richtet sich natürlich nach dem Untersuchungsanliegen und hier speziell danach, ob und ggf. wie der Informationsbedarf sinnvoll, d.h. am ergiebigsten, ökonomischsten und/oder schnellsten durch eine Erhebung gedeckt werden kann.

Nun noch einige generelle Aspekte speziell zur Befragung:

Im weitesten Sinne ist die Befragung die Äußerung eines Auskunftsverlangens; Personen sollen auf gegebene Reize reagieren im Sinne der Frage- bzw. Aufgabenstellung. Reaktionen auf Vorlagen, Werbespots oder die Notierung der täglichen Einkäufe sind zwar auch „Antworten", jedermann denkt bei „Befragung" aber in erster Linie an den (verbalen) Dialog von Fragen und Antworten. Im klassischen Fall geschieht das im Rahmen von Interviews im persönlichen Gegenüber (face-to-face), inzwischen vermehrt auch telefonisch oder eben in schriftlicher Form oder auf elektronischem Wege.

Wenn Ergänzungen oder Vertiefungen erforderlich sind, können auch Kombinationen angebracht sein; dieselben Personen werden dann z.B. zuerst mündlich und dann schriftlich (oder umgekehrt) befragt.

Im häufigsten Fall, dem **Einzelinterview,** wird nur eine Person befragt, beim sog. **Mehrpersonen-Interview** eben mehrere gleichzeitig. Entweder sollen bei letzterem die Antworten unabhängig und unbeeinflußt von einander gegeben werden – etwa im Anschluß an eine gemeinsam erlebte Testdarbietung – hierbei handelt es sich dann um eine sog. **simultane Mehrpersonenbefragung,** oder die Informationen sollen sich erst durch eine **Gruppendiskussion** ergeben.

In den beiden nächsten Abschnitten werden zunächst im Rahmen von „Exploration" und „Gruppendiskussion" Verfahren vorgestellt, die zwar gut in die Befragungsthematik einführen, aber im Rahmen der Marktforschung nur eine Sonderrolle spielen, zumindest gemessen an ihrem Volumen.

2. Exploration

Die Exploration, auch **freies** oder **qualitatives Interview** genannt, ist eine persönliche, mündliche Befragung, bei der seitens des Interviewers die Fragen und -abläufe nicht vorformuliert sind. Der Interviewer leitet die Befragungsperson vielmehr zum angestrebten Thema hin und lenkt den Gesprächsablauf nur so weit, wie dies notwendig ist, um dem Befragten seine Äußerungen so leicht und ehrlich wie möglich zu machen. Je nach Themenstellung kann es sich dabei um ein scheinbar ganz zwangloses Gespräch (als solches wurde es in Deutschland erstmals von Wilhelm Vershofen als sogenanntes **„Nürnberger Befragungsgespräch"** in die Verbrauchsforschung eingeführt) bis hin zu einem tiefenpsychologischen Interview handeln. Die Verwandtschaft mit einschlägigen psychoanalytischen Methoden ist hier also gegeben. Ihren Hauptanwendungsbereich finden derartige Vorgehen dort, wo es gilt, die Anpassung des Interviewers an die Individualität des Befragten zur Herstellung einer gewissen Vertrauensbeziehung zu erzielen. Das führt zu gesteigerter Aussagewilligkeit, zu spontanen Äußerungen und damit zu entsprechend vielfältigen Einsichten in die Denk-, Empfindungs- und Handlungsweise des Befragten. Die dem Einzelfall angepaßte Formulierung und Frageabfolge verbessert insbesondere die Chancen, auch halb bewußte und heikle Probleme anzusprechen.

Im Bereich der Marketing-Forschung haben solche psychologisch (qualitativ) orientierten Studien in den letzten Jahrzehnten stark zugenommen. Der vermehrte Wettbewerb erzwingt im Bereich der Produktgestaltung, der Werbung und auch der Preispolitik immer feinere Differenzierungen, die oftmals nur noch mit solchen psychologischen Untersuchungen ermittelt und erfolgreich umgesetzt werden können. Große Bedeutung haben hier **Motiv-** und **Einstellungsstudien** bezüglich Produktanmutungen, Markenpräferenzen, Einstellungen zu bestimmtem Kauf- und Verwendungsverhalten, Kaufhemmnisse, konsumententypologische Merkmale. Ein weiterer großer Bereich sind **Imagestudien**.

Bei den qualitativen Interviews handelt es sich vielfach um sogenannte **Pilot-Studien,** deren Ergebnisse mitunter auch nachfolgenden repräsentativen Umfragen zugrunde gelegt werden. Die Pilot-Studien geben einen Überblick über die Dimensionen und Elemente des zu untersuchenden Gegenstandes. Aufgabe einer repräsentativen Untersuchung kann es dann sein, die mittels solcher psychologischen Studien gewonnenen Statements, Merkmale oder Faktoren in ihrer quantitativen Gewichtung und Verteilung zu ermitteln. Solche Pilot-Studien, wie psychologische Studien ganz allgemein, begnügen sich aufgrund ihrer Zielsetzung, aber auch wegen der vergleichsweise hohen Kosten mit relativ wenigen Interviews. So können in der Explorationsphase 20 bis 30, in der Verifizierungsphase 150 bis 200 Interviews genügen, um aussagekräftige Ergebnisse zu erzielen.

Zur Durchführung freier Interviews lassen sich naturgemäß nur schwer generelle Aussagen treffen, zumal sie nicht stets für sich allein, sondern häufig in Verbindung mit projektiven Tests oder experimentellen Anordnungen zur Anwendung kommen. Bei anspruchsvollen Untersuchungen sind dafür psychologisch geschulte Fachkräfte erforderlich.

Zur Sicherung der Vergleichbarkeit der einzelnen Interviews wird in der Praxis in den meisten Fällen ein gewisses Maß an Strukturierung mittels eines sogenannten **Interviewer-Leitfadens** vorgenommen. Der Leitfaden ist sozusagen eine grobe Skizze des Vorgehens, die der Interviewer je nach Umständen elastisch handhaben und verfolgen soll.

Ein besonderes Problem ist naturgemäß die Protokollierung; nachträgliche Aufzeichnungen aus dem Gedächtnis können speziell bei längeren Gesprächen nur ein Minimum der Ausführungen fixieren und unterliegen, ebenso wie Stichwortaufzeichnungen, stark der Gefahr von Interviewereinflüssen. Aus diesen Gründen arbeitet man daher meist mit gemischten Techniken, also etwa mit Stichworten und Tonbandaufzeichnungen.

Die Auswertung des qualitativen Interviews ist ungleich schwieriger als etwa bei standardisierten Interviews. Im Normalfall muß das vorliegende Material sortiert, in bereits vorliegende oder nach fallspezifischen Gesichtspunkten zu entwickelnde Kategorien eingeordnet und nach Befragten, Reaktionswerten usw. ausgezählt werden. Häufig ergeben sich dabei beträchtliche Deutungsspielräume und damit erhöhte Unsicherheitsmomente bei der Interpretation.

Alles in allem stellen Explorationen, wie jede Form des freien Interviews, sowohl an den Interviewer als auch an den Analytiker hohe Anforderungen, um die Gefahr der Verzerrung der Befragungsergebnisse durch Interviewereinflüsse und/oder Fehlinterpretationen möglichst zu vermeiden.

3.   Gruppendiskussion

Im Gegensatz zur Exploration, bei der man einen **tiefen** Einblick in individuelle Verhaltensweisen, Meinungen und Einstellungen gewinnen möchte, soll die Gruppendiskussion in relativ kurzer Zeit ein möglichst **breites** Spektrum von Meinungen, Ansichten und Ideen von mehreren Personen im gemeinsamen Gespräch zutage fördern.

Als ideal gelten Gruppen mit 6 bis 10 Mitgliedern, die je nach Thema und Zielsetzung unter Leitung eines qualifizierten Moderators diskutieren, wobei die Protokollierung ggf. mittels Tonband oder Video erfolgt. Dabei soll eine Situation geschaffen werden, die der normalen alltäglichen Gesprächssituation, in der Meinungen gebildet und ausgetauscht werden, entspricht.

Der Diskussionsleiter verfügt i.d.R. nur über einen schwach strukturierten Themenkatalog. Er sollte sich während der Diskussion hauptsächlich darauf beschränken, die Diskussion in Gang zu halten, dabei möglichst alle Teilnehmer zu Äußerungen ermutigen, aber bei eventuellem Durcheinanderreden der Teilnehmer ordnend eingreifen.

Man nimmt an, daß während der Diskussion bestimmte Hemmungen der Diskutanten schwinden, so daß sich die Teilnehmer gegenseitig zu detaillierten Äußerungen anregen. Die Gruppensituation führt eher als das Einzelinterview zu einer Aktualisierung unbewußter Sachverhalte, provoziert spontane Reaktionen und verbessert auch die Auskunftsbereitschaft zurückhaltender Teilnehmer durch die Beteiligung der anderen Gesprächspartner (**Kleingruppeneffekte**).

Bei der anschließenden Analyse der Aufzeichnungen werden dann Rückschlüsse auf verborgene Kaufmotive, Einstellungen u.ä. gezogen. Weitere Informationen können aus dem Meinungsbildungsprozeß, den Diskussionsschwerpunkten oder auch den non-verbalen Reaktionen (Körpersprache, Mimik) der Teilnehmer gewonnen werden.

Gruppendiskussionen gelten darüber hinaus als besonders geeignet zur Erforschung heikler Themen. Das Gefühl der Teilnehmer, frei und offen sprechen zu können, da man eben zur Gruppe gehört und mit seiner Meinung nicht alleine steht, fördert, daß der einzelne wagt, Dinge zu äußern, die er im Einzelinterview eventuell nicht gesagt hätte. Problematisch ist allerdings, daß sich die Meinungen möglicherweise an einer Gruppennorm ausrichten, d.h. daß sich auch Barrieren gegen die Darlegung abweichender Erfahrungen und Ansichten aufbauen können (Problem des **gruppendynamischen Kontrollmechanismus**).

Konkret finden Gruppendiskussionen bei Produktkonzepttests, Werbe- und Packungstests und bei Imagestudien statt. So werden sie auch häufig als „Fundgrube" für Werbetexte, Produktbenennungen usw. bezeichnet.

Die Auswahl der Teilnehmer erfolgt meistens ad hoc. Es können aber auch Diskussionen mit Mitgliedern bereits existierender Gruppen (z.B. Sportverein, Arbeitsgruppen) durchgeführt werden. Mit Repräsentanz kann i.d.R. nicht gerechnet werden, die Verweigerungsquote bei der Anwerbung der Teilnehmer ist höher als bei Einzelinterviews, und die Diskutanten können sich natürlich beispielsweise hinsichtlich ihrer Aktivität von Nicht-Teilnehmern unterscheiden.

Gruppendiskussionen können aber ideale Grundlage für die Konzeption von quantitativ orientierte Befragungen von Einzelpersonen sein.

4. Standardisierte Befragung

4.1 Zur Theorie der Befragung

Es kann derzeit durchaus der Eindruck entstehen, als würden in der Marktforschung die statistischen Verfahren zu außerordentlichen Höhenflügen ansetzen, während die Fragebogengestaltung demgegenüber am Boden verharrt. Die richtungweisenden Forschungen zu letzterer sind verknüpft mit Namen wie König, Hyman, Kahn und Cannel, Noelle-Neumann, Mayntz, Scheuch, Converse und Schumann u.a., die alle im wesentlichen aus den 50er bis 70er Jahren stammen. Trotz zahlloser Aktivitäten im Bereich der empirischen Sozialforschung, der Psychologie, der Medizin usw. sind impulsgebende neue Entwürfe, die auch die Marktforschung beflügeln könnten, nicht auszumachen. Offenbar hat sich auch eine deutliche Zweiteilung ergeben. Hier die „Kleinforschung" mit Befragungs-Experimenten an bzw. mit einem Dutzend Psychologie-Studenten und dort die kommerziellen Institute mit robusten Großumfragen nach immer dem gleichen Muster.

Der Wunsch nach einer geschlossenen Theorie der Befragung ist zwar verständlich, aber menschliche Reaktionen lassen sich nun mal nicht in strenge Wenn-dann-Aussagen fassen wie etwa in den Naturwissenschaften. Die gefundenen Erkenntnisse sind vielmehr Tendenzaussagen etwa von der Art: „in der Regel (im allgemeinen) reagieren Befragte auf heikle Fragen eher ausweichend". Das bedeutet, daß das durchaus nicht für jeden gilt, auch nicht unter jeden Umständen, auch nicht zu jeder Zeit und auch nicht für jedes, als heikel angenommene Thema.

Die Fragebogengestaltung wird deshalb oft als Kunstlehre bezeichnet. Es bedarf dabei neben einschlägigen Erfahrungen und Kenntnissen aus Psychologie und Soziologie eines hohen Maßes an Kreativität, Einfühlungsvermögen und Sprachgefühl. Aber es ist auch nicht so, dass sich die Qualität von Fragen nicht (vergleichend) messen liesse, wenn leider auch nur fragenspezifisch.

4.2 Befragungsproblematik

Im Gegensatz zu Explorationen und Gruppendiskussionen mit ihren qualitativ orientierten Fragestellungen sowie den weiten Spielräumen hinsichtlich Frageformulierung, Fragefolge und Interpretation der Antworten sind beim **standardisierten Vorgehen** die Fragebogeninhalte fixiert und genormt, also für alle Befragungen gleich. Diese Standardisierung soll gewährleisten, daß die massenhaft anfallenden Einzelauskünfte unmittelbar vergleichbar, damit auch wiederholbar und überprüfbar sind. Nur so läßt sich auch die Datenverarbeitung und -auswertung rationell durchführen.

Entsprechend eingeschränkt ist bei mündlichen Befragungen deshalb auch der Spielraum der Interviewer. Fragen dürfen zwar wiederholt werden, Formulierungsänderungen oder zusätzliche Interpretationen sollten dagegen unterbleiben. Um die je nach Sachlage unerwünschten Nachteile einer strengen Standardisierung abzumildern, werden mitunter Abstriche gemacht. Entsprechend wird dann von **teil-** oder **halbstandardisierten Interviews** gesprochen.

Bei der Umsetzung des Untersuchungsanliegens in geeignete Frageformulierungen und Frageabläufe muß der Marktforscher drei Dinge berücksichtigen, nämlich:

- die Art der Kommunikation (mündlich, telefonisch, schriftlich)

- die Auswertung der Daten

- die Kosten der Untersuchung.

Inhaltlich muß es das Ziel sein, die Fragen so zu formulieren und zu gliedern, daß möglichst fragegemäß geantwortet wird bzw. werden kann. Ist das der Fall, kann es keine falschen Antworten geben. Die Erfahrung lehrt, daß zumindest die Auskunftswilligen i.d.R. das Bestreben haben, es richtig zu machen, ja mitunter geradezu ängstlich sind, etwas Falsches zu sagen.

Welches sind nun die Hauptschwierigkeiten, die bei der **Fragebogengestaltung** zu berücksichtigen bzw. zu überwinden sind? Es soll der Versuch gemacht werden, sie in die nachfolgenden vier Kategorien zu gliedern:

Zunächst einmal kann der oben erwähnte gute Wille durch i.w.S. **„äußere Umstände"** beeinträchtigt werden, nämlich durch

- uninteressante, unangenehme Befragungsthemen,

- Überlängen, Zeitmangel, störende Umstände,

- Aversionen gegenüber Interviewer, telefonischen Auskünften, schriftlichem Ausfüllen u. dgl. m.

Zur zweiten Kategorie gehören die Probleme, die gleichsam aus den **menschlichen Unzulänglichkeiten** und hier vor allem im kognitiven Bereich erwachsen. Dazu gehören mangelndes oder mäßiges

- Verständnisvermögen

- Erinnerungsvermögen

- Vorstellungsvermögen

- Urteilsvermögen

- Konzentrationsvermögen

- Verbalisierungsvermögen

In die dritte Kategorie fallen diejenigen Schwierigkeiten, die sich aus dem menschlichen Drang zur **Selbstachtung** und **Selbstdarstellung** herleiten. Dazu zählen vor allem

99

- Über-/Untertreiben

- Verdrängen

- Ausweichen

- Lügen

- Anpassen u.ä.

Schließlich gibt es noch Probleme zu berücksichtigen bzw. zu überwinden, die aus einer Art **Beantwortungs-Taktik** erklärt werden können. Da ist vor allem das

- Lernen aus vorausgegangenen Fragen,

- Herauslesen bzw. -hören von Wertvorstellungen,

- Bemühen um Widerspruchsfreiheit mit vorausgegangenen Antworten,

- Beantwortung unter dem Gesichtspunkt der sog. sozialen Erwünschtheit,

- Beantwortung, wie vom Interview(er) vermeintlich erwartet,

- Abbruch der Beantwortung, wenn die gegebenen Antworten als ausreichend empfunden werden,

- Wahl der „erstbesten" Antwortvorgabe

- Wahl von Skalenwerten, die im Mittelfeld liegen.

4.3   Typische Schwachstellen

Obgleich weder vollständig noch überschneidungsfrei zeigt der Katalog die Mannigfaltigkeit der Klippen, die es bei der Fragebogengestaltung zu umschiffen gilt.

Welche Probleme dabei im einzelnen auftreten und wie sie ggf. entschärft werden können, soll nachfolgend exemplarisch dargestellt werden.

(1) An erster Stelle steht die Forderung nach **Allgemeinverständlichkeit** sowohl der Fragen wie der Fragenabfolge; so einfach und unmißverständlich wie möglich muß hier die Devise sein und das insbesondere dann, wenn sich die Stichprobe aus sehr unterschiedlichen Personenkreisen zusammensetzt. Experten-Befragungen sind in dieser Hinsicht unproblematischer, erfordern demgegenüber aber mehr produkt- oder branchenbezogenes Fachwissen.

(2) Es kann durchaus nicht immer **Einsicht** in die Thematik und die daraus resultierenden Fragen unterstellt werden. Je nach Intelligenz und Temperament fühlen sich die Auskunftspersonen dann überfordert oder abgestoßen, was der Antwortqualität natürlich nicht förderlich ist. Solche Widerstände müssen vorausgesehen oder besser

noch – durch Pretests herausgefunden und durch vorausgehende Themenerläuterungen beseitigt oder durch heranführende Fragen zumindest abgemildert werden.

Das Problem beginnt im übrigen oft schon bei der Kontaktanbahnung, denn statistische Auswahlerfordernisse sind den meisten Befragten fremd und auf die Kürze auch kaum erklärbar. („Warum gerade ich?" oder „Warum ich denn nicht meine älteste, sondern meine zweitgeborene Tochter?")

(3) Eine typische Schwachstelle ist neben zu langen Fragebögen das sog. **Überfragen.** Vielfach sollen Auskunftspersonen Antworten zu Dingen geben, die ihnen fremd sind oder zu denen sie sich zumindest nicht (so schnell) zutreffend ausdrücken können. Nichts zu sagen, wird häufig als etwas blamabel gefunden, die Folge sind dann irgendwelche Antworten. Sinnvoll ist hier ein Herausfiltern der Meinungslosen und zwar im Anschluß an die eigentliche Themenfrage durch die Filterfrage „haben Sie dazu eine Meinung?" Durch entsprechende Untersuchungsanordnungen wurde nachgewiesen, daß sich die Ergebnisse z.T. beträchtlich unterscheiden zwischen gefiltertem und ungefiltertem Vorgehen.

(4) Bekanntlich gibt es **offene** und **geschlossene** Fragen. Erstere lassen jede Antwort zu, die gegeben wird. Die Konsequenz ist vielfach ein Kaleidoskop von Antworten in den verschiedensten Formulierungen, die dann in der Auswertung mit erheblichem Aufwand in Gruppen mit jeweils einheitlicher Bedeutung sortiert bzw. gegliedert werden müssen. Deshalb werden offene Fragen möglichst vermieden und nur (noch) dann gestellt, wenn

- das Spektrum der Antwortalternativen vorher nicht absehbar ist
- eine Antwortbeeinflussung (auch sprachlich) unbedingt vermieden werden soll.

Geschlossene Fragen bergen demgegenüber also gewisse Beeinflussungsgefahren, sofern nicht jeder Befragte in den Vorgaben seinen Beantwortungswunsch genau oder wenigstens sinngemäß wiederfindet.

(5) **Spontane** Beantwortungen sollten i.d.R. nicht herausgefordert werden, erwünscht ist vielmehr ein vorausgehendes Nachdenken, um falsche Antworten zu vermeiden. Durch entsprechende Frageeinleitungen bzw. Formulierungen läßt sich diese Gefahr vermeiden. In Sonderfällen sind spontane Antworten jedoch erwünscht, nämlich dann, wenn durch vorausgehendes Nachdenken antwortverfälschende Hemmungen zu befürchten sind und damit vor allem emotional geprägte Urteile, Meinungen u.ä. unterdrückt würden. Speziell in psychologisch orientierten Studien ist das Provozieren von spontanen Antworten ein beliebter Kunstgriff, um Einblicke in Einstellungen und Motive zu gewinnen.

(6) Viele Fragen beziehen sich auf Faktenwissen, welches vor allem im sog. Langzeitgedächtnis gespeichert ist. Die umfangreichen Forschungen zum **Lernen** und **Behalten** zeigen zur Genüge die Unzulänglichkeiten des menschlichen Gehirns und sollten auch Marktforscher mahnen, hier nicht zuviel vorauszusetzen. Reine

Datierungs-Angaben z.B. lassen erfahrungsgemäß vor kürzerer Zeit Erlebtes entfernter erscheinen, weiter Zurückliegendes wird umgekehrt kürzer datiert. Insbesondere persönlich tangierende Sachverhalte aus der Vergangenheit erleben im Laufe der Zeit Umdeutungen der verschiedensten Art. Unangenehmes wird z.B. verdrängt bzw. abgemildert oder eben – wie das Sprichwort sagt – „vergoldet". Dies gilt durchaus auch für erinnerbare Zeiträume und läßt sich auch in der Marktforschung gelegentlich nachprüfen. So ergeben Umfragen bei Haushalten regelmäßig einen höheren Einkaufsanteil von bekannten Markenartikeln als dieselben Haushalte in ihren Panel-Aufzeichnungen angeben. Ebenso weichen die Angaben ehemaliger Krankenhauspatienten etwa zu Dauer und Bedrohlichkeit ihrer Krankheit z.T. nicht unerheblich von den Tatsachen ab.

(7) Gängige Praxis bei der Abfrage von Wissen ist die Verwendung von **ungestützten** bzw. **gestützten** Fragen. Geht es also etwa um die Kenntnis von Markennamen oder Persönlichkeiten, wird i.d.R. zunächst ungestützt das aktuelle Wissen abgefragt und hernach die Prozedur, gestützt durch Vorlage oder Vorlesen einer Namensliste wiederholt. Die spontanen Nennungen sind in aller Regel erheblich niedriger als beim zweiten Vorgehen. Aber das ist verständlich, denn einmal wird das **Erinnern** gemessen, im anderen Falle aber lediglich das **Wiedererkennen,** was erheblich weniger Anforderungen an das Gedächtnis stellt. Das gilt es bei der Interpretation der Ergebnisse zu berücksichtigen.

(8) Unter **heiklen Themen** läßt sich alles das zusammenfassen, worüber man sich Fremden gegenüber nicht oder nur ungern äußern möchte. Auch die Zusicherung von Vertraulichkeit ändert oft nichts daran. Die Spanne reicht dabei von Fragen zu den eigenen finanziellen Verhältnissen, zu Urteilen über andere Menschen, zu persönlichen Fehlern, zu Urteilen über andere Menschen, zu persönlichen Fehlern bzw. Fehlverhalten bis hin zum Intimbereich. Natürlich bestehen erhebliche Unterschiede von Person zu Person und von Thema zu Thema über das, wozu man sich nicht gerne offenbart. Entweder werden dann die Antworten verweigert oder – was im Bezug auf die Ergebnisqualität schlimmer ist – es wird über- bzw. untertrieben, ausweichend geantwortet oder schlicht gelogen.

Es braucht also zunächst einmal Erfahrungen und Gespür, wo mit solchen Hemmungen zu rechnen ist. Ziel muß es sodann sein, diese mittels geeigneter Frageformulierungen soweit wie möglich abzubauen, indem z.B. vermittelt wird, daß

  Auskünfte dazu heute durchaus kein Tabu mehr sind („darüber wird heute ja ganz offen gesprochen")

  die erfragten Sachverhalte heute die Norm sind („es ist ja heute schon die Regel, daß...")

  der tabuisierte Sachverhalt einfach unterstellt und gleichzeitig verharmlost wird („jeder von uns hat doch schon mal...")

„Ungefähr-Angaben" auch schon ausreichen („wenn nicht so genau, dann in etwa...").

Mitunter ist dem Problem auch mit **indirekten Fragen** beizukommen. Hier stimmt der für den Befragten vordergründig erkennbare Frageinhalt nicht mit dem eigentlichen Auskunftsbegehren überein. Es wird also versucht, Indizien zu gewinnen, die entsprechende Rückschlüsse erlauben.

(9) Anfänger in Sachen Fragebogengestaltung gewinnen nach ersten Versuchen und Diskussionen i.d.R. den Eindruck, als bestünde unsere Sprache nur aus mehrdeutigen, interpretationsbedürftigen Worten. Zur üblichen Verständigung reichen diese Unschärfen zwar aus, im Fragebogen können sie aber zu gravierenden Fehlern führen. Wo Zweifel bestehen, müssen also **Begriffe** vorab durch eine möglichst konkrete Umschreibung verdeutlicht werden oder die Auskunftspersonen müssen Gelegenheit haben, hernach anzugeben, an welchen Kriterien sie ihre Aussage festmachen. Fragen nach Zufriedenheit, Religiösität, Gesundheit u.ä. sind Beispiele dazu. Aber auch auf die scheinbar so einfache Frage wie „Laufen Sie Ski?" schmilzt die Schar der Skiläufer ganz erheblich, wenn entsprechend nachgehakt wird (alpin, Abfahrt, Tiefschnee?), was ja auch einsichtig ist.

(10) Die Gefahr einer unbeabsichtigten Beeinflussung der Antworten ist immer dann gegeben, wenn übersehen wird, daß die Fragen solche Worte oder Begriffe enthalten, die für bestimmte Personenkreise oder sogar für die Allgemeinheit **Reizcharakter** haben. Gemeint ist hierbei nicht ein gewisses Maß an Engagement, das bei vielen Antworten weder vermeidbar noch unerwünscht ist, sondern wenn es sich dabei um solche handelt, wo die Befragten „rot sehen". Beispiele wären also etwa Kapitalismus, Disziplin, Politiker und dergleichen.

(11) Auf die Gefahr der Beeinflussung von Antwort-Vorgaben bei geschlossenen Fragen wurde schon hingewiesen. Kritik ist hier vor allem anzumelden gegenüber der häufigen Überfrachtung und damit **Überforderung** durch endlose Antwortbatterien, wie etwa bei Einstellungs- oder Polaritätsprofilen. Der Drang und „Zwang" nach Vollständigkeit beim Beantworten führt dann leicht zu willkürlichen Angaben. Und schliesslich bekommt der Interviewer sein Geld auch nur für komplett ausgefüllte Fragebogen!

(12) Antwortvorgaben haben schließlich u.U. auch die unangenehme Eigenschaft, daß sich die Befragten die Antworten danach aussuchen, was wohl allgemein **üblich** bzw. (noch) **akzeptabel** ist. Der tägliche Bierkonsum oder die vor dem Fernsehen verbrachten Zeiten fallen nachweislich unterschiedlich aus, wenn die vorgegebene Spannbreite der Antwortmöglichkeiten größer oder kleiner gewählt wird.

Statt eines Fazits zu diesem wichtigen Abschnitt sei der Philosoph Immanuel Kant zitiert, der schon vor über 200 Jahren folgende Erkenntnis formulierte:

Es ist ein großer Beweis der Klugheit oder Einsicht zu wissen, was man vernünftigerweise fragen sollte.

5. Face-to-face-Umfrage

5.1 Die Rolle des Interviewers

Die Bezeichnung „face-to-face" ist derzeit noch etwas ungewöhnlich, aber der Drang zu Anglismen ist einerseits ungebrochen, andererseits ist eine klare Unterscheidung zum Telefon-Interview vonnöten, weil dieses ja ebenfalls mündlich und „persönlich" ist. Gemeint ist hier also die klassische Befragung im persönlichen Gegenüber von Interviewer und Befragtem unter Verwendung eines (standardisierten) Fragebogens.

Nachdem das Thema „Fragebogengestaltung" bereits abgehandelt wurde, befassen sich die folgenden Ausführungen vornehmlich mit den Aufgaben und Problemen der Interviewer-Tätigkeit.

Die **Interview-Situation** ist in der Hauptsache charakterisiert durch

(a) die soziale Interaktion von Interviewer und Befragtem und
(b) die sog. situativen Faktoren, also dem Befragungsumfeld.

Ad (a). Beim Interview treten sich zwei einander zunächst meist fremde Personen gegenüber, wobei sowohl der Kontakt selbst, der Gesprächsgegenstand als auch der Kommunikationsablauf im wesentlichen einseitig vom Interviewer initiiert bzw. bestimmt werden. Allein dadurch unterscheidet sich das Interview nachhaltig von einer normalen Konversation. Entsprechend zahlreich sind auch die Versuche in der Literatur, zur Erklärung der für das Interview typischen sozialen Beziehungen und der dabei auftretenden Interaktionen beizutragen.

Problemgemäß richtet sich das Hauptinteresse dabei auf solche Faktoren, die einen unerwünschten Einfluß auf das Befragungsergebnis nehmen können. Als eine Gruppe derartiger Faktoren sind die wahrnehmbaren sozialen Merkmale sowohl des Interviewers als auch des Befragten anzusprechen:[1]

▪ Geschlecht,

▪ Alter,

▪ Klassen- (evtl. auch Rassen-)merkmale,

▪ äußeres Erscheinungsbild,

▪ Bildungsgrad,

---

1 Untersuchungen darüber, also z.B. Frau befragt Mann, Bayer befragt Preußen, Student befragt Hausfrau, Schwarzer befragt Weißen u.ä.m. sind zahlreich und bestätigen die Antwortbeeinflussung durch die Verschiedenartigkeit der Dialogpartner.

- Auftreten und Gebaren,

- Sprache/Dialekt

Die Gesamtheit dieser Merkmale erzeugt bereits zu Gesprächsbeginn bei den Interviewpartnern ein bestimmtes „Bild" vom jeweils anderen, das zugleich Mutmaßungen über dessen Einstellungen, Wertorientierungen usw. impliziert und – bewußt oder unbewußt – zu Anpassungsmechanismen führen kann. Sowohl der Interviewer als auch der Befragte entwickeln also Vorstellungen über ihre eigene Rolle als auch Erwartungen über die Rolle des Partners, wobei diese nicht starr fixiert sind, sondern sich während des Interviewverlaufs durchaus ändern können. Die Wechselwirkungen zwischen dem Verhalten und den Erwartungen von Interviewer und Befragten sind zwangsläufig Bestandteil der sozialen Situation des Interviewers und als solche auch nicht zu beseitigen.

Das eigentliche befragungstechnische Problem liegt nun in der Notwendigkeit, den sozialen Interaktionsprozeß möglichst **ergebnisneutral** zu gestalten, also zu verhindern, daß durch ihn sachlich-inhaltliche Ergebnisverzerrungen entstehen. Hierzu kann in gewissem Rahmen ein gut gestalteter Fragebogen beitragen. Daneben verhindern eine gezielte Interviewerauswahl, eine entsprechende Interviewerschulung und gründliche Intervieweranweisungen störende Einflußnahmen.

Ad (b). Mit dem Begriff **Befragungsumfeld** wird gemeinhin die Summe aller die Interview-Situation kennzeichnenden Umstände umschrieben, die nicht unmittelbar der Person von Interviewer und Befragtem bzw. deren Interaktion zuzurechnen sind:

Der Befragungszeitpunkt (Tageszeit, Wochentag usw.) sollte der individuellen zeitlichen Disposition des Befragten entsprechen. Wenn ein Interview zwar gewährt wird, aber zeitlich ungelegen kommt, so können leicht durch Unwillen oder Hast bei der Beantwortung entsprechend negative Auswirkungen entstehen.

Auch dem **Befragungsort** wird vielfach Bedeutung beigemessen. Zugrunde liegt die Vermutung, daß – „auch in Abhängigkeit vom Befragungsgegenstand – im vertrauten eigenen Heim oder Büro andere Auskünfte gegeben werden als etwa im Befragungsstudio, im Einzelhandelsgeschäft oder auf der Straße.

Dasselbe gilt schließlich für die **Anwesenheit Dritter** beim Interview. Es erscheint plausibel, daß der Befragte bei bestimmten Fragen seine Antworten modifiziert, wenn er den Ehegatten, Kollegen, Bekannte o.ä., zugegen weiß. Zudem besteht dann auch häufig die Gefahr, daß sich diese Dritten in das Interview einmischen.

Maßgebend für die **Länge** der Befragung sind im wesentlichen der Umfang des Befragungsthemas, das zu erwartende Interesse der Befragten an der Thematik, der Fragebogenaufbau, das Geschick des Interviewers, die Befragungssituation (z.B.

Zeitmangel der Probanden) und nicht zuletzt der Umstand, ob und in welcher Höhe ein Entgelt gewährt wird. In der Regel werden z.B. Haushaltsbefragungen dann problematisch, wenn sie länger als eine halbe Stunde dauern, während u.U. eine Expertenbefragung einen erheblich längeren Zeitraum in Anspruch nehmen kann.

Abschließend sei schließlich noch versucht, eine Größenvorstellung von den **Kosten** zu geben. Die Institute berechnen derzeit für eine Face-to-face-Umfrage bei einem 1000er Personen-Sample, repräsentativ für die BRD, bei ca. 30 bis 40 Fragen und einer Interview-Dauer von ca. 30 Minuten etwa 70 bis 90 000 DM.

Trotz aller hier angesprochenen Probleme gilt, daß persönliche Interviews Vorzüge haben, die andere Erhebungsmethoden nicht aufweisen, weil eben im persönlichen Gegenüber verbale und non-verbale Äußerungen in vielen Fällen ergiebiger und erforderliche Klärungen sowie die Verwendung von ergänzenden Materialien möglich sind. Komplizierte Sachverhalte lassen sich vielfach nur auf diesem Wege eruieren.

5.2   Qualifikationsprobleme

Die Diskussionen über die diffizilen Interaktions-Phänomene zwischen Frager und Befragtem sind inzwischen von handfesteren und gravierenderen Problemen verdrängt worden, nämlich vom nachlassenden Arbeitsethos und der abnehmenden Qualifikation der Interviewer, deren Zahl in der BRD auf über 25.000 geschätzt wird.

Zu viele Interviewer – so die Fachleute – wollen heute die schnelle Mark, oft nur vorübergehend, verdienen und verkennen dabei, wie schwierig und anstrengend infolge nachlassender Auskunftsbereitschaft die Feldarbeit geworden und wie gering dazu im Vergleich die Bezahlung ist. So wie tendenziell von einer schwächer gewordenen Fragebogen-Kultur gesprochen werden kann, so sicherlich auch von einer schwindenden Interviewer-Kultur. Der stramme Kommerz, dem sich auch ehedem wissenschaftliche Institute verschrieben haben, trägt sicherlich auch seinen Teil dazu bei.

Die Indizien sprechen für sich: Die jährliche Fluktuation reicht bis zur Hälfte, viele Interviewer brechen die Mitarbeit einfach ab und lassen nichts mehr von sich hören. Entsprechend groß ist der Anteil von Anfängern mit mangelnder Qualifikation oder eben von solchen, die bei anderen Instituten bereits erfolglos waren. Bedenklich ist bereits, daß mitunter die überwiegende Zahl der getätigten Interviews von nur einem geringen Bruchteil der eingesetzten Interviewer stammen. Der Repräsentanz der Ergebnisse nicht gerade förderlich ist ferner die Tatsache, daß die Interviewer ihre Erhebungen oft bei stets denselben Freunden und Bekannten machen. Ganz schlimm ist schließlich, wenn die Antworten selbst ausgefüllt werden, was zumindest den einigermaßen Geübten keine besonderen Schwierigkeiten macht. Entsprechender Verdacht ist etwa angebracht, wenn ein Interviewer mit „unmöglich" viel Befragungen aufwarten kann.

5.3   Computergestütztes Procedere

Traditionell läuft eine Face-to-face-Befragung in der Weise ab, daß der Interviewer die Fragen aus dem ihm postalisch zugestellten Fragebogen vorliest (u.U. ergänzt durch Vorlage entsprechenden Materials), die Antworten des Befragten an den dafür vorgesehenen Stellen schriftlich aufzeichnet und den Fragebogen per Post an das Institut zur Auswertung zurücksendet.

Im Zeitalter des Computers erscheint ein solches Procedere antiquiert, weil umständlich, fehleranfällig und langsam. Insofern deutet sich an, daß sich auf Dauer tragbare Kleincomputer durchsetzen werden, mit denen die Interviewer vor Ort arbeiten (**C**omputer **A**ssisted **P**ersonal **I**nterviewing (**CAPI**)). Es handelt sich bei den Geräten um Laptops oder Notebooks. Die Fragen erscheinen auf einem Display und werden vom Interviewer oder gleich vom Befragten abgelesen. Die Eingabe der Antworten erfolgt durch den Interviewer mittels einer Tastatur, werden im Gerät gespeichert und zur Auswertung über das Telefonnetz on-line auf den Rechner des Instituts überspielt.

Im Einsatz sind auch sog. **Pentops;** sie besitzen keine Tastatur, vielmehr müssen die Befragten ihre Antworten mit einem elektronischen Griffel direkt auf dem Bildschirm selbst ankreuzen. Bei entsprechender Auslegung der Technik ergeben sich weitere Vorteile, wie etwa das zufallsgesteuerte Rollieren von langen Antwortvorgaben oder eine komplexe Filterführung. Selbst Bilder und Skalen können durch neueste Multimedia-Anwendungen integriert werden.

Längst nicht alles technisch Machbare ist bekanntlich auch ökonomisch sinnvoll. Das gilt auch hier. Bei einem (noch) relativ hohen Gerätepreis erfordert die Ausstattung einer Feldorganisation ganz erhebliche Investitionen. Darüberhinaus gibt es auch eine Reihe durchaus gravierender Probleme wie das Handling der Interviewer, eventuelle Akzeptanzprobleme seitens der Befragten, den Datenschutz, die Eingabe von Antworten auf offene Fragen sowie z.B. auch die ausbleibende Geräte-Rückgabe bei Interviewern, die ihre Mitarbeit einseitig abbrechen. Auch die Ergebnisse sind mit denen beim traditionellen Vorgehen nicht immer vergleichbar.

Die bisherigen Erfahrungen lassen vermuten, dass in absehbarer Zukunft ein breiterer Einsatz erfolgt. Das hängt nicht zuletzt auch davon ab, welche Bedeutung die persönlichen Interviews, zumindest bei Massenumfragen, künftig (noch) haben werden.

6.   Telefonbefragung

Gerade angesichts der geschilderten Probleme bei Face-to-face-Umfragen war und ist es naheliegend, daß die Institute nach Alternativen suchen. Eine solche ist inzwischen zweifellos die Telefonbefragung. Sie ist in der Bundesrepublik vor allem durch sog. **Blitzumfragen** zu aktuellen Themen bekannt, weniger bekannt ist dagegen, daß derartige Erhebungen im gewerblichen Sektor schon längst eine bedeutende Rolle spielen. Die Befragung von Experten in Firmen und Institutionen erfolgt hier ebenso wie die von Ärzten oder Architekten. Mitunter geschieht das nach entsprechender vertraglicher Vereinbarung auch in regelmäßigen Abständen beim selben Personenkreis (**Telefonpanel**).

Inzwischen werden hierzulande auch Privatpersonen bzw. private Haushalte zunehmend telefonisch befragt. Die Entwicklung gleicht sich damit US-amerikanischen Verhältnissen an. Dort gab es schon früher eine hohe Telefondichte und dazu auch noch niedrigere Telefonkosten infolge erheblicher Rabattgewährungen. Außerdem herrschen dort andere Mentalitäten und Lebensverhältnisse. Insbesondere die amerikanischen Hausfrauen haben Angst, Interviewer vorzulassen und empfinden das Telefon demgegenüber als sicherer. Ähnlich ist es mittlerweile auch in Deutschland.

6.1   Verfahrens-Charakteristika

Telefonbefragungen sind zwar mündlich, erlauben also einen Gesprächsdialog mit Rückfragen, zusätzlichen Verdeutlichungen usw., aber es fehlt das persönliche Gegenüber (face-to-face). Erscheinung und Auftreten des Interviewers spielen keine Rolle – sowohl im Guten wie auch im Schlechten (vgl. Interviewer-Bias S. 68). Aber auch der Befragte und seine Umgebung sind verborgen, also etwa hinsichtlich sog. non-verbaler Reaktionen oder seiner Wohnverhältnisse.

Störende Einflüsse seitens des Befragungsumfeldes werden stark reduziert. In der Regel können Dritte weder zuhören noch hineinreden.

Demonstrationsmaterial kann natürlich nicht verwendet werden. Gleiches gilt für Vorlagen zum Ankreuzen bzw. Ausfüllen. Dementsprechend brauchen Fragebogen für telefonische Erhebungen einen speziellen Zuschnitt. Das beginnt bereits mit der sehr wichtigen Kontaktanbahnung, denn eine Ablehnung ist am Telefon schnell gegeben, zumal sich der Interviewer per Distanz nicht eindeutig legitimieren kann.

Weiterhin müssen umfängliche Fragekomplexe stärker aufgegliedert und offene Fragen, Antwortkategorien u.ä. reduziert werden.

Einfach und kurz muß die Devise sein, denn Telefoninterviews sollten innerhalb von 10 bis 15 Minuten abgewickelt sein und das ist etwa die Hälfte weniger als bei persönlichen Befragungen. Selbstverständlich gibt es hier individuelle und auch (bevölkerungs-)gruppenmäßige Unterschiede hinsichtlich der geforderten Kürze bzw. der gewährten Interview-Dauer.

In einschlägigen Untersuchungen will man herausgefunden haben, daß sich im Vergleich zu Face-to-face-Erhebungen die Befragten stärker konzentrieren, sog. sozial erwünschte (verfälschte) Antworten weniger auftreten und heikle Fragen öfter bzw. ehrlicher beantwortet werden. Auf größere Ablehnung stoßen dagegen Fragen, die Ängste erzeugen (können).

Im übrigen bleibt noch zu erwähnen, daß die praktische Überprüfung des Fragebogens (Pretest) vor seinem Einsatz vglw. einfacher ist, weil sie vom dafür verantwortlichen Institutsmitarbeiter per Telefon relativ schnell selbst durchgeführt werden kann.

Der mittlerweile stark zunehmende Trend zur Telefonbefragung erhält starke Impulse zweifellos durch den Einsatz von Computer-Hilfen (**C**omputer **A**ssisted **T**elefon **I**nterviewing (**CATI**). Entsprechende Geräte

- steuern den gesamten Ablauf des Interviews,

- zeigen Fehler und notwendige Rückfragen sofort an,

- übernehmen die komplette Filterführung,

- erlauben eine zufallsgesteuerte Rotation von Statements und Antwortvorgaben,

- weisen unmittelbar Zwischenergebnisse auf,

- erledigen die Auswahl der Telefonnummern, der Zielpersonen, der Ersatznummern bei Fehlversuchen usw., (Autodialing = korrekte Stichproben)

- transferieren die Daten unmittelbar in die Auswertung.

Abbildung 18 gibt einen ergänzenden Eindruck von den Möglichkeiten.

Die Telefon-Interviewer werden also im Vergleich zur Face-to-face-Befragung erheblich entlastet, primär natürlich vom gesamten Besuchsaufwand. Sie brauchen nur vom Bildschirm abzulesen bzw. vorlesen und die Antworten per Tastutur eingeben. Das ergibt pro Zeiteinheit auf jeden Fall mehr, durch die Ausschaltung von Fehlerquellen vielfach auch bessere Daten. Überdies arbeiten die Interviewer räumlich zentralisiert. Dies bietet auch die Vorteile ihrer besseren Steuerung, Kontrolle und Schulung.

Wie leicht vorstellbar erfordert die Telefonbefragung erhebliche Investitionen in die Datentechnik.

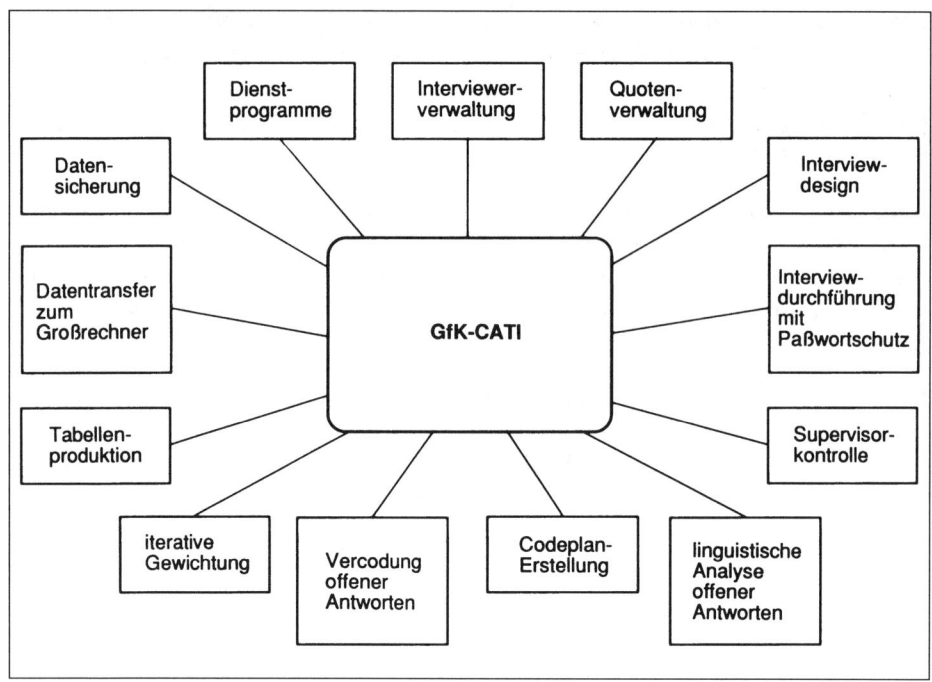

Abbildung 18: Anwendungsmöglichkeiten von CATI-Systemen

Quelle: GfK, unveröffentl. Arbeitspapier o.J.

6.2 Stichprobenbildung

Die Stichprobenbildung läßt sich in Deutschland mittlerweile auch für private Haushalte anhand der Telefonverzeichnisse durchführen, denn die **Telefondichte** liegt mit etwa 90 % so hoch, daß sich der Telefonbesitz nicht mehr auf bestimmte Bevölkerungskreise beschränkt. Natürlich bleiben periphäre Ungenauigkeiten durch Geheimnummern, Neuzugänge, Umzüge, Menschen ohne festen Wohnsitz u.ä. Vorübergehend spielte auch die geringere Telefondichte in Ostdeutschland eine Rolle.

Somit bieten Telefonverzeichnisse eine fast ideale Voraussetzung für die klassische **Zufallsauswahl** (vgl. S. 51 f.) auch bei Haushalten. Für die Sample-Bildung bei bestimmten Branchen oder Berufsgruppen bieten die Post sowie Adressenverlage entsprechende Dienste an.

Im gedanklich einfachsten Fall ließ sich also z.B. jeder 10 000ste Anschluß (incl. Gewerbetreibende und Freiberufler, excl. Unternehmen) auswählen, um aus der Grundgesamtheit von ca. 32,7 Mio. Haushalten eine Stichprobe von 3 270 zu bilden. I.d.R. werden aber zwecks Berücksichtigung von Stadt/Land-Unterschieden zunächst per Zufallsauswahl Gemeinden ausgewählt, innerhalb derer dann die Adressaten wiederum per Zufallsauswahl bestimmt werden.

Das hier skizzierte Vorgehen ist ebenso einfach wie methodisch „sauber", erfordert also keine statistischen Kunstgriffe, die bei Face-to-face-Befragungen aus vorwiegend ökonomischen Gründen vorgenommen werden müssen.

Speziell bei Face-to-face-Umfragen ist die Erreichbarkeit der Auskunftspersonen sehr oft ein Problem. Insbesondere bei der Zufallsauswahl muß der Interviewer Wiederholungsbesuche und die Wahl von Ersatzadressen nach bestimmten Regeln vornehmen.

Bei der Telefonbefragung ist das im Prinzip nicht anders. Schlecht Erreichbare können aber per Telefon leichter kontaktiert werden. Fehlversuche kosten (fast) nichts und schneller gehen sie allemal. Hinzu kommt, daß der Telefon-Interviewer durch entsprechende Computerunterstützung (sog. Quoten-Server) in dieser Hinsicht wesentlich entlastet wird. Die Stichprobenausschöpfung ist also besser.

Ein zustande gekommener Telefonkontakt besagt bei Mehrpersonen-Haushalten natürlich noch nicht, daß auch die Zielperson am Apparat ist. Letztere bestimmt sich u.U. nach speziellen Untersuchungsanliegen. Geht es dagegen um einen reinen Bevölkerungsquerschnitt, müssen alle Haushaltmitglieder die gleiche Chance haben, ansonsten erreicht man im Zweifel nur bestimmte Segmente, also etwa Nur-Hausfrauen oder alte Menschen, die meist daheim sind.

Infolgedessen läßt es sich natürlich auch hier nicht vermeiden, daß zunächst Angaben über die Haushalt-Mitglieder erbeten werden und erst dann die Zielperson zufallsgesteuert nach bestimmten Methoden (last birthday, Altersreihenfolge, Schwedenschlüssel u.ä.) bestimmt werden kann.

Im Vergleich zu Face-to-face-Erhebungen sind Telefonbefragungen in aller Regel schneller, vielfach auch qualitativ besser. Das gilt übrigens in besonderem Maße für Firmenbefragungen. Freilich gibt es – wie dargelegt – Nachteile bzw. Grenzen.

Wie verhält es sich nun mit den Kosten? Deren wesentliche Bestandteile setzen sich zusammen aus dem erheblichen Aufwand für die hard- und software, den Personalkosten der Interviewer und den Telefongebühren. Letztere schlagen natürlich um so mehr zu Buche, je größer die Distanzen und je länger die Interviews sind. Kostendegressionen dürften wegen der größeren Investitionen vglw. stärker ins Gewicht fallen. **Große Stichproben** und **kurze Befragungen** sind also, auf einen kurzen Nenner gebracht, die Kombination, bei der Telefonbefragungen ökonomisch besonders vorteilhaft sind. Das wird auch deutlich an der Tatsache, daß ein Feldbefrager pro Tag etwa 5 Interviews schafft, sein Telefonkollege demgegenüber etwa das fünffache.

Natürlich lassen sich die Institute nicht in ihre Kalkulation schauen, lediglich ihre Preise sind bekannt und lassen sich vergleichen. Gemessen am Preis einer Face-to-face-Umfrage (vgl. S. 104 f.) kosten enstprechende Telefonbefragungen etwa die Hälfte.

6.3   Weiterentwicklung

Auch wenn das Zeitalter der Telefonumfragen eigentlich erst richtig begonnen hat, zeichnen sich bereits neue Perspektiven ab. Nicht nur vorstellbar, sondern bereits technisch machbar ist die Ablösung des Telefon-Interviewers durch eine **automatische Abfrage.** Diese wird bei den Befragten zunächst in einem entsprechenden Gerät gespeichert und kann dann nach Belieben auf den häuslichen Bildschirm gebracht und beantwortet werden. Anschließend werden die Ergebnisse auf dem gleichen Weg vom Institut abgerufen.

Voraussetzung dafür ist aber eine entsprechende Bereitschaft zur laufenden Mitarbeit seitens eines entsprechend großen Kreises von Auskunftswilligen, aus denen je nach Bedarf entsprechende Stichproben gezogen werden können. Ähnlich wie beim Panel (vgl. S. 124 ff.) müssen also geeignete Personen, Haushalte, Institutionen usw. angeworben, die Geräte dort installiert und für die Mitarbeit eine Vergütung geboten werden, um eben auch die Umfrage dergestalt zu „automatisieren". Konsequent zu Ende gedacht, führt ein solches **HAPPI** (**H**ome-based **A**ctive **P**assive **P**ersonal **I**nterviewing) zu weitreichenden Veränderungen in der Umfrageforschung.

7.   Schriftliche Befragung

Im Gegensatz zum mündlichen Interview bedarf es bei der schriftlichen Befragung keines Interviewers. Die Kommunikation zwischen Befrager und Befragtem erfolgt ausschließlich über den Fragebogen. Die am häufigsten angewandte Variante ist die postalische Befragung.

Schriftliche Befragungen werden relativ häufig durchgeführt, obgleich die Neigung besteht, bei Befragungen zunächst an das mündliche Interview zu denken. Gerade im gewerblichen Bereich hat sie ihren festen Platz gefunden, man denke nur an die zahlreichen Auskunftsbegehren von Ämtern, Verbänden, Forschungsinstituten usw. Auch die Verbraucherpanel (vgl. S. 124 ff.) basieren im wesentlichen noch auf einer schriftlichen Kommunikation.

7.1 Methodische Aspekte

Lange Zeit standen Wissenschaft und Praxis der schriftlichen Befragung zwiespältig gegenüber. Unbestritten wurde sie als die im Vergleich zum mündlichen Interview kostengünstigere Alternative angesehen. So entfallen vor allem die nicht unerheblichen Interviewerkosten. Dieser Vorteil fällt um so mehr ins Gewicht, je breiter die befragten Personen oder Institutionen räumlich gestreut sind und je größer das Sample ist. Bei größeren Umfragen liegen die Kosten damit bei einem Viertel vergleichbarer mündlicher Interviews.

Schriftlichen Befragungen werden jedoch gravierende Nachteile unterstellt, nämlich:

- Geringe Rücklaufquoten zwischen 15 und 60 % der versandten Fragebogen.

- Verzerrte, für die Grundgesamtheit nicht repräsentative Stichproben, wenn die (postalischen) Adressen der zu Befragenden nicht bekannt sind oder sich geändert haben.

- Unkontrollierbarkeit der Erhebungssituation, da nicht gewährleistet ist, daß der Befragte auch tatsächlich selbst ausfüllt.

- Keine Kontrolle des Antwortvorganges. So entfällt etwa die Steuerung der Reihenfolge der Fragebeantwortung.

- Die Motivation des Befragten zur Auskunftabgabe kann ausschließlich durch den Fragebogen erfolgen. Hierdurch ergeben sich Restriktionen bezüglich Fragethematik, Fragebogenlänge und Frageart, will man eine unvollständige oder unkorrekte Beantwortung weitgehend vermeiden.

Abbildung 19 faßt noch einmal die wesentlichsten der schriftlichen Befragung zugeschriebenen Probleme zusammen:

Die gemeinhin festzustellende Ansicht „billig, aber unzulänglich" wurde zwischenzeitlich jedoch revidiert, was nicht zuletzt der immer häufigere Einsatz von schriftlichen Befragungen in der Marktforschung beweist. Die obigen Nachteile lassen sich nämlich beseitigen oder zumindest abmildern, wenn die Einsicht besteht, daß eine schriftliche Befragung andere Anforderungen etwa bezüglich Fragebogendesign und Erhebungsdurchführung stellt als ein mündliches Interview.

Das oberste Ziel einer schriftlichen Befragung ist es, den Befragten zur **korrekten Beantwortung** und **Rücksendung** des Fragebogens zu veranlassen. Hierauf müssen alle Maßnahmen zur Konzeption und Durchführung der Befragung abstellen.

Beim mündlichen Interview läßt sich ein nicht unbeträchtlicher Teil der Ausfälle auf Probleme der Kontaktanbahnung zurückführen. Bei der schriftlichen Befra-

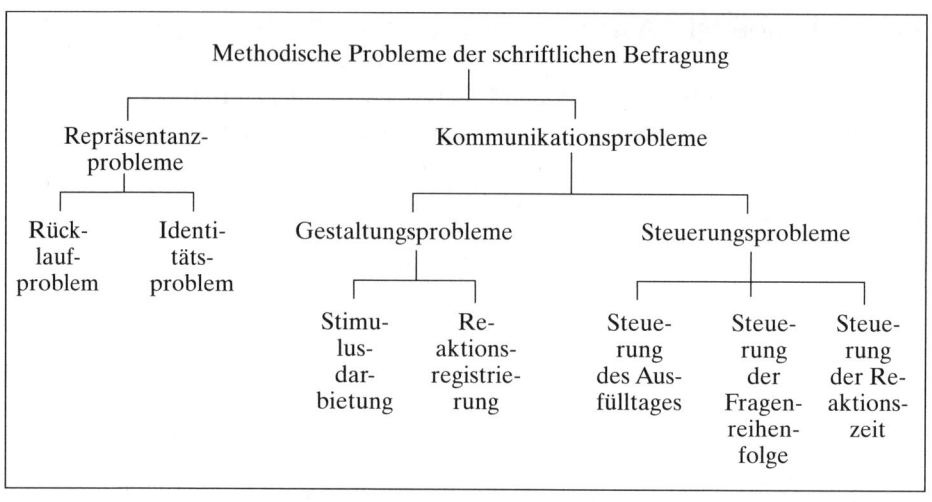

Abbildung 19: Methodische Probleme der schriftlichen Befragung

gung sind die Verweigerungen verstärkt themenbedingt. Unter dieser Prämisse und im Vergleich zum mündlichen Interview bedeutet jeder Ausfall damit eine Erhöhung des systematischen Fehlers bezüglich der Befragungsthematik. Aus diesem Grund ist eine hohe Rücklaufquote für die Aussagekraft einer Untersuchung unabdingbar, auch wenn dadurch die der schriftlichen Befragung zugeschriebenen Kostenvorteile schmelzen.

Welche Gesichtspunkte sind nun bei einem erfolgversprechenden Vorgehen zu berücksichtigen?

Im Prinzip gilt auch für die schriftliche Befragung, daß sie folgendes bewirken soll:

- die Bereitschaft zur Beantwortung
- eine sorgfältige Beantwortung
- eine rechtzeitige Beantwortung.

Speziell für Inhalt, Umfang und Form des Fragebogens gelten dabei folgende Maxime, die in etwa in der Reihenfolge ihrer Bedeutung aufgeführt sind:

- eine möglicht interessante Thematik (für den Befragten),
- ein möglichst kurzer Fragebogen,
- ein möglicht „spannender" Fragebogenaufbau,
- eine möglichst verständliche Fragefolge (auch optisch),
- möglichst einfache Fragen,
- möglichst einfache Beantwortungsmöglichkeiten

114

Unvermeidbar ist vor allem, daß der Fragebogen von den Empfängern i.d.R. zunächst vollständig durchgelesen wird. Die Verschleierung von Zweck und Ziel der Untersuchung zu Beginn, um etwaige Prädispositionen zu verhindern, ist damit kaum möglich. Auch eine gegenseitige Beeinflussung einzelner Fragen läßt sich nicht ausschließen. Weiterhin kann auch nicht verhindert werden, daß die Befragten durch Vor- und Zurückblättern ihr Antwortverhalten auf die einzelnen Fragen abstimmen. Von Nachteil ist schließlich auch, daß die mitunter gewünschte Spontanität von Antworten hier unterbleibt.

Vorteilhaft ist demgegenüber, daß die Beantwortung in aller Regel überlegter und präziser erfolgt bzw. erfolgen kann als etwa beim Telefon-Interview es sei denn, der Fragebogen ist zu lang oder zu kompliziert.

7.2 Versand und Rücklauf

Eine wichtige Rolle im Hinblick auf eine zufriedenstellende Rücklaufquote spielt das **Begleitschreiben.** Analog dem Einführungsgespräch beim Interview zielt es auf die Kurzinformation der Adressaten über Zweck und Wichtigkeit der Befragung, vor allem aber auf die Motivation zur Beantwortung hin. Die Distanz, die sich bei der schriftlichen Befragung zwischen Befrager und Befragtem durch den fehlenden unmittelbar persönlichen Kontakt zwangsläufig einstellt, muß also brieflich reduziert werden. Inwieweit im Zeitalter des Adressenhandels und der Computerbriefe die hier einschlägige Forderung nach einer „persönlichen Ansprache" noch glaubwürdig verwirklicht werden kann, sei dahingestellt.

Im Begleitschreiben werden i.d.R. folgende Punkte angesprochen:

- Untersuchende Institution,

- Zweck und Zielsetzung der Befragung,

- überzeugende Argumente für die Wichtigkeit der Befragung und der Notwendigkeit der Beantwortung, u.U. mit Appellen an Tugenden, Emotionen, Eitelkeiten u.ä.,

- Ermunterung zur schnellen Rücksendung, u.U. durch Belohnungsversprechen,

- Rücksendeschlußtermin,

- überzeugende Zusicherung von Vertraulichkeit bzw. Anonymität,

- Dank für Mitarbeit im voraus.

In entsprechend gelagerten Fällen kann es auch förderlich sein, dem Fragebogen ein empfehlendes Begleitschreiben des Auftraggebers, Initiators oder Förderers der Untersuchung beizufügen. Das gibt dem Anliegen u.U. mehr Gewicht und läßt

– im Gegensatz zur üblichen Praxis, im kommerziellen Bereich – den Befragten erkennen, wer hinter der Untersuchung steht. Je prominenter der Schreiber und je einsichtiger sein Anliegen, um so mehr Auskunftsbereitschaft darf erwartet werden.

Inwieweit die Vorgabe eines konkreten „letzten" Rücksendetermins zur Beschleunigung des Rücklaufs oder zu einer höheren Ausschöpfungsquote beizutragen vermag, kann natürlich nicht mit Sicherheit beantwortet werden. Empirische Studien legen die Vermutung nahe, daß die Vorgabe eines Schlußtermins beim Erst- und Zweitversand einen nur geringen positiven Effekt besitzt. Die ausschöpfungserhöhende Wirkung wird u.U. nämlich dadurch abgeschwächt, daß säumige Adressaten nach dem Schlußtermin keinen Anlaß zur Bearbeitung mehr sehen. Darüber hinaus können bei Nachfaßaktionen leicht Zweifel an der Glaubwürdigkeit des Fragestellers entstehen.

Zum Abschluß der Planung und Vorbereitung sollte eine angemessene Überprüfung der Konzeption, insbesondere ein gründlicher Test des Fragebogens stehen. Neben einem Probeversand an eine kleine Stichprobe eigenen sich bei manchen Problemstellungen auch persönliche Interviews mit dem zum Einsatz gelangenden Fragebogen.

Auch die Gestaltung der Postaussendungen selbst erfordert Sorgfalt, vermeintliche Nebensächlichkeiten können hier zu gravierenden Fehlern werden. Im Rahmen des direct-mailing werden hierzu ja erhebliche Anstrengungen hinsichtlich Ideen und materiellem Aufwand betrieben, wie inzwischen jedermann aus seinem Briefkasteninhalt ersehen kann. Auf Einzelheiten kann im Zusammenhang mit dem Fragebogenversand hier verzichtet werden. Worauf es ankommt, dürfte jedoch klar sein: erstens, daß die Adresse stimmt, zum zweiten, daß die Sendung nicht bereits ungeöffnet im Papierkorb landet und schließlich, daß die postalische Rücksendung (mittels Freiumschlag) so bequem wie möglich gemacht wird.

Der Versandtermin ist so zu wählen, daß der Posteingang beim Befragten auf „postschwache" Tage (z.B. Montag) fällt. Bei größeren Samples kann durch Splitting des Versandtermins (z.B. Aufteilung auf mehrere Wochentage) versucht werden, eventuell zeitbedingte Antwortverzerungen auszugleichen, da erfahrungsgemäß ein größerer Teil der Antwortenden den Fragebogen in den ersten Tagen nach Erhalt, unabhängig vom Aussende-Wochentag, ausfüllt. Erfahrungsgemäß nimmt der Rücklauf während der Hauptferienzeiten und gegen das Jahresende stark ab.

Wer von den Befragten nicht antwortet, sollte schriftlich (ggf. auch telefonisch) erinnert bzw. erneut aufgefordert werden. Schriftliche Umfragen erfordern **Nachfaß-Aktionen,** darüber sind sich alle Fachleute einig. Unterschiedliche Erfahrungen bzw. Ansichten gibt es über Art und Umfang und das ist auch verständlich, weil die

Antwortbereitschaft je nach Thema, Befragtenkreis usw. ebenfalls variiert. A.D. Dillman, ein Altmeister auf diesem Spezialgebiet, empfahl in seiner bereits 1978 entwickelten total design method folgendes Vorgehen:

- Fragebogenaussendung Mitte der Woche,

- nach einer Woche eine Karte an alle mit Dank und Erinnerung,

- nach drei Wochen ein Kurzbrief mit Fragebogen an die Säumigen,

- nach sieben Wochen ein Einschreibebrief mit Fragebogen an die Säumigen.

Bei den von ihm durchgeführten Befragungen will Dillman im Durchschnitt eine Ausschöpfung von 74 % erzielt haben, was beachtlich wäre.

Drei zusätzliche Aussendungen sind viel und die gesamte Rücklaufzeit beträchtlich. Mehr als drei Nachfaßaktionen lohnen sich erfahrungsgemäß ohnehin nicht.

Vielfach beschränkt man sich auf zwei, und das z.B. in folgenden Intervallen:

- erste Erinnerung/Mahnung mit erneutem Fragebogen nach 14 Tagen,

- zweite Erinnerung/Mahnung mit Fragebogen nach 4 Wochen.

Weitere zwei Wochen wird dann noch zugewartet, nach insgesamt 6 Wochen ist damit die Befragung beendet.

8.   Mehrthemen-Befragung

Wie in der Bezeichnung zum Ausdruck kommt, geht es dabei um das Auskunftsbegehren zu unterschiedlichen Themen (i.d.R. von mehreren Auftraggebern), die in einer Befragung zusammengefaßt werden.

Eine Reihe von Instituten führt einen solchen **„Omnibus"** (so die Bezeichnung im Fachjargon) als ständige Einrichtung in regelmäßigen Abständen durch. Weitgehend genormt sind deshalb auch Anlage, Durchführung und Auswertung solcher Untersuchungen. Sie können mündlich, schriftlich oder telefonisch durchgeführt werden, im starken Vordringen ist die telefonische Abfrage.

Die Stichprobe kann sich im Prinzip auf jeden nur denkbaren Befragtenkreis erstrecken. Es gibt z.B. „Sonder-Omnibusse" für Ärzte oder Steuerberater. Den Schwerpunkt bilden jedoch Verbraucher-Stichproben, also etwa alle Männer und Frauen in der BRD im Alter von 16 bis 69 Jahren, repräsentativ ausgewählt mit einem Stichproben-Umfang zwischen 1 500 und 3 000 Personen. Durch Belegung mehrerer Befragungswellen kann dabei jede beliebige Stichprobengröße erreicht werden.

Andererseits lassen sich innerhalb der Bevölkerungs-Stichprobe auch repräsentative Teilgruppen befragen, also z.B. Mütter, Gartenbesitzer, Verwender bestimmter Produkte oder Marken u.ä.

Bei einer Würdigung der Vorzüge der Omnibusbefragung sind in Anbetracht ihres Gewichts vorrangig wirtschaftliche Gesichtspunkte anzuführen. Sie ist zum einen relativ kostengünstig, da sich die Erhebungs-Fixkosten auf mehrere Auftraggeber verteilen. So kostet z.B. im Falle einer Repräsentativumfrage (BRD) bei 2 000 Personen eine geschlossene Frage (bis 11 Vorgaben) ca. 1 600,– DM, eine offene Frage (bis 11 Antwortkategorien) ca. 2 300,– DM. Damit ist insbesondere auch Klein- und Mittelbetrieben eine Möglichkeit erschlossen, speziellen Informationsbedarf mittels repräsentativer Massenbefragung zu decken. Zum anderen können über eine Omnibusbefragung Ergebnisse relativ rasch vorliegen. In günstigen Fällen brauchen zwischen Auftragserteilung und Ergebnisübergabe nicht mehr als 4-6 Wochen zu verstreichen, da die Befragungen ja regelmäßig durchgeführt werden und die entsprechenden Einrichtungen bestehen.

Auch methodisch bietet die Mehrthemenbefragung eine Reihe von Vorteilen. Sie erreicht durch den relativ häufigen Themenwechsel verbesserte Möglichkeiten für indirekte Korrelationen und vermindert gleichzeitig die Gefahr der Entstehung von Präsenz-, Lern- und – in gewisser Hinsicht – Konsistenzeffekten beim Befragten. Die Bildung von Einstellungen und Erwartungen ist bei rasch wechselnden Themenkreisen zwangsläufig erschwert und die Gefahr entsprechender Auswirkungen auf die Auskünfte demgemäß geringer.

Zwar dürfte der ständige Themenwechsel das Auskunftsinteresse wachhalten, aber dem sind natürlich auch Grenzen gesetzt. Omnibusbefragungen sind i.d.R. zu lang, ein Fragebogenumfang von 50 Seiten ist befragungstechnisch gesehen eine Zumutung für die Befragten, aber auch für die Interviewer.

Ein Nachteil der Omnibusbefragung (speziell aus der Sicht der durchführenden Institute) liegt darin, daß die Befragungsthemen so kombiniert werden müssen, daß keine wechselseitige Beeinflussung stattfinden kann. Daraus resultieren bisweilen Auffüll- bzw. Kostenverteilungsprobleme.

Ihre natürlichen Anwendungsgrenzen findet die Mehrthemenumfrage dadurch, daß die Zahl der Fragen pro einzelnem Thema zwangsläufig stark beschränkt sein muß. Umfassende Informationsbedarfe zu speziellen Anliegen können hiermit also nicht gedeckt werden.

9. Generelle Umfrageprobleme

9.1 Auskunftsbereitschaft

Primär-Erhebungen setzen eine entsprechende Auskunftsbereitschaft der Befragten voraus. Immerhin müssen die Betreffenden dafür Zeit aufwenden, darüberhinaus gibt es u.U. Hemmungen und Vorbehalte verschiedenster Art, die überwunden werden müssen.

Der Marktforschung insgesamt muß deshalb an einer Imagepflege ihres Metiers gelegen sein. Schlechte persönliche Erfahrungen und negative Schlagzeilen in den Medien können sehr ungünstig wirken, wie etwa die seinerzeitige Diskussion zur Volkszählung, insbesondere aber zum Datenschutz.

Wie ist es nun um die Auskunftsbereitschaft – hier speziell der Privatpersonen – bestellt? Gibt es heute so etwas wie eine **Befragungsmüdigkeit**?

Einschlägige Untersuchungen von Marktforschungs-Instituten – sozusagen also in eigener Sache – vermitteln dazu folgende Einsichten (Quelle: GfK, 1 000 Befragungen repräsentativ):

- Die Verbraucher haben durchweg richtige Vorstellungen über Sinn und Zweck der Markt- und Meinungsforschung.

- Ihre durchweg positive Grundhaltung ist mit einer gesunden Portion Skepsis verbunden.

- Ihre Bereitschaft bzw. ihr Interesse, an Umfragen mitzuwirken, äußerten etwa 2/3 der dazu Befragten; erfreulich hoch waren dabei die positiven Antworten solcher Personen, die schon einmal befragt worden waren.

- Als bevorzugte bzw. beliebte Themen wurden vor allem genannt: Politik, Konsum/Einkauf, Haushaltführung.

Das Infratest-Institut hat zum gleichen Thema die eigenen Interviewer befragt (1 340 Nennungen). Interessant ist dabei u.a., welche Gründe ihrer Erfahrung nach für eine (endgültige) **Auskunftsverweigerung** genannt wurden. In der Reihenfolge ihrer Bedeutung waren es u.a. folgende:

- Ich habe keine Zeit (ohne Begründung).

- Ich habe keine Zeit (mit Begründung).

- Was ich auch sage, es ändert sich ja doch nichts.

- Ich gebe grundsätzlich keine derartigen Auskünfte.

- Wer weiß, was mit den Auskünften geschieht.

Von einer allgemein nachlassenden Auskunftsbereitschaft könne – so das Institut – im Vergleich zu den 80er Jahren zwar nicht gesprochen werden, allerdings werde die Feldarbeit schwieriger. Mehr als früher erfordern die Interviews eine vorherige telefonische Vereinbarung und ebenfalls zugenommen habe die Zahl der Befragten, die ein Entgelt erwarten. Um weiterhin eine effiziente Feldarbeit sicherzustellen, muß vor allem die Interviewer-Schulung intensiviert werden.

Im ganzen klingt das nicht gerade positiv. Tatsache ist dann auch, daß die Auskunftsbereitschaft rückläufig ist. Waren vor Jahren noch etwa 70 bis 80 % der per Zufall ausgewählten Personen zu mündlichen Auskünften bereit, so sind es inzwischen nur noch 50 bis 60 %. Ähnliches gilt für Telefonbefragungen. Weit niedriger lagen und liegen i.d.R. die Ausschöpfungsquoten bei schriftlichen Umfragen. Das war schon immer so. Aber auch hier scheint die Tendenz eher abwärts gerichtet. Das gilt insbesondere für die Bevölkerung von Großstädten, aber auch für Jugendliche und traditionell für Personen mit vglw. niedriger Bildung. Total verallgemeinern lassen sich solche Feststellungen natürlich nicht, denn daneben gibt es – vor allem auf Grund interessanter Themen und eines interessierten (homogenen) Befragtenkreises – Untersuchungen mit hohen Ausschöpfungsquoten. Vielfach spielt auch das durchführende Institut sowie der (vermutete) Auftraggeber eine Rolle. Bekannte Institute haben ein leichteres Entree, ebenso werden vielfach gesellschaftspolitische und wissenschaftliche Themen eher akzeptiert als solche, hinter denen man lediglich „schnöden Kommerz" vermutet.

9.2   Auskunftsvergütung

Der Gedanke, die Auskunftsbereitschaft durch eine Vergütung zu fördern, ist vglw. naheliegend. Das Thema wird seit ca. 20 Jahren in Abständen immer wieder und kontrovers diskutiert.

„Beantwortung nur noch gegen Bezahlung" ist aus heutiger Sicht noch eine schlimme Vision. Die Theoretiker fürchten vermehrt verfälschte **Gefälligkeitsantworten** und die Institute sehen ganz erhebliche zusätzliche **Kosten** auf sich bzw. ihre Auftraggeber zukommen.

Bisher lebte die Umfrageforschung ganz überwiegend von der Gefälligkeit der Befragten. Man zeigte sich hilfs- bzw. kooperationsbereit, war interessiert, z.T. sogar engagiert und auch vielfach der Ansicht, einer guten Sache zu dienen.

Die Grenzen der Hilfsbereitschaft bzw. Selbstlosigkeit sind zwar individuell unterschiedlich, irgendwo kommt für jeden aber der Punkt, wo er nicht mehr mag oder eben ein Entgelt erwartet bzw. verlangt. Eine laufende Mitarbeit, wie etwa die der Panel-Haushalte (vgl. S. 127) ist deshalb bereits seit langem nicht mehr ohne Vergütung (nicht unbedingt in Geld) zu organisieren.

Wie lange also die ad-hoc-Umfragen noch ohne Vergütung durchzuführen sein werden, ist einmal eine Frage des Marktforschungs-Images, aber auch eine der zukünftigen Hilfsbereitschaft. Folgt man der Meinung, daß Berechnung und Egoismus weiter zunehmen werden, stehen die Chancen schlecht. Das gilt nicht bzw. weniger für Telefoninterviews oder kurze, etwa 2- bis 3seitige schriftliche Befragungen, sondern für die zeitaufwendigeren persönlichen Interviews.

Verständlicherweise halten sich die Institute in dieser Hinsicht zurück, im wesentlichen nach der Devise „alles andere, aber nur kein Geld". Es gibt dementsprechend ein ganzes Arsenal an Anreizen, vom Handtuch bis zur Flasche Rotwein, von der Teilnahme an Verlosungen bis zur Institutsspende pro Interview für einen guten Zweck und – bei Fachinterviews – bis zum Versprechen, den Befragten Auszüge oder Kurzfassungen der Untersuchungsergebnisse zukommen zu lassen.

Der damit verbundene Aufwand und Umstand wird in Kauf genommen. Im übrigen ist die Förderung der Auskunftsbereitschaft, wie einschlägige Untersuchungen zeigen, dadurch oft nicht so eindeutig positiv, wie erhofft. Nachfaß-Aktionen leisten mitunter die gleichen Dienste.

Maßgebend für diese Art des Vorgehens der Institute ist verständlicherweise, den Gefälligkeits-Charakter möglichst lange zu erhalten, denn eine generelle Vergütung in Geld käme natürlich teurer. Aber nicht nur das, sondern aus den anfänglichen „Anerkennungsbeträgen" würden sich auf Dauer Marktpreise im Wettbewerb der Institute entwickeln.

Die Zukunft wird also zeigen, ob die ohnehin reduzierte Auskunftsbereitschaft mit dem bisherigen Vorgehen aufrechterhalten werden kann. Sicherlich wäre es manchem Marktforscher schon heute lieber, wenn er „ehrliches Geld für ehrliche Mitarbeit" anbieten könnte, das ganze Metier also statt „Bitten und Betteln" eine kommerzielle Basis hätte.

Ansatzweise geht die Entwicklung bereits in diese Richtung, denn die Institute beginnen z.T. bereits damit – ähnlich wie beim Panel – auch für die Umfrage Tausende von solchen Personen anzuwerben, die sich verpflichten, von Fall zu Fall (vornehmlich) telefonische oder schriftliche Auskünfte zu geben und das natürlich gegen eine Vergütung pro Befragung.

Einmal kühn in die Zukunft projiziert – auch unter Berücksichtigung der modernen Datenerhebungs- und -übertragungsperspektiven (vgl. HAPPI S. 112) – könnte es also möglich werden, zumindest bei Massenbefragungen den Interviewer-Einsatz erheblich zu verringern und die Kosten dafür den Befragten zu Gute kommen zu lassen.

Aber natürlich ist das Problem „Auskunftsverweigerung" auch mit einer Bezahlung nicht gänzlich vom Tisch, denn erfahrungsgemäß sind viele Menschen auch nicht für z.B. DM 25,– pro Auskunft für eine Mitarbeit zu gewinnen, zumal wenn sie sich dafür längerfristig verpflichten müssen. Die sich daraus ergebenden Repräsentanzprobleme brauchen hier nur angedeutet werden, weil sie im Rahmen der Panel-Forschung noch ausführlicher zur Sprache kommen.

B. Erhebungsverfahren der Tracking-Forschung

1. Wesen und Bedeutung

Ad-hoc-Untersuchungen liefern im Prinzip zeitpunktbezogene Ergebnisse. Die Auftraggeber wollen lediglich den status quo erfahren, weil der als Entscheidungsbasis für ausreichend empfunden wird.

Oft richtet sich das Interesse aber bevorzugt oder ergänzend auf Veränderungen im Zeitablauf. Benötigt werden dementsprechend mehrere Erhebungen in zeitlichen Abständen. Sollen die Ergebnisse unmittelbar vergleichbar sein, erfordert dies ein stets gleiches Untersuchungsdesign.

Langzeitstudien dienen – wie in der Bezeichnung zum Ausdruck kommt – der Ermittlung langfristiger Entwicklungen. Erhebungsabstände von drei, fünf oder mehr Jahren sind die Regel.

Zur eigentlichen Tracking-Forschung (to track = (ver)folgen, nachspüren) zählen die mehr oder weniger regelmäßig durchgeführten Erhebungen zum selben Inhalt und mit demselben Erhebungsdesign. Unterschieden wird hier zwischen **Wellenerhebungen** (gleiches Thema, gleiche Stichprobe) und **Panelerhebungen** (gleiches Thema, identische Stichprobe). Kommt es also speziell darauf an, mögliche Veränderungen bei denselben Auskunftspersonen zu eruieren, z.B. über ihre Markentreue bei ihren Einkäufen, so kann solches nur das Panel leisten. Repräsentativ können dagegen beide Verfahren sein.

Im Prinzip gilt für solche Wiederholungsbefragungen in vielerlei Hinsicht natürlich das Gleiche wie für Ad-hoc-Umfragen, z.B. hinsichtlich der Fragebogengestaltung oder der Kommunikationsweise (mündlich, schriftlich, telefonisch). Wie die nachfolgenden Ausführungen zur Panel-Forschung jedoch erkennen lassen, gibt es auch eine Reihe von Besonderheiten, die sich einmal im Bereich der Stichprobenbildung und -erhaltung ergeben und zum anderen aus der Häufigkeit der Abfragen mit vglw. riesigen Datenmengen. Im übrigen bieten zeitraumbezogene Daten hinsichtlich Auswertung und Interpretation natürlich erheblich mehr Möglichkeiten.

Als Panel wird im Rahmen der Marktforschung also ein bestimmter, gleichbleibender Kreis von Adressaten verstanden, bei dem in regelmäßigen zeitlichen Abständen Erhebungen zum (im Prinzip) gleichen Untersuchungsgegenstand durchgeführt werden. Das kann schriftlich, telefonisch, u.U. auch mündlich oder durch Beobachtung geschehen. Der Erhebungskreis (= Panelteilnehmer) richtet sich nach dem Untersuchungsanliegen und danach, von welchen Personen oder Institutionen man dazu laufend einschlägige Auskünfte erhalten will.

Je schneller sich die Märkte verändern, um so notwendiger wird deren laufende Beobachtung. Dieser Umstand – typisch für die Wirtschaft, aber auch für viele gesellschaftliche Entwicklungen – hat in den letzten Jahrzehnten zu einer starken Ausweitung der Panelforschung geführt.

Aufgrund der meist erheblichen Organisations- und Anlaufkosten sowie des hohen laufenden Aufwands werden Panels überwiegend von großen Instituten „gefahren". Sind sie erst erfolgreich installiert, tragen sie i.d.R. beträchtlich zum Gesamtumsatz eines Institutes bei und zwar eben nicht fallweise, wie bei der Ad-hoc-Forschung, sondern fortlaufend.

Panels lassen sich als **Beteiligungs-Untersuchungen** bezeichnen (vgl. S. 93), denn i.d.R. (Ausnahme: Exklusivverträge) lohnen sie sich erst, wenn dafür mehrere Auftraggeber gefunden werden. Je mehr sich dabei in den laufenden Bezug von Panel-Informationen teilen, um so günstiger können die Institute ihre Daten anbieten bzw. mehr daran verdienen.

Exklusiv werden Panels eben dann durchgeführt, wenn der Auftraggeber für die Vertraulichkeit entsprechend zu zahlen bereit ist oder wenn es sich um einen speziell gewünschten Zuschnitt des Panels handelt, der anderweitig nicht interessiert. Sog. **Kundenpanels** gehören zu dieser Kategorie. Hier will der Auftraggeber im wesentlichen Aufschluß darüber gewinnen, wo seine Kunden welche Produkte auch noch oder u.U. sogar bevorzugt einkaufen.

Entscheidend für den Informationswert von Panelerhebungen sind der Grad der Repräsentanz, die Genauigkeit der Datenerhebung und -bearbeitung sowie die Schnelligkeit, in welcher die Daten jeweils vorliegen. Die gewählten zeitlichen Intervalle richten sich dabei primär nach der Dynamik der Untersuchungsverhältnisse, aber auch nach erhebungstechnischen und kostenmäßigen Gesichtspunkten.

2. Verbraucherpanel

2.1 Arten

Verbraucherpanels sind alle jene, bei denen sich der Kreis der Auskunftspersonen aus Letztverbrauchern zusammensetzt.

Ein Verbraucherpanel umfaßt also entweder **Einzelpersonen** oder **Haushalte.** Das **Individualpanel** wird sich stets dann eignen, wenn Informationen gewünscht werden, die unmittelbar nur das einzelne Individuum betreffen (z.B. persönlicher Bedarf an Kosmetika oder Tabak-Erzeugnissen). Bei **Haushaltspanel** steht entsprechend die Beschaffung von haushaltsbezogenen Daten im Vordergrund (z.B. Nahrungsmittelkäufe).

Eine weitere Unterscheidung bezieht sich auf die über das Panel zu untersuchenden Warengruppen und differenziert entsprechend zwischen **Gebrauchsgüterpanel** und **Verbrauchsgüterpanel.** Damit in engem Zusammenhang steht naturgemäß der zeitliche Abstand, in dem die Panelabfragen erfolgen. Beim Verbrauchsgüterpanel bedingen die kurzen Einkaufsabstände der Teilnehmer einerseits und die Grenzen des menschlichen Erinnerungsvermögens andererseits einen relativ kurzen Abfragerhythmus (üblich: 1 Woche), während die Abfragen beim Gebrauchsgüterpanel in größeren Intervallen (z.B. halbjährlich oder jährlich) erfolgen könnten, wäre dabei nicht das Problem, daß die Daten für die Auftraggeber (z.B. Kamera-Hersteller) dann nicht aktuell genug sind.

Umfang und Struktur der Panels richten sich in erster Linie nach den Wünschen der (potentiellen) Auftraggeber, aber auch nach den in ständiger Verbesserung befindlichen Erhebungsmöglichkeiten. Schneller als früher ändern sich daher auch die Panel-Angebote der Institute.

Nachfolgend das derzeitige Verbraucherpanel-„Sortiment" des europäischen Marktführers, der GfK-Panel-Services:

Stichprobenumfang	Erhebungsinhalte	Erhebungsmethode
12 000 Haushalte	Fast Moving Consumer Goods (food u. non-food)	Electronic Diary
5 000 Haushalte	Frische-Produkte	Kalender wöchentlich
7 000 Haushalte	non-food und Textil	Kalender wöchentlich
20 000 Haushalte	Schwerpunkt: Anschaffungen wie Hausrat, Sanitär, Elektro, Brillen, Gartenbedarf, dazu: Mehrthemenbefragung	monatlicher Fragebogen (Mail-Panel)
10 000 Personen (Indiv. Panel)	Pharma, Gartenbedarf, Süßwaren, Kosmetik, Video, Kino, Tonträger, Bücher usw.	Kalender wöchentlich
2 500 Autofahrer (Pkw-Panel)	Tanken, Pflege, Autoreparatur usw. sonstige Einkäufe in Tankstellenshops	Kalender (für Handschuhfach) monatlich

Im Vergleich zur jüngeren Vergangenheit sind die Stichproben erheblich aufgestockt worden, dafür verzichtet man zunehmend auf Spezialpanels.

Große Stichproben werden gebraucht, damit die Zahl der Nennungen (= Käufe) pro Berichtszeitraum nicht zu klein und damit zu wenig aussagefähig sind. Das gilt vor allem für Warengruppen

- mit kleinem Käuferkreis (z.B. Hundefutter),

- mit starken regionalen Differenzierungen (z.B. Bier),

- mit großen Einkaufsintervallen (wie langlebige Gebrauchsgüter),

- mit großer Marktdynamik und kurzen Berichtsperioden (z.B. Kaffee, Tafelschokolade u.ä.).

Grundsätzlich gilt dabei:

- je länger die Berichtsintervalle, um so mehr Nennungen, aber auch um so inaktueller,

- je größer die Stichprobe, um so mehr Nennungen, aber auch um so teurer.

2.2   Stichprobe und Coverage

Hinsichtlich der Stichprobenbildung bei Panels kann im Grunde auf die Ausführungen im Kapitel „Auswahlverfahren" und hier insbesondere auf den Abschnitt „mehrstufige und kombinierte Verfahren" (vgl. S. 58) hingewiesen werden. Alle Institute verwenden solche mehrstufigen, aber im Detail voneinander abweichenden Auswahlverfahren. Auf eine Reihe besonderer Gesichtspunkte sei aber nachfolgend hingewiesen.

Erinnert sei an die geographisch definierten Untereinheiten mittels Klumpung, die sog. sample points. Je mehr solche sample points ausgewählt werden, um so feiner bildet die Stichprobe natürlich die **regionale Verteilung** ab.

Auf der letzten Auswahlstufe wird die Zufallsauswahl verlassen, die Anwerbung der Haushalte erfolgt nach dem **Quotaverfahren,** wobei die vorgegebenen Quoten die gleiche Verteilung aufweisen wie die Grundgesamtheit.

Im einzelnen handelt es sich um

- Ortsgröße,

- Haushaltsgröße,

- Alter der haushaltsführenden Person,

◼ Haushalt-Nettoeinkommen,

◼ Zahl der Kinder unter 15 Jahren.

Die Quotenauswahl ist hier erforderlich, weil bei der Anwerbung von Personen bzw. Haushalten zur laufenden Teilnahme an einem Panel mit erheblichen **Verweigerungsraten** gerechnet werden muß, eine reine Zufallsauswahl – z.B. mittels Vorgabe bestimmter Adressen – praktisch nicht durchführbar ist. So hat der Anwerber dagegen im Rahmen der vorgegebenen Quotierungen eben mehr Spielraum. Natürlich läßt sich dagegen stets einwenden, daß die so in die Stichprobe gelangenden Personen bzw. Haushalte eben vielleicht doch eine bestimmte Spezies innerhalb der Grundgesamtheit darstellen. Wer über Monate und Jahre bereit ist, akribisch seine Einkäufe zu notieren, gehört vielleicht nicht gerade zu den Spontanen oder Unorganisierten im Lande, deren Einkaufsverhalten somit unberücksichtigt bliebe.

Ohnehin tendieren Panels im Laufe ihres Bestehens zu einer zunehmenden „Verquotung", weil Ausfälle von Panelteilnehmern, die nicht unbeträchtlich sind, durch quotengleiche Haushalte ersetzt werden. Im übrigen werden etwaige Stichprobenmängel vorher stets durch Doppelung bestimmter Haushalte bzw. Personen ausgeglichen.

Die Bereitschaft zur Mitarbeit, vor allem aber zum Durchhalten, fordert den Auskunftspersonen einiges ab. So kann es nicht verwundern, daß nicht nur durch die natürlichen Veränderungen in der Haushaltsstruktur, etwa durch Altern, Tod, Scheidung usw. Verzerrungen auftreten, sondern eben auch durch eine nachträgliche Verweigerung der Mitarbeit. Solche Ausfälle werden zwar seitens der Institute durch entsprechende Ersatzpersonen bzw. -Haushalte korrigiert, was aber bedeutet, daß nur der verbleibende Teil – die sog. **durchlaufende Masse** – über einen längeren Zeitraum wirklich identisch ist. Erfahrungsgemäß verringert sich diese jährlich um 20 bis 30 %.

Für die Mitarbeit am Panel bieten die Institute Belohnungen der verschiedensten Art an, z.B. kostenlosen Zeitschriftenbezug, Teilnahme an Verlosungen u.ä. oder eben eine geldliche Vergütung.

Um dieser (natürlichen) **Panelsterblichkeit** zu begegnen, wird ein Panel i.d.R. mit einer gewissen Reserve geführt, d.h. es wird zusätzlich ein Kreis von Haushalten bzw. Personen in genau der gleichen Weise befragt, aus dem heraus dann entstehende Lücken gefüllt werden können.

Aber auch aus einem weiteren Grund ist es notwendig, ein Panel kontinuierlich aufzufrischen, indem eine **Teilnehmer-Rotation** durchgeführt wird (= künstliche Panelsterblichkeit). Panelteilnehmer sind nämlich bestimmten Lern- und Bewußtseinsprozessen (sog. **Paneleffekt**) ausgesetzt, die sie gegenüber der Grundgesamtheit u.U. atypisch werden lassen. Die erforderlichen Berichtsvorgänge lenken gera-

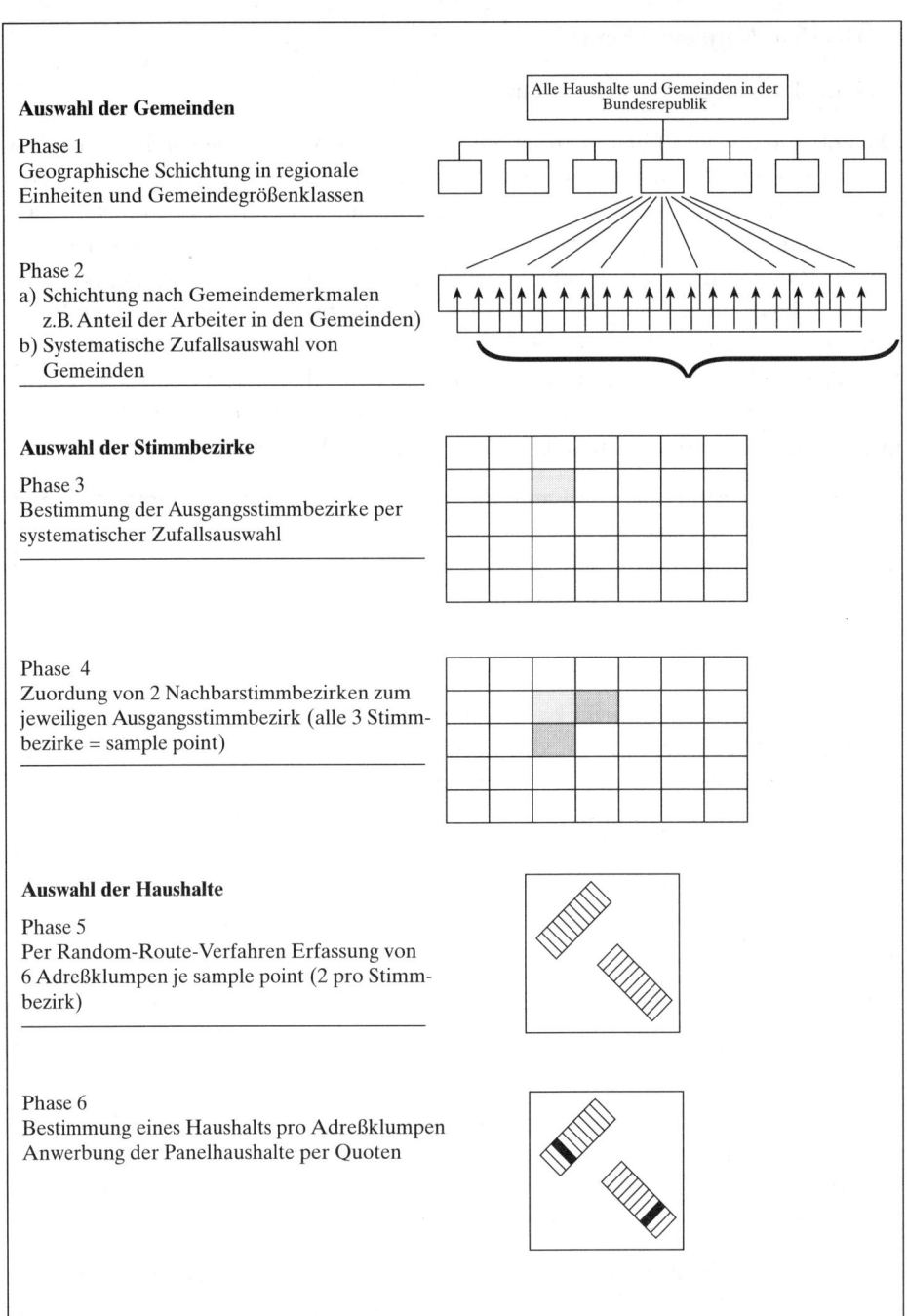

Auswahl der Gemeinden

Phase 1
Geographische Schichtung in regionale
Einheiten und Gemeindegrößenklassen

Phase 2
a) Schichtung nach Gemeindemerkmalen
   z.B. Anteil der Arbeiter in den Gemeinden)
b) Systematische Zufallsauswahl von
   Gemeinden

Auswahl der Stimmbezirke

Phase 3
Bestimmung der Ausgangsstimmbezirke per
systematischer Zufallsauswahl

Phase 4
Zuordung von 2 Nachbarstimmbezirken zum
jeweiligen Ausgangsstimmbezirk (alle 3 Stimmbezirke = sample point)

Auswahl der Haushalte

Phase 5
Per Random-Route-Verfahren Erfassung von
6 Adreßklumpen je sample point (2 pro Stimmbezirk)

Phase 6
Bestimmung eines Haushalts pro Adreßklumpen
Anwerbung der Panelhaushalte per Quoten

Abbildung 20: Beispiel eines Panel-Stichprobenplans

128

dezu automatisch die Aufmerksamkeit auf das eigene Kaufverhalten, z.B. hinsichtlich eines schärferen Preisbewußtseins oder hinsichtlich bestimmter Artikelgruppen. Die Kalendermethode (vgl. S. 131 f.) verführt natürlich auch zur vermeintlichen „Pflicht" nach Vollständigkeit beim Ausfüllen der Berichtsbogen. Dieser Checklist-Effekt hat dann das vielzitierte **Overreporting** zur Folge. In der Hochrechnung der Paneldaten werden dann z.B. (rechnerisch) für eine Berichtsperiode Gesamtumsätze ausgewiesen, die nicht einmal in drei Jahren erreicht werden. Um solche Pannen zu vermeiden, überprüfen die Institutsfachleute in aller Regel auf Grund ihrer Erfahrung die Daten auf Plausibilität.

Es ist von daher begründet, daß neu geworbene Panelteilnehmer erst nach einer gewissen Anlaufzeit tatsächlich in die Auswertung einbezogen werden und ferner, daß häufige Änderungen der Erhebungsunterlagen hinsichtlich Fragestellung, nachgefragten Produktgruppen u.ä. möglichst vermieden werden. Aus dem gleichen Grund ist auch Zurückhaltung bei gesonderten **Paneleinfragen** (vgl. S. 133) geboten.

Insgesamt wird deutlich, daß Panels einer laufenden Kontrolle und Betreuung bedürfen. Diese erstrecken sich nicht nur auf das Berichtswesen, sondern auch auf die Stichprobenstruktur und die Panelteilnehmer.

Wenn die Stichprobe proportional angelegt ist (zur Disproportionalität vgl. S. 53), ist die Hochrechnung, also der Schluß von der Stichprobe (SP) auf die Grundgesamtheit (GG), sehr einfach, nämlich durch Multiplikation der Stichproben-Nennungen mit dem Hochrechnungsfaktor (HRF), welcher wiederum durch den Quotienten aus Grundgesamtheit und Stichprobe gebildet wird.

$$HRF = \frac{32.7 \text{ Mio Haushalte (GG)}}{12\,000 \text{ Stichprobe (SP)}} = 2\,725$$

Einkäufe der Stichprobe im Berichtszeitraum z.B. 500

500 mal 2 725 = 1 361 500

Einkäufe der Grundgesamtheit im Berichtszeitraum also rund 1.36 Mio.

Sind damit nun wirklich alle Einkäufe erfaßt, die von den Verbrauchern im Berichtszeitraum getätigt wurden? Die Antwort darauf ergibt sich aus der Definition der Grundgesamtheit. Für ein Haushaltpanel könnte sie lauten:

- alle privaten,

- alle deutschen,

- alle selbständig wirtschaftenden,

- alle in der BRD ansässigen Haushalte.

Bei einer so definierten Grundgesamtheit und der darauf aufbauenden Stichprobe werden daher nun keineswegs alle privaten Einkäufe erfaßt. Ausgegrenzt sind hier z.B. Ausländerhaushalte, Haushalte (z.B. von Pflegebedürftigen), für die andere Personen einkaufen, aber auch Personen ohne festen Wohnsitz, Touristen, der „Bürokonsum" u.ä.m. Die Ausgrenzung ex definitione erfolgt dabei meist unfreiwillig, primär wegen Problemen der Grundgesamtheit, der Erreichbarkeit, der Anwerbung, der zuverlässigen Mitarbeit und u.U. auch der Sprache. Das macht es z.B. auch so schwierig, ein spezielles Ausländer-Panel zu installieren.

Die Abdeckung (= **coverage**), ausgedrückt in Prozenten vom Gesamtverkauf einer Warengruppe zeigt also an, welchen Anteil das Panel ausweist und wieviel Prozent der privaten Einkäufe eben nicht erfaßt werden. Insofern können sich die Einkäufe aus dem Haushaltpanel auch nicht mit den Verkäufen des Einzelhandels decken, denn dort kaufen bekanntlich nicht nur die oben erwähnten, ausgegrenzten Haushalte und Personen ein, sondern z.B. auch Gastronomen, Kleingewerbetriebe u.ä.

Deckungsgleichheit besteht in praxi aber auch deshalb nicht, weil i.d.R. auch die Handelspanel (vgl. S. 137 f.) nur eine beschränkte coverage haben, da meist nicht alle Einzelhandelsbetriebe (einer Branche) in die Grundgesamtheit und damit auch in die Stichprobe einbezogen werden können.

Nicht gerade selten werden bestimmte Segmente weder durch das Haushalt-, noch durch das Handelspanel erfaßt, so etwa, wenn ausländische Haushalte (nicht im Haushaltspanel) bei ALDI (nicht im Handelspanel) einkaufen.

2.3   Abfragemethoden

Die laufend geforderten Auskünfte über die getätigten Einkäufe verlangen von den Panelteilnehmern Korrektheit und Ausdauer. Das permanente Bestreben der Institute war und ist es deshalb, diese Vorgänge möglichst einfach und bequem zu gestalten, ohne die erforderliche Vollständigkeit und Genauigkeit zu gefährden.

Ein Beispiel aus der Frühzeit des Panels war das vor allem im Ausland praktizierte sog. **dustbin-Panel.** Die leeren Packungen von bestimmten Warengruppen mußten dazu nur in besondere Müllbehältnisse geworfen werden, die dann regelmäßig abgeholt und inhaltlich ausgewertet wurden. Die Entlastung im Haushalt ist hier zwar fast vollständig, aber die Nachteile sind zahlreich und lassen sich leicht vorstellen (z.B. Einkaufsquelle? Preis?). Gedanklich naheliegend, weil ähnlich bequem, wäre das Sammeln und Einsenden aller **Kassenzettel;** das scheitert aber an den für eine statistische Erfassung zu ungenauen bzw. unvollständigen Einzelhandelsquittungen.

Infolgedessen erfolgt die Abfrage in Verbraucherpanels in aller Regel **schriftlich.** Klar strukturierte Erhebungsbogen müssen ausgefüllt und in festgelegten Abständen an das Institut retourniert werden. Vielfach sind die Vordrucke in einem „Ka-

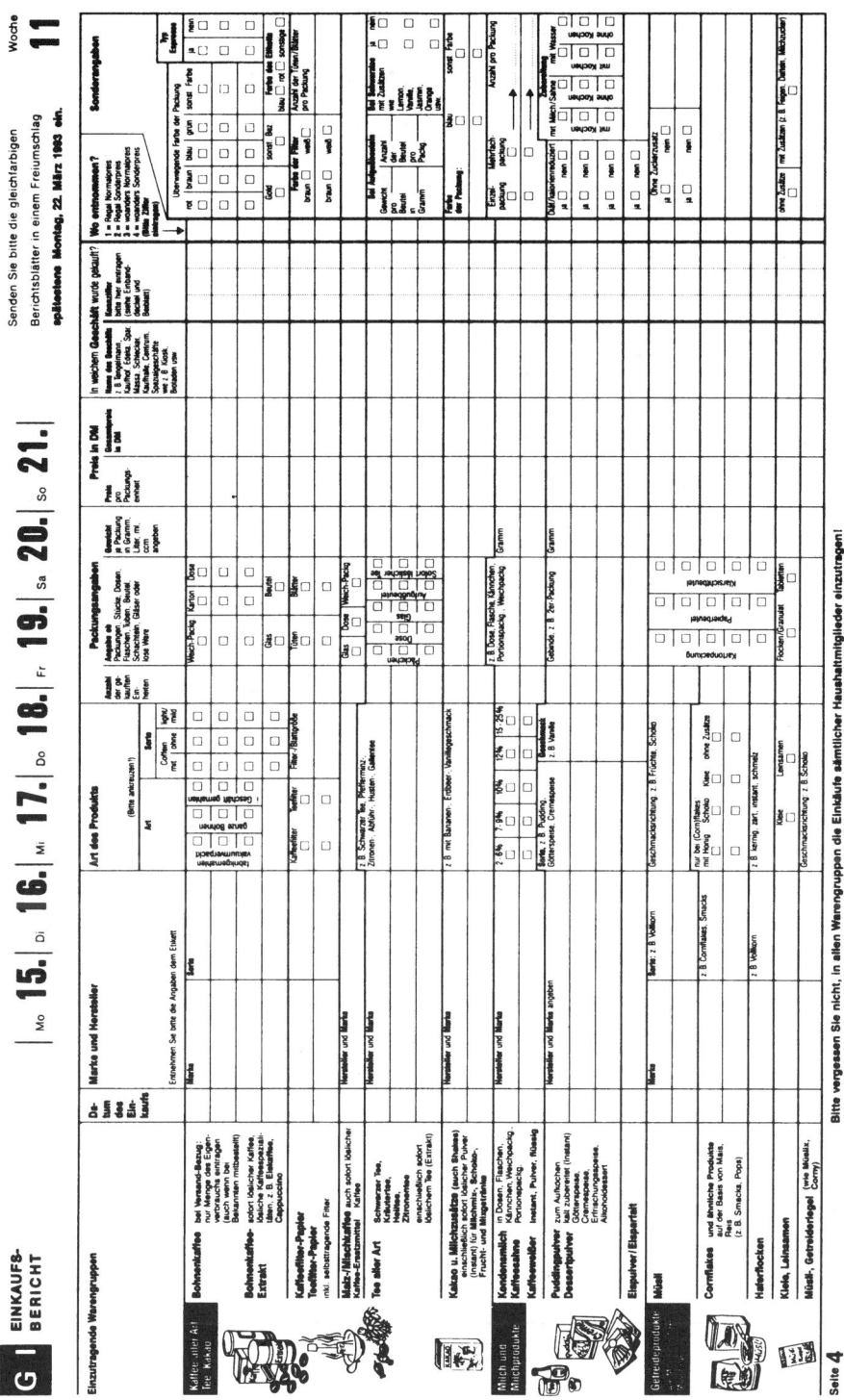

Abbildung 21: Panel-Berichtsbogen

131

lender" zusammengefaßt (deshalb **diary-Methode**). Abbildung 21 zeigt einen solchen Berichtsbogen, wie er jahrzehntelang verwendet wurde.

Das Verfahren ist recht aufwendig im gesamten Handling von Eintragung und Postversand bis hin zu Kontrolle der Berichtsbögen und manueller Dateneingabe beim Institut.

Wie sich diese Vorgänge vereinfachen, ja vielleicht sogar „automatisieren" lassen, darüber wird natürlich seit langem nachgedacht. In jüngster Zei sind dazu die nötigen technischen Voraussetzungen durch das sog. **inhome-scanning** gegeben.

Im Prinzip vollzieht dabei der Panelteilnehmer den modernen Kassiervorgang im Einzelhandel nach, indem er nämlich die EAN-Codierung auf den eingekauften Produkten mit einem entsprechenden Gerät abtastet, wo sie gespeichert und nachts über die Telefonleitung vom Institut abgerufen werden.

Das klingt einfach, ist es aber beileibe nicht, denn eingekauft wird ja bekanntlich in vielen verschiedenen Geschäften und zu unterschiedlichsten Preisen. Um die anfallenden Informationen überspielbar und unmittelbar auswertbar zu machen, müssen entsprechende **Codierungen** vorgenommen werden, nämlich

▨ für die Einkaufsstätte

▨ für die nicht EAN-codierten Artikel (z.B. von Aldi)

und natürlich sind auch die Preise anzugeben. Die Panelteilnehmer müssen zur Nutzung der **Handscanner** dafür entweder in entsprechenden Code-Büchern nachschlagen (wie z.T. noch die 8 400 Teilnehmer bei A.C. Nielsen) oder sie können dafür einen kleinen dialogfähigen PC, ein sog. **electronic diary** benutzen (wie die derzeit 12 000 Teilnehmer beim GfK-Panel), welches Code-Bücher überflüssig macht. A.C. Nielsen erfasst bei 4 500 der Panel-Haushalte darüberhinaus mit einem TV-Meter auch deren Fernseh-Verhalten, um Werbewirkungen messen zu können.

Die Phantasie reicht kaum aus, um sich das Ausmaß an Vorarbeiten und Kosten für die Installation solcher Panels mit ihren ungeheuren Datenmengen vorzustellen. Analoges gilt auf Grund der immensen Zahl von neuen und veränderten Produkten für die sog. Artikelstamm-Pflege, also die laufende Aktualisierung sowie die Ergänzung und Abstimmung auf europäischer (für Lebensmittel i.w.S.) bzw. Weltebene (für Gebrauchsgüter).

Die Vorteile des inhome-scanning gegenüber der Kalendermethode liegen im folgenden:

▨ Die Erhebungs- und Übertragungsvorgänge erfolgen schneller,

▨ das **gesamte** Sortiment wird erfaßt und nicht nur – wie bisher – die Einkäufe in ausgewählten Warengruppen, die z.B. im Lebensmittelbereich nur etwa 30 % der Haushaltseinkäufe ausmachen,

▨ die einzelnen Artikel werden genauer identifiziert und erfaßt.

132

Eine noch elegantere Möglichkeit bietet das sog. **point-of-sale (POS)-scanning,** freilich sind hier die Einsatzmöglichkeiten (noch) begrenzt.

Ausgewählte Panelhaushalte erhalten eine Identifikationskarte, die an der Scanner-Kasse im Einzelhandel beim Check-Out eingegeben wird, die diese Käufe gesondert registriert und per Datenfernübertragung unmittelbar an das Panelinstitut überträgt. Die Vorteile dieses Panels sind die minimale Belastung der Haushalte und – damit im Zusammenhang – wesentlich geringere Verweigerungsquoten bei der Auswahl von Panelhaushalten. Voraussetzung wäre natürlich, daß alle Einzelhandelsgeschäfte über Scanner-Kassen mit Einlesemöglichkeiten der Identifikationskarten verfügen, was eine entsprechende Kooperationsbereitschaft voraussetzt und daß – last not least – alle Produke EAN-codiert sind. Deshalb wird sich dieses System auch nur langsam durchsetzen. Für begrenzte Anwendungsgebiete wie sie elektronische Mikrotestmärkte darstellen (BehaviorScan, ERIM-Panel, Telerim u.ä. vgl. S. 168 ff.) wurde die Bewährungsprobe allerdings schon bestanden.

2.4   Erhebungsinhalte und -ergebnisse

Die **Standardabfrage** erstreckt sich im Rahmen der vom Institut vorgegebenen Warengruppe(n) auf folgende Angaben seitens der Panelteilnehmer:

- Artikel-Angaben
  – Art
  – Marke/Hersteller
  – Packung (Art/Volumen)

- Periode
  – Einkaufsdatum
  – Einkaufszeitraum

- Einkaufsfakts
  – Zahl/Menge
  – Einzel-/Gesamtpreis

- Segment (Einkaufsstätte)
  – Ort/Region
  – Art (Betriebstyp)
  – Name/Firma

Beim inhome-scanning mittels EAN erfolgt dabei die Erhebung der Produktangaben automatisch durch den Code.

Sonderabfragen können auf speziellen Wunsch der Auftraggeber zusätzlich erfolgen, also etwa zusätzliche Angaben zu den Produktausprägungen (Farbe, Sonderausstattungen u.ä.) oder zur Verwendung (z.B. Geschenk).

Gelegentlich wird die Standardabfrage auch mit gesonderten sog. **Paneleinfragen** verbunden, d.h., die Panelteilnehmer werden gebeten, zu bestimmten Themen wie etwa Umwelteinstellung, Ernährungsverhalten usw. einen gesonderten Fragebogen auszufüllen. Für Spezialuntersuchungen ist damit die Möglichkeit gegeben, solche

Angaben mit dem tatsächlichen Kaufverhalten in Beziehung zu setzen, wobei diese Informationen den Vorteil haben, aus einer Quelle zu stammen (= **single-source-Ansatz,** vgl. S. 254 f.).

Paneldaten gliedern sich i.d.R. nach vier Dimensionen, die die Bedeutung einer Zahl definieren und zwar nach

- dem Artikel
- den Einkaufsfakts
- der Periode
- dem Segment

Dadurch lassen sich in Kombination mit den sozio-demographischen Haushaltsdaten mittels Kreuzwertung auch detaillierte Informationen gewinnen (Welche Einkaufsstätten bevorzugen im Gebiet XY die Single-Haushalte beim Kauf von Röstkaffee in 250g-Packungen?).

Das Panel berichtet dabei zunächst einmal über den **Istzustand,** also über die Ergebnisse der betreffenden Berichtsperiode. Zum weiteren läßt sich durch einen Vergleich mit den Ergebnissen der Vorperiode(n) die **Marktentwicklung** ermitteln, also etwa hinsichtlich Marktanteilsverschiebungen zwischen einzelnen Markenprodukten, Preisen und/oder Einzelhandelsbetriebsformen. Ausgesprochen panelspezifisch sind schließlich die Informationen über das **Einkaufsverhalten identischer Haushalte im Zeitverlauf,** also über viele Berichtsperioden hinweg.

Nachstehende, für Anbieter interessante Fragen lassen sich dadurch beantworten im Hinblick auf

- Einkaufsintervalle?
- Schwach-/Mittel-/Intensivkäufer (heavy buyers)?
- Erstkäufer/Wiederkäufer?
- markentreue/markenwechselnde Käufer?
- Nebeneinander-Käufer bzw. -Verwender ... welcher Marken?
- Markenwechsler... zu Gunsten/Lasten welcher Marke(n)?
- Anteil der Marke an den Gesamteinkäufen in der betreffenden Warengruppe?

Analoge Fragen lassen sich auch in Bezug auf die Einkaufsstättenwahl und das Preisverhalten beantworten und die Ergebnisse miteinander und mit der Haushaltcharakteristik verknüpfen.

Damit wird also das Verhalten jedes einzelnen Panel-Haushalts im Zeitverlauf transparent, wobei natürlich nicht der Einzelfall interessiert, sondern die Frage, wie sich z.B. Marktanteilsveränderungen erklären lassen und ob gewisse Trends erkennbar werden.

Die folgende Abbildung 22 gibt einen Gesamtüberblick über die Auswertungsmöglichkeiten.

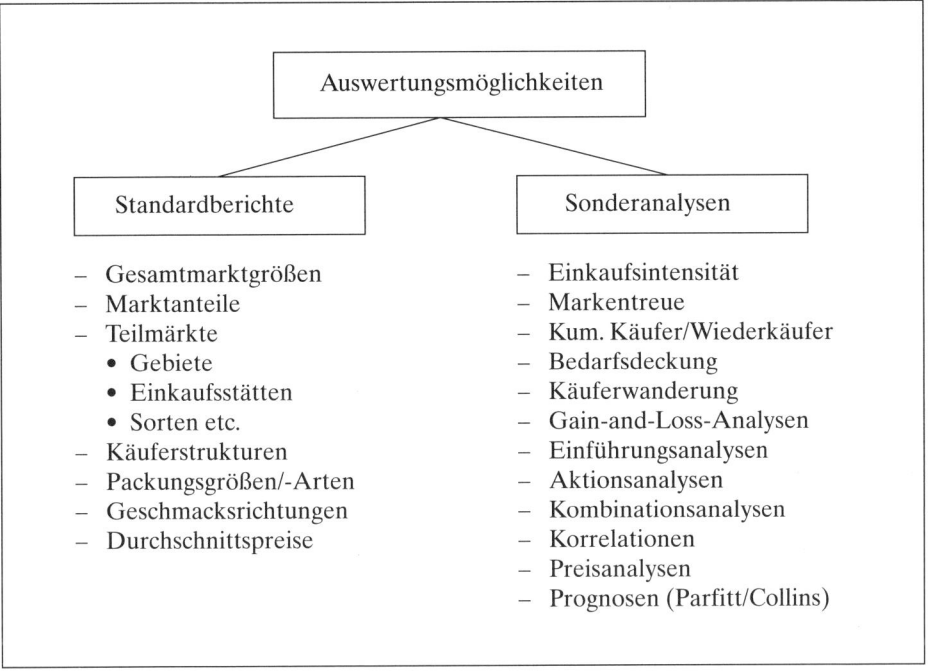

Abbildung 22: Leistungsspektrum des Verbraucherpanels

2.5   Berichterstattung

Wie vorab ersichtlich, unterscheidet man in der Praxis zwischen **Standardauswertungen,** die jeder Auftraggeber automatisch erhält und **Sonderanalysen,** die gesondert bestellt und bezahlt werden müssen.

Die Berichterstattung erfolgte in der Vergangenheit auf schriftlichem Wege. Inzwischen werden vermehrt Datenträger eingesetzt, von denen die Auftraggeber die gewünschten Informationen abrufen können. Zusätzlich werden Analyseprogramme geboten, wie etwa die Datenbanksysteme INMARKT Express der GfK, INF*ACT Workstation von Nielsen oder Oracle Sales Analyser.

Zu nennen ist in diesem Zusammenhang auch das Expertensystem **Panelyser** der GfK. Es verdichtet, analysiert und kommentiert die großen Datenmengen nach den Wünschen des Kunden, bietet im einzelnen also etwa Informationen über die Gesamtmarkt-, die Branchen-, die Warengruppenentwicklung sowie über die der wesentlichen Konkurrenten. Bei entsprechender Systemausstattung mit leistungsfähigen PC's können die Informationen in Text- oder Tabellenform angefordert werden.

3. Fernsehpanel

Ein Verbraucher- bzw. Haushaltspanel spezieller Art ist das Fernsehpanel, denn hier werden im Rahmen der Fernsehzuschauer-Forschung eben keine Einkäufe erhoben, sondern die Einschaltquoten und zwar mittels **apparativer Beobachtung.** Der wachsende Wettbewerb der Sendeanstalten um die Werbe-Milliarden und das Informationsbedürfnis der Werbewirtschaft veranlaßten eine Reihe Sender, zusammengeschlossen in der „Arbeitsgemeinschaft Fernsehen (AgF)", gemeinsam ein solches Panel für Millionenbeträge installieren zu lassen. Es handelt sich also um ein Instrument, mit dessen Hilfe sowohl die Akzeptanz der einzelnen Programme gemessen wird als auch die der Werbe-Einblendungen (vgl. Werbeträgerforschung S. 175 f.).

Die Beobachtung des Fernsehverhaltens erfolgt in bundesdeutschen Haushalten mit Hilfe des **GfK-Meters.** Dieses Meßgerät ist derzeit in ca. 5 000 repräsentativen deutschen Haushalten als Zusatzgerät an das Fernsehgerät angeschlossen und registriert und speichert automatisch, wann das Fernsehgerät auf welchem Kanal betrieben wird; es erfaßt auch den Betrieb eines Videorecorders. Mit Hilfe einer speziellen Fernbedienung, über die sich die Haushaltsmitglieder durch Drücken der jeweiligen Personentaste beim GfK-Meter anmelden, wenn sie fernsehen, ist es möglich, Reichweiten, $\emptyset$ Reichweiten, Einschaltquoten und Sehbeteiligungen zu ermitteln. Die so erfaßten Daten werden jede Nacht vom Computer des GfK-Rechenzentrums abgerufen, indem er automatisch das über ein Modem mit dem Telefonnetz verbundene GfK-Meter anwählt. Die anschließende Datenverarbeitung erfolgt so rasch, daß die wichtigsten Ergebnisse, nämlich die **Einschaltquoten,** schon am nächsten Morgen vorliegen und von den Sendern abgerufen werden können. Wer was wann sieht, erfordert zwecks Registrierung also eine möglichst korrekte Tastenbedienung.

Vor Beginn des nächsten Kapitels sei hier noch ergänzend erwähnt, dass sich Panels im Prinzip überall dort installieren lassen, wo eine laufende, individuelle Berichterstattung interessiert, also auch bei Gewerbebetrieben, Freiberuflern, nichtkommerziellen Institutionen. In großem Umfang wird z.B. bei Ärzten und

Krankenhäusern deren Behandlungs- und „Verschreibe-Verhalten" (Rezepte) erhoben. Führende Anbieter im Rahmen der Gesundheits- bzw. Pharmaforschung sind die IMS (weltweit) und – mit Abstand – die I+G (Infratest u. GfK). Zu nennen wären auch Panels im Bereich Landwirtschaft, Verpackung, Industrie, aber auch die regelmäßigen Befragungen zur Konjunkturlage (Ifo-Institut).

4.   Handelspanel (Retail Tracking)

4.1   Arten

Handelspanels sind Erhebungen, die bei einem repräsentativ ausgewählten, im Prinzip gleichbleibenden Kreis von Absatzmittlern (i.d.R. Einzelhandelsgeschäften) in regelmäßigen Abständen über einen längeren Zeitraum hinweg zum im Prinzip gleichen Untersuchungsgegenstand durchgeführt werden. Damit liegt der besondere Vorzug der Handelspanels, ähnlich wie beim Verbraucherpanel, in der dynamischen Betrachtung, also der Verfolgung von Veränderungen und Entwicklung im Zeitverlauf. Dadurch wird die (Markenartikel-)Industrie in die Lage versetzt, ihre Verteilungskanäle (Distribution) zu beobachten.

Handelspanels erfordern hohe Investitionen und viel know-how und werden deshalb nur von wenigen Marktforschungsinstituten unterhalten. Weltweit führend blieb hier von Beginn an die A.C. Nielsen Company, die im Jahre 1933 in den USA das erste Handelspanel einrichtete. Deren Angebot (ab 1953) erstreckt sich, ausgehend von Lebensmitteln und Drogeriewaren, inzwischen praktisch auf alle EH-Branchen und -Betriebsformen.

Der Hauptkonkurrent von Nielsen in der BRD, die GfK, bietet inzwischen eine ähnliche Vielfalt. Abbildung 23 zeigt diejenigen Handelspanels, die speziell für Gebrauchsgüter zur Verfügung stehen. Die zunehmende Sortiments-„Verwilderung" bringt es dabei mit sich, dass jeweils eine bestimmte Warengruppe oft von mehreren Einzelhandels-Branchen geführt wird. Will ein Hersteller, etwa von Küchengeräten oder Schreibmaschinen, Informationen über seine gesamten Abverkäufe im Einzelhandel, so erfordert solches Panel-Daten aus bis zu einem Dutzend verschiedenen Einzelhandels-Branchen bzw. -Betriebsformen mit jeweils einigen Hundert Geschäften in der Stichprobe.

Einzelhandels-Panels für Gebrauchsgüter	
Augenoptiker	Kopierer-Spezialisten
Autoradio-Spezialisten	Einrichtungshäuser
Bau- und Heimwerkermärkte	Küchenspezialisten/-studios
Büromasch.-/-möbel-Org.mittel-FH	Lebensmittelhandel
Cash & Carry	Motoristen
Computershops / Systemhändler	Papier/Büro/Schreibwaren-FH
Elektro-FH	Sanitätsfach-EH
Elektro-GH	Schuhfach-EH
Fotofach-EH	Software-Spezialversender
Fotofach-EH & Foto-Drogerien	Sportfach-EH
Funkfachhandel	Tapeten/Farben/Lacke-FH
Gartencenter	Telekom-FH
Glas/Porzellan/Keramik-FH	Verbrauchermärkte
Hausrat-Eisenwaren-FH	Warenhäuser/Versender
Kfz-Ersatzteile-GH	Werkzeugmaschinen-FH
Kfz-Ersatzteile-EH	

Abbildung 23: Einzelhandels-Panels der GfK

4.2 Stichprobe und Coverage

Die Auswahl der repräsentativen Stichprobe erfordert eine genaue Kenntnis der Grundgesamtheit. Das Sekundärmaterial, das über den Handelsbereich vorliegt, erweist sich jedoch oft als ungenügend. So sind Veröffentlichungen von Handelskammern, Verbänden und Innungen oder amtliche Statistiken wie die Umsatzsteuerstatistik der statistischen Landesämter nicht ausreichend detailliert und erscheinen i.d.R. mit zeitlicher Verzögerung, so daß dieses Material allenfalls zu einer groben Strukturierung der Grundgesamtheit herangezogen werden kann.

Deshalb bedarf es bei der Einrichtung und der laufenden Kontrolle des Panels zusätzlicher, in regelmäßigen Abständen durchzuführender Institutsuntersuchungen, um die Grundgesamtheit hinreichend genau und aktuell definieren zu können.

Die Stichprobenbildung selbst erfolgt in aller Regel **geschichtet** und **disproportional** unter Verwendung des **Quotaverfahrens.** Dem Quotaverfahren wird deshalb der Vorrang gegeben, weil zum einen das für eine Randomauswahl nötige hinreichend sortierte und strukturierte Adressenmaterial häufig fehlt, vor allem aber, weil mit vergleichsweise hohen Verweigerungsquoten gerechnet werden muß, die beim Randomverfahren zu einer Einschränkung der Repräsentanz führen würden, beim Quotaverfahren hingegen relativ problemlos durch Geschäfte mit gleicher Merkmalsstruktur ersetzt werden können. Zu den Quotierungsmerkmalen zählen insbes. der Betriebsstandort (Gebiet, Region), der Betriebstyp, die Organisationsform, die Verkaufsfläche und der Umsatz.

Besonderer Erwähnung bedürfen in diesem Zusammenhang die sogenannten **Nielsen-Gebiete.** Dabei handelt es sich um eine ursprünglich von der A.C. Nielsen Company vorgenommene und heute im Bereich der Marktforschung allgemein übliche Unterteilung der BRD in bestimmte Gebiete, die durch entsprechende Kenn-

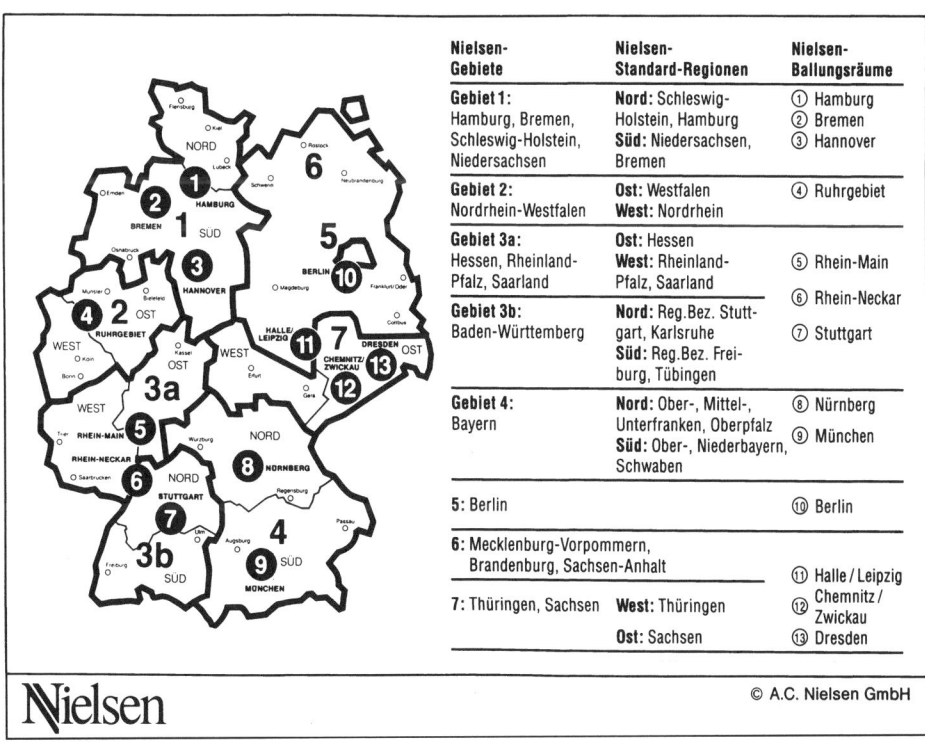

Abbildung 24: Regionalstrukturen in Deutschland nach Nielsen

ziffern bezeichnet werden. Daneben gibt es noch Grob-Unterteilungen nach sog. **Standard-Regionen** (Nord/Süd, West/Ost) und nach **Ballungsräumen** (z.B. Ruhrgebiet oder das Gebiet Halle/Leipzig).

Die Notwendigkeit einer disproportionalen Auswahl erklärt sich aus der erheblichen Diskrepanz zwischen dem rein **numerischen Anteil** und dem **Umsatzgewicht** der einzelnen Handelsbetriebe in der Grundgesamtheit. Wenn also z.B. 80 % aller Geschäfte einer Branche am Gesamtumsatz der Branche lediglich mit 40 % (= gewichtet) beteiligt sind, die restlichen 20 % dagegen mit 60 %, so fänden bei einer proportionalen Stichprobe die letzteren nicht die ihnen gebührende Berücksichtigung. Deshalb erfolgt die Schichtung nach der umsatzmäßigen Bedeutung der Handelsbetriebe (vgl. das Beispiel von Abbildung 8 S. 53).

Ein Problem stellt die Vorgabe der Quotierungsmerkmale dar. Diese (z.B. Umsatzgrößenklasse) stehen stellvertretend für eine Reihe nicht-quotierter Merkmale wie Kundengruppen, Sortimentsinhalte usw., sodaß unterstellt wird bzw. werden muß, daß eine hohe Korrelation zwischen quotierten und nicht-quotierten Merkmalen besteht.

Auch bei Handelspanels stellt sich das leidige und dem Leser bereits bekannte Problem der unvollständigen **Marktabdeckung** (coverage). Zum einen können nicht alle für ein Produkt in Anspruch genommenen Absatzkanäle erfaßt werden. So fallen beim Einzelhandelspanel zum ersten die **Beziehungskäufe** der Verbraucher (z.B. beim Großhandel, ab Fabrik) zwangsläufig aus der Erhebung. Umgekehrt muß u.U. darauf verzichtet werden, jedem Abwandern bestimmter Gütergruppen in neue, nicht erfaßte Verteilerstellen durch eine entsprechende Erweiterung der Grundgesamtheit Rechnung zu tragen. Nicht zuletzt aus diesem Grund erklärt sich die zunehmende Anzahl von Spezialpanels (z.B. Spielwarenpanel, Bau- und Heimwerkermärktepanel). Zum anderen wird eine vollständige coverage und damit die Repräsentanz der Stichprobe durch **Teilnahmeverweigerungen** oder Ausfälle erheblich eingeschränkt, vor allem, wenn sich die Ausfälle bzw. Verweigerungen nicht gleichmäßig über die gesamte Grundgesamtheit verteilen, sondern sich auf bestimmte Gruppen konzentrieren. Besonders ins Gewicht fielen hier lange Zeit die zahlreichen Teilnahmeverweigerungen größerer Handelsgruppen, die sich primär aus dem Umstand erklären, daß dem Marktforschungsinstitut ein sehr tiefer Einblick in die Geschäftspraxis gestattet werden muß. So fehlen im Bereich der Nahrungs- und Genußmittel z.B. die Umsätze von ALDI.

Um Fehlinterpretationen zu vermeiden, ist es also für die Bezieher von Handelspanel-Informationen von großer Wichtigkeit, die Marktabdeckung ihrer untersuchten Warengruppen zu kennen.

Die Anwerbung der Stichprobengeschäfte erfolgt bei kleineren Geschäften durch die Außendienstmitarbeiter der Marktforschungsinstitute. Filialgeschäfte und Geschäfte, die größeren Handelsorganisationen angehören, werden den Marktforschungsinstituten i.d.R. entsprechend der Quotenvorgabe von den jeweiligen Handelszentralen benannt.

Mit den ausgewählten und zur Mitarbeit bereiten Unternehmen werden entsprechende Verträge abgeschlossen. Der Handelsbetrieb verpflichtet sich zur Mitwirkung und Bereitstellung von Unterlagen über einen bestimmten Zeitraum, während das Institut die Zahlung von Erhebungsgebühren und die Lieferung bestimmter Marketinginformationen, z.B. die Inventurauflistung des jeweiligen Stichprobengeschäftes, Handelsmitteilungen, Halbjahresberichte oder die Möglichkeit zur Teilnahme an Seminaren als Gegenleistung zusagt.

4.3 Erhebungsmethoden und -inhalte

Die Erhebung der Basisdaten erfolgte beim Handelspanel früher mittels **körperlicher Inventur** in den Stichprobengeschäften und zwar durch festangestellte und geschulte Instituts-Mitarbeiter i.d.R. im Zweimonats-Rhythmus.

Ermittelt werden sollen neben den z.Zt. geforderten Preisen vor allem die Abverkäufe in der Berichtsperiode und das erfordert – sofern keine anderen Möglichkeiten bestehen – eine Reihe von Arbeitsschritten, die dann folgende Rechnung erlaubt:

Inventurergebnis der Warenbestände zu Periodenbeginn

+ Registrierung der Einkäufe (Warenzugänge) in der Berichtsperiode anhand von Lieferscheinen oder Rechnungen

./. Inventurergebnis der Warenbestände zum Periodenende

= (Ab-)Verkäufe innerhalb der Periode (mengenmäßig)

Darüber hinaus können noch Sondererhebungen vorgenommen werden wie

- verwendetes Displaymaterial,

- Teilnahme an Aktionen,

- Produktplazierung (einfach/mehrfach usw.)

- Lagerflächenaufteilung

- Regalflächenaufteilung,

- Produktfrischedaten usw.

Zur rationelleren Gestaltung des Vorgangs der physischen Erhebung erhalten die Mitarbeiter sogenannte Aktiv-Formsätze. Diese maschinenlesbaren Vordrucke enthalten sämtliche Artikel, die in dem betreffenden Geschäft bei den letzten beiden Besuchen vorgefunden wurden. Es sind in normierter Schrift die jeweils vorgefundenen Mengen und die Preise einzutragen. Wurde vom Handel zwischenzeitlich neue Artikel ins Sortiment aufgenommen, so sind diese gesondert aufzuführen.

Genaue Ergebnisse würden eigentlich voraussetzen, daß alle Stichprobengeschäfte am gleichen Tag und im gleichen Rhythmus besucht werden. Das läßt sich aber weder organisatorisch durchführen, noch kostenmäßig vertreten.

Um dennoch zu validen Ergebnissen zu gelangen, werden die Erhebungen, die sich über einen längeren Zeitraum erstrecken, mit Hilfe von Korrekturfaktoren auf einen bestimmten Stichtag bezogen. Zur Ermittlung der Korrekturfaktoren wird der Idealabstand zwischen 2 Besuchen durch den tatsächlichen Abstand dividiert. Die hierbei unterstellte Linearität der Abverkäufe kann allerdings nur als Näherungslösung angesehen werden.

Neben der rein quantitativen Erfassung der Bestände, Einkäufe und Verkaufspreise können zusätzlich qualitative Erhebungen in Form von Interviews mit den Händlern durchgeführt werden, um auf diese Weise Aufschluß über die Hintergründe der in den Geschäften vorgefundenen Sachverhalte (z.B. Präferenzen, Einstellungen etc.) zu erlangen.

Bekanntlich hat auch im Einzelhandel die Datenverarbeitung längst Einzug gehalten. Die Großunternehmen waren die Vorreiter, inzwischen sind jedoch die benötigte hard- und software so komfortabel und erschwinglich, daß auch kleinere Händler nicht mehr abseits stehen. Idealziel ist die Installierung sog. **geschlossener Warenwirtschaftssysteme,** bei denen durch entsprechende Datenverknüpfungen die Steuerung des gesamten Warendurchsatzes durch entsprechende Regelkreise gleichsam automatisch erfolgt.

Eine wesentliche Voraussetzung dafür ist eine eindeutig identifizierbare Kennzeichnung eines jeden Artikels. Entsprechend hat sich mittlerweile auch in Deutschland die **EAN-Codierung** weitgehend durchgesetzt. Die Institute können davon immens profitieren. Durch einen **Datenträgeraustausch** mit den Handelsunternehmen kann die Erhebungsarbeit einfacher, genauer und schneller erfolgen. Wöchentliche Ergebnisse sind z.B. keine Utopie mehr.

Folgende Vorgehensweisen werden inzwischen praktiziert:

- Abverkaufserfassung über Scanner-Kassen
  manuelle Erhebung der Bestände
  Errechnung der Einkäufe,

- Einkaufserfassung über Datenträgeraustausch
  manuelle Erhebung der Bestände
  Errechnung der Abverkäufe,

Abverkaufserfassung über Scanner-Kassen
Einkaufserfassung über Datenträger
Errechnung der Bestände.

Wie ersichtlich, erübrigen sich im letzten Fall die aufwendigen manuellen Bestandserhebungen (Inventuren). In Zukunft wird diese Erhebungsmethode in dem Maße schwinden, wie sich der Einsatz von Scanner-Kassen und die Bereitschaft zur Verfügungstellung der Daten weiter ausbreitet und wo auf Bestandsinformationen (kein Diebstahl, kein Schwund) verzichtet werden kann.

Die Hauptvorteile eines Scanner-Panels incl. Einkaufserfassung über Datenträger gegenüber dem herkömmlichen Verfahren lassen sich wie folgt zusammenfassen:

Wegfall der personal- und daher kostenintensiven Bestandserhebungen in den Stichprobengeschäften,

höhere Genauigkeit der Daten durch direkte Erfassung am Point of Sale (z.B. Erfassung des tatsächlich bezahlten Abverkaufspreises, nicht des zweimonatlichen Durchschnittspreises),

schnellere Verfügbarkeit der Daten und somit größere Aktualität (z.B. Eingriffsmöglichkeiten in laufende Aktionen),

beliebige zeitliche Detaillierung bis auf Tageswerte,

Möglichkeit der Erfassung kausaler Zusammenhänge zwischen Marketingmaßnahmen (Preiserhebungen, Verkaufsförderungsaktionen etc.) und Abverkäufen,

durch den täglichen oder wöchentlichen Abruf der Daten mittels Datenfernübertragung oder durch Datenträgeraustausch von Magnetbändern erhält man längere Zeitreihen und damit optimale Grundlagen für quantitative Analysen.

4.4 Auswertung und Berichterstattung

Nach der Datenprüfung werden die erhobenen Rohdaten mit dem reziproken Gewichtungsfaktor je Schicht multipliziert und nach der Addition aller Schichtenergebnisse auf die Grundgesamtheit hochgerechnet und ausgewertet. Grundsätzlich ist auch hier jede Marktforschungszahl durch vier verschiedene Dimensionen gekennzeichnet, nämlich Artikel, Fakts, Segment und Periode.

Die Standardauswertungen umfassen i.d.R. folgende Daten:

Produktwerte wie:
- Gesamtumsätze nach Menge und Wert
- Marktanteile innerhalb der Produktgruppe
- Einkäufe des Handels nach Mengen
- Warenbestände des Handels nach Mengen
- Durchschnittswerte je Geschäft bezüglich Absatz, Einkauf, Bestand, Bevorratungsdauer, Umschlagsgeschwindigkeit, Verkaufspreis

Distributionswerte (numerisch und gewichtet) wie:
- Produktführende Geschäfte (Zahl, Anteil)
- Produktbevorratende Geschäfte (Zahl, Anteil)
- Produkteinkaufende Geschäfte (Zahl, Anteil)
- Produktverkaufende Geschäfte (Zahl, Anteil)

Diese Daten lassen sich entsprechend segmentieren, also etwa nach Regionen, Geschäftstypen und/oder Organisationsformen, Verkaufsflächen-Größenklassen usw.

Neben den Standardauswertungen bieten sich eine Reihe von Sonderanalysen an, die teilweise noch aus den erhobenen Basisdaten bestritten werden können, teilweise aber auch der bereits angesprochenen Sondererhebungen bedürfen:

Distributionswanderung,

Distributionsüberschneidung,

Konzentrationsanalysen,

Hitlisten von Artikeln/Marken,

Preisklassenauswertungen,

Preiselastizitäten der Nachfrage,

Analyse der Außendienstbesuche,

Sortimentsanalysen,

Kontaktstreckenanalysen u.a.m.

Die Übermittlung der Ergebnisse an den Kunden erfolgt durch einen schriftlichen Bericht, durch mündliche Präsentationen, inzwischen aber zunehmend durch elektronische Datenübermittlung. Speziell hier lassen sich folgende Formen unterscheiden:

am Host: INF*ACT bzw. INMARKT

am PC: INF*ACT-workstation (von Nielsen) bzw. PC-INMARKT-Express (von GfK) bzw. im high-end-Bereich der Analyser IRI (in BRD von GfK angeboten)

Sonderformen wie das Expertensystem Panelyser (von GfK)

144

4.5   Kritische Würdigung

Handelspanel können – wie gezeigt – eine Fülle wertvoller Informationen liefern. Gerade in Zeiten instabiler Märkte und größerer Bewegung im Handel, verbunden mit verstärktem Wettbewerb über Preisaktionen, Sonderplazierungen usw., sind seine Aufschlüsse von besonderem Gewicht.

Sie berichten nicht nur darüber,

- wie sich die eigene und die Konkurrenz-Produktdistribution darstellt,

- wie sich eigene und Konkurrenzaktivitäten in der Distribution auswirken (z.B. Werbe-, Preis-, Plazierungsaktionen),

- wie sich Neueinführungen (eigene und die der Konkurrenz) im Markt behaupten,

- wie die Effizienz des Außendienstes zu bewerten ist,

sondern auch

- wie der Markt strukturiert ist und welche Entwicklung er aufweist,

- welches Gewicht und welche Dynamik den großen Handelsunternehmen und -organisationen zuzurechnen ist,

- welche Bezugswege der Einzelhandel in Anspruch nimmt,

- ob die Bevorratung des Handels in Relation zu den Abverkäufen neue Aufträge erwarten läßt (sog. Pipeline-Effekt).

Das Handelspanel bewirkt also eine weitgehende Transparenz im Bereich der Distribution. Es ist also **vertriebsorientiert,** während Verbraucherpanels demgegenüber als marketingorientiert bezeichnet werden können.

C.   Erhebungsverfahren mittels Beobachtung

1.   Grundsätzliche Möglichkeiten und Grenzen

Wer von Marktforschung spricht, hat zweifellos Befragungen vor Augen. In der Tat spielen Beobachtungen eine zwar wichtige, wenn auch relativ unbekannte und hinsichtlich ihres Volumens eher bescheidene Rolle.

Beobachtet werden kann alles, was **visuell** erfaßbar ist und zwar punktuell oder häufiger zeitraumbezogen in Gestalt von Vorgängen oder Abläufen. Abgesehen vom Sonderfall der **Selbstbeobachtung** erfolgt dies durch unabhängige Dritte (= **Fremdbeobachtung**), wobei die Registrierung durch Menschen und/oder entsprechende Geräte geschieht.

Es liegt speziell in der Natur der Personen-Beobachtung, daß ihre Ergebnisse unabhängig von der verbalen Auskunftsfähigkeit und -willigkeit der Probanden sind, u.U. aber von ihrer Bereitschaft abhängen, sich beobachten zu lassen (z.B. im Rahmen der Fernsehforschung).

Ihre Grenzen sind allerdings eng umrissen. Abgelaufenes kann nicht mehr beobachtet werden, ebenso wenig geistige und seelische Vorgänge im Menschen, sieht man hier einmal von Ausnahmen ab. Beschränkungen erwachsen aber auch durch gewisse technisch-organisatorische Aspekte, etwa hinsichtlich Zugänglichkeit, Störung, Zeitaufwand oder Meßmöglichkeiten.

2.   Elemente der Beobachtung

Im folgenden sollen, bevor auf einzelne Beobachtungsverfahren eingegangen wird, die wichtigsten Elemente der Beobachtung dargestellt werden.

(1) Bewußtseinsgrad des Beobachteten

Je nach dem Bewußtseinsgrad der zu beobachtenden Person lassen sich folgende Erhebungssituationen unterscheiden:

- Offene Situation – die beobachtete Person weiß um den Zweck der Beobachtung, um ihre eigentliche Aufgabe, um ihre Rolle als Beobachtungsperson.

- Nicht-durchschaubare Situation – die beobachtete Person kennt den Zweck der Beobachtung nicht, weiß aber um ihre Aufgabe und um ihre Rolle als Beobachtungsobjekt. Die Nichtdurchschaubarkeit kann evtl. durch Tarnung und „Irreleitung" erreicht werden.

- Quasi-biotische Situation – die beobachtete Person weiß nicht um den Zweck der Beobachtung und ihre eigentliche Aufgabe, wohl aber, daß sie beobachtet wird.

- Biotische Situation – die beobachtete Person weiß weder um den Zweck der Beobachtung noch um ihre eigentliche Aufgabe, noch um ihre Rolle als Beobachtungsobjekt. Hier liegt also eine vollkommene Ahnungslosigkeit der Beobachtungsperson vor.

Bewußtseinsgrad Benennung	Wissen um den Versuchszweck	Wissen um die Aufgabe	Wissen um die Versuchssituation
Offene Situation	+	+	+
Nicht-durchschaubare Situation	–	+	+
Quasi-biotische Situation	–	–	+
(Voll-)biotische Situation	–	–	–

Abbildung 25: Untersuchungssituationen im Rahmen der Beobachtung

Dem Bewußtseinsgrad der beobachteten Person kommt insofern große Bedeutung zu, als sich ihr Verhalten dadurch verändern kann. Bei Verhaltensänderung infolge Wissens um das Beobachtetwerden spricht man vom **Beobachtungseffekt**.

(2) Partizipationsgrad des Beobachters

In relativ engem Zusammenhang mit dem Bewußtseinsgrad des Beobachteten steht der Partizipationsgrad des Beobachters. Es geht hierbei um die Frage, welche Rolle der Beobachter im Rahmen der Beobachtungssituation einnimmt und inwieweit seine Rolle dem Beobachteten bekannt ist.

Bei der **teilnehmenden** Beobachtung wirkt der Beobachter am Beobachtungsgeschehen mit. Soll seine Rolle der Beobachtungsperson unbekannt bleiben, muß er eine Funktion übernehmen, die seine Anwesenheit erklärt und kein Mißtrauen erregt. Teilnehmende Beobachtungen lassen den Beobachter zwar aus nächster Nähe am Geschehen teilhaben, sie bergen jedoch gleichzeitig die Schwierigkeit in sich, daß Sachverhalte im Augenblick ihres Auftretens dann höchst selten auch aufgezeichnet werden können, ohne daß der Beobachter seine Rolle dabei aufgibt.

(3) Standardisierungsgrad

Es wird ferner zwischen standardisierter und nichtstandardisierter (bzw. strukturierter und nichtstrukturierter) Beobachtung unterschieden. Standardisierung bedeutet eine Vereinheitlichung der gesamten Erhebung. Sie kann sich sowohl auf

Anlage und Inhalt der Beobachtung, die Art der Aufzeichnung, als auch auf die Beobachtungssituation beziehen.

Der Standardisierungsgrad muß um so geringer sein, je mehr sich die Beobachtung noch in einem explorativen Stadium befindet, je unstrukturierter der Untersuchungsgegenstand also ist.

(4) Wahrnehmungs- und Registrierungsform

Die Wahrnehmung des Beobachtungsgeschehens erfolgt im Regelfall visuell. Grundsätzlich umfaßt die Beobachtung aber auch die Wahrnehmung von Sachverhalten über die anderen Sinnesmodalitäten, z.B. Hören, Riechen usw.

Zur Erfassung nicht unmittelbar beobachtbarer, insbesondere intrapersonaler Sachverhalte werden physische Aktivitäten apparativ (z.B. Hautwiderstandsmessung) oder visuell (z.B. Mimikbeobachtung) beobachtet, in denen psychische Gegebenheiten ihren Ausdruck finden. Die subjektiven Sachverhalte werden so im Prinzip des Rückschlusses erfaßt.

Eine automatische Erfassung von Sachverhalten kann durch technische Hilfsmittel, wie z.B. die Lichtschranke (Kundenzählung im Einzelhandel) bewerkstelligt werden.

Art und Umfang der Registrierung hängen stark vom Standardisierungsgrad ab. So kann sich die Registrierung in einem Fall auf das Anfertigen einer Strichliste beschränken, wenn es nur um die Feststellung des Eintritts bzw. Nichteintritts eines Ereignisses geht. Im Fall eines unstrukturierten Untersuchungsgegenstandes kann es jedoch nötig sein, alle Beobachtungen aufzuzeichnen. Technische Hilfsmittel, wie Videokamera oder Tonband, können hier als Registrierungshilfe dienen und bieten außerdem den Vorteil einer beliebig häufigen Reproduzierbarkeit. Problematisch bei einer derartigen Aufzeichnung sind vor allem rechtliche Gesichtspunkte.

3.   Ziele und Verfahren

Als Ziele der Beobachtung kommen im wesentlichen folgende Vorgänge bzw. Abläufe in Betracht, nämlich

- das Einkaufsverhalten (instore)
- das Verwendungsverhalten (Handhabung/Nutzung)
- das Informationsverhalten (Mediennutzung)

Wie die Fernsehnutzung beobachtet wird, wurde bereits im Rahmen des Verbraucherpanels abgehandelt. Im weiteren werden nur einige Aspekte zur Feld-Beobachtung dargestellt; Vorgänge, die im Studio oder Labor beobachtet werden, sind dagegen im folgenden Kapitel „Testverfahren" zu finden.

Im einfachsten Fall dienen Beobachtungen zum Zählen von sich wiederholenden Vorgängen. Gezählt werden etwa innerstädtische Passanten, die Verkehrsfrequenz auf bestimmten Straßen, die Passanten mit/ohne Blickkontakt zu Schaufenster oder Außenwerbung, die Kunden im Geschäftslokal u.v.a.m. In der Regel interessiert dabei auch die zeitliche Verteilung der Beobachtungsfälle, u.U. auch deren Struktur. Vielfach besteht die Möglichkeit, Zählvorrichtungen wie Lichtschranken o.ä. einzusetzen.

Für großflächige Einzelhandelsgeschäfte können sog. Kundenlaufstudien von Nutzen sein. Jeder (xte) Kunde wird vom Betreten des Geschäfts bis zu dessen Verlassen beobachtet. So soll herausgefunden werden, wie intensiv welche Abteilungen in welcher Reihenfolge kontaktiert werden, um ggf. die Ladengestaltung und Warenpräsentation zu verbessern.

Einkaufsverhaltensbeobachtung dient dazu, die Marktchancen neu entwickelter Produkte im Umfeld der Konkurrenzprodukte im Regal zu überprüfen. Der besondere Wert dieser Feldbeobachtung liegt in der Erfassung von natürlichen Reaktionen im realen Kaufgeschehen. Die Beobachtung der Konsumenten im Laden an dem Ort, an dem sie letztlich ihre Kaufentscheidung fällen und an dem auch die Verkaufsförderung eingesetzt wird, ist, was die Aussagekraft ihrer Ergebnisse anbelangt, der Beobachtung im Studio an einigen wenigen SB-Regalen weit überlegen.

Im Gegensatz zur Kundenlaufstudie werden bei der Einkaufsverhaltensforschung die Kunden nur an einer Stelle, d.h. einem bestimmten Regalabschnitt, beobachtet. So wird zum einen registriert, wie viele Kunden am Regal vorbeigehen, wie viele davon das Produkt betrachten, wie viele es schließlich kaufen bzw. zurücklegen. Zum anderen lassen sich die Spontaneität der Zuwendung, spontane Äußerungen, die begleitende Mimik und Gestik, die Ausführlichkeit der Beschäftigung mit dem Produkt beobachten.

Die Funktionsgerechtheit ist ein wichtiger Gestaltungsaspekt. Sie zielt darauf ab, Produkte problemlos in der Handhabung und den Gebrauchsgewohnheiten der Konsumenten angepaßt zu gestalten. Im Rahmen des Verwendungsverhaltens kommt die **Handhabungsbeobachtung** zum Einsatz, da es sich bei den meisten Alltagsverrichtungen, wie z.B. Öffnen von Packungen, um periphere und kaum bewußte Vorgänge handelt, und aufgrund dieser Bedeutungsschwäche des Verhaltens die verbale Auskunftsfähigkeit eingeschränkt ist.

Wo Produkte in der Öffentlichkeit bzw. im Freien benutzt werden, läßt sich ein unverfälschtes Verhalten mühelos beobachten. Anders dagegen, wo dies im betrieblichen oder häuslichen Rahmen erfolgt. Nicht nur der Zugang bedarf des Einverständnisses, auch der Beobachtungsvorgang selbst mindert die Unbefangenheit des Probanden. Handhabungsbeobachtungen werden deshalb vielfach in Form eines Studiotests durchgeführt, wobei dieser derart in einen übergeordneten Handlungszusammenhang eingebettet ist, daß der Proband die Aufgabenstellung nicht durchschaut.

D. Testverfahren

1. Grundlagen experimenteller Versuche

1.1 Anforderungen und Voraussetzungen

Experimente sind keine gesonderte Erhebungsmethode, die Datengewinnung durch (apparative) Beobachtung oder durch Befragung erfolgt vielmehr auf der Basis einer **Versuchsanordnung.** Pauschale Zielsetzung ist dabei die Erforschung bzw. Aufdeckung von Ursache-Wirkungszusammenhängen. Das kann wiederum nur gelingen, wenn sich sowohl Ursache wie Wirkung isolieren lassen, also nicht noch andere Ursachen für die Wirkung maßgebend sind. In einem Experiment werden deshalb alle sonstigen möglichen Ursachen eliminiert oder zumindest konstant gehalten, dagegen die interessierende (vermutete) Ursache variiert, um speziell deren Wirkung herauszufinden. Charakteristisch für ein Experiment ist also die sog. **isolierende Variation,** wie sie sich etwa im Labor herstellen läßt.

Nicht darunter fallen dann Tests im Sinne eines Probierens, eines versuchsweisen Vorgehens oder einer Untersuchungsanordnung, die zwar Unterschiede bei der abhängigen Variablen mißt, ohne sie aber exakt ganz bestimmten Wirkungsgrößen zurechnen zu können. Im Bereich der Marktforschung werden die häufig notwendigen komplexen Versuchsanordnungen wie Storetest und Markttest zwar als Experiment angelegt, jedoch erweist es sich oft als unmöglich, die exakte Kontrolle aller Faktoren zu gewährleisten. Derartige Untersuchungen haben aber eindeutig Experimentalcharakter. Anders zu beurteilen sind hingegen z.B. jene psychologischen „Tests", die nur das Vorhandensein eines psychischen Sachverhaltes bei Personen nach Art und/oder Intensität ermitteln wollen; hier handelt es sich lediglich um **deskriptive** und nicht um **kausalanalytische** Studien. Auch bei den sogenannten Feldstudien (survey research), wie z.B. Ad-hoc-Befragungen, werden nur gegebene Merkmale erfaßt, also keine Versuchsbedingungen hergestellt, so daß streng genommen auch hier keine Aussagen über Ursache und Wirkung möglich sind. Werden also etwa bei einer Erhebung zur Markenverwendung auch soziodemographische Merkmale erfaßt, so mag es zwar einen Zusammenhang zwischen Alter und Verwendungsintensität der Marke X geben. Da aber das Alter als Variable nicht aktiv manipulierbar ist und eine Kontrolle anderer Bedingungen nicht stattgefunden hat, ist die Aussage, daß bestimmte Altersausprägungen bestimmte Intensitäten der Markenverwendung verursachen, streng genommen nicht möglich, sondern allenfalls plausibel

Zusammenfassend liegen also nur dann experimentelle Vesuchsanordnungen vor, wenn folgende Bedingungen erfüllt sind:

- Kontrolle der sog. Störvariablen, also der sonstigen möglichen Verursachungen (= „unter kontrollierten Bedingungen")

- aktive Manipulation der interessierenden unabhängigen Variable (= Ursache)

- genaue Messung evtl. Veränderungen der abhängigen Variablen (= Wirkung).

Um nicht-manipulierbare Variablen wie demographische und psychographische Merkmale, Konkurrenzaktivitäten, Markentreue etc., die als Störgrößen auftreten, dennoch kontrollieren zu können und damit experimentelle Versuchsanordnungen herzustellen, wurden folgende Techniken entwickelt:

- Konstanthaltung
Hierbei wird die Störvariable durch Konstanthaltung eliminiert. So könnte z.B. das Geschlecht eine Störvariable bei der Beurteilung eines Werbemittels sein. Konstanthaltung würde bedeuten, das Experiment z.B. nur mit Frauen durchzuführen. Die Auswahl der Untersuchungseinheiten wird also so vorgenommen, daß sie hinsichtlich der Störvariable so homogen wie möglich sind. Natürlich bedeutet dies weniger Informationsgehalt und Verallgemeinerungsfähigkeit der Ergebnisse.

- Einbau ins Design
Die Störvariable wird selbst als unabhängige Variable (experimentelle Bedingung) in die Versuchsanlage eingebaut. Ergebnis ist ein sogenannter mehrfaktorieller Versuchsplan, der in diesem Fall mit Experimentalbedingung 1 (Werbemittel A, Werbemittel B) und Experimentalbedingung 2 (männlich, weiblich) arbeitet. Auf diese Weise können also auch nicht-manipulierbare Variablen in eine experimentelle Versuchsanlage eingebaut werden.

- Matching
Hier werden Paare von Untersuchungseinheiten in gleicher Ausprägung bezüglich der Störvariablen den verschiedenen Experimentalbedingungen zugewiesen.

Beispiel: Die Störvariable sei die Umsatzgröße von Handelsbetrieben in einem bestimmten Produktbereich, in denen die Abverkaufswirkung von unterschiedlichen Warenplazierungen experimentell ermittelt werden soll. Im Rahmen des Matchingverfahrens wird nun versucht, die Einflüsse der unterschiedlichen Umsatzgröße zu eliminieren, indem alle Untersuchungsgruppen (d.h. Experimental- und Kontrollgruppen) strukturgleich bezüglich des Kriteriums „Umsatzgröße" aufgebaut werden.

- Randomisierung
Randomisierung als ideale Möglichkeit der Kontolle von Störvariablen bedeutet eine Zuweisung von Untersuchungseinheiten auf die einzelnen Experimentalbedingungen nach dem Zufallsprinzip. Wahrscheinlichkeitstheoretisch be-

sitzt dabei jede Untersuchungseinheit die gleiche Chance, in eine der Experimentalbedingungen zu gelangen, wodurch bei genügend großer Stichprobe alle Gruppen bezüglich aller in Frage kommenden Störvariablen die gleiche Struktur aufweisen.

1.2   Projektive versus Ex-post-facto-Experimente

Bei der eigentlichen experimentellen Versuchsanordnung, dem **projektiven Experiment,** werden die experimentellen Bedingungen hergestellt und die Untersuchungseinheiten mit den geschaffenen Bedingungen konfrontiert. Ein Vorgang wird also vom Zeitpunkt der Veränderung der unabhängigen Variable bis zur zeitlich nachfolgenden Auswirkung untersucht.

Hierzu ein Beispiel: Ein Produkt soll von einer Gruppe von Personen beurteilt werden, denen vorher ein Werbespot gezeigt wurde (Experimentalgruppe) und solchen, die den Spot nicht zu sehen bekamen (Kontrollgruppe).

Im Unterschied dazu werden bei quasi-experimentellen Anordnungen, den sogenannten **Ex-post-facto-Experimenten,** selbständig zustande gekommene „Experimentalbedingungen" ausgesucht, d.h. die unabhängigen Variablen sind bereits in der Vergangenheit aufgetreten, während die abhängigen Variablen in der Gegenwart gemessen werden. Die Versuchsbedingungen werden also nicht herstellend, sondern auswählend realisiert; somit unterscheidet sich der zeitliche Einsatz der experimentellen Messung von dem bei projektiven Experimenten auftretenden Messungszeitraum.

Ein Beispiel vermag dies zu verdeutlichen: Ein Produkt wird von einer Gruppe von Personen beurteilt, die Kontakt mit einem tatsächlich geschalteten Werbemittel hatte (Experimentalgruppe) und von einer Gruppe, die keinen derartigen Kontakt hatte (Kontrollgruppe). Der Werbekontakt ist die selbständig zustande gekommene Bedingung und mußte beispielsweise durch Befragung eigens erhoben werden, da sie schon in der Vergangenheit realisiert wurde.

Da bei ex-post-facto-Designs eine Zuweisung der Untersuchungseinheiten zur Experimental- bzw. Kontrollgruppe unmöglich ist, ist die Ermittlung von Ursache und Wirkung hier äußerst problematisch. So könnten sich beispielsweise die Personen, die tatsächlichen Kontakt mit dem Werbemittel hatten, und diejenigen, die keinen derartigen Kontakt aufwiesen, auch in anderen Merkmalen unterscheiden. Es ist dann letztlich nicht festzustellen, ob die gemessene Wirkung (Markenbeurteilung) auf das Kriterium „Werbemittelkontakt" oder auf irgendwelche anderen Einflußfaktoren zurückzuführen ist. Man spricht in diesem Zusammenhang von einer **Konfundierung** (Vermengung) der unabhängigen Variablen (hier: Werbemittelkontakt) mit anderen, nicht kontrollierbaren Einflußgrößen.

1.3 Laborexperimente versus Feldexperimente

Je nach dem experimentellen Umfeld lassen sich Laborexperimente und Feldexperimente voneinander unterscheiden.

Das **Laborexperiment** wird in „künstlicher", speziell zu diesem Zweck herbeigeführter Situation, unter planmäßig vereinfachten Bedingungen durchgeführt. Alle Einflüsse, außer den zu analysierenden, werden ausgeschaltet bzw. bestmöglich abgeschirmt, wodurch die Untersuchungssituation weitgehend von natürlichen Umfeldbedingungen isoliert wird. Beispiele für Laborexperimente sind Produkttests oder Werbemittelkonzepttests im Teststudio (vgl. S. 179 f.).

Beim **Feldexperiment** hingegen wird der zu untersuchende Gegenstand nicht aus seiner Umgebung herausgelöst. Seine Situation ist also eine „natürliche", realistische, bei der als einzige Maßnahme seitens des Durchführenden nur eine Veränderung der unabhängigen Variablen herbeigeführt wird, und alle übrigen Faktoren möglichst exakt kontrolliert werden. Typische Feldexperimente sind der Storetest und der Markttest (vgl. S. 163 ff.).

Der Vorteil des Feldexperiments liegt in seiner Realitätsnähe, seine Nachteile in den beschränkten Möglichkeiten zur Überprüfung alternativer Variablen und in den oft ungenügenden Kontrollmöglichkeiten. Letztere bietet zwar das Laborexperiment, zumal durch die besseren Möglichkeiten des Einsatzes technischer Hilfsmittel; es vermag aber andererseits nur vergleichsweise einfache, unkomplizierte, gewissermaßen „herausgegriffene" Abhängigkeiten zu ergründen.

1.4. Versuchsanordnungen

Die Gestaltung der Versuchsanordnung bezweckt den zielgerichteten Aufbau eines Experiments. Dabei sollen durch eine geeignete Variation der experimentellen Bedingungen die gewünschten, d.h. zu untersuchenden Effekte erzeugt, und gleichzeitig die unerwünschten Effekte (Störvariablen) neutralisiert werden.

Zur Kennzeichnung experimenteller Versuchsanordnungen werden folgende Zeichen herangezogen:

▪ Zur Kennzeichnung der Versuchsgruppe(n):
E (experimental group),
C (control group).

▪ Für den Zeitpunkt der Messung:
B (before),
A (after).

Durch unterschiedliche Kombination der Merkmale lassen sich die wichtigsten praxisrelevanten Versuchsanordnungen entwickeln, wie sie in Abbildung 26 überblicksartig aufgezeigt werden.

In der Marktforschungspraxis sind die vorab skizzierten Bezeichnungen relativ unüblich. Hier unterscheidet man vielmehr folgende Testdesigns:

- Eine Testgruppe mit Vorperiode und anschließender Testperiode. Voraussetzung dafür ist das Fehlen von zeitabhängigen Störvariablen.

- Test- und Kontrollgruppen mit Testperiode. Voraussetzung dafür ist das Fehlen von personen- bzw. geschäftsabhängigen Störvariablen.

- Test- und Kontrollgruppe mit Vorperiode und anschließender Testperiode. Kontrolle von zeitabhängigen und personen- bzw. geschäftsabhängigen Variablen.

- Lateinisches Quadrat; Design wie vorab, es dürfen jedoch keine zeitlichen Übertragungseffeke auftreten.

2. Produkttest

Ein Produkttest ist eine experimentelle Untersuchung, bei der zunächst nach bestimmten Merkmalen ausgewählte Testpersonen (i.d.R. Angehörige der Zielgruppe) unentgeltlich bereitgestellte Produkte probeweise ge- oder verbrauchen und anschließend nach ihren subjektiven Wahrnehmungen und/oder Beurteilungen bezüglich der getesteten Produkte als Ganzes bzw. einzelner Produktbestandteile gefragt werden. Testobjekte können dabei sowohl in der Entwicklung (Prototyp) als auch bereits im Markt befindliche eigene oder Konkurrenzprodukte sein.

Vom Produkttest abzugrenzen sind neben den in den folgenden Kapiteln dargestellten Storetest und Markttest vor allem der Konzepttest und der Warentest.

Während beim **Produkttest** ein real existierendes Produkt oder zumindest ein Prototyp von den Testpersonen auf Produktwirkung, -wahrnehmung und -erlebnis hin beurteilt wird, ist der **Konzepttest** dem Produkttest zeitlich vorgelagert. Die Probanden beurteilen hier kein physisch vorliegendes Produkt, sondern die Produktkonzeption als solche (also gewissermaßen die Idee), die beispielsweise verbal in Form eines Briefings oder graphisch in Form von Reinzeichnungen (layouts) zum Ausdruck gebracht wird. Somit basieren die Produktbewertungen nicht auf einem Produkterlebnis, sondern lediglich auf einer Produktvorstellung.

Sehr deutlich unterscheidet sich der Produkttest auch vom **Warentest.** Bei letzterem lassen Verbraucherverbände, Verlage, insbesondere die Stiftung Warentest in Berlin im Interesse der Verbraucher die Qualität bzw. Gebrauchstauglichkeit (Ma-

Typ der Versuchsanordnung	E B A	E A – C A	E B A – C B A	E A – E B A – C B A
Eingesetzte Gruppe(n) E: Experimentalgruppe C: Kontrollgruppe	E	E:C	E:C	$E_1:E_2:C$
Meßzeitpunkte B (before): Vormessung A (after): Nachmessung	bei E: B und A	bei E:A bei C:A (d.h. keine Vormessung)	bei E: B und A bei C: B und A	bei E_1:A bei E_2: B und A bei C: B und A
Ergebnisse durch Vergleich von...	Ergebnis der Vormessung mit Ergebnis der Nachmessung bei E	Ergebnissen der Nachmessung bei E und bei C	Differenz der Ergebnisse der Vormessung bei E und C mit der Differenz der Ergebnisse der Nachmessung bei E und C	Entwicklung in E_2 zwischen Vor- und Nachmessung mit Entwicklung in C zwischen Vor- u. Nachmessung **und** mit Nachmessungsergebnissen von E_1
Probleme	Ist der Unterschied tatsächlich durch die experimentelle Bedingung verursacht? (Kausalität?)	Bestand zwischen den Gruppen vorher schon ein Unterschied? (Gruppeneffekt?)	Kann die Vormessung Verzerrungen bewirkt haben? (Lerneffekt?)	**keine:** Sowohl Gruppen- als auch Lerneffekte können bestimmt und eliminiert werden.
Beispiele	Store-Test	ERIM-Panel: Neuproduktakzeptanz mit u. ohne Werbung	Store-Test: Matched Samples	Werbemittelkonzepttest

Abbildung 26: Experimentelle Versuchsanordnungen

terial, Verarbeitung, Funktion, Wirtschaftlichkeit, Umweltfreundlichkeit usw.) von Produkten prüfen. Bei **vergleichenden** Warentests erstreckt sich die Prüfung auf mehrere Produkte, indem deren jeweilige Teilqualitäten miteinander verglichen werden. Mitunter erfolgt auch eine vergleichende Gesamtbeurteilung (Benotung). Die dazu erforderliche Gewichtung und Bewertung der einzelnen Teilqualitäten (z.B. Wirtschaftlichkeit 40 %, Umweltfreundlichkeit 10 %) beruhen auf Experten-Urteilen und sind nicht ganz unproblematisch, weil unterstellt oder sogar sugge-riert wird, jeder Verbraucher hätte die gleiche Präferenzreihung wie die Experten.

Beim Produkttest hingegen überprüft ein Hersteller im unmittelbaren Eigeninteresse die Anmutungs- und Verwendungseigenschaften seiner Produkte. Dabei umfaßt die subjektive Produktwahrnehmung bzw. -beurteilung oftmals nicht nur die Gebrauchs-tauglichkeit i.w.S., sondern auch Imagekomponenten (z.B. Marke, Form, Farbe u.ä.m.).

Generelle Zielsetzungen von Produkttests sind:

- bei noch nicht auf dem Markt befindlichen Produkten
  - Ermittlung von Produktalternativen,
  - Ermittlung des (in den Augen des Verbrauchers) besten Produktes aus einer Reihe von Produktalternativen,
  - Ermittlung der optimalen Gestaltung einzelner Produktqualitäten (Produkt-kern, Packung, Preis, Name etc.),
  - Abtesten eines Produktes als Ganzes auf Gebrauchstauglichkeit und Image-wirkung und damit auf seine Marktchance.

- bei schon auf dem Markt befindlichen Produkten
  - Überprüfung der Gebrauchstauglichkeit und Imagewirkungen im Vergleich zu Konkurrenzprodukten,
  - Ursachenanalyse bei möglichen Marktanteilsverlusten,
  - Überprüfung der Wirkungen von Änderungen des Produktes als Ganzes oder einzelner Produktbestandteile (z.B. Produktvariation, Produktdifferen-zierung, Relaunch).

Die zahlreichen Anwendungsmöglichkeiten von Produkttests kommen in einer Vielzahl möglicher Testvarianten zum Ausdruck. Im Folgenden werden die wichtig-sten Testanlagen, jeweils gegliedert nach übergeordneten Untersuchungskriterien, vorgestellt.

(1) Testumfang

Das ganzheitliche Erscheinungsbild eines Produktes beim Verbraucher ist auf eine Reihe von Teilkomponenten zurückzuführen, wie

- Produktsubstanz (Funktion, Leistung usw.),
- Produktäußeres (Form, Material, Farbe usw.),

- Packung und/oder Verpackung,
- Marke,
- Preis,
- Verwendungszweck,
- Technik, Handhabung,
- Wirtschaftlichkeit
  usw.

Liegt dem Produkttest das komplexe Produkt als Ganzes zugrunde, interessieren also nicht die Ausprägungen einzelner Teilkomponenten, so liegt ein **Volltest** vor. Beim **Partialtest** hingegen wird die Wirkung einzelner Produkteigenschaften oder -merkmale untersucht. Solche zu untersuchenden Teilkomponenten sind häufig der Preis (**Preistest**), die Packung (**Packungstest**), der Produktnamen (**Namenstest**), der Geschmack (**Geschmackstest**) etc.

(2) Form der Darbietung

Bekannt ist hier vor allem der **Blindtest.** Wie in der Bezeichnung zum Ausdruck kommt, sollen hier möglichst alle visuellen Eindrücke bzw. Einflüsse wie Markenname, Form, Farbe usw. ausgeschaltet sein und sich die Beurteilung allein auf die übrigen Produkteigenschaften beschränken. Da jedoch auch die Imagewirkungen von Marke und Hersteller wesentliche Kaufdeterminanten darstellen, wird der Produkttest häufig auch in Form eines **identifizierten Tests** durchgeführt, bei dem den Testpersonen das Produkt in marktüblicher Verpackung mit Nennung von Marken- und Herstellernamen präsentiert wird. Damit simulieren identifizierte Tests die Wirklichkeit ungleich besser als Blindtests.

Neben diesen beiden Extrema gibt es noch eine Reihe von Zwischenformen, bei denen lediglich einzelne Teile des Produktäußeren neutralisiert werden. Man spricht dann von **teil-neutralisierten Produkttests,** deren Ziel es ist, die Wirkung einzelner Imagekomponenten auf die Produktwahrnehmung oder -beurteilung zu untersuchen.

(3) Zeitdauer

Wie lange die Testpersonen beim Produkttest das bzw. die Testprodukte zur Verfügung gestellt bekommen, richtet sich sowohl nach dem Informationsbedarf als auch nach der Art der Produkte. Beim **Kurzzeittest** kommen spontane Produkteindrücke und -empfindungen der Probanden aufgrund einmaliger und kurzzeitiger Konfrontation mit dem Testobjekt zur Überprüfung.

Bei den **Langzeittests** wird den Testpersonen das Testprodukt zum mehrmaligen, wiederholten Ge- und Verbrauch meist mit nach Hause gegeben, wobei hier keine Produkteindrücke, sondern Produkterfahrungen sondiert werden sollen.

158

In einigen Fällen sind auch sog. **Doppeltests** angebracht, bei denen zunächst ein Kurzzeittest und anschließend ein Langzeittest durchgeführt werden, so z.B. wenn es sich um ein völlig neuartiges Produkt handelt, das einiger Gewöhnung bedarf, und die Wahrscheinlichkeit besteht, daß eine Mehrfachverwendung das Produkterlebnis verändern könnte.

(4) Zahl der einbezogenen Produkte

Beim **monadischen Test** (Einzeltest) erhält die Testperson lediglich ein Produkt zur Beurteilung, so daß der Proband es nur durch Vergleich mit seinen Kenntnissen und Erfahrungen, nicht aber gegenüber anderen Produkten bewerten kann.

Beim **nichtmonadischen Test** (Vergleichstest) hat jede Testperson mindestens zwei Produkte probeweise zu ge- oder verbrauchen, um diese danach im gegenseitigen Vergleich entweder zeitlich unmittelbar nacheinander (sukzessiver Vergleichstest) oder direkt nebeneinander (paralleler Vergleichstest) zu beurteilen. Die Gefahr der Überbetonung der Unterschiede ist naheliegend.

Im Rahmen des Vergleichstests stehen wiederum verschiedene Verfahren zur Verfügung. Man kann den Probanden sich für eine Variante entscheiden, ihn im **Paarvergleich** nach „besser" oder „schlechter" evtl. auch „unentschieden" (ohne Wahlzwang) urteilen, ihn im **triadischen Test** (drei Produkte in Blindaufmachung, zwei davon identisch) das „neue" Produkt herausfinden, ihn Rangreihen bilden (Rangfolgetest) oder ihn exakte (metrische) Bewertungen vornehmen lassen.

Der Vergleichstest zeigt naturgemäß die Unterschiede zwischen den Produkten deutlicher auf als der monadische Test, der allerdings realitätsnäher und daher valider ist, weil beim täglichen Konsum ja üblicherweise auch nur ein Produkt verwendet wird.

(5) Testort

Beim **Haushaltstest** (home-use-Test) erhalten die Testpersonen die Testprodukte sowie die Fragebogen für die Beurteilung bzw. Bewertung der Testprodukte i.d.R. per Post zugeschickt und können dann in gewohnter häuslicher Atmosphäre das Produkt über einen längeren Zeitraum hinweg testen. Haushaltstests werden demgemäß als Langzeittests ausgelegt. Die Auswahl der Testpersonen erfolgt zielgruppenorientiert aus einem Adressen-Pool von 10 000 bis 30 000 Adressen je nach Institut (sog. **Produkttest-Sample**). Nach Ablauf der Testdauer haben die Testpersonen den ausgefüllten Fragebogen an das durchführende Marktforschungsinstitut zurückzuschicken; die Rücklaufquote liegt erfahrungsgemäß bei 80 bis 90 % – abhängig von dem Interesse, das der Proband dem Produkt bzw. dessen Verwendung entgegenbringt, dem Zeitaufwand für den Test, der Länge des Fragebogens usw.

Beim **Studiotest** (central-location-Test) werden die Testpersonen hingegen auf offener Straße um Mitarbeit gebeten (sog. „Baggern") und der Test in einem stationären Studio, einem Fahrzeug (**Caravan-Test**), einem Ausstellungsstand etc. durchgeführt. Naturgemäß wird der Studiotest als Kurzzeittest angelegt, wobei im Mittelpunkt des Interesses Spontanreaktionen der Probanden stehen. Die durch das Studio herstellbaren Versuchsbedingungen lassen ausgefeilte Testtechniken, wie sie in Abbildung 27 überblicksartig dargestellt sind, zu.

Technik/ Verfahren	Anordnung	Meßobjekt	speziell geeignet für
Tachistoskop	Apparatur, mittels derer Objekte nur für wenige Millisekunden optisch dargeboten werden	Perzeption einzelner Elemente, „vorratio-naler" Anmutungs- und Aufforderungs-charakter	Packungstest, Formtest, Schrifttest
Perimeter	Vorrichtung zur Dar-bietung von Objekten in der Peripherie des Blickfeldes	frühe Anmutungen	Warenzeichentest
Anglemeter	steuerbare Drehschei-be, mittels derer die (relevante) Seite eines Objektes dem Be-trachter langsam zu-gewandt wird	Erkennbarkeit	Packungstest
Deformations-technik	z.B. Blickspalt, hinter dem ein Objekt rasch vorbeibewegt wird	Gestaltfestigkeit	Markentest, Warenzeichentest, Formtest
Schnellgreifbühne	Vorrichtung, mittels derer Objekte kurz-zeitig dargeboten werden. Ein Objekt muß von der Versuchsperson in dieser Zeit ent-nommen werden	spontaner Aufforde-rungscharakter, un-reflektierte Wahlakte	Packungsvergleich
Filmkamera, Video-Recorder usw.	div., meist in quasi-biotischer Situation	Handhabung, Verwendungseignung	Handling-Test

Abbildung 27: Apparative Verfahren für Produkt-(Anmutungs)Tests (B. Spiegel,
Werbepsychologische Untersuchungsmethoden)

160

Die Vorteile des Studiotests gegenüber dem Haushaltstest liegen zum einen in den kontrollierten Testbedingungen. Ergebnisverzerrungen durch eine Beeinflussung durch andere Personen, ein Verhalten entgegen der Testanweisung oder eine Urteilsabgabe, ohne das Produkt probiert zu haben, sind beim Studiotest im Gegensatz zum Haushaltstest unmöglich. Zum anderen kann das Verhalten der Testpersonen während des Tests beobachtet werden. Ein weiterer Vorteil ist, daß die Testergebnisse sehr schnell vorliegen.

Als Nachteil muß angesehen werden, daß die künstliche Umgebung bei Anwesenheit eines Interviewers zu atypischem Verhalten führen kann. Darüber hinaus kann aufgrund des Auswahlverfahrens keine Stichprobenrepräsentanz sichergestellt werden. Die Kosten sind bei Studiotests zudem um einiges höher als beim Haushaltstest.

(6) Informationsbedarf

Je nach interessierendem Sachverhalt läßt sich der Produkttest ebenfalls kategorisieren, wobei die nachfolgenden Formen allerdings idealtypisch sind. So werden i.d.R. in der Praxis in einem Produkttest mehrere Sachverhalte gleichzeitig erhoben.

Folgende theoretische Abgrenzung bietet sich an:

Beim **Präferenztest** soll der Proband angeben, ob, in welchem Ausmaß und aus welchen Gründen er dem Testprodukt den Vorzug gegenüber einem Vergleichsprodukt gibt oder nicht. Das Vergleichsprodukt kann ein ebenfalls in den Test einbezogenes Produkt oder das vom Probanden üblicherweise gekaufte Marktprodukt sein. (Vgl. ausführlich Kapitel „Präferenzforschung" S. 284 ff.)

Der **Deskriptionstest** soll Informationen darüber liefern, welche Produkteigenschaften der Testprodukte in welcher Ausprägung bzw. Intensität wahrgenommen werden. Zusätzlich werden oftmals die Wichtigkeit der einzelnen Produkteigenschaften abgefragt und/oder die Anforderungen an ein Idealprodukt.

Der **Akzeptanztest** soll Aufschluß darüber geben, ob und ggf. in welchem Ausmaß bei den Testpersonen bezüglich des Testproduktes eine rein qualitätsdeterminierte bzw. eine preis-/qualitätsdeterminierte Kaufabsicht besteht oder nicht. Die preis-/qualitätsdeterminierte Kaufabsicht wird dabei erhoben, indem nicht nur die Produktleistung als solche präsentiert wird (wie bei der qualitätsdeterminierten Kaufabsicht), sondern darüber hinaus auch ein Produktpreis vorgegeben wird. Das Testmaß des Akzeptanztests ist somit die Kaufbereitschaft, wobei die Antwort durch entsprechende Kaufbereitschaftsskalen erfaßt wird.

Der **Diskriminationstest** mißt, inwieweit und in welchem Ausmaß die Testpersonen zwischen den in den Test einbezogenen Produkten als Ganzes bzw. bezüglich einzelner Eigenschaften objektiv vorhandene Unterschiede wahrnehmen. Diskriminationsurteile werden üblicherweise im Rahmen eines Blindtestes erfragt.

Evaluationstests schließlich liefern Informationen darüber, wie das Testprodukt als Ganzes und/oder einzelne Produktmerkmale von den Testpersonen (z.B. in Form einer Notenskala) bewertet werden (qualitätsbezogener Evaluationstest). Daneben werden beim preisbezogenen Evaluationstest die Testpersonen nach ihrer Preisvorstellung bezüglich des Testproduktes befragt.

Die Probleme der Erreichbarkeit und Gewinnung geeigneter Testpersonen stehen wiederum im Zusammenhang mit den Anforderungen, die an die Repräsentanz der Ergebnisse gestellt werden. Vorausgesetzt, daß der Produkttest nicht nur grobe Hinweise und Anregungen, sondern konkrete, möglichst fundierte Aufschlüsse über Attraktivität, Wirkung und Verkäuflichkeit der Produkte erbringen soll, muß eine repräsentative Erhebung erfolgen. Soweit die Grundgesamtheit – meist die Produktzielgruppe – nach soziodemographischen Merkmalen definiert ist, halten sich die Auswahlprobleme im üblichen Rahmen. Wesentlich schwieriger ist es, eine repräsentative Teilmasse nach Konsumgewohnheiten (z.B. Naßrasierer) oder nach psychologischen Kriterien (z.B. fortschrittlich) zu bilden. Eine Hilfe bieten hier jene Marktforschungsinstitute, die sog. **Produkttest-Panels** führen[2]. Die GfK Nürnberg hat z.B. 20 000 Haushalte erfaßt, aus denen sie nach Bedarf die Teilmasse für den jeweiligen Produkttest anhand der gewünschten Repräsentanzmerkmale auswählt. Beim Schaefer-Institut, Hamburg, sind es sogar 30 000. Der Stichprobenumfang bemißt sich primär am finanziellen Aufwand, an der zulässigen Fehlertoleranz sowie an den gewünschten Teilgruppierungen. Auch die Verfahren selbst können einen unterschiedlichen Mindestumfang implizieren (z.B. relativ hoch beim Teilgruppenvergleich). In der Praxis bewegt sich der Sample-Umfang zwischen 200 und 1 000 Personen.

Der Produkttest, so verschiedenartig seine Ausprägungen in praxi auch immer sind, kann bei vorgesehenen Produkteinführungen oder Produktveränderungen ein wertvolles Informationsinstrument sein. Er ist relativ kostengünstig, flexibel, ermöglicht praktisch beliebige Schwerpunktbildungen und gewährleistet, obwohl er auf den unternehmensexternen Bereich gerichtet ist, auch eine einigermaßen hinlängliche Geheimhaltung.

Seine Aussagekraft unterliegt jedoch einer grundsätzlichen Einschränkung: Untersucht wird letzten Endes immer nur ein Teil jener Faktoren, die insgesamt über den Markterfolg eines Gutes entscheiden. Auch ein umfangreicher und erfolgreich verlaufender Produkttest bestätigt nur hohe Attraktivität, gute Anmutungs- und Verwendungseigenschaften des Produktes u.ä.; solches ist zwar notwendige Voraussetzung, keineswegs aber ausreichende Gewähr für einen Verkaufserfolg am Markt.

---

2   Der Begriff „Panel" ist hier im strengen Sinne nicht angebracht, da die Mitglieder zwar laufend, aber jeweils zu einem anderen Erhebungsgegenstand befragt werden.

3. Storetest

Als Storetest bezeichnet man einen probeweisen Verkauf von Produkten unter kontrollierten Bedingungen in ausgewählten Einzelhandelsgeschäften.

Bevorzugt dient er der Überprüfung der Verkaufsfähigkeit neu entwickelter oder geänderter Produkte. Er stellt insofern im Anschluß an den Produkttest einen weiteren Schritt in Richtung auf „marktreale" Überprüfungen dar.

Insbesondere folgende Fragestellungen können mittels des Storetests beantwortet werden:

- Verkaufschancen des Produkts,
- Wirkung alternativer Preise,
- Wirkung alternativer Packungsgrößen,
- Wirkung alternativer Promotions,
- Wirkung alternativer Plazierungen,
- Wirkung auf Konkurrenzprodukte,
- Wirkung auf eigene Produktfamilie.

Der Grundgedanke eines solchen „Ausprobierens" ist natürlich nicht neu und wurde, wenn auch mehr oder weniger unsystematisch, von den meisten Herstellern schon immer durchgeführt. Inzwischen bieten auch Marktforschungsinstitute entsprechende Dienste an. So werden z.B. in einigen Städten sogenannte **Storetest-Panels** unterhalten, d.h. es steht dort jeweils eine Reihe von Absatzmittlern (z.B. SB-Geschäfte mit Jahresumsatz über zwei Millionen DM) zur Verfügung, aus der gemäß den Anforderungen des jeweiligen Falles ein Test-Sample rekrutiert werden kann.

Da der Storetest gemeinhin nicht repräsentativ angelegt wird, genügt ein Sample-Umfang von 15 bis 45 Geschäften. Das Institut übernimmt selbst den Transport und die Plazierung der Testware und der Displays in den Geschäften, die kontinuierliche Bevorratung, die laufende Kontrolle der Testsituation und die Abrechnung mit den Einzelhändlern.

Gewöhnlich ist in den Testgeschäften eine etwa 4wöchige Vormessung erforderlich, die Dauer des Tests selbst beläuft sich auf drei bis vier Monate je nach Umschlagshäufigkeit des Produktes. Da sich die Handelsunternehmen ihre Mitwirkung an Storetests inzwischen kräftig bezahlen lassen, belaufen sich die Kosten für derartige Tests auf etwa 100.000,–

Dem experimentellen Charakter des Storetests entsprechend kann es besonders aufschlußreich sein, ihn gesplittet (matched samples) anzulegen. So können Kontrollgruppen (ohne Testmaßnahmen) beobachtet und u.U. auch parallel bei verschiedenen Samples die Auswirkungen divergierender Maßnahmen überprüft werden.

In Verbindung mit dem reinen Storetest, bei dem ja im Normalfall nur Abverkäufe registriert werden, interessieren auch vielfach zusätzliche qualitative Kriterien wie Einkaufsverhalten, Bereitschaft zum Wiederkauf, Kaufmotive usw. Für solche Fälle bieten Institute ergänzende Dienste, also z.B. Käuferbeobachtungen und Käuferbefragungen am Verkaufsort an.

Die besonderen Vorzüge des Storetests liegen darin, daß er vglw. kostengünstig und relativ schnell marktnahe Ergebnisse erbringt. Nachteilig ist demgegenüber, daß zwar die Wirkung absatzpolitischer Maßnahmen anhand der Abverkaufszahlen in den jeweiligen Testgeschäften überprüft wird, diese aber nicht den dahinterstehenden individuellen Kaufentscheidungen einzelner Haushalte/Verbraucher zurechenbar ist. Käuferbezogene Kennziffern für die Wirksamkeit von Testmaßnahmen, wie z.B. die Kaufintensität, Käuferreichweite und Wiederkaufsrate, die für die Prognose des Markterfolgs eines neuen oder veränderten Produkts wichtig sind, lassen sich mit einer derartigen Testanlage nicht oder nur sehr aufwendig oder methodisch anfällig über zusätzliche Käuferbefragungen/-beobachtungen erfassen. Da nicht erkennbar ist, wer eigentlich die Käufe getätigt hat, sind die Ergebnisse von Storetests auch anfällig gegen bewußte Störmaßnahmen von Konkurrenten (etwa gezielte Abverkaufsmanipulationen). Außerdem wird letztlich nur die „Ladensituation" abgetestet, die Wirkungen einer später gegebenenfalls einzusetzenden Publikumswerbung hingegen bleiben unbekannt.

4.   Regionaler Markttest

Der Gedanke, aus Gründen des Risikos und/oder der begrenzten Ressourcen bei der Einführung neuer Produkte schrittweise vorzugehen, ist nicht eben neu. Man „probiert" es zunächst in einem begrenzten Absatzgebiet und im Erfolgsfall bezieht man weitere in die Bearbeitung ein.

Darauf beruht auch die Idee des Testmarktes bzw. das Verfahren des regionalen Markttests. Dieses stellt gleichsam die realitätsnäheste Form zur Überprüfung der Marktchancen dar und „simuliert" in einem räumlich begrenzten Gebiet den ganzheitlichen Vollzug vorgesehener Marketing-Maßnahmen und mißt deren Erfolg.

Im Unterschied zum bloßen „Probieren" wird also systematisch vorgegangen, was hier insbesondere bedeutet, dass die Marketing-Aktivitäten wie Preis, Distribution,

Werbung usw. auf ihre Wirkung hin mit den verschiedenen Instrumenten der Marktforschung laufend gemessen werden (wer kauft wo, wieviel, wiederholt usw.?) Wichtig ist dabei z.B. die sog. **Wiederkaufsrate** als Indiz für die Nachhaltigkeit des Erfolgs einer Neueinführung. Und wenn die Testmarkt-Ergebnisse einen hinreichenden Schluß auf die Chancen und Risiken erlauben sollen, muß das Testmarkt-Gebiet entsprechend repräsentativ für das gesamte Marktgebiet – also etwa die Bundesrepublik sein, vor allem im Hinblick auf die Bevölkerungs-, Distributions- und Werbestruktur und dabei nicht zu viel Einflüssen aus angrenzenden Gebieten ausgesetzt sein, etwa in Form von Pendler-Strömen. Und um Streuverluste zu vermeiden und damit die Kosten nicht ausufern zu lassen, sollten sich die eingesetzten Werbemedien auf das Testgebiet beschränken lassen. Speziell aus diesem Grunde war das jahrzehntelang isolierte Westberlin – ansonsten nicht gerade ideal – ein bevorzugter Testmarkt und – mit Abstrichen – auch das Saarland.

Regionale Markttests von solchen Dimensionen haben mittlerweile ganz erheblich an Bedeutung verloren. Ihre Organisation und Durchführung galten früher als die Hohe Schule im Markenartikel-Marketing, im übrigen waren sie auch ein beliebtes Examensthema für ganze Studenten-Generationen. Die Schwächen bzw. Nachteile waren auch nicht zu übersehen, nämlich der erhebliche **Aufwand** in Produktion, Marketing und Marktforschung, die vglw. lange **Dauer,** die mangelnde **Geheimhaltung** und die **Störanfälligkeit** gegenüber Konkurrenzaktivitäten und dies alles vor dem Hintergrund zunehmender wirtschaftlicher Dynamik.

Es ist daher verständlich, daß Verfahren entwickelt wurden, die die Schwächen des regionalen Markttests möglichst vermeiden, ohne dabei viel an Informationen einzubüßen. Die mittlerweile fest installierten Instrumente unterschiedlichster Art werden unter dem Oberbegriff „Testmarkt-Ersatzverfahren" zusammengefaßt.

5. Testmarkt-Ersatzverfahren

5.1 Minimarkttest

Ein Minimarkttest ist eine Kombination von **Storetest** und **Haushaltpanel.** Institutsseitig werden einige wenige Testgeschäfte (mit Scannerkassen) angeworben und mit den Testprodukten bestückt und laufend weiter versorgt.

Des weiteren wird im Einzugsgebiet eines jeden Testgeschäftes bzw. aus dessen Kundschaft ein lokales Haushaltpanel installiert. Die Haushalte erhalten dabei eine **Identifikationskarte** mit ihrer Haushaltnummer, die sie im Testgeschäft an der Kasse vorzeigen müssen, sodaß ihre Einkäufe dort zusammen mit ihrer Haushaltnummer gespeichert und an das Institut übertragen werden können.

Erfaßt werden insgesamt

░ die Einkäufe der Panelhaushalte,

░ die wöchentlichen Verkäufe und Preise des Testgeschäfts (für die gesamte untersuchte Warengruppe),

░ Aktionen des Testgeschäfts in der betreffenden Warengruppe.

Daraus lassen sich folgende Informationen gewinnen (Kennziffern)

░ auf Geschäftsebene
  – Abverkäufe
  – Verkaufsanteile
  – Umschlagsgeschwindigkeit

░ auf Haushaltebene
  – Käufer
  – Wiederkäufer
  – Einkaufsintensität
  – Käuferstrukturen

In Deutschland bot die GfK Nürnberg jahrelang das von dem französischen Institut ERIM entwickelte Konzept als **GfK-ERIM-Panel** an. Es basierte auf 4 Scannermärkten, die über die Bundesrepublik verstreut angesiedelt waren und zu denen je ein lokales Panel mit 600 Haushalten gehörte. Seine Vorteile lagen

░ in einer sehr schnellen Berichterstattung (Scanner)

░ in einer geringen regionalen Klumpung

░ in der Simulationsmöglichkeit bei Print- und Radiowerbung.

Nachteilig war demgegenüber die relativ geringe Zahl von Einkäufen, weil ja jeweils nur ein Testgeschäft zur Verfügung stand. Des weiteren wurden diejenigen Einkäufe der Panel-Haushalte, die anderswo erfolgen, nicht erfaßt. Und natürlich entsprach auch die Werbesimulation nicht der Realität. Sie beschränkte sich vielmehr i.d.R. auf die kostenlose Zurverfügungstellung einer Zeitschrift, in die Anzeigen für das Testprodukt einmontiert waren. (Regionale) Radiowerbung war nur beschränkt vertretbar, Fernsehwerbung entfiel völlig, die Möglichkeiten der Ladenwerbung ließen sich dagegen nutzen. Im Gegensatz zum regionalen Testmarkt würde hier die Aufnahmebereitschaft des Handels in Bezug auf das neue Produkt nicht mitgetestet, sondern erfolgte auf Grund vertraglicher Vereinbarungen mit den Testgeschäften.

Infolge erheblicher Fortschritte bei der Integrierung von High-tech-Bausteinen wurde das Erim-Panel inzwischen durch das folgende Testkonzept ersetzt.

Die sog. **elektronischen Minimarkttests** basieren ebenfalls auf einem Haushalt- sowie einem Handelspanel. Ihre Besonderheit liegt aber – wie im einzelnen noch zur Sprache kommt – in der Einbeziehung der Fernsehwerbung in den Test.

Geeignet für die Installation solcher Testmärkte sind regional begrenzte, hinsichtlich der Kaufkraftströme und Medienreichweite möglichst abgeschlossene Gebiete, die in ihrer Bevölkerungs-, Handels-, Konkurrenz- und Mediastruktur zumindest keine groben Abweichungen vom Gesamtmarkt aufweisen. Das sind Forderungen, wie sie generell an Testmärkte gestellt werden.

In praxi wählt man entsprechend strukturierte (kleinere) Städte. In einer solchen Stadt wird ein repräsentatives Haushaltpanel eingerichtet und die Haushalte werden wiederum mit Identifikationskarten oder mit in-home-scanning-Geräten (vgl. S. 132) ausgerüstet.

Ferner werden dazu mehrere Geschäfte (i.d.R. Lebensmittelmärkte), die einen möglichst hohen Anteil am Gesamtumsatz des Ortes auf sich vereinigen, zur laufenden Mitarbeit angeworben. Die Datenerfassung und Weiterleitung erfolgt dann auf die schon beschriebene Weise.

Das besondere an diesem Testkonzept ist die teilweise Ausstattung der Haushalte mit Geräten, mittels derer die regulären Werbespots zum Teil und unbemerkt für die Betrachter durch Testwerbung ersetzt werden können. Voraussetzung dafür ist eine Breitbandverkabelung.

Zur werblichen Unterstützung eines Testproduktes bzw. zum Abtesten von Werbekonzeptionen stehen neben dem Fernsehen noch verschiedene Printmedien (Publikumszeitschriften, Tageszeitungen) sowie Plakatanschlagstellen zur Verfügung. Darüber hinaus kann ein Testprodukt aber auch in die Handelswerbung der Testgeschäfte (in der Tageszeitung, in Kundenzeitschriften, Anzeigenblättern und auf Handzetteln) integriert werden. Als zusätzliche Maßnahme lassen sich im Testgebiet bzw. in den Testgeschäften zudem Verkaufsförderungsaktionen durchführen.

Elektronische Minitestmärkte erfordern außergewöhnlich hohe Investitionen, speziell auch für die dazu benötigten Fernsehsende- und -empfangsmöglichkeiten, denen ein sog. **targetable-TV-System,** ein amerikanisches Patent des IRI-Institut zu Grunde liegt. Infolgedessen sind sie auf eine langjährige und häufige Nutzung ausgerichtet.

In Deutschland gibt es zwei Anbieter, nämlich die GfK und A.C. Nielsen.

Das **GfK-BehaviorScan** basiert auf 6 Märkten und 3 000 Haushalten in Haßloch (bei Ludwigshafen) und einem Globus-Markt in der näheren Umgebung. 2 000 Haushalte davon können durch Testwerbung angesteuert werden und zwar auf allen wichtigen öffentlich-rechtlichen und privaten Kanälen. Vorteilhaft ist der hohe Erfassungsgrad der Einkäufe (z.T. über 90 %), eine weitgehende Eliminierung von

Störgrößen durch „Split Cable" und „Targetable TV" und die Möglichkeit, weitgehend ein komplettes Marketing durchzuführen. Nachteilig ist demgegenüber die hohe Konzentration auf nur ein Gebiet.

Die Testanlage des GfK-BehaviorScan verdeutlicht zusammenfassend die Abbildung 28.

Das **Telerim** der A.C. Nielsen erstreckt sich auf zwei Teststädte (Bad Kreuznach und Buxtehude) mit 12 bzw. 7 Märkten und insgesamt 2 000 Panelhaushalten, wobei alle Haushalte durch Testwerbung im ZDF und in SAT 1 überblendet werden können. Letzteres ist ein Nachteil im Hinblick auf das Testen von Werbekampagnen und die Messung des Werbedrucks. Vorteilhaft ist im Vergleich dagegen das Testen in zwei Regionen.

Minitestmärkte der geschilderten Art haben viele Vorzüge. Sofern die zugrundeliegende Stichprobe repräsentativ für den Gesamtmarkt ist, so erlaubt die annähernd totale Erfassung einer ganzen Sstadt sehr realitätsnahe Einblicke in das Käuferverhalten. Hervorzuheben ist ihr **Experimentalcharakter,** denn es lassen sich – von den Konsumenten unbemerkt – Marktexperimente unter realistischen, aber dennoch kontrollierten Angebots- und Kommunikationsbedingungen durchführen

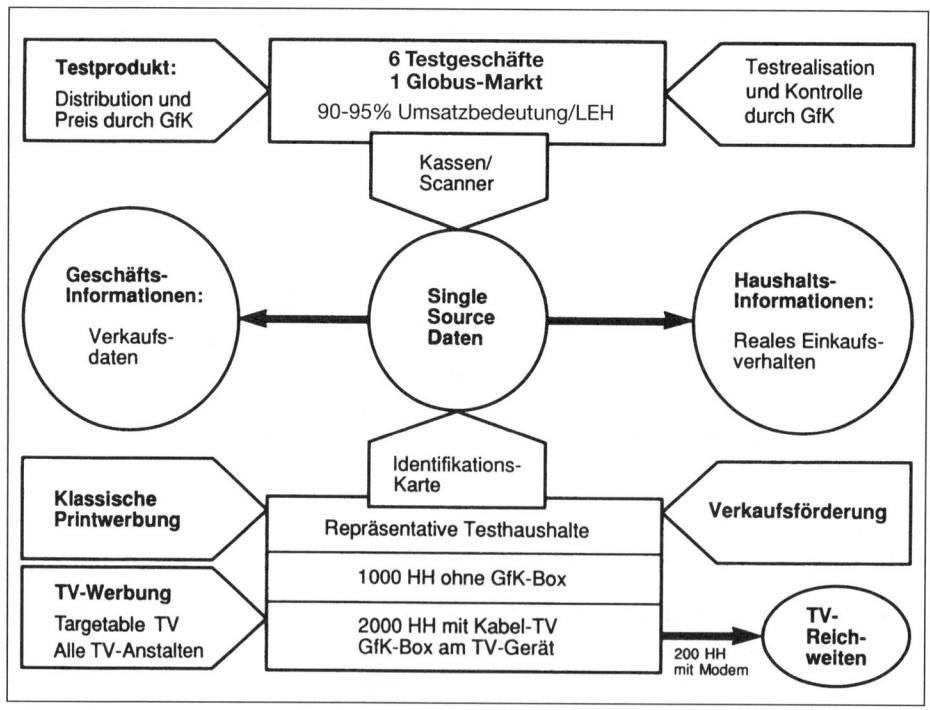

Abbildung 28: Testanlage des GfK-BehaviorScan

und die von den Endverbrauchern getätigten Einkäufe als Reaktion auf die eingesetzten Stimuli betrachten. Einbezogen ist dabei auch die Fernsehwerbung. Durch Aufsplittung in bezüglich des ursprünglichen Kaufverhaltens strukturgleiche Experimental-(Testspot) und Kontrollgruppen (regulärer Werbespot) können Werbewirkungen exakt gemessen werden.

Durch das kombinierte Verbraucher- und Handelspanel werden nicht nur umfassende Daten bzgl. Kaufverhalten, Medianutzung und Soziodemographie erfaßt, sondern zusätzlich auch eine Vielzahl von Kausalinformationen aus dem Bereich der Testgeschäfte, und das in einer annähernd natürlichen, aber dennoch kontrollierten Testsituation. Neben den rein quantitativen Informationen können durch gezielte Befragungen von Haushalten und Marktleitern noch zusätzlich qualitative Verbraucher- und Handelsdaten gewonnen werden.

Bezüglich der Eignung von Produkten als Testobjekt gilt es allerdings gewisse Restriktionen zu beachten. Vom Einsatz eines elektronischen Minimarkttests muß insbesondere bei solchen Testprodukten abgeraten werden (vgl. Stoffels), bei denen

- die Zahl der potentiellen Käufer zu gering ist, um aussagekräftige und projizierbare Testergebnisse zu erzielen (z.B. exklusive, hochpreisige Lebensmittel)

- die Länge des Kaufzyklus so groß ist, daß in einem angemessenen Zeitraum nicht mit einer Stabilisierung der Wiederkaufsrate zu rechnen ist (z.B. bestimmte Putz- und Reinigungsmittel),

- es sich um regionale Marken bzw. Spezialitäten handelt, für die das Testgebiet nicht repräsentativ erscheint,

- ein erheblicher Teil des Umsatzes in der betreffenden Warengruppe über Distributionskanäle abgewickelt wird, die mit Hilfe eines elektronischen Minimarkttests (noch) nicht zu erfassen sind (z.B. Zigarettenkauf über Automaten, Tankstellen etc.),

- der Haushaltsbedarf nur z.T. von der haushaltsführenden Person selbst, sondern primär von anderen Familienmitgliedern eingekauft wird (z.B. bestimmte Süßwaren).

Ideal geeignet sind somit Massengüter des laufenden bzw. kurzperiodischen Bedarfs, die vornehmlich über den Lebensmitteleinzelhandel vertrieben und primär von den haushaltsführenden Personen eingekauft werden.

Darüber hinaus bestehen auch gewisse Repräsentanzprobleme, die sich beinahe zwangsläufig aus der Beschränkung auf relativ kleine Testgebiete ergeben. Erwähnung verdient in diesem Zusammenhang sicherlich auch die Gefahr einer allmählichen „Übertestung" der Teststädte. Nicht unproblematisch ist schließlich noch die Tatsache, daß die Teststädte den Marketing-Fachleuten natürlich bekannt sind, sodaß es für die Konkurrenz nicht besonders schwierig ist, sich zumindest über die im Test befindlichen Produkte zu informieren.

5.2 Testmarktsimulation

Bei den unter dieser Bezeichnung zusammengefaßten Verfahren handelt es sich im Prinzip um **Produkttests,** die durch eine **Kaufsimulation** erweitert bzw. ergänzt sind.

Die Untersuchungsabfolge besteht aus mehreren Abschnitten. Zum Teil wird im „Labor" beobachtet und befragt, zum Teil handelt es sich um einen home-use-Test (vgl. S. 159). Das nachfolgend skizzierte Untersuchungsdesign wirkt dabei auf den unbefangenen Betrachter so künstlich, daß sich Zweifel an den Ergebnissen aufdrängen. Diese scheinen jedoch unberechtigt zu sein, immerhin sind derartige Testmarktsimulationen seit vielen Jahren, vor allem in den USA, inzwischen aber auch in Europa im Einsatz. Weltmarktführer ist **Bases,** weitere Verfahren werden unter den Bezeichnungen **Sensor, Assessor, Designor** und **Tesi** angeboten. Sie sind alle ähnlich aufgebaut. Ihre Struktur soll nachfolgend am Beispiel Tesi der GfK dargestellt werden (vgl. Wildner).

1. Ca. 300 Personen, die zur Zielgruppe des Testproduktes gehören, werden einzeln in ein Studio eingeladen.

2. Im Studio erfolgt ein Interview zu folgenden Themen:
   - Soziodemographie
   - Markenbekanntheit
   - Markenverwendung (welche in engere Wahl, welche Präferenzen, Erfahrungen usw.?)

   Damit wird ein Bild des existierenden Marktes gewonnen.

3. Anschließend wird der Testperson Werbung für das Testprodukt und für die wichtigsten beworbenen Konkurrenzprodukte gezeigt. Damit soll Kenntnis (awareness) über das Testprodukt erreicht und nicht etwa die Werbung getestet werden.

4. Danach wird die Testperson an ein im Studio aufgebautes Regal geführt, das sowohl das Testprodukt wie auch die wichtigsten Konkurrenzmarken enthält. Die Testperson erhält einen Geldbetrag, der den Preis des teuersten angebotenen Produkts leicht übersteigt. Sie wird gebeten, nun ein Produkt ihrer Wahl einzukaufen.
   Dadurch ergeben sich Hinweise auf das **Erstkaufverhalten.**

5. Zum Abschluß des Studiotests erhält jede Testperson das Testprodukt und das im Eingangsinterview genannte bevorzugte Produkt mit nach Hause. Es erfolgt

dort eine Erprobungsphase, entsprechend des durchschnittlichen Kaufrhythmus in der betreffenden Warengruppe.

6. Danach werden alle Teilnehmer des ersten Besuchs erneut in das Studio gebeten, wobei erfahrungsgemäß etwa 80 % der Einladung folgen.

7. Dort wird die Testperson zunächst in einem Nachinterview nach den **Verwendungserfahrungen** befragt, wodurch sich u.U. Hinweise auf Produktverbesserungen ergeben.

8. Abschießend erfolgt eine zweite Kaufsimulation, die zur Bestimmung der **Wiederkaufsrate** dient und damit zur Prognose des (langfristigen) Markterfolgs.

Wie bereits erwähnt, variieren die auf dem Markt befindlichen Verfahren. So werden z.B. Studiotests gleichzeitig in mehreren Regionen durchgeführt, es werden Paarvergleichsmessung angestellt, es gibt Gutscheine statt Geld beim Produkteinkauf oder es tritt an die Stelle des zweiten Studiobesuchs ein Hausbesuch oder lediglich eine telefonische Befragung.

Ziel der Auswertung und Analyse ist die Prognose der Marktchancen des Testproduktes. Hierzu sind zahlreiche Modelle entwickelt worden (z.B. Präferenzmodelle, Kauf-Wiederkaufmodelle, Einstellungsmodelle etc.), die innerhalb der einzelnen Verfahren teilweise parallel zum Einsatz kommen. Gemeinsam ist den meisten dieser Ansätze, daß sie für das Testprodukt auf Basis der Methode von Parfitt/Collins den sogenannten Gleichgewichtsmarktanteil ermitteln. Berücksichtigt werden muß dabei jedoch, daß in der Studiosituation sowohl eine 100 %ige Reichweite der Werbung als auch eine 100 %ige Distribution aller Marken besteht. In die Berechnungen fließen deshalb zusätzlich extern zu schätzende Parameter ein, wie etwa Annahmen über den erreichbaren Bekanntheits- und Distributionsgrad des Testproduktes.

Die wichtigsten Vorteile der Testmarktsimulation gegenüber anderen einschlägigen Verfahren, insbesondere dem regionalen Markttest sind der geringe Zeitaufwand (insgesamt etwa 12 Wochen), die geringeren Kosten (zwischen etwa 60 TDM (Bases) und 120 TDM (Tesi)) sowie die Geheimhaltung. Ein Vorzug ist ferner, daß das Verfahren auch bei kleineren Zielgruppen einsetzbar ist. Schließlich mag die hohe Treffsicherheit der (kurzfristigen) Marktanteilsprognosen erstaunen, die nach Institutsangaben +/- 1 Prozentpunkt ausmachen soll.

Anzumerken bleibt noch, daß Testmarktsimulationen von den Herstellern durchaus nicht nur zum Abtesten eigener Produkte eingesetzt werden. Es lassen sich vielmehr problemlos (und vor allem unbemerkt) auch Neuprodukte von Wettbewerbern überprüfen, sobald diese Marken sich in einem Testmarkt befinden bzw. regional oder national eingeführt sind. Auf diese Weise läßt sich relativ schnell feststellen, welches Erfolgspotential ein neues Konkurrenzerzeugnis besitzt und in welchem Maße eigene Marken davon berührt werden.

Labortests eignen sich anerkanntermaßen am besten für solche Testprodukte, die aus dem Bereich der markierten kurzlebigen Konsumgüter mit hoher Kauffrequenz stammen und keinen extrem hohen Neuheitsgrad aufweisen. Anwendungen aus anderen Bereichen (wie etwa der langlebigen Gebrauchsgüter, Investitionsgüter oder sogar Dienstleistungen) sind zwar – vor allem aus den USA – bekannt, zählen jedoch momentan noch zu den Ausnahmen. Daneben sollte im Idealfall gewährleistet sein, daß sich das Testprodukt relativ eindeutig in eine bestehende Warengruppe einordnen läßt, mit der die Testpersonen vertraut sind und in der sie nach Möglichkeit bereits Produkterfahrung besitzen.

Das eigentliche Hauptproblem von Testmarktsimulationsverfahren, nämlich eine eingeschränkte **externe Validität,** ergibt sich aber aus der Laborsituation und der damit verbundenen Simulation realer Marktverhältnisse. Neben der generell auftretenden besonderen Sensibilisierung der Testpersonen besteht hier stets die Gefahr, daß ihnen auch die Sonderstellung des neuen Produktes bewußt wird, was zu einer übermäßig positiven Einschätzung des Testproduktes führen kann.

Die von manchen Experten prophezeite vollständige Substitution des regionalen Marktes durch die Testmarktsimulation ist wohl nicht zuletzt wegen der eben aufgezeigten Problemfelder bis heute ausgeblieben. Labortestmärkte nehmen vielmehr primär eine Filterfunktion zur Identifizierung bzw. Eliminierung weniger erfolgversprechender Produktideen wahr, die sich in einem regionalen Markttest in dieser Form mit großer Wahrscheinlichkeit nur als teuere Flops erwiesen hätten.

6. Werbe(test)forschung

Werbeforschung ist ein außerordentlich weites Gebiet mit einem sehr vielfältigen Instrumentarium. Die Tatsache, daß schon immer viel Geld für einen wenig „handgreiflichen" Gegenwert ausgegeben wurde, hat schon sehr früh die Forscher beflügelt. Inzwischen wird das Feld auch intensiv von den Instituten beackert.

Im folgenden ist nicht beabsichtigt, die aufgabenbezogene Anwendung bereits dargelegter Marktforschungsinstrumente zu demonstrieren, vielmehr sollen primär jene zusätzlichen Verfahren aufgezeigt werden, die nur oder in ganz besonderem Maße im Rahmen der Werbeforschung zum Einsatz gelangen.

Werbung ist „Beeinflussung zur freiwilligen Folgeleistung". Mit ihrer Hilfe sollen also psychische Prozesse in Gang gesetzt werden, die zur Handlungsauslösung führen.

Die Literatur weist eine Vielzahl von Versuchen aus, Stufen und Kategorien der Werbewirkungen zu entwickeln. Als Beispiel sei nur die altbekannte AIDA-Regel (Attention – Interest – Desire – Action) genannt.

Wie dieses Schema gehen auch die meisten anderen Werbewirkungsmodelle von der nicht unumstrittenen These aus, daß sich der Prozeß der Werbewirkung in mehrere, stufenweise aufeinanderfolgende Teilwirkungen zerlegen läßt (vgl. Abbildung 29). Diese sind es dann auch, auf die sich die Wirkungsforschung jeweils konzentriert, wie die nachfolgenden Ausführungen zeigen werden.

6.1 Werbeträgerforschung

Die Werbeträgerforschung liefert primär Informationen darüber, wie viele (Ziel-) Personen von einer einmaligen oder mehrmaligen Schaltung in einem bestimmten Werbeträger qua Anzeige, Plakat, Radio- oder Fernsehspot usw. erreicht werden.

Autor	Stufen der Werbewirkung (Werbezielinhalte)					
	Stufe I	Stufe II	Stufe III	Stufe IV	Stufe V	Stufe VI
Behrens	Berührungs erfolg	Beeindruk-kungs-erfolg	Erinne-rungs-erfolg	Interesse weckungs-erfolg		Aktions-erfolg
Colley	Bewußtheit	Einsicht	Überzeugung			Handlung
Fischer-koesen	Bekanntheit	Image	Nutzen	Präferenz	Handlung	
Hotchkiss	Aufmerk-samkeit Interesse	Wunsch	Überzeu-gung			Handlung
Kitson	Aufmerk-samkeit	Interesse	Wunsch	Vertrauen	Entschei-dung	Handlung und Zufrieden heit
Kotler	Bewußtheit	Wissen		Bevorzugung		Loyalität
Lavidge, Steiner	Bewußtheit	Wissen	Zuneigung	Bevorzu-gung	Überzeu-gung	Kauf
Lewis (AIDA-(Regel)	Aufmerk-samkeit	Interesse	Wunsch			Handlung
Meyer	Bekannt-machung	Informa-tion	Hinstim-mung			Handlungs-anstoß
Seyffert	Sinnes-wirkung	Aufmerk-samkeits wirkung	Vorstel-lungs-wirkung	Gefühls-wirkung	Gedächt-niswirkung	Willens-wirkung

Abbildung 29: Werbewirkungsmodelle im Überblick
Quelle: H. Freter, Mediaselektion

(**Reichweite**) Aber nicht nur wieviele, sondern auch, welche Struktur die Mediennutzer aufweisen, wird analysiert und dient den Werbetreibenden als Entscheidungsgrundlage für die optimale Auswahl unter der Vielzahl der bestehenden Werbemöglichkeiten. Die Beantwortung folgender Fragen steht dabei im Mittelpunkt:

- Mit welchen Werbeträgern (z.B. Zeitungen, Sendern) erreicht man die (gesamte) Zielgruppe überhaupt bzw. mit möglichst wenig Streuverlusten? (quantitativer Aspekt)

- Welche Werbeträger eignen sich am besten für die Art der Werbebotschaft? (qualitativer Aspekt)

- Wie schnell, wie häufig usw. sind Werbeschaltungen möglich? (organisatorischer Aspekt)

- Welche Werbeträger sind unter Berücksichtigung dieser Aspekte am kostengünstigsten? (Kosten-Nutzen-Aspekt)

Es geht also im Prinzip um **Kontaktzahlen** und **Kontaktqualitäten** als notwendige, aber nicht hinreichende Voraussetzung für die gewünschte Werbewirkung.

Aus verständlichen Gründen sind die Werbeträger (Verlage, Sender usw) bemüht, sich mit solchen Daten den Werbetreibenden zu empfehlen. Das geschieht teils in eigener Regie, teils im Rahmen von Gemeinschaftsuntersuchungen (**Media-Analyse MA, Allensbacher Werbeträger-Analyse AWA**).

Natürlich läßt sich die Mediennutzung – unabhängig von derartigen Aktivitäten – entweder **zeitpunktbezogen** durch Ad-hoc-Umfragen oder – was sinnvoller ist – **permanent** eruieren (vgl. S. 187 f.). Vielfach wird auch zumindest der Zeitungs- bzw. Zeitschriftenbezug im Haushaltpanel abgefragt, wobei die Möglichkeit besteht, das Medienverhalten mit den Einkäufen zu verknüpfen. Speziell die Fernsehnutzung wird bekanntlich sehr aufwendig, sehr exakt und sehr schnell durch die Zuschauerforschung gemessen. Nicht nur die Programmdirektoren kennen also Zahl und Struktur ihrer Seher, sondern auch die Werbetreibenden. Allerdings hätten letztere die Ergebnisse lieber sekundengenau (wie erhoben) und nicht nur – wie derzeit ausgewiesen – als Durchschnitts-Seherzahl pro Sendung.

Das Wissen über die Werbekontakte ist von außerordentlicher Bedeutung. Aber es ist natürlich nicht Werbe**wirkungs**forschung i.e.S., über die die weiteren Ausführungen dieses Kapitels informieren sollen.

6.2 Werbemittelforschung

6.2.1 Einteilungskriterien

Werbewirkungstests lassen sich nach unterschiedlichen Kriterien einteilen:

- Unterscheidung nach dem Untersuchungsanliegen
  - Pretest (vor dem Werbeeinsatz)
  - Posttest (nach dem Werbeeinsatz)

- Unterscheidung nach der Art der zu testenden Werbemittel
  - Anzeigen-Tests,
  - Plakat-Tests,
  - Funkspot-Tests,
  - TV-Spot-Tests,
  - Kino-Tests

- Unterscheidung nach der Untersuchungssituation
  - Labor- oder Studio-Tests
    Hier werden die Testsituationen in einem Forschungslabor oder Studio künstlich geschaffen
  - Felduntersuchungen (tests on air)
    Diese Tests finden im Markt unter realen Bedingungen statt.

- Unterscheidung nach dem Bewußtseinsgrad der Untersuchungsperson (vgl. dazu genauer S. 146 f.)
  - Offene Situation
  - Nicht-durchschaubare Situation,
  - Quasi-biotische Situation,
  - (Voll-)biotische Situation

- Unterscheidung nach dem Grad der Produktionsstufe des Werbemittels
  - Konzeptions- und Gestaltungstests
  - Test von Rohentwürfen (scribbles, lay-outs, storyboards, halbfertige spots (sog. roughs))
  - Tests fertiger Werbemittel

Für unsere Zwecke erscheint jedoch eine Einteilung am geeignetsten, die tatsächlich an den verschiedenen Werbewirkungskategorien ansetzt. Zugrundegelegt werden soll dabei ein dreistufiger Ansatz:

- Momentane Reaktionen
  Die Kategorie der momentanen Reaktionen umfaßt die Vorgänge, die sich entweder bei oder unmittelbar nach dem Kontakt mit einem Werbemittel in einer Person abspielen (z.B. Wahrnehmung, Anmutungen, Aktivierung, Aufmerksamkeit, emotionales Erleben etc.).

175

- Dauerhafte Gedächtnisreaktionen

  Hierbei handelt es sich um die Formierung, Veränderung und Stabilisierung von Inhalten des Langzeitgedächtnisses, die für bestimmte Verhaltensweisen prädispositiv wirken (z.B. Kenntnisse, Interessen, Einstellungen und Handlungsabsichten).

- Finale Verhaltensreaktionen

  Zu nennen sind hier das Informations-, Kauf- und Verwendungsverhalten.

6.2.2   Messung momentaner Reaktionen

Verfahren der visuellen Informationsaufnahme

Nur was über die Sinne an Reizen **wahrgenommen** wird, kann überhaupt psychisch weiterverarbeitet werden. Voraussetzung ist im Bereich Werbung also zunächst der Kontakt zwischen Werbemitteln und Umworbenen. Die zielgruppengemäße Auswahl und Streuung der Werbeträger (vgl. S. 173 f.) ist dazu ein erster Schritt.

Die nächste Aufgabe besteht darin, die Werbemittel so zu gestalten, daß sie nicht nur flüchtig wahrgenommen, sondern **beachtet** werden. Das ist primär eine Sache der Werbeinhalte und der Werbemittel-Gestaltung in Abhängigkeit von der Werbezielgruppe. Die angestrebte **Aufmerksamkeitswirkung** wird aber u.U. stark eingeschränkt durch das Werbeumfeld, hier insbesondere durch andere Anzeigen, Werbespots, Plakate usw. desselben Werbeträgers. Noch so klug angelegte Wirkungs-Analysen eines einzelnen Werbemittels können also nicht ermitteln, ob bzw. in wieweit es im „Werbekonzert" Beachtung findet.

Um letzteres herauszufinden, muß bei Beobachtungen bzw. Versuchsanordnungen ein entspechendes Umfeld mit einbezogen werden.

Feldbeobachtungen oder -versuche sind relativ schwierig bzw. unergiebig, deshalb werden – wie im folgenden am Beispiel ersichtlich – solche Bedingungen im Studio möglichst realitätsnah nachgestellt.

Hierzu zählt das **Compagnon-Verfahren,** eine Leseverhaltensbeobachtung bei Anzeigen in quasi-biotischer Anordnung.

Die Testperson wird dazu im Studio unter einem Vorwand zum Durchlesen bzw. Durchblättern einer mit einer Text-Anzeige präparierten Zeitschrift gebeten. Mittels entsprechender Kamera- bzw. Spiegel-Installationen wird heimlich das **Blickverhalten** gefilmt. Ziel ist dabei herauszufinden, in wieweit es der Testanzeige gelingt, im **Reizumfeld** von Text und anderen Anzeigen Aufmerksamkeit zu erregen. Der Vorteil des Compagnon-Verfahrens ist seine relative Realitätsnähe, was eine gute externe Validität der Beobachtungsergebnisse zur Folge hat.

176

Ein anderes. Verfahren zur Beobachtung der Informationsaufnahme mißt Werbemittel – vorwiegend Print-Medien – demgegenüber **isoliert,** also einzeln, und **detailliert,** was die Werbeinhalte angeht.

Bei der **Blickregistrierung** erfolgt die Erfassung der Blickbewegung mit Hilfe eines brillenähnlich auf dem Kopf der Versuchsperson sitzenden Gerätes, z.B. des NAC **Eye-Mark-Recorders**.

Diese Apparatur macht die optische Qualität visueller Eindrücke meßbar und stellt die einzige Möglichkeit dar, dieses Verhalten direkt zu erfassen. Verbal kann ein Proband über die Wahrnehmung – noch dazu über das Erinnerungsvermögen gefiltert – keines Aussagen machen, da es sich hierbei um automatisierte sensomotorische Prozesse handelt. Mit der Blickregistrierung können im Rahmen eines Werbemittelpretest z.B. folgende Fragen beantwortet werden:

▪ Werden Markenname und Slogan fixiert oder nur der Blickfang?

▪ Wie oft werden die für das Werbemittel wesentlichen Elemente fixiert?

▪ In welcher Reihenfolge werden einzelne Bildbestandteile fixiert?

Aktualgenetische Verfahren
Mit aktualgenetischen Verfahren lassen sich die ersten Phasen des **Wahrnehmungsprozesses** näher analysieren.

Die Grundannahmen der Aktualgenese beruhen auf den Erkenntnissen der **Ganzheits-** und der **Gestaltpsychologie.** Komplexes Reizmaterial bzw. ein Objekt wird demnach vom Rezipienten nicht plötzlich vollständig erfaßt, die Wahrnehmung baut sich vielmehr sukzessive auf. Dieser Prozeß läuft in der Realität allerdings so schnell ab, daß er von einer Person normalerweise nicht bewußt erlebt wird und deshalb nur mit Hilfe von experimentellen Methoden analysiert werden kann.

Zum Einsatz kommen hierbei u.a. die folgenden Verfahren:

▪ Verkleinerungsverfahren
  Die Vorlage wird hierbei stark verkleinert und über ein Linsensystem sukzessive so lange wieder vergrößert, bis eine klare Wahrnehmung möglich wird.

▪ Perimetrische Verfahren
  Bei dieser Vorgehensweise wird die Reizvorlage mit Hilfe eines Perimeters aus der Peripherie des Gesichtsfeldes langsam in die Mitte des Gesichtsfeldes gebracht. Nur dort ist ein scharfes Sehen möglich.

▪ Entfernungsverfahren
  Bei diesen Verfahren wird die Erschwerung der Wahrnehmung durch Vergrößerung des Abstandes der Reizvorlage erreicht.

◻ Nyktoskopische Verfahren
Hier wird der Reizgegenstand so verdunkelt, daß keine klare Wahrnehmung möglich ist. Durch ein allmähliches Aufhellen der Vorlage kann die Analyse der Aktualgenese vorgenommen werden.

◻ Tachistoskopische Verfahren
Die Reizdarbietung beginnt mit Sekundenbruchteilen, die Wahrnehmungsmöglichkeiten werden dann sukzessive verlängert.

Die größte Bedeutung besitzt hiervon zweifelsohne das Tachistoskop, das insbesondere über die spontanen Eindrücke sowie die ersten kognitiven Verarbeitungsprozesse, die ein Werbemittel auslöst, wertvolle Informationen liefern kann.

Wie erwähnt eignen sich diese Verfahren auch zur Überprüfung von Produktentwürfen hinsichtlich (Packungs-)Form, Farbe usw.

Verfahren zur Messung der Aktivierung
Der Begriff der Aktivierung läßt sich am besten mit „Erregung" oder „innere Spannung" umschreiben. Je besser es einem Werbemittel gelingt, den Umworbenen zu aktivieren, desto effizienter verläuft die kognitiv-emotionale Informationsaufnahme und -verarbeitung. Damit steigt weiterhin die Chance, daß eine Konsumentenbeeinflussung wirksam wird.

Um die Aktivierung als Ausdruck für die Stärke der emotionalen Erregung zu messen, kommen grundsätzlich folgende drei Methoden in Betracht:

Aktivierungen und hier insbesondere emotionale Reaktionen lassen sich also einmal auf der **motorischen Ebene** (Mimik, Körperhaltung, Gestik) messen. Die Möglichkeiten sind begrenzt, denn es werden ja weder die Zuschauer auf dem Fußballplatz, noch die eines Fernsehkrimis beobachtet, sondern Probanden im Studio, die z.B. eine Anzeige oder ein Plakat betrachten, was sie – wenn überhaupt – kaum zu nennenswerten motorischen Reaktionen hinreißen dürfte. Deshalb kann im folgenden die Skizzierung eines Verfahrens genügen.

Bei der **Mimikbeobachtung** wird die Beobachtungsperson, während sie sich in einer emotionsauslösenden Versuchssituation befindet, laufend fotografiert. Bei der Emotionsbeobachtung nach der FAST-Methode (Facial-Affect-Scanning-Technique) wird so vorgegangen, daß das Gesicht in drei Partien unterteilt wird:

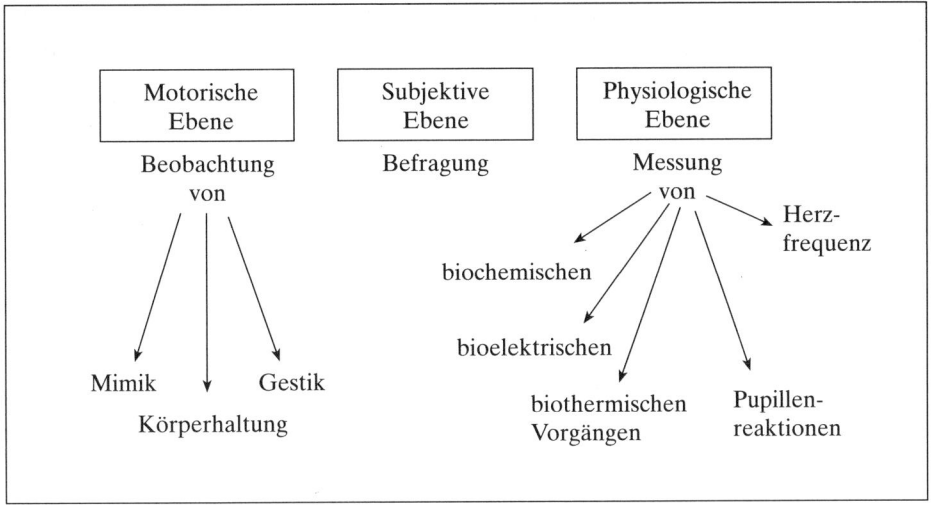

Abbildung 30: Generelle Möglichkeiten zur Messung der Aktivierung

Augenbrauen und Stirn, Augen und Augenlider, untere Gesichtspartie (Nase, Wangen, Mund, Kinn). Der Beobachter vergleicht dann systematisch das tatsächliche Ausdrucksverhalten des einzelnen Gesichtsteils mit im FAST-Gesichtsatlas zusammengestellten, standardisierten Vergleichsfotos, die den jeweiligen primären Affekt besonders rein darstellen. Je nach Ähnlichkeit zwischen tatsächlichem Gesichtsausdruck und dem standardisierten Ausdruck erhält die beurteilte Gesichtspartie eine Kennzahl. Nach Auswertung aller Gesichtspartien erhält man durch die Kombination der ermittelten Kennzahlen die aufgetretene Emotion.

Während die **Gesichtssprache** vor allem geeignet ist, **Emotionskategorien** auszudrücken, z.B. Trauer, Abschied, Frohsinn, spiegelt die **Körpersprache** hauptsächlich die Intensität der empfundenen Gefühle, also die **Emotionsstärke,** wider.

Aktivierungen auf **physiologischer Ebene** messen vglw. verdeckte Körperreaktionen als Folge von Sinneswahrnehmungen. Die entstehenden Spannungen erfassen nur deren Stärke, nicht jedoch deren Kategorie. Sie lassen mit anderen Worten also i.d.R. nicht erkennen, ob die Reaktionen nun positiver oder negativer Natur ist.

Das am weitesten verbreitete Verfahren ist die Messung der elektrodermalen Reaktion (**EDR**) bzw. der psychogalvanischen Reaktion (**PGR**), d.h. der Änderung des Hautwiderstandes durch bioelektrische Vorgänge.

Das Elektroenzephalogramm (**EEG**) erfaßt die Reaktion des zentralen Nervensystems. Die Messung der elektrischen Aktivität des Gehirns erfolgt über die Registrierung der Spannungsschwankungen in den äußeren Schichten des Großhirns.

Unter den Verfahren, die ohne „Verkabelung" der Beobachtungsperson mit Elektroden auskommen, ist als erstes die **Pupillometrie** zu nennen. Diese Methode basiert auf dem wissenschaftlich abgesicherten Phänomen, daß sich die Pupillenweite bei psychischen Vorgängen verändert, wobei ein linearer Zusammenhang zwischen Pupillengröße und der Intensität der Emotion besteht.

Ein weiteres Verfahren, das sich in nicht-durchschaubarer Situation einsetzen läßt, ist die **Stimmfrequenzanalyse.** Sie registriert bei sprachlichen Äußerungen der Beobachtungsperson Abweichungen von der individuellen Grundtonlage. Dabei liegt diesem Verfahren die Annahme zugrunde, daß sich eine Aktivierung des Menschen in einer Erhöhung seiner Grundtonlage manifestiert.

Ein Verfahren der Zukunft stellt die **Thermographie** dar. Mit einer Thermokamera ist es möglich, aus der Ferne die Infrarotlichtausstrahlung des Körpers der Beobachtungsperson aufzunehmen. Aus Veränderungen der Körperoberflächentemperatur wird auf innere Erregungszustände geschlossen.

Zumindest dem Außenstehenden erscheinen diese, aus der medizinischen Psychologie stammenden Verfahren als „weit hergeholt". Das ist z.T. wohl auch der Fall, wie die Fachdiskussionen darüber zeigen. Einer der Pauschaleinwände ist natürlich die Künstlichkeit der Laborsituation, ein anderer, daß die Aktivierungsrichtung weitgehend im Dunkeln bleibt, also nicht erkennbar ist, ob das Werbemittel nun auch in Richtung Werbeziel wirkt. Schließlich hieße es die Möglichkeiten derartiger physiobiologischer Verfahren völlig überschätzen, wenn man meint, aus solchen Werbemitteltests auf die Werbewirkung schließen zu können. Von der Pupillenerweiterung bis zur Handlungsauslösung führt bekanntlich kein direkter Draht!

Befragungen zur verbalen Beurteilung
Neben Wahrnehmungsvorgängen (z.B. Blickrichtung) sowie Wahrnehmungsreflexen motorischer und physiologischer Art interessiert natürlich vor allem die Reizverarbeitung auf verstandes- und gefühlsmäßiger Ebene, also die **Anmutung,** das **Verstehen** und der **Aufforderungscharakter** einer Werbebotschaft (vgl. AIDA).

Die Probanden müssen dazu also verbal Stellung nehmen und Urteile abgeben, entweder zu einer einzelnen Vorlage, oder eben zu mehreren im Vergleich. Dieses Vorgehen ist gängige Praxis. Wesentlich ist dabei, daß eine zielgruppenadäquate Probanden-Auswahl getroffen wird, und eben nicht nur die Urteile der Werbegestalter und -verantwortlichen maßgebend sind. Wie leicht vorstellbar, bleibt es aus Zeit- und Geldmangel in der Praxis meist bei der Beurteilung von letzteren.

Explorative und projektive Verfahren
Ob das vorab skizzierte Vorgehen zu validen Ergebnissen führt, kann natürlich bezweifelt werden. Zumindest ist zu vermuten, daß sich hinter den vordergründigen Beurteilungen noch Eindrücke und Empfindungen verbergen, die nur mit

tiefenpsychologischen Verfahren ermittelt werden können. Folgende sind gebräuchlich:

- Explorative Verfahren
  Neben Einzelinterviews werden für explorative Analysen auch Gruppendiskussionen durchgeführt.

  Häufig findet zunächst eine Kurzexposition des zu testenden Werbemittels statt, an die sich meist eine erste Befragung oder Diskussion zur Anmutung bzw. zum ersten Verständnis der Werbebotschaft anschließt. Danach erfolgt oft eine zweite Exposition des Werbemittels – bzw. u.U. bei Printwerbung die Dauervorlage des Werbemittels – mit der Möglichkeit des längeren, gründlicheren Gesprächs.

- Projektive Verfahren
  Sie wurden aus der klinisch orientierten Psychologie in die Werbeforschung übertragen und beruhen auf der Annahme, daß der Proband seine eigenen Gefühle und Einstellungen auf eine andere Person oder ein Objekt überträgt (projiziert), ohne sich dessen bewußt zu sein. Meist geschieht dies dadurch, daß der Testperson unklare Situationen vorgegeben werden, die sie beschreiben soll oder wofür sie die Antwort Dritter abschätzen muß (**Third-Person-Technique**).

Im folgenden sollen einige Verfahren beschrieben werden, mit denen es möglich ist, die Wirkung einzelner Werbemittelelemente (Slogans, Bilder etc.) zu analysieren.

Beim **Assoziationsverfahren** gibt man dem Befragten ein Wort oder Bild als Stimulus vor und hält die darauf geäußerten Assoziationen fest. Dabei geht man davon aus, daß aufgrund der geringen Antwortzeit das Wort angegeben wird, das am engsten mit dem dargebotenen Reiz assoziiert wird. Damit wird es z.B. möglich, aufzudecken, ob durch bestimmte Reizwörter in der Werbebotschaft negative Assoziationen hervorgerufen werden.

Ähnlich lassen sich auch **Satzergänzungsverfahren** einsetzen. Hier werden unvollständige Sätze vorgegeben (Satzanfänge, z.B. „Ford-Fahrer sind..." oder ein Lückentext), die dann von der Versuchsperon zu ergänzen sind.

Beim **Thematischen Apperzeptionstest (TAT)** werden der Testperson mehrere Bilder vorgelegt, die eine Situation im Zusammenhang mit dem zu bewerbenden Produkt zeigen. Die Auskunftsperson wird dann gebeten, zu dieser Bilderfolge eine Geschichte zu erzählen.

Als weiteres projektives Verfahren kann der **Picture-Frustration-Test (PFT)**, auch Rosenzweig- oder Cartoon-Test genannt, verwendet werden. Der Versuchsperson werden karikaturartige Zeichnungen vorgelegt, auf denen meist zwei Personen dargestellt sind, von denen die eine zum Widerspruch reizende Bemerkungen macht. Die Aufgabe der Testperson ist es nun, sich eine entsprechende Antwort der zweiten Person zu überlegen.

6.2.3 Messung dauerhafter Reaktionen

Verfahren zur Erinnerungs- und Wiedererkennungsmessung
Welche Kenntnisse durch Werbung vermittelt werden, bzw. welche werbliche Information im Gedächtnis gespeichert wird, läßt sich anhand nachstehender Verfahren testen:

▨ Recognition-Verfahren (Wiedererkennungsmessung),

▨ Aided Recall-Verfahren (gestützte Erinnerungsmessung),

▨ Unaided Recall-Verfahren (freie Erinnerungsmessung),

▨ Werbe-Tracking.

Zuerst sind die Recognition-Verfahren, d.h. Verfahren zur Messung der Wiedererkennung, zu nennen, bei denen dem Probanden die zu testende Werbung nochmals gezeigt wird. Beim bekanntesten, dem **Starch-Test,** wird beispielsweise eine Zeitschrift am Ende ihres Erscheinungsintervalls einer Auswahl von Lesern vorgelegt. Der Interviewer blättert jedem Probanden Seite für Seite des Heftes vor. Dabei muß die Testperson angeben, ob sie Anzeigen wiedererkennt und inwieweit sie den Anzeigeninhalt reproduzieren kann.

Solche Nennungen können allerdings z.B. aufgrund von Verwechslungen falsch sein. Deshalb wird – neben dem einfachen – das kontrollierte Wiedererkennungsverfahren angewendet. Dies erfolgt meist als sog. **Folder-Test,** bei dem den Probanden Zeitschriftenhefte mit publizierten, aber auch (in Wirklichkeit) nicht publizierten Anzeigen vorgelegt werden und die Wiedererkennung nachgefragt wird.

Zum zweiten sind die Verfahren zur Messung der Erinnerung (Recall) anzuführen. Beim **Aided-Recall-**Verfahren werden Erinnerungshilfen unterschiedlichen Grades gegeben. So werden beispielsweise im Rahmen des sogenannten **Impact-Tests** den Befragten, soweit sie sich als Leser einer bestimmten Zeitschriftennummer durch Nennung von Inhaltsteilen ausgewiesen haben, Kärtchen mit aufgedruckten Firmen- bzw. Markennamen vorgelegt. Die Probanden haben dann anzugeben, was in der betreffenden Anzeige stand, was ihnen beim Betrachten der Anzeige durch den Kopf ging und welchen Eindruck die Anzeige hinterlassen hat. Beim **Unaided Recall-**Verfahren unterbleiben entsprechende Hilfen.

Erwähnung verdient in diesem Zusammenhang noch der sogenannte **Day-After-Recall-Test (DAR),** der bereits Anfang der fünfziger Jahre in den USA entwickelt wurde, und mit dem prinzipiell alle Werbemittel abgetestet werden können. Am verbreitetsten ist mittlerweile allerdings seine Anwendung zum Testen von TV-Werbung: Einen Tag nach Ausstrahlung des entsprechenden Spots im regulären Fernsehprogramm wird mit Hilfe einer telefonischen Umfrage ermittelt, wie viele Personen sich an den Spot erinnern und welche Inhalte noch bekannt sind. Der Erhebungsaufwand dafür ist beträchtlich, denn es werden erfahrungsgemäß etwa 3 000 Anrufe erforderlich, um ca. 150 Personen zu finden, die den Werbeblock gesehen haben bzw. sich erinnern können.

Pre-Post-Choice-Verfahren

Zur Erfassung der von der Werbung ausgelösten **Einstellungsveränderungen** und den daraus resultierenden **Handlungsabsichten** werden in der Werbewirkungsforschung Verfahren angewandt, die die Produktpräferenzen von Testpersonen einmal vor (Pre-Choice) und einmal nach (Post-Choice) dem Werbemittelkontakt messen.

Etwa Mitte der sechziger Jahre wurden diese Verfahren unter dem Namen **Schwerin- oder Theatertest** bekannt. Dabei wurden von den durchführenden Instituten Kinos oder Theater angemietet, in denen dann die Vorführung eines unbekannten Programms mit zwischengeschalteten Werbespots stattfand. Jeweils vor und nach der Vorführung wurden die Testpersonen nach ihren Markenpräferenzen befragt und aus den ermittelten Abweichungen auf die Wirkung der Werbespots geschlossen.

Die Differenz zwischen Vor- und Nachbefragung bei einem bestimmten Produkt wird als die **vergleichende Bevorzugung** bezeichnet. Da in diesem Maße die Werte für die Bevorzugung der anderen zur Auswahl stehenden Marken nicht berücksichtigt sind, man also nicht weiß, ob ein vergleichsweise hoher oder niedriger Wert vorliegt, muß ein Korrekturmaß eingeführt werden. Schwerin verwendete hierzu das arithmetische Mittel aller Maße für die vergleichende Bevorzugung aus dem betreffenden Produktfeld. Durch Subtraktion dieses Mittelwertes von dem Wert für die vergleichende Bevorzugung des Produktes, für das der Testspot wirbt, erhält man als bereinigtes Maß den Wert für die relative, vergleichende Bevorzugung (Relative Competitive Preference = RCP-Wert) eines Testproduktes. Der RCP-Wert stellt dann das zentrale Maß für die Qualität des Testspots dar.

Seit 1985 bietet die GfK ein aus dem Schwerin-Test abgeleitetes Verfahren unter der Bezeichnung **Ad*Vantage** an: Es wird mittlerweile für Printmedien, Fernseh-, Kino- und Radio-Werbung angewandt. Das Verfahren wird nachfolgend am Beispiel Fernsehen erläutert.

Zunächst werden zeitlich parallel in zwei bis drei Städten ca. 150 Personen ausgewählt und in ein Teststudio gebeten, wo es angeblich um Tests zur Verbesserung der Programmqualität gehen soll.

Der Ablauf der Veranstaltung ist folgender:

- Beantwortung eines Fragebogens zu allgemeinen Fragen und zur Soziodemographie des Befragten,

- Fragen zur Markenverwendung (früher/gegenwärtig),

- Vorführung von 7 Werbespots und zwar 4 Testspots und 3 Kontrollspots im Wechsel,

- Vorführung eines Kurzfilms (zur Neutralisation von Kurzzeitgedächtnis-Effekten),

- Allgemeine Programmfragen,

- Beantwortung von Fragen zur Erinnerung der Testspots und deren Hauptaussagen (= **Memory Spiel**).

Bis hierher gleicht das Vorgehen dem normalen Recall-Verfahren im Studio. Jeder der Probanden sitzt dabei vor einem normalen Fernsehgerät. Die gestellten Fragen seitens des Studioleiters erfolgen via Monitor, die Antworten auf Fragebögen.

Der zweite Programmteil ist folgender:

- Vorführung (nur noch) der Testspots,

- Vorführung eines Kurzfilms (zur Neutralisation!)

- **Gewinnspiel:** Ankündigung, daß zwei Geschenkkörbe verlost werden und Bitte um Angabe, welche Marken aus verschiedenen Warengruppen sich jeder darin wünscht

- Allgemeine Programmfragen zu den Testspots, Beurteilung der Stärken und Schwächen.

Das Memory-Spiel mißt also den Recall und wird in diesem Verfahren als **Durchsetzungsvermögen** gedeutet. Spots mit hohen Werten lassen somit erkennen, daß sie von ihrem Konzept und dessen gestalterischer Umsetzung her vglw. gut erinnert werden. Das Gewinnspiel stellt demgegenüber auf die sog. **motivationale Schubkraft** ab. Wer sich für seinen Geschenkkorb eine andere Marke wünscht (= postchoice) als die, welche er bisher verwendete (pro-choice) muß – so darf gefolgert werden – vom betreffenden Testspot entsprechend beeindruckt bzw. beeinflußt sein. Gemessen wird hier also, wie weit es gelungen ist, die eigentlichen Werbeinhalte, d.h. die Vorzüge des Produktes dem Betrachter zu vermitteln.

Gute Spots haben sowohl ein hohes Durchsetzungsvermögen als auch eine hohe motivationale Schubkraft. Sind beide Werte schlecht oder fallen sie auseinander, sind Neufassungen oder Überarbeitungen erforderlich.

Selbstverständlich erlauben solche Studio-Tests auch qualitative Beurteilungen weiterführender Art, also etwa über die Anmutung, Sympathie, Glaubwürdigkeit, Überzeugungskraft, Harmonie zwischen „story" und Produktaussage.

7. Werbetracking

Kontinuierliche Erhebungen werden bekanntlich als Tracking-Forschung bezeichnet. Im Zentrum steht das **Verbraucherpanel,** mit dem nicht nur das Einkaufs-, sondern auch das Medienverhalten erhoben werden kann. Ein anderes bedeutendes Beispiel ist die Fernsehforschung, allerdings werden in deren Rahmen nur die Werbekontakte ermittelt.

Das sog. Werbetracking ist demgegenüber ein Verfahren, das sich als **kontinuierlicher Post-Test** bezeichnen läßt. Gemessen werden in regelmäßigen zeitlichen Abständen die Wirkungen der Werbung für einen (Marken-)Artikel, wobei hierbei nicht einzelne Medien im Vordergrund stehen, sondern die Wirkungen des Medien-Mix im Rahmen ganzer Werbekampagnen. Einfacher ausgedrückt soll herausgefunden werden, ob bzw. woran man sich bei der Werbung für ein bestimmtes Produkt erinnert (**Response-Funktion**).

In praxi erfolgt dies durch Wellenerhebungen in wöchentlichen bis quartalsweisen Abständen im Rahmen von zielgruppen-adäquaten Stichproben (Umfang im Quartal zwischen 300 und 400 Personen) durch persönliche oder/und telefonische Interviews.

Die beiden maßgebenden Verfahren bzw. Anbieter sind der **Werbemonitor** IVE von Research International sowie der **Werbeindikator** der GfK, aber es gibt darüber hinaus auch noch andere Institute, die an diesem heutigen Millionen-Markt partizipieren.

Folgende Themen werden dabei abgefragt:

- Zur Aufmerksamkeits- bzw. Erinnerungswirkung:
  - Werbeerinnerung (ungestützt/gestützt)
  - Werbeinhalte
  - erinnerte Medien
  - Erinnerung der Zuordnung Slogan: Hersteller.

- Zur Kommunikationsleistung:
  - Einstellungs- und Imagefragen
  - Motivationsänderungen
  - Markenpräferenz
  - Kaufabsicht

Speziell die persönlichen (face-to-face-) Befragungen erlauben dabei erweiterte Möglichkeiten, also etwa die Nutzung von Vorlage-Material.

Die Ergebnisse solcher Wellenbefragungen zeigen dem Auftraggeber an, was von seiner Werbung (und der der Konkurrenz) „rübergekommen" ist und welche Veränderungen sich im Zeitvergleich ergeben. Er kann die gemessenen (Erinnerungs-)

Werte mit seinen jeweiligen Werbeausgaben (spendings) in Beziehung setzen, um Aufschluß über die kommerzielle Effizienz der Werbeaktivitäten zu gewinnen. Wesentliche Gesichtspunkte sind dabei:

- die **Niveauhöhe,** d.h., welche Werbewirkung wird mit dem getätigten Werbeaufwand erreicht?

- Die **Sensibilität,** d.h., wie (rasch) reagieren die Werte auf Änderungen beim Werbeaufwand?

- Der langfristige **Trend,** d.h. welche Gesamttendenz ist erkennbar?

Die Antworten darauf führen etwa zu folgenden Einsichten:

Es handelt sich um eine

- funktionierende und sensibilisierende Kampagne, denn das Niveau und die Sensibilität sind hoch.

- Star- oder Depotkampagne, denn mittlere und hohe Budgets erzielen hohe Erinnerungswerte, die auch bei Reduzierung der Werbeausgaben erhalten bleiben.

- abgenutzte Kampagne, denn deren abwärtsgerichteter Trend läßt sich auch durch Steigerung des Budgets nur kurzfristig unterbrechen.

- Ineffiziente, unsensible Kampagne, denn die Werte bewegen sich auf niedrigem Niveau und zeigen auch kaum Reaktionen auf Budgetänderungen.

Natürlich gewinnen solche Ergebnisse an Aussagekraft, wenn sie mit Erfahrungswerten verglichen werden können. Institute mit langer Praxis in diesem Metier verfügen und nutzen deshalb entsprechende **Datenbanken.** Sie wissen also etwa, welche Response-Ergebnisse bei einer Einführungskampagne bei gegebenem Werbeaufwand innerhalb eines Jahres branchenüblich sind, um sie z.B. als „erfolgreich" oder „weit unterdurchschnittlich" zu charakterisieren. Hierdurch gewinnt der betreffende Auftraggeber u.U. wertvolle Hinweise für notwendige Überprüfungen seines Werbekonzepts.

Die Messung der **Werbeausgaben** (spendings) ist übrigens seit langem das Anliegen eines Spezial-Instituts, nämlich der Nielsen-Tochter S+P.

Werbetreibende interessiert natürlich, welchen Aufwand in dieser Hinsicht die Konkurrenten betreiben und solche detaillierten Informationen erfordern eine im Prinzip zwar einfache, in praxi allerdings sehr umständliche Erhebungsarbeit. Es müssen dazu nämlich möglichst alle einschlägigen Werbeträger (Zeitungen, Zeitschriften, Funk, Fernsehen, Plakat-Anschlagstellen usw.) gleichsam rund um die Uhr auf ihre Werbebelegung hin untersucht bzw. beobachtet und anschliessend den jeweiligen Werbetreibenden zugeordnet werden. Und da die Preise und Konditionen der Werbeträger (Verlage, Sendeanstalten usw.) bekannt sind, können die Institute den jeweiligen Werbeaufwand berechnen. Allerdings handelt es sich dabei um die **Brutto-Werbeaufwendungen,** d.h. Rabatte und natürlich alle Sonderkonditionen, die z.T. einen erheblichen Umfang ausmachen, sind darin nicht berücksichtigt.

8. Messung der finalen Werbewirkung

Haupt- und Endziel (fast) aller kommerziellen Werbung ist die Kaufverhaltungsbeeinflussung. Gekauft wird nun bekanntlich nicht wegen der Werbung, sondern wegen der bedarfsgerechten Qualität und/oder des Preises u.ä. Sind die nicht akzeptabel, kann die Werbung noch so intensiv und so gut gemacht sein, ihre „Wirkung" ging dennoch ins Leere. Diese verkürzte Darstellung viel komplexerer Zusammenhänge soll lediglich verdeutlichen, daß die Werbewirkung auf das Kaufverhalten nur im Kontext mit der konkreten Bedarfs- und Angebotssituation gesehen werden kann. Es gibt also keine absolute Werbewirkung, sondern nur eine relative.

Wie groß ihr Erfolgsanteil ist, läßt sich durch Experimental-Anordnung messen, indem man in einem Testmarkt (mit Werbung) und einem Kontrollmarkt (ohne Werbung) die getätigten Käufe miteinander vergleicht. Dieser Ansatz ist dem Leser aus dem regionalen Markttest, dem Minimarkttest u.ä. bereits geläufig. Wo immer möglich, ist das eine probate Messmethode.

Man kann sich aber bei den Umworbenen – bevorzugt bei den Käufern – auch direkt informieren, welche Rolle die Werbung bei ihren Kaufentscheidungen spielte. Bei aller Problematik wird in der Marktforschung, und zwar nicht nur von den Instituten, sondern vielfach auch von den Werbetreibenden selbst, so vorgegangen, also durch Befragungen mit dem Tenor, „Wie sind Sie auf dieses Angebot aufmerksam geworden?" Auch in Gebrauchsgüter-Panels wird das bei Anschaffungen z.B. regelmässig mit abgefragt.

Detaillierte Erkenntnisse werbepsychologischer Art werden dabei nicht erwartet, dagegen gewinnt der Werbetreibende daraus u.U. wertvolle Hinweise auf die mutmaßlichen Stärken und Schwächen seiner Werbung und darüberhinaus Einblicke in die übrigen Kommunikationskanäle (z.B. persönliche Empfehlungen).

Wesentlich einfacher haben es Anbieter, die ausschliesslich über direct-mailing verkaufen. Am (Bestell-) Rücklauf können sie die Wirkung unmittelbar ablesen, aber freilich natürlich nicht, welchen Erfolgsanteil der Angebotsinhalt und welchen die Werbung daran hat; das wäre nur mit einer Experimental-Anordnung zu erreichen.

Kennt man die Käufer und kennt man gleichzeitig deren Medien-Nutzung, so lassen sich diese Informationen auch zur Mediaoptimierung benutzen. Werden im

Haushaltpanel z.B. die Einkäufe und die Fernseh-Nutzung gleichzeitig erfasst, wie etwa durch Nielsen, erfährt man mit diesem SiSo-Ansatz (single-source) also etwa, welche Sender, Themen, Zeiten usw. die Intensivkäufer der Marke X bevorzugen, sodass die Werbetreibenden daraufhin ihre Werbespots zielgruppen-genauer und damit effektiver schalten können.

Dritter Teil

Auswertung
der erhobenen Daten

A. Datenauswertung mittels deskriptiver Statistik

Die vorab im einzelnen behandelten Erhebungsverfahren liefern in der Regel eine große Menge an Einzelinformationen. Aufgabe der Datenauswertung ist es, diese Daten zu ordnen, zu prüfen, zu analysieren und auf ein für die Entscheidungsfindung notwendiges und überschaubares Maß zu verdichten. Letztlich geht es also um aussagekräftige informative Kenngrößen, um so die in den Daten steckenden Zusammenhänge überhaupt erkennen zu können.

Dieses Kapitel enthält einen Überblick über die dazu geeigneten und gebräuchlichen Verfahren. Im Mittelpunkt der Ausführungen stehen dabei die Methoden der deskriptiven Statistik. Ein kurzer Abschnitt ist den statistischen Prüfmethoden gewidmet, da gerade sie, die zum selbstverständlichen Rüstzeug eines jeden Marktforschers gehören sollten, häufig nicht beherrscht werden. Den Abschluß bildet ein kurzer Überblick über den arbeitstechnischen Ablauf der Datenauswertung.

Es versteht sich von selbst, daß im hier gegebenen Rahmen jeweils nur die wesentlichsten Charakteristika der Verfahren zur Sprache kommen können. Der damit zum Teil zwangsläufig verbundenen Vereinfachung sollte sich der Leser bewußt sein.

Die **deskriptive** oder **beschreibende Statistik** umfaßt all jene statistischen Verfahren, die sich mit der Aufbereitung und Auswertung der untersuchten Datenmenge, mithin der aus der Grundgesamtheit gezogenen Stichprobe befassen. Verallgemeinerungen bzw. Schlüsse auf die Grundgesamtheit sind damit nicht möglich, sondern sind Gegenstand der noch zu behandelnden Verfahren der **induktiven Statistik**.

Die Verfahren der deskriptiven Statistik lassen sich weiter unterteilen in **univariate, bivariate** und **multivariate** Verfahren. Hauptunterscheidungsmerkmal ist hierbei die Anzahl der untersuchten Variablen. So ist für die univariaten Verfahren kennzeichnend, daß nur **eine** Variable betrachtet wird, d.h. es werden die Merkmalsausprägungen der Untersuchungseinheiten entlang **einer** Merkmalsdimension analysiert. Dementsprechend geht es bei den bivariaten Verfahren um die Aufdeckung von Beziehungen, die zwischen **2** Variablen bestehen. Die multivariaten Verfahren schließlich beziehen bei der Datenanalyse **3 und mehr** Variablen in die Untersuchung mit ein und analyseren die Zusammenhänge dieser Variablen untereinander.

1. Univariate Verfahren

Zu den univariaten Verfahren zählen zunächst **eindimensionale Häufigkeitsverteilungen.** Die beobachteten Häufigkeiten der Merkmalsausprägungen werden erfaßt, systematisiert und übersichtlich dargestellt. Zu den univariaten Verfahren zählen weiterhin die Verfahren zur Ermittlung von Parametern der untersuchten Häufigkeitsverteilungen. Diese Parameter dienen zur Charakterisierung von Häufigkeitsverteilungen. Die wichtigsten Parameter sind die Lage- und Streuparameter.

1.1 Eindimensionale Häufigkeitsverteilungen

Eindimensionale Häufigkeitsverteilungen können als absolute oder relative Häufigkeitsverteilungen verwendet werden.

Dabei beantwortet die **absolute** Häufigkeitsverteilung die Frage: Wie häufig kommt ein bestimmter Wert oder, bei klassifizieren Merkmalen wie z.B. bei Preisklassen, wie häufig kommt eine bestimmte Klasse von Werten vor.

Dagegen beantwortet die **relative** Häufigkeitsverteilung die Frage, welcher Anteil der untersuchten Merkmalsträger auf einen Wert bzw. eine Klasse von Werten entfällt. In der Marktforschung sind insbesondere relative Häufigkeitsverteilungen üblich. Ein Beispiel zeigt die folgende Preisklassenanalyse für eine bestimmte Kategorie von CD's.

Preislagen	1997
bis 9,99 DM	3,8
10,00 – 14,99 DM	5,4
15,00 – 19,99 DM	12,5
20,00 – 24,99 DM	16,6
25,00 – 29,99 DM	29,7
30,00 – 34,99 DM	23,8
35,00 DM und mehr	8,2
Ø Preis in DM	26,12

Abbildung 31: Preislagenanalyse Einzellongplay CD Basis:Wert

Wie ersichtlich, entfielen z.B. im Jahre 1997 von allen Ausgaben für diese Art von CD's 29,7 % auf die Preisklasse DM 25,– bis unter DM 30,–.

Die Häufigkeitsverteilung wird oft in Form eines Säulendiagramms dargestellt, insbesondere wenn eine Entwicklung dargestellt werden soll und wenn in den darzustellenden Daten eine natürliche Ordnung enthalten ist.

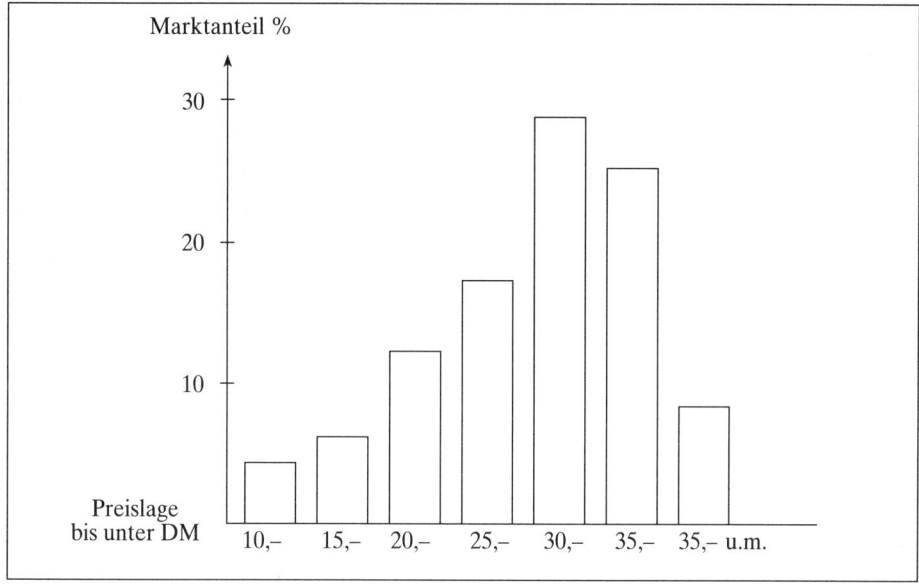

Abbildung 32: Säulendiagramm (Preislagenanalyse)

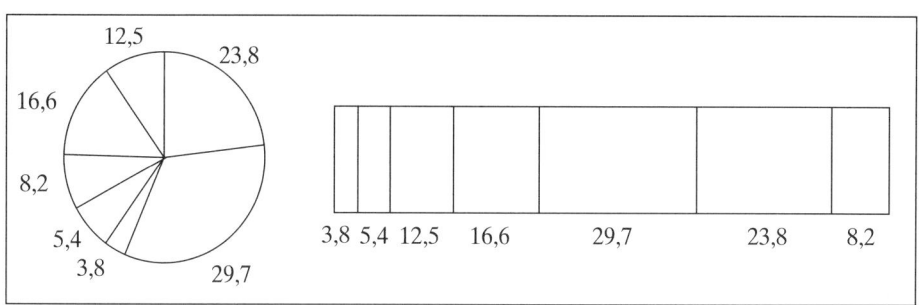

Abbildung 33: Kreisdiagramm und Banddiagramm

In manchen Fällen ist es üblich, die relative (oder aber auch, wenn auch deutlich seltener) die absolute Häufigkeit darzustellen, daß ein Wert kleiner höchstens gleich einem bestimmten Wert erreicht wird. In diesem Fall wird von **kumulierten Häufigkeiten** bzw. einer **kumulierten Häufigkeitsverteilung** gesprochen. Die obige Preisklassenanalyse führt zu folgender kumulierten Häufigkeitsverteilung, aus der beispielsweise ersichtlich ist, daß 21,7 % aller Einkäufe zu einem Preis von weniger als DM 20,– stattgefunden haben.

Preise (DM) bis unter ...	kumulierte Häufigkeit (%)
10,–	3,8
15,–	9,2
20,–	21,7
25,–	38,3
30,–	68,0
35,–	91,8
über 35,–	100,0

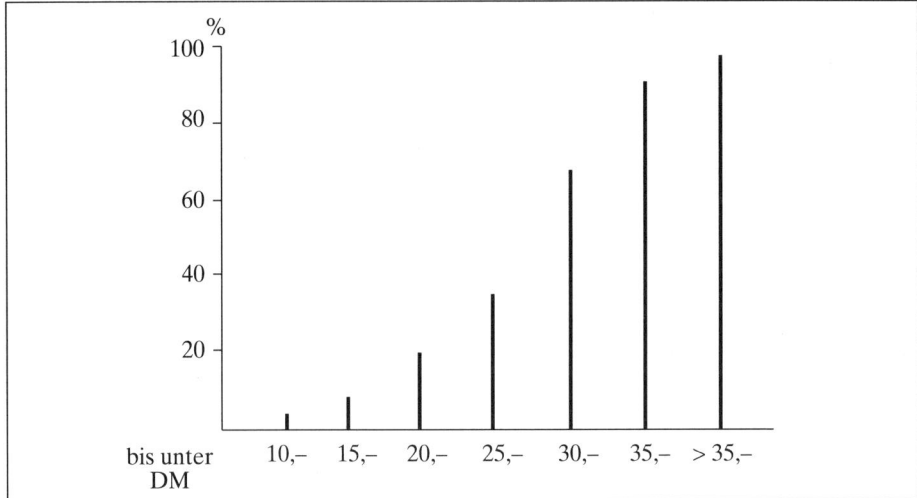

Abbildung 34: Kumulative Häufigkeitsverteilung

1.2 Parameter von Häufigkeitsverteilungen

(1) Lageparameter

Ein Lageparameter kennzeichnet diejenige Ausprägung eines Untersuchungsmerkmals, die für die ermittelte Häufigkeitsverteilung am typischsten ist. Die wichtigsten Lageparameter sind die Mittelwerte.

Hinter der Bildung von Mittelwerten steht das Bemühen, die Position mehrerer (k verschiedener) Merkmalswerte (X_v) auf einer Merkmalsdimension durch einen einzigen Wert zu charakterisieren.

Von den Mittelwerten, nämlich Median, Modus und arithmetischem Mittel ist letzteres das bekannteste und gebräuchlichste.

Beispiel: $x_v = 1, 5, 6$

$$\bar{x} = \frac{1 + 5 + 6}{3} = 4 \ (= \text{arithmetisches Mittel} = \text{Durchschnitt})$$

Die Berechnung des arithmetischen Mittelwerts erfordert nach der Theorie **metrisches Skalenniveau**. Dennoch ist es in der Marktforschung üblich, auch von ordinalskalierten Daten (wie z.B. der auf einer 5-er-Skala gemessenen Zufriedenheit mit einem Service) Mittelwerte zu berechnen.

Dagegen spielen der Median (das ist der Wert, bei dem 50 % größer und 50 % kleiner sind) sowie der Modus (der häufigste Wert) in der Marktforschungspraxis nur dann eine Rolle, wenn das arithmetische Mittel durch Ausreißer zu stark verzerrt wird oder beim Vorliegen nominalskalierter Daten.

Ein Grund dafür ist, daß das arithmetische Mittel einer genügend großen Stichprobe aufgrund des zentralen Grenzwertsatzes in der Praxis stets normalverteilt ist. Das bedeutet, daß es möglich ist, ein Vertrauensintervall anzugeben, in dem der wahre Mittelwert einer Grundgesamtheit liegt, wenn der Mittelwert und die Streuung (s. nächster Abschnitt) einer ausreichend großen Stichprobe vorliegt. Dies ist in der Praxis ab einem Stichprobenumfang von etwa 30 gegeben.

(2) Streuparameter

Streuparameter bringen zum Ausdruck, wie dicht die Werte x_v einer Beobachtungsreihe bzw. die einzelnen x_i einer Häufigkeitsverteilung um einen Mittelwert liegen.

Die wichtigsten Streuparameter sind:

▪ Varianz
Die Varianz stellt das wichtigste und heute allgemein übliche Streuungsmaß in der Marktforschung und Statistik dar. Sie ergibt sich aus der durchschnittlichen quadratischen Abweichung der einzelnen Beobachtungswerte vom arithmetischen Mittel:

$$\sigma^2 = \frac{\sum_{v=1}^{n} (x_v - \bar{x})^2}{n} \quad \text{bzw.} \quad \sigma^2 = \frac{\sum_{i=1}^{k} (x_1 - \bar{x})^2 \cdot n_i}{n}$$

Für den auf den ersten Blick nicht unbedingt einleuchtenden Rückgriff auf die quadratischen Abweichungen der einzelnen Werte gibt es verschiedene Gründe. Zum einen würde bei Verwendung der nichtquadratischen Abweichungen vom Mittelwert rein mathematisch die Summe der Abweichungen gleich 0 (dies ergibt sich aus der Natur des arithmetischen Mittels) und damit würde auch deren Durchschnitt gleich 0 sein. Zum anderen werden durch die Heranziehung der quadratischen Abweichungen die weiter entfernt liegenden Werte stärker berücksichtigt, eine größere Abweichung also strenger „bestraft". Dies liegt durchaus im sachlichen Interesse.

Standardabweichung
Die Quadratwurzel aus der Varianz wird als Standardabweichung, Streuung oder mittlere Abweichung bezeichnet.

$$\sigma = \sqrt{\text{Varianz}}$$

Mit ihrer Hilfe lassen sich Fehler-Intervalle um das arithmetische Mittel $\bar{x}$ kennzeichnen. Bei der Normalverteilung kann zudem angegeben werden, mit welcher Wahrscheinlichkeit Werte innerhalb dieser Fehler-Intervalle liegen.

Die große Bedeutung der Standardabweichung begründet sich auch darin, daß sie Input für eine Vielzahl statistischer Tests ist.

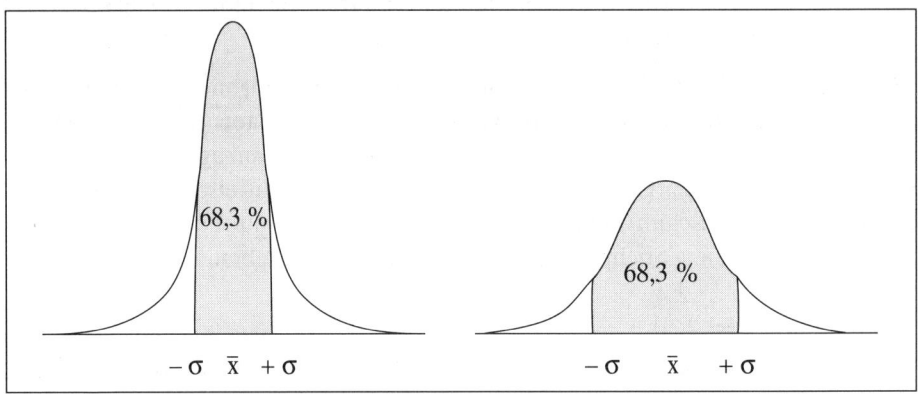

Abbildung 35: Normalverteilung bei kleinerer und größerer Streuung mit einfachem Fehlerintervall

Durchschnittliche Abweichung
Im Gegensatz zur Standardabweichung (Quadratwurzel aus dem Durchschnitt der **quadratischen** Abweichungen) wird hier der Durchschnitt aus den **einfachen** Abweichungen berechnet, wobei negative Vorzeichen einzelner Abweichungen außer acht gelassen werden (Begründung siehe vorab).

Spannweite (Variationsbreite)
Bei der Spannweite handelt es sich um die Differenz zwischen dem größten und dem kleinsten Beobachtungswert. Ähnlich wie das arithmetische Mittel ist dieses Streumaß durch evtl. Ausreißer sehr verzerrungsgefährdet.

2. Bivariate Verfahren

Im vorstehenden Abschnitt wurde die Aufbereitung von Meßdaten verschiedener Untersuchungsobjekte bezüglich einer Merkmalsdimension (= Variable) erörtert. Daneben bedarf es in der Marktforschung auch der Analyse von **Zusammenhän-**

gen zwischen den Meßdaten zweier oder mehrerer Variablen. Gerade wegen des vieldimensionalen Charakters von Marketingproblemen ist es fast immer notwendig, die Beziehungsstruktur von Merkmalsausprägungen mehrerer Merkmalsdimensionen in einem Datensatz zu untersuchen.

Mit Hilfe der bi- bzw. multivariaten Analyseverfahren lassen sich mehrere Variable simultan in die Untersuchung einbeziehen und ihre Beziehungen nach Art und Ausmaß analysieren. Der umfangreiche Rechenaufwand bedingt dabei in aller Regel den Einsatz von EDV.

In diesem Kapitel werden zunächst bivariate Analyseverfahren vorgestellt, mit deren Hilfe die Zusammenhänge zwischen zwei Variablen untersucht werden können. Darauf aufbauend werden dann die eigentlichen multivariaten Verfahren, die eine ganze Reihe von Variablen simultan einbeziehen, erörtert.

2.1   Kreuztabellierung

Das einfachste Verfahren zur Veranschaulichung und Herausarbeitung von Zusammenhängen zwischen zwei (oder auch mehreren) Variablen ist die Kreuztabellierung.

Hierbei werden alle möglichen Kombinationen von Merkmalsausprägungen bezüglich zwei oder mehrerer Variablen anhand einer Matrix, der sogenannten Kreuztabelle, dargestellt. Die Häufigkeit, mit der jede Kombination bei den Untersuchungsobjekten auftritt, wird anschließend in die Matrix eingetragen.

Ein typischer Anwendungsbereich ist z.B. die Fragestellung, ob zwischen dem Geschlecht und der Markenwahl ein systematischer Zusammenhang besteht.

Dabei ergebe sich für 300 Befragte folgende Kreuztabelle:

gekaufte Marke / Geschlecht	männlich	weiblich	Σ
X	75 (75 %)	40 (20 %)	115
Y	25 (25 %)	160 (80 %)	185
Σ	100	200	Σ = 300

Abbildung 36: Kreuztabelle

Es ist leicht zu erkennen, daß bei der Stichprobe ein Zusammenhang zwischen Geschlecht und Markenwahl besteht, denn 80 % der Frauen bevorzugen Marke Y, hingegen 75 % der Männer Marke X.

Ob dieser Zusammenhang statistisch gesichert ist, d.h. auf die Grundgesamtheit übertragen werden kann, oder aber bloß zufällig ist, läßt sich mit Hilfe entsprechender Testverfahren (Chi-Quadrat-Test) überprüfen[1].

Der große Vorteil der Kreuztabellierung liegt darin, daß sie kein bestimmtes Skalenniveau voraussetzt. So kann – wie im Beispiel gesehen – auch der Zusammenhang nominal skalierter Daten untersucht werden, was mit Hilfe anderer Verfahren, die Ordinal- bzw. Intervallniveau bedingen, nicht möglich ist.

2.2 Korrelationsanalyse

(1) Einfache Korrelationsanalyse

Die einfache Korrelationsanalyse liefert ein Maß für die Stärke des linearen Zusammenhangs zwischen zwei metrischen Merkmalen. Sie ist eines der wichtigsten Verfahren, da sie einer Vielzahl von weiteren, multivariaten Verfahren zugrundeliegt (z.B. der Faktorenanalyse).

Der Korrelationskoeffizient (von Bravais-Pearson, weitere Formen spielen dagegen nur eine geringe Rolle) ist heute standardmäßig nicht nur in den Statistikpaketen wie z.B. SPSS oder SAS, sondern auch in Tabellenkalkulationsprogrammen wie Lotus-1-2-3 oder Excel enthalten.

Der Korrelationskoeffizient kann Werte von -1 bis +1 annehmen. Sein Wert läßt sich folgendermaßen interpretieren:

$r = -1$: Vollständiger gegenläufiger linearer Zusammenhang. Das bedeutet, daß eine Erhöhung der einen Variable um einen Wert x stets mit einer Verringerung der anderen Variable um y einher geht. Geometrisch liegen alle Datenpunkte auf einer fallenden Geraden.

$-1 < r < 0$: Die Werte lassen sich mehr oder weniger gut durch eine fallende Gerade approximieren.

$r = 0$: Kein linearer Zusammenhang zwischen den beiden Variablen. Es können gleichwohl starke nichtlineare Abhängigkeiten bestehen. In der Praxis ist dies sehr häufig der Fall, wenn es ein Optimum gibt. So wird sich bei einem Fertiggericht im Produkttest mit der Zugabe von Gewürzen zunächst der Geschmack verbessern, ab einer bestimmten Menge jedoch wieder verschlechtern. Obwohl ein sehr starker

---

1   Zu den statistischen Testverfahren vgl. S. 234 ff.

Zusammenhang zwischen den Variablen „Geschmacksqualität" (z.B. gemessen auf einer 5-er Skala von sehr schlecht bis ausgezeichnet) und der Variablen „Gewürzzugabe pro Gewicht" besteht, kann es in diesem Fall sein, daß der Korrelationskoeffizient 0 oder nahe 0 ist.

$o < r < 1$: Zwischen den beiden Variablen besteht ein mehr oder weniger gut ausgeprägter positiver linearer Zusammenhang. Das bedeutet, daß ein Zuwachs in der einen Variablen tendenziell mit einem Zuwachs der anderen Variablen einher geht. Grafisch lassen sich die Daten mehr oder weniger gut durch eine ansteigende Gerade repräsentieren.

$r = 1$: Zwischen den Variablen besteht ein perfekter linearer Zusammenhang. Das bedeutet, daß ein Zuwachs der einen Variable um einen Wert x stets mit einem Zuwachs der anderen Variablen um einen Wert y verbunden ist.

Die Korrelationsanalyse sagt nichts über die Richtung des Einflusses aus. Dabei sind folgende Fälle denkbar:

- Eine Variable beeinflußt die andere Variable. Ein Beispiel wäre der Preis eines Produkts, der die Abverkäufe beeinflußt.

- Beide Variablen werden von einer dritten Variablen bzw. einem ganzen Set von Variablen beeinflußt. Dieser Fall wird häufig als „Unsinnskorrelation" bezeichnet. Das klassische Beispiel sind die Anzahl der Störche und die Anzahl der Geburten in Schweden, deren Jahreswerte in einem bestimmten Zeitraum eine hohe Korrelation aufweisen. Die gemeinsame Ursache ist hier die zunehmende Industrialisierung, die sowohl soziale Konsequenzen als auch Folgen für den Naturhaushalt hat. Wird dies berücksichtigt, dann ist manche der sogenannten „Unsinnskorrelationen" doch wieder nicht so unsinnig.

2.3   Einfache Regressionsanalyse

Während die Korrelationsanalyse nach der Stärke des linearen Zusammenhangs zwischen zwei Merkmalen unabhängig von der Wirkungsrichtung fragt, unterstellt die Regressionsanalyse einen Einfluß von einer unabhängigen Variablen x (z.B. der Preis) auf eine abhängige Variable y (z.B. der Verkauf) und bestimmt diesen Einfluß.

Aufgabe der Regression ist es, die Koeffizienten a und b der Geraden

$$\hat{y}_l = a + b \bullet x_l \hat{y}$$

so zu bestimmen, daß die Summe der quadrierten Abstände zwischen den Schätzwerten $\hat{y}_1$ und den wahren Werten y_1 minimiert wird. Dies führt zu den sogenannten „Kleinsten-Quadrate-Schätzungen" von a und b.

Die Berechnung überläßt man i.d.R. einem Computerprogramm, wobei die Funktion außer in den Statistikpaketen (wie z.B. SAS und SPSS) auch in den Tabellenkalkulationsprogrammen Lotus-1-2-3 und Excel enthalten ist.

Die Vorgehensweise der Regression soll anhand des nachfolgenden Beispiels erläutert werden.

Mittels eines Storetests, der in 10 Testgeschäften durchgeführt wird, soll der Einfluß des Produktpreises auf die Abverkaufsmenge untersucht werden. Dabei zeigte sich folgendes Ergebnis:

Testgeschäft (T)	Preis pro Einheit (x)	Abverkaufsmenge in Stck. (y)
1	3.15	37
2	2.65	48
3	2.60	45
4	2.90	38
5	3.05	35
6	2.55	51
7	2.70	44
8	3.00	40
9	2.85	43
10	2.80	41

Abbildung 37: Preistest im Einzelhandel

Diese Beobachtungswerte ergeben folgendes Punktediagramm (siehe S. 201):

Die graphische Darstellung läßt erkennen, daß offensichtlich eine lineare Beziehung zwischen dem Preis und der Abverkaufsmenge besteht. Unterstellt man, daß der Preis die unabhängige, die abverkaufte Menge hingegen die abhängige Variable ist, so bedeutet dies, daß ein höherer Preis eine rückläufige Menge bzw. ein niedrigerer Preis eine steigende Absatzmenge nach sich zieht. Diese Beziehung kann näherungsweise durch die eingezeichnete Gerade ausgedrückt werden.

Aufgabe der Regression ist es, die Koeffizienten dieser Geraden der allgemeinen Form

$$\hat{y} = a + bx$$

so zu bestimmen, daß sich die Gerade der obigen, empirisch erhobenen Punkteverteilung möglichst gut anpaßt.

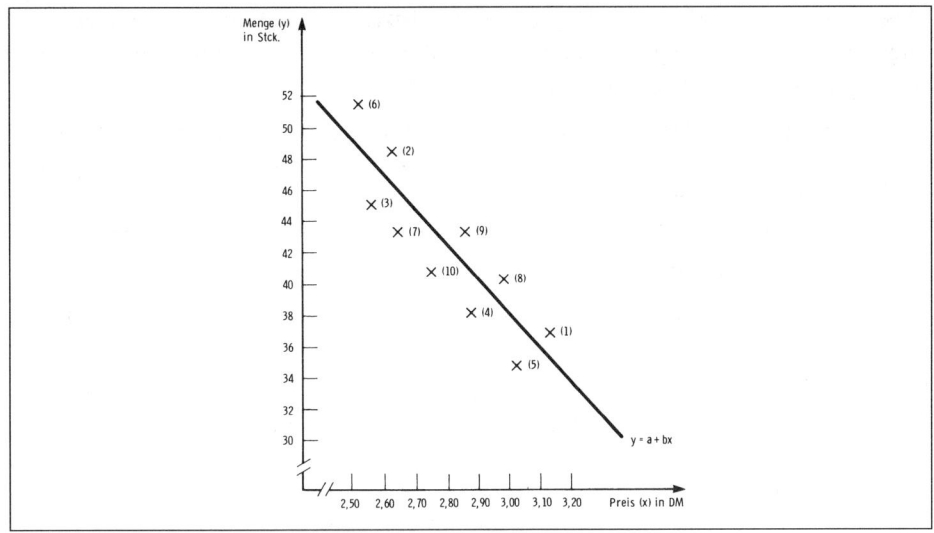

Abbildung 38: Punktediagramm der Preis-Mengen-Relationen

Das Symbol über dem y-Wert (^) soll verdeutlichen, daß es sich nicht um einen empirisch ermittelten Wert, sondern um einen Näherungs- bzw. Schätzwert handelt.

Die Konstanten a und b werden nun mit Hilfe der Methode der kleinsten Quadrate so bestimmt, daß die Fehlerquadratsumme (Abweichungen der Punkte auf der Regressionsgeraden von den entsprechenden empirisch ermittelten Punkten) ein Minimum ergibt.

Unter Verzicht auf die Ableitungen werden die Parameter a und b mit Hilfe folgender Formeln ermittelt:

$$b = \frac{n\,(\sum x_i y_i) - (\sum x_i)\,(\sum y_i)}{n\,(\sum x_i^2) - (\sum x_i)^2}$$

$$a = \bar{y} - b\bar{x}$$

wobei

n = Anzahl der Beobachtungen (Testgeschäfte)
$\bar{y}$ = Mittelwert aller Merkmalswerte y_i
$\bar{x}$ = Mittelwert aller Merkmalswerte x_i
b = Regressionskoeffizient
a = Regressionskonstante.

Für das vorliegende Beispiel ergibt sich damit folgende Regressionsgleichung:

$$\hat{y} = 105{,}83 - 22{,}53\ x$$

201

Das negative Vorzeichen des Regressionskoeffizienten zeigt an, daß ein negativer linearer Zusammenhang zwischen Preis und Menge besteht, d.h. wenn der Preis steigt, sinkt die Abverkaufsmenge.

Bei einem Preis von DM 3,–, eingesetzt in der Regressionsgleichung an die Stelle von x, würde sich somit eine Abverkaufsmenge von 38 Stück (gerundet) ergeben. In Wirklichkeit wurden bei diesem Preis aber 40 Stück abgesetzt. Die Abweichung verdeutlicht, daß die Regressionsgerade nur eine Schätzung der tatsächlichen Punkteverteilung darstellt.

Es läßt sich nun also abschätzen, wie sich die abverkaufte Menge ändert, wenn der Preis angehoben oder gesenkt wird.

Die Stärke des Zusammenhangs kann nun mit dem Quadrat des Korrelationskoeffizienten zwischen x und y beurteilt werden. Dieser Parameter r^2 wird auch als Bestimmtheitsmaß bezeichnet. Sein Wert liegt zwischen 0 und 1 und er drückt aus, welcher Anteil Streuung der abhängigen Variablen y durch die Regressionsgerade erklärt wird und welcher Anteil durch andere Variable.

Im Beispiel ergibt sich ein r^2 von 0,82, d.h. 82 % der Streuung der Abverkäufe erklärt sich aus dem Preis, 18 % aus anderen Variablen.

Zusammenfassend läßt sich feststellen, daß sich mit Hilfe der Regressionsanalyse insbesondere folgende Fragestellungen klären lassen (vgl. Backhaus/Erichson).

- Wie stark ist der Einfluß der unabhängigen Variablen auf die abhängige Variable (Ursachenanalyse)?

- Wie verändert sich die abhängige Variable, wenn die unabhängige Variable verändert wird (Wirkungsprognose)?

- Wie wird sich die abhängige Variable im Zeitablauf ceteris paribus verändern (Trendprognose)?

3. Multivariate Analyseverfahren

3.1 Klassifikation der Verfahren

In der Marktforschung ist es wegen des vieldimensionalen Charakters von Marketingproblemen sehr häufig notwendig, mehr als 2 Variable gleichzeitig zu betrachten und deren Beziehungsstruktur zu untersuchen. Dazu bedient man sich der multivariaten Analyseverfahren.

Je nachdem, ob die zu untersuchende Variablenmenge vor der Analyse in abhängige und unabhängige Variable geteilt wird (Dependenzanalyse) oder aber ungeteilt bleibt (Interdependenzanalyse), lassen sich die multivariaten Verfahren einteilen.

Bei der **Dependenzanalyse** wird ein Kausalzusammenhang derart unterstellt, daß eine oder mehrere Variablen (= abhängige Variablen oder Kriteriumsvariablen) von anderen Variablen (= unabhängige Variablen oder Prediktoren) beeinflußt werden. Ziel ist es, den Einfluß der unabhängigen Variablen auf die abhängigen Variablen zu beschreiben und zu analysieren.

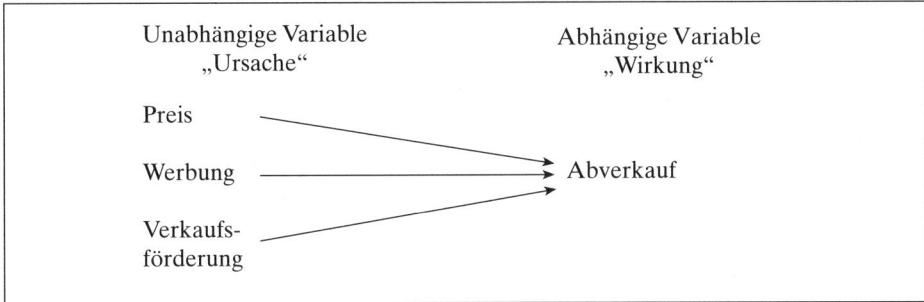

Abbildung 39: Grundschema der Dependenzanalyse

Bei der **Interdependenzanalyse** erfolgt keine Unterscheidung in abhängige und unabhängige Variablen, sondern es werden wechselseitige Beziehungen unterstellt und ohne Richtungszusammenhang analysiert. Dieser Zusammenhang läßt sich bspw. anhand der Variablen „Sparneigung", „Vermögen" und „Einkommen" verdeutlichen.

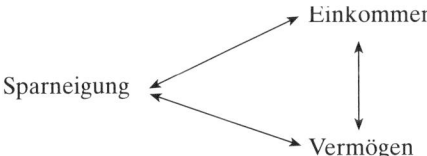

Ein vorhandenes hohes Vermögen bedingt möglicherweise sowohl höheres Einkommen als auch eine größere Sparneigung, während eine größere Sparneigung u.U. zu einem Vermögens- und Einkommenszuwachs führt. Ein höheres Einkommen wiederum könnte sich in einem Vermögenszuwachs und einer größeren Sparneigung niederschlagen.

Es sei an dieser Stelle allerdings mit Nachdruck darauf hingewiesen, daß ein unterstellter Zusammenhang zwischen Variablen vorab einer Plausibilitätsprüfung unterzogen werden muß. Die angewandten statistischen Verfahren beurteilen nämlich nur aufgrund **mathematischer** Kriterien, ob ein ursächlicher Zusammenhang besteht und wie stark dieser gegebenenfalls ist.

Neben der Unterscheidung in Dependenz- und Interdependenzanalyse lassen sich die multivariaten Verfahren weiterhin danach klassifizieren, welches Skalenniveau die einbezogenen Variablen aufweisen müssen, damit ein spezifisches Verfahren angewandt werden darf.

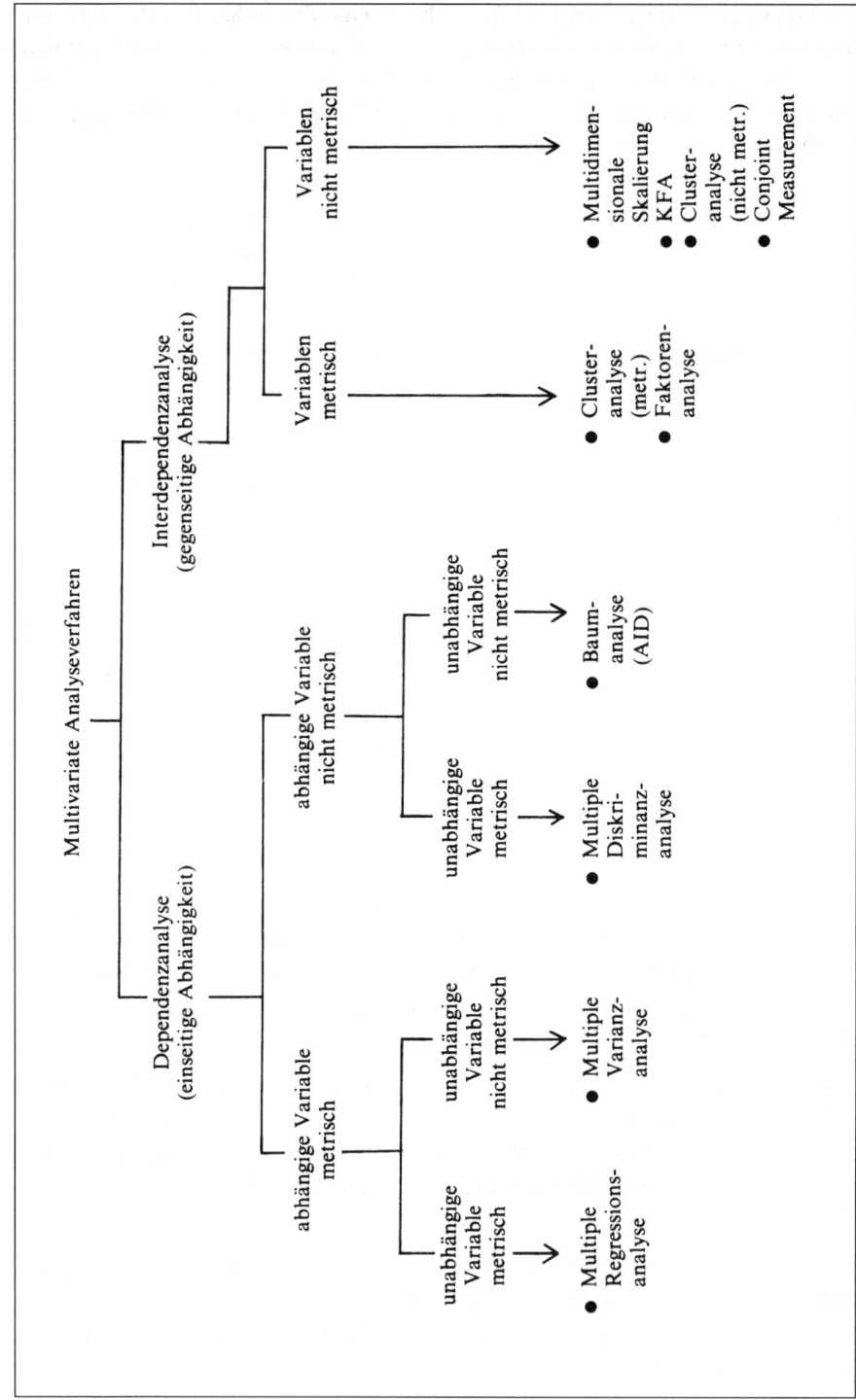

Abbildung 40: Die gebräuchlichsten multivariaten Analyseverfahren im Überblick

Abbildung 40 gibt unter Zugrundelegung der beiden Klassifikationsmerkmale einen Überblick über die in der Marktforschung am häufigsten eingesetzten multivariaten Analysemethoden.

Die Wahl eines bestimmten Verfahrens hängt allerdings nicht nur von dem Beziehungszusammenhang der Variablen und ihrem Meßniveau ab, sondern in erster Linie

Verfahren	Fragestellungen
Regressionsanalyse	Wie verändert sich die Absatzmenge, wenn die Werbeausgaben um 10 % gekürzt werden?
	Wie läßt sich der Preis für Baumwolle in den nächsten sechs Monaten schätzen?
	Hat das Investitionsvolumen der Automobil-, Werft- und Bauindustrie einen Einfluß auf die Stahlnachfrage?
Varianzanalyse	Hat die Art der Verpackung einen Einfluß auf die Höhe der Absatzmenge?
	Hat die Farbe einer Anzeige einen Einfluß auf die Zahl der Personen, die sich an die Werbung erinnern?
	Hat die Wahl des Absatzweges einen Einfluß auf die Absatzmenge?
Diskriminanzanalyse	In welcher Hinsicht unterscheiden sich Raucher von Nicht-Rauchern?
	Welche Merkmale der Außendienstmitarbeiter tragen am besten zu ihrer Differenzierbarkeit in Erfolgreiche und Nicht-Erfolgreiche bei?
	Lassen sich bestimmte Kreditkunden anhand der Merkmale ‚Einkommen‘, ‚Schulbildung‘, ‚Alter‘ etc. als kreditwürdig einstufen?
Faktorenanalyse	Läßt sich die Vielzahl der Eigenschaften, die Käufer von Automobilen als wichtig empfinden, auf wenige komplexe Faktoren reduzieren?
	Wie lassen sich darauf aufbauend die verschiedenen Automarken anhand dieser Faktoren beschreiben?
Clusteranalyse	Lassen sich die Kunden eines Kaufhauses entsprechend ihren Bedürfnissen in Gruppen einteilen?
	Gibt es bei Zeitschriften verschiedene Lesertypen?
	Wie kann man die Wählerschaft entsprechend ihren Interessen an politischen Vorgängen klassifizieren?
Multidimensionale Skalierung	Inwieweit entspricht das eigene Produkt den Idealvorstellungen der Konsumenten?
	Welches Image besitzt die Unternehmung?
	Hat sich die Einstellung der Konsumenten zu Sekt innerhalb von fünf Jahren verändert.

Abbildung 41: Anwendungsbereiche von multivariaten Analyseverfahren
Quelle: Schuchard-Ficher u.a., Multivariate Analysemethoden

natürlich vom Untersuchungsproblem. Die Abbildung 41 zeigt beispielhaft, mit welchen Verfahren typische Problemstellungen der Marktforschung angegangen werden können.

3.2 Multiple Korrelationsanalyse

Während die partielle Korrelation den Grad des Zusammenhangs zwischen zwei Variablen unter Ausschaltung der Effekte aller anderen korrelierten Variablen zu ermitteln versucht, ist es das Ziel der multiplen Korrelation, den **Zusammenhang** zwischen **einer Variablen** und der Gesamtheit der **restlichen Variablen** zu bestimmen. Damit handelt es sich bei der multiplen Korrelation im Grunde nur um eine einfache Korrelation zwischen zwei Variablen, von denen die eine Variable formal aus zwei oder mehr Variablen zusammengesetzt ist.

Um beispielsweise den Zusammenhang der Konsumausgaben mit anderen Variablen wie Einkommen und Haushaltsgröße festzustellen, wird die Variable y (= Konsumausgaben) mit einer „synthetischen" Variablen x_{12}, die sich aus Einkommen und Haushaltsgröße zusammensetzt, korreliert.

Die Formel für den multiplen Korrelationskoeffizienten lautet in diesem Fall (für 3 Variablen):

$$r_{y \cdot x_1 x_2} \sqrt{\frac{r^2_{yx_1} + r^2_{yx_2} - 2r_{yx_2} \cdot r_{yx_2} \cdot r_{x_1 x_2}}{1 - r^2_{x_1 x_2}}}$$

Die rechnerische Hinzufügung anderer Variablen in eine zunächst nur zwischen zwei Variablen bestehende Korrelation bezweckt in aller Regel, die Ausgangskorrelation zu erhöhen und damit einen erhöhten Erklärungsbeitrag zu liefern. Das Verfahren spielt in der Marktforschung kaum eine Rolle.

3.3 Multiple Regressionsanalyse

Im Gegensatz zur einfachen Regression, die nur die Abhängigkeit einer Variablen von einer anderen (unabhängigen) Variablen ermittelt, geht es bei der multiplen Regressionsanalyse um die **Abhängigkeit** einer **abhängigen Variablen** von mehreren **unabhängigen Variablen**.

Im folgenden wird – um auf das Beispiel der einfachen Regressionsanalyse zurückzukommen – nicht nur der Einfluß des Preises auf die Abverkaufsmenge untersucht, sondern es wird zusätzlich unterstellt, daß das Ausmaß der Verkaufsförderung in den einzelnen Testgeschäften ebenfalls den Abverkauf beeinflußt. Man geht somit von folgendem Kausalzusammenhang aus:

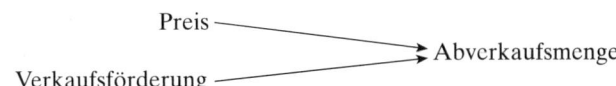

Preis ——————
Verkaufsförderung ——————→ Abverkaufsmenge

Problemstellung und Vorgehensweise der multiplen Regressionsanalyse entsprechen der einfachen Regression, wobei nun allerdings 2 unabhängige Variablen in die zu ermittelnde Regressionsgleichung einzubeziehen sind.

Formal läßt sich die Beziehung zwischen den 3 Variablen durch folgende Regressionsgleichung darstellen, die im Unterschied zur Gleichung bei der Einfachregression natürlich nicht mehr für eine Gerade, sondern für eine Ebene im dreidimensionalen Raum steht.

$$\hat{y} = a + b_1 x_1 + b_2 x_2 \qquad \text{bzw.}$$
$$y = a + b_1 x_1 + b_2 x_2 + e$$

Dabei bedeuten:

$\hat{y}$ = Schätzwert für die abhängige Variable „Abverkaufsmenge"
y = tatsächlicher Wert für die „Abverkaufsmenge"
x_1 = unabhängige Variable „Preis"
x_2 = unabhängige Variable „Verkaufsförderung"
a = Regressionskonstante
b_j = Regressionskoeffizienten ($j = 1,2$)
e = Residuum oder Störgröße.

Ziel des Lösungsverfahrens ist es auch hier, die Regressionskoeffizienten für die unabhängigen Variablen so zu bestimmen, daß die errechneten Werte für die abhängige Variable den tatsächlich beobachteten Werten möglichst nahekommen.

Angenommen, es ergäbe sich die Regressionsfunktion

$$\hat{y} = 66,79 - 10,59\, x_1 + 0,52\, x_2,$$

so läßt sich für jede beliebige Ausprägung von Preis und Höhe der Verkaufsförderung damit nun die Abverkaufsmenge schätzen.

Die Regressionskoeffizienten geben jedoch keinerlei Auskunft über die relative Wichtigkeit der unabhängigen Variablen für die Ausprägung der abhängigen Variablen. Dies beruht darauf, daß die Meßdimensionen der unabhängigen Variablen unterschiedlich sind. Ein Vergleich der Mittelwerte und Standardabweichungen macht dies deutlich.

Variable	Mittelwerte	Standardabweichung
Preis (x_1)	2,83	0,20
Verkaufsförderung (x_2)	10,20	5,49
Menge (y)	42,20	5,01

Um die jeweilige Wirkung der beiden unabhängigen Variablen auf die abhängige Variable vergleichbar zu machen, berechnet man daher standardisierte Regressionskoeffizienten, die sog. **Beta-Koeffizienten**.

Dazu werden alle Variablen normiert, d.h. die Variablen werden so umgerechnet, daß ihr Mittelwert über alle Ausprägungen gleich 0 und ihre Varianz gleich 1 ist.

Die Standardisierung wird vorgenommen durch:

$$bj^{Beta} = b_j \cdot \frac{\text{Standardabweichung } x_j}{\text{Standardabweichung } y}$$

Unter Zugrundelegung der vorab angegebenen Zahlenwerte ergibt sich für das Beispiel folgende standardisierte Regressionsgleichung:

$$\hat{y}_i^{Stand} = -0,42\, x_1 + 0,57\, x_2$$

Aus dieser Gleichung läßt sich nun der Beitrag der einzelnen unabhängigen Variablen zur Erklärung der abhängigen Variablen unmittelbar an den Beträgen der Beta-Koeffizienten ablesen.

Danach hat die Verkaufsförderung ($|Beta = 0,57|$) einen etwas stärkeren Einfluß auf die Menge als der Preis ($|Beta| = 0,42$). Die Standardisierung hat allerdings zur Folge, daß die Werte der abhängigen Variablen in ihrer Rohdatendimension (hier Mengeneinheiten) nicht mehr geschätzt werden können. Dazu muß wieder auf die ursprüngliche Regressionsgleichung zurückgegriffen werden.

Für die Beurteilung der Qualität der Regression sind folgende Parameter geeignet:

- Das Bestimmtheitsmaß, das bei der multiplen Regression als R^2 bezeichnet wird und wie im Fall der einfachen Regression den Anteil der durch die Regression erklärten Varianz der abhängigen Variablen y angibt. Das Bestimmtheitsmaß ist eine beschreibende Variable, die zunächst wenig über die Qualität einer Regression aussagt. Hierfür wichtiger sind die nachfolgend aufgeführten Meßgrößen.

- Der F-Wert, der eine Beurteilung der Signifikanz der gesamten Regressionsgleichung liefert. Hierzu vergleicht man den errechneten F-Wert mit dem p%-Wert der Verteilungsfunktion der F-Verteilung mit k und t-k-1 Freiheitsgraden, wobei k die Zahl der einbezogenen unabhängigen Variablen, n die Zahl der Datenpunkte und p% die gewählte Sicherheitswahrscheinlichkeit ist.

- Die t-Werte, die zu jedem Regressionsparameter errechnet werden, indem der Regressionsparameter durch seine Standardabweichung dividiert wird. Der so errechnete Wert wird mit dem p%-Wert der Verteilungsfunktion der t-Verteilung mit t-k-1 Freiheitsgraden verglichen, wobei t und ka wie oben definiert sind. Als Faustregel mag gelten: Ist die Zahl t-k-1 größer 30, so ist ein t-Wert von kleiner -2,04 oder größer +2,04 mit einer Sicherheitswahrscheinlichkeit von mehr als 95 % signifikant.

Bei der Anwendung der multiplen Regression sind einige Punkte zu beachten, welche die Ergebnisqualität entscheidend beeinträchtigen können:

Die unabhängigen Variablen dürfen nicht zu sehr untereinander korreliert sein. Bei exakter linearer Beziehung innerhalb der unabhängigen Variablen lassen sich die Regressionsparameter mathematisch nicht bestimmen. Man spricht dann von **Multikollinearität.** Mit steigender Abhängigkeit nimmt die Qualität der Schätzung (wie sie sich z.B. in den t-Werten niederschlägt) ab. Bei zu hoher Korrelation (als Faustregel ab r > 0,75) sollte eine der betroffenen Variablen aus der Regression ausgeschlossen werden. Es ist auch möglich, vor der Regression eine Faktorenanalyse durchzuführen und die Regression auf Basis der (unabhängigen) Faktorwerte durchzuführen.

Weiter ist darauf zu achten, daß alle wesentlichen Variablen in die Regression einbezogen werden. Wird eine Variable nicht einbezogen, die mit einer einbezogenen Variablen korreliert ist, so werden die Parameter falsch geschätzt. Man spricht dann von **Fehlspezifikation.**

Weitere Voraussetzungen sind das Nichtvorliegen von Autokorrelation und Homoskedastizität. Hierzu muß auf einschlägige statistische Literatur verwiesen werden.

Schließlich ist auch noch wichtig, daß die unabhängigen Variablen mit der abhängigen Variablen additiv und linear verknüpft ist. Allerdings ist es u.U. möglich, diese Bedingung durch eine geeignete Transformation zu erzeugen. So kann das Modell

$$\hat{y} = a \bullet x_1^{b_1} \bullet x_2^{b_2} y$$

durch logarithmieren in folgendes lineare und additive Modell übergeführt werden, dessen Parameter dann mittels einer Regressionsanalyse bestimmt werden können:

$$In(\hat{y}) = In(a) + b_1 \bullet In(x_1) + b_2 \bullet In(x_2)$$

In der Regressionsanalyse lassen sich auch nichtmetrische Variable in Form sogenannter **„Dummy-Variable"** einbeziehen. Eine Dummy-Variable hat den Wert „0", wenn eine Bedingung nicht zutrifft und den Wert „1", wenn die Bedingung zutrifft. So kann beispielsweise codiert werden, ob ein Scannerdatensatz aus einem Discounter oder einem anderen Geschäft kommt, um damit die grundsätzlich andere Situation in Discountern für ein Produkt mit in einer Regressionsgleichung zu berücksichtigen.

Diese Fragestellung kann mit dem gleichen Ergebnis auch mit einer Varianzanalyse beantwortet werden, wobei die Regressionsanalyse den Vorteil hat, daß sie flexibler handhabbar ist.

3.4 Varianzanalyse

Die Varianzanalyse untersucht, ob Gruppen von Merkmalsträgern sich in einem oder in mehreren Merkmalen signifikant unterscheiden. Die Zugehörigkeit eines Mekrmals zu einer Gruppe definiert sich aus ihren Ausprägungen in einer oder in mehreren nominalskalierten Variablen.

Nach der Zahl der einbezogenen unabhängigen und abhängigen Variablen lassen sich mehrere Arten der Varianzanalyse unterscheiden. Abbildung 42 gibt einen Überblick anhand von Beispielen.

Verfahren	unabhängige Variable(n)	anhängige Variable(n)
Einfache Varianzanalyse	Produktvarianten ⟶	Abverkaufsmenge
n-fache Varianzanalyse (hier: 2)	Produktvarianten Betriebsform im EH ⟶	Abverkaufsmenge
Multiple Varianzanalyse	Produktvarianten ⟶	Preiswahrnehmung Qualitätswahrnehmung Kaufbereitschaft

Abbildung 42: Unterschiedliche Formen der Varianzanalyse

Bei der **mehrfachen** Varianzanalyse wird also bspw. die Wirkung zweier unterschiedlicher Produktalternativen, die jeweils in 2 verschiedenen Betriebsformen des Einzelhandels (Verbrauchermarkt, Discounter) angeboten werden, auf die Abverkaufsmenge untersucht.

Die Varianzanalyse vergleicht hierzu die Varianz innerhalb der Gruppen mit der Abweichung zwischen den Gruppen. Je geringer die Varianz in den Gruppen und je größer die Varianz zwischen den Gruppen desto signifikanter wird der Einfluß der die Gruppenzugehörigkeit definierenden Variablen.

Mit Hilfe der **multiplen** Varianzanalyse hingegen wird die Wirkung zweier Produktalternativen auf die Preis- und Qualitätswahrnehmung sowie die Kaufbereitschaft durch die Konsumenten untersucht.

Zum besseren Verständnis sei die Vorgehensweise der einfachen Varianzanalyse anhand eines Beispiels erläutert. Das methodische Grundkonzept der einfachen Varianzanalyse kann ohne weiteres auch auf die mehrfache bzw. multiple Varianzanalyse übertragen werden. Insbesondere die multiple Varianzanalyse läßt sich in der Regel theoretisch durch mehrere einfache Varianzanalysen ersetzen, d.h. der Einfluß der unabhängigen Variablen wird für jede abhängige Variable isoliert ermittelt. Es ist jedoch zu beachten, daß bei einer solchen Vorgehensweise evtl. vorhandene Korrelationen zwischen den abhängigen Variablen im Gegensatz zur simultanen Vorgehensweise (multiple Varianzanalyse) vernachlässigt werden.

Für 2 Produktvarianten P_1 und P_2 (unabhängige Variable) werden in einem Storetest einen Monat lang täglich die Abverkaufszahlen y_i (abhängige Variable) ermittelt.

Wenn die Produktgestaltung nun keinen Einfluß auf die Abverkaufsmenge aus-

Tag (i)	Abverkaufsmengen	
	Produkt 1	Produkt 2
1	y_{11}	y_{12}
2	y_{21}	y_{22}
3	y_{31}	y_{32}
4	y_{41}	y_{42}
.	.	.
.	.	.
.	.	.
n	y_{n1}	y_{n2}

Abbildung 43: Gruppierter Datenbestand

üben würde, dann müßten die durchschnittlichen Abverkaufszahlen für beide Produkte gleich sein. Umgekehrt müßten unterschiedliche Abverkaufszahlen ein Hinweis für einen Einfluß der unabhängigen Variablen „Produkt" auf die Menge sein. Allerdings verursachen insbesondere bei Feldexperimenten auch nicht näher spezifizierte Umwelteinflüsse (z.B. Aktionen von Konkurrenten etc.) evtl. vorhandene Mittelwertdifferenzen, ohne daß dabei unbedingt ein Einfluß der unabhängigen Variablen vorliegt.

Die Abweichung eines Beobachtungswertes (y_{iz}) vom Gesamtmittelwert ($\bar{y}$), der sich aus den Mittelwerten der Abverkaufsmenge je Produkt ($\bar{y}_z$) ergibt, läßt sich – analog zur Regressionsanalyse – in 2 Komponenten zerlegen, und zwar in die erklärte Abweichung, die auf die Wirkung der unabhängigen Variablen zurückzuführen ist und die unerklärte Abweichung, der Umwelteinflüsse zugrunde liegen. Da sich die beiden Komponenten in aller Regel aber nicht klar trennen lassen, spaltet die Varianzanalyse die Gesamtabweichung der einzelnen Beobachtungswerte vom Gesamtmittelwert ($y_{iz} - \bar{y}$) in eine Abweichung der Abverkaufszahlen **zwischen** beiden Produktvarianten und eine Abweichung der Abverkaufszahlen **innerhalb** jeder Produktvariante auf.

Die Abweichung zwischen den Produktvarianten errechnet sich als Differenz zwischen dem Gruppenmittelwert und dem Gesamtmittelwert ($\bar{y}_z - \bar{y}$) und gilt als eine gute Schätzung für die erklärte Abweichung.

Analog stellt die Summe der Abweichungen innerhalb jeder Produktvariante, die sich als Differenz zwischen dem Beobachtungswert und dem Mittelwert der jeweiligen Produktvariante ergibt ($y_{iz} - \bar{y}_z$) einen guten Schätzwert für die unerklärte Abweichung dar.

Da sich die Abweichungen der einzelnen Beobachtungswerte gegenseitig aufheben würden, zieht man ihre Quadrate heran. Die so berechnete erklärte Abweichung gibt einen Hinweis darauf, ob die unabhängige Variable einen Einfluß auf die abhängige Variable hat. Je größer dabei die erklärte Abweichung gegenüber der unerklärten Abweichung ist, desto eher kann ein Zusammenhang zwischen der unabhängigen und der abhängigen Variablen unterstellt werden.

Um zu überprüfen, ob die Unterschiede zwischen den beiden Produktalternativen signifikant sind, wird zunächst die sog. **Nullhypothese** formuliert, d.h. diejenige Hypothese, die widerlegt werden soll. Im vorliegenden Beispiel lautet die Nullhypothese: „Es besteht kein Einfluß der Produktalternativen auf die Abverkaufsmenge." Damit besagt die Nullhypothese also, daß sich die mittleren Abverkaufsmengen der beiden Produktalternativen gleichen, die empirischen Beobachtungswerte also **einer** Grundgesamtheit entstammen, und deren beobachtete Abweichungen somit lediglich zufällig sind. Ist aufgrund des Ergebnisses des F-Tests die Nullhypothese zu verwerfen, so heißt dies, daß die Beobachtungswerte aus **verschiedenen** Grundgesamtheiten stammen. Die Nullhypothese muß mit einer vorgegebenen Sicherheitswahrscheinlichkeit dann abgelehnt werden, wenn der empirische F-Wert größer ist als der bei entsprechenden Freiheitsgraden und entsprechender Sicherheitswahrscheinlichkeit aus der Tabelle entnommene theoretische F-Wert.

Die Varianzanalyse überprüft somit, ob zwischen der abhängigen und der unabhängigen Variablen ein signifikanter Zusammenhang besteht. Darüber hinausgehende Aussagen, wie z.B. das Ausmaß des Zusammenhanges, können mit der Varianzanalyse nicht getroffen werden. Dazu sind im Einzelfall entsprechende Zusatzrechnungen (z.B. Duncan-Test, Multiple Classification Analysis) nötig, auf die hier nicht näher eingegangen werden soll (vgl. Eimer, E.)

Zum Schluß sei noch auf die in dem varianzanalytischen Modell getroffenen Voraussetzungen hingewiesen:

- Die den Beobachtungswerten zugrunde liegende Grundgesamtheit muß **normalverteilt** sein.

- Es dürfen keine systematischen Fehler auf die Ergebnisse einwirken, d.h. es sollte immer eine **Zufallsauswahl** stattfinden.

- Die erklärten und die unerklärten Varianzen müssen additiv miteinander verknüpft sein.

- Es sollte **Varianzhomogenität** vorliegen, d.h. die Varianzen in den Gruppen müssen ungefähr gleich (homogen) sein.

212

3.5 Diskriminanzanalyse

Auch die Diskriminanzanalyse ist ein der Regressionsanalyse eng verwandtes Verfahren zur Analyse **einseitiger** Abhängigkeiten. Der wesentliche Unterschied besteht auch hier in der Anforderung bezüglich des Meßniveaus der abhängigen Variablen. Während die multiple Regression für die abhängige Variable mindestens Intervallniveau erfordert, genügt bei der Diskriminanzanalyse **nominales** Skalenniveau.

Abbildung 44 gibt einen zusammenfassenden Überblick über die Anforderungen an das Meßniveau bei den bisher behandelten Verfahren.

Verfahren	Skalenniveau	
	unabhängige Variable	abhängige Variable
Regressionsanalyse	metrisch/nominal	metrisch
Varianzanalyse	nominal	metrisch
Diskriminanzanalyse	metrisch	nominal

Abbildung 44: Vorgeschriebenes Meßniveau der Verfahren der Dependenzanalyse

Da die abhängige Variable bei der Diskriminanzanalyse nur nominales Skalenniveau aufweisen muß, lassen sich die Merkmalsausprägungen zu Gruppen (z.B. Geschlecht: männlich/weiblich) zusammenfassen. Daher wird sie auch als Gruppierungsvariable bezeichnet. Die Diskriminanzanalyse untersucht nun, ob zwischen solchermaßen a priori definierten Gruppen von Personen oder Objekten (z.B. Männer/Frauen) signifikante Unterschiede hinsichtlich einzelner Merkmale, nämlich den unabhängigen Variablen (wie z.B. Alter, Einkommen) bestehen, bzw. wie sich diese Gruppen anhand der Merkmalsausprägungen der unabhängigen Variablen trennen lassen.

Je nach der Zahl der möglichen Merkmalsausprägungen bei der abhängigen Variablen lassen sich verschiedene Formen der Diskriminanzanalyse unterscheiden. Ist die abhängige Variable dichotom, d.h. liegen nur 2 zu trennende Gruppen vor (Beispiel: Geschlecht), so liegt eine einfache Diskriminanzanalyse vor. Bei mehr als 2 Gruppen spricht man von der multiplen Diskriminanzanalyse.

Die Berechnung der Diskriminanzfunktion, mit der Zielsetzung maximale Entfernungen zwischen den Mittelwerten der Gruppen zu erreichen, ähnelt der Vorgehensweise bei der multiplen Regressionsanalyse. Bei dieser lag jedoch eine **Minimierungs**zielsetzung vor, nämlich die Bestimmung der geringsten Abstände zwischen den tatsächlichen Merkmalsausprägungen der abhängigen Variablen und der Regressionsfunktion.

Zusammenfassend wird mit Hilfe der Diskriminanzanalyse versucht, folgende Fragestellungen zu beantworten:

- Wie lassen sich zwei bzw. mehrere Gruppen von Untersuchungseinheiten anhand bestimmter Merkmale trennen?

- Welche Merkmale aus der Gesamtheit aller erhobenen unabhängigen Merkmale trennen die Gruppen am besten?

- Welchen Beitrag liefert jede unabhängige Variable zur Trennung der Gruppe?

- Welchen der vorgegebenen Gruppen sollen neu zu untersuchende Personen bzw. Objekte aufgrund ihrer Merkmalsausprägungen bei den unabhängigen Variablen zugeordnet werden?

3.6 Faktorenanalyse

Ziel der Faktorenanalyse ist eine Variablenreduktion: Mehrere korrelierte und gemessene Variable sollen durch weniger, dahinter stehende und nicht direkt messbare, aber (in der Regel) unkorrelierte Variable ausgedrückt werden. Das bekannteste Beispiel eines Faktors ist der Intelligenzquotient. Hier werden die Ergebnisse vieler Einzeltests durch eine nicht direkt beobachtbare Variable, nämlich den Intelligenzquotienten ausgedrückt.

Die nachfolgende Darstellung veranschaulicht den Grundgedanken der Faktorenanalyse, nämlich eine **Datenverdichtung**.

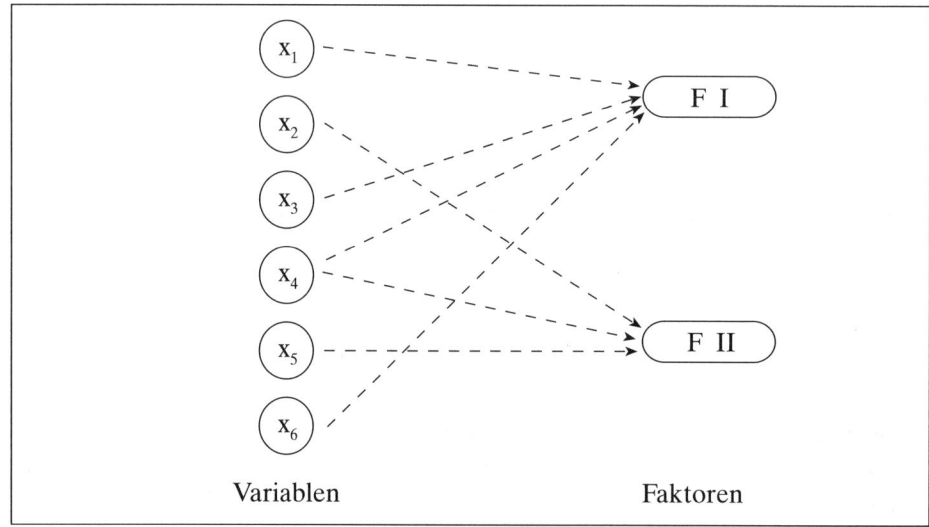

Abbildung 45: Der Grundgedanke der Faktorenanalyse

Die sechs Variablen $x_1 - x_6$ lassen sich also auf zwei voneinander unabhängige Faktoren F I und F II zurückführen.

Die Faktorenanalyse geht aus von standardisierten Variablen (d.h. mit Mittelwert 0 und Standardabweichung 1), die miteinander korreliert sind. Die zwischen den Variablen bestehenden Korrelationen sollen nun durch die dahinter stehenden Variablen ausgedrückt werden. Dabei wird i.d.R. jedoch jede Variable etwas ausdrücken, was nicht durch die anderen Variablen ausgedrückt wird. Die Faktorenanalyse unterscheidet daher zwischen den sogenannten „gemeinsamen Faktoren", mit denen die Korrelationen zwischen den Variablen abgebildet werden und den Einzelrestfaktoren, wodurch die spezifische Varianz einer Variablen erfaßt wird.

Das Modell läßt sich am obigen Beispiel daher wie folgt ausdrücken:

$$x_{1i} = a_{11} * f_{1i} + u_{1i}$$
$$x_{2i} = a_{22} * f_{2i} + u_{2i}$$
$$x_{3i} = a_{31} * f_{1i} + u_{3i}$$
$$x_{4i} = a_{41} * f_{1i} + a_{42} * f_{2i} + u_{4i}$$
$$x_{5i} = a_{52} * f_{2i} + u_{5i}$$
$$x_{6i} = a_{61} * f_{1i} + u_{6i}$$

Dabei kennzeichnet der Index i die i-te Person, f_{ki} den Faktorwert des k-ten Faktors der i-ten Person, a_{jk} die Faktorladung der j-ten Variable für den k-ten gemeinsamen Faktor und uk_i den Wert des Einzelrestfaktors.

Wichtig für die Interpretation sind die Faktorladungen a_{jk}. Sie drücken aus inwieweit eine Variable durch den zugehörigen Faktor ausgedrückt werden kann. Weil die Faktoren wie die x-Variable auch standardisierte Variable (d.h. mit Mittelwert 0 und Standardabweichung 1 sind), läßt sich zeigen, daß die Faktorladung a_{jk} der Korrelationskoeffizient zwischen der Variablen j und dem Faktor k ist. Das Quadrat des Korrelationskoeffizienten wurde weiter oben (S. 202) als Bestimmtheitsmaß bezeichnet, das den Anteil der durch eine Regression erklärten Varianz ausdrückt. Entsprechend drückt a_{jk}^2 die durch den Faktor k erklärte Varianz der Variablen j aus.

Die Summe der Quadrate der Faktorladungen einer Variablen ist also gleich der durch die gemeinsamen Faktoren erklärten Varianz. Diese Zahl wird als **„Kommunalität"** bezeichnet. Sie liegt zwischen 0 (keine Erklärung der Variablen durch die gemeinsamen Faktoren) und 1 (vollständige Erklärung der Variablen durch die Faktorenanalyse). Die Faktorenanalyse erreicht ihr Ziel einer sinnvollen Variablenreduktion dann, wenn die gemeinsamen Faktoren einen hohen Anteil an der gemeinsamen Varianz erklären. Die Höhe der Kommunalität ist demnach ein wichtiges Qualitätsmerkmal einer Faktorenanalyse.

Analog ist Summe der Quadrate der Faktorladungen eines Faktors gleich der durch diesen Faktor erklärten Varianz der Variablen. Bei der Extraktion der Faktoren wird so verfahren, daß zunächst der Faktor extrahiert wird, der die maximale

Varianzerklärung liefert, dann der mit der zweithöchsten usf. Mathematisch ergibt sich die durch einen Faktor erklärte Varianz als Eigenwert der Korrelationsmatrix, bei der die Einsen in der Diagonale durch die Kommunalitäten ersetzt sind. In der Regel werden soviel Faktoren extrahiert, wie die Matrix Eigenwerte größer 1 hat, weil dann auch der letzte Faktor noch eine gewisse Variablenreduktion leistet.

Für die Interpretation des Ergebnisses ist eine Lösung wünschenswert, bei der jede Variable nur durch einen Faktor ausgedrückt wird. In der Abbildung 45 wurde dies weitgehend erreicht. Lediglich die 4. Variable kann nur durch zwei Faktoren repräsentiert werden. Aus diesem Grund werden i.d.R. die Faktoren nach der Extraktion einer Rotation unterzogen, mit der diese Einfachstruktur möglichst gut gebildet wird.

Die Vorgehensweise und der Aussagewert der Faktorenanalyse soll am nachfolgenden realistischen Beispiel erläutert werden. In einer Imageanalyse soll das bestehende Image der Einkaufsstätte X beurteilt werden. Dazu werden die Befragten gebeten, diese Einkaufsstätte anhand einer 4stufigen Skala hinsichtlich der folgenden Eigenschaften einzuschätzen:

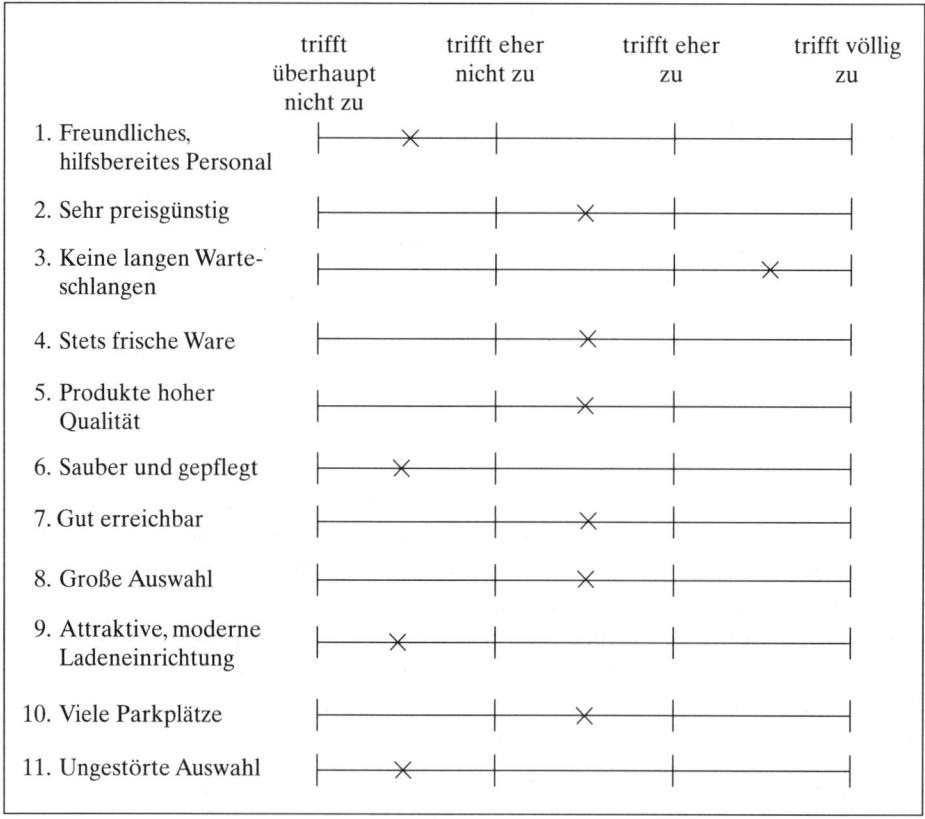

Abbildung 46: Beispiel Imageanalyse

Die Daten dieser Befragung werden zwecks Lösung späterer Rechenprobleme zunächst standardisiert, so daß der Mittelwert jeder Variablen über alle Untersuchungspersonen 0 und ihre Standardabweichung 1 beträgt. Ausgangspunkt der Faktorenanalyse ist dann eine Matrix der Korrelationskoeffizienten, die die Korrelationskoeffizienten jeder Variablen mit jeder anderen Variablen wiedergibt. Ein hoher Korrelationskoeffizient zwischen zwei Variablen weist zunächst auf einen gegenseitigen Zusammenhang dieser Variablen hin. Darüber hinausgehend unterstellt die Faktorenanalyse allerdings nun, daß ein hinter diesen Variablen stehender Faktor für diesen Zusammenhang verantwortlich ist. Unter Anwendung der sog. **Hauptkomponentenmethode** als dem gängigsten Lösungsverfahren werden aus der Korrelationsmatrix im nächsten Schritt die hinter den Variablen stehenden Faktoren ermittelt bzw. extrahiert. Als Ergebnis dieser Faktorenextraktion erhält man die **Faktorladungsmatrix** bzw. das Faktorenmuster, das im vorliegenden Beispiel folgendes Aussehen besitzt.

Abb. 47 gibt das Ergebnis der Faktorenanalyse nach der bekanntesten Methode, der Hauptkomponentenmethode wider. Die Faktorenanalyse erklärt demnach nur 47 % der Varianz der standardisierten Ursprungsvariablen. Insbesondere die Variablen 7 und 8 werden nur sehr schlecht erklärt.

Deutlich ist auch zu sehen, daß der erste Faktor ein sogenannter „Generalfaktor" ist, der auf sehr vielen Variablen hohe Ladungen aufweist. Dies ist eine Folge der Art der Extraktion, der erste Faktor wurde ja so bestimmt, daß er möglichst viel Varianz erklärt. Für die Interpretation der Faktoren ist diese Lösung aber noch nicht

Faktoren Variablen	I	II	III	h^2 Kommunalität
1	0,49	0,69	0,41	0,88
2	0,38	- 0,51	0,19	0,44
3	0,20	0,60	0,42	0,58
4	0,38	- 0,33	0,35	0,38
5	0,54	- 0,42	0,10	0,48
6	0,45	0,29	- 0,42	0,46
7	0,16	0,02	0,22	0,07
8	0,30	- 0,42	0,14	0,29
9	0,60	0,17	- 0,36	0,52
10	0,50	0,25	- 0,55	0,62
11	0,65	- 0,16	0,08	0,45
Eigenwert	2,21	1,76	1,20	5,17
Varianzanteil (Eigenwert/Zahl der Variablen)	20 %	16 %	11 %	47 %

Abbildung 47: Faktorladungsmatrix

geeignet. Erst nach der **Faktorrotation** ergibt sich die folgende Matrix der Faktorladungen, die nunmehr die für die Interpretation erforderliche Einfachstruktur aufweist.

Die Faktorrotation ändert nichts an den Beziehungen der Variablen untereinander. Geändert hat sich lediglich die Bedeutung der Faktoren, beispielsweise also deren Varianzanteil.

Im vorliegenden Fallbeispiel ergibt sich folgende rotierte Faktorladungsmatrix:

Faktoren / Variablen	I	II	III	h^2
1	0,02	0,23	**0,91**	0,88
2	**0,66**	0,01	- 0,08	0,44
3	- 0,13	0,01	**0,75**	0,58
4	**0,60**	- 0,06	0,13	0,37
5	**0,66**	0,20	- 0,02	0,48
6	- 0,08	**0,66**	0,10	0,46
7	0,14	0,00	0,22	0,07
8	**0,53**	- 0,01	- 0,08	0,29
9	0,12	**0,70**	**0,11**	0,52
10	- 0,06	0,46	**0,64**	0,62
11	0,43	**0,50**	0,13	0,45
Eigenwert	1,76	1,50	1,92	5,17
Varianzanteil	16 %	14 %	17 %	47 %

Abbildung 48: Rotierte Faktorladungsmatrix

Nunmehr lädt jede Variable nur noch auf einen Faktor hoch. Beispielsweise laden die Variablen

2 = sehr preisgünstig

4 = stets frische Waren

5 = Produkte hoher Qualität

8 = große Auswahl

hoch auf Faktor I. Damit läßt sich dieser Faktor als „Preis-Leistungsverhältnis" interpretieren.

Faktor II läßt sich aufgrund der hochladenden Variablen (6, 9, 11) wohl am ehesten mit „Atmosphäre", Faktor III mit „Service" (hoch ladende Variablen 1, 3, 10) umschreiben.

Betont sei allerdings, daß die Faktoreninterpretation subjektive Beurteilungsspielräume offen läßt.

218

Rein rechnerisch folgt nach der Faktoreninterpretation noch die Ermittlung der sog. **Faktorenwerte** für jeden Befragten. Diese ergeben sich je Befragten und Faktor aus den summierten Produkten von Merkmalsausprägung bei den Variablen und Faktorladung der Variablen. Der Faktorenwert ist ein Maß dafür, in welchem Ausmaß ein Individuum mit dem betreffenden Faktor ausgestattet ist, d.h. für das vorliegende Beispiel, wie wichtig der betreffende Faktor für die Imagebildung des Befragten bezüglich der Einkaufsstätte X ist.

Mit der Faktorenextraktion, Faktoreninterpretation und Ermittlung der Faktorenwerte ist die unmittelbare Aufgabenstellung der Faktorenanalyse gelöst. Darüber hinaus bildet in vielen Fällen – soweit es dem Ausgangstatbestand und der Problemstellung entspricht – die sog. **faktorielle Positionierung** einen erheblichen zusätzlichen Erkenntnis- und Anschauungswert. Dazu werden die Faktoren als die Dimensionen eines n-dimensionalen Raumes herangezogen und die Faktorenwerte durch Eintragung visualisiert. Aus naheliegenden Gründen beschränkt man sich dabei auf zwei bis drei Faktoren.

Zusammenfassend werden mit der Faktorenanalyse vor allem folgende Zielsetzungen verfolgt:

- Umfangreiche Variablenbestände lassen sich auf einige wenige, voneinander unabhängige Dimensionen reduzieren. Insbesondere bei der Einstellungsmessung, bei der durch ein Polaritätenprofil eine Vielzahl von Items beurteilt werden sollen, trägt eine **Reduzierung** der **Variablenmenge** erheblich zur Erhöhung des Aussagewertes und der Überschaubarkeit bei.

- Durch eine Analyse der Beziehungen von Variablen, die in einem engen Zusammenhang miteinander stehen, d.h. deren Merkmalsausprägungen bei verschiedenen Untersuchungseinheiten gemeinsam und gleichgerichtet variieren, werden **latente Verursachungsgründe** (Faktoren) sichtbar, die hinter den Variablen stehen.

Die Faktorenanalyse wird als eigenständiges Verfahren eingesetzt (wie im obigen Beispiel), häufig aber auch als ergänzendes Variablenreduktionsverfahren verwendet, z.B. bei einer Regressionsanalyse zur Vermeidung einer Multikollinearität oder vor einer Clusteranalyse zur Vermeidung der mit hohen Variablenzahlen verbundenen Rechenproblemen.

3.7 Clusteranalyse

Während die Faktorenanalyse die Zahl der **Variablen** reduziert, setzt die Clusteranalyse auf der Seite der **Objekte** an und versucht hier zu komprimieren, indem sie feststellt, welche Objekte weitgehend durch gleiche Merkmalsausprägungen gekennzeichnet sind. Ziel der Clusteranalyse ist es, die Gesamtheit der ausgewählten Objekte entsprechend ihrer Merkmalsausprägungen so in Gruppen (= Cluster)

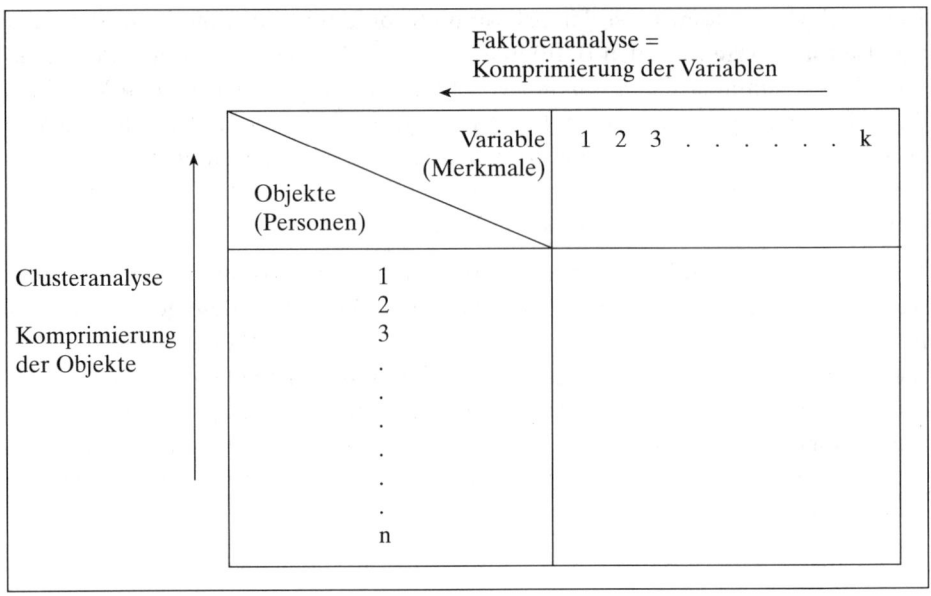

Abbildung 49: Ziele der Faktoren- und Clusteranalyse

aufzuspalten, bzw. die einzelnen Objekte so zu Gruppen zusammenzufassen, daß die einzelnen Gruppen in sich möglichst homogen, die Unterschiede zwischen den Gruppen aber möglichst groß sind.

Damit unterscheidet sich die Clusteranalyse auch nachhaltig von der Diskriminanzanalyse. Denn während das Ziel der Clusteranalyse in der **Bildung von Gruppen** liegt, geht es bei der Diskriminanzanalyse um die **Unterscheidungsfähigkeit** in bezug auf bereits **gegebene** a priori-**Gruppen**.

Die Clusteranalyse schreibt kein bestimmtes Meßniveau vor, d.h. die Untersuchungseinheiten können auf der Basis metrisch- und/oder nichtmetrisch-skalierter Variablen gruppiert werden.

Das Ziel der Clusteranalyse läßt sich an einem einfachen Beispiel verdeutlichen. 12 Untersuchungspersonen sollen anhand der Merkmale „Einkaufshäufigkeit von Marke X" und „Alter" klassifiziert bzw. gruppiert werden. Zur besseren Veranschaulichung werden die Untersuchungspersonen in einen zweidimensionalen Merkmalsraum mit den Koordinaten „Einkaufshäufigkeit" und „Alter" abgebildet.

Die Verteilung der Untersuchungspersonen im Merkmalsraum zeigt, daß sie sich zu 3 voneinander abgegrenzten Gruppen zusammenfassen lassen. Aufgrund der Einkaufshäufigkeit lassen sich diese Gruppen als Intensiv-, Normal- oder Nicht- bzw. Schwachkäufer charakterisieren.

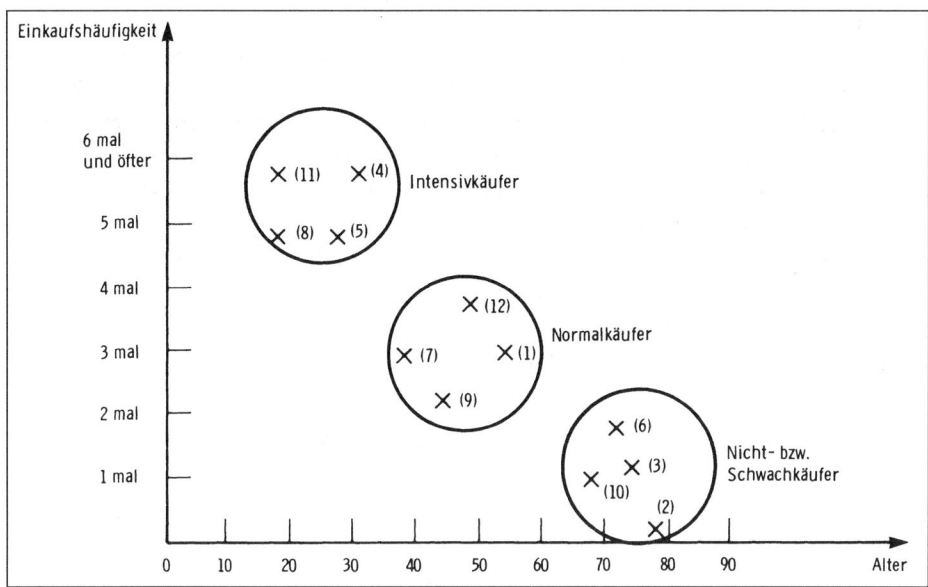

Abbildung 50: Cluster im zweidimensionalen Merkmalsraum

Um solche typischen, sich unterscheidenden und operationalen Cluster zu finden, reicht es in der Realität jedoch nicht aus, nach nur 2 Variablen zu klassifizieren. So genügt es sicherlich nicht, Intensivkäufer allein anhand der Merkmale „Alter" und „Einkaufshäufigkeit" zu klassifizieren, sondern es müssen darüber hinaus andere Variablen wie Einkommen, Haushaltsgröße, Preisbewußtsein, Probierverhalten – um nur einige zu nennen – für die Gruppenbildung herangezogen werden. Da das menschliche Vorstellungsvermögen jedoch nicht ausreicht, nach mehr als 3 Merkmalen gleichzeitig zu klassifizieren, bedient man sich im vieldimensionalen Merkmalsraum der Clusteranalyse.

Dabei ist allerdings zu beachten, daß die zur Gruppenbildung herangezogenen Merkmale nicht interkorreliert sind. Aus diesem Grunde muß der Clusteranalyse oft eine Faktorenanalyse vorgeschaltet werden, die eine Verdichtung der Variablen auf einige wenige voneinander unabhängige Merkmale bewirkt.

Die Clusteranalyse selbst geht in 2 grundlegenden Schritten vor:

(1) Quantifizierung der Ähnlichkeit bzw. Unähnlichkeit von Objekten anhand eines Proximitätsmaßes

(2) Zusammenfassung der Objekte aufgrund des Proximitätsmaßes, so daß in sich homogene und nach außen heterogene Gruppen entstehen.

Ad (1)

Im zwei- bzw. dreidimensionalen Merkmalsraum werden die Untersuchungspersonen dann zu einer Gruppe zusammengefaßt, wenn sie – wie im Beispiel vorab – optisch nahe beieinanderliegen. Im vieldimensionalen Raum läßt sich die Nähe bzw. Entfernung der einzelnen Untersuchungseinheiten bzw. Objekte jedoch nicht mehr optisch erfassen, vielmehr wird die Ähnlichkeit der Objekte in bezug auf die betrachteten Variablen mit Hilfe sog. **Proximitätsmaße** quantifiziert. Dabei beruhen die Proximitätsmaße immer auf einem Paarvergleich, d.h. es werden jeweils 2 Objekte auf ihre Ähnlichkeit bzw. Unähnlichkeit hin untersucht. Die Vielzahl der existierenden Proximitätsmaße läßt sich in 4 Gruppen unterteilen, wobei das geeignete Maß unmittelbar vom Meßniveau der Eingabedaten abhängt.

a) Korrelationsmaße

Entsprechend der Methodik der Faktorenanalyse können im Rahmen der Clusterbildung auch Korrelationskoeffizienten als Ähnlichkeitsmaße verwendet werden. Dies ist methodisch allerdings äußerst umstritten. Als Korrelationsmaße stehen der Korrelationskoeffizient nach Bravais-Pearson für intervallskalierte Daten und der Spearman'sche Rangkorrelationskoeffizient für ordinalskalierte Daten zur Verfügung.

b) Distanzmaße

Distanzmaße, wie die **City-Block-Distanz** oder die **Euklid'sche Distanz** ziehen zur Ähnlichkeitserfassung von Objekten deren Distanz im geometrischen Raum heran, wobei man 2 Objekte dann als ähnlich bezeichnet, wenn ihre Distanz sehr klein ist. Diese Distanzmaße setzen metrisches Meßniveau voraus.

Bei der City-Block-Distanz bspw. werden für jedes Merkmal die Differenzen von 2 Objekten gebildet und anschließend die absoluten Differenzwerte über alle Merkmale addiert. Je geringer der Wert ist, desto ähnlicher sind die Objekte.

c) Ähnlichkeitskoeffizienten

Ähnlichkeitskoeffizienten werden dann herangezogen, wenn nominalskalierte Daten verglichen werden müssen. Da in der empirischen Marketingforschung viele der relevanten Eigenschaften nominales Skalenniveau besitzen (z.B. Geschlecht, Familienstand, Wohnort usw.), kommt den Ähnlichkeitskoeffizienten eine sehr große Bedeutung zu.

Als Beispiel für einen Ähnlichkeitskoeffizienten sei der **Tanimoto-Koeffizient** angeführt: Zur Vereinfachung sei angenommen, es läge nur eine Anzahl binärer Variablen vor, so daß nur unterschieden wird, ob ein Objekt eine Eigenschaft besitzt oder nicht (0,1-Variable). Zunächst wird festgestellt, wie viele Eigenschaften die beiden Objekte, die miteinander verglichen werden, übereinstimmend aufweisen. Anschließend wird die Zahl der Eigenschaften bestimmt, die entweder bei Objekt 1 oder bei Objekt 2 oder aber bei beiden Objekten vorhanden sind. Eine anschließende Quotientenbildung ergibt den Tanimoto-Koeffizienten.

$$T = \frac{\text{Zahl der Eigenschaften, die beide Objekte aufweisen}}{\text{Zahl der Eigenschaften, die mindestens bei einem der beiden Objekte vorhanden sind}}$$

Der Wertebereich des Tanimoto-Koeffizienten liegt zwischen 0 und 1, wobei 0 auf eine totale Unähnlichkeit und 1 auf eine totale Ähnlichkeit hinweist.

d) Probabilistische Proximitätsmaße

Grundlage der sog. probabilistischen Proximitätsmaße bilden Wahrscheinlichkeitsrechnungen. Die bisher genannten Ähnlichkeitsmaße lassen außer acht, daß in manchen Fällen zufällige Übereinstimmungen zwischen Personen oder Objekten auftreten können. Probabilistische Proximitätsmaße berücksichtigen dieses Problem, indem sie die tatsächlich beobachteten Übereinstimmungen zwischen 2 Objekten mit jener Übereinstimmung vergleichen, die bei reinem Zufall zu erwarten wäre.

Ad (2)

Im folgenden Schritt müssen nun die Objekte so zu Gruppen zusammengefaßt werden, daß möglichst homogene, voneinander abgegrenzte Cluster entstehen. Das Problem hierbei besteht darin, die optimale Zahl von Clustern zu bestimmen. Grundsätzlich stehen 2 unterschiedliche Verfahrensweisen zur Verfügung, nämlich die **hierarchischen** und die **nicht-hierarchischen** Verfahren.

Stellvertretend für die hierarchischen Verfahren sei die Vorgehensweise des **Single-Linkage-Verfahrens** erläutert.

Stufe 1: Jedes Objekt wird als ein Cluster aufgefaßt, so daß man ebenso viele Cluster wie Objekte hat.

Stufe 2: Die beiden Objekte (Cluster) mit der geringsten Distanz werden zu einem neuen, aus 2 Objekten bestehenden Cluster zusammengefaßt.

Stufe 3: Wiederum werden die beiden nächstgelegenen Objekte zu einem Cluster zusammengefaßt. Weist jedoch ein Objekt die geringste Distanz zu einem Objekt auf, das sich schon gemeinsam mit einem anderen Objekt in einem Cluster befindet, wird es diesem Cluster zugeordnet.

Die Stufen 2 und 3 werden solange wiederholt, bis alle Objekte einem einzigen Cluster zugeordnet sind. Erst danach wird über die optimale Anzahl von Clustern entschieden, wobei der Forderung nach in sich homogenen und nach außen abgegrenzten Clustern bestmöglich Rechnung getragen werden muß.

Der Clustervorgang läßt sich mit Hilfe eines „Dendogrammes" auch graphisch veranschaulichen.

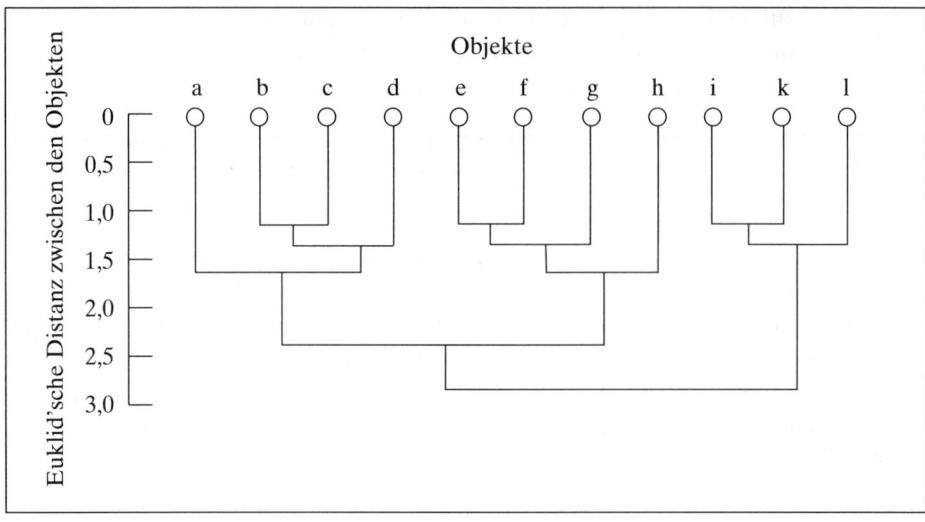

Abbildung 51: Dendogramm

Neben diesen sog. **agglomerativen** hierarchischen Verfahren gibt es auch **divisive** hierarchische Verfahren, bei denen alle Objekte zunächst in einem Cluster zusammengefaßt werden und dann in mehrere Gruppen aufgespalten werden.

Bei den **nicht-hierarchischen** Clusterverfahren steuert ein autonom vorgegebener Schwellenwert für die Distanzen zwischen einem zu bestimmenden Clusterzentrum und den nicht-klassifizierten Objekten den Clustervorgang. Als Clusterzentrum können bspw. die beiden am dichtesten beieinanderliegenden Objekte oder der Schwerpunkt aller Objekte festgelegt werden. Alle Objekte, die geringere Distanzen als der vorab bestimmte Schwellenwert aufweisen, gehören zum ersten Cluster. Danach wird aus den restlichen Objekten erneut ein Clusterzentrum gewählt und wieder über den Schwellenwert ein Cluster gebildet. Dieser Vorgang wird solange fortgesetzt, bis alle Objekte eindeutig einem Cluster zugewiesen sind.

Problematisch bei allen Clusterverfahren ist die Bestimmung der optimalen Zahl von Clustern. Neben einer rein subjektiven Beurteilung kann man sich auch sog. **partitionierender** Verfahren bedienen, die ausgehend von einer vorgegebenen Gruppeneinteilung die Objekte solange in andere Gruppen verlagern, bis eine optimale Clusterung erreicht wird. Als Beurteilungsmaß wird hierbei das Varianzkriterium herangezogen. Ziel ist es, die Distanzen der Objekte eines Clusters vom Clustermittelpunkt zu minimieren.

Aufgrund des heuristischen Charakters der Clusterbildung, wegen der Vielzahl unterschiedlicher Distanzmaße und Clustertechniken, und nicht zuletzt wegen der Notwendigkeit der Abstimmung der Clusterbildung auf den jeweiligen Untersuchungszweck, kann es allerdings kein absolutes Kriterium zur Bestimmung der optimalen Anzahl von Clustern geben.

Das Hauptanwendungsgebiet der Clusteranalyse im Marketing ist die **Marktsegmentierung.** Hierzu werden Individuen aufgrund ihrer Ähnlichkeit und/oder Identität bezüglich sozioökonomischer, demographischer und psychographischer Merkmale zu möglichst homogenen Clustern bzw. Marktsegmenten zusammengefaßt. Die Segmentationsanalysen gehen dabei von der Grundgesamtheit aus und spalten diese z.B. mit Hilfe von oben nach unten verlaufenden hierarchischen Clusteranalyseverfahren in mehrere Cluster bzw. Marktsegmente auf.

Neben der Marktsegmentation wird die Clusteranalyse auch für **Typologisierungsanalysen** (vgl. z.B. Persönlichkeitstypologien) herangezogen. Dabei streben diese Typisierungsanalysen prinzipiell das gleiche Ziel wie die Marktsegmentierungsanalysen an, allerdings arbeiten sie in umgekehrter Richtung, denn sie gehen von einzelnen Individuen aus und fassen diese zu Clustern zusammen.

3.8 Multidimensionale Skalierung

Bei der multidimensionalen Skalierung (MDS) handelt es sich um ein Verfahren, das darauf abzielt, Objekte in einem mehrdimensionalen Raum **räumlich** zu **positionieren,** und zwar so, daß die Positionen der Objekte und ihre gegenseitigen räumlichen Entfernungen mit den tatsächlichen Entfernungen bzw. Unterschieden dieser Objekte weitestgehend übereinstimmen.

Die Problemstellung der MDS soll anhand eines einfachen, nicht aus der Marketingforschung stammenden Beispiels aufgezeigt werden, wobei der Vorteil darin besteht, daß die Lösung von vornherein bekannt ist.

Die nachstehende Tabelle gibt die Entfernungen zwischen 9 Städten der Bundesrepublik wieder.

Die Aufgabe der MDS bestünde nun darin, diese Städe in einem geometrischen Raum unbekannter, noch zu ermittelnder Dimension so abzubilden, daß die Distanzen der Städte im geometrischen Raum den tatsächlichen Entfernungen möglichst nahe kommen. Es liegt auf der Hand, die Städte, wie Abbildung 53 verdeutlicht, in einem zweidimensionalen Raum mit den Achsen Nord/Süd und Ost/West abzubilden.

Die Distanzen zwischen den Städten in der Darstellung sind ein nahezu getreues Abbild der tatsächlichen Entfernungen, wie sie in Abbildung 56 ausgewiesen sind. Damit wurde das Ziel der MDS erreicht, indem nämlich die $\binom{9}{2} = 52$ verschiedenen Entfernungen zu einer möglichst gering dimensionierten und somit überschaubaren räumlichen Abbildung verdichtet wurden.

Orte	B	HB	F	HH	H	K	M	N	S
Berlin (B)	-	380	555	265	280	570	585	435	625
Bremen (HB)		-	470	120	125	315	755	580	670
Frankfurt (F)			-	490	360	190	400	225	215
Hamburg (HH)				-	155	420	780	610	695
Hannover (H)					-	290	635	465	555
Köln (K)						-	580	410	375
München (M)							-	170	220
Nürnberg (N)								-	190
Stuttgart (S)									-

Abbildung 52: Straßenentfernungskilometer zwischen 9 deutschen Städten

Im vorliegenden Beispiel haben die Eingangsdaten metrisches Skalenniveau. Die MDS kann allerdings auch dann angewendet werden, wenn nur ordinalskalierte Daten vorliegen. In diesem Fall sind die Objekte so in einem n-dimensionalen Raum zu positionieren, daß die Rangordnung der räumlichen Distanzen zwischen den Punkten möglichst genau die Rangordnung der Eingangsdaten wiedergibt.

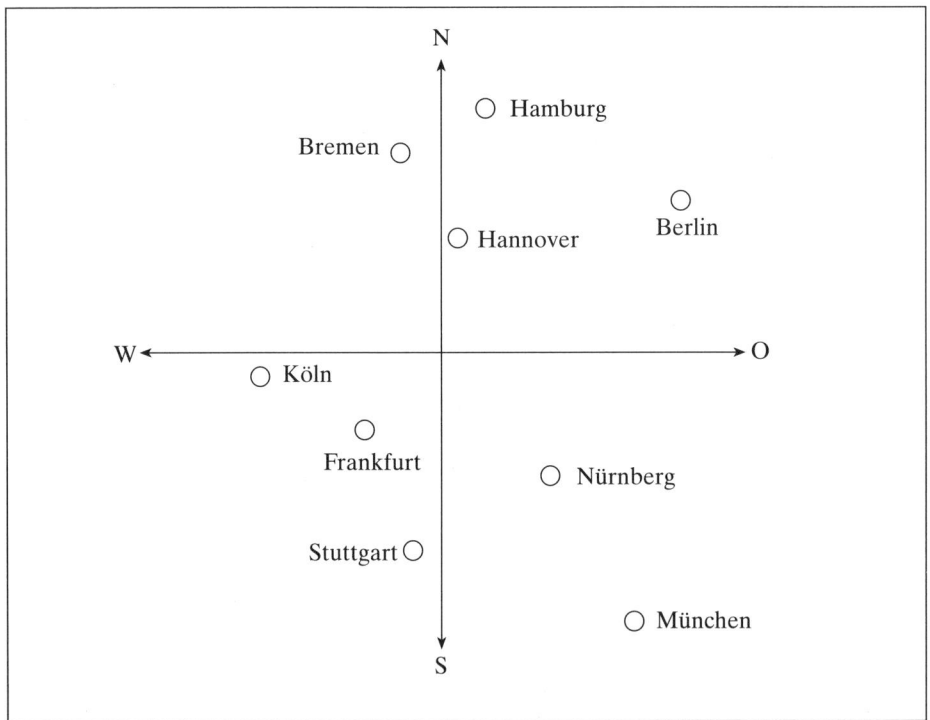

Abbildung 53: Räumliche Positionierung deutscher Städte

In der Marketingforschung wird die MDS immer dann angewendet, wenn Objekte (z.B. Produktmarken) von Untersuchungspersonen auf ihre **Ähnlichkeit** bzw. Unähnlichkeit hin beurteilt und das Ergebnis in einer **geringdimensionalen Abbildung** dargestellt werden soll.

Bei den bisher behandelten multivariaten Verfahren zur Klassifizierung von Objekten (z.B. der Clusteranalyse) wurden die Objekte zunächst anhand einer Reihe vorgegebener Produkteigenschaften von den Untersuchungspersonen beurteilt und dann aufgrund dieser Ergebnisse vom Untersuchungsleiter die Ähnlichkeit bzw. Unähnlichkeit verschiedener Objekte festgestellt. Bei der MDS hingegen sollen die Untersuchungspersonen im direkten Paarvergleich **global** die Ähnlichkeit von 2 Objekten bestimmen. Im nachhinein werden dann jene Dimensionen ermittelt, die für die perzipierte Unterschiedlichkeit der Objekte verantwortlich sind. Diese Vorgehensweise hat zum einen den Vorteil, daß den Untersuchungspersonen nicht Kriterien zur Beurteilung vorgelegt werden, die für eine Produkteinschätzung keine Rolle spielen, während andere eventuell relevante Eigenschaften nicht berücksichtigt werden. Zum anderen mißt der Befragte unterschiedlichen Kriterien möglicherweise unterschiedliche Bedeutung zu, wobei die Quantifizierung solcher Gewichtungsfaktoren einige Probleme mit sich bringt. Schließlich könnten auch konnotative Dissonanzen zwischen den Untersuchungspersonen und dem Untersuchungsleiter bezüglich der Wortbedeutung einzelner Kriterien auftreten, was durch die Vorgehensweise bei der MDS vermieden wird.

Von der Vielzahl der Befragungsmethoden, mit denen die Ähnlichkeitsurteile erhoben werden, hat sich vor allem die **Rating-Skala** bewährt. Der Befragte hat hierbei anhand einer zweipoligen Skala die Ähnlichkeit von jeweils 2 Objekten zu beurteilen, und zwar solange, bis er jedes Objekt mit jedem anderen verglichen hat.

sehr   Die Marken A und B sind   sehr
ähnlich ├────────────────────────────┤ unähnlich

Das Ziel der MDS besteht nun darin, in einem möglichst gering dimensionierten Raum eine **Objektkonfiguration** (= Anordnung der Objekte im geometrischen Raum) zu finden, so daß ähnliche Objekte eine geringe Distanz und unähnliche Objekte eine große Distanz aufweisen.

Alle Dimensionen, welche benötigt werden, um die Objekte in dieser Weise im Raum anzuordnen, repräsentieren die latenten Beurteilungskriterien der Untersuchungspersonen. Obwohl diese komplexerer Natur sein mögen, bemüht man sich, möglichst mit einer dreidimensionalen Lösung auszukommen, da dann eine anschauliche graphische Darstellung erfolgen kann.

Grundsätzlich geht das EDV-Programm bei der MDS folgendermaßen vor:

(1) Es wird eine Startkonfiguration in einem Raum frei wählbarer Dimension bestimmt. Dazu werden den Objektpaaren zunächst Rangzahlen zugewiesen, und zwar in der Weise, daß das ähnlichste Objektpaar die Rangzahl 1, das zweitähnlichste die Rangzahl 2 usw. erhält. Die Positionierung der Objekte im Raum erfolgt so, daß der niedrigsten Rangzahl auch die geringste Distanz im Raum entspricht usw.

(2) Berechnung der Distanz der Objekte im Raum mit Hilfe eines Distanzmaßes. Das bevorzugte Distanzmodell ist hierbei die Euklid'sche Metrik, bei der die Distanz zweier Produkte durch ihre kürzeste Entfernung („Luftlinie") gemessen wird.

(3) Überprüfung, ob die Distanzen gegen die Monotoniebedingung verstoßen. Diese Bedingung erfordert, daß die im Raum vorliegenden Distanzen mit den von den Untersuchungspersonen tatsächlich perzipierten Ähnlichkeitsrängen in einem monotonen Zusammenhang stehen. Ein Beispiel jeweils für einen monotonen und einen nicht-monotonen Zusammenhang gibt Abbildung 54. Auf der Ordinate sind die tatsächlichen Ähnlichkeitsabstände ($\hat{d}_{ij}$), auf der Abszisse die Euklid'schen Distanzen (d_{ij}) abgetragen. Die Buchstaben in Klammern stehen für verschiedene Markenpaare.

Inwieweit die Monotoniebedingungen durch die jeweilige Konfiguration erfüllt sind, wird durch das sog. **Streßkriterium** gemessen.

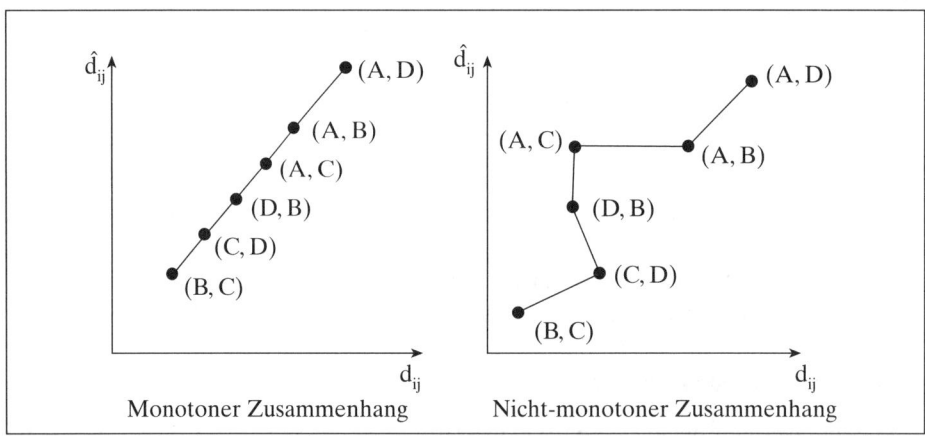

Abbildung 54: Anpassung der Distanzen an die Ähnlichkeiten

Für die Beurteilung, ob die Monotoniebedingung gut oder schlecht erfüllt wurde, gilt folgende Faustregel:

Streßwert	Bewertung der Konfiguration
>0,4	schlecht
0,2	mäßig
0,1	gut
0,05	ausgezeichnet
0	perfekt

Abbildung 55: Beurteilung alternativer Streßwerte

(4) Die vorliegende Konfiguration wird nun solange verschoben, bis der Streßwert ein Minimum erreicht oder eine Stopregel in Kraft tritt.

Das durch die 4 Schritte charakterisierte Lösungsverfahren der MDS zur Positionierung der Objekte wird mehrmals mit verschiedener Anzahl an Dimensionen und verschiedenen Startkonfigurationen durchlaufen, bis man zur zweckoptimalen Lösung gelangt. Da der Streßwert mit jeder zusätzlichen Dimension abnimmt, das Ziel der MDS jedoch eine möglichst gering dimensionierte Abbildung ist, entscheidet man sich zumeist für einen Kompromiß, und gibt sich mit (nur) guten, dafür aber gering-dimensionierten Konfigurationen zufrieden.

Zentrales Problem der MDS ist, wie auch schon bei der Faktoren- und Clusteranalyse, die inhaltliche Benennung der Dimensionen. Man kann sich entsprechend der Faktorenanalyse dadurch behelfen, daß eine Rotation der Koordinatenachsen durchgeführt wird, so daß die Dimensionen nahe bei einzelnen Objektgruppen liegen. Durch Analyse der jeweiligen Objektgruppen lassen sich dann u.U. Gemeinsamkeiten auffinden. Daneben können auch Expertenurteile für die Interpretation zu Rate gezogen werden.

Die MDS findet vor allem bei **Marktpositionierungsanalysen** Anwendung. Dabei läßt sich zusätzlich zu der Positionierung von Objekten aufgrund von Ähnlichkeitsurteilen auch das „Idealobjekt" positionieren. Dazu werden die Untersuchungspersonen nicht nur nach der Ähnlichkeit von Objektpaaren befragt, sondern sie müssen zusätzlich eine Rangfolge der Objekte gemäß ihrer Bevorzugung abgeben. Durch Verdichtung dieser Rangordnung mit Hilfe der MDS läßt sich dann das Idealobjekt im Raum positionieren, wodurch man wertvolle Anhaltspunkte für die Ausgestaltung des Marketing-Mix erhält.

3.9   Weitere Verfahren

(1) Konfigurationsfrequenzanalyse

Die Konfigurationsfrequenzanalyse (KFA) ist ein der Clusteranalyse verwandtes Verfahren, dessen Zielsetzung ebenfalls in der **Gruppierung** von Objekten bzw. in der Herausarbeitung von Typen liegt. Die Vorgehensweise der KFA besteht zunächst darin, alle möglichen Kombinationen von Merkmalsausprägungen bezüglich der erhobenen Merkmalsdimensionen zu ermitteln. Jedes Untersuchungsobjekt wird dann der ihm entsprechenden Merkmalskombination zugeordnet und anschließend die Häufigkeit festgestellt, mit der jede Merkmalskombination auftritt. Die beobachteten Häufigkeiten werden den sich aus der χ^2-Tabelle ergebenden, theoretisch erwarteten Häufigkeiten gegenübergestellt, d.h. es wird überprüft, ob bestimmte Merkmalskombinationen signifikant häufiger bzw. seltener auftreten, als es im statistischen Sinn erwartet werden kann[2].

Merkmalskombinationen, die signifikant häufiger auftreten, werden als **Konfigurationstypen,** Merkmalskombinationen, die signifikant seltener auftreten, dementsprechend als Konfigurationsantitypen bezeichnet.

Die Klassifikation der Objekte erfolgt also dadurch, daß sie entsprechend ihrer Merkmalskombinationen als „Typen" oder als „Antitypen" bezeichnet werden. Die Zuordnung der Objekte ist damit nicht vollständig; denn weist ein Objekt eine Merkmalskombination auf, die nicht häufiger oder seltener als statistisch erwartet auftritt, erfolgt keine Gruppierung. Unter Umständen lassen sich vergleichsweise nur wenige Objekte in die Gruppen „Typ" bzw. „Antityp" einordnen.

Ein Problem für die praktische Anwendung ist, daß die Stichprobe bei größer werdenden Variablenzahlen sehr groß sein muß, da zur Anwendung der χ^2-Verteilung die auftretenden Häufigkeiten nicht kleiner als 5 sein sollten. Bei 10 Variablen mit je 2 Merkmalsausprägungen ergeben sich $2^{10} = 1024$ Merkmalskombinationen, womit bereits mindestens 1024 x 5 = 5120 Untersuchungsobjekte erforderlich sind.

(2) Kausalanalyse

Die Kausalanalyse ist als multivariates Verfahren zu klassifizieren, das der Überprüfung von **Zusammenhängen** zwischen Variablen dient (**Dependenzanalyse**). Mit ihrer Hilfe überprüft man auf der Basis eines theoretisch fundierten Hypothesensystems, ob das empirisch gewonnene Datenmaterial den vor der Anwendung des Verfahrens aufgestellten Beziehungen zwischen den Variablen entspricht.

Im Marketing werden im Rahmen von Hypothesen häufig sogenannte hypothetische Konstrukte (Einstellung, Image, Motivation etc.) zur Erklärung herange-

---

2   Zum χ^2 Unabhängigkeitstest vgl. S. 236 ff.

zogen. Daher besitzt in diesem Bereich der **LISREL-Ansatz** (Linear Structural Relationships) der Kausalanalyse besondere Bedeutung, da es gerade dieser ermöglicht, die Zusammenhänge zwischen hypothetischen Konstrukten überprüfbar zu machen.

Um diese Dependenzen überprüfen zu können, ist es jedoch notwendig, die hypothetischen Konstrukte zunächst einmal zu operationalisieren (Definition und Suche nach Meßindikatoren). Danach sind die Teilmodelle des LISREL-Modells zu erstellen, die zum einen aus dem **Strukturmodell,** das die theoretisch vermuteten Zusammenhänge zwischen den hypothetischen Konstrukten abbildet, zum zweiten aus dem Meßmodell der latenten exogenen (unabhängigen) **Variablen,** das die empirischen Indikatoren zur Operationalisierung der exogenen Variablen enthält und zum dritten aus dem Meßmodell der latenten **endogenen Variablen** (enthält Indikatoren zur Operationalisierung der endogenen (abhängigen) Variablen) besteht. Zur Überprüfung eines Hypothesensystems mit Hilfe des LISREL-Ansatzes sind die folgenden Ablaufschritte notwendig:

1. Hypothesenbildung

2. Erstellung eines Pfaddiagramms zur Verdeutlichung der Ursache-Wirkungszusammenhänge des Hypothesensystems.

3. Spezifikation der Modellstruktur, d.h. Überführen der Hypothesen und deren Beziehungen in mathematische Gleichungen.

4. Identifikation der Modellstruktur, d.h. Überprüfen, ob sich die Gleichungen mit Hilfe der aus den empirischen Daten gewonnenen Informationen lösen lassen.

5. Parameterschätzungen (aufgrund der empirisch gewonnenen Korrelationen).

6. Beurteilung der Schätzergebnisse, d.h. Überprüfung der Güte der Anpassung der theoretischen Modellstruktur an den empirischen Datensatz.

Das Verfahren erfordert also ein empirisch begründetes Modell der Zusammenhänge (Interdependenzen) und damit viel Erfahrung, aber auch viel Aufwand zum Ausprobieren der Mechanismen. Deshalb ist es unter Praktikern auch nicht unumstritten.

3.10 Fehlerquellen bei multivariaten Analysen

Vielfach wird der Vorwurf erhoben, diese Verfahren dienten eher Zwecken der Kosmetik als tatsächlich seriösen Analyseanliegen. In der Tat kann nicht verkannt werden, daß die multivariaten Verfahren häufig relativ unbekümmert, d.h. ohne Prüfung der Anwendungsvoraussetzungen, ohne Angabe des konkret verwandten

Verfahrenstyps und ohne ausreichende Berücksichtigung der z.T. beträchtlichen Interpretationsspielräume zum Einsatz kommen.

Deshalb sei hier nochmals stichpunktartig auf die in der Praxis am häufigsten zu beobachtenden Fehlerquellen hingewiesen. Diese Auflistung kann freilich die sorgfältige Prüfung des Einzelfalles und -verfahrens nicht ersetzen, sondern nur Denkanstöße geben.

▪ Auswahlverfahren
Wann immer mit Hilfe von multivariaten Verfahren von der Stichprobe auf die Grundgesamtheit geschlossen werden soll, ist es eigentlich erforderlich, daß die Stichprobe auf der Grundlage einer **Zufallsauswahl** gebildet wurde, da nur bei diesem Auswahlverfahren Zufallsfehler- und Signifikanzniveauberechnungen möglich sind. In der Marktforschungspraxis wird dennoch sehr häufig gegen diese Prämisse verstoßen, indem nämlich solche Auswertungsverfahren auch bei durch Quotaauswahl ermittelten Stichproben zur Anwendung gelangen. Auch wenn ein solches Vorgehen unter dem Hinweis, es sei längst empirisch erwiesen, daß beide Verfahren zum gleichen Ergebnis führen, einigermaßen plausibel erscheint, lassen sich alle Bedenken nicht ohne weiteres ausräumen.

▪ Skalenniveau
Jedes multivariate Verfahren verlangt ein bestimmtes Skalenniveau der Eingabedaten. Häufig anzutreffende Praxis ist jedoch, daß Ordinalskalen ohne weitere Überlegungen zu Intervallskalen „uminterpretiert" werden.

▪ Spezielle Annahmen der einzelnen Verfahren
Zur Skalenanforderung kommen bei fast allen Verfahren weitere, spezifische Annahmen wie z.B. die Normalverteilungsannahme, die Linearitätsannahme, die Additivitätsannahme usw. Es darf behauptet werden, daß die Erfüllung dieser Annahmen sehr oft nicht geprüft wird.

▪ Eingesetzter Verfahrensuntertyp
Wie aus den Einzeldarstellungen hervorgeht, gibt es weder **die** Faktorenanalyse, noch **die** Clusteranalyse, noch **die** mehrdimensionale Skalierung, sondern zahlreiche Verfahrensuntertypen und -techniken. In vielen Forschungsberichten vermißt man jedoch den Hinweis auf den gewählten Verfahrensuntertyp.

▪ Interpretationsspielräume
Dementsprechend existiert bei diesen Verfahren niemals **die** eindeutige Lösung, sondern eine Vielzahl gleichwertiger Lösungen. Auch dieser Aspekt wird häufig vernachlässigt, die am leichtesten zu interpretierende Lösung wird als **das** Ergebnis präsentiert.

Schließlich sei noch darauf hingewiesen, daß Fehler bei der Erhebungskonzeption und -durchführung auch durch das raffinierteste Analyseverfahren weder gemildert noch beseitigt werden können. Schädlich ist dabei bereits die durch diese Verfahren unterstützte Vorstellung, dass es nur darauf ankomme, dem Computer möglichst viel „Stoff" zu geben. Das führt letztlich dazu, dass die Fragebogen an den Möglichkeiten von Befragten und Interviewern vorbei konzipiert werden.

Der Beitrag, den die Verfahren zu leisten vermögen, lässt sich substantiell nur beurteilen, wenn man sie selbst durchführt und die Ergebnisse mit den Kerndaten vergleichen kann.

B. Datenauswertung mittels induktiver Statistik

1. Grundlagen

Die in diesem Abschnitt behandelten Verfahren der induktiven Statistik, auch **statistische Prüfverfahren** genannt, werden zur Überprüfung von Annahmen über das in Stichproben gewonnene Datenmaterial oder zur Prüfung der Zulässigkeit des Schlusses von Werten der Stichprobe auf Werte der Grundgesamtheit eingesetzt.

Besondere Bedeutung haben statistische Prüfverfahren u.a. für die Datenauswertung mittels multivariater Verfahren, da hier ermittelt wird, ob die für das jeweilige Verfahren notwendigen Voraussetzungen zutreffen. Es wird also geprüft, ob es überhaupt zulässig ist, ein (bestimmtes) multivariates Analyseverfahren zum Einsatz zu bringen. Die für das jeweilige Verfahren durchzuführenden Tests sind den Verfahrensbeschreibungen der Spezialliteratur zu entnehmen.

Der Einsatzbereich statistischer Prüfverfahren ist insgesamt so groß, daß hier nur die elementarsten Grundformen behandelt werden können. Für alle weitergehenden Anwendungen muß auf einschlägige statistische Literatur verwiesen werden (z.B. Böhler, Cochran, Lienert, Münzner, Schaich).

Es muß jedoch beim Einsatz eines Testverfahrens auf die Voraussetzungen für dieses Testverfahren selbst geachtet werden. So ist für den Einsatz eines statistischen Testverfahrens stets das Vorliegen einer Zufallsstichprobe aus einer realen oder zumindest vorstellbaren hypothetischen Grundgesamtheit notwendig.

Ausgangspunkt für die statistische Prüfung ist die sog. **Arbeitshypothese.** Diese wird nach fachkundiger Einsicht in einen bestimmten Sachzusammenhang formuliert. Die Absicherung der Arbeitshypothese geschieht häufig dadurch, daß man sie in einer statistischen Formulierung negiert und diese sog. **Nullhypothese** einem statistischen Prüfverfahren unterzieht. Hätte man in der Arbeitshypothese einen Unterschied, z.B. im Trinkverhalten zweier Probandengruppen, formuliert, so wäre die Nullhypothese in der Form „zwischen ... besteht im Sinne der Wahrscheinlichkeitstheorie **kein** Unterschied" zu bilden.

In einem statistischen Test können u.a. Annahmen über gewisse Parameter (z.B. Mittelwerte, Standardabweichungen) einer hypothetischen Verteilung (z.B. Normalverteilung) oder auch Annahmen über Verteilungen selbst geprüft werden. Die Prüfung erfolgt mit einem jeweils problemadäquat zu bestimmenden Prüfmaß. Die Entscheidung über Nichtablehnung oder Ablehnung der Nullhypothese hängt davon ab, ob der Prüfwert im Ablehnungs- oder Nichtablehnungsbereich der Prüffunktion liegt. Die Feststellung dieser Bereiche basiert auf der Wahrscheinlichkeitsverteilung der Prüffunktion. Ablehnungs- bzw. Nichtablehnungsbereich werden so festgelegt, daß das Prüfmaß mit der Wahrscheinlichkeit $1 - \alpha$ in den Nichtablehnungsbereich und mit der Wahrscheinlichkeit α in den Ablehnungsbereich (kritischer Bereich) fällt, wenn die (Null-)Hypothese richtig ist (Abbildung 56).

Entscheidung aufgrund	In der Grundgesamtheit gilt:	
der Stichprobe	H_0 trifft zu	H_0 trifft nicht zu
H_0 wird nicht abgelehnt	Richtige Entscheidung	β-Fehler
H_0 wird abgelehnt	α-Fehler	Richtige Entscheidung

Abbildung 56: α- und β-Fehler bei statistischen Entscheidungen (Quelle: H. Böhler)

Die Wahrscheinlichkeit, eine gültige Prüfhypothese (Nullhypothese) abzulehnen, beträgt somit also α. Dieser Fehler wird als Fehler erster Art oder auch α-Fehler (obwohl α ja eigentlich nur die Wahrscheinlichkeit für diesen Fehler bedeutet) bezeichnet. Gelangt hingegen die Prüfhypothese zur Annahme, obgleich eine Gegenhypothese richtig ist, so spricht man vom Fehler zweiter Art (β-Fehler), wobei ß die Wahrscheinlichkeit für diesen Fehler darstellt. Die Minimierung des β-Fehlers mittels des „besten Tests" ist Aufgabe der allgemeinen Testtheorie, auf die hier jedoch nicht weiter eingegangen werden kann.

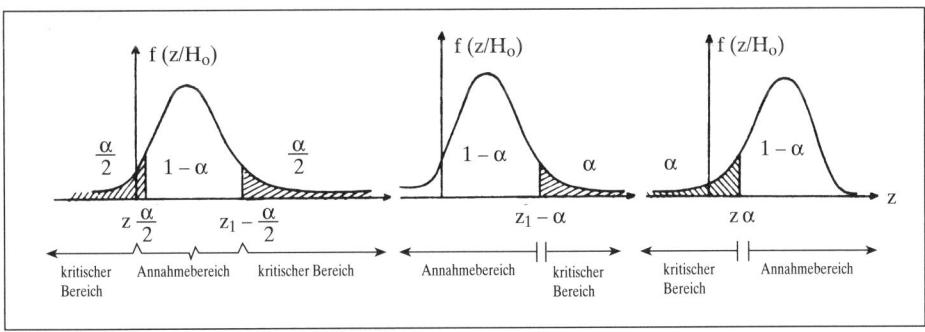

Abbildung 57: Zweiseitiger, linksseitiger und rechtsseitiger Annahmebereich bei Prüffunktionen (Quelle: H. Münzner)

Der kritische Bereich kann je nach Prüffunktion links, rechts oder beidseitig liegen. Liegt die Testgröße im Nichtablehnungsbereich, so ist die Nullhypothese „verträglich mit dem Beobachtungsumfeld", was jedoch nicht heißt, daß ihre Richtigkeit bewiesen ist. Liegt die Testgröße aber im kritischen Bereich (die Wahrscheinlichkeit hierfür ist – wie gesagt – gleich α), so wird die Abweichung als statistisch gesichert (signifikant) betrachtet; die Nullhypothese ist zu verwerfen und die Arbeitshypothese anzunehmen. Im allgemeinen ist ein (im Sinne der Arbeitshypothese positives) Testergebnis bei einem Signifikanzniveau $\alpha = 0{,}05$ als signifikant, bei $\alpha = 0{,}01$ als hochsignifikant anzusehen.

Dies sei an einem Beispiel nochmals verdeutlicht:

Ein Unternehmen nimmt an, daß sein Produkt XY im Marktsegment A einen höheren Marktanteil hat als im Marktsegment B. Es veranlaßt daraufhin eine Umfrage in beiden Marktsegmenten bei je 100 Personen. Diese ergibt, daß von den 100 Personen der Stichprobe A 32, von der Stichprobe B 20 Personen das Produkt verwenden.

Die zur Signifikanzprüfung formulierte Nullhypothese würde in diesem Fall besagen, daß im Sinne der Wahrscheinlichkeitstheorie zwischen den beiden Stichprobenergebnissen kein bedeutsamer Unterschied besteht, die beiden Marktanteile ergo gleich sind. Die Abweichung der Ergebnisse sei m.a.W. rein zufällig bedingt.

Duldet man in diesem Fall eine Irrtumswahrscheinlichkeit von 5 % ($\alpha = 0{,}05$), so ist somit zu prüfen, ob der festgestellte Unterschied von 12 % im Stichprobenanteil noch innerhalb der theoretischen (bei 5 % Signifikanzniveau) Schwankungsbreite der Differenz liegt. Letztere liegt aber bei $\pm$ 12,4 %[3]. Die Nullhypothese kann also nicht abgelehnt werden, aus den Stichprobenergebnissen kann aufgrund wahrscheinlichkeitstheoretischer Überlegungen nicht auf unterschiedliche Marktanteile in beiden Segmenten geschlossen werden.

Bei sämtlichen, im Rahmen der statistischen Prüfverfahren verwendeten Testmaßen handelt es sich um Zufallsvariable, also Merkmalswerte, die jeweils bestimmten Wahrscheinlichkeitsverteilungen (beispielsweise einer χ^2-Verteilung) folgen.

2. Einzelne Verfahren

2.1 Chi-Quadrat-Test

Als einer der wichtigsten statistischen Tests in der Marktforschung soll zunächst kurz der Chi-Quadrat-Test beschrieben werden. Dabei ist zu beachten, daß es ebensowenig wie es „die" Cluster- oder Faktorenanalyse gibt, „den" Chi-Quadrat-

---

3 Man geht davon aus, daß beide Stichproben derselben Grundgesamtheit entstammen und errechnet die Standardabweichung der Grundgesamtheit nach

$\sigma_D{}^2 = p\,(1-p)\,\dfrac{n_1 + n_2}{n_1 \cdot n_2}$, wobei p = Anteil in der Grundgesamtheit $\dfrac{32 + 20}{2} = 26$)

n_1, n_2 = Fallzahlen in den beiden Stichproben (100, 100)

σ_D errechnet sich mit 0,062, auf 2σ-Niveau ergibt das eine Schwankungsbreite von 0,124 = 12,4 %.

Test gibt. Vielmehr finden sich auch hier eine ganze Reihe unterschiedlicher Formen entsprechend dem jeweiligen Untersuchungsziel[4]. Die wesentlichen Anwendungen bestehen in der Untersuchung der Abweichung einer empirischen von einer angenommenen theoretischen Verteilung (goodness-of-fit-Test bzw. **Anpassungstest**) und im **Unabhängigkeitstest** von Variablen.

Hier kann nur auf eine Grundform des Chi-Quadrat-Tests, die Prüfung einer hypothetischen Ausgangsverteilung bei beliebiger Anzahl k der Merkmalsausprägungen eingegangen werden[5]. Die Prüfhypothese besteht dabei darin, daß eine Stichprobe mit ihren jeweiligen Merkmalsausprägungen einer Grundgesamtheit mit bestimmten Ausgangswahrscheinlichkeiten entstammt. Hierzu wird die Differenz zwischen der empirisch festgestellten Häufigkeitsverteilung und der angenommenen hypothetischen Verteilung (Nullhypothese) berechnet, d.h. es wird geprüft, ob die Abweichungen n_i (Häufigkeiten in der Stichprobe) $- n \cdot p_i$ (Erwartungswerte) insgesamt als zufällig zu betrachten sind oder ob ein signifikanter Unterschied zur Prüfhypothese angenommen werden muß.

Hierfür findet das Testmaß

$$\chi^2 = \sum_{i=1}^{K} \frac{(n_i - n_i \cdot p_i)^2}{n \cdot p_i}$$

Verwendung. Für nicht zu kleine n_i ist dieses annähernd χ^2_{k-1} verteilt. Da diese Größe χ^2 mit der Anzahl der jeweiligen Freiheitsgrade variiert, sind diese vorab zu bestimmen. Sie ergeben sich aus der Verteilung der Variationsfreiheit der Häufigkeiten auf die einzelnen Ausprägungen.

Für ein Signifikanzniveau α ergibt sich, da nur größere Werte von χ^2 gegen die Prüfhypothese sprechen, folgender Annahmebereich:

$$\chi^2 = \sum_{i=1}^{K} \frac{(n_i - n_i \cdot p_i)^2}{n \cdot p_i} \leq \chi^2_{1-\alpha, K-1}$$

In der Praxis findet der Test (in dieser Form) vor allem dann Anwendung, wenn man Stichprobenergebnisse (Verteilungen) daraufhin prüfen will, ob sie a) mit einer hypothetisch angenommenen Verteilung oder b) mit der Verteilung der bekannten Grundgesamtheit oder c) mit der Verteilung, die man aus früheren Stichprobenergebnissen her kennt, übereinstimmen[6].

Zur Verdeutlichung des Vorgehens beim χ^2-Test ein abschließendes Beispiel[7]:

---

4 Vgl. z.B. W. Heym, Der Chi-Quadrat-Test in der Marktforschung, Konstanz 1962.

5 Vgl. zu den folgenden Ausführungen H. Münzner, Verfahren..., a.a.O., S. 629 ff.

6 $n \cdot p_i$ sollte >10 sein für alle i, da sonst der Test zu ungenau arbeitet.

7 Das Beispiel ist entnommen: H. Münzner, Verfahren..., a.a.O., S. 629 f. Zu weiteren Prüfungsmöglichkeiten mittels χ^2-Verteilung siehe weiterführend: H.W. Hofmann, Aufbereitung der Daten. In: W. Ott (Hrsg.), Handbuch der praktischen Marktforschung, München 1972, S. 325 (einfach!); H. Münzner, Verfahren..., a.a.O., S. 601 ff. (straff und dennoch tiefergehend!).

Es ist beim Signifikanzniveau $\alpha = 0{,}01$ zu prüfen, ob die Stimmenverhältnisse, die sich 1972 in einer Stichprobe von 2 000 Befragten ergaben, auf eine signifikante Änderung gegenüber der Bundestagswahl 1969 schließen lassen. Die Wahrscheinlichkeiten p_i der folgenden Tabelle beziehen sich auf das ältere Wahlergebnis.

Der Tabelle entnehmen wir $= \chi^2_{1-\alpha;\,k-1} = \chi^2_{0{,}99;\,4} = 13{,}28$. Wegen $37{,}83 > 13{,}28$ ist eine Veränderung statistisch gesichert. Bei nur 500 Befragten und den gleichen Stichprobenergebnissen $\hat{p}_i$ wie im obigen Beispiel (siehe letzte Spalte) hätte sich für χ^2 der Wert $37{,}83/4 = 9{,}46$ ergeben, der unter dem kritischen Wert 13,28, also im Annahmebereich liegt. In diesem Falle wäre, trotz der erheblichen Unterschiede der $\hat{p}_i$ gegenüber den p_i, das Stichprobenergebnis mit der Hypothese verträglich gewesen, und man hätte auf keine Veränderung schließen können.

A_i	p_i	np_i	n_i	$n_i - np_i = \Delta_i$	Δ_i^2	Δ_i^2/np_i	$\hat{p}_i = \dfrac{n_i}{n}$
SPD	0,428	856	950	+ 94	8 836	10,32	0,4750
CDU	0,365	730	625	− 105	11 025	15,10	0,3125
CSU	0,095	190	205	+ 15	225	1,18	0,1025
FDP	0,056	112	135	+ 23	529	4,72	0,0675
übrige	0,056	112	85	− 27	729	6,51	0,0425
	1,000	2 000	2 000	0		$\chi^2 = 37{,}83$	1,0000

Abbildung 58: Daten und Arbeitsschema (Quelle: Neurath, P. Grundbegriffe...)

2.2 Weitere Tests

Genauso wie sich ganze Verteilungen auf signifikante Unterschiede testen lassen, können Hypothesen über bestimmte Parameter einer Verteilung (z.B. Mittelwerte, Varianzen) sowie über Regressions- oder Korrelationskoeffizienten getestet werden. Dies sind Parameter von Ausgangsverteilungen, man spricht bei diesen Tests deshalb auch von Parametertests.

Der Anwender eines statistischen Tests steht, da von der Interferenzstatistik für den gleichen Testgegenstand meist verschiedene konkurrierende Testverfahren angeboten werden, vor einem Auswahlproblem. Da die unterschiedlichen Testverfahren unterschiedlich gravierende Voraussetzungen erfordern, ist unter sonst gleichen Bedingungen die Wahrscheinlichkeit, die Nullhypothese zur Ablehnung zu bringen, um so größer, je strenger die Voraussetzungen eines Tests sind (vgl. Scheuch, E.).

Meist liegen über die Erfüllung dieser Testvoraussetzungen jedoch keine zuverlässigen Informationen vor. Um hier Unkorrektheiten vorzubeugen, sind dann Verfahren mit schwachen Voraussetzungen vorzuziehen. Dies steht aber in einem gewissen Interessengegensatz zur Untersuchungsfrage, welche auf Ablehnung der Nullhypothese ausgerichtet ist.

Um die Problematik einzugrenzen, steht neben der Erweiterung des Prüfgegenstandes die Auswahl des Prüfverfahrens zur Verfügung. Man bevorzugt bei schlechten Informationen über das Zutreffen von Testvoraussetzungen sog. verteilungsfreie Testverfahren und setzt sog. **robuste Prüfverfahren** ein. Dabei werden Tests, bei welchen kein bestimmtes Verteilungsgesetz für eine oder mehrere Zufallsvariablen vorausgesetzt wird, als verteilungsfrei bezeichnet; Tests, deren Leistungsfähigkeit nicht merklich beeinträchtigt wird, wenn eine bestimmte Testvoraussetzung nicht erfüllt ist, heißen robust gegen diese Voraussetzung (vgl. dazu auch die im Programmpaket SPSS verfügbaren verteilungsfreien Signifikanztests).

3. Arbeitstechnischer Auswertungsablauf

Ausgehend von den in der Erhebungsphase gesammelten und auf Vollständigkeit geprüften Daten erfolgt die Datenauswertung im Prinzip in 4 Schritten:

1. Aufbereitung,
2. Verarbeitung,
3. Interpretation,
4. Bericht und Präsentation.

Endzweck ist die möglichst problemgerechte Beantwortung der der Gesamtuntersuchung zugrundeliegenden Fragen.

(1) Aufbereitung der gesammelten Daten

Das Urmaterial für den Datenanalytiker stellt sich, wenn man die Sekundärforschung und ihre möglichen Besonderheiten einmal vernachlässigt, in Form ausgefüllter Fragebogen, schriftlicher Protokolle usw. dar. Die darin enthaltenen vielfältigen Einzelinformationen müssen extrahiert und zur Gewinnung eines Gesamtüberblicks zusammengefaßt werden, um dann später zur Erzielung differenzierter und zusätzlicher Einblicke weiter verarbeitet werden zu können.

Zunächst sollen die Fragebogen jedoch auf ihre **Auswertbarkeit** hin überprüft werden. Gerade bei größeren Befragungen ist es unvermeidbar, daß ein Teil der Fragebogen ausgesondert werden muß, und zwar aus folgenden Gründen:

- Nur teilweise Ausfüllung (versehentlich oder aufgrund von Antwortverweigerungen),

- Falschausfüllung einzelner Fragen,

- widersprüchliche Antworten,

- vom Interviewer gefälschte Fragebogen.

Die dann anstehende Datenauswertung kann entweder manuell oder maschinell erfolgen, womit auch unterschiedliche Anforderungen an die Datenaufbereitung verknüpft sind.

Die manuelle Datenauswertung ist sehr zeitraubend und nur bei qualitativen, nichtstandardisierten Befragungen und Erhebungen mit sehr kleinen Stichproben üblich. Das gebräuchlichste Hilfsmittel sind hierbei sog. Strichlisten. Dabei werden zunächst die möglichen Antwortvorgaben bzw. Merkmalsausprägungen Frage für Frage aufgelistet. Die Antworten der Untersuchungspersonen werden anschließend wiederum frageweise ausgewertet, indem an der jeweils zutreffenden Merkmalsausprägung ein Strich gesetzt wird.

Nun sind selbstverständlich nicht alle Einzelinformationen von vornherein „zählbar". Vielmehr liefern z.B. offene Befragungsgespräche wie auch offene Fragen in standardisierten Interviews in aller Regel verbale Aussagen, die schon rein vom Wortlaut her in den seltensten Fällen deckungsgleich sind. In allen diesen Fällen bedarf es der Erstellung geeigneter **Antwortkategorien,** denen die Einzelantworten zugeordnet und damit zählbar gemacht werden müssen. Im Grunde muß hier also im nachhinein jene Kategorisierung bzw. Klassifizierung der Antworten erfolgen, die bei geschlossenen Fragen dem Befragten bereits vorgegeben waren bzw. bei Antwortkategorien für den Interviewer von diesem auf dem Fragebogen vorgenommen wurde.

Die Findung geeigneter Klassifizierungsprinzipien zur Kategorisierung unstrukturierten Materials erweist sich häufig als nicht unproblematisch. Das Vorgehen muß zwar im einzelnen vom Untersuchungsziel, vom angefallenen Untersuchungsmaterial und den technischen Auswertungsmöglichkeiten abhängen, jedoch ist generell folgendes zu beachten:

- Zusammengehörige Kategorien müssen logisch auf der gleichen Ebene liegen.

- Einzelne Kategorien müssen sich gegenseitig ausschließen.

- Die zur Verfügung stehenden Antwortkategorien müssen vollständig sein. Daher empfiehlt sich eine Kategorie „sonstiges" bzw. „keine Angabe".

- Die Zuordnung zu den Antwortkategorien ist vom Sinngehalt und nicht vom Wortlaut her zu treffen.

Die Datenauswertung erfolgt maschinell mit Hilfe geeigneter EDV-Programme. Dies erfordert zunächst die Kodierung bzw. Verschlüsselung der Antworten, d.h. die Übertragung vom Fragebogen in Symbole, die EDV-mäßig verarbeitet werden können. Einfachheitshalber werden jeder Merkmalsausprägung möglichst einfache, nicht-negative Zahlenwerte zugewiesen. Diese vor allem bei ordinal und nominal skalierten Daten notwendigen Symbolzuordnungen besitzen natürlich keinerlei numerischen Aussagewert, sondern dienen ausschließlich zur Kennzeichnung und raschen speicherplatzsparenden Verarbeitung: So könnte man beispielsweise bezüglich des Merkmales „Geschlecht" der Merkmalsausprägung „männlich" die Zahl 1 und „weiblich" die Zahl 2 zuordnen (siehe Kodierplan, Abbildung 59).

Sachliche Probleme von Kategorisierungen bzw. Klassifizierungen können sich dabei in genau der gleichen Weise stellen, wie sie bereits bei der manuellen Auswertung beschrieben wurden.

Spalte	Variable	Code	Ausprägung	Frage
23	Haushaltsgröße	V 258	1 = 1 Person 2 = 2 Personen 3 = 3 Personen 4 = 4 Personen 5 = 5 Personen und mehr 9 = k. A.	21
24	Geschlecht	V 259	1 = weiblich 2 = männlich 9 = k. A.	21
25	Familienstand	V 260	1 = ledig 2 = verheiratet 3 = geschieden 4 = verwitwet 9 = k. A.	21
26	Alter	V 261	1 = unter 20 Jahre 2 = 21-30 Jahre 3 = 31-40 Jahre 4 = 41-50 Jahre 5 = 51-60 Jahre 6 = über 60 Jahre 9 = k. A.	21
27	Haushaltsnetto einkommen	V 262	1 = unter 2000 DM 2 = 2000-2999 DM 3 = 3000-3999 DM 4 = 4000-4999 DM 5 = 5000-5999 DM 6 = 6000 DM und mehr 9 = k. A.	21

Abbildung 59: Kodierplan

Nach der Erstellung des Kodierplans müssen die Ausgangsdaten kodiert auf maschinenlesbare Datenträger überführt werden.

(a) Auf relativ direktem Wege kann dies bei gut strukturierten Fragebogen erfolgen, indem die in den dafür vorgesehenen Fragebogen-Randspalten eingetragenen Codes unmittelbar auf ein EDV-Speichermedium (Magnetplatte oder -diskette) übertragen werden.

(b) Um Lesefehlern entgegenzuwirken, empfiehlt sich allerdings ein zweistufiges Vorgehen, das zwar zeitaufwendiger ist, sich aber auch bei größeren Datenmengen bewährt hat. In einem ersten Schritt werden die kodierten Daten zunächst per Hand auf sogenannte Kodierbogen übertragen. Das sind Formulare mit i.d.R. 20 bis 30 Zeilen und je 80 Spalten, was der Spaltenanzahl einer Bildschirmzeile entspricht. Erst in einem zweiten Schritt erfolgt dann von diesem Kodierbogen die eigentliche Datenerfassung.

c) Erheblich schneller läßt sich mit **Beleglesern** arbeiten. Auf dafür entwickelten Markierungsbelegen werden mit Graphitstift die Codes eingetragen und unmittelbar maschinell gelesen. Gleiches gilt für Klarschrift-Leser.

Nach der Datenerfassung und der Speicherung auf Magnetplatten oder -disketten stehen die (verschlüsselten) Ausgangsdaten schließlich für eine erste Auflistung und Grundauszählung bereit. Allerdings ist es an dieser Stelle noch zweckmäßig, das gesamte Material einer möglichst eingehenden Prüfung zu unterziehen. Das kann von der Prüfung auf unerlaubte Mehrfachnennungen bis hin zu Plausibilitätskontrollen inhaltlicher Art reichen. Vielfach verfügen Marktforschungsinstitute über hierfür entwickelte standardisierte Prüfprogramme.

Außerdem kann es aus der Untersuchungsanlage heraus notwendig sein, vor Beginn der Verarbeitung Gewichtungen des Datenmaterials vorzunehmen. Bei Zufallsauswahlen mit hoher Ausfallquote bestimmter, z.B. schwer erreichbarer Befragtengruppen (z.B. Männer zwischen 20 und 25 Jahren) werden die unterrepräsentierten Fälle durch eine entsprechende Gewichtung (Doppelung) ausgeglichen. Diese Strukturbereinigungen oder **Redressements** gelten als legitim und werden in der Praxis auch durchgeführt, werfen allerdings folgende Probleme auf:

- Darf dem Ausgangsmaterial überhaupt fiktives Material hinzugefügt werden und wenn ja, wieviel Prozent der vorhandenen Fälle darf man beispielsweise doppelt gewichten?

- Gewichtete Interviews halten nach einhelliger Meinung den Anforderungen multivariater Verfahren nicht stand.

Auch bei disproportionalem Stichprobenansatz sind die Disproportionen durch einen entsprechenden Gewichtsfaktor auszugleichen.

(2) Verarbeitung der Daten

Nach der Aufbereitung der Daten erhält man eine Datenmatrix, die die Grundlage der nachfolgenden eigentlichen Datenauswertung darstellt. Jede Zeile der Datenmatrix beschreibt die Merkmalsausprägung eines Befragten und jede Spalte ein Merkmal.

Mit Hilfe von Standard-EDV-Programmen wie SPSS, BNDB oder SAS können nun auch die an anderer Stelle bereits beschriebenen Auswertungen ein- oder mehrdimensionaler Art vorgenommen werden. Solche Programme laufen zwischenzeitlich nicht nur am Großrechner, sondern können auch auf dem PC eingesetzt werden. Das Leistungsspektrum solcher statistischer Programmaspekte am Beispiel von SPSS/PC + zeigt die Abbildung 60.

Verfügbare Module	Basics	Advanced Stat.	Tables	Data Entry	Graphics	Mapping
Wesentliche Anwendungsbereiche	Full-Screen-Editor Deskriptive Statistik Kreuztabellierung Varianzanalyse Multiple Regression Tabellarische Darstellungen Automatische Fehlersuche im Programm Hilfestellungen Daten- und Dateiverwaltung File-Austausch mit anderen Programmpaketen	Diskriminanzanalyse Faktorenanalyse Hierarchische Clusteranalyse Multivariate Varianz- und Kovarianzanalyse Loglineare Modell für mehrdimensionale Kontingenztafeln	Erstellen von druckreifen Tabellen mit und ohne Statistikwerten in beliebiger Dimension, z.B. Kreuztabellen in Säulen- und Zeilendarstellung Mehrfachantwortanalyse Deskriptive Statistik innerhalb von Tabellen Verknüpfung mehrerer Tabellen in einer Ausgabedatei	Zur schnellen Eingabe, Anzeige und Korrektur von großen Datenmengen Datenangepaßte Menübildschirme Automatische logische Datenfehlersuche	Erstellung von Business-Graphiken Gestaltung graphischer Darstellungen Einfügen von Texten Ausgabe graphischer Darstellungen	Erstellung von graphischen Übersichten Weltkarte, bis auf Bundeslanderebene zerteilbar Thematische Datenabfrage Eintragen eigener Daten in die Landkarten

Abbildung 60: Das Leistungsspektrum des statistischen Programmpaketes SPSS/PC +
Quelle: SPSS GmbH Software

(3) Interpretation der Daten

Im allgemeinen kann sich der Marktforscher nicht auf eine bloße Weitergabe der von ihm gewonnenen Zahlen und Fakten beschränken.

Zum einen sollten die Ergebnisse schon aus Validitätsprüfungsgründen mit vorhandenem Sekundärmaterial, mit evtl. früheren Primäruntersuchungen usw. verglichen und im übrigen auch rein inhaltlich Plausibilitätskontrollen unterworfen werden.

Zum anderen wird in aller Regel aber auch eine Ausdeutung der Ergebnisse in bezug auf das Forschungsproblem ein wichtiger Aufgabenteil sein. Gerade bei komplexeren Untersuchungen sind aus der Fülle von Einzelergebnissen und Aspekten die wesentlichen Charakteristika herauszuarbeiten und nach ihrer Problemrelevanz abzuwägen und zu ordnen. Dank seiner inzwischen gewonnenen Problemeinsichten kann dies der Marktforscher vielfach sogar besser als der Untersuchungsempfänger bzw. Auftraggeber.

Ob schließlich auch Empfehlungen, d.h. Problemlösungsvorschläge entwickelt werden sollen, läßt sich nur von den konkreten Umständen her beantworten. Bei vielen Institutsuntersuchungen steht eine solche Beratungsfunktion geradezu im Zentrum. Hingegen wird sie in Fällen, in denen dem Marktforscher die übrigen Entscheidungsparameter unbekannt sind, wenig sinnvoll sein.

(4) Bericht und Präsentation

Die Darstellung der Untersuchungsergebnisse bildet den Abschluß der Forschungsarbeit. Mit ihr wird über das Resultat aller Bemühungen informiert, und sie ist damit letztlich auch das Mittel, das für einen angemessenen „Wirkerfolg" beim Auftraggeber Gewähr zu tragen hat. Dieser Umstand unterstreicht hinlänglich, daß die Ergebnisdarstellung zwar der letzte, aber keineswegs der unwesentlichste Schritt der Datenauswertung ist.

An erster Stelle ist der schriftliche Untersuchungsbericht zu nennen. Er setzt sich gewöhnlich aus dem eigentlichen Berichtsteil und dem Tabellenteil zusammen. Letzterer umfaßt neben einer ausführlichen Methodenbeschreibung die in der sachlich notwendigen Detailliertheit tabellarisch aufbereiteten Einzelergebnisse. Bei Befragungen z.B. ordnet man dabei gerne nach der Fragenfolge des Fragebogens. Der Tabellenteil soll also gemeinhin als Nachschlagewerk für Einzelheiten und als Arbeitsgrundlage für den speziellen damit befaßten Sachbearbeiter dienen.

Die wesentlichere Rolle fällt dem eigentlichen Berichtsteil zu. Er hat die zentralen Ergebnisse so kurz wie möglich, klar, übersichtlich und empfängerbezogen auszuweisen. Gewöhnlich untergliedert er sich in

Inhaltsverzeichnis

Auftrag und Anliegen der Untersuchung

- Untersuchungsergebnisse,

- Ergebniszusammenfassung,

- (ggf.) Empfehlungen.

Aus den bereits angesprochenen Erfordernissen der Kürze und Übersichtlichkeit und insbesondere der empfängerbezogenen Diktion, Anordnung und Gewichtung folgen entsprechende Anforderungen an die Darstellungsform. Eine weitestmögliche Straffung von Text und Zahlentabellen kann häufig durch Graphiken usw. unterstützt werden.

Inzwischen werden zunehmend Datenträger und Analyse-Programme eingesetzt, mittels derer die Auftraggeber die Ergebnisse abrufen können. Das gilt vor allem dort, wo – wie beim Panel – eine laufende Berichterstattung erforderlich ist.

Vierter Teil

Marktforschung bei ausgewählten Problemstellungen

A. Marktsegmentierung

1. Aufgabenstellung und Bedeutung

Segmentation bedeutet ganz allgemein die **Unterteilung** einer vorab definierten Gesamtmenge in Teilmengen (Segmente) nach bestimmten Teilungskriterien. Jedes Segment sollte dabei in sich möglichst gleich (**homogen**) sein, alle Segmente sich hingegen deutlich voneinander unterscheiden (**heterogen**).

Bei der Marktsegmentierung wird ein Gesamtmarkt in Teilmärkte untergliedert, am einfachsten vorstell- und durchführbar etwa nach geographischen Gesichtspunkten (Westdeutschland/Ostdeutschland) oder nach leicht zu trennenden Kundengruppen (Großverbraucher/Endverbraucher). Schwieriger ist es dagegen, wenn die Teilungskriterien unanschaulicher Natur sind (z.B. ökologisch Engagierte/Desinteressierte).

Die Marktsegmentation dient vor allem dazu, sog. **Zielgruppen** zu finden. Das sind aus der Gesamtheit aller möglichen Abnehmer diejenigen, die als Käufer in erster Linie infrage kommen, deren Marktbearbeitung demnach also auch am ehesten Erfolg verspricht (zielgruppen-orientiertes Marketing).

Ein segmentspezifisches Vorgehen ist also eine Art von Konzentration oder Spezialisierung und damit – im Hinblick auf den Gesamtmarkt – eine Beschränkung, die sich ein Anbieter auferlegt und zwar in der Erwartung, daß ein solches Vorgehen gewinnversprechender ist als eine undifferenzierte Bearbeitung des Gesamtmarktes.

Wenn eine Segmentation die Unterteilung eines Gesamtmarktes darstellt, bezieht sich letzterer auf Güter der **gleichen Gattung** und dient nicht – wie häufig falsch interpretiert – der Erklärung des Bedarfs bzw. des Kaufverhaltens schlechthin. Nicht der Autokauf steht z.B. zur Diskussion, sondern die Wahl der Größenklasse, der Marke, des Modells.

Vielfach spricht man in diesem Zusammenhang zwar auch von der Suche nach „neuen Segmenten", meint damit aber eigentlich „neue Märkte, wie sie z.B. im Gefolge gesellschaftlicher Veränderungen oder technischer Innovationen entstehen. Themen wie Umwelt, Gesundheit, Überalterung, Datenvernetzung u.ä. sind auch ohne Marktforschung erkennbar. Entsprechend viele Anbieter versuchen sich deshalb auch in diesen Bereichen zu etablieren. Mittels Segmentierungsstudien muß herausgefunden werden, welche Teilmärkte nach Art und Volumen im Zuge der mutmaßlichen Marktausweitung die besten Chancen bieten.

Bekanntlich formieren sich in der Gesellschaft im In- und Ausland immer wieder Klein- und Kleinst-Segmente mit neuartigen Verhaltens- und Verwendungsgewohnheiten, die u.U. zu Trendsettern werden. Sie aufzuspüren und ihren Bedürfnissen mit neuen Produkten oder Dienstleistungen zu entsprechen, kann für bestimmte Unternehmen bzw. Branchen sehr wichtig sein.

Marktsegmentierungen müssen nicht immer zukunftsgerichtet sein, auch ex-post-Analysen können interessieren. Anbieter ohne spezielle Zielgruppen-Strategien erfahren z.B. auf diese Weise, wer denn nun eigentlich ihre Käufer bzw. Verwender sind. Evtl. hat sich sogar ein relativ homogenes Segment herauskristallisiert, getreu der Devise „ein gutes Produkt findet sein Segment selbst". Und natürlich lassen solche Analysen auch erkennen, welche Segmente die Konkurrenten offenbar angepeilt haben.

Nicht zuletzt läßt sich durch solche Käuferanalysen auch überprüfen, ob das durch das Marketing-Mix anvisierte Segment (Zielgruppe) im Anschluß an eine Produkt-Neueinführung auch tatsächlich erreicht wurde. Wenn also z.B. ein als „Männer-Zigarette" konzipiertes und lanciertes Produkt in Wirklichkeit zu 50 % von Frauen geraucht wird, macht das den Hersteller zwar nicht unbedingt traurig, wohl aber die Marketing-Strategie überdenkenswert.

2. Sozioökonomische Segmentierungskriterien

Wie müssen die Kriterien nun beschaffen sein, nach denen segmentiert wird?

Rein formal betrachtet, sollten sie natürlich **meßbar** sein. Bestimmte Merkmale mögen zwar eine Rolle spielen, lassen sich aber nicht oder nicht hinreichend genau erheben.

Inhaltlich sollten sie das Kaufverhalten möglichst **zutreffend** und **umfassend** erklären und in ihren Ausprägungen deutlich von denen anderer Segmente zu unterscheiden sein. Oft reicht ein Merkmal nicht aus, erforderlich sind dann **Merkmals-Kombinationen.**

Bei ex-ante-Analysen müssen die Merkmale **zeitlich stabil** sein. Vorübergehend, situativ bedingte Lebensumstände, Anschauungen u.ä., die sich schnell ändern (können), sind keine Basis für langfristige Strategien.

Die Wahl der Segmentationskriterien sollte schließlich auch darüber Aufschluß geben, ob bzw. in wieweit das Marktsegment von seinem **Volumen** her eine Bearbeitung lohnt. Je enger der Zuschnitt, um so homogener, aber auch um so kleiner werden i.d.R. die Segmente. Ex-Post-Analysen haben natürlich den Vorteil, daß die Käufer (und Nichtkäufer) nach den gängigen Segmentationskriterien durchgecheckt werden können, um die erklärenden Variablen zu finden.

Die Zahl der möglichen Kriterien ist groß, ihre Eignung – wie dargelegt – recht unterschiedlich. In der Marktforschung untergliedert man (im Verbraucherbereich) in folgende Kategorien.

Entscheidungen über Kauf bzw. Nichtkauf können verursacht sein bzw. werden

- durch Alter, Geschlecht, Familienstand, Haushaltgröße u.ä.
  (= **demographische** Merkmale) oder/und

- durch Einkommen, Vermögen, Beruf u.ä.
  (= **sozioökonomische** Merkmale) oder/und

- durch Verfügung über bestimmte (höherwertige) Güter
  (= **Besitzmerkmale**) oder/und

- durch die Art des Einkaufens, der Mediennutzung u.ä.
  (= **Verhaltensmerkmale**) oder/und

- durch Neigungen, Ansichten, Einstellungen u.ä.
  (= **psychographische Merkmale**) oder/und

- durch Wertvorstellung, Lebensauffassung, Grundsätze u.ä.
  (= **Lebensstil-Merkmale**)

Über die Vollständigkeit und Überschneidungsfreiheit dieses Katalogs läßt sich natürlich diskutieren. Nicht erfaßt sind z.B. situationsbedingte Gründe; wer z.B. derzeit krank ist, Arbeitslosigkeit befürchtet, vor einem Berg an Schulden steht oder gerade seine dritte Scheidung hinter sich hat, dessen Kauf- bzw. Anschaffungs-entscheidungen werden davon zweifellos geprägt.

Wie leicht einsehbar, sind die demographischen, sozioökonomischen und auch die Besitzmerkmale leicht erhebbar, vielfach liegen die Daten bereits vor, z.T. aus amt-lichen Quellen. Alle übrigen sind dagegen schwerer zu erfassen und zu messen. Mitunter korrelieren solche Merkmale noch signifikant, tendenziell gilt das in einer demokratischen und pluralistischen Gesellschaft aber immer weniger. Früher konnte z.B. viel mit dem sog. **Schichtenkonzept** (Einkommen, Beruf, Ausbildung) erklärt werden, weil das Rollenverhalten viel stärker ausgeprägt war. Das gilt ana-log auch für das Geschlecht. Und nicht zuletzt führt der steigende Wohlstand und die Demokratisierung des Konsums dazu, daß immer weniger Einkäufe einkom-mensabhängig sind.

Gattungsgleiche Güter unterscheiden sich hinsichtlich ihrer sachlich-technischen Eignung tendenziell immer weniger voneinander. Deshalb spricht man zu recht von einer allgemeinen **Produktangleichung** auf dieser Ebene. Unter dem Drang und Zwang zur Angebotsdifferenzierung erfolgt diese zunehmend auf der Ebene der **Zusatznutzen.** Grob umrissen werden die Kaufentscheidungen mehr und mehr zu einer Einstellungs- und/oder Geschmackssache. Deren Eruierung verlangt der Marktforschung einiges ab, wie im folgenden zu zeigen sein wird.

3. Qualitative Segmentierungskriterien

Bereits in den 60er Jahren wurde den Konsumforschern bewußt, daß sich das Kaufverhalten generell, aber insbesondere das (Marken-)Wahlverhalten im Rahmen einer Produktgattung nur sehr ungenügend mittels der gängigen sozioökonomischen Merkmale erklären ließ. Voller Optimismus glaubte man zunächst, psychographische Merkmale gefunden zu haben und erheben zu können, mit denen ganz **generell** Kaufentscheidungen (besser) zu erklären seien. Einbezogen wurden z.B. die generelle Einstellung zu Haushaltführung und Konsum, die Innovationsfreudigkeit, das Preisbewußtsein u.ä. Das war zweifellos ein Fortschritt, allerdings erwies sich das Raster als zu grob, also als viel zu allgemein, um damit das Kaufverhalten bei unterschiedlichen Produktgattungen oder gar Marken erklären zu können.

Eine Weiterentwicklung waren die **Typologien.** Ihr Ziel ist die Segmentierung der Käufer in einer bestimmten **Produktgruppe.** Gesucht wird also nach homogenen Segmenten mit jeweils typischen Einstellungen sowie einem entsprechenden Kauf- bzw. Verwendungsverhalten.

Mittels aufwendiger Erhebungen in Bevölkerungs-Stichproben und anschließender Verdichtung der Datenmengen ergaben sich Cluster von unterschiedlicher Charakteristik. Nachfolgend die Ergebnisse solcher Studien an zwei Beispielen (Brigitte-Typologien):

Kosmetik	Damenoberbekleidung
Schönheitsexpertin	Unauffällig Gekleidete Ältere)
Hauptflegetyp	Korrekt Gekleidete
Kosmetikmuffel	Zweckmäßig/Sportliche
Handcremetyp	Anspruchsvoll Moderne
Progressiver Kosmetiktyp	Weiblich Charmante
Schminktyp	Modeorientierte
	Unkonventionelle
	Junge, sportlich Modische
	Junge, modisch Amüsante

Abbildung 61: Beispiele Verbrauchertypologien

Ebenso wichtig wie diese Unterteilung auf empirischer Basis sind für die Unternehmen die Volumina der einzelnen Segmente, also ihre absolute Größe bzw. ihr Anteil in Prozent am gesamten Käuferkreis. Natürlich kann sich jeder solche Unterteilungen ausdenken[1], nur mittels Panel- und Einstellungsforschung ist es aber möglich, darüber fundierte Aussagen zu machen.

---

1 Insbesondere in den USA ist man besonders erfindungsreich bei solchen (produktunspezifischen) Zielgruppen-Beschreibungen. Beispiele sind die Yuppies (Young Urban Professionals), die Sappies

4. Life-Style-Typologien

Die in den 60er Jahren entwickelten „Universalkonzepte" wurden keineswegs aufgegeben, sondern leben im sog. Life-style-Ansatz in differenzierter Ausprägung weiter. Entwickelt und propagiert wurde er von Leo Burnett (USA) bereits 1967.

Grundgedanke bzw. Ausgangshypothese ist dabei die Vorstellung, daß alle Menschen gemäß etablierten Gewohnheiten und Einstellungsmustern leben. Man erforscht dazu die Motive des (Konsum-)Verhaltens, fragt nach Wertvorstellungen und Lebensmaximen. Bei Burnett's AIO-Konzept sind es **a**ttitudes, **i**nterests und **o**pinions. Zwangsläufig entstehen dabei erhebliche Erhebungs- und Meßprobleme, weil derartig komplexe Phänomene nur mittels umfangreicher Batterien von Statements abgefragt werden können.

Mit der **Euro-lifestyle**-Untersuchung haben sich vor einigen Jahren eine Reihe europäischer Institute in enger Zusammenarbeit ein Denkmal gesetzt, in erster Linie hinsichtlich des investierten Wissens, des Umfangs und der Kosten, weniger hinsichtlich des finanziellen Erfolges. Die Stichprobe umfaßte 24 000 schriftliche Befragungen in 15 Ländern, der Fragebogen bestand aus 150 Seiten mit 3 500 Variablen! Ziel war die Ermittlung von Segmenten mit unterschiedlichen Lebensstilen und deren Verteilung bzw. Volumen in den einzelnen Ländern.

Mittels mehrstufiger Faktorenanalysen führte dies zu insgesamt 16 Euro-Styles, reichend vom Euro-Dandy (Angeber), dem Euro-Vigilanten (Mißtrauischen) über den Euro-Gentry (Noblen) bishin zum Euro-Pioneer (Alternativen). Natürlich waren in jedem Land alle Typen vertreten, aber eben mit unterschiedlichen Anteilen. Die Studie informierte also u.a. darüber, ob bzw. in wieweit die traditionellen Klischee-Vorstellungen über die Einwohner eines Landes tatsächlich (noch) zutreffen. Muß man etwa die Avantgardisten tatsächlich bevorzugt z.B. in Holland suchen, oder gibt es davon (anteilig) ebenso viele z.B. in Spanien?

Eine ähnliche Zielsetzung hat etwa die **Lebensweltforschung** des Sinus-Instituts in Heidelberg, die bereits seit 1979 regelmäßig erfolgt. Ausgehend von der Prämisse, dass der Mensch ein Produkt seiner Sozialisation ist, werden auf Grund von Fragekomplexen zu den Themen Lebensziel, Lebensstil, Arbeit/Leistung, Familie/Partnerschaft usw. (sich z.T. überlappende) Milieutypen gefunden und auch quantifiziert. Sie reichen vom konservativ-technokratischen über das aufstiegsorientierte bis hin zum postmodernen Milieu.

(Suburban Professionals), die Dinks (Double Income no Kids), die Smaks (Suburban Mortgage and Kids), die Yumpies (Young Upwardly Mobile Professionals), die Dumpies (Downwardly Mobile Professionals).

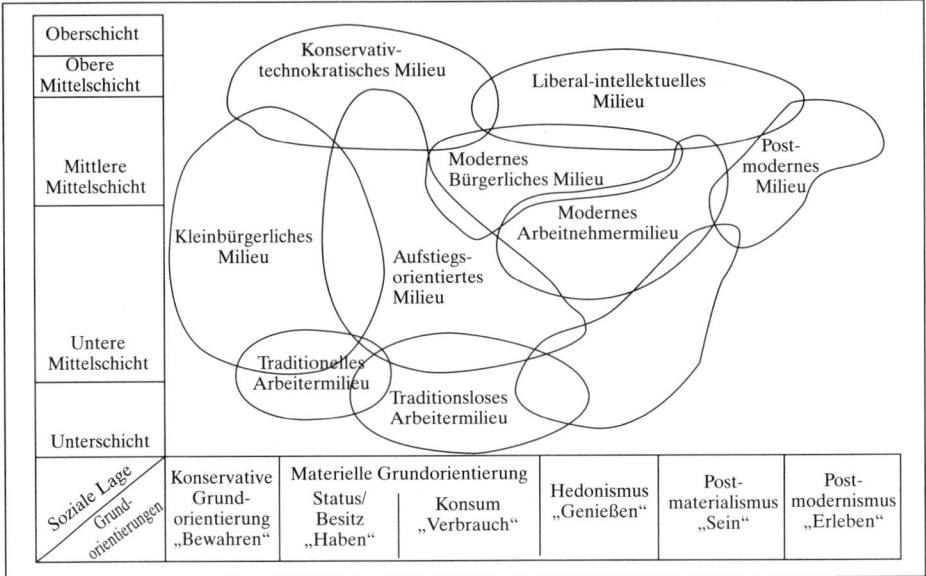

Soziale Lage / Grund-orientierungen	Konservative Grund-orientierung „Bewahren"	Materielle Grundorientierung		Hedonismus „Genießen"	Post-materialismus „Sein"	Post-modernismus „Erleben"
		Status/ Besitz „Haben"	Konsum „Verbrauch"			

Abbildung 62: Sinus-Milieumodell (BRD-West)

5. Segmentierung mittels Verbraucherpanel

Der Grundgedanke dieses Ansatzes ist die Verknüpfung von (Kauf-)Verhaltens-merkmalen mit anderen Merkmalskategorien, also etwa mit soziodemographischen, Besitz- oder/und psychographischen, die allesamt aus einer Erhebungsquelle, näm-lich von den Panelteilnehmern stammen (**Single-Source-Ansatz**). Die Verhaltens-merkmale beziehen sich dabei unmittelbar auf das Kaufverhalten, z.T. auch auf die Medianutzung

Dazu zählen

▪ das Markenwahlverhalten (Markentreue, Markenwechsler),

▪ die Einkaufs- bzw. Verwendungsintensität (Intensiv-, Normal-, Schwach-, Nicht-käufer/Verwender),

▪ das Preisverhalten,

▪ die Einkaufsstättenpräferenz,

▪ die Medianutzung (teilweise).

Ähnlich wie soziodemographische Variable haben auch Verhaltensmerkmale den Vorteil, daß sie im Panel leicht erhebbar und operationalisierbar sind.

254

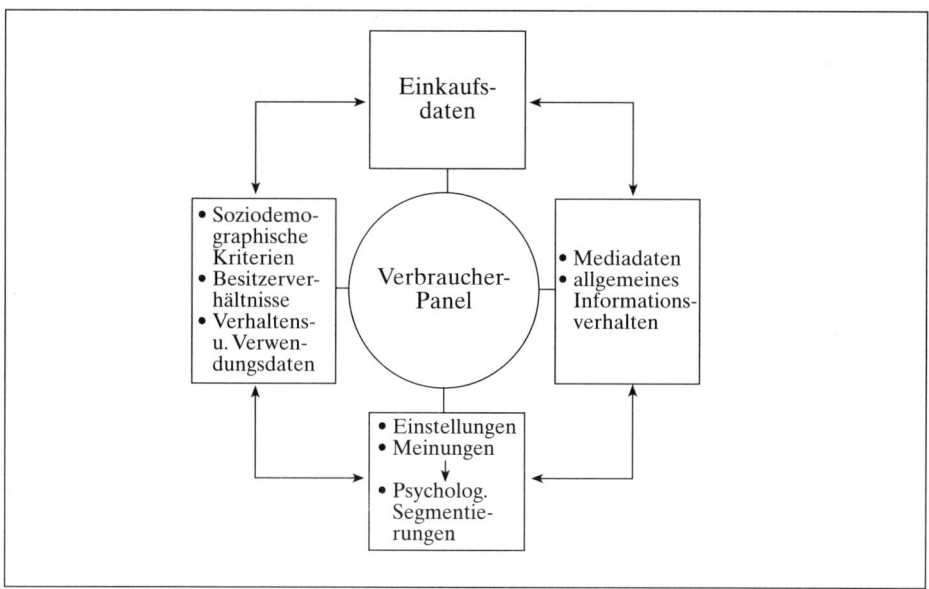

Abbildung 63: Datenstruktur des Single-Source-Ansatzes (GfK)

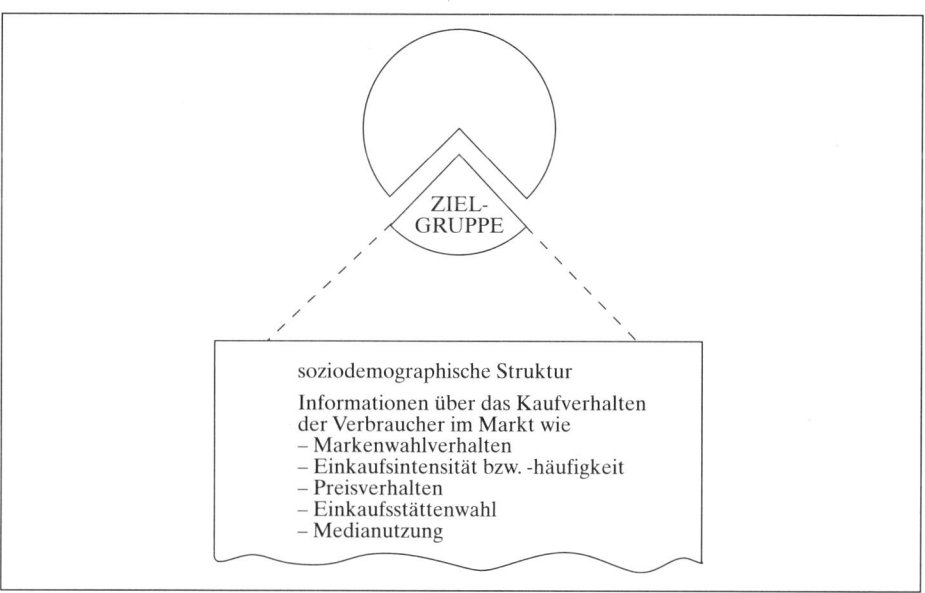

Abbildung 64: Zielgruppenbeschreibende passive Variablen im Panel

Sag' mir Deinen Typ ...

... und ich sag' Dir, was Du kaufst. Verbraucher kann man nicht in Schubladen stecken. Aber es gibt typische Merkmale für große Verbrauchergruppen: z.B. ihre Einstellung zur Ernährung. Sechs Ernährungstypen (Cluster) haben sich bei einer Studie der GfK Panel Services herauskristalliertt, die auf so griffige Namen wie Gourmet, Ökologe oder Fast-Food-Typ getauft wurden. Die Stu-

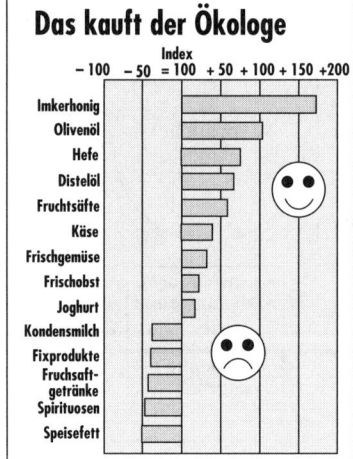

die beschreibt sie nach Merkmalen wie Bildungsstand, Einkommen, Haushaltsgröße u.a. Und fragt auch: Wie halten es die Typen mit der Umwelt? Vor allem aber wurde ermittelt, welche Produkte, welche Marken und welche Einkaufsstätten sie bevorzugen.

Abbildung 65: Beispiel Verbrauchertypologie (GfK)

Die in regelmäßigen Abständen erhobenen Einkäufe können ohne weiteres mit den Strukturmerkmalen der Panelteilnehmer in Beziehung gesetzt werden, weil letztere ohnehin registriert sind. Darüber hinaus lassen sich mittels **Paneleinfragen** zusätzliche Informationen gewinnen, also etwa zu Einstellungen oder zum Informations- und Verwendungsverhatlen. Durch Verknüpfung dieser Daten wird eine quantitative und qualitative Erweiterung der Informationsbasis erreicht. Abbildungen 63 und 64 zeigen den Ansatz und die zielgruppenbeschreibenden passiven Variablen im Panel. Mit Hilfe dieses Vorgehens läßt sich also z.B. überprüfen, ob sich die geäußerten **Ansichten** oder **Einstellungen** der Panelteilnehmer auch tatsächlich in einem entsprechenden **Kaufverhalten** niederschlagen. Bei getrennten Stichproben (hier Panelhaushalte, dort ad-hoc-Erhebungen) ist das nur unter ganz bestimmten Voraussetzungen zulässig.

Abbildung 65 aus einem Angebotsprospekt zeigt diese Verknüpfung.

Zusammenfassend liefert der Single-Source-Ansatz Informationen für eine zielgruppenspezifische Marktanalyse hinsichtlich

▨ Anzahl und Bedeutung der Segmente,

▨ Markt- und Absatzvolumina,

- Einstellungs- und Kaufverhaltensdaten der Verbraucher in den jeweiligen Segmenten,

- Soziodemographische Strukturen der Segmente,

- Positionen der eigenen und der Konkurrenzmarken,

- Überprüfung bisheriger Strategien,

für eine zielgruppenspezifische Planung und Entscheidung hinsichtlich

- Festlegung möglicher Markt- bzw. Absatzvolumina,

- Neupositionierung bestehender Produkte,

- Konzeptentwicklung für neue Produkte,

- Kommunikationsstrategien und Mediaplan-Optimierung

für eine zielgruppenspezifische Kontrolle hinsichtlich

- Veränderungen der Marktvolumina,

- Reaktion auf Konzepte und Marketingmaßnahmen,

- Messung des Erfolgs.

B. Prognoseforschung

1. Grundlagen

Die Zukunft zutreffend vorauszusehen, war und ist stets ein Wunsch der Menschen. Dies nicht allein aus Neugier oder bloßem Interesse, sondern auch oder sogar vor allem, um richtige **Entscheidungen** treffen zu können, denn deren Folgen liegen stets in der Zukunft.

Infolgedessen gibt es viele derartige Bemühungen – ernsthafte und weniger ernsthafte – die Wahrsagerei, die Prophetie, die Spekulation, aber auch die Zukunftsforschung als Wissenschaft. Die Ernsthaftigkeit mißt sich dabei nicht primär an den Aussagen, sondern an deren **Begründung**.

Je nach Länge des **Vorhersagezeitraums** wird unterteilt in kurz-, mittel- und langfristige Prognosen; was darüber hinausgeht, wird als **Projektion** bezeichnet. Bis ein Jahr, bis 3 Jahre, bis 5 Jahre markieren etwa die Unterteilung, im einzelnen hängt das stark vom Untersuchungsinhalt ab. Für Modehersteller sind drei Jahre sehr lang, für Verkehrsplaner vglw. sehr kurz.

Natürlich besteht i.d.R. immer ein Interesse daran, ein möglichst weites Vorauswissen zu haben. In der Wirtschaftspraxis, aber auch im sonstigen Leben richtet sich der Prognosezeitraum jedoch nach dem **Planungshorizont,** also soweit, wie die Entscheidungsfolgen in die Zukunft hineinreichen. Ein Werbetreibender denkt daher in anderen Kategorien als jemand, der den Bau einer Fabrikhalle plant.

Der Wunsch nach einer möglichst langen Vorausschau wird auch von der Einsicht begrenzt, daß die Prognosen mit zunehmender Länge ungenauer werden.

Prognosen bergen mitunter selbst die Ursachen für ihre Ungenauigkeit in sich; Menschen passen ihr Verhalten an die Voraussagen an (**Selbstverstärkung**), oder sie tun alles, um die (negativen) Voraussagen nicht eintreten zu lassen (**Selbstvernichtung**).

Wie zutreffend Prognosen wirklich sind, läßt sich bekanntlich nur im nachhinein feststellen. Waren sie exakt, ist das Zufall. I.d.R. haben sie ihren Zweck erfüllt, wenn sie Richtung und Größenordnung der Veränderungen richtig angegeben haben.

Bei den meisten Prognosen handelt es sich um sog. **Entwicklungsprognosen.** Die Voraussagen beziehen sich dabei auf Entwicklungen, die der Prognostiker nicht beeinflussen kann wie etwa die Geburtenentwicklung. Anders dagegen die sog. **Wirkungsprognosen.** Hier will man wissen, was geschehen wird (z.B. Umsatzentwicklung), wenn man Einflußgrößen (z.B. Erhöhung der eigenen Preise) selbst verändert, welche Auswirkungen letzteres also hat.

Als **monokausal** werden Prognosen bezeichnet, wenn sie die gesuchten Zukunftswerte lediglich aus den Vergangenheitswerten **einer** Größe herleitet. **Multikausale** Prognosen basieren demgegenüber auf **mehreren**.

Quantitativen Prognosen liegen ziffernmäßige Werte zugrunde, **qualitativ** sind solche, deren Dimension sich nicht oder nur durch Umformung beziffern läßt, wie etwa die Forschungsdynamik.

Prognoseverfahren werden im Rahmen der Statistik seit langem intensiv und umfänglich bearbeitet. Hier auch nur annähernd einen detaillierten Einblick in die Berechnungen zu bieten, ist auf wenigen Seiten aussichtslos, vertiefende Kenntnisse müssen der einschlägigen Fachliteratur entnommen werden. Es kann im folgenden nur der Versuch unternommen werden, die Ansätze, Vorgehensweise und Probleme grundsätzlicher Art darzustellen.

2.   Monokausales Zeitreihen-Konzept

Im einfachsten Fall läßt sich eine Prognose als eine sich aus der Vergangenheitsentwicklung ergebende und in die Zukunft prolongierte **Fortschreibung** begreifen. Erforderlich sind also in (möglichst) regelmäßigen Abständen erhobene Daten aus der zurückliegenden Zeit bis in die Gegenwart, z.B. in Gestalt einer Umsatzentwicklung. Diese **Zeitreihe** ist gleichsam der Erfahrungsschatz, von dem mit mehr oder weniger Berechtigung angenommen wird, daß sich daraus die zukünftige Entwicklung (= Prognose-Variable) ableiten läßt. In wieweit eine solche sog. **Zeitstabilitäts-Hypothese** unterstellt werden kann, bemißt sich z.T. aus der Regelmäßigkeit der bisherigen Zeitreihe, muß aber i.d.R. weiter hinterfragt werden.

Die folgende Abbildung 66 zeigt solche Zeitreihen, nämlich die Umsatzentwicklung von Produkt A und Produkt B in den letzten 5 Jahren.

Was ist daraus auf Anhieb zu erkennen? Der Umsatz von A verlief völlig unregelmäßig, der Umsatz von B läßt dagegen gewisse Verlaufsmuster erkennen, denn hier steigen die Werte im Mittel des gesamten Zeitraums leicht an (= **Trend**). Es gibt Wellen, etwa im Zweijahresrhythmus (= **zyklische Schwankungen**), ferner kurzwellige Änderungen im Jahresverlauf (= **saisonale Schwankungen**) und über den ganzen Verlauf schließlich noch unregelmäßige kurzzeitige Veränderungen (= **kalendermäßige Unregelmäßigkeiten** und sog. **irreguläre Schwankungen**).

Eingedenk der Tatsache, daß hier die Zukunftswerte mit den Vergangenheitswerten begründet bzw. erklärt werden sollen, ist auf Grund ihrer völligen Unregelmäßigkeit die Zeitreihe A nicht prognostizierbar.

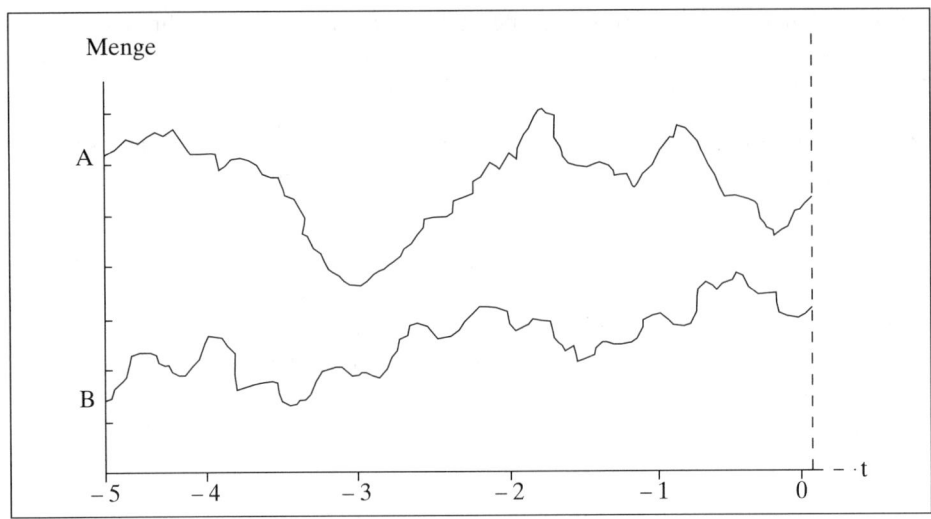

Abbildung 66: Zeitreihenverläufe über 5 Jahre

Anders dagegen die Zeitreihe B. Hier lassen sich die wesentlichsten der erwähnten Komponenten, nämlich Trend, Zyklus und Saisonschwankungen schon optisch erkennen und freihändig einzeichnen.

Ein solches Vorgehen ist natürlich ungenau. Mittels statistischer Verfahren kann auf rechnerischem Weg ein genaueres Ergebnis erzielt und der Zeitreihenverlauf in seiner Charakteristik modellhaft nachgebildet werden. Die graphische Darstellung gibt dabei Hinweise, ob eine Transformation der Reihenwerte, etwa zum Zwecke der Varianzstabilisierung erforderlich ist.

Ein wichtiges Verfahren zur **Diagnose** ist das **Korrelogramm,** das Diagramm der Autokorrelationskoeffizienten mit unterschiedlichem timelag. Generell gilt, daß die Koeffizienten mit wachsendem lag gegen Null gehen, allerdings variiert dieses, je nachdem welchen Verlauf die Zeitreihe (mit/ohne Trend, Saison usw.) hat.

Wie eingangs erwähnt, kommt es darauf an, die Charakteristik einer Zeitreihe zu erfassen. Gibt es einen Trend und welche zyklischen, saisonalen und sonstigen Regelmäßigkeiten lassen sich rechnerisch ermitteln?

Das Zerlegen in diesen Komponenten ist schwierig, denn jeder Wert einer Zeitreihe ist u.U. ja sowohl Ausdruck eines Trends, wie eines Zyklus, einer Saison usw. Für Prognosen – dem eigentlichen Ziel – stellt sich demnach die Aufgabe, daß in die Zukunftswerte alle diese Komponenten gemäß ihrer Bedeutung einfließen.

Konkret könnte eine Zeitreihe z.B. folgendes Muster erkennen lassen:

- Der Trend weist mit verlangsamtem Anstieg nach oben.

- Die Amplituden der Zyklen werden geringer, die Schwankungen länger.

- Die saisonalen Schwankungen werden größer und kürzer.

Zur Isolierung und Analyse dieser Komponenten bedient man sich des sog. **Filterns.** Die bekanntesten Verfahren sind die **Differenzbildung** (zur Trendbereinigung), das Rechnen mit **gleitenden Durchschnitten** und das **exponentielle Glätten.** Häufig werden Filter hintereinander geschaltet, um bessere Glättungseffekte zu erzielen. Beispiele dafür sind das CENSUS-Verfahren und das Berliner Verfahren.

Die einfachste Form der Glättung erfolgt durch die Berechnung **gleichgewichtiger** Durchschnitte. Der Durchschnittswert wird als Prognosewert angesetzt. Das Verfahren ist nur sinnvoll, wenn weder Trend noch Saisonschwankungen vorkommen.

Beim Vorgehen mit gleitenden Durchschnitten geht lediglich eine Teilmenge der aktuellen Werte in den Durchschnitt ein, der Einfluß von Vergangenheitswerten wird auf diese Weise reduziert. Die Zahl der einbezogenen Werte sollte um so größer sein, je ausgeprägter die irreguläre Komponente ist. Für Zeitreihen mit Trend wird mit **mehrfach gleitenden Durchschnitten** gearbeitet. Faßt man die einzelnen Rechenschritte zusammen, ergeben sich gleitende Durchschnitte mit ungleicher Gewichtung.

Das **exponentielle Glätten** beruht auf der Einsicht, daß aktuellere Werte einen höheren Informationswert besitzen als ältere. Deshalb werden die aktuelleren durch exponentielle Gewichtung stärker berücksichtigt. Die Bestimmung der „optimalen" Gewichtung erfolgt dabei üblicherweise nach dem Prinzip von Versuch und Irrtum.

Bei der einfachen exponentiellen Glättung nehmen die Gewichte exponentiell ab und zwar um so stärker, je größer der Gewichtungsfaktor α ist. Demgegenüber ist der Glättungseffekt um so größer, je kleiner α ist. Dies Verfahren eignet sich nur für Zeitreihen ohne Trend und ohne Saison.

Wenn sich der Charakter einer Zeitreihe im Zeitablauf ändert, ist es i.d.R. zweckmäßig, α zu ändern. Dies erfolgt automatisch beim sog. adaptiven exponentiellen Glätten. Hierbei wird α fortwährend neu berechnet als Quotient aus dem geglätteten Fehler und dem geglätteten absoluten Fehler.

Mehrfaches, nämlich doppeltes oder dreifaches Glätten ist erforderlich, wenn die Zeitreihe einen Trend (bzw. Trend und Saison) aufweisen.

Bei allen Verfahren der exponentiellen Glättung gilt, daß der Ansatz der Startwerte einen Einfluß auf die nachfolgenden Prognosewerte hat. Mit wachsender Entfernung vom Reihenanfang verschwindet der Einfluß jedoch.

Das **Box-Jenkins-Verfahren** der Zeitreihenanalyse und -prognose beruht auf dem Gedanken, daß sich eine Zeitreihe reproduzieren läßt aus einer Reihe zeitverzögerter (Auto-)Variablen und Residuen. Ziel ist dabei, mit möglichst wenigen Parametern auszukommen, wobei die Hauptschwierigkeit in der Bestimmung der günstigsten Parameterzahl besteht. Zur Erklärung des Reihenverlaufs wird bei Box-Jenkins die Eigendynamik der Reihe, ihr Vergangenheitsverlauf, verwendet. Die Verfahren werden auch gemäß ihrer charakteristischen Komponenten (**a**utoregressive, **i**ntegrated **m**oving-**a**verage) als **ARIMA-Modelle** bezeichnet.

3. Multikausales (Regressions-)Konzept

Die zukünftige Entwicklung ausschließlich auf Grund einer Zeitreihe zu prognostizieren, erscheint auf Anhieb problematisch. Selbst wenn die Vergangenheitswerte ein gewisses Verlaufsmuster erkennen lassen, besteht natürlich nicht die Gewähr, daß sich dieses fortsetzt. Es sei denn, es wäre tatsächlich Zeitstabilität gegeben und nicht nur unterstellt. Von daher ist es verständlich, daß **Wendepunkte, Trendumschwünge** und insbesondere **Niveausprünge** auf diese Weise prognostisch nicht in den Griff zu bekommen sind.

Die Grenzen der Erkenntnismöglichkeiten sind also deutlich. Jede so zustande gekommene Prognose fordert dazu heraus, über deren Plausibilität nachzudenken, also darüber, ob das Ergebnis nachvollziehbar, d.h. erklärbar ist.

Die naheliegende Aufgabe besteht also darin, nach solchen Einfluß- oder Wirkungsgrößen (sog. **Erklärungs-Variablen** oder **Prädikatoren**) zu suchen, die die **Prognose-Variable** positiv wie negativ beeinflussen (könnten). Mal gibt es dafür viele, mal wenige, je nachdem wie eng und ausschließlich der Verursachungszusammenhang ist.

Soll etwa der Automobilabsatz in den nächsten Jahren prognostiziert werden, so fallen bereits dem Laien bei einigem Nachdenken ein halbes Dutzend oder mehr Gesichtspunkte ein, die hier eine Rolle spielen dürften.

Es stellen sich somit folgende Fragen:

- Welche Prädikatoren spielen überhaupt eine Rolle?

- Wie stark und in welche Richtung wirken sie jeweils ein?

- Was ist letztendlich das Ergebnis ihres Zusammenwirkens?

Die Beantwortung ist weit schwieriger, als die einfachen Fragen vermuten lassen, denn letztendlich setzt sie die Kenntnis des Wirkungsmechanismus unter wechselnden Größenrelationen voraus. Welche Wirkungen haben z.B. steigende Einkommen auf den Automobilabsatz, wenn gleichzeitig die Kfz-Unterhaltskosten überproportional steigen? Der Marktforscher ist also zunächst angehalten, alle Gründe und Motive für und gegen einen Autokauf zu eruieren, bevor er daran gehen kann, ob sich, statistisch gesehen, Zusammenhänge irgendwelcher Art feststellen lassen.

Die Auswahl und die Wirkungsweise der Prädikatoren sind also bei diesem Verfahren äußerst wichtig.

Im Idealfall besteht eine direkte (einseitige) Abhängigkeit monokausaler Art d.h., die Zeitreihe des Prädikators erklärt völlig den Verlauf der Prognosevariable (z.B. Kfz-Bestand : Kfz-Versicherungen). Natürlich kann es sich auch um gegenläufige Abhängigkeiten handeln im Sinne eines „je mehr ... desto weniger". Viele derartige Komplementär-Beziehungen sind weniger eng (z.B. Kfz-Bestand : Gesamt-Benzinverbrauch). Andere Prädikatoren müssen also herangezogen werden, um die restlichen Erklärungsbeiträge beizusteuern. Je mehr gefunden bzw. einbezogen werden, um so größer ist i.d.R. allerdings auch die Gefahr von Schätzungsfehlern.

Prädikatoren müssen die Prognosevariable begründen, deshalb muß überprüft werden, ob diese **Einseitigkeit** auch tatsächlich gegeben ist und etwa keine wechselseitigen Abhängigkeiten (mehr Straßenbau... mehr Verkehr, aber auch: mehr Verkehr ... mehr Straßenbau) bestehen. Evtl. werden zwei Variable sogar von einer dritten bestimmt.

Das vorab skizzierte Konzept läßt erkennen, daß die Berechnungen im Bereich der bivariaten Verfahren der deskriptiven Statistik zu suchen sind. Einschlägig sind **Korrelationsanalysen,** vor allem aber **regressionsanalytische Verfahren.** Letztere lassen sich mehrfach untergliedern, z.B. in Einfachregression (nur ein Regressor bzw. Prädikator) und eben der Mehrfachregression. Zum Grundsätzlichen sei auf die Ausführungen von S. 198 ff. und S. 206 verwiesen. Genauere Einblicke lassen sich aus der einschlägigen Spezialliteratur gewinnen.

Je präziser das gefundene Modell den Vergangenheitsverlauf der Prognosevariable zu erklären vermag, um so begründbarer ist zumindest die Prognose, gemessen an der einfachen Fortschreibung der Zeitreihe.

Notwendig ist im nächsten Schritt die **Prognose** der **Prädikatoren** mittels Zeitreihenanalyse oder eben wiederum auf regressionsanalytischem Wege, also durch Aufdeckung der Wirkungszusammenhänge. Man hinterfragt also das Problem, sucht nach der Begründung für die Gründe.

Zutreffende Ergebnisse für die eigentlich gesuchte Prognosevariable sind dabei wiederum nur zu erwarten, wenn Zeitstabilität gegeben ist, sich also im Prognosezeitraum die Wirkungszusammenhänge nicht verändern oder/und etwa zusätzlich neue Prädikatoren Einfluß nehmen. Nachteilig wäre ferner, wenn sich die Prädikatoren schlechter prognostizieren lassen als die gesuchte Größe.

Aber auch der umgekehrte Fall kann vorliegen. Leichter wird dies nämlich insbesondere, wenn folgende Gegebenheiten vorliegen:

▪ Die Zukunftswerte des Prädikators stehen bereits heute mit (ziemlicher) Sicherheit fest. Wieviel (deutsche) Erstkläßler z.B. in 4 Jahren eingeschult werden, weiß die Schulbehörde zwecks Lehrer- und Raumbedarfsprognose schon jetzt. Und die Bauwirtschaft sieht anhand von Bauanträgen und -genehmigungen zumindest ca. ein Jahr im voraus, was in etwa an Aufträgen auf sie zukommt.

▪ Der Prädikator braucht überhaupt nicht prognostiziert zu werden, die Kenntnis seiner bereits bekannten Werte reicht aus. Das ist der Fall, wenn Ursache (Prädikator) und Wirkung (Prognose-Variable) zeitversetzt erfolgen (= **timelag**) und zwar vorlaufend. Auf Grund zurückliegender Kreditvergaben (Prädikator) weiß eine Bank z.B., mit welchen Tilgungen (Prognose-Variable) sie in Zukunft rechnen kann.

Die nachfolgende Abbildung 67 soll die Zusammenhänge nochmals graphisch verdeutlichen.

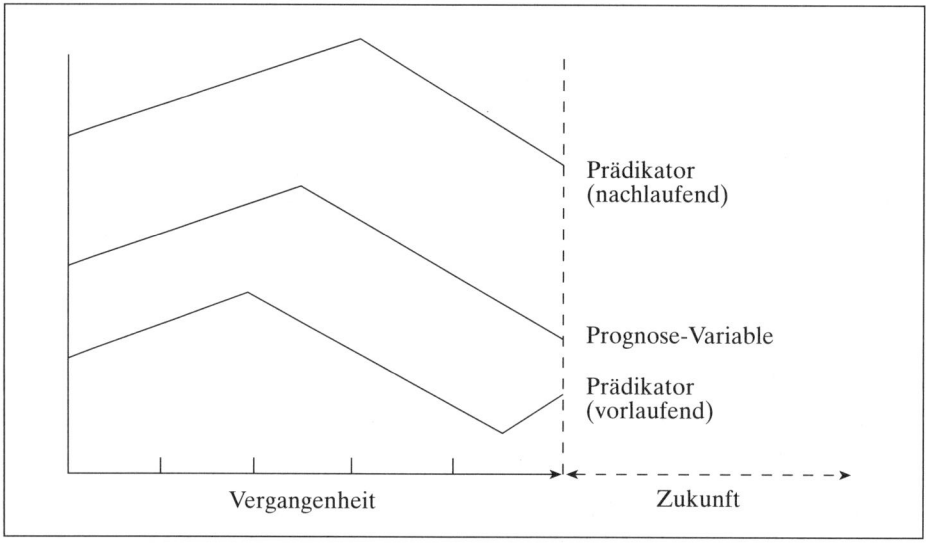

Abbildung 67: Beispiel für vor- und nachlaufende Prädikatoren

Multikausale (regressionsanalytische) Verfahren erfordern einen erheblichen Prognoseaufwand. I.d.R. läßt er sich aber dadurch reduzieren, daß man bei den Prädikatoren wenigstens zum Teil auf bereits vorhandene Prognosen zurückgreifen kann.

4.   Prognostische Umfragen

In den bisherigen Ausführungen wurden „quantitative" Zeitreihen zu Grunde gelegt, d.h. also bezifferte Mengen- bzw. Größenangaben. Angesichts der Tatsache, daß z.B. die Wirtschaft keineswegs ein „Mengen-Mechanismus" ist, sondern weitgehend geprägt wird durch menschliches Verhalten, benötigt man darüberhinaus oft auch Informationen, die als „qualitativ" bezeichnet werden. Dazu zählen etwa Investitionsneigung, Käufereinstellung, Werthaltung, Innovationskraft u.ä.m. Wie anders ließe sich z.B. der Computer-Markt prognostizieren, wenn nicht unter Berücksichtigung der innovativen Impulse in dieser Branche.

Größen dieser Art beruhen bekanntlich nicht auf einfachem Zählen oder Messen, sondern auf psychologisch orientierten Erhebungen mit all ihren Problemen der Umformung in ziffernmäßige Werte. Vielfach liegen die Daten auch nicht in Gestalt von Zeitreihen vor, was die Prognose-Möglichkeiten einschränkt.

Zu diesen „weichen" Daten lassen sich auch die Angaben über zukünftiges Handeln rechnen, die (repräsentativ) erhoben werden können. Nichts liegt eigentlich näher beim Prognostizieren als die „Beeinflusser" selbst über ihr zukünftiges Handeln zu befragen. Die Antworten, etwa zu **Anschaffungs-** oder **Investitionsabsichten,** ergeben zwar keine Fakten im Sinne des tatsächlichen Eintritts, können aber dennoch nicht unwesentlich zur Erhellung einer zukünftigen Entwicklung beitragen. Der anfänglich gehegte Optimismus, daß sich der Umsatz einer Branche oder gar der Marktanteil eines Anbieters für ein Jahr einigermaßen verläßlich vorausbestimmen ließe, hat sich, zumindest im Konsumgüter-Bereich nicht erfüllt. Die Ergebnisse vermögen zwar eine gewisse (momentane) Grundstimmung widerzuspiegeln, die tatsächlichen Abweichungen sind dagegen i.d.R. zu groß, um bei der (Produktions-)Planung als Grundlage dienen zu können.

Wertvoller sind demgegenüber z.B. die jahrzehntelang in regelmäßigen Abständen durchgeführten Erhebungen der GfK Nürnberg (im Auftrag der EG) zu **Konsum-** und **Sparneigung** u.ä. aber auch die vom Ifo-Institut über die **Investitionsneigung** der deutschen Unternehmen u.ä.m. Nachweislich wird damit die künftige Konjunkturentwicklung auf etwa ein Jahr relativ zutreffend vorweggenommen.

5.   Neuprodukt-Prognosen

Wie erfolgreich ein neues Produkt im Markt sein wird, möchten Anbieter verständlicherweise noch während der Markteinführung gerne möglichst genau und möglichst schnell wissen. Prognosen der vorab beschriebenen Art verbieten sich mangels Vergangenheitswerten, allenfalls sind Rückschlüsse von ähnlichen Märkten bzw. Erzeugnissen möglich. Die Umsatzchancen lassen sich deshalb zunächst nur dadurch abschätzen, daß man die Vorteilhaftigkeit des neuen Produktes aus Sicht der potentiellen Abnehmer möglichst zutreffend taxiert bzw. durch **Produkttests** hinreichend überprüft. Erfahrungsgemäß zeigt sich dabei, daß nur hohe Akzeptanzwerte ausreichen, um einen hinreichenden Optimismus hegen zu dürfen.

Testmarkt-Simulationen erlauben dann später auf schmaler Datenbasis bessere Rückschlüsse, die dann durch **Minimarkttests** oder im Rahmen von regionalen Markttests fundiertere Einsichten vermitteln.

Am verbreitetsten ist in diesem Zusammenhang das Prognoseverfahren nach **Parfitt/Collins,** mit welchem bereits kurz nach der Neueinführung der längerfristig erreichbare Marktanteil zu ermitteln versucht wird. Erforderlich sind dazu folgende Werte (vgl. dazu auch das Fallbeispiel S. 425 ff.)

die relative Reichweite (Penetration)
$$= \frac{\text{kumulative Erstkäufer in \%}}{\text{Käuferkreis der Warengruppe in \%}}$$

die Bedarfsdeckung (Wiederkaufsrate)
$$= \frac{\text{Anteil der Wiederkaufsmenge des Neuproduktes}}{\text{Gesamteinkauf der Erstkäufer}}$$

der Kaufindex (Intensitätsfaktor)
$$= \frac{\text{Einkaufsmenge pro Käufer des Neuproduktes}}{\text{Einkaufsmenge pro Käufer in der Warengruppe}}$$

Die Monatswerte, die im Einführungszeitraum erhoben werden, bilden die Grundlage für eine Prognose jeder dieser drei Größen. Beispielsweise ergeben sich folgende Werte:

- langfristig erreichbare Penetration 25 %

- langfristig erreichbare Bedarfsdeckung 30 %

- Intensitätsfaktor 1,1

Die einfache Grundformel zur Bestimmung des langfristig erreichbaren Marktanteils lautet:

Penetration x Bedarfsdeckung x Intensitätsfaktor

Folglich ergäbe sich daraus ein langfristig erreichbarer Marktanteil von

$0,25 \cdot 0,30 \cdot 1,1 = 0,0825 = 8,25\ \%$

6. Wirkungsprognosen

Sofern regressionsanalytische Konzepte zutreffende Prognoseergebnisse liefern und damit das Modell hinreichend abbilden, müßte es möglich sein, diese auch für Wirkungsprognosen zu verwenden. Solche würden alle jene in besonderem Maße interessieren, die Entwicklungen nicht nur akzeptieren, sondern aktiv steuern bzw. beeinflussen können, seien es nun Wirtschaftspolitiker oder – im Rahmen ihrer Märkte – die Unternehmen. Geht es bei letzteren, wie bevorzugt, um die künftige Umsatz- und/oder Marktanteilsentwicklung, wäre besonders wichtig, durch welche Marketing-Aktivitäten sich diese Größen am günstigsten beeinflussen lassen.

Das besagt bereits indirekt, daß die traditionellen Zeitreihenprognosen auf Artikel- oder Warengruppen-Ebene dazu nicht ausreichen. Sie lassen sich – sofern panelmäßig erhoben – zwar sehr einfach für eine große Zahl von Artikeln standardmäßig ohne große manuelle Eingriffe leicht durchführen. Einschlägige Verfahren sind etwa „Absatz 3 000" von TIA oder „Forsys" von Marketing Systems. Sie prognostizieren aber Trendwenden nicht zuverlässig und frühzeitig genug und geben natürlich keine Hinweise bzgl. des optimalen Marketing-Mix.

Wirkungsmodelle versuchen diese Informationen zu liefern, sind dafür aber wesentlich arbeitsaufwendiger.

Der Kreis der z.T. interdependenten Einflußgrößen läßt sich fast beliebig weit ziehen. Beschränkung ist also angesagt, deshalb konzentriert man sich insbesondere auf die absatzpolitischen Instrumente des jeweiligen Unternehmens unter weiterer Berücksichtigung der Konkurrenz-Aktivitäten sowie die der allgemeinen Entwicklung der Warengruppe.

Als Datenbasis dienen neben den Angaben des Herstellers über seine Marketing-Aktivitäten vor allem solche, die mittels verschiedener Panels laufend erhoben werden.

Beim **Markensimulator** der GfK liefert das **Handelspanel** die Grunddaten, welche – je nach Verfügbarkeit – ergänzt werden durch

- die Preise aus dem Haushaltspanel

- die Promotion des Handels

- die Werbeaufwendungen des Herstellers

- den Werbedruck

Diese Daten werden simultan im Rahmen eines multiplen Regressionsmodells auf Marktanteilsveränderungen hin überprüft und zwar anhand von Werten aus der Vergangenheit. Es erfolgen damit so lange Probeläufe, bis sich ein Wirkungsmodell herauskristallisiert, welches die Marktanteilsveränderungen erklärt. Auch wenn das Modell diese gut begründet, kann es bei einzelnen Produkten zu unerklärlichen Abweichungen kommen. Das weist darauf hin, daß hier Einflüsse existieren, die die übrigen Produkte der Warengruppe jedoch nicht tangieren.

Natürlich sind solche Modelle warengruppenspezifisch zugeschnitten, denn die verschiedenen Märkte reagieren unterschiedlich, haben also ihre eigenen „Gesetze". Im übrigen bedürfen sie im Laufe der Zeit einer Überprüfung, müssen also u.U. neu justiert werden.

Beantwortbar sind im wesentlichen folgende, höchst wichtige Fragen:

- Wie hoch wird der Marktanteil im nächsten Jahr sein bei Fortführung der bisherigen Marketing-Aktivitäten?

- Worauf ist der Marktanteilszuwachs im letzten Jahr zurückzuführen?

- Welche Marktveränderungen sind der Grund für den Marktanteilsverlust der Konkurrenzmarke X?

- Wie wird sich eine Preiserhöhung von x DM auf die Marktanteilsentwicklung auswirken... wie eine Reduzierung der Werbeaufwendungen um y DM?

Es ist nun keineswegs so, wie der Eindruck erwecken mag, als würden durch derartige Simulationen nun alle einschlägigen Unternehmerträume von der Transparenz der Marktzusammenhänge wahr, denn es gibt viele (störende) Einflußgrößen, die nicht erfaßt werden bzw. nicht erfaßbar sind. Aber immerhin ist dieses Verfahren ein beträchtlicher Fortschritt in Richtung auf ein schon lange anvisiertes Erkenntnisziel.

7. Heuristische Methoden

Zweifellos werden die meisten – auch langfristigen unternehmerischen – Entscheidungen getroffen, ohne daß dafür Prognosen erstellt werden, die diesen Namen verdienen. Die eigene Geschäftsentwicklung, Informationen von Verbänden, aus Zeitschriften, von Fachkollegen, Erfahrungen, gefühlsmäßige Einschätzungen u.ä. formen eine Vorstellung von der zukünftigen Entwicklung, die als ausreichend empfunden wird. Und natürlich fehlt es häufig auch an Zeit und Geld sowie am nötigen Sachverstand für ein methodisches Vorgehen.

Die auf Daten basierenden statistischen Verfahren suggerieren ohnehin leicht eine Genauigkeit, die zwar mathematisch stimmen mag, aber die Zukunft dennoch nicht richtig erfaßt, weil qualitative Aspekte unberücksichtigt blieben. Weder mißt sich die Wirksamkeit einer Werbung nur am (bezifferbaren) Werbeetat, noch lassen sich die technische Dynamik oder die mutmaßliche Strategie der Konkurrenten usw. in

Zahlen fassen. Derartige Einflußgrößen müssen also auf Grund eines besonderen Marktverstandes zum einen erkannt und zum anderen in ihrer Wirkung möglichst zutreffend bewertet, also eingeschätzt werden. Das heißt natürlich nicht, daß damit auf Vergangenheitsdaten verzichtet wird oder vorhandene Prognosen nicht mit herangezogen werden. Qualitativ (oder heuristisch) orientierte Vorgehensweisen sind also dadurch charakterisiert, daß ihnen **keine mathematischen Prognosemodelle** zu Grunde liegen.

7.1 Expertenbefragungen

Fachleute über ihre Erfahrungen, Einsichten und Meinungen berichten zu lassen, ist ein altes und probates Vorgehen, um sich aus mehreren und kompetenten Quellen zu informieren, so z.B. auch über deren einschlägige Zukunftvorstellungen.

Expertenbefragungen sind also kein prognosespezifisches Verfahren. Freie, unstrukturierte Interviews sind nicht von vornherein von der Hand zu weisen, weil sie u.U. interessante Aspekte aufdecken, eine gewisse Strukturierung erleichtert andererseits die Vergleichbarkeit der Antworten. Auch die Vollständigkeit der Stellungnahmen zu den interessierenden Themenkreisen wird dadurch besser gewährleistet.

Statt Einzelbefragungen können auch **Gruppengespräche** gewählt werden. Experten diskutieren miteinander und aus den verschiedenen Ansichten bzw. Äußerungen schält sich u.U. ein Ergebnis heraus, welches allgemeinen Konsens findet.

Mitunter besteht dabei die Gefahr allzu großer wechselseitiger Beeinflussung oder die der Dominanz bestimmter Teilnehmer. Dem soll mit der **Delphi-Methode** begegnet werden. Es handelt sich dabei um ein **mehrstufiges** Befragungsverfahren mit **Rückkoppelung,** welches in folgender Weise abläuft.

- Mehrere Experten finden sich unter Vorsitz eines Versuchsleiters zusammen. Wenn möglich, sollten sich die Teilnehmer vorher nicht gekannt haben.

- Zum Thema – hier also zur Prognose – hat jeder Teilnehmer einen Fragebogen auszufüllen, und zwar jeder für sich und anonym.

- Die Ergebnisse werden zusammengefaßt, tabelliert usw. und den Teilnehmern zur Kenntnis gebracht.

- Die Teilnehmer sollen diese Ergebnisse überdenken und erneut Stellung nehmen, haben also Gelegenheit, ihre ersten Angaben zu modifizieren.

Erfahrungsgemäß sollten wenigstens **drei Befragungsrunden** durchgeführt werden. Vor allem bei stark divergierenden Antworten ist vorher kaum mit einer näherungsweisen einheitlichen Prognose, die ja angestrebt wird, zu rechnen. Ein gewisser Nachteil des Verfahrens ist der mangelnde Informationsaustausch, der zwar gewollt ist, aber ohne Diskussion über die jeweiligen Begründungen kommt natürlich kein Lernprozeß in Gang.

7.2   Szenario-Technik

Es handelt sich hierbei um ein vglw. neueres Prognoseverfahren, welches Anfang der 80er Jahre geradezu in Mode kam. Die Bezeichnung „Projektion" wäre eigentlich angebrachter, denn die Aussagen erstrecken sich auf sehr lange Zeiträume. Es werden Zukunftsbilder entworfen und zwar i.d.R. von Globalentwicklungen, etwa vom Ernährungsverhalten oder dem Straßenverkehr in 10 bis 20 Jahren. Genauigkeit kann dabei weder beansprucht, noch erwartet werden. Deshalb bietet das Verfahren **alternative Projektionen** an, die im Rahmen der denkbar „schlechtesten" und der denkbar „besten" Entwicklung liegen. Die Voraussage der Extreme beruht nun keineswegs auf reiner Phantasie, sondern wird gebildet durch die „summierte" Wirkung aller negativen bzw. positiven Einflußgrößen. Beim Straßenverkehr ergibt sich das negative Extrem etwa durch die Annahme: Benzinpreis DM 5.– + vermehrte Fahrverbote + höhere Kfz-Steuern und -Versicherungen + drastische Reduzierung der Preise im öffentlichen Verkehr + weiter steigendes Umweltbewußtsein, usw. usw. Solche Untersuchungen erfordern viel Sachverstand, denn es geht nicht nur um möglichst große Vollständigkeit, sondern auch um die Auswirkungen und Wechselwirkungen der Einflußgrößen (**Deskriptoren**).

Bildlich läßt sich das Konzept mit Hilfe eines Trichtermodells (Abb. 68) darstellen.

Szenarien sind also **alternative Zukunftsbilder;** sie bestehen aus in sich stimmigen, logisch zusammenpassenden Annahmen und einer Beschreibung bzw. Begründung der Entwicklungspfade, die zu diesen Zukunftsbildern hinführen.

Es wäre nun sehr unökonomisch, eine große Zahl möglicher Szenarien zu entwickeln. Bereits mit zwei bis drei Alternativ-Szenarien ist es möglich, die zukünftige Entwicklung hinreichend darzustellen. Dabei sollten durch die Randpunkte des Trichters die Extremvarianten abgedeckt und evtl. auch eine Trendverlängerung der heutigen Situation vorgenommen werden. Innerhalb dieses Möglichkeitsspektrums wird sich die reale Zukunft entwickeln. Die einzelnen Szenarien sind demnach keine Voraussagen der Zukunft, sondern nur in sich stimmige Bilder dessen, was sein könnte, also Möglichkeiten ohne Bewertung einer Eintrittswahrscheinlichkeit.

Zur Entwicklung der alternativen Zukunftsbilder geht die Szenario-Technik in sieben Schritten vor:

1. Strukturierung und Definition des Untersuchungsfeldes;

2. Identifizierung und Strukturierung der wichtigsten Einflußbereiche auf das Untersuchungsfeld (Umfelder);

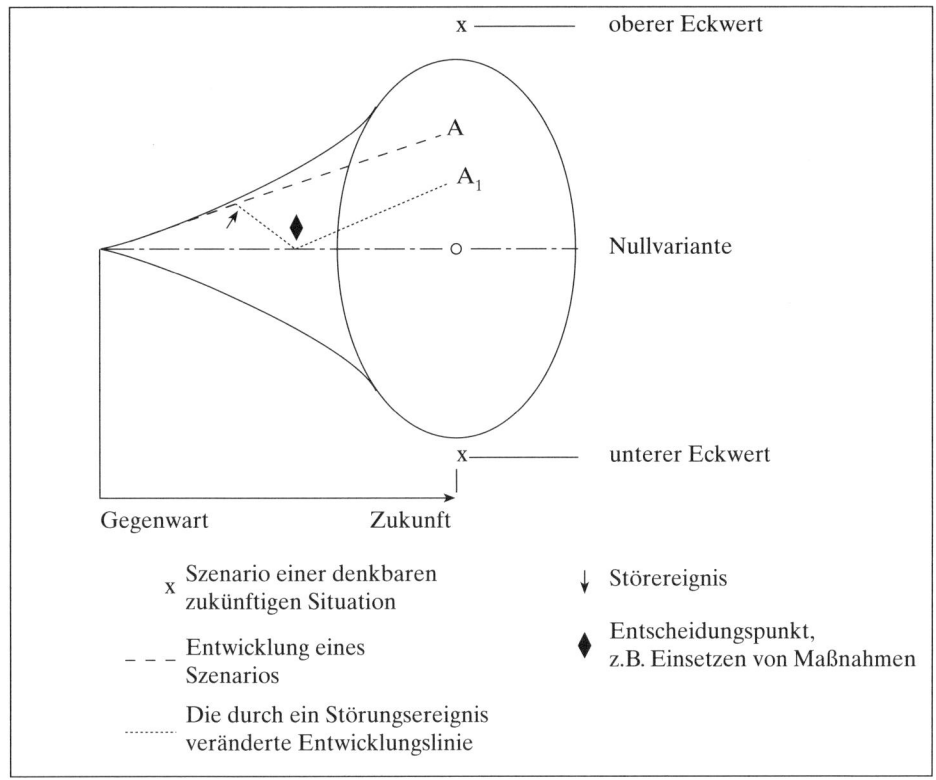

Abbildung 68: Trichtermodell des Szenarios

3. Ermittlung von Entwicklungstendenzen und kritischen Deskriptoren für die Umfelder;

4. Bildung und Auswahl alternativer konsistenter Annahmebündel;

5. Interpretation der ausgewählten Umfelder-Szenarien;

6. Einführung und Auswirkungsanalyse signifikanter Störereignisse;

7. Ausarbeiten der Szenarien bzw. Ableiten von Konsequenzen für das Untersuchungsfeld;

Der Einsatz der Szenario-Technik bietet sich besonders dort an, wo langfristige Globalgrößen prognostiziert werden sollen. Dies können z.B. sein: Wirtschafts-, Technologie- und Energieverbrauchsentwicklung oder auch allgemeine kulturelle und gesellschaftliche Entwicklungsmöglichkeiten.

Der Wert der Szenario-Technik liegt darin, den Entscheidern zu verdeutlichen, welche Faktoren in Wechselwirkung mit anderen Größen stehen und in welchem Ausmaß sie die weitere Entwicklung beeinflussen. Damit sollen Planer von eindimensionalen Prognosen weggeführt werden. Darin liegt aber zugleich der Hauptnachteil dieser Technik, die keine „sicheren" Trendextrapolationen bietet, sondern lediglich den Rahmen für ein kreatives Handeln aufzeigen kann. Desweiteren ergibt sich aus der Notwendigkeit, viele qualitative Daten zu verarbeiten, ein nicht zu unterschätzender subjektiver Interpretationsspielraum bei der Ausgestaltung der einzelnen Schritte.

Exkurs: Kohortenanalyse

Es handelt sich hierbei streng genommen um ein Analyse- und kein Prognoseverfahren, dennoch wird in jüngerer Zeit das kohortenanalytische Design zu Zwecken der Prognose diskutiert.

Eine Kohorte läßt sich als Gruppe von Personen auffassen, die ein „zentrales Ereignis" oder aber eine Ereignisfolge im ungefähr gleichen Lebensabschnitt erfährt (z.B. Geburt, Schulbeginn, Eheschließung).

Bei einem kohortenanalytischen Design handelt es sich um eine Untersuchungsanlage, bei der zu mindestens zwei, meist aber zu mehreren aufeinanderfolgenden Zeitpunkten auf der Basis von Querschnittserhebungen Merkmalsanalysen vorgenommen werden. Die primäre Zielsetzung beinhaltet die Frage, inwieweit bei Konsumenten im Zeitablauf **Kohorteneffekte** (Generationseffekte) als Resultat von **Perioden-** (Effekte aufgrund der Veränderung gesamtwirtschaftlicher Rahmendaten, technischen Fortschritts, Wertewandel etc.) und **Alterseffekten** (innere Veränderungen beim Altern, Familienlebenszyklusveränderungen) auftreten, und inwieweit sich diese Effekte in konkreten Einstellungen und Kaufverhaltensweisen äußern.

Bezüglich der Ausgestaltung des Erhebungsdesigns bietet sich hauptsächlich das sogenannte **spezifische kohortenanalytische Design** an, das dadurch gekennzeichnet ist, daß die Differenz der Meßzeitpunkte von Erhebungen identisch mit der Zeitspanne der betrachteten Altersgruppe ist (z.B. Altersgruppen: 20-29 Jahre, 30-39 Jahre etc.; Messungen alle zehn Jahre). Diese Untersuchungsanlage eignet sich speziell für die Feststellung, ob in einer Population Kohortenunterschiede beobachtbar sind. Zur Datenerhebung können sowohl Panels (Untersuchungen bei identischem Personenkreis) als auch die weniger aufwendigen Querschnittssequenzen Anwendung finden, bei denen repräsentative, voneinander jedoch unabhängige Stichproben zu Erhebungen von identischen Sachverhalten herangezogen werden.

Die Kohortenanalyse ist ein geeignetes Prognoseninstrument für das strategische Marketing, das sich beispielsweise für die systematische Analyse von Marktentwicklungen, für das Aufzeigen von Markttrends, für strategische Marktprognosen bezüglich konsumrelevanter Variablen (Kaufverhaltensdaten, psychologische Konstrukte) oder für Marktsegmentierungen auf der Grundlage von Kohorten eignet. Hauptproblem der Kohortenanalyse ist die sog. Konfundierungsproblematik, die auf der wechselseitigen Abhängigkeit der Periodeneffekte, Alterseffekte und Kohorteneffekte beruht. Diese Interdependenz bedingt, daß keiner der drei Effekte isoliert exakt ermittelt, sondern nur näherungsweise mit Hilfe diverser Verfahren geschätzt werden kann.

Exkurs: Marktpotential-Schätzungen

Kein spezielles Verfahren, sondern ein im Zusammenhang mit Prognosen stehendes Anliegen ist die Bestimmung von Wachstum und Wachstumsgrenzen.

Diese Fragen werden im Rahmen sog. Marktpotential-Schätzungen zu beantworten versucht. Im Vordergrund steht dabei die Nachfrageentwicklung, in einem zweiten Schritt müssen etwaige nachfragebeeinflussende Aktivitäten der Anbieter berücksichtigt werden.

Die Wachstumsgrenze ist dann gegeben, wenn die Gesamtumsätze innerhalb einer Warengruppe auch in den nachfolgenden (künftigen) Perioden nicht von den vergangenen übertroffen werden. Dieses Maximum, eine fiktive Größe, wird als **Marktpotential** bezeichnet. Liegen die bisherigen tatsächlichen Umsätze, das sog. **Marktvolumen** darunter, bestehen also noch Wachstumschancen, decken sich dagegen die beiden Größen, ist **Marktsättigung** erreicht.

Konkret kommt Marktsättigung aus folgenden Gründen zustande. Die Zahl der Käufer wächst nicht mehr und/oder die bisherigen kaufen nicht intensiver als bisher, trinken also z.B. nicht mehr Kaffee, kaufen sich kein zweites oder drittes Fernsehgerät oder nicht öfter ein neues Auto. Das Marktpotential ist also die insgesamt maximal erreichbare Absatzmenge in einer Periode, weil künftig weder die **Käuferzahl** noch deren **Einkaufsintensität** steigerbar ist.

Die Formulierung ist einfach, die Quantifizierung wesentlich schwerer, denn letztendlich muß dazu prognostiziert werden, ob überhaupt und ggf. in welchem Umfang diese Größen noch steigen werden.

Prima vista lassen natürlich z.B. eine hohe Ausstattungsdichte bzw. ein hoher Verbrauch leicht auf wenig Erweiterungsspielraum schließen und für die gleiche Vermutung spricht, wenn sich bereits seit Jahren die jährlichen Umsätze auf etwa dem gleichen Niveau bewegen. Aber die Anbieter hätten es natürlich gern genauer gewußt, z.B. ob bzw. wieviel im Markt für Gesellschaftsspiele (jeder Haushalt besitzt im Durchschnitt derzeit 7) noch „drin" ist. Warum nicht 10 oder noch mehr? Und beim Bierverbrauch ist ja eigentlich auch nicht einzusehen, daß mit den derzeitigen ca. 130 Jahreslitern pro Kopf die Obergrenze der Genußfreudigkeit offenbar bereits überschritten istl.

Speziell bei hoher Ausstattungsdichte mit Gebrauchsgütern leben solche Märkte u.U. vorwiegend von **Ersatzanschaffungen,** zu deren Prognose sog. **Sterbetafeln** verwendbar sind, vorausgesetzt, man kennt die Altersstruktur der Bestände und die durchschnittliche Verwendungsdauer der Produkte. Ein Wachstum kommt hier also nur noch zustande durch schnelleren **Verschleiß,** vorgezogene Ersatzanschaffung infolge **verbesserter Produkte** und/oder eben durch **Mehrfach-Ausstattung.**

Vglw. schwieriger ist eine Prognose in jungen Märkten, also bei neuen Produkten. Es fehlen als Anhalt Vergangenheitsdaten, andererseits scheinen die Wachstumsgrenzen in weiter Ferne zu liegen. Hier klaffen dann oft – vorübergehend oder dauerhaft – große Differenzen zwischen den Anbieter-Erwartungen („das Produkt braucht jeder") hinsichtlich der Markt-Aufnahmefähigkeit und der tatsächlichen Käuferzahl. Solche Fehleinschätzungen sind insbesondere bei den von Optimismus beflügelten Produktneuheiten verständlich. Deshalb sind sorgfältige Produkt(entwicklungs)Tests so wichtig und – bei der Markteinführung – die Messung der **kumulierten Erstkäufer** als Indiz für die tatsächliche Produktakzeptanz.

Unterschätzt wird also der Anteil der Passiven, der nicht oder nur mäßig Interessierten, auch wenn sie den Produktvorteil durchaus anerkennen mögen. Oft spielen aber auch nur Hemmungen gegenüber dem Ungewohnten und Neuartigen eine Rolle, die erst abgebaut werden, wenn das Produkt durch entsprechende Kommunikationsprozesse von der Besonderheit zur Selbstverständlichkeit wird. Entsprechend lassen sich die Käufersegmente etwa in Konsumpioniere, Nachahmer und Nachzügler unterscheiden, wie dies im Rahmen der sog. **Diffusionsforschung** geschieht, mittels derer diese „Ansteckungs-" und Verbreitungsprozesse erklärt werden. Sinnvolle Konsequenz dieser Einsichten ist eine anfängliche Konzentrierung der Marktbearbeitung auf das erste Segment, die sog. **Multiplikatoren,** um die Diffusion wirksam in Gang zu setzen.

Marktpotential-Schätzungen müssen natürlich auch künftige Änderungen im Marktgefüge vorausschauend vorwegnehmen, also etwa Zu- oder Abnahme der Bevölkerung, der Haushalte, der Einkommen, Einstellungswandel usw. Auf der Angebotsseite sind es der Markteintritt von Konkurrenten, eine breitere Distribution und vor allem **Preissenkungen,** die die Marktdurchdringung u.U. maßgeblich beschleunigen und die Marktsättigungsgrenze anheben.

Schließlich sind für den einzelnen Anbieter Wachstum und Wachstumsgrenzen nur die Rahmenbedingungen für seine Branche oder Warengruppe. Wo diese Werte in der Zukunft für ihn selbst liegen, ist eine Frage der Behauptung bzw. Durchsetzung gegenüber der Konkurrenz.

Es gibt nun leider kaum Mittel und Wege, die die Beantwortung von Wachstum und Sättigung erleichtern.

Hilfreich können solche Märkte sein, in denen gleiche oder ähnliche Produkte bereits länger im Markt sind, also Informationen über Wachstum, u.U. auch über sich abzeichnende Sättigungsgrenzen vorliegen. Das gilt vor allem für die USA. Inwieweit eine Übertragung sinnvoll ist, muß allerdings im einzelnen gründlich hinterfragt werden.

Einen Erkenntniszuwachs schien vor Jahren auch die **Produkt-Lebens-Zyklus-Theorie** zu bieten. Beim Vergleich der Umsatzentwicklung verschiedener Produkte von ihrem Markteintritt bis zu ihrem Verschwinden vom Markt erkannte man Ähnlichkeiten hinsichtlich ihres (S-förmigen) Verlaufs mit den Phasen Einführung, Wachstum, Reife, Abschwung. Man schloß daraus auf eine Gesetzmäßigkeit im Marktgeschehen und offerierte diese Erkenntnis einer sehr beeindruckten Fachwelt als brauchbares Instrument sowohl zur Prognose von Wachstums- und Sättigungsentwicklungen als auch zur strategischen Planung. Das Modell vermag zwar gewisse Grundeinsichten zu vermitteln, erwies sich aber als wenig operational. Daß nämlich z.B. nach einer Wachstumsphase irgendwann eine Reifephase folgt ist banal, entscheidend wäre dagegen, ob diese Wachstumsphase nun zwei oder vielleicht zehn Jahre (und bei welchen Volumina) währt. Nachdenklicheren Naturen war im übrigen schon von Anfang an klar, daß hier kein Entwicklungs- bzw. Verlaufs„automatismus" unterstellt werden kann, weil die Anbieter ja selbst mitbestimmen, indem sie etwa das Wachstum zu beschleunigen oder eine beginnende Stagnation zu überwinden trachten. Im übrigen bestätigten auch zahlreiche empirische Untersuchungen diese Theorie keineswegs in der gewünschten Eindeutigkeit.

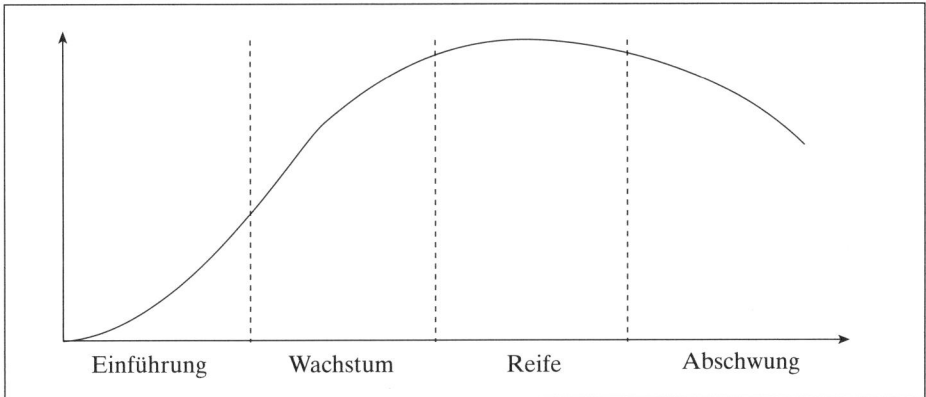

Abbildung 69: Produkt-Lebenszyklus (idealtypisch)

C. Präferenzforschung im Rahmen der Produktgestaltung

1. Traditionelle Verfahren

In aller Regel haben Güter ein Bündel von Eigenschaften, die, soweit als nützlich erkannt, als **Teilqualitäten** (Teilnutzen) bezeichnet werden.

Aus Anbietersicht ist bei der Entwicklung bzw. Verbesserung von Sach- oder Dienstleistungen folgendes wichtig:

- Welche Arten von Teilqualitäten,

- wieviele Arten von Teilqualitäten,

- welche Ausprägung von Teilqualitäten

werden in welcher Kombination von den anvisierten (potentiellen) Abnehmern derzeit präferiert, welche Verbesserungen u.U. in Zukunft gewünscht?

Will man sich zur Beantwortung dieser Fragen nicht auf die eigene Urteilsfähigkeit beschränken, bieten sich zur Informationsgewinnung mehrere Möglichkeiten an.

(1) Am naheliegendsten und üblichsten ist eine (gebrauchstechnische) **Analyse** der Konkurrenzprodukte. Man vergleicht die jeweils gebotenen Qualitäten und zwar sinnvollerweise die von Produkten mit den größeren Markterfolgen. Bei diesen nämlich darf angenommen werden, daß sie (auch) hinsichtlich ihrer Qualität Überdurchschnittliches zu bieten haben. Maßstab für den Markterfolg sind hierbei ökonomische Größen wie Umsatz, Marktanteil, Preisniveau u.ä.

Mitunter bieten Marktforschungs-Institute dazu Hilfestellung mit sog. **Feature-Dateien.** Es handelt sich hierbei um aufwendige Spezialstudien, in denen alle Produkte einer (technischen) Branche (z.B. Kameras) mit ihren genauen Qualitäts- und Ausstattungsdetails aufgelistet sind, ergänzt um ihre jeweiligen Umsätze, Preise usw., die primär aus dem Handelspanel stammen.

Sehr nützlich und dazu kostengünstig sind natürlich auch die frei zugänglichen Informationsquellen wie insbesondere die (Fach-)Zeitschriften mit ihren Beiträgen zu Qualitätsbeurteilungen, (vergleichenden) Testergebnissen u.ä.m.

Derartige Qualitäts-Vergleiche können wichtige Aufschlüsse ergeben. Nachteilig ist aber, daß der „Markterfolg" als Qualitätsmaßstab nur bedingt tauglich ist, weil geschickte oder auch nur massive Vermarktungs-Aktivitäten auch eine bedeutende Rolle spielen (können). Die Besten im Markt sind also durchaus nicht immer auch die Besten hinsichtlich der (nachprüfbaren) Qualität.

Nachteilig ist ferner, daß derartige vergleichende Analysen nur indirekt die Qualitätserwartungen der Abnehmer widerspiegeln; welche Qualitätsaspekte im einzelnen welche Rolle spielen, erfährt man dadurch ebenso wenig wie evtl. Wünsche, die erst noch der Umsetzung in Qualitätsverbesserung harren.

(2) Anstatt nun die Produkt-Präferenzen indirekt aus den Markterfolgen (z.B. Marktanteilen) abzuleiten, lassen sich diese auch durch **Befragung** der (potentiellen) Abnehmer ermitteln. Gefragt wird dazu nach den individuellen **Produktpräferenzen,** also nach der relativen Bevorzugung bestimmter Produkte gegenüber anderen, wobei die Beantwortung entweder spontan oder anhand von Vorgaben erfolgt. I.d.R. sollen die Befragten dabei jeweils eine Rangreihung als Ausdruck ihrer Präferenzabstufungen, also eine Art Beliebtheits-Skala bilden. Wie groß dabei die Präferenzabstände (um wieviel besser... schlechter) sind, wird damit allerdings nicht erkennbar.

Dieser Nachteil läßt sich durch eine Quantifizierung der Abstände reduzieren. Im Rahmen des sog. **Konstantsummen-Verfahrens** müssen die Befragten eine Gesamtpunktzahl, z.B. 100 Punkte, so auf die Produkte verteilen, wie es ihrer individuellen Bewertung entspricht. Diese sehr einleuchtende Vorgehensweise hat natürlich ihre Grenzen dort, wo die Probanden damit überfordert sind und die Punktevergabe deshalb mehr oder weniger willkürlich erfolgt.

Anwendbar sind auch die in der Einstellungsforschung verwendeten **Rating-Verfahren** (vgl. S. 227). Es werden also mittels entsprechender Skalen Abstufungsmöglichkeiten vorgegeben, anhand derer jedes Produkt bewertet wird. Das läßt sich zwar vglw. leicht bewerkstelligen, aber im Grunde handelt es sich dabei um Einzelbewertungen, die allenfalls mittelbar die Präferenzabstufungen zum Ausdruck bringen.

Auch solche Erhebungen liefern lediglich Indizien, denn die pauschalen Produktbewertungen lassen natürlich nicht erkennen, worauf sie zurückzuführen sind. Liegt es vielleicht am Produktäußeren, an der Marke, am Preis u.ä. und welche Bedeutung spielen in diesem Zusammenhang welche Qualitätsaspekte?

(3) Solche Informationen lassen sich nur durch gezielte und detaillierte Fragen gewinnen, was allerdings nur Sinn macht, wenn sich die Befragten über ihr Bewertungsraster einigermaßen im Klaren sind. Experten erfüllen solche Voraussetzungen natürlich besser als Laien, die oft schlichtweg überfragt sind.

Im gewerblichen Bereich wählt man dazu häufig **Fachgespräche** mit den (potentiellen) Kunden, um deren Ansichten, Erfahrungen und Anregungen kennen zu lernen. Auf Verbraucherebene dienen dazu **Gruppengespräche** und/oder eben (repräsentative) **Umfragen.**

Die naheliegendste Vorgehensweise ist dabei, unmittelbar und relativ abstrakt die Qualitätsvorstellungen und -erwartungen anzusteuern, im Tenor also mit Fragen wie dieser:

„Wenn Sie an den Erwerb eines Waschmittels (Rasenmähers, Baukredits... usw.) denken, worauf legen Sie da besonderen... weniger... kaum... keinen Wert"?

Günstigstenfalls stimmen dann die Antworten (spontan oder auf Grund entsprechender Vorlagen) ziemlich überein und weisen damit dem Produktgestalter eindeutig die Richtung. Im schlechtesten Fall streuen die Antworten über die ganze Breite der Beurteilungsmöglichkeiten.

Dieses oft praktizierte Vorgehen hat den Vorteil, daß das letztendlich Interessierende gleichsam an der Quelle direkt erfragt wird. Zudem fordert die Fragestellung zu einer **vergleichenden Gewichtung** der einzelnen Qualitätsmerkmale heraus. Aber es gibt demgegenüber auch eine Reihe Nachteile, denn

- trotz abgestufter Bewertungsmöglichkeiten erfolgt die Einstufung der einzelnen Teilqualitäten relativ isoliert;

- die Gefahr, daß so ziemlich auf alles Wert gelegt wird, ist nicht von der Hand zu weisen;

- die Wahrscheinlichkeit vorwiegend banaler oder willkürlicher Antworten ist (insbesondere bei Laien) groß;

- die Antworten können das tatsächliche Zustandekommen der Kaufentscheidung u.U. nur unzureichend begründen.

Trotz dieser Kritik schätzen Praktiker dieses Vorgehen durchaus, weil es zumindest tendenziell zu Einsichten verhelfen kann. Wichtig ist eben, daß bei der Interpretation der Befragungs-Ergebnisse die Schwächen des Verfahrens nicht übersehen werden.

(4) Man kann aber auch existierende Produkte bewerten lassen, was für eine größere Realitätsnähe sprechen mag, denn die Kaufinteressenten wählen bekanntlich zwischen Produkten (mit unterschiedlichem Qualitäts-Mix) und nicht zwischen einzelnen Teilqualitäten.

Welche Produkte dabei zur Bewertung gewählt werden, hängt vom Untersuchungsziel, aber auch von der Auskunftsfähigkeit der Befragten ab. Letztere ist am ehesten zu erwarten, wenn nicht nur gemutmaßt werden kann, sondern die Urteile auf tatsächlichen Verwendungserfahrungen mit verschiedenen Produkten beruhen, wie das etwa bei häufig gekauften Gütern der Fall ist.

Der Tenor der Antworten würde hier also etwa lauten:

„Ich kaufe immer... verwende vorwiegend... das Produkt (die Marke) A, weil hier im Vergleich zu B und/oder C folgendes besser ist..."

Natürlich lassen sich auch, falls vorhanden, die Erhebungsergebnisse von Präferenzabstufungen (Rangreihen), wie sie auf S. 72 ff. beschrieben wurden, heranziehen, indem anschließend nach der Begründung gefragt wird. Wer also das Produkt X an dritter Stelle genannt hat, wird angehalten, darüber Auskunft zu geben, welche Vor- bzw. Nachteile es gegenüber den schlechter- bzw. besserplazierten Produkten aufweist. Soweit keine Produkterfahrungen vorliegen, beruhen die Urteile dann allerdings primär auf Mutmaßungen und Anmutungen.

Der Erkenntnisgewinn ist also begrenzt, insbesondere dann, wenn zahlreiche Produkte auf diese Weise verglichen und in eine Rangreihe gebracht werden sollen. Die Befragten werden erfahrungsgemäß damit in aller Regel überstrapaziert. Was am Schreibtisch möglich erscheint, erweist sich in der Befragungspraxis schnell als untauglich. Vielfach beschränkt man sich deshalb auf einige wenige, besonders interessierende (Konkurrenz-)Produkte und wählt dabei den sog. **Paar-Vergleich,** läßt also immer nur zwei Erzeugnisse miteinander beurteilen.

2.   Conjoint Measurement

Es ist nun keine Frage, daß sich Produkte und Leistungen verbessern lassen, indem man die erfolgreicheren bzw. besser bewerteten der Konkurrenz kopiert und/oder das Qualitäts-Mix an die geäußerten Vorstellungen der Befragten anpaßt.

Allerdings ist zu beachten, daß in punkto Qualitätsbeurteilung ein Maß an Wissen und Rationalität vorausgesetzt wird, das vielfach nicht gegeben ist. Wo etwa spontan, gefühlsmäßig, gewohnheitsmäßig oder unter Prestige-Aspekten entschieden wird, wo geringwertige, low-interest-Produkte oder solche mit niedrigem Risiko eingekauft werden oder schließlich die Meinung bzw. Tatsache vorherrscht, daß sich die Produkte kaum voneinander unterscheiden, sind Befragungen zu Qualitätserwartungen und -vorstellungen relativ unergiebig. Intensivgespräche, Gruppendiskussionen u.ä. fördern hier im Zweifel mehr Einsichten zutage als Umfragen. Ohnehin darf man sich bezüglich Anregungen für wirklich perspektivische Produkt-Neuerungen nicht zuviel erwarten, dazu reicht i.d.R., zumindest bei den Verbrauchern, das Vorstellungsvermögen nicht aus.

Abgesehen davon lassen sich auch Zweifel an den Untersuchungsmethoden anmelden. Ist das Wahlverhalten der Abnehmer tatsächlich – soweit es überhaupt um Qualitäts-Aspekte geht – durch Präferenz-Erhebungen der beschriebenen Art ermittelbar? Geht es nur um Bevorzugung und Wünsche, oder nicht vielmehr auch um **Abstriche** und **Kompromisse** hinsichtlich der Qualität?

Folgendes Beispiel soll dies verdeutlichen:

Ein Kamera-Käufer hat i.d.R. die Qual der Wahl, weil sich die zahlreichen Modelle in vielen Details – aber natürlich auch im Preis – unterscheiden. Er strebt nach einer Optimierung seiner Nutzenerwartungen, was sich in folgendem niederschlägt:

Er findet bei bestimmten Modellen einige Merkmale (Funktionen) ziemlich bzw. völlig überflüssig, hätte dafür aber lieber einige andere, die fehlen.
Er wäre bei einigen Funktionen durchaus mit einer geringeren Ausprägung (Leistung) zufrieden, wünschte sich dagegen bei anderen mehr.
Weitere Aspekte kommen hinzu, etwa Form, Gewicht, Größe, aber auch Garantie und Service sowie die Herstellermarke.
U.U. findet unser Interessent doch noch seine Wunschkamera, aber leider ist sie ihm viel zu teuer. Dann beginnen die Überlegungen von neuem und zwar mit der Suche, bei welchen Merkmalen am ehesten Abstriche gemacht werden können.

Dieses Procedere ist, zumindest ansatzweise, jedermann geläufig. Ein Untersuchungsansatz, der die im Beispiel genannten Überlegungen erfassen will, kann sich also nicht auf Präferenzabstufungen beschränken, sondern muß zusätzlich berücksichtigen, auf was zu Gunsten wessen (teilweise) **Verzicht** geübt wird im Sinne eines „an Stelle von...".

Mit dem Konzept des Conjoint Measurement (CM) wird nun versucht, die Präferenzen der Merkmale und Merkmalsausprägungen eben unter diesem **Verbundaspekt** zu erheben und dabei erkennen zu lassen bzw. zu messen, welchen Beitrag diese einzelnen Teilqualitäten jeweils zur Gesamtbewertung des Produktes leisten, was die Annahme eines **additiven** Zustandekommens unterstellt. Es erfolgt also eine **simultane Messung** der Teilwertnutzen und des Gesamtnutzens. Dahinter verbringt sich also die (durchaus bezweifelbare) Vorstellung, daß sich die Wertschätzung eines Gutes (= 100 %) additiv ergibt z.B. zu 30 % aus dem Teilnutzen A, zu 45 % aus dem von B und zu 25 % aus dem Merkmal C.

Die zu Grunde liegende Vorstellung wird plastischer bei sog. **Baukasten-Systemen.** Im Rahmen seines Ausgaben-Limits stellt sich der Käufer das Produkt oder die Dienstleistung selbst zusammen, muß also abwägen, was ihm im Gesamtzusammenhang die einzelnen Teilqualitäten wert sind, was er dafür also zu bezahlen bereit ist, wie etwa beim Eigenheimbau oder der Autoausstattung.

Das praktische Vorgehen ist im Conjoint Measurement unterschiedlich. Bei der sog. **Profilmethode** werden den Auskunftspersonen Kärtchen gezeigt, die jeweils eine der rechnerisch möglichen Nutzwertkombinationen enthalten (**full profile approach**). Natürlich müssen die Nutzwerte und ihre jeweiligen Ausprägungen solche Produkteigenschaften sein, die für die Befragten eine Rolle spielen und sich widerspruchsfrei kombinieren lassen. Diese Vorlagen müssen nun in eine Rangreihe entsprechend den persönlichen Präferenzen gebracht werden. Zur Wahrung des Überblicks werden die Auskunftspersonen u.U. angehalten, zunächst drei Unterteilungen zu bilden (stark zusagend – unentschieden – ablehnend), und innerhalb dieser Gruppierungen nochmals eine Rangreihung vorzunehmen.

Wie leicht vorstellbar, wachsen mit zunehmender Zahl der Merkmale und ihrer Ausprägungen die Kombinationsmöglichkeiten rasch – nämlich exponentiell – in Dimensionen, mit denen die Befragten überfordert sind. Unter Inkaufnahme entsprechender Informationsverluste wird deshalb i.d.R. mittels eines sog. **unvollständigen faktoriellen Experimentaldesigns** eine Reduzierung angestrebt. Unwahrscheinliche(re) Kombinationen werden von vornherein ausgeschieden oder/und die als relevant erscheinenden Kombinationen werden während des Interviews mittels eines PC individuell für jeden Befragten ausgewählt. Auch eine Aufteilung auf mehrere Stichprobensplits ist u.U. möglich.

Eine Reduzierung der Alternativen ist also i.d.R. vonnöten. Die Belastung der Befragten bzw. deren Vorstellungsvermögen wäre bei diesem Verfahren ohnehin noch zu groß, monieren die Kritiker.

Realistisch im Sinne unseres Beispiels wäre die Versuchsanordnung ohnehin nur, wenn die verschiedenen Merkmalskombinationen zum gleichen Preis zu haben wären, denn anderenfalls kommt der Verzichtsaspekt nicht oder nur ungenügend zum Tragen.

Ist eine Gleichpreisigkeit im gegebenen Fall unrealistisch bzw. will man herausbringen, ob z.B. für mehr (oder bessere) Teilqualitäten auch mehr bezahlt würde, müssen unterschiedliche Preise vorgegeben werden. Am vereinfachten Beispiel würde das also lauten:

Was würden Sie vorziehen:

Produkt 1 mit den Qualitäten A, B, C für DM 150.–?   oder
Produkt 2 mit den Qualitäten A, B, C, D für DM 175.–?

Neben dem Versuch, mit solchen Vollprofil-Untersuchungen das gesamte Wahlverhalten zu modellieren, lassen sich auch partielle Fragestellungen beantworten.

Im **Paarvergleich** (trade-off-Methode) werden jeweils nur zwei Teilnutzen zuzüglich ihrer Ausprägungen auf ihre Bevorzugung hin untersucht und zwar mittels sog. Trade-off-Matrizen. Die Anforderungen an die Probanden sind dabei natürlich geringer, allerdings wächst, wenn Vollständigkeit gefordert wird, die Zahl der Paarvergleiche erheblich. Und ferner ist die Ganzheitlichkeit des Wahlverhaltens damit nicht mehr gegeben.

Schließlich sind auch Kombinationen verschiedener Untersuchungsmethoden möglich. Erfragt werden zum einen in **isolierter** (sog. kompositioneller) Weise Urteile über die Akzeptanz und die Wichtigkeit der einzelnen Produkteigenschaften, wie das traditionell geschieht, und zum anderen werden Mittel CM in dekompositioneller Weise die **ganzheitlichen** Produktprofile nach dem Grad der Wertschätzung bzw. Präferenz erhoben.

Welche Einsichten lassen sich nun mittels Conjoint Measurement gewinnen?

Die individuellen Präferenzangaben können ihrerseits wieder in eine Rangreihe gebracht werden, die erkennen läßt, welche Kombinationen in welcher Reihenfolge präferiert werden.

Mittels komplizierter Berechnungen lassen sich daraus die relativen Teilnutzwerte gewichten (d.h. letztlich „quantifizieren" (!)) und durch deren Addition (!) der Gesamtnutzwert einer Merkmalskombination (= Produkt) ermitteln. Erkennbar ist also, welche Teilnutzwert-Kombination den höchsten Gesamtnutzen erbringt.

Damit besteht auch die Möglichkeit der Simulation der Produktakzeptanz und des Wahlverhaltens bei Veränderung der Merkmalskombination. Nicht zuletzt ergeben sich durch entsprechende Datenverknüpfungen auch Aufschlüsse in Bezug auf bestimmte Abnehmersegmente bzw. deren unterschiedliche Präferenzvorstellungen.

Das Conjoint Measurement ist in den letzten Jahren geradezu in Mode gekommen. Ursprünglich aus der mathematischen Psychologie stammend, erfreut es sich in der Marktforschung bei Anbietern und Nachfragern großer Beliebtheit. Das liegt sicherlich einmal daran, daß damit im Prinzip das Wahlverhalten besser erfaßt wird als mit den traditionellen Methoden. Zum anderen lassen sich mit den gewonnenen Daten – sind sie erst einmal im Rechner – eindrucksvolle Auswertungsergebnisse erzielen, von denen man früher nur träumen konnte.

Die Haupteinwände der Kritiker liegen zum einen im Bereich der Erhebung, sprich der Überforderung der Befragten mit endlosen Auswahl-Alternativen, zu denen u.U. überhaupt keine eigenen Vorstellungen vorhanden sind. Zum weiteren werden nur technisch-ökonomische Aspekte erfaßt, wohingegen in Wirklichkeit andere Einflüsse u.U. eine bedeutende(re) Rolle spielen.

Die Präferenzurteile sind auch nur auf Ordinal-Skalen meßbar; streng genommen gibt es also weder eine Summenbildung noch arithmetische Mittelwerte, dennoch wird der Versuch unternommen, sie in metrische Skalen zu transformieren. Schließlich bleibt die Hypothese vom Zustandekommen der Produktbewertung durch Addition der Teilnutzwerte im Lichte ganzheitlicher Sichtweisen auch nur eine Art Kunstgriff, ohne den nämlich die Rechenoperationen nicht möglich wären.

D. Markenartikel-Forschung

1. Problemstellung

Durch gleichförmige Kennzeichnung mittels Wortzeichen (evtl. auch mittels Logo und/oder Ausstattung) läßt sich ein (Massen-)Produkt „individualisieren", also unterscheidbar machen von vergleichbaren Konkurrenzprodukten.

Durch wirksame Qualitäts- und Vermarktungsstrategien, bei denen die Werbung i.d.R. eine bedeutende Rolle spielt, erreicht eine derart markierte Ware bei den Abnehmern bzw. in der Öffentlichkeit u.U. ein hohes Maß an **Bekanntheit, Wertschätzung** und **Vertrauen.** Liegt ein solcher Erfolg vor, spricht man von Markenprodukt, Markenartikel oder einfach von einer „Marke".

Der Aufbau von Marken ist zumeist ein langwieriger und kostspieliger Prozeß, zahlt sich für die Anbieter im Erfolgsfall aber aus durch eine vglw. günstige und stabile Wettbewerbsposition, also insbesondere durch bessere Preise, größere Kundentreue, höhere Akzeptanz beim Handel u.ä.m.

Die Markenpolitik stellt hohe Anforderungen an ihre Akteure; deshalb war die Markenartikel-Industrie auch ständig Vorreiter in Sachen Marketing. So wurde auch fast das gesamte Marktforschungs-Instrumentarium für sie und mit ihr entwickelt, wovon auch dieses Buch zeugt.

Viele Methoden haben diesen Zuschnitt, aber erst in jüngerer Zeit werden von den Marktforschungs-Instituten **komplexe Systeme** bzw. Modelle entwickelt, mittels derer Marken besser als bisher lanciert, kontrolliert und auch bewertet werden können.

Seit einer Reihe von Jahren ist das Interesse an diesem Thema sprunghaft gewachsen. Ursprünglich aus den USA stammend, bietet es inzwischen allenthalben Wissenschaftlern und Instituten reichlich Gelegenheit, immer wieder neue Ansätze zu entwickeln.

Die Modelle lassen sich dabei wie folgt unterteilen:

- Totalmodelle/Partialmodelle

- finanzorientierte/absatzwirtschaftlich orientierte Modelle

- auf ökonomischen/auf verhaltenswissenschaftlichen Daten basierende Modelle

2. Finanzorientierte Modelle

Den Anstoß zur Gesamtthematik gaben nicht etwa Fragen markenpolitischer Natur, sondern solche im Zusammenhang mit Bewertungsanlässen. Welchen Wert eine Marke (**brand equity**) hat, kann aus folgenden Gründen interessieren:

- Kauf oder Verkauf von Marken oder markenführenden Unternehmen (in der BRD ist nur letzteres zulässig),

- Bilanzierung von Marken (in der BRD als immaterieller Vermögenswert nicht zulässig).

- Schadensermittlung bei mißbräuchlicher Benutzung (Markenpiraterie),

- Ermittlung von Lizenzgebühren

Die sog. finanzorientierten Ansätze zeigen Wege auf, wie sich der Wert einer Marke bzw. eines Markenartikels in einem einzigen Geldbetrag quantifizieren läßt.

Mit einigem Scharfsinn ergibt sich daraus die Folgerung, zwischen dem Gewinn-Anteil des **Produktes** und dem der **Marke** zu trennen. Der Markenwert läßt sich also definieren als der Mehrwert, den ein Produkt durch die Marke erzielt. Die diffizilen Probleme des notwendigen „Auseinander-Dividierens" und der Berechnung brauchen nicht im einzelnen dargelegt zu werden (vgl. dazu aber z.B. Sandner), weil hier nur die absatzwirtschaftlichen Aspekte interessieren.

Zumindest als Indiz für den gesuchten Mehrwert können Unterschiede im Preisniveau gelten. Vergleicht man mittels Panel-Erhebungen in einer Warengruppe (z.B. Tafelschokolade) die Endverbraucher-Preise miteinander, so spiegelt sich in diesen – gleiche Qualitäten vorausgesetzt – die unterschiedliche Wertschätzung der Konsumenten wider. Freilich sind andere Aspekte wie etwa die jeweiligen Absatzmengen, Distributionskanäle und auch die Vermarktungskosten zu berücksichtigen. Nischen-Marken können nicht ohne weiteres mit Massen-Marken verglichen werden.

3. Marktorientierte Modelle

Speziell für das Marketing und/oder das Controlling dienen die absatzwirtschaftlichen oder marktorientierten Ansätze. Sie lassen i.d.R. die gesamte Kosten- und Ertragsproblematik außen vor und münden demnach auch nicht in einem in Geldeinheiten bezifferten Gesamtergebnis. Notwendig sind Meßgrößen (oder Indikatoren), mittels derer sich die Markt- und Wettbewerbsposition einer Marke bestimmen lassen.

Aus der Vielzahl der möglichen bzw. denkbaren Kriterien müssen also diejenigen gesucht werden, die die derzeitige Marktposition begründen. Das ergibt den aktuellen Markenwert, bietet aber gleichzeitig auch einen Ansatz, mittels Prognose der Indikatoren die künftige Entwicklung des Markenwertes vorherzusagen.

3.1 Markenbilanz

Ein Beispiel ist der Katalog von Schulz/Brandmeyer, der dem Konzept der **Marken-Bilanz** von A.C. Nielsen zu Grunde lag. Die insgesamt 19 Kriterien sind in 6 Gruppen zusammengefaßt, die folgende Fragen beantworten:

- Was gibt der Markt her?

- Welchen Anteil holt die Marke aus ihrem Markt heraus?

- Wie bewertet der Handel die Marke?

- Was tut das Unternehmen für die Marke?

- Wie stark sind die Konsumenten der Marke verbunden?

- Wie groß ist der Geltungsbereich der Marke?

Der Leser, inzwischen mit der Marktforschungs-Materie vertraut, kann nun selbst einmal darüber nachdenken, welche Kriterien wohl infrage kommen, um diese 6 Fragen beantworten zu können.

Um den Markenwert zutreffend einschätzen zu können, werden ergänzend Vergangenheits- und Zukunftsaspekte mit herangezogen. Wie kam es zur gegenwärtigen Marktstellung? Welche Chancen bieten sich zukünftig?

Problematisch ist nun allerdings die **Gewichtung** der einzelnen Indikatoren, aber auch die ihrer jeweiligen Ausprägung. Welches Gewicht soll etwa dem Marktanteil gegenüber der Markenbindung zugemessen werden und wie verhält es sich damit, wenn eine Markenbekanntheit von 37 % bewertet werden muß?

Diese Fragen tauchen auf, weil die Einzelwerte – so das Ziel – in einer Gesamtzahl münden sollen, sodaß die Marke A von den maximal möglichen 500 Punkten z.B. 380 erhält, Marke B aber vielleicht nur mäßige 180.

Wie dabei im einzelnen vorgegangen wird, verraten nicht alle Institute. Beim **Scoring-Modell** von Interbrand Ltd. ist zumindest im Groben die Gewichtung bekannt. Hier werden die Punktzahlen wie folgt vergeben (7 Hauptkriterien, 80 bis 100 Unterkriterien):

	max. Punktzahl
Marktführerschaft	25
Stabilität	15
Markt	10
Internationalität	25
Trend der Marke	10
Marketing-Unterstützung	10
Schutz der Marke	5

In diesem Rahmen sind die Punktzahlen durch ein Expertenteam frei wählbar.

Die Einwände gegen derartige Modelle liegen natürlich auf der Hand und wurden in der Literatur entsprechend diskutiert. Leider wird demgegenüber zu wenig von Erfahrungen berichtet, die die Unternehmen selbst damit gemacht haben. Ganz eindeutig ist, daß beim Ausweis eines Gesamtwertes „Äpfel und Birnen" addiert werden und die Punktbewertung Spielräume für Schätzungen zuläßt. Nachteilig ist ferner, daß die einzelnen Kriterien oft nicht unabhängig voneinander sind, d.h. die Größen korrelieren oder stehen in einem kausalen Zusammenhang. Mit dem etwas naiven Drang, bei der Bewertung zu einer Gesamtpunktzahl gelangen zu wollen, lief man also geradezu in die offenen Messer der Kritiker. Weniger wäre in diesem Fall also mehr gewesen, denn es ist nicht zu leugnen, daß derartige heuristische Ansätze bei genügendem Sachverstand und Einfühlungsvermögen in die jeweiligen Märkte und Strategie-Varianten durchaus zutreffende Einsichten liefern können.

3.2   Markenbild/Markenguthaben

Ein absatzwirtschaftlich orientiertes Modell auf rein verhaltenswissenschaftlichen Meßdaten ist **Brand Trek** der icon Forschung und Consulting in Nürnberg. Die Frage nach dem Wert einer Marke wird also durch Rückgriff auf psychologische Größen wie Wissen, Meinungen, Einstellungen u.ä. zu beantworten versucht. Erforderlich sind dazu sowohl repräsentative (telefonische) Umfragen wie auch Gruppengespräche. Die gefundenen Ergebnisse lassen sich natürlich auch zu ökonomischen Daten in Beziehung setzen.

Das icon-Konzept ist stark, wenn auch nicht ausschließlich, auf die Markenwerbung ausgerichtet, soll also zu erkennen geben, welche psychologischen Wirkungen nachhaltiger Art durch sie erzielt wurden. Da infolge des starken Wettbewerbs die Werbe-Effizienz allgemein stark nachläßt, haben die Anbieter von Markenartikeln, aber auch die von Dienstleistungen wie Banken oder Versicherungen an solchen Infomationen großes Interesse.

Der Wert einer Marke – auch als **Markenstärke** bezeichnet – wird nach diesem Modell aus zwei Bündeln von Erfolgsfaktoren gespeist, die hier mit Markenbild und Markenguthaben bezeichnet werden. Als bildliche Analogie dient ein Eisberg.

Das **Markenbild** ist dabei der sichtbare Überwasserteil, der aus folgenden Einflußgrößen gebildet wird:

- Markenbekanntheit
- subjektiv empfundener Werbedruck
- Klarheit des inneren Bildes
- Markenuniqueness (Originalität/Einzigartigkeit)
- Einprägsamkeit der Werbung
- Attraktivität des inneren Bildes.

Das **Markenguthaben** hingegen – bildlich gesehen also das Unterwasserteil – wird gebildet durch

- Markensympathie
- Markenvertrauen
- Markenloyalität

und läßt sich begreifen als die Substrate aller früheren, mitunter weit zurückreichenden Eindrücke, Erfahrungen und Erlebnisse individueller Art, die zu einer Art Grundgestimmtheit gegenüber der Marke geführt haben. Diese erklärt z.B., daß traditionsreiche Marken i.d.R. lange von einem solchen Markenguthaben zehren können, sich also auch ohne besondere Vermarktungsanstrengungen über Jahre hinweg weiter verkaufen lassen.

Die genannten Einflußgrößen sollen markenpsychologischen Forschungserkenntnissen zufolge diejenigen sein, die Markenbild und Markenguthaben bestimmen. Sie müssen also erhoben und gemessen werden, wozu zahlreiche Verfahren zur Verfügung stehen, von denen man annehmen darf, daß sie tatsächlich nicht nur unter Laborbedingungen, sondern bei Feldbefragungen valide Ergebnisse liefern.

Eine besondere Bedeutung kommt dabei dem **Imagery** zu. Die Probanden werden gefragt, ob bzw. welche bildhafte Vorstellung (das sog. innere Bild) sie mit einer Marke verbinden und wie klar und lebendig ihnen dieses vor Augen steht, wenn sie z.B. an die Marke „Milka", „Asbach" oder „Allianz" denken. Zur Ermittlung des Markenwertes sollen solche Imagery-Messungen ergiebiger sein als die traditionellen Image-Untersuchungen.

Die ausgewerteten Erhebungsergebnisse lassen erkennen, welche der Einflußgrößen stark oder schwach ausgeprägt sind und wie ferner das Verhältnis von Markenbild und Markenguthaben beschaffen ist, auch wenn letzteres nicht mittels Addition der Einzelwerte erfolgen kann bzw. sollte. Zu berücksichtigen ist z.B., daß eine junge Marke schwerlich soviel an Markenguthaben aufweisen kann wie eine traditionsreiche.

Zusätzliche Aussagekraft erhalten die gefundenen Werte durch einen Vergleich mit denen von Konkurrenzprodukten oder mit den Durchschnittswerten der betreffenden Warengruppe, weil die Möglichkeiten und Grenzen der Markenbildung im Zweifel bei jeder Produktgattung unterschiedlich sind.

Die folgende Abbildung 70 zeigt an einem Beispiel den Markenwert einer Marke in Gestalt der jeweiligen Abweichungen von den Durchschnittswerten (Norm). Erkennbar sind die vglw. schlechten Werte im Bereich des Markenguthabens.

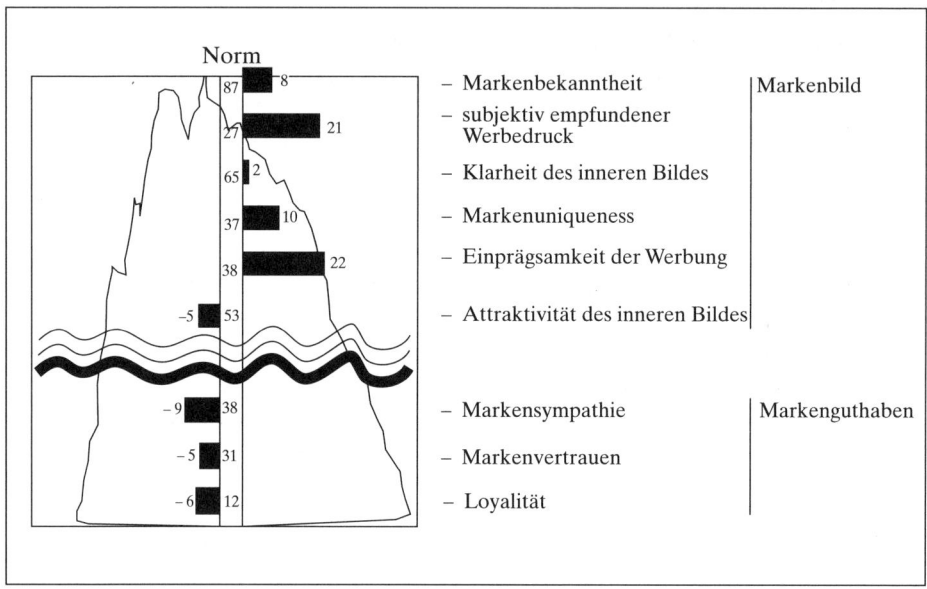

Abbildung 70: Markenwert einer Marke
Quelle: icon Forschung & Consulting

An Hand derartiger Ergebnisse läßt sich nun zum einen überprüfen, ob bzw. in wieweit die Werbeziele, sofern sie vorab überhaupt psychologisch definiert vorgegeben waren, erreicht wurden.

Zum anderen bieten derartige Analysen die Möglichkeit, die künftige Markenpolitik zu bestimmen bzw. zu steuern, falls man die Ansicht teilt, daß diese mit allen Marketing-Facetten primär an psychologisch definierten Zielen auszurichten ist.

288

3.3 Markenkraft

Zu dieser Gattung gehört u.a. das **Markenkraft-Modell** der GfK Nürnberg. Es basiert auf rein ökonomischen Meßgrößen und hier insbesondere auf den ohnehin laufend erhobenen Daten aus dem Handelspanel.

Im Zentrum der Betrachtung steht dabei der **Marktanteil** als meßbarer Ausdruck für die eigenen Marktanstrengungen, die Aktivitäten der Konkurrenten und des Handels sowie die Reaktionen der Verbraucher.

Marktanteilsveränderungen können bei einer Marke kurzfristiger Natur sein, hervorgerufen insbes. durch eigene Promotions-Maßnahmen bzw. die der Konkurrenz oder durch Lieferantenwechsel von großen Abnehmern im Handel. Sie können aber auch langfristiger Art sein und eben die soll durch die Messung der Markenstärke aufgedeckt werden.

Die Nutzanwendung verdeutlicht das Gesagte. Markenartikler wollen wissen, ob eine Marktanteilsverschiebung auf **kurzfristige** Einflüsse zurückzuführen ist, oder ob sich dahinter eine **nachhaltige** Zu- oder Abnahme der Attraktivität ihrer Marke verbirgt.

Eigene Marktanteilsgewinne können z.B. auf eigenen Preisaktionen beruhen, aber der Erfolg täuscht u.U. darüber hinweg, daß die Marke langfristig Schaden leidet, weil die Gefahr besteht, daß mit niedrigeren Preisen auch die Wertschätzung der Verbraucher sinkt.

Die Attraktivität einer Marke (Markenkraft) läßt sich nun dadurch messen, daß zunächst der kurzfristige Einfluß des Marketing-Mix auf die Marktanteilsentwicklung in einer Periode ermittelt wird. Jede darüber hinausgehende Veränderung, die dadurch nicht erklärt werden kann, wäre diesem Konzept zufolge eben die Markenkraft als Residualgröße.

Erforderlich ist beim praktischen Vorgehen, daß alle Marken im Produktfeld Berücksichtigung finden müssen, weil ansonsten die Wettbewerbssituation nicht voll erfaßt wird.

Mittels multipler Regressionsanalyse werden die Variablen mit dem jeweiligen Marktanteil verknüpft. Zur Anwendung kommen u.U. sog. Attraktionsmodelle, die auf der Hypothese beruhen, daß sich die Marktanteile einer Marke aus dem relativen Anteil der Summe der Attraktionen aller Marken erklärt.

Die ermittelten Koeffizienten, die Auskunft über die Markenkraft geben, müssen dabei für jede Warengruppe und jede Periode neu justiert werden.

Das Verfahren der Regressionsrechnung hat den Vorteil, nachprüfbar zu sein und erlaubt die Beurteilung der Qualität der Schätzungen.

Die GfK Nürnberg verwendet zur Berechnung der Markenkraft folgende Daten:

- gewichtete Distribution

- Preis der Marke

- Preise aller anderen Marken

- Distributions Display (Anteil der mit dem Warengruppen-Umsatz gewichteten Geschäfte, in denen ein Display stand)

- Anteil der Marke an der Handelsinsertion

Die Ergebnisse der Markenkraft-Analysen zeigen, daß diese – wie erwartet – durchaus nicht immer mit den jeweiligen Marktanteilen übereinstimmen. Eine Erklärung für die jeweilige Markenkraft bzw. ihre Veränderung liefert das Verfahren natürlich nicht, dazu brauchte es u.a. verhaltenswissenschaftliche Daten. Insofern können Handlungsempfehlungen daraus nur sehr bedingt abgeleitet werden.

3.4   Brand-Performancer

Um den unterschiedlichen Anforderungen der Markenartikel-Unternehmen besser entsprechen zu können, werden mittlerweile Partialmodelle mit speziellem Zuschnitt angeboten. Mit ihrem **Brand Performancer** offeriert die A.C. Nielsen gleich ein ganzes Sortiment, das wie folgt skizziert werden kann:

Kern ist der **Brand Monitor.** Hier erfolgt eine Markenbewertung auf Grund des indikator-orientierten Scoring-Modells (wie Markenbilanz), basierend im wesentlichen auf Handels-, Markt- und Konsumenten-Daten, also primär auf ökonomischen Meßgrößen.

Beim **Brand-Steering-System** erfolgt ein Vergleich der markenpolitischen Ziele des Unternehmens mit der derzeitigen Marktposition. Es handelt sich im Prinzip um eine Stärken-Schwächen-Analyse auf der Basis einer strategischen Image-Untersuchung, ist also psychologisch orientiert.

Das **Brand-Value-System** bietet eine monetäre Bewertung im Sinne des finanzorientierten Ansatzes auf der Basis der „relativen Markenstärke" (vgl. S. 292) im Vergleich zu den Wettbewerbern.

Das **Brand-Control-System** schließlich ist eine Art Wirkungsmessung. Es wird dabei der Erfolg der Marketing-Maßnahmen den Marketing-Investitionen gegenübergestellt, um die Effizienz der Vermarktungs-Aktivitäten des Unternehmens zu überprüfen.

E. Konkurrenzforschung

1. Bedeutung

Im Vergleich zur Nachfrageforschung ist die Konkurrenzforschung in der Wissenschaft jahrzehntelang ein Stiefkind geblieben, erst mit den Veröffentlichungen von M.E. Porter in den USA kam unter dem Eindruck zunehmenden (internationalen) Wettbewerbs die Diskussion zwar in Gang, blieb aber aus noch zu schildernden Gründen bis heute merkwürdig blaß.

Die wesentlichsten Überlegungen und Empfehlungen sollen nachfolgend kurz dargestellt werden.

Ein erstes Anliegen in der Fachliteratur ist eine stärkere Sensibilisierung der Praxis für dieses Anliegen. Nach allgemeiner Lesart erfolgt das Bemühen um bessere Informationen hier durchgängig zu unsystematisch und zu wenig nachhaltig. Ob das so zutrifft, sei einmal dahingestellt. Tatsache aber ist zumindest, daß den Unternehmen vielfach nicht eine allgemein stagnierende oder rückläufige Nachfrage die größten Probleme bereitet, sondern die Konkurrenz, mit der man sich den Markt teilen muß. Überkapazitäten in gesättigten Märkten führen zum reinen Verdrängungswettbewerb.

Gerade angesichts einer weltweiten wirtschaftlichen Umstrukturierung fällt dabei der Nachweis nicht schwer, daß viele der in Schwierigkeiten geratenen Unternehmen das Bedrohungspotential der Konkurrenz offenbar falsch eingeschätzt haben.

2. Konkurrenz-Marktforschung

Aus Sicht des einzelnen Anbieters stellt sich zunächst die Frage, wer nun eigentlich seine Konkurrenz ist.

Am naheliegendsten und oft auch spürbarsten sind die direkten Mitbewerber in der gleichen Warengruppe und der gleichen Zielgruppe (= **horizontale Konkurrenz**). U.U. erwächst die Beeinträchtigung oder gar Bedrohung jedoch primär aus fremden Branchen, die mit anderen Produkten oder Dienstleistungen den gleichen Bedarf decken (z.B. Waschsalon statt Waschautomat); sie wird als **vertikale** oder auch als **System-Konkurrenz** bezeichnet. Und in der weitesten Fassung existiert schließlich auch noch eine sog. **totale Konkurrenz**. Alle Konsumgüter-Anbieter ringen etwa um das begrenzte Einkommen der privaten Haushalte; was die Touristik-Branche gewinnt, geht zu Lasten anderer, und sei es nur relativ. U.U. entwickelt sich daraus eine nachhaltige Veränderung der Kaufkraftströme.

Im Rahmen dieser Ebenen muß also analysiert werden, woher im gegebenen Fall die größten Beeinträchtigungen erwachsen (können). Darauf muß sich die Konkurrenzforschung konzentrieren.

Welche Erfolge die Konkurrenten (bisher) im Markt erzielten, darüber informiert seit eh und je die **Marktforschung** mittels eines umfangreichen Instrumentariums, welches in den Einzelheiten hier nicht mehr wiederholt zu werden braucht. Marktforschung stellt ganz generell zu großen Teilen Konkurrenzforschung dar, denn jegliche Einzelergebnisse beziehen ihren Informationswert doch nicht zuletzt durch einen Vergleich mit den Konkurrenzwerten, ob es sich nun um Panel-Daten handelt oder um Markenprofile. Bei Bedarf liefern die Institute entsprechende Konkurrenzanalysen mit jedem gewünschten Zuschnitt, von den jeweiligen Marktanteilen bis hin zur Käuferstruktur. Das Instrumentarium steht also bereit, man muß nur die Einsicht in die Notwendigkeit haben und auch das Geld, um es zu nutzen.

Es gibt m.a.W. keine spezielle Konkurrenzmarktforschungsmethode von einiger Bedeutung und das ist einer der Gründe, warum dieser Bereich so wenig eigenes Profil hat, dafür aber um so mehr Hinweise und Ratschläge erfolgen, die bestehenden Möglichkeiten wahrzunehmen.

Kennt man aus der Marktforschung die Markterfolge der Konkurrenz im Detail, so liegt die Frage nahe, auf welche Weise und mit welchen Mitteln sie erreicht wurden. Das hat natürlich schon immer interessiert, gewann in letzter Zeit unter dem Schlagwort „Benchmarking" (= messen an den Besten) grössere Aktualität. Im Prinzip geht es um detaillierte Ursachenforschung, im Ergebnis also etwa um Leistungskennziffern, Zielerreichungsgrade u.ä.m. der erfolgreicheren Konkurrenten, denen man damit gezielt(er) nacheifern kann. Das lässt sich betrieblicherseits als Aufholjagd mit sportivem Charakter ummünzen, ist aber im Grunde in wesentlichen Teilen nur das uralte Bemühen, die erfolgreicheren Wettbewerber mehr oder weniger zu imitieren. Bekanntlich lebt die Wirtschaft primär von Nachahmungen und nicht von Innovationen.

Die Marktforschung kann dazu in zunehmendem Maße Informationen liefern, denn längst beschränkt sie sich nicht nur auf Absatzdaten, sondern analysiert Ursache-Wirkungs-Zusammenhänge.

3.   Wettbewerber-Potential

Geht es dagegen um das „Bedrohungs-Potential", so sind eigentlich nur **zukunftsweisende Informationen** dienlich, also solche über die Absichten, Pläne, Strategien und Erfolgsaussichten der Konkurrenten, die die eigene Absatzpolitik tangieren.

Hier stößt die Erforschung der Konkurrenz**markt**-Situation an Grenzen, denn dazu müssen die Konkurrenz**firmen** selbst erforscht werden.

Welche Informationen können nun zweckdienlich sein, sollten also gewonnen werden? Weil am leichtesten zugänglich, kommen als erstes wohl firmeneigene Verlautbarungen jeder Art infrage, ferner einschlägige Veröffentlichungen in der (Fach-)Presse, in Branchen-Info-Diensten, Verbands- und Kammer-Mitteilungen, Auskunfteien usw. Handelt es sich nicht gerade um größere Betriebe, sind solche Quellen meist nicht sehr ergiebig.

In der einschlägigen Literatur finden sich umfangreiche Kataloge über die vorab nur beispielhaft erwähnten Informationsmöglichkeiten.

Die Mehrzahl der den Fachmann wirklich interessierenden Informationen müssen vielfach auf anderen Wegen gewonnen werden. Die eigenen Verkäufer, Lieferanten, Unternehmensberater, Werbeagenturen, Marktforschungs-Institute, Handelspartner u.ä. kennen sich i.d.R. in einer Branche gut aus und sind u.U. hilfreich mit einschlägigen Indiskretionen im Rahmen des allgemein geschätzten Branchen-Tratsches, der auch auf Kongressen und Tagungen zu später Stunde gepflegt und genutzt wird.

Das sich aus allen diesen Informationen zusammensetzende Gesamtbild führt zu einer sog. **Potential-Analyse.** Was kann der Konkurrent vorweisen hinsichtlich Kapitalausstattung, Renditen, Kostenvorteilen, aber auch Führungs- und Forschungsqualität. Welchen Ruf genießt er in der Abnehmerschaft, welcher Führungsstil ist erkennbar?

Als Bewertungsraster kommen **Stärken/Schwächen-, Wertketten-** oder **Portfolio-Analysen** zur Anwendung. Das Ergebnis ist also eine Unternehmensbewertung, aber eben unter marktstrategischem Aspekt als Gradmesser für die Gefährlichkeit eines Wettbewerbers.

Die hierzu notwendige Verdichtung geeigneter Vergleichsdaten ist die Aufgabe versierter Betriebswirte und Marketingfachleute, die Problematik dem Leser ansatzweise aus dem Kapitel „Markenbilanz" geläufig.

4. Wettbewerber-Strategie

Nun mag auf diesen Wegen ein zutreffendes Bild vom Konkurrenten gewonnen sein. Es ermöglicht, dessen Bedrohungs-Potential richtig einzuschätzen, um sich darauf einstellen zu können. Das ist aber nur ein Schritt auf dem richtigen Wege, denn letzten Endes interessiert nicht sein Potential, sondern in welcher Weise er es in Zukunft im Markt umsetzen wird. Welche technischen Entwicklungen sind im

Gang, welche neuen Vertriebswege beabsichtigt, welche Firmenkäufe vorgesehen? Nur solches Vorauswissen bietet evtl. die Möglichkeit für geeignete rechtzeitige Anpassung oder Gegenmaßnahmen.

Es ist damit auch klar, daß geplante Vorhaben zu den gehütetsten Firmen-Interna gehören; was man darüber – wenn überhaupt – verlauten läßt, ist i.d.R. wohlüberlegt und so dosiert, daß die Pläne nicht mehr durchkreuzt werden können. Was also nicht aus Unvorsichtigkeit oder Wichtigtuerei dennoch zur Kenntnis gelangt oder sich nicht durch Indiskretionen oben beschriebener Art in Erfahrung bringen läßt, bleibt verborgen, es sei denn, man betreibt gezielt Unternehmens-Spionage. Scheinbar zufälliges Aushorchen kenntnisreicher Mitarbeiter oder die Bestechung von Informanden (über Mittelsmänner) sind dabei die gängigsten Methoden. Wo Konkurrenzforschung also wirklich ergiebig zu werden verspricht, wird sie eben moralisch bedenklich, wenn nicht gar kriminell. So läßt sich – etwas zugespitzt formuliert – das Problem auf den Punkt bringen. Eine konsequent betriebene und sich nicht nur auf Indizien und Vermutung beschränkende Konkurrenzforschung gerät also schnell in's Zwielichtige und selbst im Vorfeld ist solches Ausforschen von Konkurrenten ja nicht jedermanns Sache. Das ist wohl auch ein Grund mehr, daß sich die Praxis, ungeachtet der Bedeutung und Notwendigkeit, dafür nicht so recht erwärmen kann.

Hinsichtlich der organisatorischen **Implementierung** der Konkurrenzforschung gibt es mehrere Alternativen und entsprechend viele Vorschläge, die der Spezialliteratur entnommen werden können. Wesentlich ist zunächst, alle in Betracht kommenden Mitarbeiter, insbesondere also diejenigen mit Kundenkontakten zur Gewinnung und Weitergabe von Konkurrenzinformationen zu bewegen. Eine zentrale (Stabs-)Stelle kann für die Sammlung, Auswertung und Registrierung verantwortlich gemacht werden. Bei größeren Betrieben empfiehlt sich dagegen u.U. ein getrenntes Vorgehen, d.h. also, daß die Ressorts für Forschung, technische Entwicklung, Vertrieb, Rechnungswesen usw. eigenverantwortlich handeln.

F. Kundenzufriedenheitsforschung

1. Ursachen und Ziele

Kundenzufriedenheit ist zwar nicht erst ein Anliegen heutiger Anbieter, aber es blieb wieder einmal den Amerikanern vorbehalten, „customer satisfaction" zu einem respektablen Forschungs- und Arbeitsgebiet gemacht zu haben. Dies natürlich nicht aus ethischen, sondern aus handfesten ökonomischen Gründen. Kundenzufriedenheit ist deshalb auch kein Endzweck, sondern gleichsam das Vehikel nach der Erkenntnis: zufriedene Kunden sind loyale(re), treue(re) Kunden.

Ziel ist es also, Kundenbindung zu erreichen, zu pflegen, zu stärken. Die Vorteile treuer Kunden liegen auf der Hand, nämlich

- ein auf Dauer erhebliches und u.U. ausbaufähiges Umsatzpotential (zu vglw. besseren Preisen),*
- ein i.d.R. geringerer Bearbeitungsaufwand als bei der Neukunden-Akquisition,
- die Chance, durch treue Kunden weiterempfohlen zu werden.

Die Bedeutung lässt sich beispielsweise eindrucksvoll am sog. **Kundenwert** demonstrieren; die bisherigen Umsätze mit einem guten Kunden werden in die Zukunft verlängert und die daraus erwarteten Deckungsbeiträge abgezinst. Das sind umgekehrt die Einbußen, die eintreten, wenn der Kunde verloren geht. Solche Zahlen werden z.B. dazu benutzt, die Kunden nach ihrem jeweiligen Potential zu gruppieren, um ihnen einen jeweils angemessenen Betreuungsaufwand angedeihen zu lassen.

Hintergrund all dieser Überlegungen und Bemühungen ist die Erfahrung, dass es infolge zunehmenden Wettbewerbs allein über das Kernangebot (Produkte, Preise) immer schwieriger und kurzlebiger wird, Kundenbindung zu erreichen, wohingegen der Bereich der Kundenbetreuung und -pflege auch Chancen für nachhaltige Wettbewerbsvorteile erwarten läßt.

(Un-)Zufriedenheiten können sich praktisch aus allen Eindrücken ergeben, die Kunden mit ihren Bezugsquellen (Herstellern, Händlern, Dienstleistern usw.) gewonnen haben. Es sind im Prinzip **Qualitätsurteile,** die durch den Vergleich von subjektiven Ansichten bzw. Erwartungen (= Maßstab) mit den subjektiven Wahrnehmungen und Erfahrungen zustande kommen.

Der Zielsetzung entsprechend steht also das gesamte Angebot bzw. Angebotsverhalten gleichsam auf dem Prüfstand, insbesondere eben auch alle Personen und al-

---

* Für die zahlreichen Anbieter, die sog. Einmal-Bedarf decken, trifft das natürlich nicht zu. Bei ihnen muß vielmehr die permanente Neukunden-Bearbeitung ganz im Vordergrund stehen.

le Einrichtungen, mit denen die Kunden in Kontakt kommen (= Verrichtungs(prozess)-Qualitäten).

Solche Kundenbeurteilungen vermitteln ihren Auftraggebern nicht nur ein bestenfalls repräsentatives und ungeschminktes Bild des status quo, sondern zeigen ihnen damit natürlich die Möglichkeiten für Verbesserungen, Zielvorgaben, Erfolgsvergütungen u.ä. auf. Zu grossen Teilen handelt es sich also um Informationen zur **Steuerung** und **Kontrolle** der kundenseitigen **Organisation,** ob in der Zentrale oder in Filialen, bei Vertragshändlern oder Service-Stationen.

Und da es auf Grund solcher Untersuchungen oft nicht ohne Kritik und Schuldzuweisungen abgeht, liegt es nahe, die Mitarbeiter entsprechend einzustimmen, aufzuklären und zu motivieren.

Oft bieten die durchführenden Marktforschungs-Institute dazu nicht nur ihre Mitarbeit an, sondern helfen auch bei der **Implementierung** der Ergebnisse im Rahmen von Arbeitsgruppen mit den Beteiligten bzw. Betroffenen des Auftraggebers.

Von Vorteil sind dabei Einsichten, die sich durch parallele **Mitarbeiter-Zufriedenheitserhebungen** ergeben. Diese werden inzwischen in erheblichem Umfang durchgeführt. Manche Institute offerieren das alles aus einer Hand. Worum es dabei im einzelnen geht, zeigt überblicksartig die folgende Abbildung.

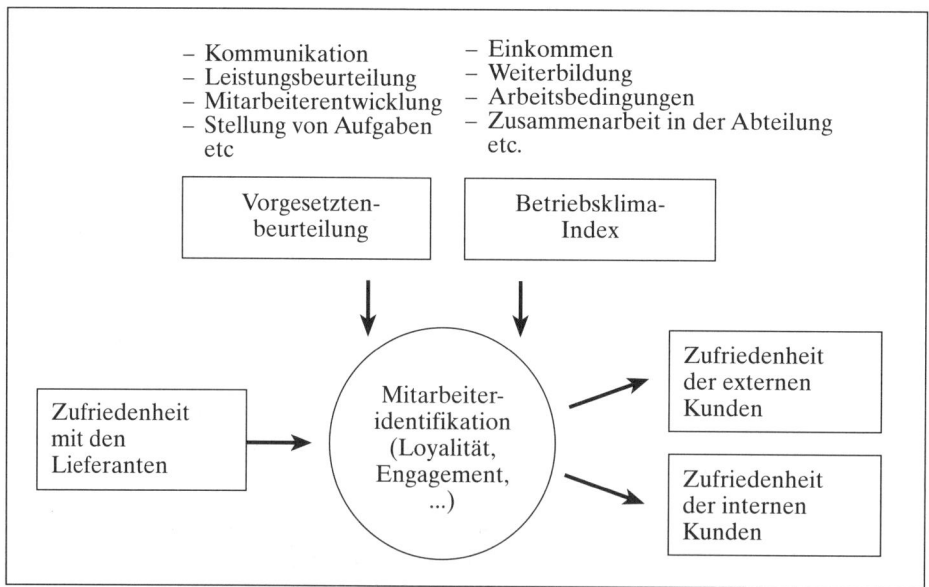

Abbildung 71: Mitarbeiterzufriedenheitsforschung; Quelle: imagin GfK Beratungsgesellschaft

2. Marktforschungs-Konzepte

Vorab sei zumindest kurz erwähnt, dass Anbieter hinsichtlich Kundenzufriedenheit und -bindung auch ohne grossen Forschungsaufwand nicht völlig unwissend sind bzw. zu sein brauchen. Entsprechend aufbereitete Kundenstatistiken, Verkäuferberichte, Reklamationsfälle u.ä. lassen zumindest aus dem registrierten Verhalten entsprechende Rückschlüsse zu. Auch Panel-Daten bieten u.U. einschlägige Informationen. Und schliesslich liegt es nicht nur nahe, sondern lässt sich auch relativ leicht praktizieren, dass die Anbieter ihre Kunden selbst zum Thema „Zufriedenheit" befragen, auch wenn das oft sehr unprofessionell geschieht.

Wie eingangs erwähnt, ist die Kundenbindung das Kernanliegen. Mithin müßten alle dafür relevanten Ursachen und Motive gefunden und gemessen werden. Zufriedenheit mag mit ausschlaggebend sein, aber eben nicht immer. Längst haben Untersuchungen nämlich bestätigt, dass z.B. (mäßig) Unzufriedene dennoch treu sind, etwa aus Gewohnheit, Bequemlichkeit, Interessenlosigkeit, Image-Gründen und umgekehrt zufriedene Kunden dennoch untreu sind, etwa aus Spontanität, Loyalitätsmangel, Abwechslungsbedürfnis u.ä. Die tendenziell zunehmende Geschäfts- und Markenuntreue der Verbraucher (variety seekers) läßt sich z.B. wenig mit Unzufriedenheit, sondern mehr mit den Versuchungen erklären, denen sie infolge des starken Wettbewerbs ständig ausgesetzt sind. Und Bindungsschwäche ist ohnehin ein Merkmal unserer Zeitläufe, hier wie anderswo.

Wie vorab zumindest angedeutet, finden sich viele Facetten bis zu den Urgründen menschlichen Verhaltens, die zu messen mehr erfordert als standardisierte Interviews.

In der Marktforschungspraxis konzentriert man sich – aber tunlichst nicht ausschliesslich – auf die „Kundenzufriedenheit". Im Rahmen der Konzeptphase geschieht dies seitens der Institute durch workshops mit dem Auftraggeber, durch Interviews mit Mitarbeitern sowie (Gruppen- und/oder Tiefen-)Interviews mit Kunden. Als Ergebnis schälen sich i.d.R. folgende Befragungsbereiche heraus, die zur Beurteilung anstehen:

(1) Alle Leistungen und Leistungsprozesse des Anbieters im einzelnen, vom Produkt und den Preisen bis hin zur Freundlichkeit bei Beratung bzw. Bedienung (= sog. Multi-Attributs-Messung, vgl. S. 83 ff.)

(2) Besondere (positive/negative) Erlebnisse bzw. Erfahrungen (= sog. critical events- oder Ereignis-Messung).

(3) Evtl. vorhandene Wechselbarrieren; wo ist, wo fühlt man sich ohnehin längerfristig (z.B. vertraglich) gebunden (= Zwangsloyalität)?

(4) Situative Faktoren; wo nötigen Markteinflüsse oder Änderungen im betrieblichen bzw. persönlichen Bereich zum Wechsel?

Ein zweiter Fragenkomplex ist allgemeinerer Natur und auf Einstellungs- und Kundenbindungsaspekte ausgerichtet.

(5) Kundenerwartungen; welche zusätzlichen Leistungen des Anbieters würde man sich noch gerne wünschen... werden vermißt?

(6) Image des Anbieters (u.U. auch vom Mitbewerber), also die mehr pauschale, einstellungsbezogene, erfahrungsabhängige Beurteilung.

In einem dritten Bereich wird das Thema „Kundenbindung" direkt angegangen, was bei aller Kompliziertheit der Materie durchaus nicht unergiebig zu sein braucht.

(7) Beurteilung der eigenen Kundenbindung; Stellungnahme etwa zu folgenden Aspekten

- Bereitschaft zur Aufrechterhaltung (und Vertiefung) der bisherigen Verbindung?
- Gefühl der Verbundenheit?
- Bereitschaft zur Weiterempfehlung?
- (Ab-)Wechselbedürfnis bzw. -absichten?

Dieser Katalog erfordert ggf. natürlich Modifizierungen im Hinblick auf spezielle(re) Untersuchungsziele, Kunden (privat/gewerblich) und nicht zuletzt auf die entstehenden Kosten.

Sofern Kundenadressen komplett vorliegen, ist die Stichprobenbildung unproblematisch, ansonsten umso such-aufwendiger, je schlechter das Zahlenverhältnis zwischen den potentiellen Käufern und den tatsächlichen Kunden ist. Wo immer möglich, sind mündliche Befragungen „vor Ort", also etwa im Einzelhandel, Hotel, Flugzeug eine probate Methode.

Inzwischen werden seitens der Institute telefonische Interviews weitaus bevorzugt, wobei es darauf ankommt, mit dem oder den für die Kundenbindung tatsächlich Verantwortlichen bzw. Zuständigen (insbes. bei Firmen-Kunden) ins Gespräch zu kommen.

Die Beurteilungen erfolgen auf Ordinalniveau mit vier oder fünf Abstufungen. Die nachfolgende Darstellung zeigt ein Beispiel und die dazugehörigen Interpretationen.

Die Ergebnisauswertung umfasst neben den vollständigen Häufigkeitsauszählungen und deren Mittelwerten in Tabellenform

- die **Bündelung** der zahlreichen Einzelbeurteilungen zu homogenen Leistungsbereichen (z.B. Sortiment, Beratung, Raum/Einrichtung) mittels Faktorenanalyse. Das ergibt später einen leichteren Überblick, wo evtl. Schwerpunkte der Kunden-(Un-)Zufriedenheit liegen.

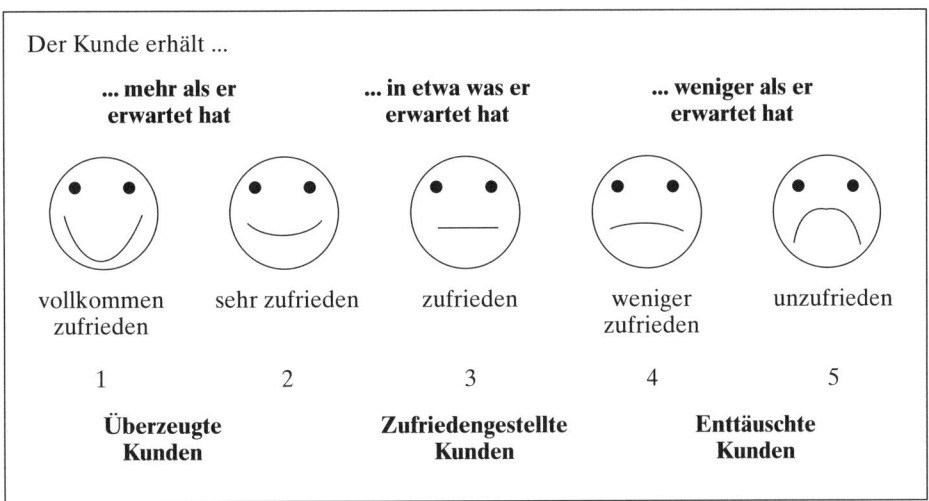

Abb. 72: Das Zufriedenheitsniveau des Kunden
Quelle: Das Deutsche Kundenbarometer (1996)

die **Gewichtung** der Einzelbeurteilungen im Hinblick auf ihren Beitrag zur individuellen Kundenbindung. Ein „sehr zufrieden" beim Sortiment (Auswahl) wiegt mutmaßlich schwerer als ein „weniger zufrieden" bei der Kassenabfertigung, aber das muss nicht so sein. Dieses diffizile Problem (vgl. dazu conjoint measurement, S. 279 ff.) erfordert im Grunde Kenntnis des individuellen Bewertungsmusters nach Art einer Rangreihung. Das lässt sich mit einigen Problemen und hohem Befragungsaufwand auch verbal abfragen, i.d.R. wird dies in der Praxis jedoch (implizit) mittels multiplen Regressionsanalysen berechnet. Gemessen wird also die Stärke des Einflusses der einzelnen Leistungsbereiche anhand der Angaben (vgl. (7)) zur Kundenbindung. Dadurch wird z.B. erkennbar, wo evtl. Verbesserungen am wirksamsten sind.

Die Ermittlung der **Kundenbindung** auf Grund direkter Fragen dazu (vgl. (7)) erlaubt kurzfristige Prognosen zum Kundenverhalten. Dies unter Einbeziehung der Angaben zu evtl. Wechselbarrieren und situativen Faktoren (vgl. (3) und (4)).

Die Ermittlung des **Anbieter-Images** (u.U. auch das von Wettbewerbern) aus Kundensicht kann das Kundenverhalten hinsichtlich Loyalität bzw. Abwanderung u.U. erheblich beeinflussen. Nobel-Firmen und -marken lassen die Zusammenarbeit per se attraktiv erscheinen und auch über manche Unzulänglichkeiten im einzelnen hinwegsehen. Wird dieser Bereich also mituntersucht, lässt sich auch ermitteln, welchen Anteil das Anbieter-Image und welche die Zufriedenheitswerte an der Kundenloyalität insgesamt haben.

Soweit also die wichtigsten Ergebnisse derartiger Kundenzufriedenheits-Untersuchungen. Auf die vielfältigen Möglichkeiten der gezielten Umsetzung wurde zu Beginn des Kapitels hingewiesen.

3.   Beschwerdeverhalten

Die Artikulation von Unzufriedenheiten dem Anbieter gegenüber fällt in den Rahmen des vorab behandelten Themas. Oft wird das Beschwerdeverhalten deshalb auch in Kundenzufriedenheits-Untersuchungen als critical events mit einbezogen. Aber es bieten sich natürlich auch genügend Ansatzpunkte für subtile Analysen, um daraus einen ganzen Forschungsbereich werden zu lassen.

Aus etwas vordergründigerer Sicht dienen die einschlägigen Befragungen primär dazu, welchen Eindruck und welche Erfahrungen Kunden in Fällen ihrer Kritik, ihrer Beschwerden und Reklamationen gewonnen haben. Wie wurden sie behandelt, wie zufrieden gestellt, wieviel Verstimmung blieb u.U. nachhaltig bestehen?

Es spricht vieles dafür, dass Anbieter mittels solcher (externer) Untersuchungen einen nicht nur breiteren, sondern auch differenzierteren und subtileren Einblick erhalten als mit dem, was ihnen gegenüber kundenseitig zur Sprache kommt.

Ein schwierigeres Problem – auch für die Marktforschung – ist die Ermittlung aller jener Kunden, die ihre Kritik-Anlässe nicht äussern (wollen/können/sich trauen). Untersuchungen zufolge ist deren Anteil oft weit höher als die der Artikulanten. Anbieter müssten sich also im Prinzip zu einer „Beschwerde-Stimulierung" bereit finden, nur so haben sie nämlich die Chance, Unzufriedenheiten auszuräumen und die Kundenbindung zu erhalten bzw. zu verstärken.

Aufbauend auf solchen Untersuchungsergebnissen ist es dann Aufgabe des sog. „Beschwerde-Managements", daraus die entsprechenden Schlüsse für personale und organisatorische Verbesserungen zu ziehen.

Fünfter Teil

Marktforschung in ausgewählten Märkten

Unbestritten setzen im Bereich der Marktforschung die Konsumgüter-Hersteller hinsichtlich Volumen, Intensität und Methodenarsenal die Akzente. Insbesondere die Markenartikelindustrie gab und gibt hier die Impulse. Von daher war es berechtigt, sich in den vorausgegangenen Ausführungen darauf zu konzentrieren.

Das Grundanliegen der Marktforschung ist natürlich immer das gleiche, ob es sich nun um einen Markt in der Bundesrepublik oder in Indonesien oder um Zahnpasta, Drehbänke oder Transporte handelt. Die Ausgangstatbestände, aber auch die Fragestellungen variieren hingegen und erfordern deshalb auch entsprechend unterschiedlich akzentuierte Überlegungen und Vorgehensweisen im Rahmen der Marktforschung.

In den drei folgenden Kapiteln werden solche Situationen und Problemstellungen der Marktforschung, denen sich Unternehmen gegenübergestellt sehen, diskutiert. Dies geschieht allerdings nur insoweit, wie sich Unterschiede zur Marktforschung von Konsumgüterherstellern ergeben. Da Methodenkenntnis inzwischen vorausgesetzt werden kann, erlaubt dies eine knappe, überblicksartige Darstellung.

A. Marktforschung für Produktivgüter

1. Charakteristika der gewerblichen Nachfrage

Als gewerbliche Nachfrage läßt sich jene bezeichnen, die nicht von privaten Haushalten bzw. Privatpersonen geäußert wird. Anders als mit dieser Negativumschreibung läßt sich die Vielfalt des Bedarfs von erwerbswirtschaftlich und nicht-erwerbswirtschaftlich tätigen Institutionen und Personen mangels einer gängigeren Bezeichnung nicht zusammenfassen. Verständlicherweise ist dieser Bereich viel größer und auch viel heterogener als der Privatbedarf, denn er umfaßt die Nachfrage von Industrie- und Handelsunternehmen, von Zahnärzten und Pfarrämtern, von Landwirten und Sportvereinen, von öffentlichen Verwaltungen und öffentlichen Betrieben usw.

Die gemeinsame Klammer des gewerblichen Bedarfs und gleichzeitig das Abgrenzungskriterium zum privaten Bedarf ist die Tatsache, daß hier

- der Bedarf zur Erstellung von Leistungen dient, die **für Dritte** bestimmt sind,

- Art und Umfang der Leistungserstellung durch den **Betriebszweck** fixiert und durch entsprechende Faktorkombinationen (langfristig) realisiert wird,

- die zur Bedarfsdeckung notwendigen Mittel (nur) dem **Betriebszweck** dienen.

Demgegenüber können die privaten Haushalte im Rahmen ihres Budgets ihr Ausgabe- und Sparverhalten nach Maßgabe ihrer persönlichen Zielsetzungen völlig autonom bestimmen – also privates Geld für private Zwecke verwenden.

Der Bedarf der **nicht-erwerbswirtschaftlichen** Institutionen resultiert aus der Erfüllung hoheitlicher und/oder gemeinnütziger Aufgaben. Dafür werden Steuergelder, Beiträge, Spenden usw. treuhänderisch ausgegeben, denn ihre Leistungen an Dritte sind i.d.R. nur unentgeltlich oder höchstens kostendeckend. Das Problem bei der Erfassung und Bewertung öffentlicher Güter und Leistungen besteht darin, daß keine Marktpreise existieren und der Wert des gesellschaftlichen Nutzens sich damit gar nicht oder nur ungenau quantifizieren läßt. Wie effizient gewirtschaftet wird, kann also nicht durch einen monetären Aufwands-Ertrags-Vergleich gemessen werden, sondern nur hilfsweise und entsprechend ungenau durch sog. **Nutzen-Kosten-Analysen**.

Das Nachfrageverhalten in solchen nicht-erwerbswirtschaftlichen Institutionen steht deshalb in besonderem Maße unter der Verpflichtung zu Wirtschaftlichkeit, sparsamer Mittelverwendung und möglichst hoher Produktivität in Verfolgung der vorgegebenen Sachziele. Gleichsam system-immanent ist aber auch die Gefahr, daß gegen diese Maximen verstoßen wird; nicht umsonst wird über die Unwirtschaftlichkeit insbesondere bei der öffentlichen Hand ständig geklagt.

Ziel der **erwerbswirtschaftlichen** Institutionen ist demgegenüber die entgeltliche, gewinnorientierte Vermarktung ihrer Leistungen. Die Nachfrage erfolgt demnach nicht nur unter Sparsamkeits- und Wirtschaftlichkeitsgesichtspunkten, sondern letztendlich unter **Rentabilitätsaspekten.** Im Prinzip liegt jeder Beschaffung die Überlegung zugrunde, ob bzw. inwieweit diese ertragswirksam ist oder wenigstens Ertragsminderungen vermeidet. Mit dem hier möglichen Aufwands-Ertrags-Vergleich ist also ein vergleichsweise präziser Kontrollmaßstab für ein effizientes Wirtschaftsgebaren gegeben.

Zusammenfassend betrachtet dürften damit die wesentlichsten Merkmale deutlich geworden sein, durch die sich das Zustandekommen der privaten Nachfrage von der gewerblichen (nicht-erwerbswirtschaftlich/erwerbswirtschaftlich) unterscheidet. Auch wenn sich Beispiele finden lassen, wo sich die Einkaufsüberlegungen privat, erwerbswirtschaftlich oder nicht-erwerbswirtschaftlich tätiger Wirtschaftseinheiten ähneln, müssen in der Marktforschung die prinzipiellen Unterschiede gesehen und im einzelnen hinterfragt werden.

Die Nachfrage von Handelswaren durch Handelsunternehmen wird, obgleich auch gewerblich, im folgenden nicht berücksichtigt. Dies ergibt sich aus dem besonderen Charakter der Handelsware als sog. Regiefaktor. Sie dient ja nicht der Eigenverwendung, sondern wird lediglich zum Weiterverkauf beschafft. Deren „Verkäuflichkeit" i.w.S. ist also der nachfragebestimmende Aspekt, wie das nächste Kapitel zum Thema Einzelhandel erkennen läßt.

2. Markttransparenz-Aspekte

Die gewerbliche Nachfrage wird zu großen Teilen unmittelbar von den Herstellern bzw. Erzeugern gedeckt, also ohne Zwischenschaltung von Handelsbetrieben. Wo dies der Fall ist, sind zumindest einmal diejenigen Verwender bekannt, die tatsächlich Kunden sind, meist aber auch ein guter Teil derjenigen, die als Nachfrager in Betracht kommen. Aus der praktischen Vertriebsarbeit ergeben sich also bereits sehr zahlreiche Marktinformationen, über die ein Konsumgüterhersteller in Unkenntnis seiner (privaten) Verwender nicht verfügt.

Im Gegensatz zu den privaten Haushalten sind in gewerblichen Märkten die Nachfrager durch ihren Betriebszweck bzw. ihre Betriebszeichnung **identifizierbar.** Von daher läßt sich ableiten, welche Art von Bedarf bei diesen Unternehmen oder Institutionen im wesentlichen anfällt. Je spezieller dabei der Betriebszweck ist, um so leichter lassen sich zumindest die Kernbedarfe ableiten. Umgekehrt macht es natürlich um so mehr Zuordnungsschwierigkeiten, je allgemeiner, also branchenübergreifender die Betriebszwecke oder Teile davon sind. Büromaterial braucht praktisch jeder Gewerbebetrieb, Karosseriepressen dagegen nur die Automobilindustrie.

Gewerbliche Märkte sind nicht zuletzt deshalb besser statistisch erfaßt; einmal durch die offizielle Statistik (Branchenstatistik), und zum anderen durch kommerziell angebotenes Adressenmaterial u.ä. Schließlich verfügen die Verbände i.d.R. über entsprechende Informationen. Die **Markttransparenz** ist in diesen Märkten also a priori höher als in Konsumgütermärkten, denn der Rückgriff auf diese Informationsquellen erlaubt in vielen Fällen zumindest globale Einsichten.

Die Markttransparenz wird zudem durch ein weiteres Spezifikum gewerblicher Märkte erhöht, wie wieder der Vergleich mit dem Konsumgütermarkt zeigt.

In Konsumgütermärkten kann der Verbraucher heute das Angebot hinsichtlich Preis und Qualität im wesentlichen nur akzeptieren oder auch nicht. Was er tatsächlich kauft, wird also vom Angebot bestimmt und – weiter eingeschränkt – vom Grad seiner Einkaufsbequemlichkeit. Im gewerblichen Bereich sind die Verhältnisse jedoch anders gelagert. Der Einkauf erfolgt berufsmäßig, entsprechend stark ist tendenziell das Bemühen, **aktive Einkaufspolitik** zu betreiben, also Beschaffungsquellen selbst aufzuspüren, mit den Lieferanten über Qualitäten und Preise zu verhandeln usw. Gerade im Bereich der sog. Auftragsfertigung kommen viele Kontakte aufgrund solcher Nachfrager-Aktivitäten zustande. Die notwendige Markttransparenz für die Anbieter wird also damit zwar nicht immer vollständig, aber i.d.R. doch beträchtlich erhöht. In engen Märkten ist also u.U. jeder über jeden hinreichend informiert, damit erübrigt sich eine eigenständige Kundenforschung innerhalb solcher Märkte.

Analoges gilt für Geschäfte, die ausschließlich oder im wesentlichen über **institutionalisierte Marktveranstaltungen** abgewickelt werden, also über Börsen, Auktionen, Messen, Ausschreibungen etc. Was hier an Marktwissen noch erforderlich ist, bezieht sich dann mehr auf Hintergrund-Informationen, etwa über die langfristige Entwicklung von Märkten und deren Ursachen.

Als Fazit läßt sich festhalten, daß in gewerblichen Märkten hinreichende Marktkenntnisse oft vorhanden oder zumindest leicht zu erwerben sind. Allerdings reichen die so ermittelten Kenntnisse für spezifische Fragestellungen – wie sie heute vermehrt an der Tagesordnung sind – oftmals nicht mehr aus, so daß auch hier systematische Vorgehensweisen erforderlich sind.

3.   Verhaltensforschungs-Aspekte

Die Nachhaltigkeit, mit der vorgegebene Sachziele unter ökonomischen Zwängen verfolgt werden müssen, ist Ursache wie Folge einer entsprechenden Professionalität im Beschaffungswesen. Sachverstand, berufliche Erfahrung, Arbeitsethos und betriebliche Kontrollmechanismen sollen dazu dienen, daß die Einkaufsentscheidungen von jeglichen persönlichen Vorstellungen und Interessen freigehalten werden.

Psychologie und Soziologie besaßen zur Erklärung des Kaufverhaltens bislang nicht den gleichen Stellenwert wie bei der Konsumforschung. Als Gründe wurden hierfür immer wieder genannt, daß die Handlungsmaximen der Entscheidungsträger nicht wie im privaten Bereich von Einstellungen, Wünschen und Empfindungen etc. geprägt sind, sondern in die gegensätzliche Richtung weisen, nämlich hin zu einer rein sachlichen, ökonomischen und treuhänderischen Entscheidungsfindung. Seit einigen Jahren konzentriert man sich allerdings recht stark auf die **Kaufprozeßforschung** (Informationsverhalten, Entscheidungsverhalten etc.), denn man ist sich bewußt geworden, daß auch im gewerblichen Bereich stets Menschen die Entscheidungen fällen und damit auch persönliche Einflüsse im weiteren Sinne eine Rolle spielen können.

Bei der Kaufprozeßforschung werden Abläufe und Strukturen von Entscheidungsprozessen in erwerbswirtschaftlichen Organisationen erfaßt, um dadurch geeignete Beeinflussungsstrategien abzuleiten. Die sog. **mehrzentrische Entscheidungsbildung** mit der oftmaligen Trennung von Kaufentscheid und Verwendung wirft dabei besondere Probleme auf, da es darum geht, die verschiedenen Rolleninhaber und die jeweilige Rollenbedeutung im Ablauf der Prozesse zu erfassen und die einschlägigen Informationswünsche zu erheben. Damit hat die Verhaltensforschung auch in diesen Bereich Einzug gefunden. Es bietet sich die Möglichkeit, dieses in der Konsumforschung stark in den Vordergrund getretene Teilgebiet auf den gewerblichen Bereich zu übertragen, obgleich die Bedeutung hier weit geringer ist. Ein weites Feld für die empirische Forschung eröffnet sich; die **Rollenverteilung** beim Kaufentscheid, die **Typologie** der Einkäufer und sonstigen Entscheidungsträger lassen sich ebenso untersuchen wie die **Organisation** der Entscheidungsabläufe selbst. Dabei kann auch das individuelle Verhalten immer weiter hinterfragt werden bis hin zu den außerökonomischen Investitionsmotiven von Unternehmern bzw. Unternehmen. Im einschlägigen Schrifttum konzentriert man sich dabei fast ausschließlich auf Investitions-Entscheidungen.

Vergleichsweise bescheiden nehmen sich dagegen die Bemühungen aus, das Nachfrageverhalten im nicht-erwerbswirtschaftlichen Bereich ausgiebiger zu erforschen. An dessen wirtschaftlicher Bedeutung kann es nicht liegen, denn allein die Ausgaben des Staates erreichen in der Bundesrepublik jährlich ein Volumen von einigen hundert Milliarden DM.

Zweifellos ist das Beschaffungswesen – zumindest bei der öffentlichen Hand – relativ streng **formalisiert,** und zwar sowohl hinsichtlich der Qualitätsanforderungen als auch hinsichtlich der sog. **Vergabepraxis.** Offenbar sind die Handlungsspielräume jedoch nicht immer so begrenzt, wie dies daraufhin zu vermuten wäre. Analoges gilt für die Kaufprozeßforschung in diesem Bereich. Wie bereits dargelegt wurde, wird bei der Beschaffung im öffentlichen Sektor ein effektives Handeln nicht vom Drang zur Gewinnerziehung gleichsam erzwungen, sondern im wesentlichen vom Sachverstand und vom Verantwortungsbewußtsein geprägt. Das zwangsläufig fehlende Ertragsbewußtsein, das mangelnde berufliche Risiko, die fehlenden Anreize finanzieller und karrieremäßiger Art schaffen vor dem Hintergrund einer im wesentlichen verwaltungsmäßigen Ausbildung damit ein Rollenverhalten, das sich von dem in Wirtschaftsunternehmen z.T. beträchtlich unterscheidet.

4. Marktforschungsumfang und -aufwand

In Konsumgütermärkten hat es die Marktforschung – bei aller Verschiedenartigkeit im einzelnen – mit Nachfragern eines vergleichsweise einheitlichen „Betriebszwecks" zu tun. Alle Haushalte haben zunächst einmal Bedarfe hinsichtlich Wohnung, Nahrung, Kleidung u.ä. Grundbedürfnisse, ehe für spezielle Wünsche Raum bleibt. Auch der finanzielle Rahmen, in dem dies geschieht, ist vergleichsweise homogen, denn die Masse der Haushalte – etwa in der Bundesrepublik – muß monatlich mit einigen wenigen tausend DM auskommen.

Damit sind die Konsumgütermärkte also i.d.R. Massenmärkte – häufig was die tatsächliche Anzahl der Abnehmer, noch häufiger, was die Zahl der potentiellen Abnehmer anbetrifft.

Demgegenüber zeichnet sich der gewerbliche Sektor hinsichtlich der Nachfrage aufgrund der unterschiedlichen Betriebszwecke durch eine immense Vielfalt aus, gleiches gilt für die zur Verfügung stehenden finanziellen Mittel. Von der Nachfragestruktur her betrachtet trifft die Marktforschung für den gewerblichen Bedarf also auf viel unterschiedlichere Verhältnisse als bei den privaten Haushalten – Massenmärkte mit Nachfragern in Millionenzahl gehören zu den seltenen Ausnahmen.

Wie die Ausführungen erkennen lassen, geht es in der Konsumgütermarktforschung deshalb überwiegend um Erhebung und Verarbeitung von **Masseninformationen.** Insofern spielen hier entsprechende Informations-Verdichtungsprozesse und -methoden eine weit größere Rolle als eben dort, wo die Marktteilnehmer zahlenmäßig überschaubar(er) sind. Vollerhebungen können in Konsumgütermärkten folglich nahezu in keinem Fall durchgeführt werden. Um dennoch zu repräsentativen, auf Teilstichproben beruhenden Ergebnissen zu gelangen, sind hier oft diffizile Auswahlverfahren und eine sorgfältig arbeitende Erhebungsorganisation erforderlich.

Im gewerblichen Bereich können aufgrund der kleineren Märkte oft Vollerhebungen durchgeführt werden, so daß Probleme der statistischen Repräsentanz in den Hintergrund treten. Auch interessiert weniger der statistische Durchschnitt als vielmehr die Einzelinformation. Deshalb wird in der Praxis oftmals nach dem Cut-off-Prinzip gearbeitet oder nach anderen Auswahlgesichtspunkten, die strengen statistischen Anforderungen nicht unbedingt genügen müssen.

Weiterhin bleibt festzuhalten, daß qualitativen Erhebungsmethoden wie halbstrukturierten Interviews, Erhebungen mit offenen Fragen, der Delphi-Methode etc. eine größere Bedeutung als in der Konsumgütermarktforschung zukommt.

5. Distributionsforschung

Massenabsatz an Massenkundschaft erfordert bekanntlich Massendistribution und die Einschaltung von Absatzmittlern. Konsumgüterhersteller, die an Groß- und/oder Einzelhandel liefern, betreiben deshalb z.T. auch sehr intensiv Handelsforschung, insbesondere mittels Handelspanels. Entsprechend gering ist dies überall dort möglich und gefragt, wo **Direktvertrieb** bzw. **Direktbezug** vorherrschen. Im gewerblichen Bereich ist das sehr häufig der Fall und zwar tendenziell steigend mit den Auftragsvolumina (Großkunden) und der Erklärungsbedürftigkeit der Produkte. Bei **Dienstleistungen** liegt es in der Natur der Sache, daß die Distribution in aller Regel ohne die Einschaltung von Handelsbetrieben erfolgt, sondern allenfalls über Agenturen o.ä.

Wo kein Direktvertrieb, sondern die Distribution über Handelsbetriebe erfolgt, kommen auch im gewerblichen Bedarf verstärkt Panel zur Anwendung und zwar bevorzugt in Verbrauchsgütermärkten mit ihren vergleichsweise kurzen Kaufintervallen. So bedient sich die Pharma-Industrie seit langem der Handelspanels in Form von Großhandelspanels oder Apotheker-Panels.

6. Derivative Bedarfsforschung

Der gewerbliche Bedarf dient – wie die Bezeichnung sagt – nicht unmittelbar der Bedarfsdeckung privater Haushalte, sondern jener der Vorstufen. Es handelt sich daher um sog. abgeleiteten (derivativen) Bedarf, nämlich abgeleitet von der Primärstufe (= private Haushalte).

Geht es der Marktforschung hier um die Ermittlung der künftigen Nachfrage, so sind zwar zum einen die bedarfsbestimmenden Faktoren bei den direkt in Frage kommenden Abnehmern zu ermitteln, also etwa deren Zahl und Größe, Kapazität, Auslastungsgrad, technische Verfahren, Alter und Zustand von Anlagen und Einrichtungen usw. – kurz deren gesamte technische und organisatorische Gegebenheiten. Analoges gilt für die marktlichen und ökonomischen Faktoren wie Marktposition, Gewinnsituation, sofern es sich um Wirtschaftsunternehmen handelt. Darüberhinaus ist allerdings i.d.R. eine Untersuchung der **nachgelagerten Märkte** erforderlich, denn von deren Nachfrageverhalten wird der Bedarf ja wesentlich mitbestimmt.

So sind beispielsweise Hersteller von Tablettenspendern also nicht nur direkt abhängig von der Pharma-Industrie, sondern mittelbar auch von

- der Verschreibungspraxis der Ärzte,
- Einflüssen seitens des Pharma-Großhandels,
- Einflüssen seitens der Apotheker und Krankenhäuser,
- der Entwicklung der Bevölkerung und ihres Krankheitsstandes,
- der Vergütungspolitik der Krankenkassen,
- der Sozialpolitik der Regierung,
- der Einstellung der Konsumenten gegenüber Pharmazeutika.

Gerade dieses Beispiel zeigt auch deutlich, daß Einflußgrößen scheinbar sehr ferner Art die Perspektiven maßgebend bestimmen können, hingegen die Kenntnis der direkten Abnehmermärkte vergleichsweise wenig nutzt. Darüber hinaus wird klar, daß hier die Marktforschung u.U. sehr komplex und oft mit vielen Unsicherheiten behaftet ist.

7.   Konjunkturforschung

Marktforschung heißt immer auch zukünftige Marktentwicklungen zu prognostizieren. Damit werden zwangsläufig auch Konjunktureinflüsse Gegenstand einer jeden Marktforschung, denn alle Märkte werden – wenn auch in sehr unterschiedlichem Maße – von wirtschaftlichen Wechsellagen beeinflußt. In Konsumgütermärkten gilt das etwa für die sog. höherwertigen Anschaffungen, die in Rezessionszeiten vielfach zurückgestellt werden. In den vorgelagerten Märkten ist das wirtschaftliche Auf und Ab i.d.R. ausgeprägter; insbesondere Investitionsgütermärkte leiden unter solchen Schwankungen, die durch die unterschiedliche Investitionsneigung der Unternehmer und der öffentlichen Hand verursacht werden (**Akzelerator-Phänomen**). Es gibt eine Reihe von staatlichen und privaten Institutionen, die solche Konjunktur-Untersuchungen – z.T. in regelmäßigen Abständen – durchführen, wie etwa das Ifo-Institut (Ifo-Konjunktur-Test und Ifo-Investitions-Test) und die GfK-Nürnberg im Bereich des privaten Konsums.

Weit stärker als in Konsumgütermärkten sind im gewerblichen Sektor die Konjunktureinflüsse vermengt mit solchen, wie sie im vorausgegangenen Abschnitt skizziert wurden. Trotz mäßiger wirtschaftlicher Allgemeinsituation können etwa technologische Impulse zu Wachstum verhelfen, oder umgekehrt gesetzliche Bestimmungen trotz guter Konjunktur eine Branche hart treffen.

8. Besonderheiten der Erhebungsarbeit

In diesem Abschnitt sei noch auf einige Besonderheiten bei der praktischen Erhebungsarbeit hingewiesen. Primärerhebungen, insbesondere solche mündlicher Art, sind im gewerblichen Bereich bislang längst nicht so häufig wie in Konsumgütermärkten. Teils fehlt es an der Notwendigkeit, teils an den Einsichten in die Bedeutung solcher Untersuchungen und nicht zuletzt mangelt es auch häufig am entsprechenden Know-how bei Unternehmen und Instituten. Selbst Marktforschungsabteilungen in Großunternehmen beschränkten sich lange Zeit häufig lediglich auf Sammlung und Sichtung von Sekundärmaterial, mitunter sogar eingeschränkt auf gesamtwirtschaftliche Daten.

Die Befragungssituation unterscheidet sich von der in der Konsumgütermarktforschung in einigen Aspekten. Einerseits sind es Fachleute gewohnt, daß sie in beruflichen Dingen kontaktiert werden – die Scheu vor persönlichen, telefonischen und schriftlichen Befragungen ist hier also nicht so gegeben wie bei Privatpersonen. Andererseits darf man bei Fachleuten nicht mit der teils interessierten, teils amüsierten Anteilnahme, aber auch dem Idealismus rechnen, den etwa Hausfrauen den Interviews oft entgegenbringen.

Erfahrungsgemäß sind die Befragungsgespräche selbst ergiebiger, soweit sie sich auf Sachfragen beziehen. Fragestellungen und Interviewer werden von den Befragten naturgemäß kritischer betrachtet und tatsächlich oder scheinbar sinnlose Fragestellungen auch schneller abgebogen.

Problematisch werden Befragungen von Fachleuten natürlich immer dann sehr schnell, wenn der Verdacht entsteht, daß Auskünfte an die Konkurrenz gelangen können. Bei sehr kleinen Stichproben ist für den Fachmann die anonyme Auskunftsquelle u.U. sehr leicht zu identifizieren. Die Institute sind laut Ehrenkodex zwar verpflichtet, ihren Auftraggeber zu nennen, aber Sicherheit bietet das auch nicht immer.

Die Abbildung 73 gibt einen vergleichenden Überblick über die Besonderheiten der Marktforschung auf gewerblichen Märkten.

310

	Konsumgüter	Industriegüter
Grundgesamtheit	I.d.R. groß; abhängig vom Untersuchungsgegenstand (in der BRD) max. 81,5 Mio. Individualpersonen bzw. 35 Mio. Privathaushalte)	I.d.R. deutlich kleiner; zusätzliche Begrenzungen ergeben sich durch Beschränkung auf bestimmte Branchen
Erreichbarkeit der Untersuchungseinheiten (Probanden)	Relativ einfach; schriftlich, mündlich, telefonisch	Schwieriger; i.d.R. auch nur während der Arbeitszeit
Bereitschaft zur Mitarbeit seitens der Untersuchungseinheiten (Probanden)	Abnehmend, nicht zuletzt aufgrund des wachsenden Mißtrauens in der Bevölkerung gegenüber Datenerhebungen (→ Datenschutz!)	I.d.R. geringer; oftmals Vorbehalte aus Zeit- und Geheimhaltungsgründen
Stichprobenumfang	Ziehung einer für Repräsentanzzwecke ausreichend großen Stichprobe i.d.R. problemlos	I.d.R. erheblich kleiner als bei Konsumgütern; entscheidend ist u.a. das Verhältnis zwischen Stichprobengröße und Grundgesamtheit
Bestimmung der Untersuchungseinheiten (Probanden)	Gewöhnlich relativ einfach; z.B. über demographische Kriterien, Produkt- oder Markenkenntnis, Produkt- oder Markenverwendung etc.	Wesentlich schwieriger; Produktverwender und Kaufentscheider sind häufig nicht dieselben Personen
Interviewereinsatz	Rekrutierung und Schulung der Interviewes i.d.R. relativ einfach; Vertrautheit mit dem Untersuchungsgegenstand häufig bereits gegeben, da Interviewer selbst Konsumenten sind	Rekrutierung geeigneter Interviewer meist schwierig; zumindest Basiswissen über den Untersuchungsgegenstand sollte vorhanden sein
Kosten der Untersuchung	In starkem Maße abhängig von der Größe der Grundgesamtheit sowie dem angestrebten Stichprobenumfang	Dito; aufgrund der oben genannten Problemfelder jedoch i.d.R. deutlich höhere Kosten pro Interview

Abbildung 73: Konsumgütermarktforschung versus Marktforschung auf gewerblichen Märkten

(Quelle: In Anlehnung an Th.C. Kinnear; J.R. Taylor, Marketing Research)

B. Marktforschung des Einzelhandels

1. Bedeutung

Für die Bedarfsdeckung der privaten Haushalte mit Waren aller Art spielt der institutionelle Einzelhandel die weitaus bedeutendste Rolle. Im Rahmen der gesamten Distribution liegen seine Hauptfunktionen in der **mengenmäßigen, räumlichen** und **zeitlichen** Umgruppierung sowie in der Filterung der Herstellerangebote im Sinne einer kundenbezogenen Angebotsbündelung (**Sortimentsfunktion**).

Einkauf zum Zwecke des Verkaufs ist ein vergleichsweise einfacher Leistungsprozeß (geringe Wertschöpfung). Beschaffung und Absatz sind hier eng verzahnt, falsche Einkaufsdispositionen beeinträchtigen also unmittelbar den Absatzerfolg.

Im Vergleich zu Fertigungsbetrieben ist der Einzelhandel hinsichtlich seiner Sortimentspolitik sehr flexibel, denn er kann sich durch Wechsel der Produkte den jeweiligen Marktverhältnissen leichter anpassen.

Da die Attraktivität eines Sortiments mehr ist als die Summe seiner Teile, muß nicht unbedingt das einzelne Produkt, sondern das Sortiment als ganzes marktgerecht sein. Anstelle einer „Produktverantwortlichkeit" hat der Einzelhandel also primär eine **„Sortimentsverantwortlichkeit",** im weiteren Sinne eigentlich sogar eine **„Einkaufsstättenverantwortlichkeit",** denn seitens der Verbraucher wird eine Einkaufsstätte im wesentlichen an den Attraktivitätsfaktoren Sortiment, Preis, Standort, Atmosphäre, Service, Parkmöglichkeiten gemessen.

Charakteristisch für den (stationären) Einzelhandel ist ferner dessen **lokale,** allenfalls **regionale** Marktbedeutung, bedingt durch die Nähe der Konkurrenz sowie den geringen Einkaufsradius der Konsumenten. Geschäfte mit nationaler oder internationaler Kundschaft sind selten, von Geschäfts- und Touristikzentren einmal abgesehen.

Schließlich hat sich durch Filialisierungen und Kooperationen im Einzelhandel die Geschäftspolitik von den einzelnen Einkaufsstätten stark auf die Zentralen verlagert. Zu Lasten der individuellen Dispositionsfreiheit vieler einzelner entscheiden nur noch relativ wenige Manager über die Geschäftspolitik, insbesondere auch über das Sortiment. Es wird Einheitlichkeit angestrebt und vielfach straff durchgesetzt, insbesondere natürlich bei den Filialisten.

Der Einzelhandel hat – im Gegensatz zu Industrie und Großhandel – einen unmittelbaren Kontakt zu den Endverbrauchern. Händler halten sich deshalb auch oft zugute, daß sie ihren Markt und speziell die Kundenwünsche am besten kennen. Das war und ist nur zu geringen Teilen richtig und gilt eigentlich nur für die eigenen

Kunden, sofern die Selbstbedienung dies nicht auch infrage stellt. Praktische Verkaufserfahrungen und ein gutes Gespür für den Markt mögen zwar vorhanden sein und als ausreichend empfunden werden, mit Marktkenntnis im Sinne der Marktforschung hat das meist aber wenig zu tun.

Dieses **Informationsdefizit** ist historisch begründet. Beim überwiegend mittelständisch strukturierten Einzelhandel fehlte es lange Zeit an der Notwendigkeit, am Können und am Geld, um Marktforschung zu treiben. Außerdem fand man sich in Zeiten einer funktionierenden Preisbindung bei der Industrie in Sachen Absatzunterstützung gut aufgehoben.

Einen beträchtlichen Wandel verursachte inzwischen die hohe Handelskonzentration. In vielen Branchen bestimmen ein Dutzend oder sogar weniger Großunternehmen des Handels das Geschehen. Zwar wirkte auch bei diesen die alte Händlermentalität (man kennt seinen Markt) noch lange nach, mittlerweile ist aber die Einsicht gewachsen, daß sich ein effizientes Handels-Marketing nicht ohne Marktforschung betreiben läßt.

Als Informationslieferant dient hier zum einen die **Markenartikel-Industrie,** welche die in ihrem Auftrag erstellten Marktdaten zu Teilen an ihre Großkunden weitergibt, teils als Kundenservice, teils als Verkaufsargument. Die damit verbundene Geheimniskrämerei nimmt mittlerweile ab. Inzwischen ist eine größere Offenheit im Umgang und Austausch von Daten zwischen Industrie, Handel und Instituten zu verzeichnen. Aber es bleiben natürlich Interessenkollisionen bestehen.

Informationslieferant sind zum anderen auch die **Institute.** Handelsunternehmen, die aktiv oder passiv an Untersuchungen mitwirken – hier vor allem bei Handelspanels und Testverfahren – sind sich des Wertes der in ihren Geschäften erhobenen Marktinformationen inzwischen sehr bewußt und fordern dafür Geld und/oder Marktforschungsergebnisse. Der Gedanke, diese gezielt selbst zu vermarkten, liegt dabei nicht fern. Entsprechende Versuche sind im Ausland ansatzweise bereits zu beobachten. Solches würde in der Marktforschungsbranche ganz neue Akzente setzen.

2.   Marktforschungsschwerpunkte

Bei dem Umfang und der Vielfalt dessen, was die Konsumgüter-Industrie an Marktforschung betreibt, fällt es fast schwer, noch Lücken zu finden, die der Handel noch ausfüllen könnte bzw. müßte. Ob das Herstellerangebot, die Distribution oder die Verbraucher, alles wird längst untersucht. Sogar über die Plazierung und die Promotions im Laden macht sich die Industrie, nicht ganz selbstlos natürlich, Gedanken. Die Instrumente und Verfahren sind also vorhanden, die Marketingfachleute im Handel könn(t)en also aus dem Vollen schöpfen. Unverkennbar ist daher auch der Trend bei den großen Instituten, die industriebezogenen Daten handelsspezifisch aufzubereiten und im Rahmen eines sog. **trade-Service** zu vermarkten.

Zwei handelsspezifische Aspekte lassen sich dennoch ausmachen, die von der Industrie bisher nicht oder kaum abgedeckt werden. Pauschal betrachtet handelt es sich dabei um alles, was mit

- dem **Standort** und den sich daraus ergebenden Marktgegebenheiten (Abnehmer und Konkurrenten im Einzugsgebiet) und was mit

- der **Effizienz** der Einkaufsstätte in ihrer Gesamtheit

zu tun hat. Umgekehrt ist der Handel nicht oder nur peripher interessiert an allem, was im Rahmen der Produktentwicklung an Marktforschungsanstrengungen unternommen wird. Auch die Schaffung von Handelsmarken macht da kaum eine Ausnahme. Diese Domäne der Industrie wird auch nicht tangiert werden, denn erstens wäre der Handel mit seinen vglw. großen Sortimenten damit überfordert und zum zweiten kann er im Bedarfsfall die Lieferanten bzw. die Produkte wechseln.

2.1   Standortforschung

Große Handelsunternehmen sind i.d.R. regional, teilweise national und (noch) vereinzelt auch international tätig. Wohin man mittels Filialgründungen am effizientesten expandieren soll, ist eine Frage der Ergiebigkeit einer Stadt oder einer Region im Vergleich zu anderen.

Erste Anhaltspunkte dafür bieten die Ergebnisse der **Kaufkraftmessung,** wie sie seit Jahrzehnten von der GfK Nürnberg regelmäßig durchgeführt wird. Die Konsumgüter-Industrie hatte als erste ein Interesse an der Kaufkraftverteilung im Lande, um damit die regionalen Absatzmöglichkeiten zu ermitteln und ihren Außendienst zu steuern bzw. gezielt einzusetzen.

Zur Kaufkraftmessung wird das gesamte private Einkommen aller Haushalte in Deutschland erhoben, aufaddiert und durch die Anzahl der Haushalte dividiert. Dieser Durchschnittswert wird gleich 100 gesetzt und ist das Maß für die Kaufkraft in den einzelnen Regionen, Bezirken, Kreisen, Städten usw. Die Extreme bildeten 1998 der Hochtaunus-Kreis mit einer Kennziffer von ca. 140, am unteren Ende rangierten einige Kreise in Mecklenburg-Vorpommern mit Werten von ca. 67.

Derartige Einsichten lassen sich weiter vertiefen. Aus der kommerziellen Marktforschung, z.T. auch aus dem amtlichen Mikro-Zensus, sind die **Verbrauchsausgaben-Anteile** der verschiedenen Haushalttypen für alle Warengruppen bekannt. In

Verbindung mit der Kaufkraft-Kennziffer lassen sich so die Absatzpotentiale ermitteln. Man kann also z.B. angeben, wie hoch in etwa die Ausgaben für Kosmetik im Kreis Güstrow sein dürften.

Während diese Informationen der Industrie i.d.R. ausreichen, geht das Interesse des Handels darüber hinaus. Die Standortwahl für eine (neue) Einkaufsstätte bemißt sich ja nicht nur nach dem dortigen Absatzvolumen, sondern auch an den **Konkurrenzverhältnissen.** Im Rahmen der Standortforschung werden also die bereits ansässigen Geschäfte nach Zahl, Größe, Sortiment und Attraktivität ermittelt um – unter Zuhilfenahme von Vergleichswerten – festzustellen, ob der Bezirk konkurrenzmäßig etwa bereits überbesetzt ist. Zu berücksichtigen sind dabei i.d.R. noch die Kaufkraftzu- bzw. -abflüsse.

Die vorab skizzierte Standortanalyse ist längst zu einem etablierten Forschungsbereich im Rahmen der Marktforschung geworden. Ursprünglich im Rahmen der Shopping-Center-Planung in den USA entstanden und auf relativ abstrakten Modellen fußend, hat sie inzwischen nicht nur für den Einzelhandel, sondern auch für Stadt- und Regionalplaner große Bedeutung erlangt.

Mittlerweile ist zwischen einigen Instituten geradezu ein Wettlauf entbrannt, wer unter geographischen Gesichtspunkten die feinsten Differenzierungen bieten und auf aktuellem Stand halten kann. Riesige Datenmengen müssen dazu bewältigt werden. Das **POINT PLUS-Verfahren** der GfK erfaßt beispielsweise kleinste Gebietszellen, die einzelne Häuser oder kleinste Straßenabschnitte repräsentieren und im Durchschnitt 8 Adressen umfassen. Auf dem Wege einer solchen **mikro-geographischen Erhebung** ergeben sich daraus etwa 3 Millionen Konsumstandorte mit Angaben über den Haustyp, die Soziographie, das Kaufverhalten, die Bonität, die Altersstruktur u.ä. Die Informationsgrenzen werden nur noch vom Datenschutz gesetzt. Die Bewertung eines ins Auge gefaßten Geschäftsstandorts läßt sich mit dieser Hilfe durchführen, ein weiterer, bedeutender Anwendungsbereich ist die Direktwerbung von Versandhändlern, Finanzdienstleistern, Verlagen, Gebrauchsgüterherstellern u.ä.

2.2   Käuferstrukturforschung

Händler oder Marktleiter können zwar ihre eigenen Umsätze registrieren und ebenso die Zahl ihrer Kunden. Wer sie sind, wo sie herkommen, wo sie sonst noch einkaufen und wie viele potentielle Kunden eben anderswo kaufen, ist i.d.R. unbekannt. Die notwendigen **Käuferstruktur-Erhebungen** sind an sich kein Problem, scheitern aber in aller Regel am Geld, denn repräsentative Stichproben-Untersuchungen auf lokaler oder regionaler Ebene sind auch nicht (wesentlich) billiger als nationale (vgl. Stichprobengröße S. 66).

Es wäre natürlich naheliegend, die ohnehin vorhandenen Daten aus den Handels-

und Verbraucherpanels heranzuziehen. Aber erstens sind diese warengruppenspezifisch angelegt, umfassen also nicht das gesamte Sortiment des Händlers, vor allem aber sind die nationalen Stichproben zu grob, als daß lokale Märkte hinreichend abgebildet würden, insbesondere im Hinblick auf die herrschenden Konkurrenzverhältnisse.

Die Möglichkeiten speziell des mittelständischen Einzelhandels sind also begrenzt. Mitunter lassen sich Gemeinschaftsuntersuchungen lokaler Art organisieren, oder Kommunen oder lokale Medien sind als Initiatoren bzw. Sponsoren aktiv.

Anders liegen die Dinge bei den national distribuierenden Großbetriebsformen. So ist es ein leichtes, etwa im Lebensmittel-Einzelhandel die führenden Anbieter nach Grunddaten (wie Käufer-, Mengen- und Umsatzanteilen) aufzuschlüsseln und Sonderauswertungen etwa über Einkaufsstättentreue, Nebeneinander-Einkäufen, Käuferwanderungen u.ä. anzuschließen. Das gesamte Branchensortiment wird dabei jedoch (noch) nicht erfaßt, sondern je nach Umfang nur zwischen 20 und 80 %.

2.3 Imageforschung

Image-Untersuchungen gehören seit langem zum Repertoire der Marktforschung. Vor allem Markenprodukte werden hinsichtlich ihres Gesamteindrucks analysiert und positioniert (vgl. S. 80 ff.).

Das Image von Einkaufsstätten kann in mehrfacher Hinsicht interessieren. Der Händler erfährt damit, wie sein Geschäft eingeschätzt wird und wie die seiner Konkurrenten. Hat man im lokalen Markt oder sogar darüber hinaus ein **Profil,** das sich von anderen klar und positiv abgrenzt? Welcher Anbieter gilt am Ort als besonders kompetent und wofür? Die eigenen Einschätzungen weichen dabei oft von den Untersuchungsergebnissen ab und geben Anlaß, über Verbesserungen nachzudenken. Überlegungen dieser Art kommen modernen Bestrebungen entgegen, den Handelsbetrieb ähnlich wie einen Markenartikel zu profilieren und zu präsentieren, was wiederum die „Stimmigkeit" aller Attraktivitätsfaktoren erfordert. Am Beispiel ALDI läßt sich erkennen, wie solche Ziele umgesetzt werden.

2.4 Sortimentsforschung

Ein ureigenes Problem des Handels ist die **Sortimentsoptimierung,** dem auch mit den Möglichkeiten der Marktforschung nur schwer beizukommen ist. Zuviele Einflußgrößen wirken zusammen bzw. aufeinander ein und schließlich spielt nicht die Attraktivität eines Sortimentes die Hauptrolle, sondern letztendlich der Gewinn.

Betriebswirtschaftlich optimal wäre ein Sortiment, wenn bei gegebenen Marktverhältnissen am Standort die Zahl der geführten Artikel, ihre Zusammensetzung, ihre Qualitäten und ihre Preise zu einem Gesamtumsatz führen, der unter Berücksichtigung der dadurch verursachten Kosten zu einem Gewinn führt, der von keiner anderen Kombination dieser Größen übertroffen wird. Das Optimum ist also eine fiktive Größe. Es durch eine **Experimental-Anordnung** zu finden, wäre zumindest vorstellbar, wenn auch schwer durchführbar. Filialisten mit gleichartigen Filialen können es noch am ehesten in dieser Weise sich an das Optimum herantasten.

Auch **Befragungen** können Aufschlüsse geben, denn letztlich bestimmt sich die Attraktivität, wenn auch nicht unmittelbar die Rendite eines Sortiments aus den Beurteilungen seitens der Verbraucher.

- Wie attraktiv wird ein Sortiment, gemessen an den eigenen Erwartungen bzw. Ansprüchen, empfunden?

- Gibt es besonders attraktive Sortimentsteile als Grund für die Wahl der Einkaufsstätte?

- Was und warum kauft man (auch) anderswo ein? Liegt es am Sortiment oder hat dies ganz andere Gründe, etwa die Preise, die Erreichbarkeit, die Geschäftsatmosphäre u.ä.?

- Wieviel verschiedene Artikel werden i.d.R. zusammen eingekauft (Verbundwirkung)?

Solche aufschlußreichen Erhebungen werden selten durchgeführt, einmal weil sie Geld kosten, zum anderen, weil Einzelhändler vornehmlich „in Artikeln denken" und nicht in Zusammenhängen. Deshalb konzentriert man sich viel lieber auf Handfesteres, nämlich auf die Suche und Ausmusterung umsatz- bzw. renditeschwacher Artikel, auf die Flächenproduktivität u.ä. mehr. Das ist gewiß auch notwendig, aber eben nur ein Teil des Problems.

2.5 Instore Kundenverhaltensforschung

Schon immer hat der Händler die Möglichkeit gehabt und auch wahrgenommen, intern anfallende Informationen systematisch zu erheben. Dazu gehören die Umsätze nach Stunden, Wochentagen, Monaten usw., die Einkaufsbeträge sowie die Zahl der Einkaufspositionen pro Kundenbesuch (soweit letzteres die Anordnung der Kassen erlaubt).

Scanner-Systeme schaffen hier mehr Transparenz und bieten u.a. den Vorteil, daß die Abverkäufe schnell und artikelgenau erfaßt werden können. Auf vglw. einfache

Art besteht damit die Möglichkeit, die Wirkungen absatzpolitischer Maßnahmen, also Preis- und Plazierungsänderungen, Instore-Promotions und Mediawerbung zu messen, auch unter Testbedingungen.

Im Vorfeld solcher Erhebungen lassen sich durch **Beobachtungen** u.U. interessante Einsichten gewinnen, etwa durch Registrierung der Autokennzeichen auf firmeneigenen Parkplätzen, durch Kunden- bzw. Besucherzählung an den Eingängen oder etwa durch Beobachtung der Kunden im Hinblick auf ihre Zusammensetzung (männl./weibl., jung/alt, zusammen/allein), generell oder unterteilt etwa nach Tageszeiten, Wochentagen, Monatstagen. Derartige Erhebungen sind Voraussetzung für eine flexible Anpassung an evtl. Veränderungen der Kundenstruktur, und zwar nicht nur beim Personaleinsatz. Ziel weiterer Beobachtungen ist das in-store-Verhalten der Besucher. In großflächigen Geschäften geben sog. **Kundenlaufstudien** (vgl. S. 149) darüber Aufschluß, welche Wege gewählt, wo im einzelnen und wie lange insgesamt verweilt wird. Das Verfahren ist relativ aufwendig, denn die Besucher (z.B. jeder 10.) müssen „verfolgt" werden. U.U. ergeben sich daraus Verbesserungsmöglichkeiten durch geänderte Plazierung der Warenträger und/oder der Waren.

Letztere, das sog. **space-Management,** soll die Warenplazierung optimieren. Untersucht werden dazu die Wechselwirkungen zwischen der genutzten (Regal-)Fläche für ein Produkt und dessen Umsätzen (= **Flächenertrag**). Auch hier war nicht etwa der Handel, sondern die Markenartikelindustrie Schrittmacher und konnte beim Handel mit entsprechenden produktspezifischen Empfehlungen aufwarten. Eine Reihe von Marktforschungs-Instituten offerieren entsprechende Programme (**Spaceman/Spacemax, Apollo, Accuspace**).

Selbstverständlich bieten sich auch **Befragungen** vor oder in der Einkaufsstätte an. Vom Handel selbst wird diese Möglichkeit jedoch selten genutzt, eher schon von der Industrie. Solche Erhebungen am Point of Sale sind gezielt ausgerichtet auf die Angebots- und Kaufsituation. Befragt werden Kaufinteressenten bzw. Käufer zur Kaufentscheidung und zur beabsichtigten Nutzung der Produkte. Infrage kommen dafür primär höherwertige Gebrauchsgüter. Ergänzt durch Expertengespräche mit Marktleitern sowie durch Beurteilung von Plazierung, Kontaktstrecke und Warenpräsentation sollen die Ergebnisse solcher Spezialuntersuchungen (z.B. Ad-hoc-Nonfood der GfK) den Handelsunternehmer umfassend über die Stärken und Schwächen seiner Angebotsaktivitäten informieren.

Zusammenfassend betrachtet wird der Einzelhandel in Zukunft noch marktforschungsaktiver werden. Dafür sprechen vornehmlich ein gewisser Nachholbedarf, die besseren finanziellen und fachlichen Voraussetzungen der den Einzelhandel inzwischen dominierenden Großunternehmen sowie das verstärkte Bemühen der Marktforschungsinstitute um ein handelsspezifisches Marktforschungsinstrumentarium. Auch der zunehmende Drang und Zwang zu einer intensiveren Marketing-Orientierung im Handel, wie er in jüngerer Zeit unter dem Stichwort „**Category**

Management" zum Ausdruck kommt, trägt dazu bei. Die traditionellen Funktionsteilungen zwischen Einkauf, Marketing und Verkauf werden aufgegeben und die Verantwortlichkeit dafür einem Category Manager übertragen. Er bestimmt also hinfort über die Zusammenarbeit mit der Industrie, über die strategische Positionierung der Warengruppe, über Verkaufsförderungsmaßnahmen, über die Entwicklung von Handelsmarken u.ä.m. Die **Warengruppenverantwortlichkeit** liegt also in einer Hand, bei mehreren Warengruppen werden dann mehrere Hände, sprich Manager, benötigt, sodaß im Hinblick auf das Gesamtsortiment Koordinierungserfordernisse und -probleme entstehen.

C. Internationale Marktforschung

1. Die Rolle der Institute

Der zunehmende Wettbewerb in der Wirtschaft führt weltweit zu einer stärkeren Professionalisierung des Marketing und damit auch zu einem vermehrten Bedarf an Marktinformationen. Entsprechend nehmen nach Zahl und Umfang auch die Marktforschungs-Institute in vielen Ländern zu. Parallel zu dieser Entwicklung wächst die internationale Verflechtung durch Export, Auslandsniederlassungen und dgl. und somit auch der Informationsbedarf über ausländische Märkte. Dieser wurde in den ersten Nachkriegsjahrzehnten ganz überwiegend von Instituten im jeweiligen Land gedeckt. Frühe Ausnahmen bildeten lediglich die US-Firmen Gallup (Umfrage), A.C. Nielsen (Handelspanel) und die IMS (Pharmaforschung), die z.T. bereits vor dem 2. Weltkrieg international arbeiteten und über eigene Niederlassungen im Ausland, vor allem in Europa, verfügten.

Vor etwa zwei Jahrzehnten bahnte sich ein gewisser Wandel an. Zumindest die großen nationalen Institute drängten ins Ausland. Das verursachte vielfach Anlaufschwierigkeiten und -verluste, weil die Gegebenheiten in fremden Ländern bzw. Märkten eben sehr oft doch viel anders waren, als man sich das in den heimatlichen Zentralen vorgestellt hatte.

Zwei Ziele waren vor dem Hintergrund einer expandierenden Weltwirtschaft dafür vor allem maßgebend: Einmal wollte man unter Ausnutzung des eigenen Know-how-Vorsprungs die (Marktforschungs-)Märkte in weniger entwickelten Ländern erobern – möglichst dort vielleicht sogar der erste sein. Zum anderen ging man den Schritt ins Ausland, weil die wachsende Konkurrenz im Inland Grenzen des Wachstums andeutete. Schließlich schien es mitunter sinnvoll oder sogar erforderlich, den Inlandskunden bei ihrer Expansion ins Ausland zu folgen.

Die Internationalisierung der Institute erfolgt(e) im wesentlichen auf folgende Weise:

- Gründung eigener Tochter-Institute im Ausland,
- Aufkauf ausländischer Institute,
- Joint Ventures mit ausländischen Instituten.

Um im Wettbewerb gegen die weltweit operierenden Branchen-Riesen, allen voran A.C. Nielsen und IMS, international nicht in's Hintertreffen zu geraten, haben sich mittlerweile auch eine Reihe Gruppierungen von kleineren Instituten zu bilateralen Partnerschaften zusammengeschlossen, um ihre Kunden auch international bedienen zu können.

Auch eine stärkere Spezialisierung auf internationaler Ebene ist im Gange, also eine Beschränkung etwa auf bestimmte Regionen bzw. Kontinente, Branchen (z.B. Touristik, Pharma), Methoden (z.B. Panel) oder Aktivitäten (z.B. Werbung).

Schließlich wird seit einer ganzen Reihe von Jahren wird auch die internationale Vermarktung von speziellen Marktforschungsmethoden, Verarbeitungsprogrammen, aber auch technischen Geräten betrieben. Wer als Entwickler oder Erfinder diese nicht selbst im Ausland einsetzen will oder kann, verwertet sie durch **Lizenzvergabe** an interessierte Institute im Ausland. Eine Reihe der in diesem Buch genannten Verfahren, die auch in Deutschland zum Einsatz kommen, basieren auf solchen Lizenzen.

Nun mag es noch verhältnismäßig einfach erscheinen, auch im Ausland Institute zu gründen, die die klassische Umfrageforschung betreiben, zumal wenn die Möglichkeit besteht, sich für die Feldbefragung einheimischer Organisationen zu bedienen. Anders dagegen liegen die Fälle, wo wie etwa bei der Installation von Panels nicht nur ein erhebliches Spezial-know-how, sondern auch beträchtliche Investitionen erforderlich sind. Nicht zuletzt waren und sind es daher die ganz Großen der Branche, die sich mit diesen speziellen Marktforschungs-Instrumenten auch im Ausland etablier(t)en.

Die internationale Angebotsstruktur der Institute wurde vorab skizziert, die Auftraggeber müssen also entscheiden, wen sie für welche Aufgaben auswählen.

Folgende Vorgehensweisen bieten sich speziell für Unternehmen mit Zweigniederlassungen bzw. -werken im Ausland an:

- die Auslands-Töchter haben freie Hand hinsichtlich der Bestimmung ihres Marktforschungsbedarfs, des Untersuchungsdesigns und der Wahl des Instituts im jeweiligen Land. Der Vorteil einer derartigen dezentralen Regelung besteht im speziellen Zuschnitt der Marktforschung auf die besonderen Verhältnisse des betreffenden Gastlandes.

- Die Unternehmenszentrale bestimmt – in Abstimmung mit ihren Töchtern – den jeweiligen Untersuchungsbedarf und die Art des Vorgehens in den einzelnen Märkten. „Vor Ort" wird dagegen über die Wahl des geeignetsten Marktforschungs-Instituts in Kenntnis der Landesverhältnisse entschieden, ggf. unter Berücksichtigung von Empfehlungen der Zentrale.

- Eine völlig zentrale Regelung belässt den Töchtern keinerlei Spielraum, alles, also auch die Wahl der Institute, wird von der Unternehmensspitze bestimmt. Und die bedient sich naheliegender Weise gern eines global operierenden Instituts bzw. deren Auslandstöchtern mit der Aussicht, dass deren gleichartiges Vorgehen auch zu vergleichbaren Ergebnissen führt. Dieser Äquivalenz-Aspekt spielt bei internationaler Betätigung eine große Rolle.

2. Besonderheiten und Probleme

Über die Bedeutung der **Sekundärforschung** sowie ihre Vor- und Nachteile wurde ausführlich im Kapitel A 3.5. (S. 42 ff.) referiert. Analoges gilt für den internationalen Bereich, nur dass hier die Probleme hinsichtlich Beschaffung, (Sprach-)Verständnis, Qualitätsbeurteilung und Vergleichbarkeit i.d.R. größer sind.

Im Vergleich mit den Problemen, denen man etwa vor 20 Jahren bei der Datenbeschaffung gegenüberstand, haben sich die Verhältnisse zum Besseren gewandelt. Die Quellen fließen inzwischen reichlich, denn staatliche und halbstaatliche Institutionen, supra-nationale Behörden und nicht zuletzt die Marktforschungs-Institute sind um Informationsgewinnung, aber auch um Qualitäts-Standards, Normierung u.ä. bemüht. Aus fast 40 Seiten besteht beispielsweise die Auflistung einschlägiger Informationsquellen, die E. Bauer in seinem Buch „Internationale Marketingforschung" zusammengestellt hat.

Was nun die Marktforschung i.e.S. (Primärforschung) angeht, so liegen – pauschal betrachtet – die Besonderheiten einer länderübergreifenden Marktforschung nicht im Grundsätzlichen und Methodischen i.w.S., sondern in der praktischen Durchführung und den damit verbundenen Schwierigkeiten. Es gibt weder eine spezielle indonesische Statistik, noch gibt es brasilianische Auswertungsverfahren. Wohl aber gibt es im Extrem eine totale Unkenntnis über den fremden Markt und enorme Schwierigkeiten, an die notwendigen umfänglicheren Informationen zu gelangen und diese richtig zu interpretieren. Gleiche Bezeichnungen bedeuten eben noch längst nicht auch die gleichen Inhalte wie im Inland.

Als eine spezifisch internationale Frage- bzw. Aufgabenstellung lässt sich am ersten noch die sog. **Länderauswahl** bezeichnen, weil diese sich eben nur hier stellt.

Wer ausländische Märkte bearbeiten will, wird unter den theoretisch infrage kommenden diejenigen wählen, die nicht nur Chancen versprechen, sondern wo auch die Risiken politischer, wirtschaftlicher und währungsmäßiger Art überschaubar sind.

Solche volkswirtschaftlichen Rahmendaten muß sich der Marktforscher nicht mehr selbst zusammensuchen, vielmehr werden inzwischen **Länderberichte** und **-vergleiche** im Hinblick auf Bonität, Risiken, Wachstumschancen u.ä. von Banken, internationalen Einrichtungen und Spezialinstituten angeboten.

Für international orientierte Unternehmen ist es naheliegend, bevorzugt solche Auslandsmärkte zu wählen, die dem Heimatmarkt ähneln. Dann nämlich können Synergie-Effekte genutzt werden, indem die gleichen Produkte und die gleichen Marketing-Konzepte zum Einsatz kommen.

Ein solches sog. **standardisiertes** Vorgehen würde natürlich auch die Marktforschung erleichtern. Im Idealfall lassen sich dann nämlich in jedem Land die gleichen Aufgabenstellungen mit den gleichen Untersuchungsdesigns, Erhebungs- und Auswertungsmethoden bewältigen. Weil das in der Praxis jedoch nur in Ausnahmen der Fall ist, erfordert auch die Marktforschung ein **differenziertes** Vorgehen. Wo dabei die Schwerpunkte liegen, zeigen die folgenden Ausführungen in knapper Form.

Der kleinste, aber eben noch gemeinsame Nenner dürfte zweifellos im Bereich der **Datenverarbeitung** i.w.S. liegen, denn die Verfahren haben Allgemeingültigkeit. Die internationale Angleichung im Bereich von hard- und software ist zumindest absehbar.

Schwieriger wird es dagegen bei der **Stichprobenbildung.** Wer in hochentwickelten Industrieländern gewohnt ist, auf aktuelle und differenzierte Statistiken zurückgreifen zu können, steht in anderen Ländern – auch noch in Europa – oft vor einem Nichts. Erforderlich sind dann entsprechend aufwendige Voruntersuchungen in eigener Regie.

Die Probleme setzen sich fort bei den **Erhebungsverfahren.** Hier ist ein einheitliches Vorgehen oft nicht gegeben. Im Bereich Einzelhandel steht man u.U. vor einer Riesenzahl von Klein- und Kleinstbetrieben mit mangelnder Auskunftsfähigkeit und -willigkeit. Analoges gilt für Verbraucherbefragungen, also etwa hinsichtlich schriftlicher Befragungen (Lesen und Schreiben), Telefonbefragungen (Telefondichte), allgemeiner Auskunftsbereitschaft usw.

Die Erhebungs- bzw. **Befragungsinhalte** können sich von Land zu Land beträchtlich unterscheiden. Die naheliegende Annahme, zumindest bei Europa- oder Weltmarken sei das nicht der Fall, ist oft falsch, die Problemstellungen können ländermäßig erheblich voneinander abweichen. Aber selbst eine identische Aufgabenstellung erfordert z.B. unterschiedliche Fragebögen. Im Rahmen der Handelsforschung sind etwa die landestypischen Sortimentsbezeichnungen und -abgrenzungen zu berücksichtigen, bei Produktbeurteilungen seitens der Verbraucher müssen in einem Land Gesichtspunkte einbezogen werden, die anderswo abwegig erscheinen würden. Das gilt vor allem für traditionelle, kulturgebundene (**culture-bound**) Erzeugnisse. Bei modernen, kulturfreien Produkten, wie etwa technischen Geräten, ist das i.d.R. unproblematischer.

Abgesehen von diesen inhaltlichen Problemen gibt es noch die der **Verständlichmachung** und der **Beantwortungsmotivation.** Bekanntlich lehrt schon die Inlandserfahrung, daß sich eine Befragung dem Niveau, der Geduld und der Auskunftsbereitschaft des Befragtenkreises anzupassen hat. Entsprechend schwieriger ist solches in anderen Kultur- und Zivilisationskreisen mit ihren z.T. stark von einander abweichenden Kenntnissen, Beurteilungsmöglichkeiten, Wertvorstellungen und Ausdrucksfähigkeiten. Eine Vielzahl länder- bzw. kulturvergleichender Studien von Anthropologen, Psychologen und Soziologen geben Zeugnis von diesen Schwierigkeiten, die von Marktforschern mit Auslandserfahrungen nachdrücklich bestätigt werden.

In diesem Zusammenhang stellt sich das **Sprachproblem,** genauer gesagt, das der zutreffenden Übersetzung. Wörtliche Übersetzungen von Fragebögen führen leicht zu Mißverständnissen bzw. Fehlinterpretationen bei Ausländern. Dadurch wird dann eben nicht mehr gemessen, was man messen will. Scheinbar eindeutige Dinge wie z.B. Produktbezeichnungen bereiten Schwierigkeiten, müssen also u.U. interpretiert, ggf. durch bildliche Vorlagen verdeutlicht werden. Um so problematischer wird es natürlich, wenn es um Begrifflich-Abstraktes geht, wo äquivalente Bezeichnungen in anderen Sprachen u.U. überhaupt nicht oder nur mit anderer Sinngebung existieren. Vieles läßt sich – so die Sprachforscher – einfach nicht übersetzen, aber die Marktforschung kann vor solchen Einsichten nicht einfach kapitulieren. In praxi kommt ihr dabei zugute, daß sich ihre Befragungsinhalte primär auf einfachere und gegenständlichere Dinge beziehen als etwa die von Kulturanthropologen.

Um solche sinngemäßen Übersetzungen zu erreichen, wird bei Mehr-Länder-Befragungen vom Auftraggeber bzw. vom Institut z.B. eine sog. **Master-Version** des Fragebogens erarbeitet und diese (meist englische) Fassung von den kooperierenden Instituten im Ausland übersetzt, von wo sie, wieder retourniert, jeweils einer Rückübersetzung unterzogen wird, um evtl. Fehler oder Abweichungen aufzudecken und auszumerzen. Dabei sollte die Master-Version bereits auf ihre spätere Übersetzungsfähigkeit hin angelegt sein. „Möglichst einfach und unzweideutig" ist hier die Devise, indem also etwa Passivformen, Metaphern, Redewendungen, Konjunktive, Wahrscheinlichkeitswörter u.ä. vermieden werden.

Das Ziel aller Bemühungen ist – wie schon betont – bei länderübergreifenden Studien die **Vergleichbarkeit** der Ergebnisse. Nur so lassen sie sich z.B. aufaddieren zu „Marktanteil in Europa" oder zu „Durchschnittsverbrauch in Südamerika". Da selten eine vollständige Vergleichbarkeit erzielt werden kann, muß man dies bei der Ergebnisinterpretation berücksichtigen, damit daraus keine unternehmerischen Fehlentscheidungen erwachsen.

3. Entwicklungstendenzen

Folgendes Resumé läßt sich ziehen:

Der Bedarf an länderübergreifender Marktforschung nimmt derzeit stark, ja fast explosionsartig zu. Folglich werden die Filialisierungs- und Kooperationsbestrebungen der Institute länderübergreifend zunehmen. Weltweit arbeitende Großinstitute bestimmen das Fortschrittstempo und auch die Märkte überall dort, wo große Investitionen erforderlich sind. Beim Hard- und Software-Einsatz werden sich die Niveau-Unterschiede verringern, auf einheitliche Begriffe, Datendefinitionen u.ä. wird hingearbeitet.

Charakteristisch für eine international betriebene Marktforschung ist und bleibt vorerst die immense Kleinarbeit, verursacht insbesondere durch die unterschiedlichen Aufgabenstellungen, die Erhebungsbedingungen und die Abstimmungsprobleme. Große Probleme und Kosten verursachen auch der Drang und Zwang zu einer international einheitlichen **Artikel-Codierung,** um die erhobenen Daten vergleichbar zu machen.

Die Vereinheitlichung (**Globalisierung**) der Märkte schreitet zwar weiter fort, aber die Voraussetzungen für das einschlägige Motto „one product... one message... worldwide" sind bisher noch keineswegs so umfassend gegeben, wie es z.T. behauptet wird. Der maßgebende Vertreter dieser **Angleichungs-Theorie,** der Amerikaner Th. Levitt erntete unter Hinweis auf die Existenz ganz erheblicher und stabiler landes- und regionaltypische Unterschiede dann auch viel Kritik. Eine differenziertere Betrachtungsweise zeigt durchaus solche ähnlichen Verbraucher-Segmente in zahlreichen Ländern (z.B. die Reichen, die Jugendlichen). Solchen sog. **cross-culture-Segmenten** (Vgl. dazu auch die Euro-life-style-Studie S. 253) stehen andererseits Märkte, Einkaufs- und Verwendungsgewohnheiten gegenüber, die ausgesprochen landestypisch geprägt sind. Gerade die internationale Marktforschung wird dazu beitragen, durch empirische Befunde die visionäre Theorie der Angleichung (Konvergenz) kritisch auf das tatsächliche Standardisierungspotential zu hinterfragen.

Sechster Teil

Von der Produktidee zur Markteinführung

Der Einsatz der Marktforschung am praktischen Fallbeispiel

A. Aufgabenstellung und Vorgehensweise

Die „Durstlösch GmbH"" ist ein bekannter Markenhersteller im Markt für alkoholfreie Erfrischungsgetränke (kurz: AfG-Markt). Neben Limonaden mehrerer Geschmacksrichtungen werden ein Cola-Getränk und zwei Sorten Mineralwasser produziert und vertrieben.

Nach vorausgegangenen Grundsatzdiskussionen beschließt die Geschäftsleitung, das bestehende Sortiment zu verbreitern mit dem Ziel, dem Kunden zukünftig eine größere Angebotspalette innerhalb des angestammten AfG-Marktes zu bieten. Gleichzeitig soll das neue Produkt der Profilierung der Firma „Durstlösch GmbH" dienen.

Dieser Zielsetzung entsprechend wurden folgende Forderungen an Produkt und Markt formuliert:

- Attraktiver, wachsender, von der „Durstlösch GmbH" bisher noch nicht bearbeiteter Teilmarkt des AfG-Marktes,

- Ansprache einer relativ breiten Bevölkerungsschicht, d.h. kein Spezialsegment,

- Qualitativ hochwertiges Produkt (Profilierung).

Um ein Produkt zu schaffen, das diesen Anforderungen gerecht wird, bedarf es einer umsichtigen Planung und Koordination der notwendigen Entscheidungsprozesse.

Zunächst wird eine **Marktanalyse** durchgeführt. Diese schließt mit der begründeten Entscheidung für das Tätigwerden im Teilmarkt „Fruchtsäfte".

Der anschließende Abschnitt **Produktpositionierung** hat die systematische Suche nach einer neuen, unbesetzten Position, die den Charakter des Produkts prägen soll, zum Inhalt. Das Bemühen der Marktforschung konzentriert sich hier vor allem auf Verbraucherbefragungen zur Ermittlung des Problemlösungspotentials eines (Frucht-)Saftes und die daraus extrahierbaren Produktbeurteilungsdimensionen.

Im Abschnitt **Produktverwirklichung** wird die Entwicklung des Produktes mit sämtlichen Marketing-Mix-Elementen entsprechend der Positionierungsvorgabe nachvollzogen. Marktforschungsaufgaben stellen sich hier insbesondere in Gestalt von notwendigen Tests (z.B. Produkttests).

Das nun bereits fertige Produkt durchläuft im Abschnitt **Testmarktforschung** eine letzte Testphase (unter wettbewerbsähnlichen Bedingungen in Markttests) zur Feststellung der Marktreife vor der endgültigen Produkteinführung. Im letzten Teil geht es dann schließlich um die Messung des **Markterfolgs**.

B. Marktanalyse

Am Anfang des Neuproduktprozesses steht die Marktanalyse. Sie erfüllt eine Orientierungsfunktion und kann demnach als der Teil der Situationsanalyse verstanden werden, der sich mit dem Zielmarkt i.w.S. beschäftigt.

Von der Erörterung der internen Unternehmenssituation zur Beurteilung eigener Stärken und Schwächen wird hier abgesehen, da dies nicht in den unmittelbaren Bereich der Marktforschung fällt.

Die Analyse des Zielmarktes vollzieht sich in zwei Schritten:

(1) Analyse des Gesamtmarktes „Alkoholfreie Erfrischungsgetränke"
(anhand sekundärstatistischer Informationen), an deren Ende die begründete Entscheidung für das Tätigwerden im Teilmarkt „(Frucht-)Säfte" steht.

(2) Analyse des Fruchtsaftmarktes
(überwiegend anhand von Paneldaten).

1. Analyse des Gesamtmarktes „Alkoholfreie Erfrischungsgetränke"

1.1 Ziel der Gesamtmarktanalyse

Hauptziel der Gesamtmarktanalyse ist es, den (für strategische Fragen) zuständigen Entscheidungsträgern jene Informationen über den AfG-Markt zur Verfügung zu stellen, die eine begründete Wahl des zukünftigen Ziel-(Teil-)Marktes erlauben. Aufgrund der vorliegenden Zahlen und Fakten soll also eine Aussage darüber getroffen werden können, ob überhaupt ein Teilmarkt den oben gestellten Anforderungen genügt, und wenn ja, welcher.

Diese Entscheidungsfähigkeit setzt u.a. hinreichendes Wissen über die Struktur des AfG-Marktes, die einzelnen Produktarten sowie die Entwicklung des AfG-Marktes und seiner Teilmärkte voraus.

1.2 Informationsbedarf und Informationsbeschaffung

Im Fall der „Durstlösch GmbH" handelt es sich beim AfG-Markt zwar um den angestammten Markt des Unternehmens, jedoch kann nicht automatisch davon ausgegangen werden, daß bereits genügend Material für eine kompetente Beurteilung des Marktes vorliegt. Die meisten Untersuchungen, die bisher von der Marktforschungsabteilung durchgeführt bzw. angeregt wurden, bezogen sich direkt auf die bearbeiteten Teilmärkte.

Praktisch bedeutet dies, daß neben der Aufbereitung der schon vorhandenen Informationen weitere Daten zu beschaffen sind.

In diesem Anfangsstadium der Beschäftigung mit dem Zielmarkt bietet es sich an, auf den schnellen und kostengünstigen Weg der **Sekundärforschung** zurückzugreifen – trotz der bekannten Nachteile sekundärstatistischer Erhebungen.

Bei „desk research" handelt es sich – wie der Name schon sagt – um Schreibtischarbeit. Es wird bei statistischen Ämtern (z.B. Statistisches Bundesamt), Verbänden (z.B. Bundesverband der Deutschen Erfrischungsgetränkeindustrie e.V.), Instituten (z.B. Ifo-Institut), Verlagen usw. angefragt, ob Studien oder sonstige Materialien zum AfG-Markt vorliegen. Gleichzeitig werden die Archive der einschlägigen Fachzeitschrift (z.B. „Lebensmittel-Zeitung", „food – nonfood", „Getränkefachgroßhandel", „Der Verbraucher" usw.) „durchgekämmt". Ergänzend erfolgt eine Abfrage bei Datenbanken und im Internet.

Die Suche konzentriert sich im weiteren auf Informationen, die geeignet sind, den Markt für alkoholfreie Erfrischungsgetränke in seinen Strukturen und seiner Entwicklung sichtbar zu machen:

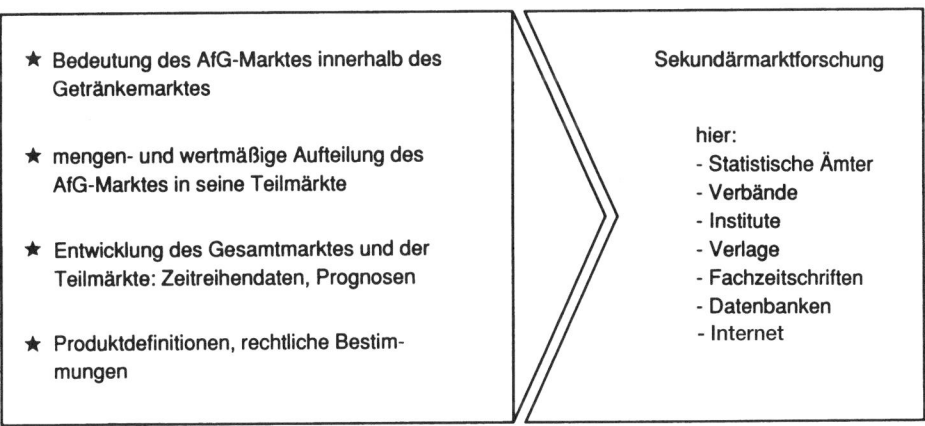

Abbildung 74: Gesamtmarktinformationen und -quellen

1.3 Ergebnisse der Gesamtmarktanalyse

Die folgenden Ausführungen beschränken sich auf die Darstellung und Interpretation der wichtigsten Ergebnisse und beziehen sich jeweils auf das Planungsjahr.

1.3.1 Einordnung des AfG-Marktes in den Getränkemarkt

Der Getränkemarkt wird bei Betrachtungen dieser Art üblicherweise in „Alkoholische Getränke", „Alkoholfreie Erfrischungsgetränke" und „Sonstige alkoholfreie Getränke" aufgeteilt.

Wie ersichtlich, hat der im Mittelpunkt des Interesses stehende AfG-Markt sowohl beim Pro-Kopf-Verbrauch (Abbildung 74) als auch bei den Gesamtausgaben (Abbildung 75) die zahlenmäßig geringste Bedeutung.

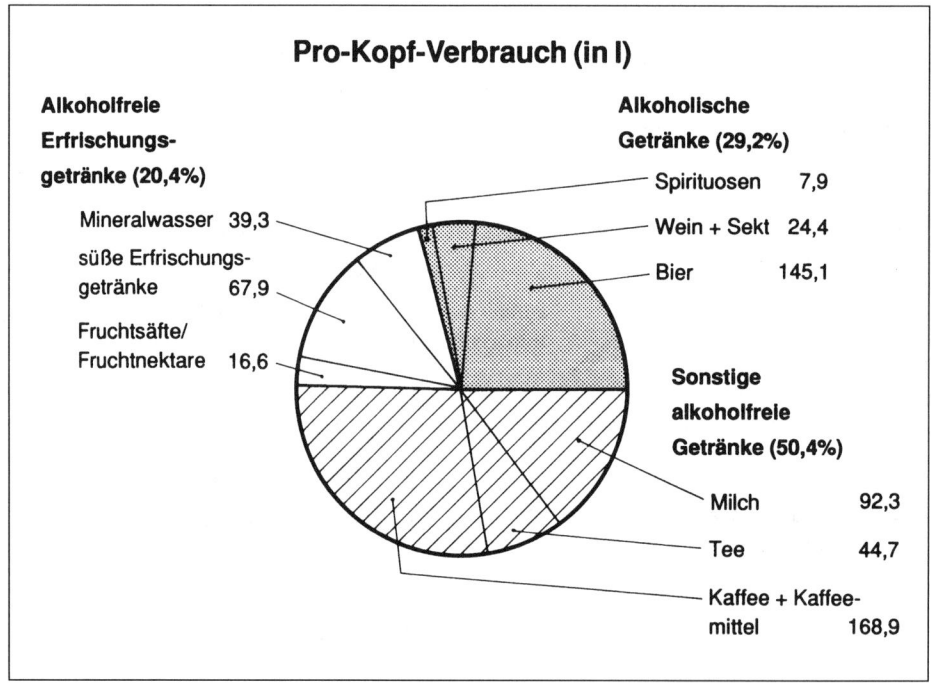

Abbildung 75: Mengenmäßige Aufteilung des Getränkemarktes

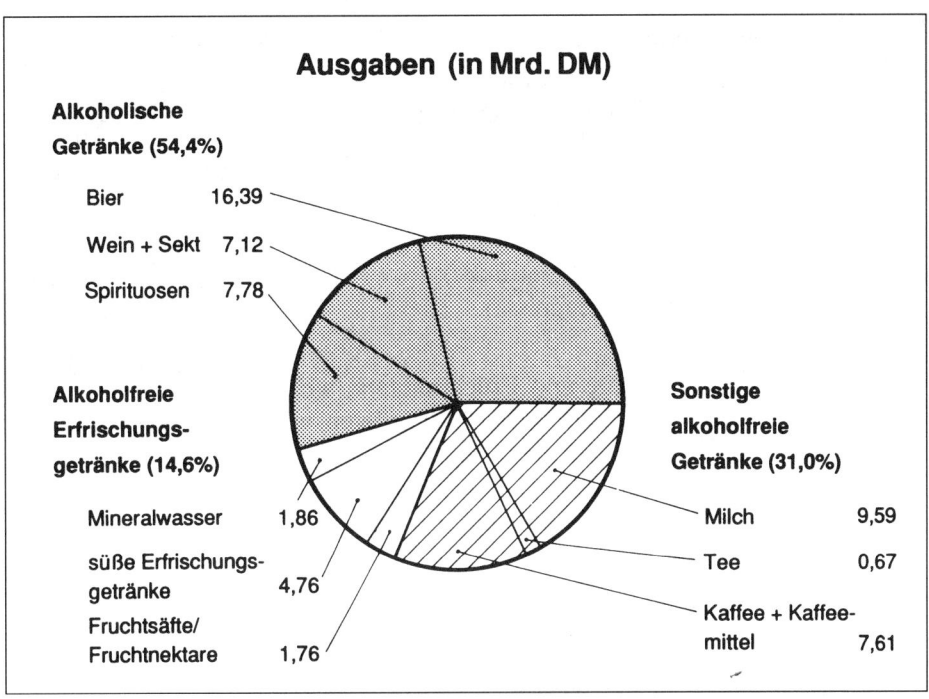

Ausgaben (in Mrd. DM)

Alkoholische Getränke (54,4%)

Bier   16,39

Wein + Sekt   7,12

Spirituosen   7,78

Alkoholfreie Erfrischungs-getränke (14,6%)

Mineralwasser   1,86

süße Erfrischungs-getränke   4,76

Fruchtsäfte/ Fruchtnektare   1,76

Sonstige alkoholfreie Getränke (31,0%)

Milch   9,59

Tee   0,67

Kaffee + Kaffee-mittel   7,61

Abbildung 76: Wertmäßige Aufteilung des Getränkemarktes

1.3.2   Struktur des AfG-Marktes

Innerhalb des AfG-Marktes verteilen sich Pro-Kopf-Verbrauch und Gesamtausgaben wie folgt auf die drei Produktgruppen „Süße Erfrischungsgetränke", „Mineral- und Tafelwasser" sowie „Fruchtsäfte und -nektare" (im folgenden abgekürzt: FS und FN).

Über die Hälfte der konsumierten Getränke der AfG-Sparte waren im Planungsjahr sogenannte „Süße Erfrischungsgetränke"; dabei handelte es sich um

- Limonaden (incl. Cola-Getränke),

- Brausen (= Kunsterzeugnisse),

- Fruchtsaftgetränke.

Die Gruppe der Fruchtsäfte und Fruchtnektare, welcher auch die Gemüsesäfte zugerechnet werden, fällt dadurch auf, daß deren wertmäßiger Anteil (21,0 %) bedeutend höher liegt als deren mengenmäßiger Anteil (13,4 %). Für Mineral- und Tafelwasser gilt das Umgekehrte. Die Erklärung hierfür ist in den unterschiedlich hohen Durchschnittspreisen pro Liter zu sehen.

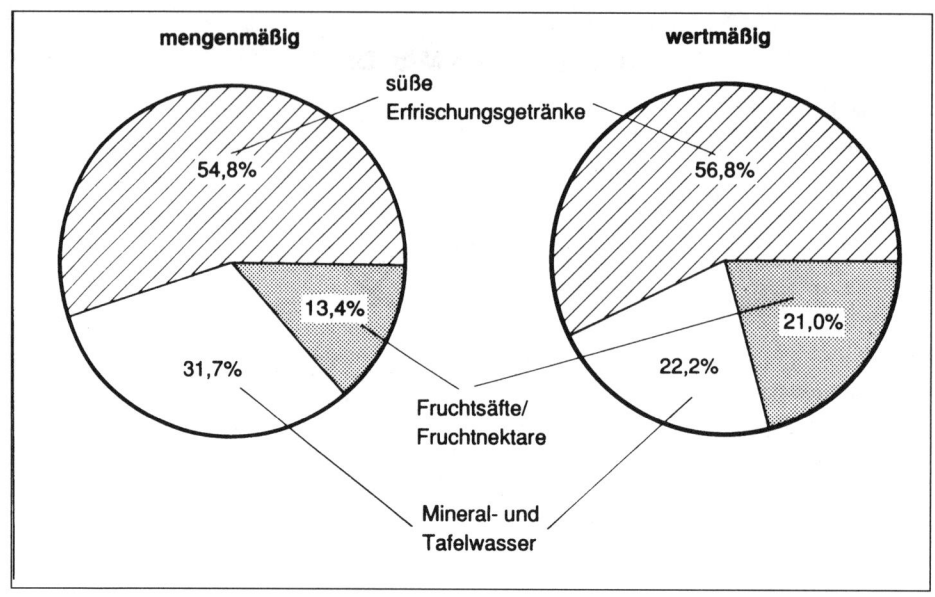

Abbildung 77: Struktur des AfG-Marktes

1.3.3 Absatzkanäle im AfG-Markt

Neben dem klassischen Lebensmitteleinzelhandel, über den knapp die Hälfte der AfG abgesetzt wird, sind die Gaststätten und Heimdienste die wichtigsten Vertriebsschienen.

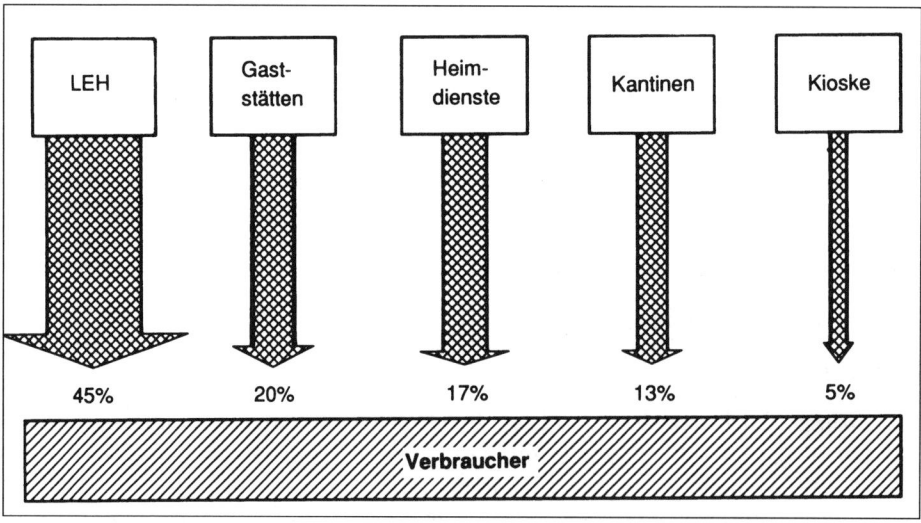

Abbildung 78: Absatzkanäle im AfG-Markt

Selbstverständlich muß es das Ziel sein, möglichst in allen Vertriebskanälen präsent zu sein. Allerdings haben Gaststätten und auch Kantinen meist längerfristige Lieferverträge mit Getränkeherstellern bzw. -abfüllern, so daß die Erschließung dieser Vertriebskanäle schwierig ist. Aus diesem Grund versucht die „Durschlösch GmbH" zunächst vorrangig im Lebensmitteleinzelhandel Fuß zu fassen. Bei hinreichend großer Bekanntheit und Akzeptanz ist eine Pull-Wirkung durch entsprechende Verbrauchernachfrage in den anderen Vertriebskanälen durchaus denkbar.

Die späteren Distributionsanalysen konzentrieren sich im weiteren Verlauf auf den Lebensmitteleinzelhandel als Absatzkanal.

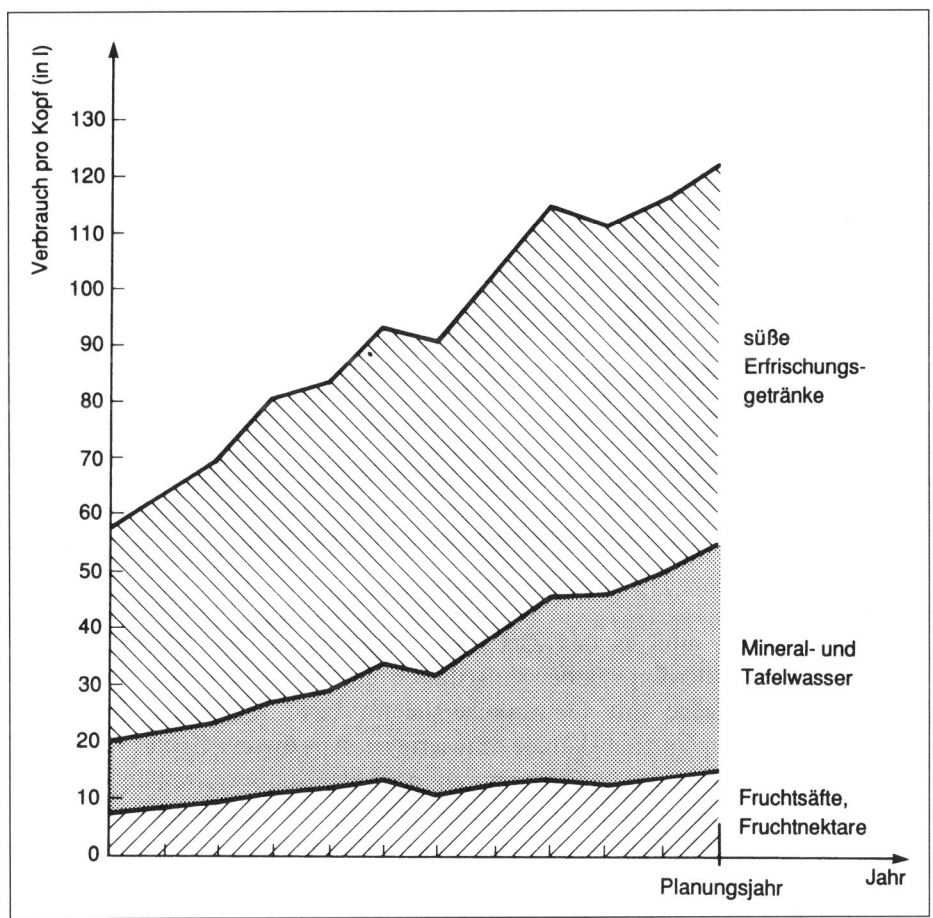

Abbildung 79: Entwicklung des Pro-Kopf-Verbrauches im AfG-Markt

1.3.4 Entwicklung des Gesamtmarktes und der Teilmärkte

Alle bisher erläuterten Ergebnisse wiesen Zeitpunktcharakter auf. Zum Verständnis der Momentansituation genügen solche Querschnittsanalysen; will man jedoch einen Markt auch in seiner (vor allem zukünftigen) Entwicklung richtig einordnen, besteht die Notwendigkeit dynamischer Betrachtungen (Längsschnittanalysen).

Die Abbildungen 78 und 79 zeigen die Entwicklung des AfG-Verbrauchs bzw. der Ausgaben, aufgesplittert nach den drei Teilmärkten in den letzten 10 Jahren.

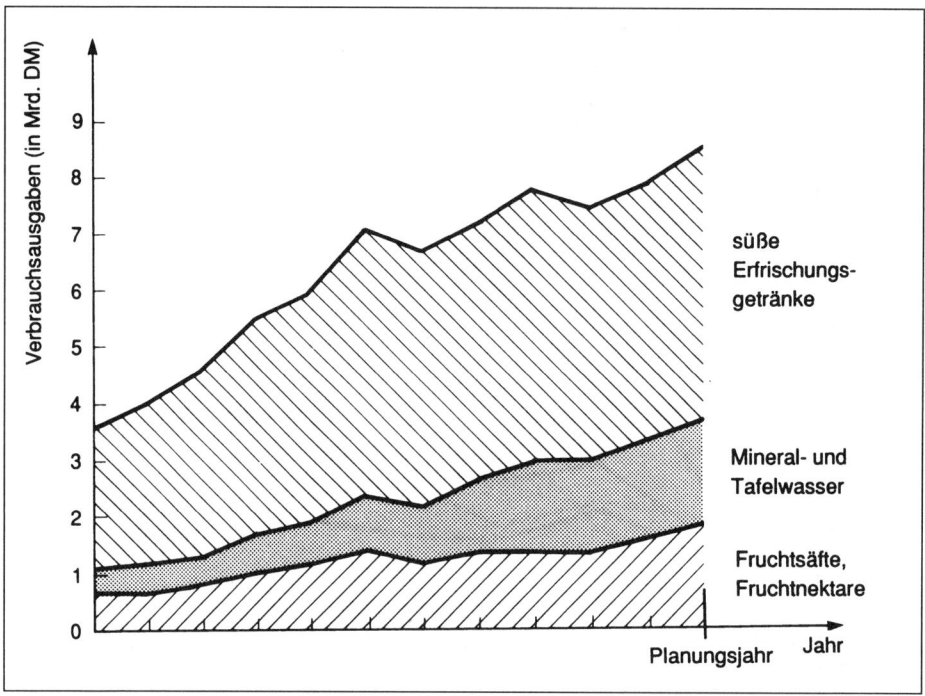

Abbildung 80: Entwicklung der Verbrauchsausgaben im AfG-Markt

Wie die oberste Linie jeweils zeigt, unterliegt der Gesamtmarkt AfG einem stetigen Aufwärtstrend.

Getragen wird die anhaltend günstige Entwicklung vor allem von den Mineral- und Tafelwässern, was besonders durch eine Indexbildung des Pro-Kopf-Verbrauches deutlich wird (vgl. Abbildung 80).

Aber auch Fruchtsäfte und Fruchtnektare wurden im Planungsjahr fast eineinhalbmal soviel getrunken als fünf Jahre zuvor.

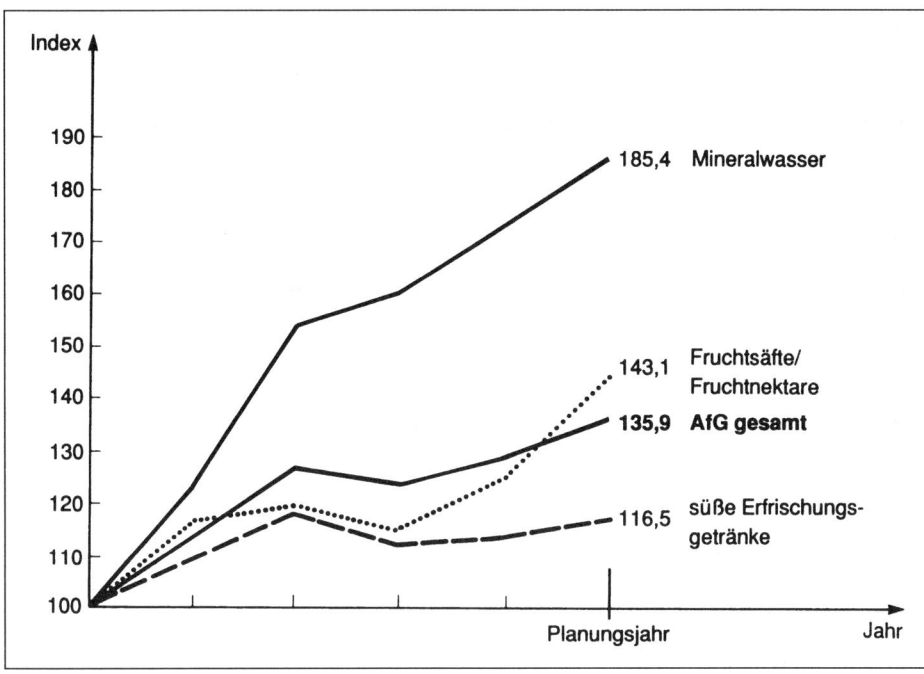

Abbildung 81: Entwicklung der Verbrauchsindizes im AfG-Markt der letzten 5 Jahre

1.3.5 Relevante Teilmärkte

Gemäß der eindeutigen Vorgabe der Geschäftsführung, das bestehende Sortiment durch ein bisher nicht produziertes Produkt zu verbreitern, scheiden Mineral- und Tafelwässer, Limonaden und Brausen von vornherein aus.

Somit verbleiben drei Teilmärkte im Entscheidungskalkül, nämlich:

   Fruchtsäfte,

   Fruchtnektare,

   Fruchtsaftgetränke.

Bevor nun weiter selektiert werden kann, bedürfen die drei relevanten Produktbereiche einer kurzen Erläuterung. Die entscheidende Hilfestellung bietet die „EG-Fruchtsaft-Verordnung" vom 25.11.1977, in welcher die Definitionen der drei Produktgruppen abgedruckt sind. Demnach ist der Fruchtsaftanteil im Getränk das Hauptunterscheidungsmerkmal für die Saftvarianten.

(1) Fruchtsaft

ist unverdünnt, d.h. er besteht aus 100 % Fruchtsaft ohne Beimengung von Wasser,

darf keine Konservierungsstoffe enthalten,

Weitere Formen: Konzentrierter Fruchtsaft, getrockneter Fruchtsaft.

(2) Fruchtnektar

ist mit Wasser verdünnter Fruchtsaft (Mindestgehalt an Fruchtsaft 25-50 %, abhängig von der Sorte).

Zusatz von Zucker (zur Süßung),

darf ebenfalls keine Konservierungsstoffe enthalten.

(3) Fruchtsaftgetränk

wird aus Fruchtsaft, einem Fruchtsaftgemisch oder konzentriertem Fruchtsaft unter Zusatz von Wasser und Zucker hergestellt (Mindestgehalt an Fruchtsaft 6-30 % – abhängig von Sorte und Mischung).

Mit oder ohne Kohlensäure.

Fruchtsaft, Fruchtnektar und Fruchtsaftgetränk werden aufgrund ihrer engen stofflichen Verwandtschaft in Marktforschungsanalysen häufig unter dem Überbegriff „Fruchtgetränke" subsumiert.

Mit der Untersuchung des Fruchtgetränkemarktes schließt die Marktforschungsabteilung die Informationssuche im Rahmen der Analyse des Gesamtmarktes „Alkoholfreie Erfrischungsgetränke" ab. Im weiteren gilt es, eine Entscheidung darüber zu treffen, welcher der drei Teilmärkte einer näheren Analyse unterzogen werden soll.

1.4   Präferierung des Fruchtsaftmarktes

Die Geschäftsleitung hält einen Einstieg in den Fruchtsaftmarkt im Hinblick auf die Zielvorstellungen am geeignetsten. Die Bevorzugung des Fruchtsaftes vor den anderen beiden Alternativen „Fruchtnektar" und „Fruchtsaftgetränk" basiert auf folgenden Gründen:

▪ Die Aufnahme eines Fruchtsaftes ins Angebot bedeutet eine echte Vervollständigung des bisherigen Sortiments. Ein Fruchtsaftgetränk dagegen ist in seiner Eigenschaft als „Süßes Erfrischungsgetränk" mit den Limonaden und Brausen verwandt.

- Prognosen maßgeblicher Experten sagen dem Fruchtsaftmarkt langfristig gute Absatzchancen voraus.

- Ein Fruchtsaft erfüllt am ehesten den Anspruch eines qualitativ hochwertigen Produktes und eignet sich somit mehr zur Profilierung als z.B. ein Fruchtnektar.

Im Mittelpunkt des weiteren Interesses bzw. der weiteren Ausführungen wird daher dieser Teilmarkt stehen.

2. Analyse des Fruchtsaftmarktes

2.1 Ziel der Fruchtsaftmarktanalyse

Bislang bestand für das Unternehmen kein Erfordernis, sich intensiver mit diesem Teilmarkt auseinanderzusetzen – mit der Folge eines Informationsdefizits, das es jetzt aufzuholen gilt.

Ziel der Fruchtsaftmarktanalyse ist es (analog zur Gesamtmarktanalyse), die Entscheidungsträger in einen Kenntnisstand zu setzen, der ihnen einen vertieften Einblick in das Marktgeschehen erlaubt. Dahinter steht die Intention, die Rahmenbedingungen für die Einführung eines neuen Fruchtsaftes kompetent zu beurteilen.

Neben den Wettbewerbsverhältnissen und dem Produktangebot muß wiederum auch die Nachfrageseite in die Analyse mit einbezogen werden.

2.2 Informationsbedarf und Informationsbeschaffung

Bei der Frage nach dem geeigneten Erhebungsinstrument bezüglich dieser Problemstellung stößt man zunächst auf mehrere Möglichkeiten: Sowohl Sekundärmarktforschung als auch Panel-Erhebungen und Befragungen (insbesondere zur Analyse der Nachfrageseite) sind denkbar. Da jedoch Zeit- und Kostengründe gegen den simultanen Einsatz des gesamten Spektrums sprechen, muß eine begründete Auswahl stattfinden.

Die Marktforscher der „Durstlösch GmbH" beschließen die Inanspruchnahme eines Verbraucherpanels parallel zur fruchtsaftspezifischen Auswertung sekundärstatistischen Materials.

Begründet wird diese Entscheidung mit dem umfassenden Leistungsangebot des Verbraucherpanels (Daten zu Marken, Sorten, Einkaufsstätten, Regionen, Verbrauchern usw.) sowie der Unzulänglichkeiten des „desk research".

Schematisch stellen sich Informationsbedarf und -beschaffung in den wesentlichen Bestandteilen wie folgt dar:

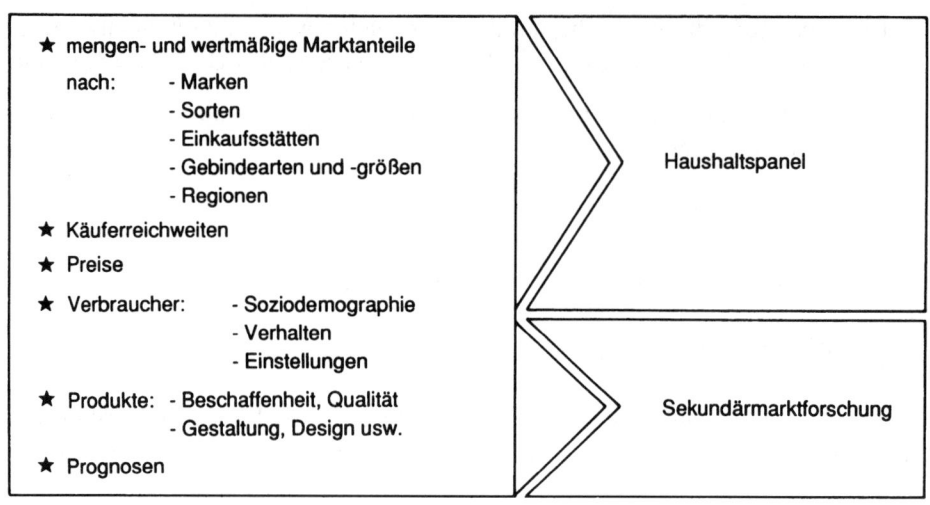

Abbildung 82: Informationsbedarf und -quellen

2.3 Ergebnisse der Auswertung sekundärstatistischen Materials

Bei der – nun im Rahmen der Fruchtsaftmarktanalyse – vorgenommenen Sekundärforschung wurde im Prinzip auf die gleichen Quellen zurückgegriffen wie zuvor.[1]

Die Darstellung der Resultate beschränkt sich auf eine kurze Zusammenfassung:

- Der Fruchtsaftmarkt ist relativ zersplittert, was sich in einer Vielzahl (auch regionaler) Marken offenbart.

- Das Spektrum reicht von extremen Billigprodukten (wie z.B. Aldi-Fruchtsäften) bis zu exklusiven und entsprechend teuren Spitzenprodukten (wie z.B. Hitchcock) und „Dr. Koch's Trink 10".

- Fruchtsaft wird als Getränk immer beliebter.

- Der zunehmend starke Gesundheitstrend begünstigt mutmaßlich die zukünftige Entwicklung des Fruchtsaftkonsums.

---

1 Vgl. Informationsbedarf und Informationsbeschaffung, S. 330 ff.

2.4 Ergebnisse der Haushaltspanelauswertung

Die vom Marktforschungsinstitut gelieferten Berichtsbände enthalten die Ergebnisse der Standardauswertungen. Auf zusätzliche Sonderanalysen wurde in diesem Stadium noch verzichtet.

Vom Panel erfaßt werden ausschließlich Einkäufe im Lebensmitteleinzelhandel, der Konsum in Gaststätten, Kantinen etc. bleibt unberücksichtigt.

Der Standardauswertung liegen folgende in den Panelhaushalten erhobenen Daten zugrunde:

- Produktdaten:
  - Sorten,
  - Marken,
  - Gebindearten,
  - Gebindegrößen,
  - Preise.

- Einkaufsstättendaten:
  - Betriebsformen der Einkaufsstätten,
  - Gebiete.

- Soziodemographische Daten:
  - Einkommensklassen,
  - Altersgruppen (Alter der Hausfrau),
  - Berufstätigkeit der Hausfrau,
  - Zahl der Kinder.

Die Panel-Standardauswertungen umfassen die Grundauszählung und einfache Kreuztabellierungen. Sie bilden damit lediglich das aufbereitete Rohmaterial für weitere, tiefergehende Analysen.

2.4.1 Wettbewerber und Marken

Wettbewerber	Marken
Eckes	Eckes
	Hohes C
	Trink 10
	Estanza
Granini	Granini
Lindavia	Lindavia
Leicht AG	Vaihinger
Rösch GmbH	Albi
Dittmeyer	Dittmeyer
Junita	Junita
Riha	Naturella
Stute	Stute
Epikur	Hitchcock

Abbildung 83: Die wichtigsten Hersteller auf dem Fruchtsaftmarkt und ihre Marken

Die obigen Hersteller decken 68 % des mengenmäßigen Marktvolumens ab. Die restlichen Marktanteile verteilen sich auf eine Vielzahl zumeist regionaler Anbieter. Die nachstehende Abbildung zeigt die mengen- und wertmäßigen Marktanteile der (nach dem Volumen) zehn größten Fruchtsaftmarken.

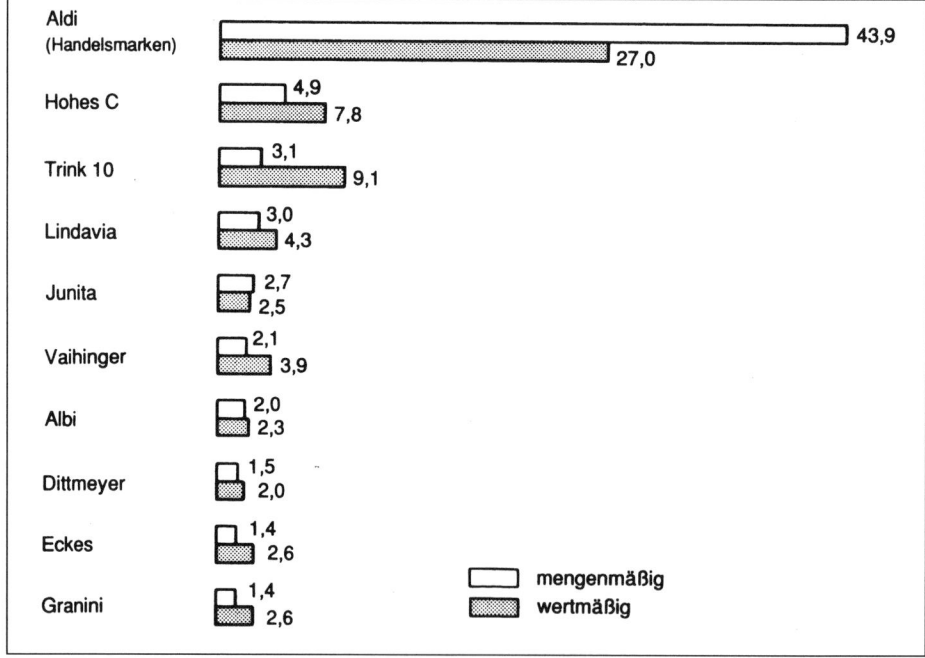

Abbildung 84: Mengen- und wertmäßige Marktanteile der bedeutendsten Fruchtsaftmarken

Aldi[2] dominiert mit seinen Handelsmarken vor den beiden Eckes-Produkten „Hohes C" und „Dr. Koch's Trink 10". Läßt man Marktführer Aldi außer acht, so kann bereits bei einem wertmäßigen Marktanteil ab 3 % von einer „starken" Marke gesprochen werden. Die zehn größten Marken vereinen knapp zwei Drittel des mengenmäßigen (66 %) und auch des wertmäßigen (64,1 %) Marktvolumens auf sich. Das verbleibende Drittel teilen sich Klein- und Kleinstmarken (z.B. Hitchcock, Naturella, Stute, Estanza, Kursiegel usw.).

Die Spannweite der Durchschnittspreise der 10 größten Marken verdeutlicht Abbildung 85.

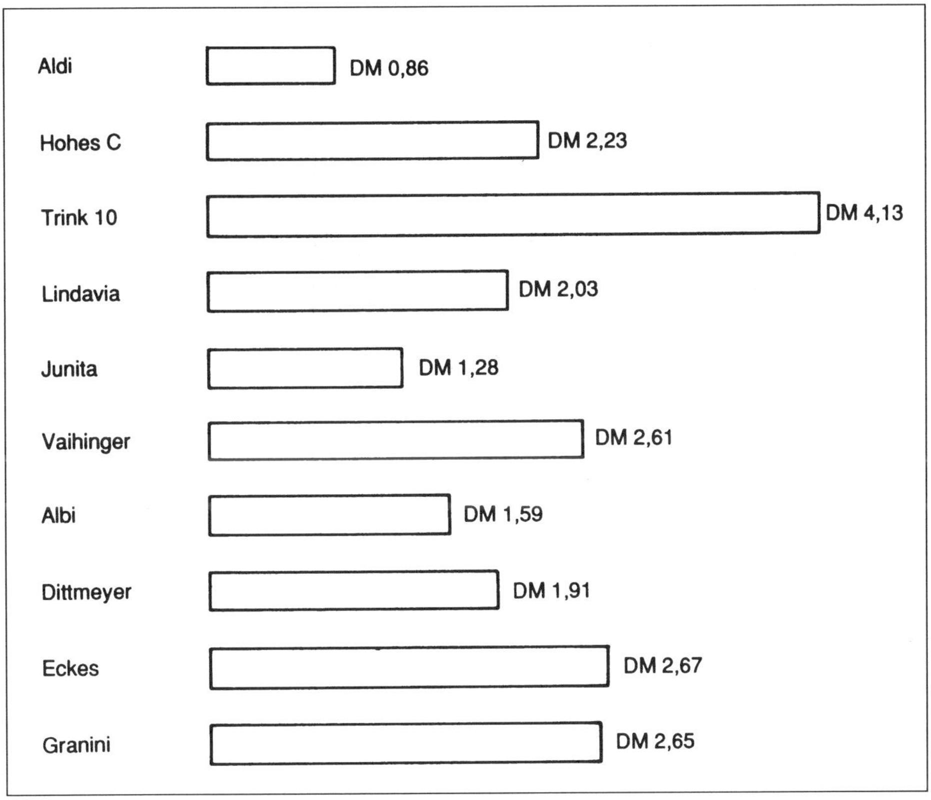

Aldi	DM 0,86
Hohes C	DM 2,23
Trink 10	DM 4,13
Lindavia	DM 2,03
Junita	DM 1,28
Vaihinger	DM 2,61
Albi	DM 1,59
Dittmeyer	DM 1,91
Eckes	DM 2,67
Granini	DM 2,65

Abbildung 85: Durchschnittspreise der 10 größten Marken (pro l)

---

2 Hinter den Aldi-Handelsmarken verbergen sich Produkte mehrerer Hersteller. Die Markierungen variieren sowohl zeitlich als auch regional.

2.4.2 Produkte

Im GfK-Haushaltspanel wurden folgende produktbezogenen Einkaufsmerkmale erhoben:

- Verschiedene Sorten,
- Verschiedene Gebindearten.
- Verschiedene Gebindegrößen.

Auf die Darstellung der Gebindegrößenanalyse wird hier verzichtet.

Bei den Sorten lagen – wie schon die Jahre zuvor – die „klassischen" Geschmacksrichtungen „Orange" und „Apfel" vorne (Abbildung 86).

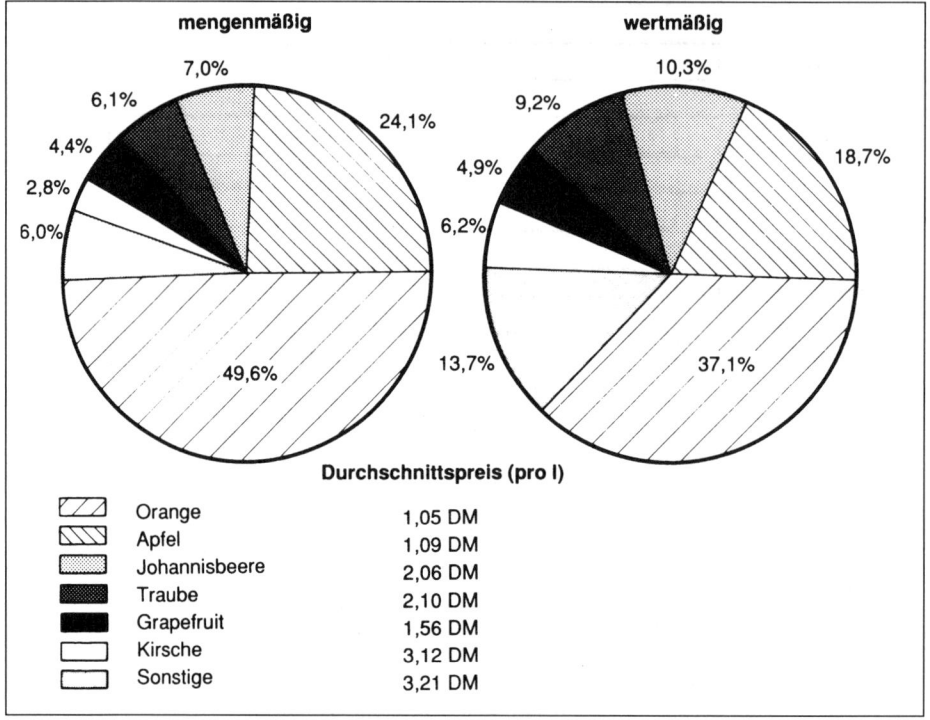

Abbildung 86: Mengen- und wertmäßige Anteile sowie Durchschnittspreise der Sorten

Andere Geschmacksrichtungen (z.B. tropische Früchte) führen bis dato mehr oder weniger ein Schattendasein. Trotz allem sollten die Entwicklungen gerade in diesem Bereich aufmerksam verfolgt werden. Der Erfolg des Multivitaminsaftes „Dr. Koch's Trink 10" könnte ein Hinweis darauf sein, daß hier Wachstumsreserven bestehen.

344

Die Gebindearten bedürfen einer kurzen Erläuterung:

- Unter „Glasflaschen" sind sowohl Pfand- als auch Einwegflaschen subsumiert.

- Eine „Alu-Box" hat die Form eines langgestreckten Quaders mit quadratischer Grundfläche.

- „Bricks" und „Blocks" bestehen aus dem gleichen beschichteten Pappmaterial und unterscheiden sich nur durch ihre Form.

- Zu den „Sonstigen" zählen z.B. Plastikflaschen, Dosen usw.

Die Anteile der Gebindearten am Gesamtvolumen sind nachfolgender Abbildung zu entnehmen.

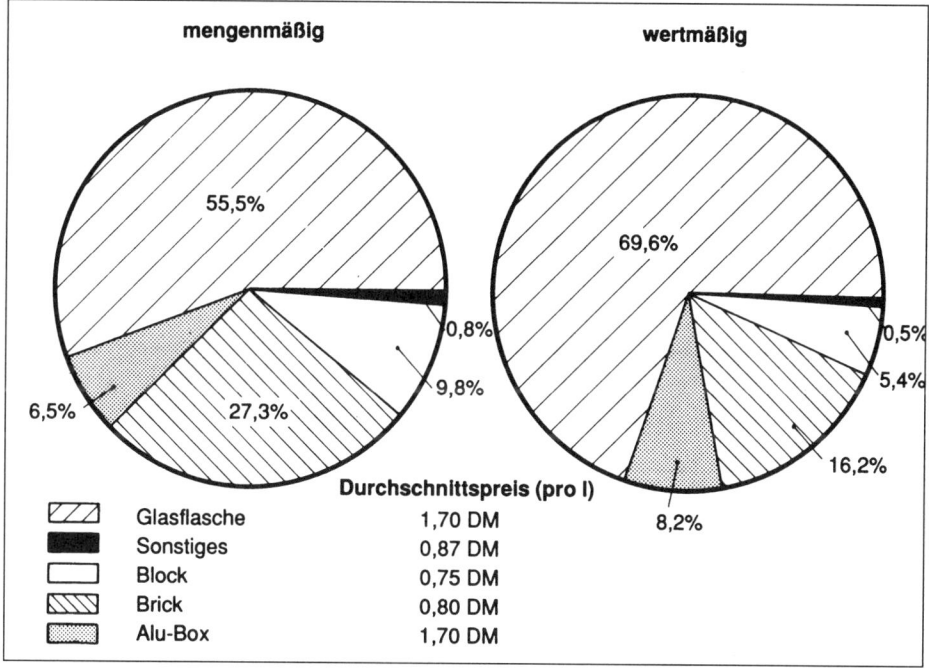

Abbildung 87: Mengen- und wertmäßige Anteile sowie Durchschnittspreise der Gebindearten

Die altbekannte Glasflasche erfreut sich – trotz der immer stärker aufflammenden Diskussionen zum Umwelt-/Recycling-Problem (zwischen 50 und 60 % der FS-Glasflaschen sind Einwegflaschen) nach wie vor größter Beliebtheit bei den Safttrinkern. Lediglich im Segment der Billigsäfte kommt den Bricks (einem mengenmäßigen Marktanteil von 47,3 % steht ein wertmäßiger Marktanteil von 16,2 % gegenüber) eine nennenswerte Bedeutung zu.

Dies deutet darauf hin, daß zwischen Glas und Qualitätswahrnehmung eine sehr enge Beziehung besteht.

Wertvolle Einsichten liefert eine Analyse der wertmäßigen Bedeutung der einzelnen Marken innerhalb der Gebindearten.

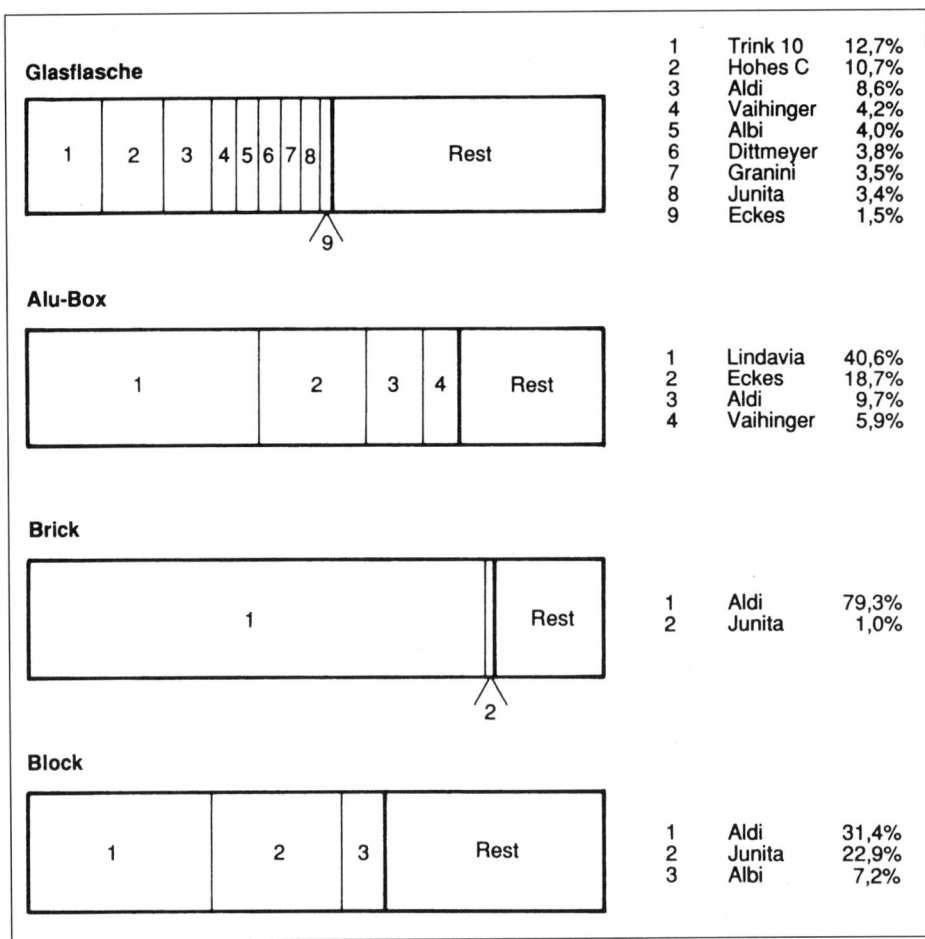

Abbildung 88: Wertmäßige Anteile der Marken innerhalb der Gebindearten

Lesebeispiel:

„Vaihinger" nimmt mit einem Wertanteil von 4,2 % am Glasflaschenverkauf Platz 4 ein.

Alle Marken mit einem Anteil unter 1 % gehen in den „Rest" ein.

Bei der Interpretation dieser Rangreihen sollte bedacht werden, daß die einzelnen Gebindearten in ihrer Bedeutung variieren.

So relativiert sich z.B. auch die Marktführerschaft von Aldi im Brick-Verkauf, da nur 16,2 % des Gesamtumsatzes über Bricks getätigt werden. Bei der wichtigsten Gebindeart „Glasflasche" (69,6 % wertmäßiger Anteil) ist zu sehen, daß drei Marken das Feld anführen, nämlich „Trink 10" (wertmäßiger Anteil 12,7 %), „Hohes C" (10,7 %) und Aldi (8,6 %).

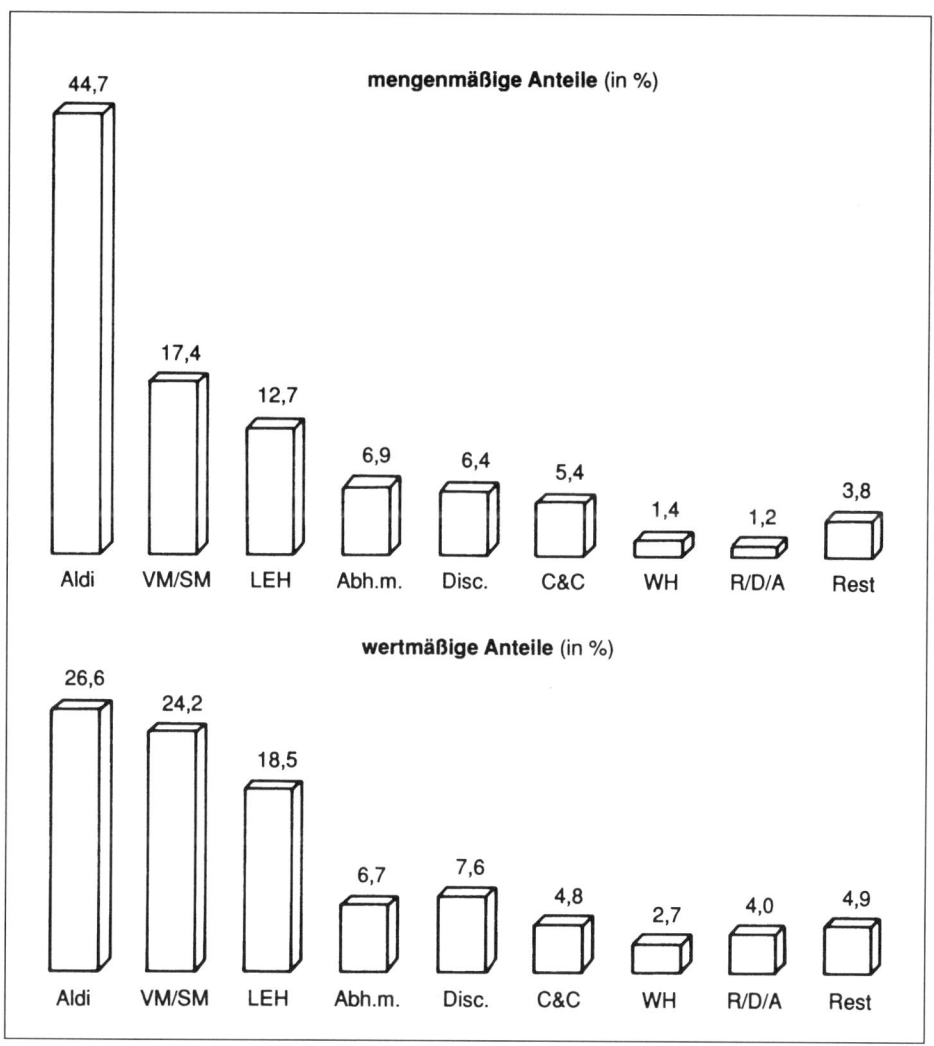

Abbildung 89: Mengen- und wertmäßige Anteile der Einkaufsstätten

2.4.3 Einkaufsstätten

Wie oben erwähnt, konzentriert sich die Analyse der Absatzwege ausschließlich auf den Lebensmitteleinzelhandel.

Insbesondere bei der Mengenbetrachtung (Abbildung 88) fällt die Bedeutung von Aldi als bevorzugte Einkaufsstätte für Fruchtsäfte auf. Immerhin setzte Aldi (mengenmäßiger Marktanteil 44,7 %) mehr Fruchtsäfte ab als die Verbrauchermärkte (VM), Supermärkte (SM), Einzelhandelsgeschäfte (LEH), Abholmärkte (AbhM) und restlichen Discounter (Dis) zusammen. Allerdings handelt es sich bei diesen Produkten um niedrigpreisige Säfte, was den relativ bescheidenen wertmäßigen Marktanteil von 26,6 % erklärt.

Cash & Carry-Betriebe (C&C), Warenhäuser (WH) sowie Reformhäuser, Drogerien und Apotheken (R/D/A) besitzen gemeinsam einen wertmäßigen Anteil von 11,5 %.

Die Verantwortlichen der „Durstlösch GmbH" richten ihr Augenmerk in der weiteren Planung vor allem auf die Verbraucher- und Supermärkte sowie den klassischen LEH und die Discounter (ohne Aldi). Zu diesem Zweck werden Rangreihen innerhalb der angesprochenen Einzelhandelsbetriebsformen gebildet, um feststellen zu können, welche Marken dort die höchsten Umsätze verbuchen und damit als die mutmaßlichen Hauptkonkurrenten zu gelten haben.

Hauptumsatzträger in den drei ausgesuchten Einkaufsstätten sind die qualitativ hochwertigen, teuren Marken wie „Trink 10", „Hohes C" oder „Vaihinger" (vgl. Abbildung 89).

2.4.4 Konsumenten

Einen ersten Einblick in die Soziodemographie, die Psychographie und das Medienverhalten von Fruchtgetränkekonsumenten vermitteln auf sekundärstatistischem Wege marktspezifische Studien von Verlagen. So lieferte beispielsweise die Auswertung einer Studie des Burda-Verlages („Typologie der Wünsche") folgendes Bild des typischen Fruchtgetränkekonsumenten. Der Vorbehalte gegenüber solchen Charakterisierungen sei man sich bewußt.

- Relativ jung (14-39 Jahre)
- Höhere Bildung (Abitur, Hochschule, Universität) oder in Ausbildung, Schüler, Student
- Höher qualifizierter Beruf (leitender Angestellter, Beamter)
- Höheres Haushaltsnettoeinkommen (ab 3 000 DM monatlich)
- Größerer Wohnort (ab 100 000 Einwohner)
- „Genußmensch".

348

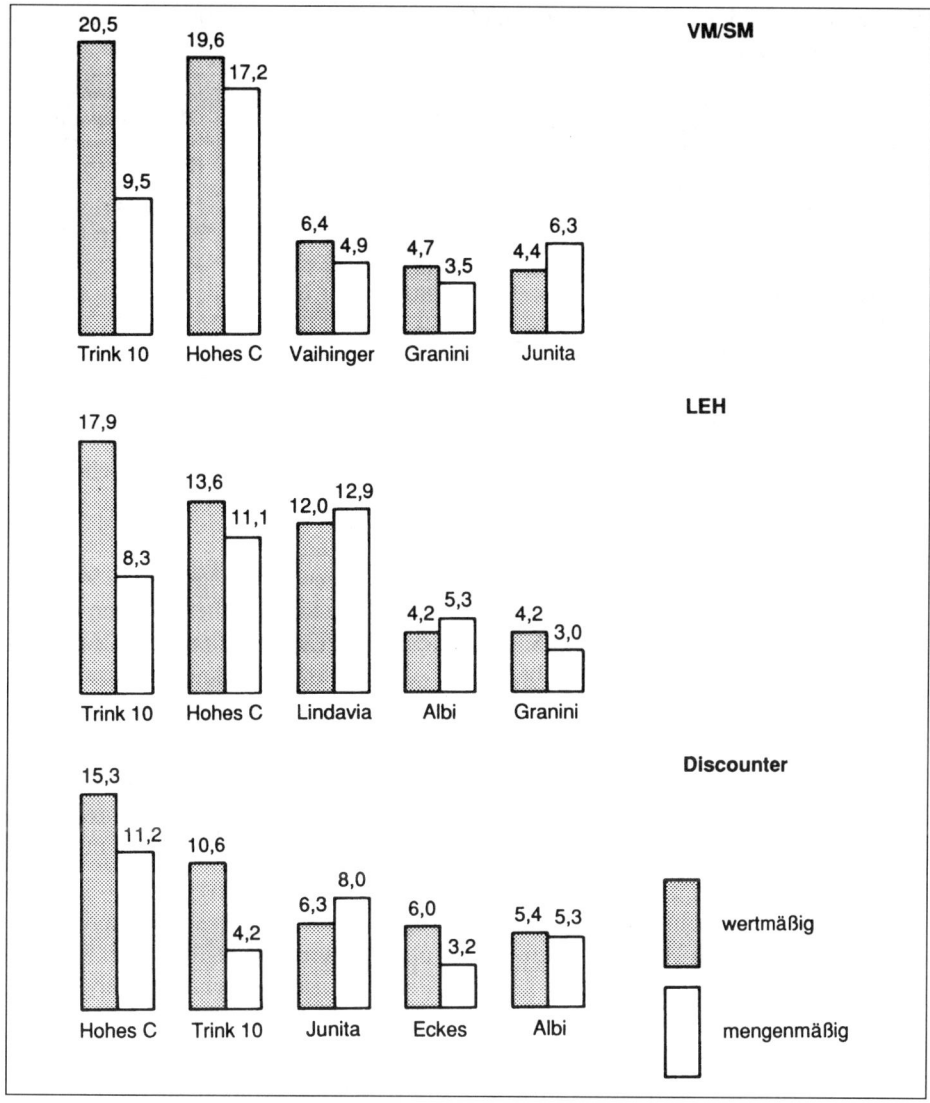

Abbildung 90: Mengen- und wertmäßige Anteile der Marken in ausgesuchten Einkaufsstätten

Einen tiefergehenden Einblick gewährt die Analyse von Haushalts- und Handels-Paneldaten.

Zunächst läßt sich festhalten, daß die Käuferreichweite 55 % beträgt, d.h. über die Hälfte aller Panelhaushalte haben in der Berichtsperiode mindestens einmal Fruchtsaft gekauft. Mengenmäßig ausgedrückt ergibt dies einen Durchschnittsverbrauch von 15,9 l je betrachteten Haushalt.

Aus der Vielzahl der Auswertungsmöglichkeiten seien einige besonders interessante herausgegriffen:

Haushaltsnetto-einkommen	Gesamt in %	Reichweite in %	Menge in %	Wert in %	Kaufintensität pro Käufer-HH
–1 249 DM	16,8	43,8	7,8	9,3	9,6 l
1 250–1 499 DM	9,7	44,1	5,9	6,2	12,5 l
1 500–1 999 DM	22,9	53,6	20,2	19,9	14,8 l
2 000–2 499 DM	19,5	57,0	19,8	18,8	16,0 l
2 500–2 999 DM	11,6	64,9	16,2	14,7	19,5 l
3 000 u. mehr DM	19,5	62,9	30,0	31,1	22,1 l
	100,0	Ø 54,8	100,0	100,0	Ø 15,9 l

Abbildung 91: Fruchtsaftkauf in Abhängigkeit vom HH-Nettoeinkommen

Die Tabelle (Abbildung 91) setzt sich (wie auch die nachfolgenden Tabellen) aus gängigen absatzpolitischen Kennziffern zusammen. Zum Verständnis genüge folgendes Lesebeispiel:

Von den Haushalten, die über ein Nettoeinkommen zwischen 2 500 und 2 999 DM verfügten (nämlich 11,6 % aller Haushalte der Grundgesamtheit), haben 64,9 % mindestens einmal Fruchtsaft gekauft (Reichweite). Die so definierten Käufer aus dieser Einkommensklasse erwarben 16,2 % der insgesamt verkauften Fruchtsaftmenge (Menge in %) und gaben dafür 14,7 % der gesamten Ausgaben (für Fruchtsaft) aus (Wert in %). Dabei konsumierte jeder dieser Käuferhaushalte im Schnitt 19,5 l (Konsumintensität/Käuferhaushalt).

Aus dem Vergleich mit den Werten der anderen Einkommensklassen läßt sich ableiten, daß das Haushaltseinkommen sowohl mit der Reichweite als auch mit der Konsumintensität pro Käuferhaushalt positiv korreliert.

Interessante Ergebnisse liefert auch die Analyse des Markenwahlverhaltens in Abhängigkeit vom Haushaltsnettoeinkommen. Anhand der 6 führenden Marken (vgl. Abbildung 91), die das gesamte Preisspektrum gleichmäßig abdecken, erhält man zusätzlich einen Einblick in das Preisverhalten der jeweiligen Einkommensklassen.

Das Ergebnis ist keineswegs so eindeutig wie vermutet, nämlich derart, daß die weniger verdienenden Haushalte auch die weniger exklusiven und billigeren Marken kaufen.

Betrachtet man z.B. den billigsten aller Säfte und die 3 unteren Einkommensklassen, so läßt sich kein überproportionales Kaufverhalten feststellen: 13,4 % aller Käuferhaushalte entstammen der untersten Einkommensklasse, jedoch nur 10,6 % der Aldi-Käufer; 7,8 % hatten ein Nettoeinkommen von 1 250-1 499 DM im Vergleich zu 7,9 % der Aldi-Käufer. Und auch die drittniedrigste Einkommensklasse

Haushaltsnetto- einkommen		billig		mittel		teuer	
	Gesamt	Aldi 0,86 DM/l	Junita 1,28 DM/l	Lindavia 2,03 DM/l	Hohes C 2,23 DM/l	Vaihinger 2,61 DM/l	Trink 10 4,13 DM/l
–1 249 DM	13,4 %	10,6 %	11,6 %	10,7 %	12,4 %	9,5 %	13,6 %
1 250–1 499 DM	7,8 %	7,9 %	8,0 %	9,4 %	5,8 %	7,5 %	8,0 %
1 500–1 999 DM	22,4 %	23,1 %	25,6 %	16,1 %	22,1 %	20,1 %	24,0 %
2 000–2 499 DM	20,3 %	22,4 %	22,0 %	21,0 %	20,3 %	21,1 %	18,0 %
2 500–2 999 DM	13,7 %	14,8 %	10,0 %	13,8 %	12,8 %	13,6 %	13,0 %
3 000 u. mehr DM	22,4 %	21,2 %	22,8 %	29,0 %	26,6 %	28,2 %	23,4 %
Basis: Käufer-HH	100 %						

Abbildung 92: Preisverhalten der Einkommensklassen

(1 500-1 999 DM) war in der Gruppe der Aldi-FS-Käuferhaushalte nur geringfügig stärker vertreten als in der gesamten FS-Käuferschaft (23,1 % zu 22,4 %). Bei den mittleren und teueren Marken dagegen lassen sich geringfügige Tendenzen ausmachen: 22,4 % aller Käuferhaushalte verfügten über 3 000 DM und mehr, wohingegen 29,0 % der „Lindavia-Käufer"", 26,6 % der „Hohes C"-Käufer und 28,2 % der „Vaihinger"-Käufer der oberen Einkommensklasse zugerechnet werden.

Wird die Kinderzahl pro Haushalt als Bezugsgröße herangezogen, so lassen sich folgende Daten errechnen:

Zahl der Kinder	Gesamt in %	Reichweite in %	Menge in %	Wert in %	Kaufintensität pro Käufer-HH
keine Kinder	62,5	50,6	42,9	51,3	12,2 l
1 Kind	18,6	62,3	25,0	22,8	19,4 l
2 Kinder	14,6	62,6	23,0	18,6	22,7 l
3 Kinder u. mehr	4,3	60,6	9,1	7,3	31,7 l
	100	Ø 54,8	100	100	Ø 15,9 l

Abbildung 93: Fruchtsaftkauf in Abhängigkeit von der Kinderzahl

Es fällt auf, daß die kinderlosen Haushalte (62,5 % der Grundgesamtheit) am wenigsten, dafür aber die vergleichsweise teuersten Fruchtsäfte trinken (einem mengenmäßigen Anteil von 42,9 % steht ein wertmäßiger Anteil von 51,3 % gegenüber).

Dieses Resultat spiegelt sich auch in der Sortenwahl in Abhängigkeit von der Kinderzahl pro Haushalt wider (ausgehend von einer reinen Mengenbetrachtung in Abbildung 94).

Sorte	Ø-Preis pro l	Gesamt in %	Anzahl der Kinder			
			keine	1	2	3 u. m.
Apfel	1,09 DM	24,1	23,4	24,9	23,0	27,9
Orange	1,05 DM	49,6	43,4	53,3	59,1	44,9
Grapefruit	1,56 DM	4,4	4,8	2,2	3,1	11,8
Traube	2,10 DM	6,1	7,0	5,6	5,1	6,1
Kirsche	3,12 DM	2,8	4,5	1,9	1,4	0,5
Johannisbeere	2,06 DM	7,0	9,5	4,9	4,9	6,1
Sonstige	3,21 DM	6,0	7,4	7,2	3,5	2,6
		100 %	100 %	100 %	100 %	100 %

Abbildung 94: Sortenwahl in Abhängigkeit von der Kinderzahl

Die teueren und seltenen Sorten werden überdurchschnittlich oft von kinderlosen Haushalten gekauft; Beispiel „Kirsche" (Durchschnittspreis pro l: 3,12 DM), nur 2,8 % der insgesamt verkauften Fruchtsaftmenge hatte Kirschgeschmack; in den kinderlosen Haushalten jedoch konnte Kirschsaft einen mengenmäßigen Anteil von 4,5 % (im Vergleich zu 0,5 % bei Haushalten mit drei oder mehr Kindern) verbuchen.

Besteht die Absicht, einen Fruchtsaft mit einer von den Klassikern „Apfel" und „Orange" abweichenden Geschmacksrichtung auf den Markt zu bringen, erscheint es auf der Grundlage der obigen Ergebnisse ratsam, zunächst im zahlenmäßig größten Segment der kinderlosen Haushalte Fuß zu fassen, da diese offensichtlich aufgeschlossener gegenüber ausgefallenen (und teureren) Sorten sind.

C. Produktpositionierung

Die Rahmenbedingungen für ein Engagement im Fruchtsaftmarkt gemäß der gesteckten Ziele werden vom Management der „Durstlösch GmbH" zusammenfassend als günstig beurteilt, so daß das Projekt in die zweite Phase (Produktpositionierung) gehen kann.

Die Positionierung einer Marke im Konkurrenzumfeld ist aufgrund ihrer nachhaltigen Auswirkungen zweifellos strategischer Natur, denn mit der Produktpositionierung wird das Fundament für die Produktstrategie geschaffen und damit der Rahmen für alle weiteren Aktivitäten, nämlich Beschaffenheit, Preis und Marktauftritt des Produktes, kurz: das gesamte Marketing-Mix.

1. Ziel der Produktpositionierung

Die inhaltliche Ausgestaltung der Position orientiert sich gemäß der Marketingmaxime am (potentiellen) Verbraucher. Neben seinen allgemeinen Einstellungen interessiert schwerpunktmäßig seine Haltung gegenüber Fruchtsaft in Gestalt von Ansprüchen bzw. Beurteilungskriterien (als Ausprägung fruchtsaftspezifischer Einstellungen, Wünsche, Erwartungen usw.).

Wird nun bei der Ermittlung dieser Ansprüche ein repräsentativer Querschnitt potentieller Fruchtsaftkonsumenten berücksichtigt, ergibt sich eine Sammlung gewünschter Problemlösungen, die ein Fruchtsaft bieten sollte. Vorausgesetzt, man verfolgt – wie in unserem Fall – keine undifferenzierte Marktstrategie, so müssen innerhalb der eruierten Ansprüche Akzente gesetzt werden (Anspruchsakzentuierung).

Ziel der Produktpositionierung ist es nun, jene Problemlösungskombination zu finden, die eine genügend große Anzahl potentieller Verbraucher anspricht (Zielgruppe), die einen klaren und verständlichen Marktauftritt ermöglicht und die nicht zuletzt technisch realisierbar ist. Auch sollte die Position möglichst noch unbesetzt sein; angesichts gesättigter oder bereits übersetzter Märkte ist das Auffinden von solchen Marktsegmenten allerdings nicht leicht.

Die richtige Positionierung einer Produktneueinführung im Konkurrenzumfeld ist einer der wichtigsten Paramter für einen Markterfolg. Angesichts der immer subtileren und differenzierteren Marketingtechniken wird heute kein Fruchtsaft per se mehr angeboten, sondern ein geschlossenes Marketingkonzept, bestehend aus Produkt, Preis, Kommunikation und Distribution.

2. Informationsbedarf und Informationsbeschaffung

2.1 Verfahren zur Produktpositionierung

Soll die Festlegung der Positionierung nicht allein dem Fingerspitzengefühl der zuständigen Manager überlassen bleiben, so erscheint es ratsam, auf eine der vielen in der Literatur diskutierten und in der Praxis angewandten Methoden zurückzugreifen. Diese werden grundsätzlich in zwei Arten eingeteilt:

- Überwiegend qualitative Verfahren,
- Überwiegend quantitative Verfahren.

Die überwiegend **qualitativen** Verfahren, zu denen beispielsweise die Positionierung eines Produktes anhand von Typologien zählt, sind durch die Gefahr der Subjektivität geprägt und scheiden daher für die Entscheidungsträger des Unternehmens von vornherein aus.

Zu den **quantitativen** Verfahren zählen in erster Linie multivariate Analysemethoden. Zentrales Anliegen dabei ist die Rückführung der vielen Verbraucheransprüche an Saft auf die grundlegenden Beurteilungsdimensionen, mit deren Hilfe dann ein Positionierungsmodell in Form eines Marktbildes[3] entworfen werden kann.

Zur konkreten Durchführung bieten sich aus dem Fundus der statistischen Verfahren drei Alternativen an, nämlich die

- Faktorenanalyse
- Clusteranalyse
- Multidimensionale Skalierung (MDS)

Deren jeweilige Zielsetzung sei durch Rückgriff auf die einschlägigen Kapitel kurz in's Gedächtnis zurückgerufen.

Ziel der **Faktorenanalyse** ist eine Variablenreduktion. Mehrere korrelierte und gemessene Variable sollen durch weniger, dahinter stehende und nicht direkt messbare, aber (in der Regel) unkorrelierte Variable ausgedrückt werden. Das bekannteste Beispiel eines Faktors ist der Intelligenzquotient. Hier werden die Ergebnisse vieler Einzeltests durch eine nicht direkt beobachtbare Variable, nämlich den Intelligenzquotienten ausgedrückt.

---

3 Marktbild wird hier verstanden als eine graphische Veranschaulichung der gegenwärtigen Situation im betreffenden Markt. Dabei erfolgt eine Einordnung der Produkte dieses Marktes sowie der nachfragenden Individuen nach vorher ermittelten Kriterien. Aus dieser graphischen Gegenüberstellung von Angebot und Nachfrage lassen sich Positionierungslücken eruieren.

Während die Faktorenanalyse die Zahl der **Variablen** reduziert, setzt die **Cluster-analyse** auf der Seite der **Objekte** an und versucht hier zu komprimieren, indem sie feststellt, welche Objekte weitgehend durch gleiche Merkmalsausprägungen gekennzeichnet sind. Ziel der Clusteranalyse ist es, die Gesamtheit der ausge-wählten Objekte entsprechend ihrer Merkmalsausprägungen so in Gruppen (= Cluster) aufzuspalten, bzw. die einzelnen Objekte so zu Gruppen zusammenzu-fassen, daß die einzelnen Gruppen in sich möglichst homogen, die Unterschiede zwischen den Gruppen aber möglichst groß sind (z.B. zwecks Marktsegmentie-rung).

Bei der **multidimensionalen Skalierung** (MDS) handelt es sich um ein Verfahren, das darauf abzielt, Objekte in einem mehrdimensionalen Raum **räumlich** zu **posi-tionieren,** und zwar so, daß die Positionen der Objekte und ihre gegenseitigen räum-lichen Entfernungen mit den tatsächlichen Entfernungen bzw. Unterschieden die-ser Objekte weitestgehend übereinstimmen,

Nach Abwägung der Vor- und Nachteile der Methoden fällt die Entscheidung, mögliche Positionierungsalternativen auf faktoranalytischem Wege zu ermitteln.

2.2   Vorgehen

In einer Zeit zunehmender Umwelt- und Marktdynamik muß eine ständige Beob-achtung des Umfeldes zur rechtzeitigen Identifikation von Chancen und Risiken erfolgen. So etwa muß versucht werden, allgemeine Trends im Verbraucherverhal-ten frühzeitig zu erkennen und sie bei der Erstellung der Marketingkonzeption in gebührendem Maße zu berücksichtigen. Die Umweltbeobachtung ist dabei eine permanente Aufgabe und erfolgt in aller Regel zunächst mittels sekundärstatisti-scher Datenquellen.

Die Pilotstudie erfüllt den Zweck, mittels explorativen Vorgehens in einer Grup-pendiskussion mit Verbrauchern einerseits allgemeine Einstellungen und Trends und andererseits Saftbeurteilungs- bzw. -anspruchskriterien zu erfragen. Basierend auf den Aussagen der Diskussionsteilnehmer über Einstellungen und Verhaltens-weisen gegenüber Fruchtsaft wird dann ein Statementkatalog gebildet, wobei jedes Statement einen anderen Anspruch an Saft formuliert.

Mitunter werden mittels Paneleinfrage die so gefundenen Statements hinsichtlich Anforderungen an Saft bei den Panelteilnehmern abgefragt, i.d.R. bleibt dieses je-doch einer gesonderten Umfrage vorbehalten.

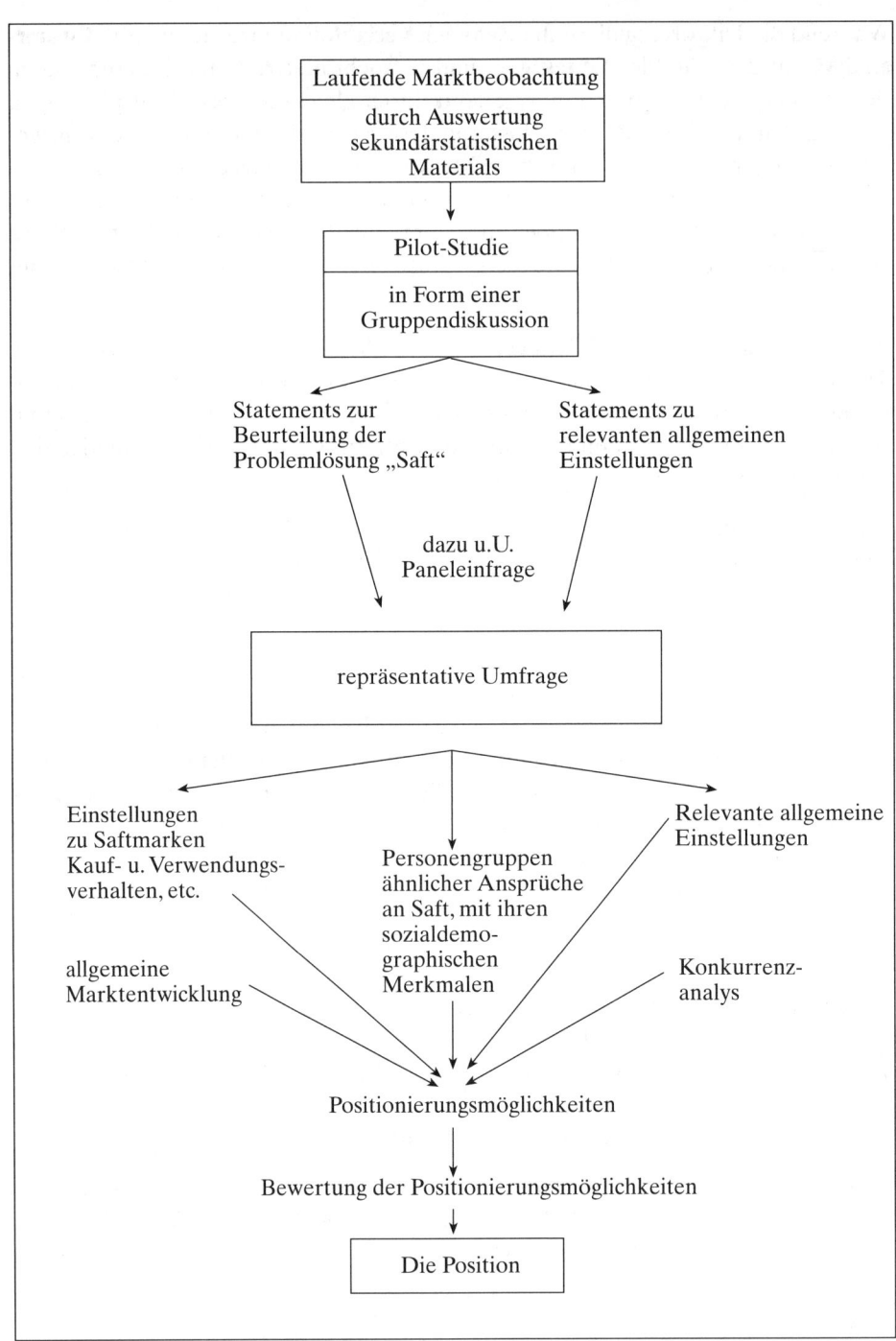

Abbildung 95: Vorgehen bei der Produktpositionierung

356

Eine solche umfasst darüber hinaus auch Fragen zu Bekanntheit, Beurteilung und Verwendung der am Markt befindlichen Säfte. Zusammen mit den Abverkaufsdaten aus dem Handelspanel und den Einkaufsdaten aus dem Haushaltpanel ergibt sich damit eine Situationsanalyse, die die Positionierungsmöglichkeiten aufzeigt.

Eine abschließende Bewertung der noch offenen Alternativen führt zur endgültigen Positionierung.

3. Bedarfsanalyse: Ermittlung von Beurteilungsdimensionen und allgemeinen Einstellungen

3.1 Ziel der Bedarfsanalyse

Notwendige Voraussetzung für die Konstruktion des Positionierungsmodells in Form eines Marktbildes ist die Bestimmung der zugehörigen Kernelemente:

- Die Dimensionen (Achsen) des Modells.
- Die Personencluster (gleiche/ähnliche Ansprüche an Idealprodukt).
- Die Markenpositionen (bereits existierender Saftmarken).

Die Bedarfsanalyse setzt – wie der Name schon sagt – auf der Nachfrageseite an. Sie unterliegt der Hauptzielsetzung, sowohl die Beurteilungsdimensionen als auch die Personencluster zu ermitteln und das noch unvollständige Modell graphisch abzubilden. Daneben soll außerdem relevanten allgemeinen Einstellungstrends nachgegangen werden.

3.2 Informationsbedarf und Informationsbeschaffung

Von Interesse sind im Prinzip alle Informationen, die den psychologischen Hintergrund eines Fruchtsaftkaufes durchleuchten helfen:

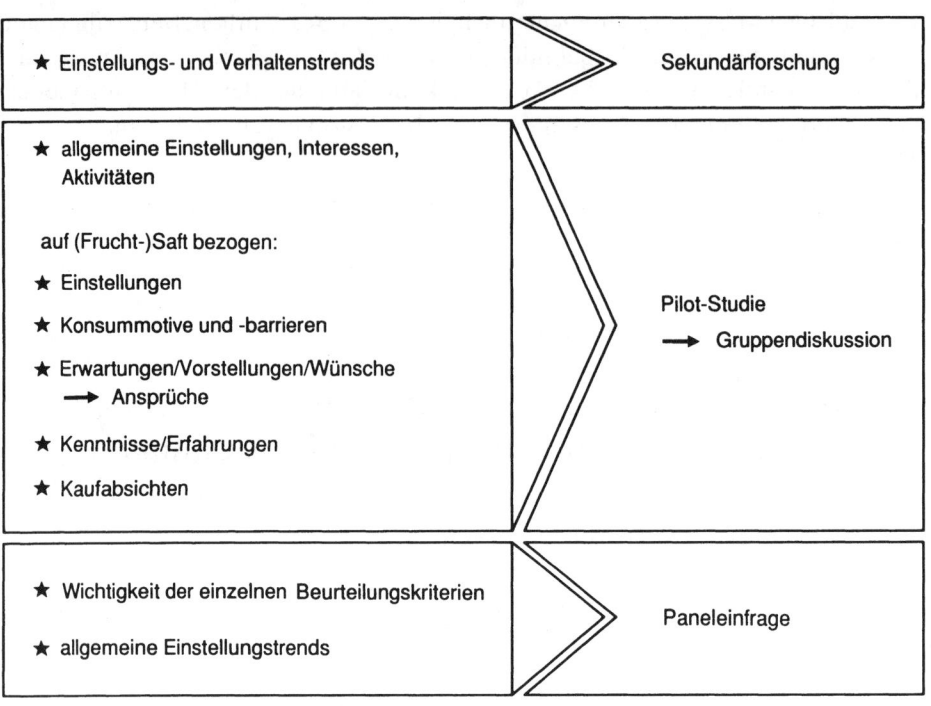

Abbildung 96: Informationsbedarf zu Einstellung und Verhalten

3.3 Auswertung sekundärstatistischen Materials

3.3.1 Notwendigkeit der laufenden Trendbeobachtung

Jedes Unternehmen muß damit leben, daß die Bedarfsstruktur auf der Nachfrageseite einer permanenten Entwicklung unterliegt, die nicht exakt voraussagbar ist. Um dennoch das (Problemlösungs-)Angebot mit den Bedürfnissen der Verbraucher in Einklang bringen zu können, sollte man sich laufend darüber informieren, in welche Richtung das Marktgeschehen und vor allem die dahinterstehenden allgemeinen Einstellungen tendieren.

Aus dieser Notwendigkeit heraus versucht auch die „Durstlösch GmbH" gesellschaftliche Einstellungs- und Verhaltenstrends frühzeitig zu erkennen. Als Informationsquellen dienen ihr dabei vornehmlich Publikationen in der Fachpresse sowie Verbrauchsstatistiken ausgesuchter Branchen, die in (z.B. komplementärer) Wechselbeziehung zum AfG-Markt stehen. Die Verbrauchswerte der Nachfrager in diesen Märkten nehmen quasi eine Indikatorfunktion wahr: Steigt beispielsweise – wie in der anschließenden Ergebnisdarstellung zu sehen – der Verbrauch an Frischobst überproportional, kann dies als Indiz für ein wachsendes Gesundheitsbewußtsein im Rahmen der Ernährung gesehen werden. Ein solches Resultat müßte dann Konsequenzen für die Marketingpolitik im AfG-Markt nach sich ziehen.

3.3.2 Einstellungs- und Verhaltenstrends

Die Registrierung des Pro-Kopf-Verbrauchs in solchen Teilmärkten der Lebensmittelbranche, die in Abhängigkeit (positiver oder negativer Art) zum Gesundheitsbewußtsein der Bevölkerung stehen, stützt die These von der zunehmenden Gesundheitsorientierung der Verbraucher.

In die gleiche Richtung weist das feststellbare zunehmende Interesse an körperlicher bzw. sportlicher Betätigung.

Kartoffelverbrauch (Kartoffel gilt als „Dickmacher")	– 9 %
Gemüseverbrauch (Gemüse gilt als sehr gesund)	+ 15 %
Frischobstverbrauch (Frischobst enthält viele Vitamine)	+ 10 %
Bierverbrauch (Alkohol ist ungesund)	0 %
Mineralwasserverbrauch	+ 100 %
Verbrauch an diätetischen Lebensmitteln	+ 47 %
Süßstoffverbrauch (Ersatz für den „ungesunden Zucker")	+ 35 %

Abbildung 97: Entwicklung des Pro-Kopf-Verbrauchs der Bevölkerung bei ausgewählten Lebensmitteln in den letzten 4 Jahren vor der Planungsperiode

Weiterhin lieferte die Auswertung der Desk-research-Ergebnisse Hinweise, die ein Ansteigen der Genußfreudigkeit der Bevölkerung vermuten lassen. Viele Anzeichen (wie z.B. wachsende Nachfrage nach gehobenen Qualitätsprodukten in fast allen Branchen) sprachen für eine derartige Entwicklung.

Neben diesen sich deutlich herauskristallisierenden Haupttrends wurden noch zahlreiche andere Tendenzen ausgemacht. Stärkere Freizeitorientierung, Zunahme des Umwelt- und Naturbewußtseins usw. Alle diese Erkenntnisse fließen als Basisinformationen in die nachfolgenden Untersuchungen – beginnend mit der Pilotstudie – ein.

3.4 Pilotstudie

3.4.1 Ziel der Pilotstudie

Wie bereits festgestellt, ist eine Voruntersuchung bei der Produktpositionierung mit Hilfe der Faktorenanalyse für gewissenhafte Marktforscher ein unbedingtes Muß. Ohne die Resultate einer Pilotstudie würde die Aufstellung der abzufragenden Itemliste relativ willkürlich geschehen. Hat man aber bereits einen gewissen Einblick in die Problematik, verringert sich die Gefahr, wichtige Aspekte außer acht zu lassen. Des weiteren liefern die Resultate qualitativer Pilotstudien bereits erste Hinweise für das zukünftige Marketing-Mix.

Trotz geringer Bedenken (insbesondere wegen der Gefahr einer manipulativen Wirkung durch den Diskussionsleiter = „Leadereffekt") einigen sich die Verantwortlichen auf die Durchführung einer Gruppenexploration, da sie relativ einfach und schnell abzuhalten ist und eine problemadäquate variable Gestaltung ermöglicht.

3.4.2 Durchführung der Gruppenexploration

Pilotstudien erheben keinen Anspruch auf Repräsentanz. Um dennoch ein Mindestmaß an Generalisierbarkeit auch im Falle der psychologischen Marktforschung zu erreichen, sollte die Probandenzahl bestimmte Größenordnungen nicht unterschreiten. Da aus Gründen der Durchführbarkeit an einer Gruppendiskussion maximal 15 Personen teilnehmen sollten, genügt es nicht, nur mit einer Gruppe zu diskutieren. Die Marktforscher der „Durstlösch GmbH" beschließen deshalb, mit drei verschiedenen Probandengruppen Diskussionen zu führen.

Damit eine (Mindest-)Vergleichbarkeit zwischen den Gruppen angenommen werden kann und der strukturelle Fehler möglichst klein gehalten wird, sucht man die Diskussionsteilnehmer nach vorher festgelegten Quoten aus. Die jeweils 15 Diskutanten sollen sich wie folgt zusammensetzen:

- 10 Saftkonsumenten, 5 Nicht-Konsumenten,

- 5 18- bis 30jährig, 5 31- bis 45jährig, 5 46jährig und älter,

- 7 Männer, 8 Frauen

Für die Diskussion ist (incl. kleiner Pausen) eine variable Gesamtdauer von ca. 2 Stunden vorgesehen.

Von entscheidender Bedeutung für den Diskussionsverlauf und die Güte der Ergebnisse ist die Wahl des Diskussionsleiters. Er sollte speziell für Erhebungen dieser Art trainiert sein und sich vorher in die Probleme eingearbeitet haben (unter Zuhilfenahme der Ergebnisse der laufenden Marktbeobachtung). Nach einer kurzen Einführung in das Diskussionsthema muß er in der Lage sein, durch geschicktes (aber nicht suggestives) Fragen die verbale Auseinandersetzung in Gang zu bringen und sie dann in Anlehnung an einen Ablaufplan zu leiten. Der Ablaufplan (vgl. Abbildung 98) determiniert das prinzipielle Vorgehen des Diskussionsleiters, womit einerseits Vollständigkeit, andererseits eine taktisch sinnvolle Reihenfolge der zu diskutierenden Themen (vom allgemeinen zum speziellen) gewährleistet ist:

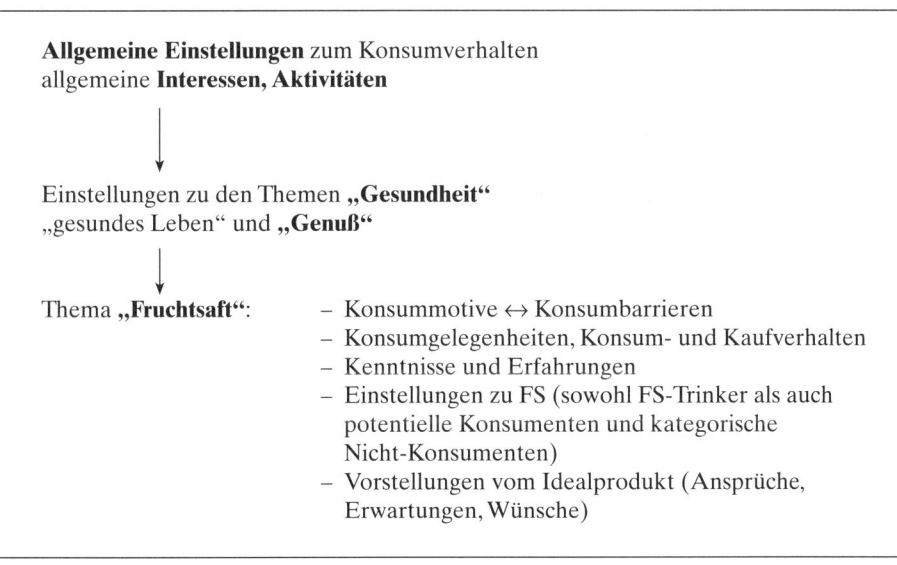

Abbildung 98: Themensequenz

Gegen Ende der Diskussion wird ein sog. „Brainstorming" (aus dem Bereich der kreativen Techniken) zum Thema „idealer FS" abgehalten. Der Diskussionsgegenstand „(Frucht-)Saft" sollte dabei immer als Problemlösungsinstrument bzw. Nutzenstifter verstanden werden („Was kann ein Saft?" „Warum trinkt man Saft?" usw.).

Im Fall von Stockungen, Abweichungen vom Thema usw. ist es Aufgabe des Diskussionsleiters, kontrollierend einzugreifen und die Diskutanten z.B. durch Anregungen, Nachfragen etc. wieder an das Thema heranzuführen.

Ein Problem der Gruppendiskussion – die Datenerhebung und -speicherung – lösen die Verantwortlichen durch Aufzeichnung mittels Videokameras; der Diskussionsleiter macht sich lediglich aus diskussionstechnischen Gründen Notizen zu wichtigen Punkten. Neben den Aufzeichnungsgeräten greift man noch auf weitere Hilfsmittel zurück: Dia- und Overheadprojektoren, Anschauungsmaterial usw. Pro Gruppe wird mit Kosten von 3 500 – 4 000 DM gerechnet.

Da die vollständige Sammlung der Verbraucheransprüche (in unserem Fall sind es insgesamt 45 Saft-Statements) für eine Einfrage in das Haushaltspanel zu umfangreich ist, muß eine Verdichtung des vorliegenden Materials vorgenommen werden. Dies vollzieht sich in der Statementanalyse.

3.4.3 Statementanalyse

Die Verringerung der Itemzahl wird dadurch realisiert, daß redundante Statements eliminiert, und Statements, die die gleiche Dimension messen, zu einer Aussage zusammengefaßt werden. Dazu werden 200 wiederum nach quotierten Merkmalen ausgesuchte Personen mit Hilfe von Rating-Skalen nach dem Grad der Zustimmung zu den Aussagen aus der Pilotstudie befragt und das Resultat einer Faktorenanalyse unterzogen.

Übrig bleiben 15 Statements, die folgenden Anforderungen genügen sollten:

- Formale Anforderungen: Vollständigkeit und richtiges Skalenniveau[4],

- Verhaltensrelevanz der Ansprüche,

- Informationsträchtigkeit der Items (z.B. Umsetzbarkeit in Marketing-Mix-Ausprägungen),

- Unabhängigkeit.

Es sei angenommen, daß diese Bedingungen erfüllt sind.

3.4.4 Ergebnis: Anforderungsspektrum und allgemeine Einstellungen

Die Auswertung der Aufzeichnungen stellt hohe Ansprüche an den Untersuchungsleiter, dessen Aufgabe es ist, alle irgendwie gearteten Äußerungen zu (Frucht-) Saft bzw. Einstellungen in kurze Statements zu fassen.

---

4 Die 15 Items müssen wegen der anschließenden Faktorenanalyse wiederum so abgefragt werden, daß man Daten mit Intervallskalenniveau gewinnt. Es herrscht allgemeine Konvention, daß Rating-Skalen intervallskalierte Daten liefern; vgl. S. 364.

Die Saft-Statements beinhalten als Ansprüche formulierte, wahrgenommene bzw. geforderte Safteigenschaften, die Einstellungs-Statements Aussagen zu allgemeinen Einstellungen und Verhaltensweisen (vgl. Abbildung 99).

Statements zu (Frucht-)Saft	Statements zu allgemeinen Einstellungen
– Saft soll den Durst löschen	– Ich genieße gern
– Saft soll nicht so teuer sein	– Gesundheit ist für mich sehr wichtig
– Saft soll keinen Alkohol enthalten	– Ich bin naturverbunden
– Saft soll gesund sein	– Ich treibe regelmäßig Sport
– Saft soll körperlich fit halten	– Ich lege Wert auf richtige Ernährung
– Saft soll natürlich sein	
– Saft soll Vitamine enthalten	

Abbildung 99: Auszug aus den Ergebnissen der Pilotstudie

Im weiteren Verlauf der Fallstudie werden zunächst nur die Saft-Statements betrachtet.

3.5   Paneleinfrage

3.5.1   Grundsätzliches zur Paneleinfrage

Fallweise, gesonderte Einfragen in Panels wurden im Zusammenhang mit „Marktsegmentierung" bzw. Single-Source-Ansatz bereits behandelt (vgl. S. 254). Paneleinfragen werden wegen möglicher Verzerrungs- und Überlastungseffekte von Marktforschungsinstituten allerdings nur in sehr begrenztem Umfang durchgeführt.

Panelbefragungen auf Markenebene, die wichtige Ergebnisse (insbes. zu den Markenpositionen) liefern könnten, sind unüblich, weil sie das Panel unkontrolliert verzerren würden.

Um allgemeine Verhaltensweisen und Einstellungen in ihrer zeitlichen Entwicklung zu erfassen, fragen die einschlägigen Institute regelmäßig sogenannte „generelle Statements" im Panel nach Zustimmung bzw. Ablehnung ab, so daß bezüglich dieser Größen von der „Durstlösch GmbH" nichts in die Wege geleitet werden muß.

3.5.2 Durchführung und Auswertung

Als Ergebnis der Statementanalyse erhielt man 15 Verbraucheranforderungen an (Frucht-)Saft, die nun in der Paneleinfrage bezüglich ihrer Bedeutsamkeit untersucht werden sollen.

Der Fragebogen (Abbildung 100) baut auf 5stufigen Rating-Skalen auf.

Für wie wichtig halten Sie folgende Anforderung an einen (Frucht-)Saft					
	völlig unwichtig				sehr wichtig
Saft soll frisch schmecken	☐	☐	☐	☐	☐
Saft soll gesund sein	☐	☐	☐	☐	☐
Saft soll den Durst löschen	☐	☐	☐	☐	☐

Abbildung 100: Auszug aus Fragebogen zur Paneleinfrage

Ziel der weiteren Bemühungen ist es, aus diesen vielen individuellen Stellungnahmen die grundlegenden Anforderungs- bzw. Beurteilungsdimensionen herauszuarbeiten. Dazu dient die Faktorenanalyse, die mit Hilfe eines der gängigen Standardprogramme (z.B. Programmpaket SPSS) durchgeführt werden kann. Die Rückführung der 15 abgefragten Variablen auf wenige Faktoren erlaubt die graphische Darstellung eines Beurteilungsraumes mit den Faktoren als Koordinatenachsen, in den dann die Positionen der Befragten gemäß ihrer Faktorenwerte eingetragen werden.

Gruppen gleich und ähnlich urteilender Personen faßt man rechnerisch (z.B. mit einer Clusteranalyse) und graphisch zusammen. Da gleichzeitig auch die soziodemographischen Merkmale miterhoben wurden, kann man die gebildeten Gruppen auf eventuelle Gemeinsamkeiten in diesen Merkmalen untersuchen.

Die Ergebnisauswertung der vom Marktforschungsinstitut regelmäßig eingefragten generellen Statements beschränkt sich auf die für unser Problem relevanten Bereiche.

3.5.3 Ergebnis: Konsumentengruppen im Beurteilungsraum und relevante allgemeine Einstellungen

Zunächst zum Ergebnis der Faktorenanalyse. Die Konsumenten beurteilen Saft nach drei Kriterien:

- Durstlöschung/Frische
- Geschmack/Genuß
- Gesundheit/Fitness.

Dies erlaubt die Konstruktion eines dreidimensionalen Positionierungsmodells (Abbildung 101).

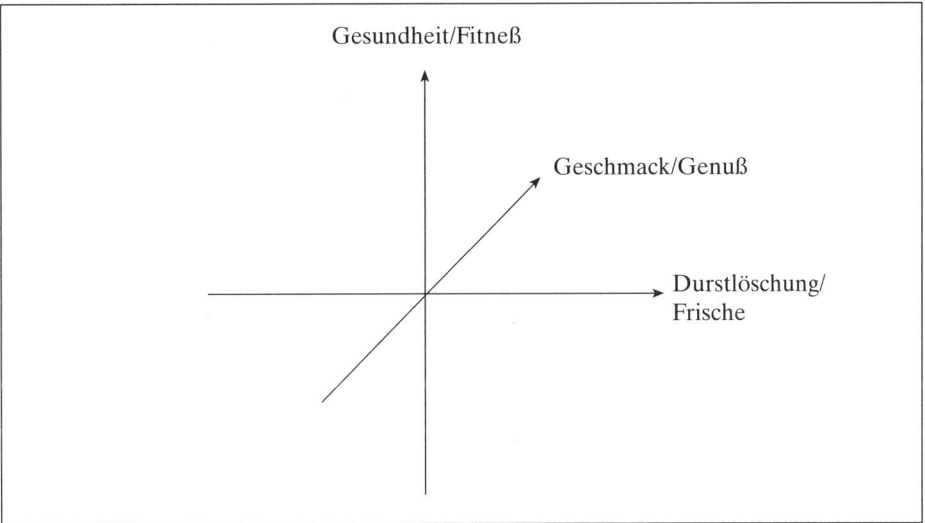

Abbildung 101: Dimensionen des Positionierungsmodells

Bezüglich der Anforderungen an Saft ergaben sich vier mehr oder weniger homogene Personengruppen A bis D, deren (Ideal-)Produktvorstellungen im Modell dargestellt sind (Abbildung 102). Dabei soll die Größe der Punkte gleichzeitig die mengenmäßige Bedeutung der Personencluster symbolisieren.

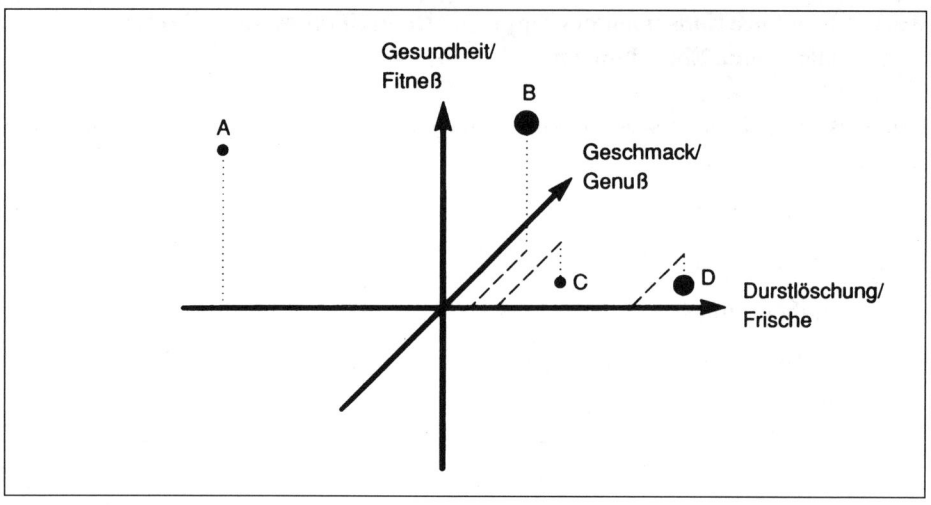

Abbildung 102: Personencluster im Positionierungsmodell

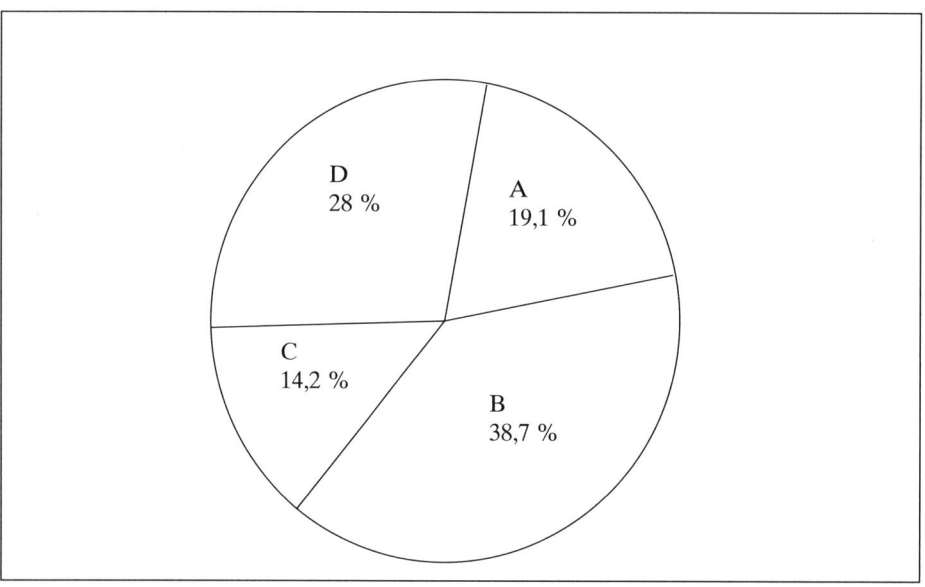

Abbildung 103: Typologie der Saftkonsumenten

Die Individuen, die in den Gruppen zusammengefaßt sind, werden innerhalb der „Durstlösch GmbH" folgendermaßen benannt und charakterisiert:

Gruppe A = **Gesundheitssegment**
Sie legen vor allem Wert auf die gesunderhaltende Wirkung des Saftes.

Gruppe B = **Gesunde Genießer**
Sie wollen die optimale Kombination von Geschmack und Wirkung.

Gruppe C = **Genußsegment**
Sie erwarten von einem Saft in erster Linie ein Geschmackserlebnis.

Gruppe D = **Genießende Durstlöscher**
Sie fordern einen Saft, der schmeckt und erfrischt.

Die Paneleinfrage zu generellen Statements lieferte eine eindeutige Bestätigung der beiden Grundtendenzen, die sich schon bei der Auseinandersetzung mit den Sekundärinformationen abzeichneten:

Zunehmendes Gesundheits- und Umweltbewußtsein,

zunehmende Genußorientierung.

3.6 Ergebnis: Ansprüche und Einstellungen der Nachfrager

Die bisherigen Resultate der Produktpositionierung faßt Abbildung 104 zusammen.

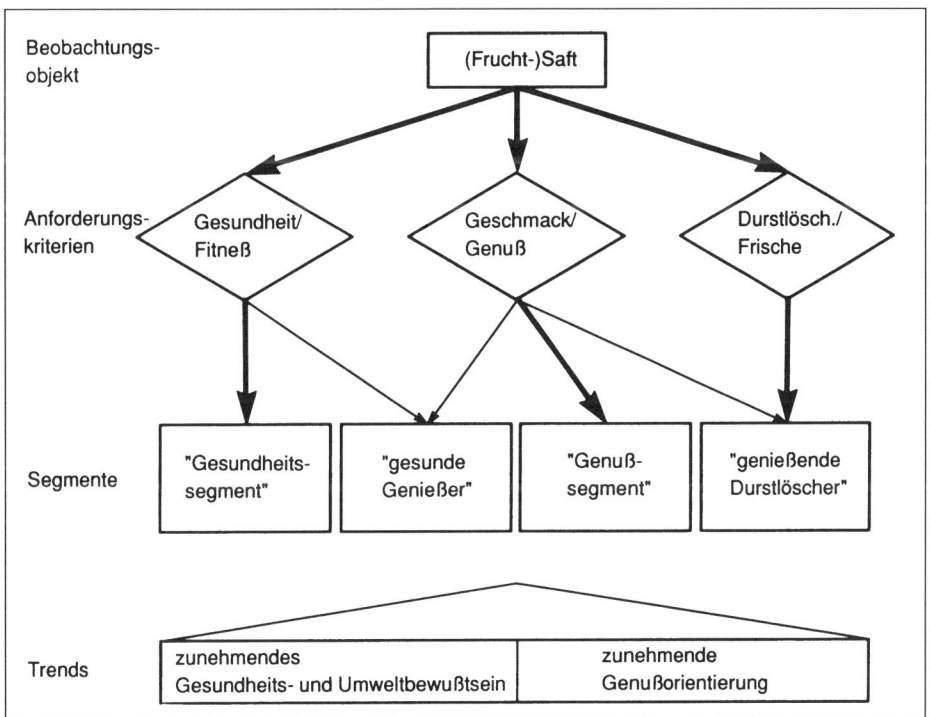

Abbildung 104: Überblick über die Ergebnisse der Bedarfsanalyse

4. Verbraucherbefragung

4.1 Ziel der Befragung

Mit den bisherigen Ergebnissen ist man noch nicht in der Lage, das neue Produkt gemäß den Zielvorstellungen zu positionieren. Man kennt zwar die vier Anspruchssegmente sowie allgemeine Einstellungs- und Verhaltenstrends, weiß aber noch nichts über das Angebot, das dem Bedarf gegenübersteht.

Erst wenn auch die auf dem Markt befindlichen Säfte entsprechend ihren Positionen im Beurteilungsraum eingetragen sind, werden eventuelle Positionierungslücken sichtbar.

Die Ermittlung der Markenpositionen ist jedoch nur **ein** Anliegen, das mit dieser Befragung verfolgt wird. Ebenso wichtig sind Informationen zur Soziodemographie, Psychographie und zum Verhalten von FS-Konsumenten und -Nicht-Konsumente die vielfältig kombiniert ein wichtiges Basiswissen für alle nachfolgenden Arbeitsschritte darstellen.

Ziel der Befragung von Konsumenten ist daher, einerseits das Marktbild zu vervollständigen, damit Positionierungslücken erkannt werden können, und andererseits Grundlagen für das zukünftige Neuproduktkonzept zu schaffen.

4.2 Informationsbedarf und Informationsbeschaffung

Aus bereits angesprochenen Gründen kann die Beurteilung verschiedener Saftmarken nicht über den Weg der Paneleinfrage stattfinden. Als Erhebungsinstrument kommt also nur eine gesonderte Ad-hoc-Umfrage in Betracht.

Die Einordnung der (bekannten) Saftmarken anhand der schon bei der Bedarfsanalyse verwendeten 15 Beurteilungsstatements kann nur von Saftkonsumenten vorgenommen werden, während alle anderen Fragen zu den Einstellungen, Erwartungen, Motivationen, Erfahrungen sowie zum Verhalten **von jedem** Befragten beantwortet werden sollen.

Konkret werden 2 000 zufällig ausgewählte Verbraucher zum Thema FS interviewt.

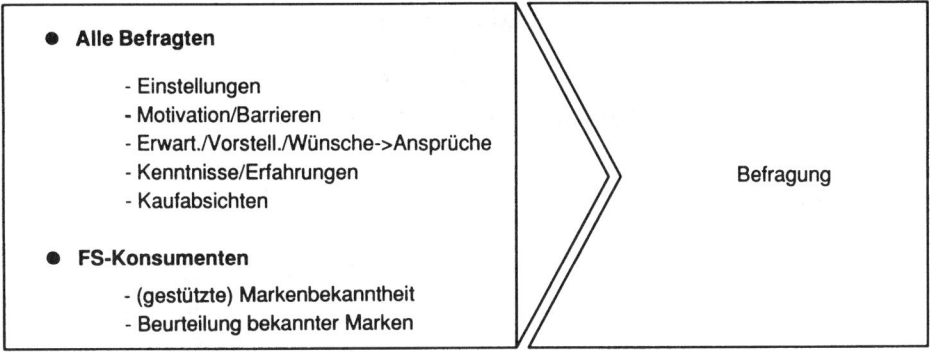

Abbildung 105: Informationsbedarf zu FS

4.3 Durchführung der Befragung

Der inhaltliche und formale Aufbau des Fragebogens wird durch den Untersuchungszweck und durch befragungstaktische Überlegungen bestimmt. Wie aus Abbildung 107 ersichtlich, erfolgt gleich zu Beginn eine Gabelung in FS-Konsumenten und Nicht-Konsumenten.

Zur Ermittlung der individuellen Markenkenntnis legt man den Saftkonsumenten Markennamen vor, die sie einzeln auf folgender Skala einordnen sollen:

1	2	3	4	5	6
Habe noch nie etwas von dieser Marke gehört	Habe schon von dieser Marke gehört, weiß aber nichts darüber	Weiß etwas über die Marke, beabsichtige sie aber nicht zu kaufen	Weiß etwas über die Marke, werde sie vielleicht mal ausprobieren	Kaufe die Marke gelegentlich	Kaufe die Marke häufig

Abbildung 106: Skala zur Ermittlung der Markenkenntnis

Bei telefonischen Interviews, die inzwischen überwiegen, muss man sich auf verbale Nennungen beschränken.

In die anschließende Beurteilung gehen nur Marken ein, für die einer der Fälle 3 bis 6 zutrifft. Die Itembatterie sowie die Zuordnungsskala mußten vorher entsprechend umformuliert werden:

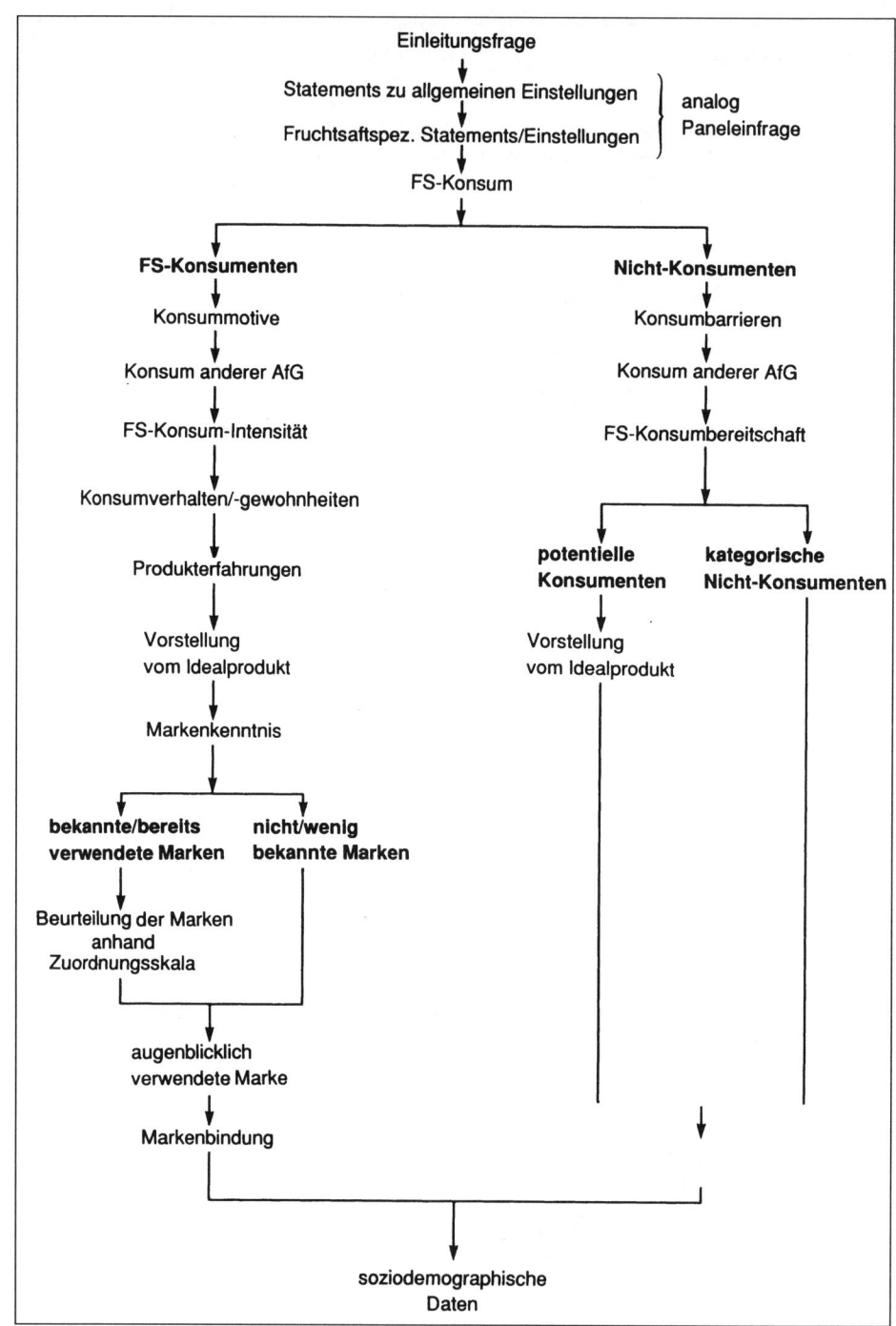

Abbildung 107: Fragebogenaufbau

<table>
<tr><td colspan="3">Wie beurteilen Sie vorliegende Saftmarke?</td></tr>
<tr><td></td><td>trifft überhaupt
nicht zu</td><td>trifft voll und
ganz zu</td></tr>
<tr><td>... löscht den Durst</td><td>☐ ☐ ☐</td><td>☐ ☐</td></tr>
<tr><td>... ist sehr gesund</td><td>☐ ☐ ☐</td><td>☐ ☐</td></tr>
<tr><td>... schmeckt sehr frisch</td><td>☐ ☐ ☐</td><td>☐ ☐</td></tr>
<tr><td>....</td><td></td><td></td></tr>
</table>

Abbildung 108: Auszug aus dem Fragebogen zur Beurteilung einzelner Saftmarken

Die Befragten sind wiederum nur aufgefordert, ihre Meinung anzukreuzen.

4.4 Ergebnis: Vollständiges Marktbild

Die inhaltlich weit gefächerte Befragung läßt vielfältige Auswertungsmöglichkeiten zu, z.B.:

▓ Wie unterscheiden sich potentielle FS-Konsumenten von kategorischen Nicht-Konsumenten hinsichtlich des Konsums anderer AfG?

▓ Was sind die am häufigsten genannten Konsummotive?

▓ Worin unterscheiden sich die Idealproduktvorstellungen der Konsumenten von denen der Nicht-Konsumenten?

▓ Sind FN-Trinker eher den unteren Einkommensklassen zuzurechnen, die FS-Trinker mehr den oberen?

▓ Konsumenten welcher Marken haben die positivsten Produkterfahrungen gemacht?

▓ Worin unterscheiden sich die 4 bekannten FS-Anspruchssgemente?

usw.

Je nachdem, welche speziellen Informationen benötigt werden, lassen sich die Daten miteinander verknüpfen.

In dieser Phase aber richtet sich das Hauptaugenmerk auf die Positionierung einzelner Marken im Marktmodell. In die Auswertung gelangen pro befragte Person so viele Beurteilungsbogen, wie diese Person Marken kennt, wobei jeder dieser Bogen (über die Faktorenwerte) eine Marke im Modell positioniert. Theoretisch wäre also denkbar, daß ein und dieselbe Saftmarke von den einzelnen Befragten völlig unterschiedlich beurteilt wird und dementsprechend viele Positionen für diese Marke ins Modell eingetragen werden müßten. Darum trifft man an dieser Stelle die Annahme, daß sich die Beurteilungen/Wahrnehmungen der verschiedenen Probanden bezüglich der einzelnen Marken entsprechen. So ist es dann zulässig, aus den verschiedenen Beurteilungswerten pro Marke ein statistisches Mittel zu bilden und dieses als Position der Marke ins Modell einzutragen.

Im jetzt vollständigen Marktbild (Abbildung 109) markiert jeder der kleinen Kreise eine Markenposition (z.B. Dr. Koch's Trink 10).

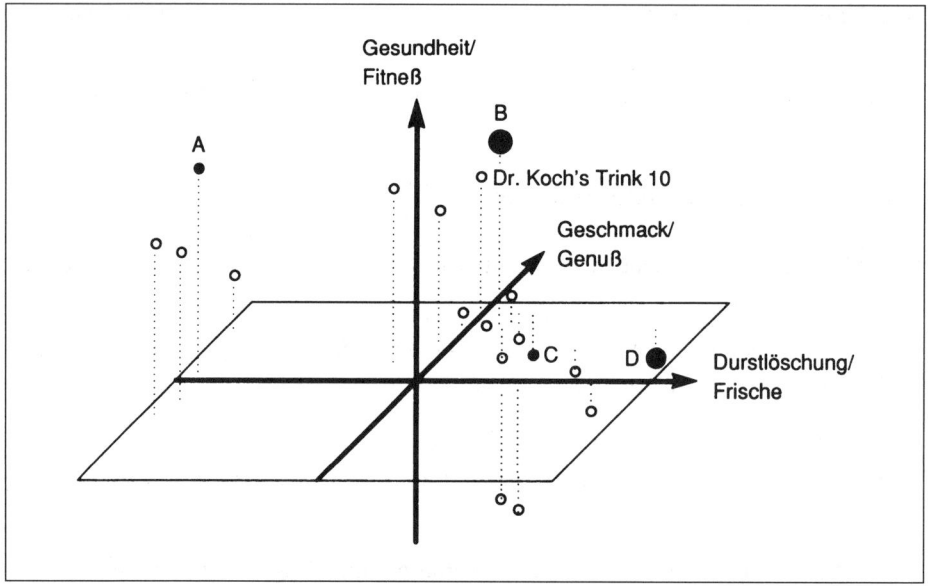

Abbildung 109: Das vollständige Marktbild

5. Zusammenfassende Interpretation: Positionierung

5.1 Bewertung der Positionierungslücken

Positionierungslücken ergeben sich überall dort, wo einem vorhandenen Bedarf kein entsprechendes Angebot gegenübersteht. Somit scheiden die Segmente A und C aus, weil deren Anforderungen mehrere existierende Saftmarken gerecht werden. Bleiben noch die Gruppe der „gesunden Genießer" (B) und die der „genießenden Durstlöscher" (D).

Die Bewertung der zwei Alternativen vollzieht sich unter Berücksichtigung der momentan vorherrschenden allgemeinen Einstellungstrends sowie der anfangs gesteckten Ziele, die man mit dem neuen Produkt erreichen will. Weitere Bewertungskriterien sind:

- Verständlichkeit/Eindeutigkeit der Position,

- Realisierbarkeit,

- Vorhandensein von Substitutionsgütern.

5.2 Ergebnis: Positionierung

Nach eingehender Beschäftigung mit der Problemlage fällt die Entscheidung zugunsten der Position B, wobei folgende Gründe den Ausschlag gaben:

- Zunehmende Bedeutung der Gesundheit und des Genusses im Wertgefüge der Konsumenten;

- Gute Profilierungsmöglichkeiten.

Für das weitere Vorgehen ist es nun wichtig zu wissen, wer sich hinter der Position B verbirgt. Die beiden wesentlichen Eigenschaften (Gesundheits- und Genußorientierung) sollen durch weitere charakteristische Merkmale angereichert werden, damit man ein plastischeres Bild von der Zielgruppe erhält. Hierfür verwendet man einerseits die Befragungsergebnisse und andererseits die Resultate der Single-Source-Erhebung (gleichzeitig mit den FS-Anforderungskriterien wurden im Rahmen der Paneleinfrage Verhaltensdaten und soziodemographische Daten miterhoben). Beide Datenbestände ergänzen sich sinnvoll: Die Auswertung der Verbraucherbefragung erfolgt für die Zielgruppenmitglieder insbesondere unter Berücksichtigung der im Zentrum stehenden **psychologischen Merkmale,** während die Single-Source-Resultate vor allem hinsichtlich des **Verhaltens** der Zielgruppenmitglieder wertvolle Aufschlüsse zulassen.

Erwartungsgemäß bringt die Auswertung der **soziodemographischen Daten,** die in beiden Fällen abgefragt wurden, nicht die gewünschten eindeutigen Ergebnisse, mit deren Hilfe es gelungen wäre, die soziodemographische Struktur der Zielgruppe aufzuzeigen. Die Mitglieder der Position B weisen nur bei 2 Variablen dieser Art leicht überdurchschnittliche Werte auf. So sind die „gesunden Genießer"

 tendenziell jünger und

 haben tendenziell höheres Einkommen.

Die Abweichungen von den Mittelwerten erweisen sich jedoch als so geringfügig, daß die Zielgruppe soziodemographisch nicht fest umrissen werden kann.

Anders dagegen sieht es bei den **Verhaltensdaten** aus:

Die 38,7 % aller Panelhaushalte, die aufgrund ihrer Angaben bei der Einfrage der Zielgruppe zugeordnet werden konnten, wurden auf vielfältige Art und Weise analysiert:

 nach ihrem FS-Kaufverhalten,

 nach ihrem Markenwahlverhalten und ihrer Markentreue,

 nach ihrem Sortenwahlverhalten,

 nach der Einkaufsstättenwahl und -treue,

 nach ihrem Kaufverhalten bei den verwandten Getränken (die ebenfalls im gleichen Panelberichtsbogen erfaßt sind):
 – Fruchtnektar-Kauf,
 – Fruchtsaftgetränke-Kauf.

Das Panel eröffnet eine Vielzahl weiterer Auswertungsmöglichkeiten. An dieser Stelle sollen nur einige Ergebnisse wiedergegeben werden:

(1) Fruchtsaft-Kaufverhalten

Die Analyse des Kaufverhaltens der Zielgruppe zeigt, daß insgesamt 49 % der Konsumenten Fruchtsaftkäufer sind, während 51 % in der Berichtsperiode keine Fruchtsäfte gekauft haben. Es sind somit in der Warengruppe überdurchschnittlich viele Nicht-Käufer zu verzeichnen.

(2) Sortenwahlverhalten (mengenmäßige Anteile in %)

Das Sortenwahlverhalten der Zielgruppe unterscheidet sich insbesondere bei „Apfel", „Grapefruit" und den „Sonstigen" von dem der Panelmasse. Die Marktforscher interpretieren dieses Verhalten als einen „Hang zu exotischen Sorten", worauf vor allem der im Vergleich zur Panelmasse geringere Apfel-Anteil (15,7 % zu

374

24,1 %) hindeutet. Diese Erkenntnis ist gerade für die spätere Produktentwicklung sehr wertvoll.

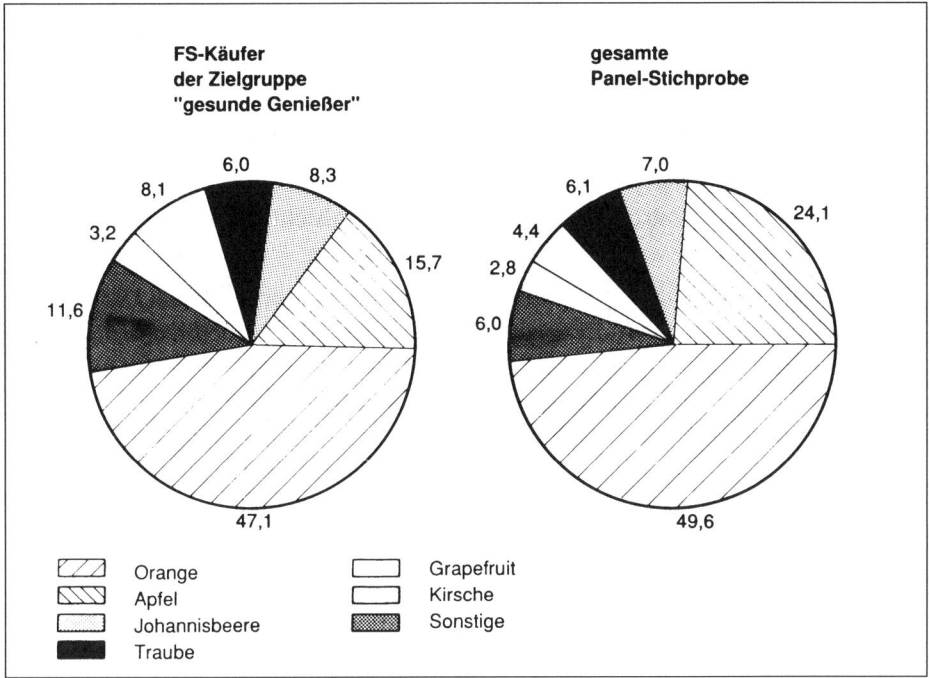

Abbildung 110: Sortenwahlverhalten der Zielgruppe und der Panelmasse

(3) Einkaufsstättenwahl

Dieselbe Analyse wurde auch für die Einkaufsstätten vorgenommen. Dort stellte sich heraus, daß die Mitglieder der Zielgruppe unterdurchschnittlich oft zu Aldi gehen, dafür ihren FS überdurchschnittlich häufig im Verbrauchermarkt/Supermarkt, im klassischen Lebensmitteleinzelhandel sowie im Warenhaus einkaufen – also generell „gehobenere" Einkaufsstätten (beim Kauf von FS) vorziehen.

(4) Fruchtnektar-Kaufverhalten

Wider Erwarten kaufen die Zielgruppenhaushalte durchschnittlich viel Fruchtnektar und nicht, wie man vermuten könnte, weniger als die Panelmasse. Die Marktforscher erklären sich dies damit, daß zum einen Fruchtnektar aufgrund der ansprechenden Produktbezeichnung (Nektar = Göttertrank) irrtümlich für qualitativ hochwertiger/exklusiver gehalten wird, und zum anderen bestimmte Sorten, die ebenfalls von genußorientiertem FS-Konsum zeugen (wie z.B. Pfirsich oder Banane), aufgrund ihrer dickflüssigen FS-Konsistenz nur als Nektar angeboten werden.

375

Es gibt, wie angedeutet, noch viele weitere Wege, die Zielgruppe mit Hilfe des Panels zu durchleuchten, und nicht immer sind die Ergebnisse eindeutig.

Nun zu den Resultaten der Verbraucherbefragung:

Der Vergleich der psychographischen Daten der Zielgruppe mit denen aller Befragten läßt einige Abweichungen bezüglich Motivation, Idealproduktvorstellung und Markenbindung erkennen, die hier kurz zusammengefaßt werden:

Die FS-Konsummotivation der Zielgruppenmitglieder ist vor allem durch deren Streben, sich „richtig" zu ernähren, ohne auf Geschmack verzichten zu müssen, gekennzeichnet. Entsprechende Vorstellungen haben sie vom idealen FS, der „möglichst alles von der gesunden und wohlschmeckenden Natur der Früchte" beinhalten soll. Was hinsichtlich der Markenbindung der FS-trinkenden Zielgruppenmitglieder auffällt, ist deren unterdurchschnittliche Ausprägung. Viele der „gesunden Genießer" haben offensichtlich „ihren" Saft noch nicht gefunden.

Die zwei prägenden Elemente der Zielposition („Gesundheit" und „Genuß") müssen nun im Rahmen der Produktverwirklichung als Produkteigenschaften realisiert und in ein Marketing-Gesamtkonzept integriert werden.

Abbildung 111 faßt das bisherige Vorgehen noch einmal kurz zusammen.

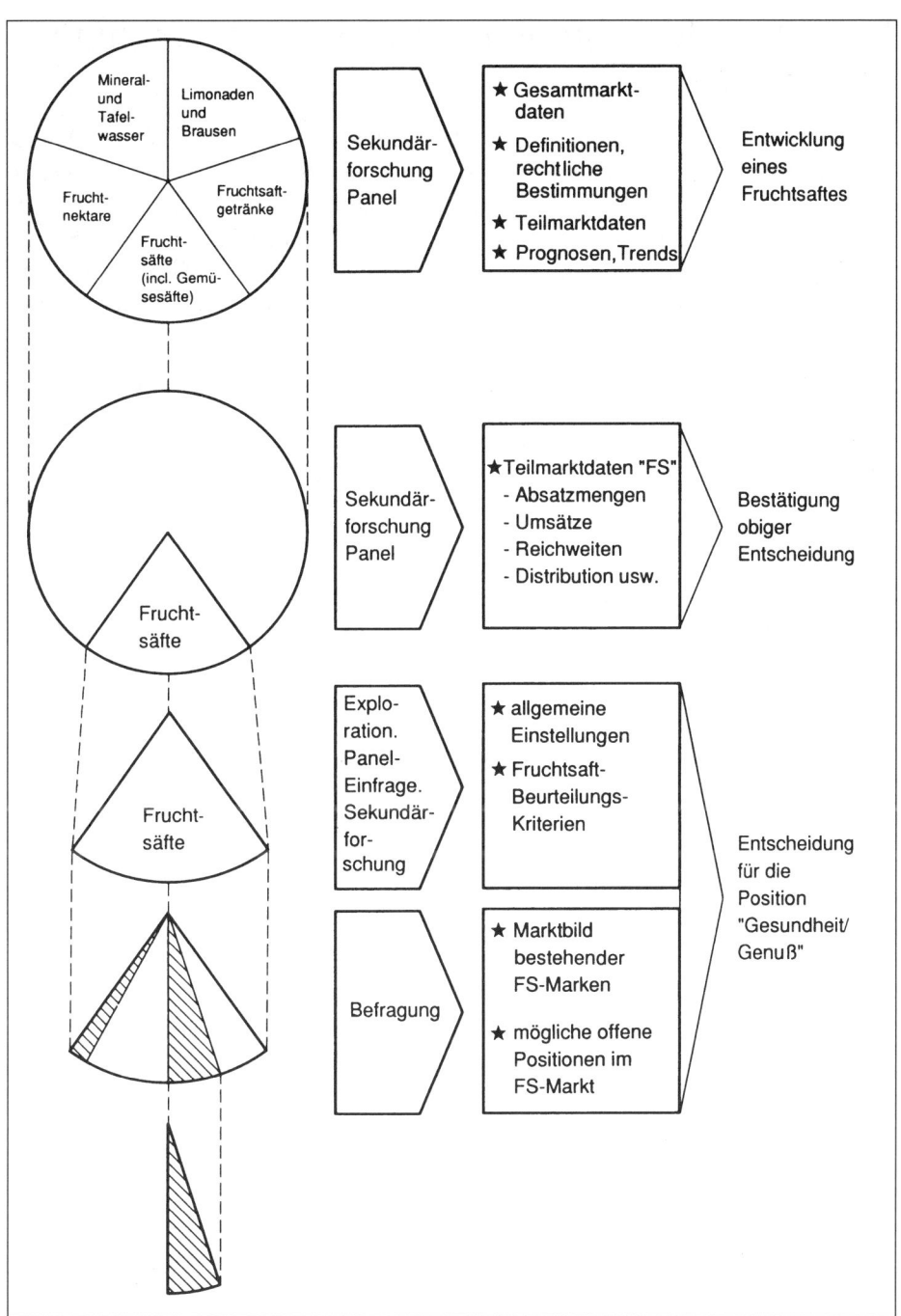

Abbildung 111: Überblick über den bisherigen Verlauf

D. Marktforschung und Produktentwicklung

Einige Aspekte der ursprünglichen Problemstellung konnten mit Hilfe verschiedener Marktforschungsinstrumente gelöst werden. Die Analyse der externen Daten (mittels Sekundärmaterials und Panels) und nachfolgende Verbraucherbefragungen (Gruppendiskussion als psychologische Vorstudie, Paneleinfrage und Repräsentativbefragung) versetzten in die Lage, eine aussichtsreiche Marktlücke (Zielgruppe) zu erkennen und eine darauf abgestimmte Grobkonzeption (Leitidee) zu formulieren.

In der jetzt anstehenden Entscheidungsphase müssen im Rahmen dieser Grobkonzeption Produktideen entwickelt, überprüft, ausgewählt und mit der passenden Packungs-, Werbe- und Preisgestaltung zu einer optimalen Kombination (Marketing-Mix) ergänzt werden. Diese vollständig konzipierten Produkt- bzw. Marketingalternativen werden im Hinblick auf ihre mutmaßliche Erfolgswirksamkeit untersucht, und die optimale Alternative wird schließlich ausgewählt.

Nacheinander beschäftigt sich das Kapitel mit der Produkt-, Preis-, Distributionssowie Kommunikationspolitik. Dadurch, daß die einzelnen Marketing-Mix-Teilbereiche in dieser Reihenfolge abgehandelt werden, entsteht der Eindruck einer strengen Chronologie. Dies ist darstellungsbedingt, denn in praxi laufen Entscheidungsprozesse der Produkt-, Preis-, Distributions- und Kommunikationspolitik zu großen Teilen simultan und miteinander zusammenhängend ab.

Der hier notwendige Informationsbedarf kann dabei teilweise schon durch die bisherigen Untersuchungen gedeckt werden.

1. Produktpolitik

Wie muß ein Produkt beschaffen sein, das den Ansprüchen der Zielgruppe „gesunde Genießer" genügt? Wie muß es schmecken, wie aussehen, wie verpackt sein? Und welchen Namen gibt man dem Saft? Eben diese Fragen umreißen das Entscheidungsfeld der Produktpolitik. Der Rahmen, innerhalb dessen sich die Problemlösungen bewegen sollte, ist durch die Anforderungen an das Neuprodukt und die bisherigen Marktforschungsergebnisse bereits abgesteckt:

- Hochwertiger Saft (d.h. nicht alkoholisch, ohne Kohlensäure),

- Zusatznutzen:
  - hoher Gesundheitswert,
  - hoher Genußwert.

378

1.1 Ideenphase

Die Marschrichtung ist damit vorgegeben. Zur Erstellung von Neuproduktkonzeptionen sind nunmehr Ideen erforderlich, die sich durch Neuheit und Originalität auszeichnen. Auf den Prozeß der Ideengewinnung kann hier nicht näher eingegangen werden; lediglich ein paar Ergebnisse der Ideensuche seien beispielhaft aufgezählt:

- Verwendung von Kräutern,

- weg von traditionellen Früchten hin zu ausgefallenen (tropischen) Früchten,

- Anreicherung mit Vitaminen,

- Mischung einer Vielzahl von Früchten,

- ausgefallene Saftfarbe (z.B. blau, grün etc.)

Manche der Einfälle scheiden von vornherein wegen mangelnder Realisierbarkeit aus. Die verbleibenden Vorschläge werden geordnet, kombiniert, ausformuliert und unter Anwendung eines Scoring-Modells einer Vorauswahl unterzogen. Übrig bleiben die besten Ideen, die nun zu Konzepten zusammengefügt werden.

1.2 Konzeptphase

Die Konzeptentwicklung ihrerseits führt dabei zu folgenden Ergebnissen:

- Konzept I „Multivitaminsaft":
  - Mischung vieler (auch tropischer) Früchte,
  - Anreicherung mit Vitaminen.

- Konzept II „Monovitaminsaft-Serie":
  - Vitamin-C-Saft,
  - Vitamin-E-Saft
  usw.

Im zweiten Schritt müssen die beiden Alternativen sowohl beim Verbraucher als auch im Handel auf Akzeptanz getestet werden (Konzepttest).

Zunächst interessiert die Meinung von Saftkonsumenten, die anhand einer verbalen Beschreibung der Konzepte urteilen sollen. Als Erhebungsmethode wählt man Einzelinterviews in nicht-standardisierter Form (wegen des hohen Erklärungsbedarfs und der Absicht, Hintergründe zu erfragen); insgesamt werden 100 Befragte aufgefordert, Stellung zu beziehen. Bei fast allen interviewten Konsumenten wird der Multivitaminsaft eindeutig präferiert.

Die Erhebung im Handel weist ein nahezu identisches Ergebnis aus. Über 80 % der befragten Einzelhändler halten den Multivitaminsaft für das bessere und erfolgversprechendere Konzept, nicht zuletzt aufgrund des Erfolges von Dr. Koch's Multivitaminsaft.

Obgleich damit die Nähe zur Position des gegenwärtigen Marktführers in diesem Segment besteht, rechnen sich die Verantwortlichen durch eine zielgruppenspezifische Positionierung trotz allem gute Chancen in diesem mutmaßlich rasch wachsenden Segment aus.

Nachdem auch die Wirtschaftlichkeitsanalyse positiv ausfällt, steht die Entscheidung fest: Entwicklung eines Multivitaminsaftes. Die Abteilung „Forschung und Entwicklung" erhält die nötigen Instruktionen.

1.3 Konkretisierungs- und Testphase

1.3.1 Produktentwicklung

Die zuständigen Mitarbeiter der F&E-Abteilung sind angewiesen, nach Maßgabe der Grundziele und der Positionierung zwei Multivitaminsäfte zu mischen, die dann einem ausführlichen Produkttest unterzogen werden sollen. Parallel dazu arbeitet ein Designer an der Gestaltung mehrerer Glasflaschen[5].

Die Suche nach dem Produktnamen erweist sich vor allem als ein juristisches Problem, da es außerordentlich schwierig ist, einen noch unbenutzten und geeigneten Namen zu finden. Zur Vereinfachung sei angenommen, die „Durstlösch GmbH" kann auf eine größere Sammlung bereits geschützter Namen zurückgreifen.

Die Ergebnisse der Produktentwicklung liegen nach Ablauf der dafür veranschlagten Zeitspanne vor, so daß das Interesse nun auf die Tests der einzelnen Produktelemente, die man allesamt in Zusammenarbeit mit externen Instituten abwickelt, gelenkt werden kann.

1.3.2 Qualitätstest

Aus der Produktentwicklung sind zwei Testsäfte (Prototypen) hervorgegangen, die folgende Merkmale aufweisen:

- Gemeinsamkeiten: Mischung heimischer und tropischer Früchte, Anreicherung mit Vitaminen

- Unterschiede: Geschmack, Farbe, Konsistenz, Geruch.

---

5 Andere Gebindearten wurden von vornherein ausgeschlossen; Glasflaschen vermitteln am besten den Eindruck von hoher Qualität und schützen, wenn sie aus braunem Glas gefertigt sind, den Saft am sichersten vor schädlichem Lichteinfall.

Mit dem Qualitätstest sollen keine Aussagen über die objektive Beschaffenheit/ Qualität der zwei Multivitaminsäfte gewonnen werden, sondern es interessiert ausschließlich die subjektive Qualitätsbeurteilung durch Konsumenten aufgrund deren Sinnesempfindungen (Geschmack, Geruch usw.). Erhebungsinstrument ist eine teilstandardisierte Befragung.

Bei der Wahl des Testortes entschließt man sich aus folgenden Gründen für das Studio:

- Kontrollierte Bedingungen,

- gleichzeitiges Testen mehrerer Varianten möglich,

- schnelles Vorliegen der Testergebnisse.

Die Nachteile des Studiotests (insbesondere mögliche Verfälschungen durch ungewohnte Atmosphäre, keine Messung von Langfristeffekten) werden billigend in Kauf genommen.

Um ein möglichst umfassendes Spektrum an Informationen zu erhalten, bilden die damit beauftragten Marktforscher insgesamt drei Testgruppen à 100 Probanden für folgende Tests:

1. Gruppe: Monadischer Test (mit Produktinformationen)
   – Testprodukt A.

2. Gruppe: Monadischer Test (mit Produktinformationen)
   – Testprodukt B.

3. Gruppe: Vergleichender Blindtest
   – Testprodukt A, Testprodukt B, Testprodukt C.

So werden erstens die Vorteile beider Testarten genutzt (monadischer Test: realitätsnäher, Messung des Gesamteindruckes; Vergleichstest: Vergleichswerte, Messung der eigentlichen Produktleistung), zweitens kann durch den Vergleich der Ergebnisse auf den Einfluß von Vorinformationen geschlossen werden.

Allerdings ist ein Ergebnisvergleich zwischen den Gruppen korrekterweise nur dann erlaubt, wenn homogene Stichproben vorliegen. Da aus Kostengründen pro Testgruppe nur 100 Personen vorgesehen sind, kann mit Zufallsauswahl keine Homogenität erzielt werden. Deswegen werden die Probanden – wie schon bei der Befragung zu den Saftmarken – nach quotierten Merkmalen ausgesucht, wodurch wenigstens annähernd homogene Samples entstehen. Abstriche bei der Ergebnisinterpretation sind jedoch auch hier unvermeidlich.

Die beiden monadischen Tests laufen nach dem gleichen Schema ab (vgl. Abbildung 112).

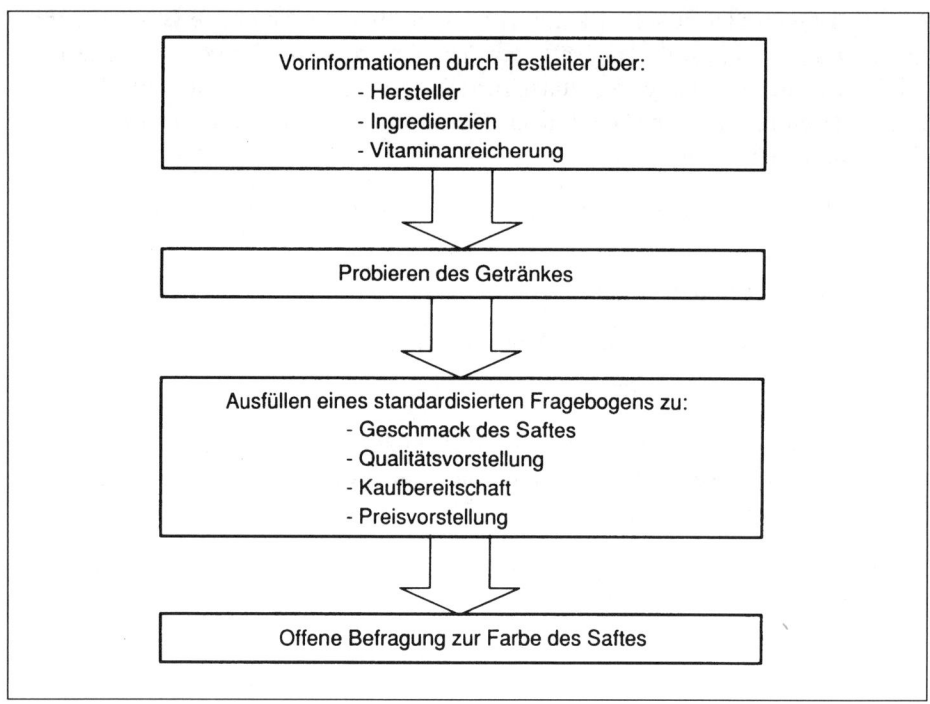

Abbildung 112: Ablauf der beiden monadischen Tests

Unmittelbar nach dem Probieren des Saftes bekommen die Probanden einen Fragebogen, bestehend aus unipolaren fünfstufigen Ratingskalen, ausgehändigt, in welchen sie durch Ankreuzen zunächst das von ihnen empfundene Geschmackserlebnis beschreiben sollen (siehe Abbildung 113).

Im zweiten Fragebogenteil (Abbildung 114) sind die Testpersonen aufgefordert, von den zuvor erlebten Produkteigenschaften auf Wertvorstellungen rückzuschließen.

Am Schluß des Fragebogens werden Preisvorstellung und Grad der Kaufbereitschaft ermittelt (Abbildung 115).

Danach werden die Probanden gebeten (nun ohne Fragebogen), die Farbe des Saftes mit eigenen Worten zu beschreiben und anschließend zu beurteilen. Durch das kurze (höchstens 5 Minuten dauernde) explorativ geführte Gespräch am Ende des Tests erhofft man sich Aufschluß über Assoziationen und Eindrücke bezüglich der Saftfarbe, die das Geschmackserlebnis beeinflussen könnten.

```
┌─────────────────────────────────────────────────────────────────┐
│                  Bescheibung des Geschmackes:                     │
├─────────────────────────────────────────────────────────────────┤
│                                                                   │
│   Der Saft schmeckt ...        trifft überhaupt      trifft voll und │
│                                nicht zu              ganz zu        │
│                                                                   │
│   exotisch              □    □    □    □    □                      │
│                                                                   │
│   frisch                □    □    □    □    □                      │
│                                                                   │
│   fruchtig              □    □    □    □    □                      │
│                                                                   │
│   süß                   □    □    □    □    □                      │
│                                                                   │
│   intensiv              □    □    □    □    □                      │
│                                                                   │
│   edel                  □    □    □    □    □                      │
│                                                                   │
│   ...                   □    □    □    □    □                      │
│                                                                   │
├─────────────────────────────────────────────────────────────────┤
│   Gesamteindruck:    Note    ( )    (nach Schulnotensystem)       │
└─────────────────────────────────────────────────────────────────┘
```

Abbildung 113: Auszug aus dem Fragebogen zur Geschmacksbeschreibung

```
┌─────────────────────────────────────────────────────────────────┐
│                  Wie beurteilen Sie den Saft?                     │
├─────────────────────────────────────────────────────────────────┤
│                                                                   │
│   Der Saft ist bestimmt ...    trifft überhaupt      trifft voll und │
│                                nicht zu              ganz zu        │
│                                                                   │
│   gesund                □    □    □    □    □                      │
│                                                                   │
│   teuer                 □    □    □    □    □                      │
│                                                                   │
│   exklusiv              □    □    □    □    □                      │
│                                                                   │
│   qualitativ hochwertig □    □    □    □    □                      │
│                                                                   │
│   ....                  □    □    □    □    □                      │
│                                                                   │
└─────────────────────────────────────────────────────────────────┘
```

Abbildung 114: Auszug aus dem Fragebogen zur globalen Beurteilung des Saftes

Würden Sie diesen Saft kaufen?				
☐	☐	☐	☐	☐
auf gar keinen Fall	wahrscheinlich nicht	unentschlossen	vielleicht	auf jeden Fall

Abbildung 115: Skala zur Ermittlung der Kaufbereitschaft

Wie ordnen Sie die drei Säfte geschmacklich ein?			
Bilden Sie Rangfolgen:	Tragen Sie an erster Stelle den Saft (A, B, oder C) ein, für den die jeweilige Geschmacksbeschreibung am ehesten zutrifft. Verfahren Sie bei den weiteren Geschmacksbeschreibungen ebenso.		
	1.	2.	3.
fruchtig	☐	☐	☐
exotisch	☐	☐	☐
frisch	☐	☐	☐
edel	☐	☐	☐
intensiv	☐	☐	☐
süß	☐	☐	☐
...			

Vergeben Sie für jeden Saft eine Gesamtnote

Saft A: Note   ☐

Saft B: Note   ☐   (Nach Schulnotensystem)

Saft C   Note   ☐

Abbildung 116: Auszug aus dem Fragebogen zum Geschmacksvergleichstest

Mit der dritten Testgruppe wird ein vergleichender Blindtest abgehalten. Die Probanden bekommen außer der Mitteilung, daß es sich bei den Testprodukten um drei Fruchtsäfte handelt, keinerlei Vorinformation. In den Vergleich einbezogen sind die zwei Prototypen (A und B) des Hauses sowie ein Konkurrenzprodukt C, die allesamt in neutralen Trinkgläsern angeboten werden.

Nachdem die Testperson jeden Saft gekostet hat, ist sie zur Bildung von Rangfolgen sowie zur Vergabe jeweils einer Gesamtnote aufgefordert (Abbildung 116 und 117).

Wie beurteilen Sie die drei Säfte?

Bilden Sie Rangfolgen: Tragen Sie an erster Stelle den Saft (A, B, oder C) ein, für den die jeweilige Eigenschaft Ihrer Meinung nach am ehesten zutreffen wird. Verfahren Sie bei den weiteren Eigenschaften ebenso.

	1.	2.	3.
gesund	☐	☐	☐
teuer	☐	☐	☐
exklusiv	☐	☐	☐
qualitativ hochwertig	☐	☐	☐
...			

Abbildung 117: Auszug aus dem Fragebogen zur vergleichenden Globalbeurteilung

Zur Ermittlung der Kaufbereitschaft dient dieselbe Skala wie bei den monadischen Tests, und auch die kurze explorative Befragung zur Saftfarbe wird aus den Tests mit den ersten beiden Gruppen übernommen.

Die Auswertung gestaltet sich problemlos. Nach Kodierung der Skalenwerte werden unter Zuhilfenahme von Standard-Software die notwendigen statistischen Berechnungen (z.B. Mittelwerte, Varianzen usw.) vorgenommen, wobei wiederum Intervallniveau der Daten angenommen wird. Danach bieten die Qualitätstests das in Abbildung 118 und 119 zusammengefaßte Ergebnis. (Zum besseren Vergleich stehen die wichtigsten Resultate aller drei Testgruppen jeweils nebeneinander).

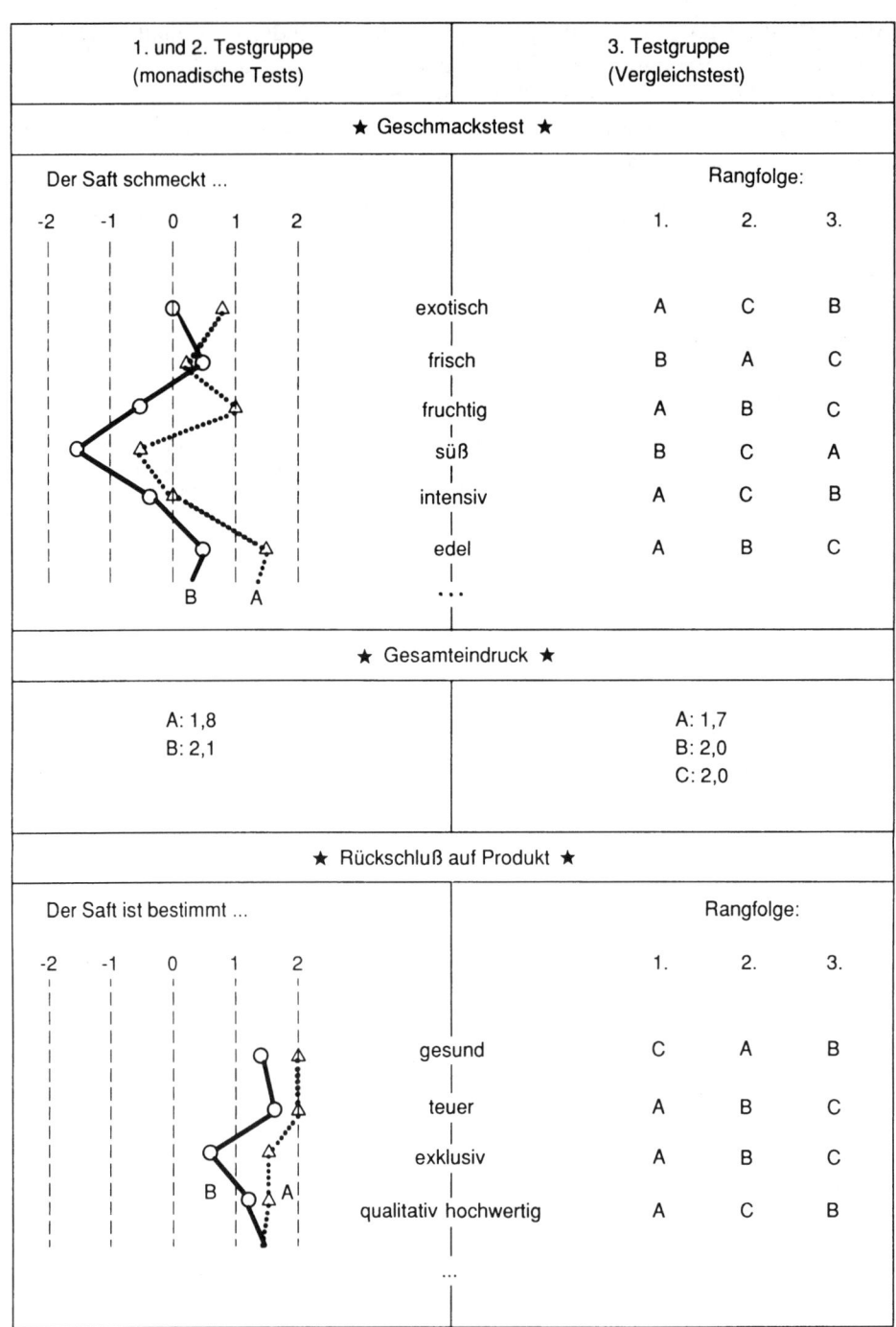

1. und 2. Testgruppe (monadische Tests)	3. Testgruppe (Vergleichstest)
★ Geschmackstest ★	

Der Saft schmeckt ...

Rangfolge: 1. 2. 3.

	1.	2.	3.
exotisch	A	C	B
frisch	B	A	C
fruchtig	A	B	C
süß	B	C	A
intensiv	A	C	B
edel	A	B	C
...			

★ Gesamteindruck ★

A: 1,8 B: 2,1	A: 1,7 B: 2,0 C: 2,0

★ Rückschluß auf Produkt ★

Der Saft ist bestimmt ...

Rangfolge: 1. 2. 3.

	1.	2.	3.
gesund	C	A	B
teuer	A	B	C
exklusiv	A	B	C
qualitativ hochwertig	A	C	B
...			

Abbildung 118: Ergebnisse des Qualitätstests, Teil 1

386

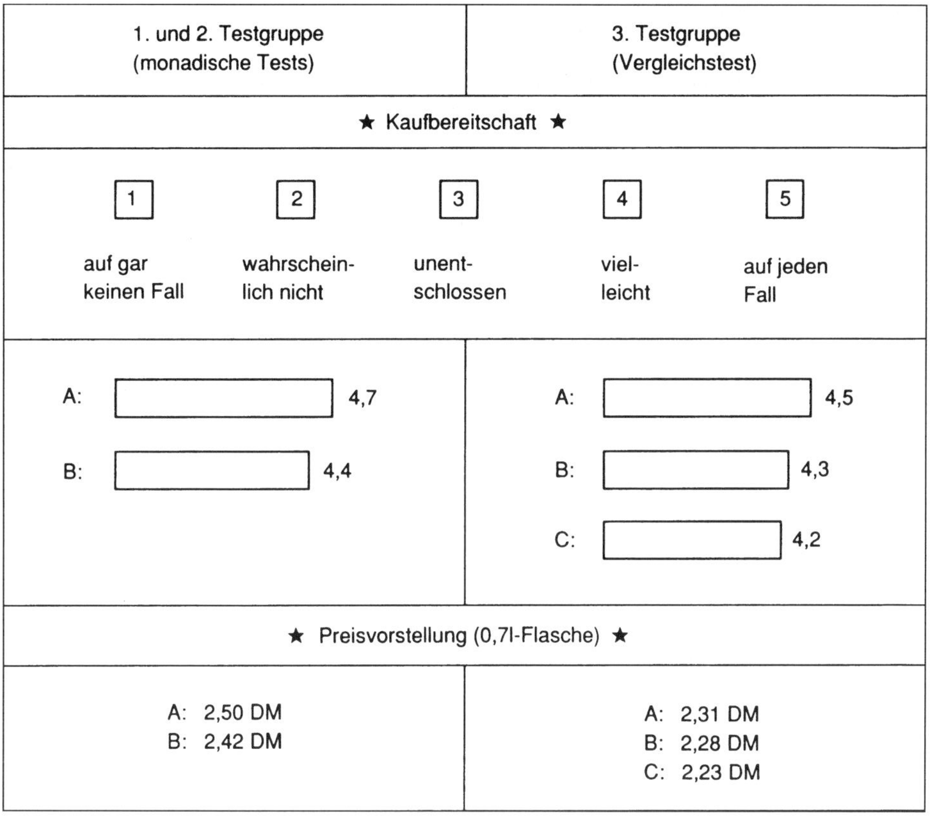

1. und 2. Testgruppe (monadische Tests)	3. Testgruppe (Vergleichstest)
★ Kaufbereitschaft ★	

1	2	3	4	5
auf gar keinen Fall	wahrscheinlich nicht	unentschlossen	vielleicht	auf jeden Fall

1. und 2. Testgruppe	3. Testgruppe
A: 4,7	A: 4,5
B: 4,4	B: 4,3
	C: 4,2

★ Preisvorstellung (0,7l-Flasche) ★	
A: 2,50 DM B: 2,42 DM	A: 2,31 DM B: 2,28 DM C: 2,23 DM

Abbildung 119: Ergebnisse des Qualitätstests, Teil 2

Aus den explorativen Kurzinterviews zur Saftfarbe kann folgendes Fazit gezogen werden:

▪ gelb-orange Farbe findet den größten Zuspruch (viele positive Assoziationen: Sonne, Fruchtfleisch, Energie usw.),

▪ totale Ablehnung künstlich empfundener Farben, wie z.B. grün oder blau.

Zusammenfassend werten die Entscheidungsträger der „Durstlösch GmbH" den Ausgang des Qualitätstests als vollen Erfolg. Außer ein paar Abweichungen (z.B. beim Geschmacksmerkmal „Frische") decken sich die Ergebnisse der monadischen Tests und des Vergleichstets in der Tendenz; ein Vergleich der absoluten Werte läßt auf positive Effekte der Vorinformationen (beim monadischen Testaufbau) schließen.

Die Rückführung der entsprechenden Items auf die drei Grunddimensionen des Positionierungsmodells bestätigt die Richtigkeit des Konzepts „Multivitaminsaft", wobei vor allem Variante A die Erwartungen erfüllt. Der Qualitätstest schließt demnach mit der Entscheidung, auf der Basis des Multivitaminsaftes A fortzufahren.

1.3.3 Namenstest

An einen Produktnamen werden generell zwei Grundanforderungen gestellt:

- Er sollte merkfähig sein.

- Er sollte beim Empfänger interne Reaktionen (Assoziationen, Vorstellungen, Erwartungen) auslösen, die im Sinne der mit dem Produkt verfolgten kommunikativen Ziele sind.

Entsprechend diesen Anforderungen ist der nachfolgende Namenstest gestaltet.

Ausgehend von zwei durch die „Durstlösch GmbH" markenrechtlich geschützten Namensvorschlägen „Fruchtkraft" und „Vitfrucht" soll der Test die Entscheidung für eine der Alternativen ermöglichen.

Beide Vorschläge werden unabhängig voneinander in jeweils einer Testgruppe à 100 Personen auf dem Wege der Befragung bezüglich ihrer Tauglichkeit getestet.

Ebenfalls denkbar wäre der Einsatz sogenannter apparativer Techniken zur Beobachtung von Reaktionen der Testpersonen, doch spricht nach Meinung der „Durstlösch"-Marktforscher das Kosten-Nutzen-Verhältnis im vorliegenden Fall gegen die Anwendung eines dieser Verfahren.

Der Namenstest vollzieht sich in zwei Phasen:

1. Phase

Prüfung der Merkleistung mit Hilfe eines sogenannten Foldertests

Die Testperson blättert ohne Zeitdruck eine Mappe (= Folder) durch, die 15 mit Produktnamen beschriebene Blätter in zufälliger Reihenfolge enthält – darunter auch die beiden zu testenden Namensvorschläge. Anschließend (d.h. frühestens eine Stunde danach) ist der Proband aufgefordert, alle Namen, an die er sich noch erinnert, wiederzugeben (Recall). An der Nennhäufigkeit der Testnamen läßt sich deren Merkleistung ablesen.

2. Phase

Prüfung der Assoziationsleistung (Assoziationstest)

Während in der ersten Phase beide Gruppen dieselbe Mappe durchgegangen sind, testet jetzt die eine Gruppe den Namen „Fruchtkraft", die andere den Namen „Vitfrucht". In Übereinstimmung mit der Produktposition sollten bei der Wahrnehmung des Produktnamens idealerweise Assoziationen bezüglich
– Gesundheit/Fitness/Energie/Vitamine usw.,
– Genuß/Exklusivität/Früchte usw.
frei werden.

Ob und in welchem Maße dies einem der beiden Namen gelingt, wird im Rahmen einer teilstandardisierten Befragung ermittelt: In Einzelinterviews werden Testpersonen nach Darbietung des jeweiligen Produktnamens explorativ befragt und sollen zunächst darüber Auskunft geben, welche Warengruppe sie mit dem Namen verbinden, um welches Produkt es sich ihrer Meinung nach handelt und wie das Produkt beschaffen sein könnte. Im Anschluß daran wird ihnen mit Übergabe des Fragebogens mitgeteilt, daß sich hinter dem Namen ein Multivitaminsaft verbirgt. Der Fragebogen (s. Abbildung 120) beinhaltet die Items aus dem Qualitätstest.

Wie beurteilen Sie einen Multivitaminsaft, der diesen Namen trägt?		
Der Saft ist bestimmt ...	trifft überhaupt nicht zu	trifft voll und ganz zu
gesund	☐ ☐ ☐ ☐ ☐	
teuer	☐ ☐ ☐ ☐ ☐	
exklusiv	☐ ☐ ☐ ☐ ☐	
qualitativ hochwertig	☐ ☐ ☐ ☐ ☐	
....	☐ ☐ ☐ ☐ ☐	

Abbildung 120: Auszug aus dem Fragebogen zum Namenstest

Der Vergleich der Ergebnisse beider Testgruppen läßt keine eindeutige Präferenz des einen oder des anderen Namens erkennen. „Fruchtkraft" wird merklich besser erinnert als „Vitfrucht" (154 Nennungen zu 121 Nennungen), während „Vitfrucht" im Assoziationstest günstiger abschneidet. Damit stehen die Verantwortlichen vor einem echten Entscheidungsproblem.

In der zur Lösung des Namensproblems anberaumten Besprechung setzen sich letztendlich diejenigen durch, die einer hohen Assoziationsleistung gegenüber einer hohen Erinnerungsleistung den Vorrang geben. Daraufhin wird der Beschluß gefällt, den neuen Multivitaminsaft „Vitfrucht" zu nennen.

1.3.4 Flaschentest

Der mit der Gestaltung des Produktäußeren beauftragte Designer arbeitete unter der Prämisse, mehrere Glasflaschen zu entwerfen, die sich dazu eignen, hochwertigen Saft aufzunehmen. Dem Saft sollte durch eine eigenständige Flaschenform und Etikettgestaltung eine unverwechselbare Identität im Sinne der Position Gesundheit/Genuß verliehen werden (kommunikatives Ziel).

Weil die Etiketten erst nach der Entscheidung für den Produktnamen entworfen werden konnten, bildet der Flaschentest das letzte Glied der Testphase. Es gilt, aus jeweils drei Entwürfen zur Flaschenform und zum Etikett die beste Kombination zu ermitteln. Weiterhin ist man sich noch nicht im klaren, ob der 0,7-Liter- oder der 1-Liter-Flasche der Vorzug gegeben werden soll.

Damit stehen die Tester vor dem Problem, ein Testdesign zu errichten, das 3 x 3 x 2 = 18 Alternativen berücksichtigt:

Flaschenform	Etikett	Flaschengröße
A	A	0,7 Liter
B	B	1 Liter
C	C	

Eine auf derartige Schwierigkeiten zugeschnittene Vorgehensweise bietet das Verfahren des Conjoint-Measurement (CM), das den Einfluß von zwei oder mehreren unabhängigen Variablen (hier: Flaschenform, Etikett, Flaschengröße) auf die Rangordnung einer abhängigen Variable (hier: Präferenz) mißt. Man verschafft sich dadurch folgende Aufschlüsse:

- Welche der drei Variablen „Flaschenform", „Etikett" und „Flaschengröße" hat den größten Einfluß auf die Präferenz?

- Welche Ausprägungen der jeweiligen Variablen werden bevorzugt, gemessen am sogenannten Nutzenbeitrag?

Somit ist man in der Lage, die im Sinne des CM optimale Kombination mit dem höchsten Gesamtnutzenwert zu bestimmen.[6]

Vorgegangen wird folgendermaßen: 200 (wiederum nach quotierten Merkmalen ausgesuchte) Personen müssen Bildvorlagen der verschiedenen Merkmalskombinationen in eine Präferenzrangfolge bringen. Der entscheidende Vorteil des CM

---

6 Dahinter verbirgt sich die grundlegende Annahme des CM, daß globale Präferenzwerte in merkmalspezifische Teilpräferenzwerte zerlegt werden können. Vgl. dazu S. 287 ff.

besteht nun darin, daß nicht alle 18 denkbaren Kombinationen mit einbezogen werden müssen, sondern man ohne Informationsverlust mit einem reduzierten Untersuchungsdesign von 9 ausgewählten Kombinationen arbeiten kann. Faktisch haben also die Testpersonen nur 9 der insgesamt 18 Bildvorlagen nach Präferenz zu ordnen.

Die Auswertung erfolgt zweckmäßigerweise wieder mittels eines der Standard-EDV-Programme, und man erhält dann aus allen 18 (!) Möglichkeiten die am häufigsten präferierte Flasche.

Die Durchführung des CM nimmt den Verantwortlichen allerdings nicht die letzte Entscheidung ab, vielmehr stellt es im Zuge immer subtiler werdender Methoden ein Hilfsmittel zur Entscheidungsfindung dar, dessen Beitrag nicht unterbewertet, keinesfalls aber überschätzt werden sollte. Auf einem algorithmisch gesteuerten Auswahlprozeß beruhend, spiegeln die quantitativen, „harten" Daten ein mathematisch genaues Ergebnis wider. Nichtsdestoweniger sollten auch andere, etwa qualitative Aspekte zur Entscheidungsfindung herangezogen werden, denn die multivariaten Verfahren unterliegen doch ganz bestimmten Annahmen, die in der Realität nicht immer erfüllt zu sein brauchen.

1.4   Das Produkt

Mit dem letzten Test enden vorläufig auch die produktpolitischen Aktivitäten. Ziel war es, einen Saft für die Position „Gesundheit/Genuß" zu entwickeln, der gleichzeitig zur Profilierung der Firma „Durstlösch GmbH" beitragen sollte. Mit „Vitfrucht", einem Multivitaminsaft, der 10 verschiedene heimische und tropische Früchte enthält und zusätzlich mit Vitaminen angereichert ist, glauben die „Durstlöscher" das richtige Produkt gefunden zu haben.

1.5   Zusammenfassung

Inwieweit die Marktforschung an der Produktpolitik beteiligt war, zeigt nachfolgendes Ablaufschema; marktforscherische Tätigkeiten sind durch schwarz ausgemalte Pfeile gekennzeichnet:

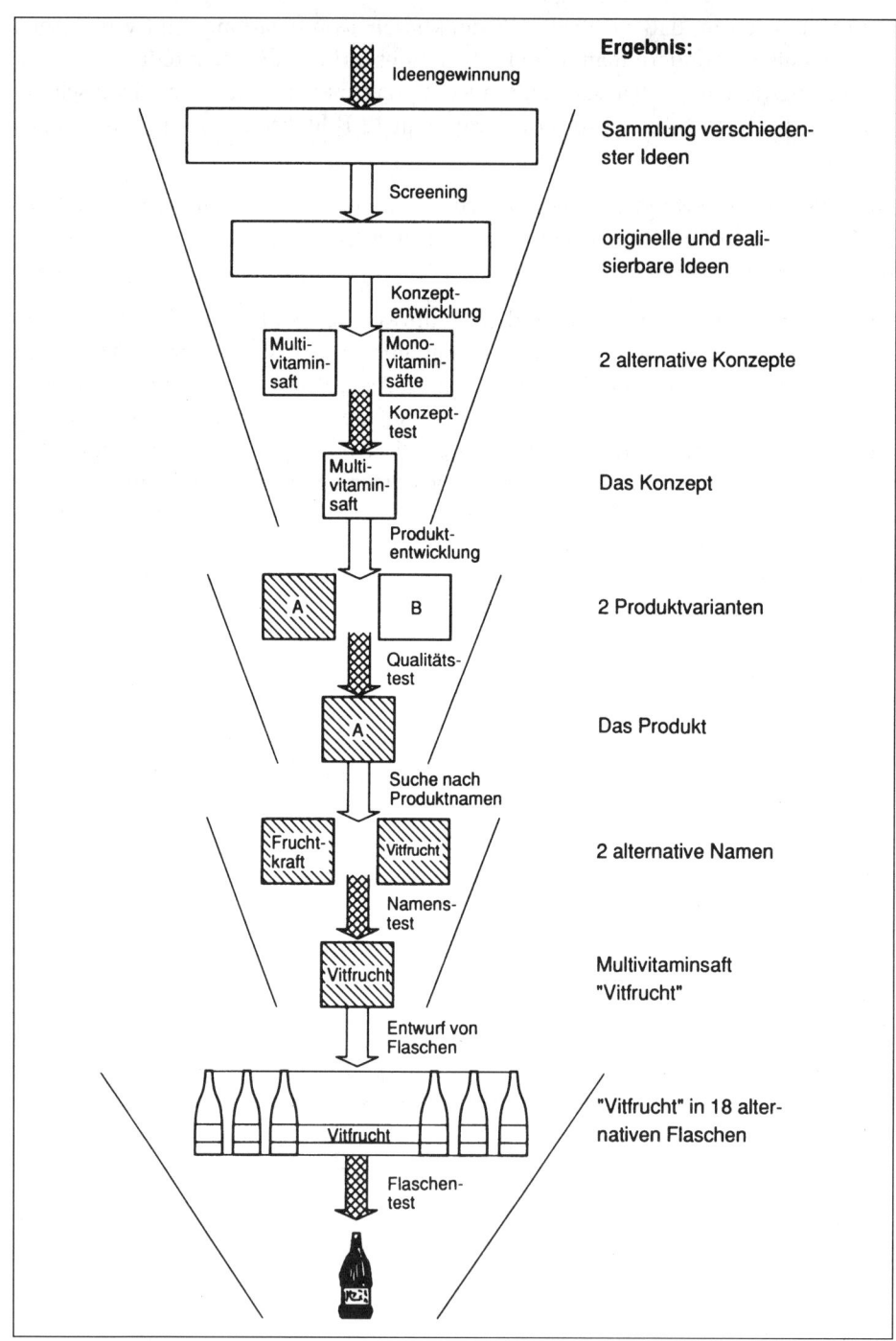

Abbildung 121: Marktforschung und Produktpolitik

2. Preispolitik

Es wurde schon mehrmals hervorgehoben, daß die „Durstlösch GmbH" mit ihrem neuen Multivitaminsaft Profilierungseffekte erzielen will. Deswegen existiert auch das Bemühen, ein exklusives, qualitativ hochwertiges Produkt zu schaffen. Die entsprechend hohen Entwicklungs- und Produktionskosten determinieren ein Preisniveau im unteren Bereich des Fruchtsaft-**Premium**sektors – ein Preisniveau, das sich nach Meinung der Entscheidungsträger gut für die Durchsetzung der Ziele eignet. Sie legen einen (vorläufigen) Verkaufspreis (ab Erzeuger) von 2,70 DM pro Liter fest.

3. Distributionspolitik

Bislang vertreibt die Firma „Durstlösch GmbH" alle ihre Produkte über den Einzelhandel. Dies ändert sich vorerst auch beim neuen Saft nicht, der in der Startphase (1 Jahr) nur im klassischen Lebensmitteleinzelhandel, in Warenhäusern und in Verbrauchermärkten/Supermärkten, später auch in Discountern und C&C-Geschäften, angeboten werden soll. Mittels **Handelspanel**-Daten ist eine laufende Unterrichtung über die Bedeutung der verschiedenen Vertriebswege bzw. Betriebsformen im Handel möglich.

4. Kommunikationspolitik

Das folgende Kapitel beschäftigt sich hauptsächlich mit produktbezogener Kommunikation in Gestalt von Werbemaßnahmen, zumal die Werbewirkungsforschung den klassischen Bereich der Marktforschung im Rahmen der Kommunikationspolitik darstellt. So nehmen denn auch die Werbepretests den meisten Raum der Ausführungen ein.

4.1 Werbeziele

Mit werblichen Aktivitäten werden letzten Endes immer ökonomische Ziele (z.B. Umsatzsteigerung) verfolgt. Demnach müßte ein Werbeerfolgstest den Zusammenhang zwischen dem Einsatz verschiedener Testwerbungen und der dadurch bewirkten Veränderung ökonomischer Größen testen. Dabei stößt man allerdings auf das bislang nicht zufriedenstellend gelöste Problem, die Verbundwirkung aller Marketing-Mix-Elemente, die es nicht erlaubt, die Werbewirkung isoliert zu messen. Zwar kommen die elektronisch unterstützten Minitestmärkte dem Ideal einer solchen handlungsorientierten (Kauf/Nichtkauf-)Werbereaktionsmessung schon recht nahe. Sie ersetzen aber nicht die Vorselektion von Werbekampagnen durch Werbepretets.

Werbemaßnahmen können nur dann erfolgreich sein, wenn sie bestimmte kommunikative Voraussetzungen im Vorfeld der Kaufentscheidung erfüllen, wie z.B. Aufmerksamkeits- oder Interessenweckung beim Empfänger. Darum werden in Werbepretets eben diese kommunikativen Wirkungen als Indikatoren für späteren Markterfolg und zur Formulierung von (kommunikativen) Werbezielen herangezogen; ebenso in unserem Fall: Die Werbung für „Vitfrucht" soll

 hohe Aufmerksamkeit, hohe Aktivierung,

 optimales Botschaftsverständnis,

 hohes Produktinteresse,

 hohe Erinnerungsleistung,

 hohe Kaufbereitschaft

bewirken. Nun gibt es bekanntlich keinen verbindlichen Maßstab, an dem abzulesen ist, wann „hohe Aufmerksamkeit" oder „hohe Erinnerungsleistung" erzielt wurden. Deswegen erfolgt die Beurteilung der Meßwerte nicht absolut, sondern im Vergleich mit den Werten von Alternativ- und/oder Konkurrenzwerbungen. Zum Teil werden Testergebnisse auch mit sogenannten Standard- oder Richtwerten verglichen, die dem Erfahrungsschatz der Testinstitute entstammen.

4.2 Entwurf zweier Kampagnen

Eine Werbeagentur erhält von der „Durschlösch GmbH" den Auftrag, zwei Einführungskampagnen, bestehend aus je einer doppelseitigen Anzeige und einem 30s-TV-Spot, für „Vitfrucht" zu entwerfen. Thematisch sollen Anzeige und Spot so gestaltet sein, daß die Werbeempfänger die Positionierung von „Vitfrucht" nachvollziehen können.

4.3 Werbepretests

4.3.1 Grundsätzliches zu Werbepretests

Werbepretests dienen der Messung von intrapersonellen Werbewirkungen. Grundsätzlich wäre es möglich, die Wirkung einer Testwerbung allein über Befragungen zu ermitteln – allerdings mit der bei Befragungen immer gegebenen Verzerrungsgefahr durch Kontrolle bzw. Unvermögen des Befragten. Manche Teilaspekte jedoch können sicherer und genauer mit Hilfe apparativer Techniken beobachtet werden, so beispielsweise die Stärke der Aktivierung einer Testperson beim Betrachten von Werbespots per Hautwiderstandsmessung. Oder es werden Blickregistrierungsgeräte eingesetzt, wenn es um die Informationsverarbeitung des Probanden beim Durchblättern von Testanzeigen geht. Aber auch die apparativ unterstützte Beobachtung hat Nachteile:

▪ Es werden immer nur eng begrenzte Einzelaspekte gemessen.

▪ Zum Teil herrscht beim Meßvorgang eine extreme Laborsituation.

▪ Die Anwendung apparativer Techniken ist teuer.

▪ Es liegen wenige Erfahrungswerte vor.

Um über das konkrete Vorgehen entscheiden zu können, sollte zunächst Klarheit über die Anforderungen an einen Werbepretest herrschen:

▪ Grundsätzliche Anforderungen an einen Test:
  – Objektivität,
  – Reliabilität (Zuverlässigkeit),
  – Validität (Gültigkeit),
  – genügend große Stichprobe.

▪ Möglichst natürliche Testsituation (Minimierung der Laborsituation).

▪ Testen unter realen Bedingungen durch
  – Vertuschen des eigentlichen Testzwecks,
  – Mehrfachkontakt mit dem Werbemittel (Kumulativeffekt der Werbung),
  – Kombination mehrerer Medien im Test,
  – Einsatz mehrerer Sujets (Kampagnencharakter).

Nachdem es **den** Werbepretest, der alle Anforderungen erfüllt und zugleich eine exakte Erfolgsvoraussage erlaubt, nicht gibt, müssen im Einzelfall, d.h. abhängig vom jeweiligen Problem, die Wahl der Methoden und das Testdesign bestimmt werden.

4.3.2 Durchführung des Werbepretests

Sinn dieses Werbepretests ist es, aus den zwei Kampagnen (jeweils Anzeige und TV-Spot), die von der Werbeagentur wie vereinbart erstellt wurden, die im Sinne der Zielsetzung bessere zu ermitteln. Zur Bewältigung dieser Aufgabe haben die Marktforscher des Unternehmens zusammen mit Vertretern des ausgewählten Testinstituts folgendes Testdesign erarbeitet:

3 strukturgleiche Testgruppen á 200 Personen		
1. Gruppe = Befragungsgruppe Kampagne A	2. Gruppe = Befragungsgruppe Kampagne B	3. Gruppe = Beobachtungsgruppe Kampagne A + B
● kombinierter Einsatz von Anzeige und Spot im Testablauf ● getarnter Testzweck „Programm- und Zeitschriftentest", Scheinfragen) ● Mehrfachkontakte ⎫ 3 Testtermine ⎬ in ● Berücksichtigung von ⎭ 3 Wochen Langfristeffekten		● getrennter Anzeigen- und TV-Spot-Test ● nicht-durchschaubare Situation ● Beobachtung mit appara- tiver Unterstützung
Befragung		Beobachtung
● Messung der Erinnerungsleistung (Recall) ● Messung der Kommunikationsleistung des Werbemittels ● Messung der Rückschlüsse auf Produkt ● Messung der Kaufbereitschaft		● Aktivierungsmessung mit- tels EDR ● Blickaufzeichnung (Rück- schluß auf Informations- verarbeitung) ● Abschlußbefragung

Abbildung 122: Testdesign des Werbepretests

Mit dieser Vorgehensweise wird versucht, die spezifischen Stärken beider Erhebungsmethoden (Befragung und apparativ unterstützte Beobachtung) zu nutzen:

Befragungsgruppen:
- getarnter Testzweck,
- Schaffung optimaler Testbedingungen.

Beobachtungsgruppe:
- exakte Messung relevanter, vom Probanden nur schlecht artikulierbarer Körperreaktionen.

Der Werbepretest in den **zwei Befragungsgruppen** vollzieht sich in vier Phasen:

(1) Vorphase

Einweisung der Testpersonen einen Tag vor dem eigentlichen Beginn des angeblichen „Programm- und Zeitschriftentests". Dabei erfolgt die Übergabe einer mit der jeweiligen Testanzeige präparierten Originalzeitschrift, deren ebenfalls präparierte neueste Ausgabe bis Ende des Tests wöchentlich jeweils einen Tag vor Testtermin zugeschickt wird.

(2) Testtermin 1

Vor dem Testbeginn findet ein ca. 15minütiger Aufenthalt aller Testteilnehmer zum Kennenlernen im Empfangsraum statt (Entspannen der Atmosphäre); dabei liegen auf den Tischen die oben bereits angesprochenen präparierten Zeitschriften aus, so daß jederzeit die Möglichkeit besteht, zwanglos darin herumzublättern.

Testablauf: Vorführen eines TV-Programmes, bestehend aus Show, Moderation, Film und Werbung (darunter auch der zu testende TV-Spot), das insgesamt einein- halb Stunden dauert, unterbrochen von einer 15minütigen Pause. Auch im Vorführ- raum kann nebenher in ausgelegten Zeitschriften geblättert werden.

Am Ende muß jeder Teilnehmer einen (Schein-)Fragebogen zum Programm aus- füllen.

(3) Testtermin 2 (eine Woche nach Testtermin 1)

Gleiches Vorgehen wie beim ersten Testtermin.

Anderes TV-Programm mit selbem Werbeblock. Wiederum Ausliegen der neuesten Ausgabe der präparierten Zeitschrift.

(4) Testtermin 3 und Befragung (eine Woche nach Testtermin 2)

Nun ohne Zeitschriften im Empfangs- bzw. Vorführraum (wegen anschließender Recall-Befragung). Nach Vorführung des TV-Programmes: Pause, danach Einzelin- terviews (Abschlußbefragung) in teilstandardisierter Form.

Die Einzelinterviews beinhalten, abgesehen von den erneuten Scheinfragen, fol- gende zentrale Fragenkomplexe:

1. **Ungestützter Anzeigen-Recall:** „An welche Anzeigen erinnern Sie sich?" „Was stand in den Anzeigen bzw. was war in den Anzeigen abgebildet?" „Um welche Marken handelte es sich dabei?"

2. **Ungestützter TV-Spot-Recall:** „An welche Werbespots erinnern Sie sich?" „Welche Produkte/Marken wurden wie beworben?"

3. Falls Testanzeige und/oder -spot ungestützt nicht erinnert wurden, **gestützter Anzeigen- und/oder TV-Spot-Recall** (Gedächtnishilfen): „Denken Sie mal an Werbung für Fruchtsaft: Fällt Ihnen dazu etwas ein?"

4. Messung der Kommunikationsleistung von Anzeige und Spot bei denjenigen, die sich ungestützt oder gestützt erinnerten (**Kommunikationstest**):

Wie gut wurden Sie durch diese Anzeige (diesen Spot) informiert?

---

sehr gut	gut	mittel-mäßig	schlecht	sehr schlecht
☐	☐	☐	☐	☐

Abbildung 123: Auszug aus dem Fragebogen zum Kommunikationstest, Teil 1

Was wurde Ihrer Meinung nach durch Anzeige und Spot zum Ausdruck gebracht?

---

	ja	weiß nicht	nein
„Vitfrucht" ist ein Multivitaminsaft	○	○	○
„Vitfrucht" ist neu	○	○	○
„Vitfrucht" schmeckt vor allem Kindern	○	○	○
„Vitfrucht" ist gesund	○	○	○
„Vitfrucht" hält fit	○	○	○
„Vitfrucht" enthält Vitamine	○	○	○
„Vitfrucht" ist süß	○	○	○
....			

Abbildung 124: Auszug aus dem Fragebogen zum Kommunikationstest, Teil 2

An dieser Stelle bekommt der Proband einen Teil der Zeitschrift sowie des TV-Programms noch einmal zu sehen, darunter auch Testanzeige und Testspot. Bei der daran anschließenden Fragensequenz erhebt man u.a.

5. eigene Vermutungen über „Vitfrucht" anhand des schon bekannten Fragebogens,

6. Kaufbereitschaft mit einer Fünferskala.

Die Verschleierung des Testzwecks bis zum Schluß ist dadurch gewährleistet, daß die 6 eigentlichen Fragenkomplexe für den Befragten unter allen Scheinfragen bezüglich der Illustrierten und des TV-Programms eine untergeordnete Rolle einnehmen.

In der **Beobachtungsgruppe** werden Anzeige und TV-Spot getrennt getestet:

(1) Anzeigentest

Nacheinander Vorlage von 15 verschiedenen Werbeanzeigen, darunter die zwei Testanzeigen aus Kampagnen A und B, dabei

1. Hautwiderstandsmessung (EDR) zur Ermittlung der emotionalen Stimulierung (= Aktivierung);

2. Blickregistrierung zur Ermittlung von Blickverläufen und Verweildauer als Indikatoren der Informationsaufnahme.

(2) TV-Spot-Test

Vorführen von 15 Werbespots, darunter die beiden Testspots.

Dabei: Hautwiderstandsmessung.

(3) Abschlußbefragung

Nachdem die Hautwiderstandsmessung nur Werte für die Intensität, nicht aber für die Richtung der Aktivierung liefert, müssen zu Testanzeigen und -spots bei einem erneuten Betrachten Bewertungen von den Testpersonen vorgenommen werden.

4.4.   Ergebnis: Einführungskampagne

Die Auswertung der Testaufzeichnungen brachte in Auszügen folgende Ergebnisse:

Kampagne A		Kampagne B						Rest (Durchschnitt)	
* durchschnittliche Aktivierung*									
	niedrig	1	2	3	4	5	6	hoch	
Anzeige	3,8	Anzeige					4,1	Anzeigen	3,3
Spot	4,3	Spot					4,9	Spots	3,9

Abbildung 125: Ergebnisse des Werbepretests, Teil 1

Kampagne A	Kampagne B	Rest (Durchschnitt)
★ durchschnittliche Verweildauer bei Anzeige ★		
1,9 Sekunden	2,1 Sekunden	1,3 Sekunden
★ durchschnittliche Kommunikationsleistung ★		
"Wie gut wurden Sie durch diese Anzeige (diesen Spot) informiert?" sehr gut ① gut ② mittel- mäßig ③ schlecht ④ sehr schlecht ⑤		
Anzeige 2,3 Spot 2,5	Anzeige 2,4 Spot 2,5	
Rangfolge der Nennung von Werbeargumenten		
1. ... ist ein Multi-vitaminsaft 2. ... ist gesund 3. ... enthält Vitamine 4. ... schmeckt gut 5. ... ist neu	1. ... ist ein Multi-vitaminsaft 2. ... enthält Vitamine 3. ... ist gesund 4. ... ist neu 5. ... ist für Genießer	
★ Erinnerung (Recall) ★		
Nennung des Markennamens (ungestützt)		
Anzeige 21% Spot 79%	Anzeige 27% Spot 88%	doppelseitige Anzeigen 15% Spots 77%

Abbildung 126: Ergebnisse des Werbepretests, Teil 2

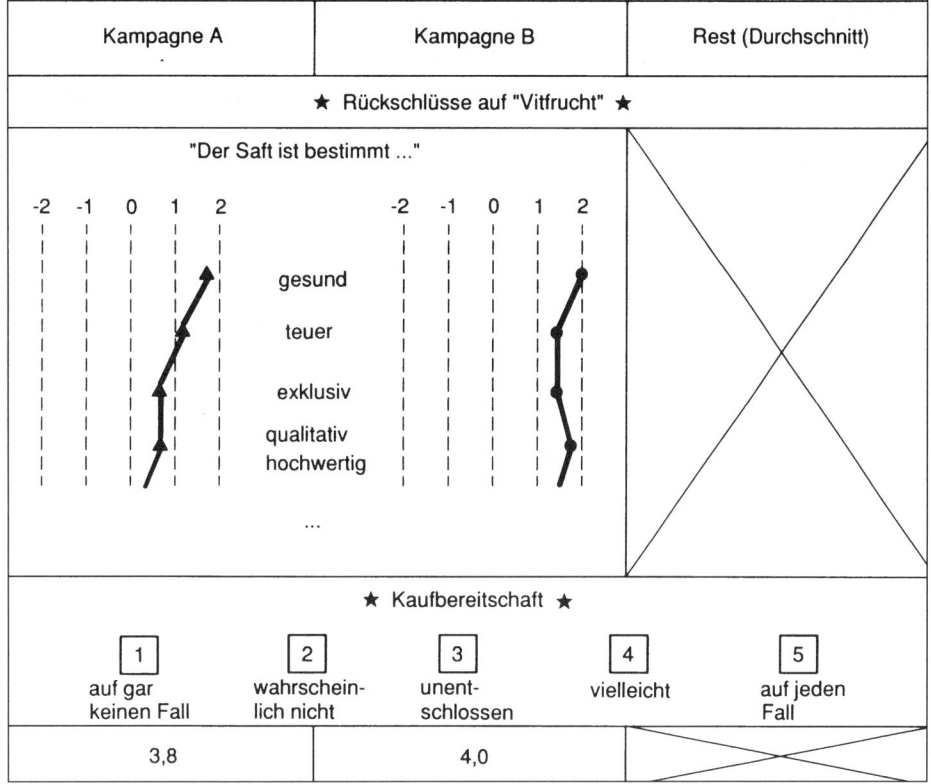

Kampagne A	Kampagne B	Rest (Durchschnitt)
★ Rückschlüsse auf "Vitfrucht" ★		

Abbildung 127: Ergebnisse des Werbepretests, Teil 3

Da Kampagne B in nahezu allen Punkten besser abschneidet als Kampagne A, beschließt man, auf ihr die Einführungswerbung aufzubauen. Spot und Anzeige werden stellenweise verbessert und daraufhin noch einmal partiell getestet, was hier – genauso wie ein abschließender Test der fertigen Gesamtkampagne – nicht weiter ausgeführt wird.

Desgleichen nur erwähnt seien alle anderen Werbemaßnahmen (Plakate, Hörfunkwerbung, Supplements usw.) sowie Verkaufsförderungsaktionen, die von der „Durstlösch GmbH" im Zuge der Produkteinführung ebenfalls durchgeführt werden.

5. Zusammenfassung

Mit der Produktion der Werbemittelendfassungen ist die Kreativphase vorläufig beendet. Die Ergebnisse der Produkttests geben erste Hinweise darauf, daß mit

„Vitfrucht" ein Konzept aus der Taufe gehoben wurde, das gemäß der Positionierungsidee gute Markterfolge erwarten läßt.

Dennoch wäre es zu riskant, allein aufgrund der positiven Testresultate den Saft national einzuführen.

Bevor also die Unternehmensspitze grünes Licht für die Markteinführung gibt, testet sie, ob sich „Vitfrucht" im Testmarkt bewährt.

E. Testmarktforschung

1. Ziel der Testmarktforschung

Ziel der Testmarktforschung ist die Überprüfung der Durchsetzungsfähigkeit einer (Neuprodukt-)Konzeption gegenüber Handel und Verbraucher.

Gelingt es „Vitfrucht", sich im Umfeld aller Konkurrenzprodukte bei mehr oder weniger realen Marktbedingungen zu behaupten, so nimmt man dies als Indiz für die Marktreife des Konzeptes – der Einführung auf dem nationalen Markt steht dann von seiten des Unternehmens nichts mehr im Wege.

Gemessen wird der Erfolg im Testmarkt anhand vorgegebener Kennzahlen (z.B. Reichweite, Wiederkaufsrate usw.).

2. Informationsbedarf und Informationsbeschaffung

2.1 Grundsätzliche Möglichkeiten

Testmarktforschung gibt es in mehreren Formen, welche sich mit Hilfe folgender Kriterien unterscheiden lassen:

- Größe der Stichprobe, Repräsentanz,
- Realitätsnähe der Testbedingungen,
- Art der erhobenen Daten (Handels- und/oder Haushaltsdaten),
- Analyseleistung,
- Geheimhaltung vor Konkurrenz,
- Kosten.

Aus der Sicht der „Durstlösch"-Marktforscher kommen für die Markterfolgsprognose von „Vitfrucht" grundsätzlich vier Testmarktverfahren in Frage:

- **Store-Test** eignet sich insbesondere zum Testen einzelner Marketing-Mix-Elemente (Preis, Verpackung usw.).
- **Testmarktsimulation** eignet sich insbesondere bei hoher Geheimhaltungsstufe.
- **Minimarkttest** (mit Scannereinsatz) eignet sich insbesondere zur Messung von Werbewirkungen und zur Optimierung der Gesamtkonzeption (wegen kontrollierter Bedingungen).
- **Markttest** eignet sich insbesondere zum Testen der Handelsakzeptanz.

2.2 Vorgehen

Da die Entscheidung (Markteinführung oder nicht?) für die Verantwortlichen von erheblicher Tragweite ist, nehmen sie für die Absicherung derselben einen entsprechend hohen finanziellen Aufwand in Kauf und beschließen, „Vitfrucht" im Minimarkttest (zur Ermittlung der Verbraucherreaktionen) sowie zusätzlich in einem klassischen Markttest zur Ermittlung der Händlerreaktionen auf Markttauglichkeit zu prüfen.

Die Wahl fiel auf den Minimarkttest, weil dieser nahezu ideale feldexperimentelle Rahmenbedingungen (u.a. durch gezielte werbliche Ansprache usw.) aufweist. Im Zentrum des zusätzlichen Markttests steht das Distributionsproblem, das im Minimarkttest durch die Verpflichtung des Handels zur Mitarbeit von vornherein ausgeklammert ist.

Informationsbedarf und -beschaffung gestalten sich demnach folgendermaßen:

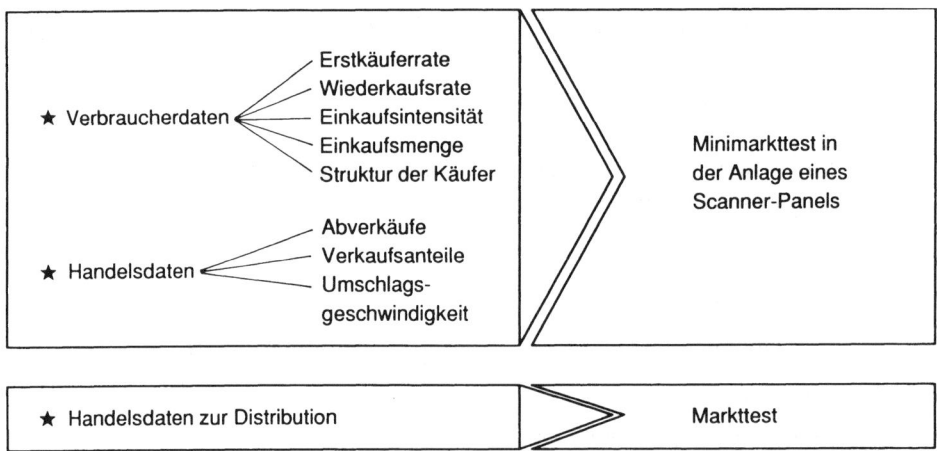

Abbildung 128: Informationen mittels (Mini-)Markttest

404

3. Testen der Verbraucherreaktionen im Minimarkttest

3.1 Grundsätzliches zum Minimarkttest

Minimarkttests unterscheiden sich in mehrfacher Hinsicht von klassischen Markttests (vgl. S. 165 ff.):

- Sie beschränken sich auf ein kleineres Testgebiet (eine Ortschaft) mit hohem Markterfassungsgrad und weitgehend repräsentativer Bevölkerungsstruktur.

- Es wird das gesamte Kommunikations-Mix (incl. Werbung) kontrolliert, d.h. gezielt eingesetzt.

- Die Bevorratung im Handel wird vorher abgeklärt (atypische Handelssituation).

- Die Testhaushalte werden vorher angeworben (sind also bekannt) und beim Einkauf in Testgeschäften einzeln erfaßt, so daß genaue Aussagen über deren Kaufverhalten möglich sind.

Damit entspricht die Testanlage einer Kombination von Handels- und Haushaltspanel.

3.2 Ziel der Verbraucherreaktionsmessung

Die Reaktion der Verbraucher auf das Angebot von „Vitfrucht" – gemessen am Kaufverhalten – soll Aufschluß über deren Akzeptanz geben. Als Maßzahlen für den Erfolg verwendet man, wie eingangs schon erwähnt, üblicherweise absatzwirtschaftliche Kennziffern, wie z.B. Erst- und Wiederkäuferrate (Abbildung 129).

Marke	Erstkäufer (in % aller Haushalte)	Wiederkäufer (in % der Erstkäufer)
Hohes C	9,5	31
Dr. Koch's Trink 10	7,2	42
Albi	11,1	51
ALDI	34,5	74
Granini Trinkgenuß	10,5	47
La Bamba	3,0	23
Junita	8,8	42
Vaihinger	4,4	42
Lindavia	3,1	51

Abbildung 129: Erst- und Wiederkäuferraten ausgewählter Fruchtsaftmarken

Das Marketing-Management setzt sich bezüglich dieser beiden Größen für die ersten 6 Monate nach der Einführung folgende Ziele und liegt damit über den branchenüblichen Durchschnittswerten:

- eine kumulierte **Erstkäuferrate** (Reichweite) von mindestens 9 %

- eine kumulierte **Wiederkäuferrate** von mindestens 45 %.

Durch Variation der Experimentalbedingung „Höhe des Werbedrucks" von seiten der Tester (Werbedrucktest) soll die (in bezug auf Erfüllung der vorgegebenen Ziele) optimale Ausprägung dieser Variablen ermittelt werden.

Weitere Schlüsselgrößen, die man neben Erst- und Wiederkäuferrate aus dem Minimarkttest gewinnt, wie beispielsweise Einkaufsintensität oder Bedarfsdeckungsrate, ermöglichen eine detaillierte Analyse des Erfolgspotentials des Testproduktes. Auf diese Größen wird bei der Darstellung der Minimarkttestergebnisse nicht weiter eingegangen.

In der Bundesrepublik bieten derzeit zwei Institute Minitestmarktforschung an, nämlich die GfK (**Behavior Scan**) und A.C. Nielsen (**Telerim**).

Welches der beiden Verfahren, die in Anlage und Methodik divergieren, das in unserem Falle günstigere ist, wird im nächsten Abschnitt abgewogen.

3.3 GfK Behavior Scan versus Nielsen Telerim

Zur kompetenten Beurteilung der Angebote von GfK und Nielsen empfiehlt sich eine Gegenüberstellung der beiden Minimarkttests. Bei diesem Vergleich kristallieren sich zwei Hauptunterscheidungsmerkmale heraus:

1. Anzahl der Testmärkte, Testgruppenbildung:
   Während Behavior Scan mit einem Testmarkt, innerhalb dessen man die verschiedenen Testgruppen nach Bedarf bildet, auskommt, arbeitet Telerim mit zwei.
2. Werbliche Ansprache der Testhaushalte:
   Durch Verkabelung der Testhaushalte und das sogenannte „Targetable TV-System" ist beim Behavior Scan eine absolut individuelle TV-Werbeansprache möglich; im Rahmen von Telerim dagegen können nur die einzelnen Testmärkte unterschiedlich beworben werden.

Einen umfassenden Überblick über die charakteristischen Merkmale der beiden konkurrierenden Minimarkttestverfahren bietet folgende Abbildung:

Merkmal	GfK Behavior Scan	Nielsen Telerim
Testmarkt	Haßloch in der Pfalz – 90 % aller Haushalte kabelfähig	Bad Kreuznach Buxtehude
Anzahl der Testhaushalte	2 000 HHe mit GfK-Box 1 000 HHe ohne GfK-Box	je Testmarkt 1 000 HHe
Markterfassungsgrad im LEH	je nach Warengruppe bis zu 95 %	bis zu 80 %
einsetzbare Medien	▪ a l l e relevanten TV-Sender ▪ Hörzu ▪ Tageszeitung „Die Rheinpfalz" ▪ Supplemente (z.B. IWZ) ▪ Plakate ▪ Handelswerbung (Tageszeitung, Handzettel)	▪ ZDF und SAT 1 ▪ diverse Bauer-Verlagsobjekte, u.a. TV Hören und Sehen ▪ Handelswerbung (Tageszeitung, Handzettel) ▪ Plakate ▪ Kino ▪ PoS
TV-Testspot	individuelle Ansteuerung einzelner Haushalte (z.B. der Zielgruppe) über alle Kanäle	alle Haushalte im Testgebiet empfangen Testspot
Kontrollverfahren	individuell	Testmarkt A gegen Testmarkt B
Kosten	ab 176 000 DM für kleine Warengruppen, ab 190 000 DM für mittlere Warengruppen, ab 199 000 DM für große Warengruppen (z.B. Fruchtsaft)	durchschnittlich 150 000 DM pro Test; bei Inanspruchnahme beider Testorte und 6-monatigem Test: 200 000-250 000 DM

Abbildung 130: Gegenüberstellung Behavior Scan – Telerim

Aus dieser Gegenüberstellung lassen sich unmittelbar Vor- und Nachteile der Verfahren ablesen.

▪ Behavior Scan zeichnet sich vor allem durch einen höheren (fast 100 %igen) Markterfassungsgrad, durch eine größere Auswahl einsetzbarer Medien und durch die Möglichkeit der individuellen TV-Ansteuerung der Testhaushalte aus.

▪ Im Vergleich dazu bietet Telerim die Möglichkeit des parallelen Einsatzes von zwei räumlich getrennten Testmärkten, der Markterfassungsgrad ist jedoch geringer, ebenso die Senderauswahl beim Fernsehen.

Trotz der aufgezeigten Unterschiede wären prinzipiell beide Verfahren geeignet, die zur Beurteilung von „Vitfrucht" nötigen Daten zu liefern.

Den Zuschlag erhielt schließlich Behavior Scan, weil mit dem höheren Markterfassungsgrad, der größeren Anzahl einsetzbarer Medien und nicht zuletzt der Möglichkeiten zur individuellen, d.h. testspezifischen Bildung von Test- und Kontrollgruppen, bessere Grundvoraussetzungen zum Test einer Neuproduktkonzeption gegeben sind.

3.4   Durchführung des Minimarkttests

Der von den Marktforschern des Unternehmens und der GfK gemeinsam erarbeitete „Test-Marketingplan" sieht unter Rückgriff auf ein bestehendes repräsentatives 3 000er-Haushaltspanel die Bildung von drei Haushaltstestgruppen vor:

Mit Hilfe der sogenannten „Matching-Prozedur" gelingt es, aus den 2 000 Testhaushalten zwei bezüglich Soziodemographie und Kaufverhalten in der Warengruppe „Fruchtsäfte" gleichstrukturierte Gruppen zu bilden. Die Vergleichbarkeit mit der konstanten Kontrollgruppe wird durch Normierung des „Wirkungsmaßes" (= Verhältnis des Einkaufsverhaltens von Haushalten mit GfK-Box zu Haushalten ohne GfK-Box) erreicht.

Nach einer achtwöchigen Vormessungsphase (Grundlage für die Matching-Prozedur) wird das neue Produkt in den Testgeschäften Haßlochs eingeführt. Nun ist „Vitfrucht" sechs Monate lang zu einem vorher festgelegten Endverbraucherpreis von 2,69 DM pro 0,7 l-Flasche (= angenommener Einführungspreis) erhältlich.

Während dieser Zeit werden die zwei Testgruppen entsprechend dem Test-Marketingplan, der für die erste Testgruppe den halben Werbedruck der zweiten Testgruppe vorsieht, beworben. Daneben spricht man alle Haushalte des Testgebietes mit Plakatwerbung sowie mit Werbung am PoS an.

Für korrekte Durchführung, ständige Kontrolle der Testbedingungen und Belieferung der Testgeschäfte mit dem Saft sorgt das Marktforschungsinstitut.

Die Berichterstattung erfolgt wöchentlich („Telexdaten") bzw. vierwöchentlich („Management Report/Key Facts"); außerdem gibt es eine Zwischen- und eine Abschlußpräsentation sowie zwei ausführliche „Research Reports" nach Abschluß der Vormessungs- und der Testphase.

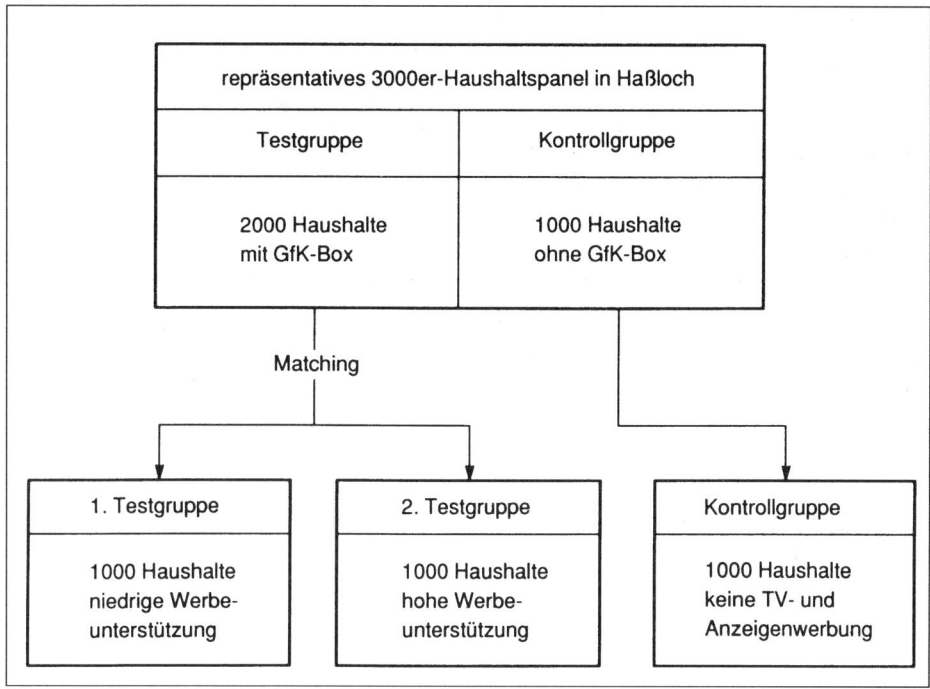

Abbildung 131: Testgruppenstruktur im Minimarkttest

3.5 Ergebnis: Akzeptanz beim Verbraucher

Die nachfolgenden Ausführungen geben nur einen kleinen Ausschnitt aller Ergebnisse des Tests wieder. Von Bedeutung ist vor allem, inwieweit die Sollvorgaben der Erst- und Wiederkäuferrate bei unterschiedlich hohem Werbedruck (und sonst gleichen Bedingungen) erreicht wurden (Abbildung 132).

Von den Testhaushalten, die am stärksten beworben wurden, haben im Verlauf der sechs Monate 10,2 % mindestens einmal „Vitfrucht" gekauft. 48,5 % dieser Erstkäufer griffen innerhalb dieses Zeitraumes mindestens ein zweites Mal ins Regal zur „Vitfrucht"-Flasche (Wiederkäufer).

Im Vergleich dazu erzielte die Testgruppe mit halbem Werbedruck eine kumulative Erstkäuferrate von lediglich 7,1 % sowie eine kumulierte Wiederkäuferrate von 48,7 %.

Folglich kann das Planziel nur mit Hilfe einer hohen (Anfangs-)Werbeunterstützung erfüllt werden. Auch die anderen hier nicht abgedruckten Resultate bestätigen die Notwendigkeit einer hohen Werbeunterstützung in der Anfangsphase.

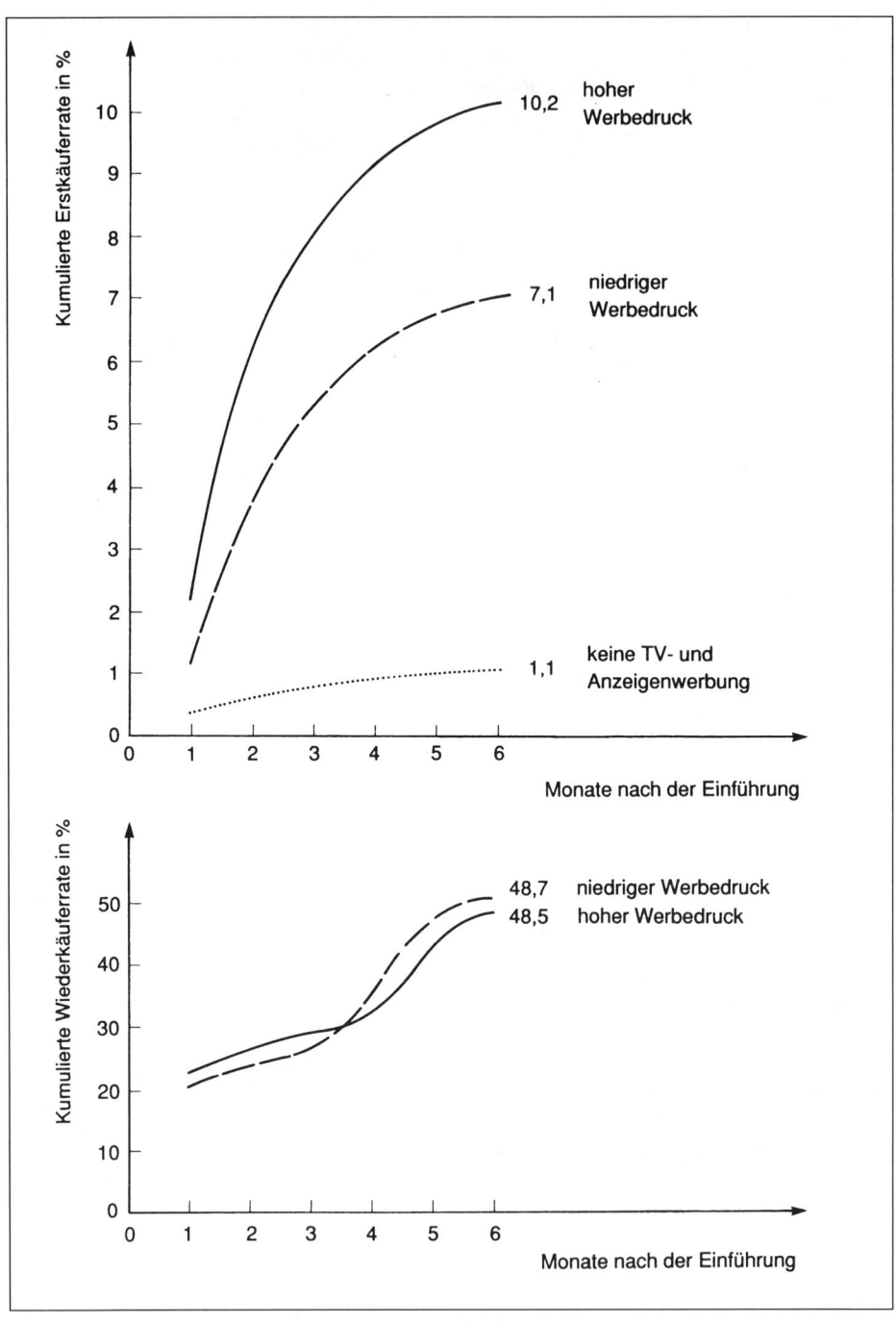

Darstellung 132: Entwicklung der Erstkäuferrate sowie der Wiederkäuferrate bei unterschiedlich hohem Werbedruck

4. Test der Absatzmittlerreaktionen im regionalen Markttest

4.1 Ziel des Markttests

Zeitlich parallel zum Minimarkttest wird mit Hilfe eines Markttests die Aufnahmebereitschaft des Handels bezüglich „Vitfrucht" untersucht.[7]

Ziel des Markttests ist die Messung der Durchsetzungsfähigkeit des Produktes im Handel. Dies beinhaltet neben der Beobachtung der Distributionsentwicklung von „Vitfrucht" auch eine Analyse der Konkurrenzaktivitäten.

4.2 Durchführung eines regionalen Markttests

Regionaler Testmarkt soll der Großraum Stuttgart sein. Nach Einführung von „Vitfrucht" (incl. Plakat- und Zeitungswerbung) in den Testmarkt werden vom Marktforschungsinstitut in einer repräsentativen Einzelhandelsstichprobe (82 Geschäfte) allmonatlich Distribution, Verkäufe, Bestände, Bevorratungsdauer und Bezugswege für „Vitfrucht" und die relevanten Konkurrenzprodukte erhoben. Der Markttest erstreckt sich insgesamt über 6 Monate. Bei der Abschlußerhebung führt das Institut zusätzlich eine Befragung der Einzelhändler zu „Vitfrucht" durch.

4.3 Ergebnis: Akzeptanz im Handel

Während der Dauer des Tests entwickelt sich der Distributionsgrad (= Anteil der Lebensmittelgeschäfte, die „Vitfrucht" führen) äußerst positiv. Die folgenden Ergebnisse, die auf eine hohe Akzeptanz im Handel schließen lassen, entstammen der Abschlußerhebung (nach 6 Monaten).

- 77 % der Testgeschäfte führen „Vitfrucht", 87 % davon beurteilen „Vitfrucht" positiv und wollen es im Sortiment behalten.

- 75 % der nicht-führenden Testgeschäfte kennen „Vitfrucht", 41 % davon ziehen eine Einführung in Betracht.

- 72 % der Testgeschäfte glauben an einen langfristigen Erfolg.

---

7 Daneben können durch entsprechende Testanlagen auch andere Analysen durchgeführt werden, wie etwa das Testen der Preisreagibilität (durch unterschiedliche Preisniveaus) oder das Testen der Werbekonzeption. Da dies aber bereits Gegenstand des Minimarkttests ist, soll an dieser Stelle darauf nicht näher eingegangen werden.

Mit Einführung und zunehmender Distribution von „Vitfrucht" während der Test-
zeit nahmen auch die Konkurrenzaktivitäten in der Fruchtsaftbranche zu. Das Institut stellte verstärkte Verkaufsförderungs- und Preismaßnahmen fest.

5.   Zusammenfassung

Nach den guten Ergebnissen des Produkttests konnte „Vitfrucht" nun auch im
Markttest unter annähernd natürlichen Konkurrenzbedingungen überzeugen. Der
neue Multivitaminsaft wird sowohl vom Handel (siehe Resultate des regionalen
Testmarktes Stuttgart) als auch vom Verbraucher (siehe Ergebnisse des Minimarkttests) akzeptiert.

Damit ist der Start für die bundesweite Einführung des Multivitaminsaftes „Vitfrucht" freigegeben. Begleitet wird der Markteintritt von einer Werbekampagne
(aufbauend auf den Resultaten des Werbepretests).

F. Produkteinführung

Auch die nationale Einführung des Neuproduktes wird von reger marktforscherischer Aktivität flankiert. Beobachtungswerte über Verlauf der Einführung und Marktdurchdringung lassen erste Aussagen zur zukünftigen Marktstellung von „Vitfrucht" zu.

Weiterhin ermöglicht die laufende Beobachtung des Produktes im Markt die Früherkennung eventueller Fehlentwicklungen und das dann erforderliche rasche Eingreifen.

1. Gesteckte Ziele

Die Erfolgserwartungen der Geschäftsleitung drücken sich u.a. in folgenden Zielvorstellungen aus:

- Wertmäßiger Marktanteil im Saftmarkt nach 6 Monaten: mindestens 5 %,
- kumulierte Erstkäuferrate nach 6 Monaten: mindestens 9 %,
- kumulierte Wiederkäuferrate nach 6 Monaten: mindestens 45 %,
- überdurchschnittlich hohe Markentreue.

Des weiteren wurden Untergrenzen für die Höhe von Absatzmenge, Umsatz und Gewinn gesetzt.

Neben diesen aus dem Einkaufsverhalten resultierenden Größen sind die Verantwortlichen für „Vitfrucht" außerdem an Informationen über die psychologischen Wirkungen des „Vitfrucht"-Auftrittes interessiert (z.B. Bekanntheitsgrad, Einstellungen zum Produkt oder Kaufmotivationen).

2. Informationsbedarf und Informationsbeschaffung

Als Hauptquelle für die Informationen zur Beurteilung der Lage von „Vitfrucht" im Saftmarkt dient das Verbraucherpanel; insbesondere die in diesem Zusammenhang angebotenen Sonderanalysen stellen ein nützliches Instrument dar.

Die verbraucherinternen Wirkungen (Einstellungen usw.) lassen sich nur auf dem Wege der Befragung ermitteln.

Die graphische Veranschaulichung zeigt die Zusammenhänge zwischen Informationsbedarf und Informationsbeschaffung (Abbildung 133).

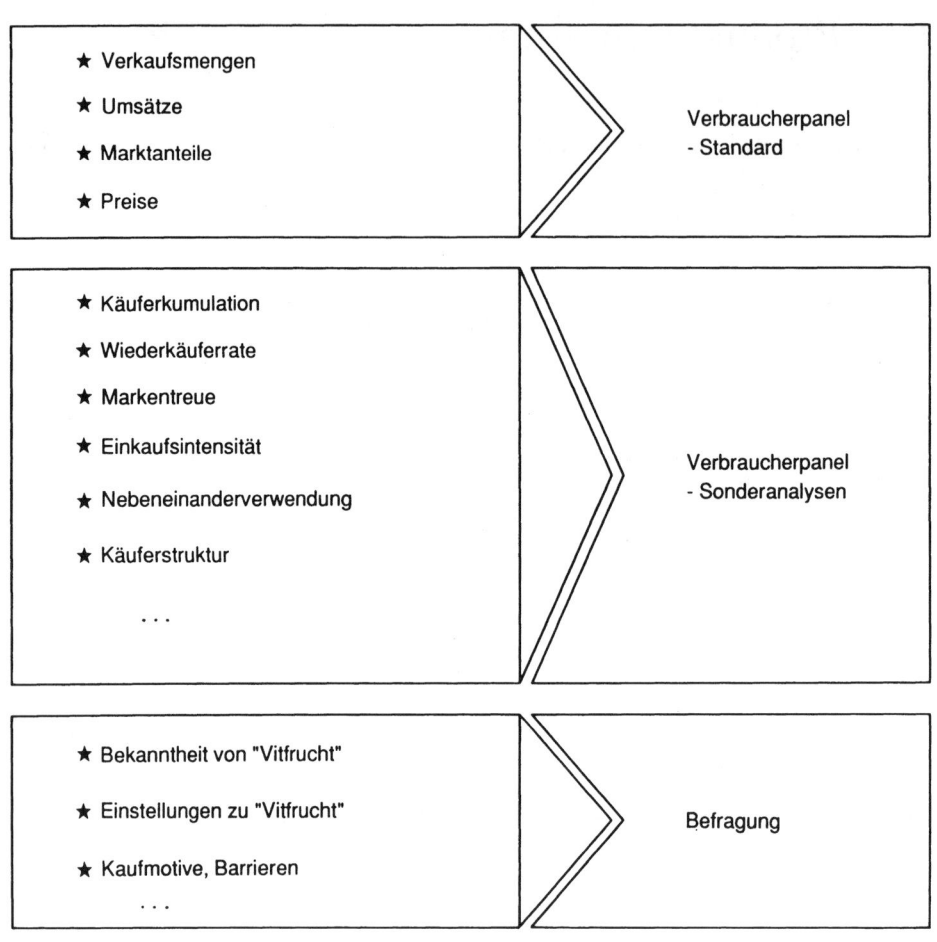

Abbildung 133: Daten und Datenquellen zur Erfolgsmessung

3. Ergebnis: Erfolg im Markt

Ein halbes Jahr nach der nationalen Einführung des neuen Multivitaminsaftes wird der Marktdurchdringungsprozeß erstmals in einem größeren Bericht zusammengefaßt. Bereits jetzt zeichnet sich ein Erfolg des „Vitfrucht"-Konzeptes ab.

Aus den vielen Einzelresultaten werden hier nur einige wichtige wiedergegeben:

3.1 Ergebnisse der Panel-Standardauswertung

Schon die Marktanalyse am Anfang der Fallstudie vermittelte ein Bild von der Vielfalt der Auswertungsmöglichkeiten eines Verbraucherpanels. Darum kann es an dieser Stelle genügen, lediglich auf die Entwicklung der Marktanteile ausführlicher einzugehen.

Bereits nach vier Monaten wurde die 5 %-Grenze überschritten. Mit einem momentanen wertmäßigen Marktanteil von 5,5 % (schraffierte Säule in Abbildung 134) sowie einem mengenmäßigen Marktanteil von 3,0 % (helle Säule) haben sich die Erwartungen voll erfüllt.

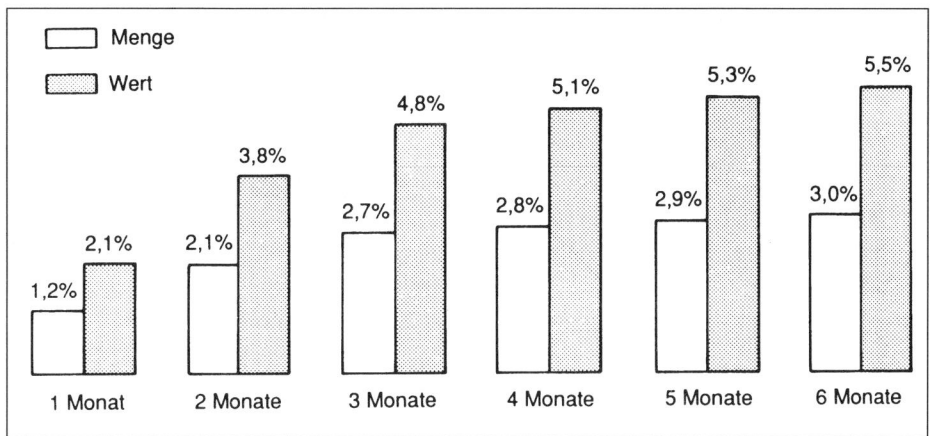

Abbildung 134: Entwicklung des mengen- und wertmäßigen Marktanteils von „Vitfrucht"

Dieses positive Ergebnis spielget sich auch in den restlichen Zahlen der Standardauswertung wider.

3.2   Ergebnisse der Panel-Sonderanalysen

3.2.1   Entwicklung der Erst- und Wiederkäuferrate

Erst- und Wiederkäuferrate nahmen im ersten halben Jahr einen ähnlichen Verlauf wie im Minitestmarkt Haßloch.

Abbildung 135 zeigt wiederum die kumulierten Werte der beiden Größen. Es ist zu sehen, daß im Verlauf der 6 Monate 9,8 % aller Panelhaushalte mindestens einmal „Vitfrucht" gekauft haben, und 48 % der Erstkäuferhaushalte zu Wiederkäuferhaushalten wurden. Eben diese Wiederkäuferhaushalte bilden das Potential für einen festen Kundenstamm.

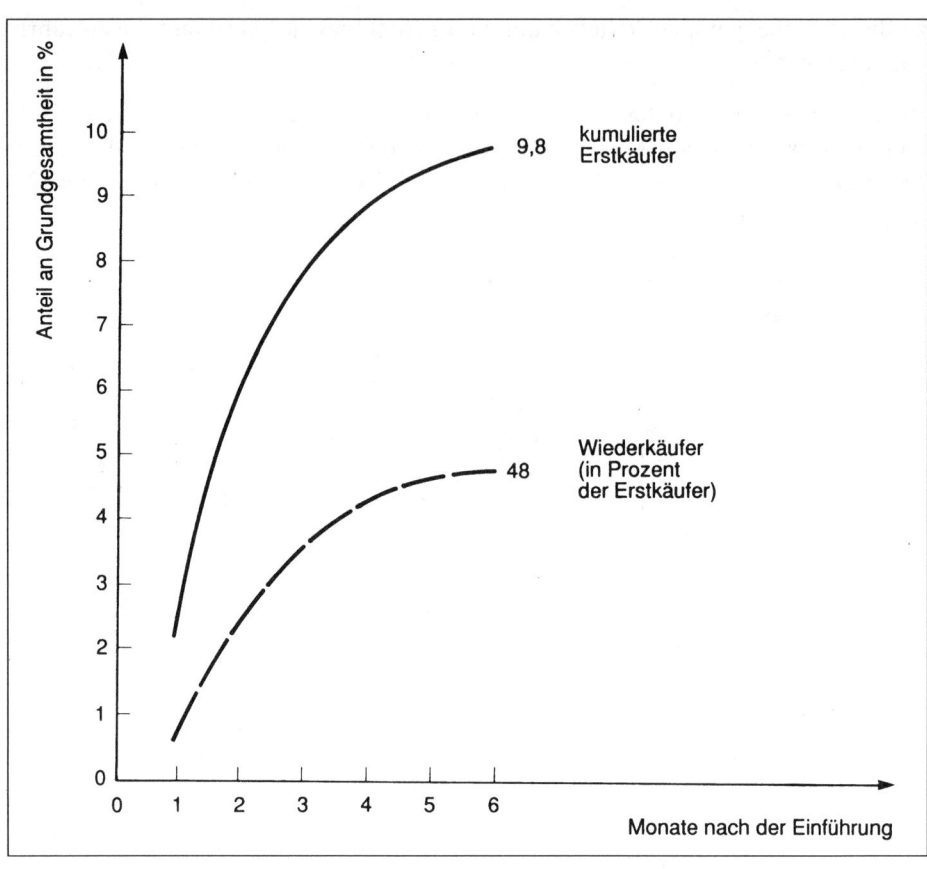

Abbildung 135: Entwicklung der Erst- und Wiederkäuferrate von „Vitfrucht"

3.2.2 Einkaufsintensität

Ausgehend von den „Vitfrucht"-Käuferhaushalten (also 9,8 % aller erfaßten Haushalte) sind bei der Analyse der Einkaufsintensität die eingekauften Mengen pro Einkaufshäufigkeitsklasse Gegenstand der Betrachtung (vgl. Abbildung 136).

Die Intensivkäuferhaushalte, also jene, die in den ersten 6 Monaten mindestens siebenmal „Vitfrucht" gekauft haben (24 %) und dabei 62 % der gesamten „Vitfrucht"-Einkaufsmenge auf sich vereinigten, stehen im Mittelpunkt des weiteren Interesses.

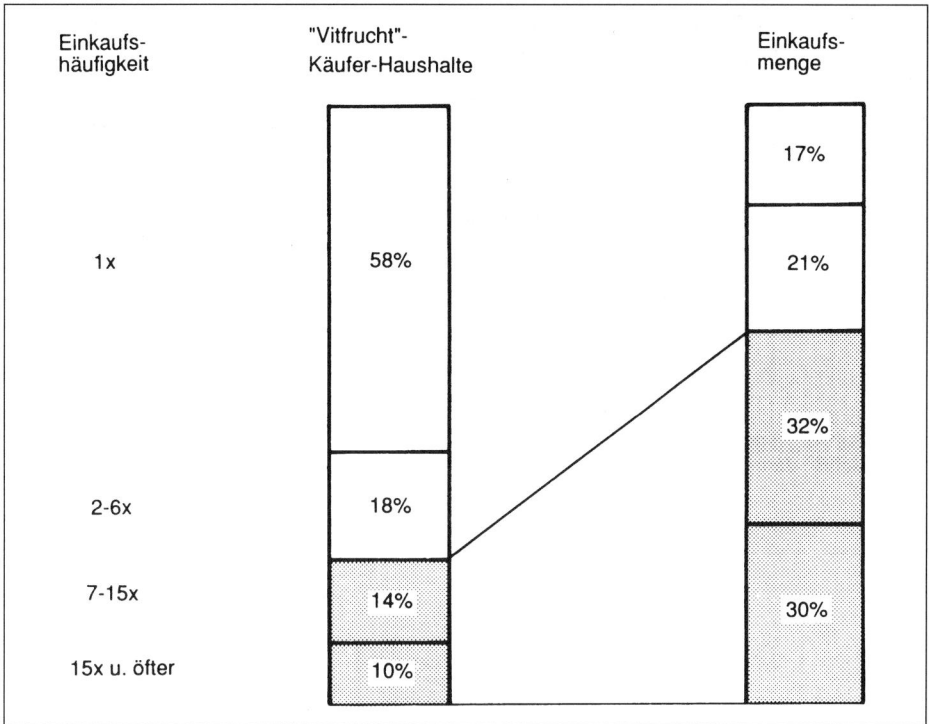

Abbildung 136: Einkaufsintensität „Vitfrucht" nach 6 Monaten

3.2.3 Käuferstrukturanalyse

Die Käuferstrukturanalyse dient dem Zweck, unterschiedlich definierte Gruppen (hier: Einkaufshäufigkeitsklassen) auf ihre soziodemographischen Merkmale hin zu untersuchen.

Weil die „Vitfrucht"-Intensivkäuferhaushalte immerhin knapp zwei Drittel zum gesamten „Vitfrucht"-Umsatz beitragen, soll deren soziodemographische Struktur mit der der Intensivkäufer des Hauptkonkurrenten X in Abbildung 137 verglichen werden.

Wie ersichtlich, unterscheiden sich die betrachteten Gruppierungen in erster Linie durch ihre Altersstruktur: In 20,1 % der „Vitfrucht"-Intensivkäuferhaushalte ist die Hausfrau bis 28 Jahre alt; in der gesamten Panelstichprobe sind es jedoch nur 12 %, und in der Gruppe der Intensivkäuferhaushalte vom Konkurrenzprodukt gar nur 8,7 %. Der umgekehrte Zusammenhang kann in den oberen Altersgruppen beobachtet werden.

Die Einkommensstrukturen der beiden Samples weisen gleichgerichtete Abweichungen von der Einkommensstruktur der Panelmasse auf, jedoch sind sie bei den

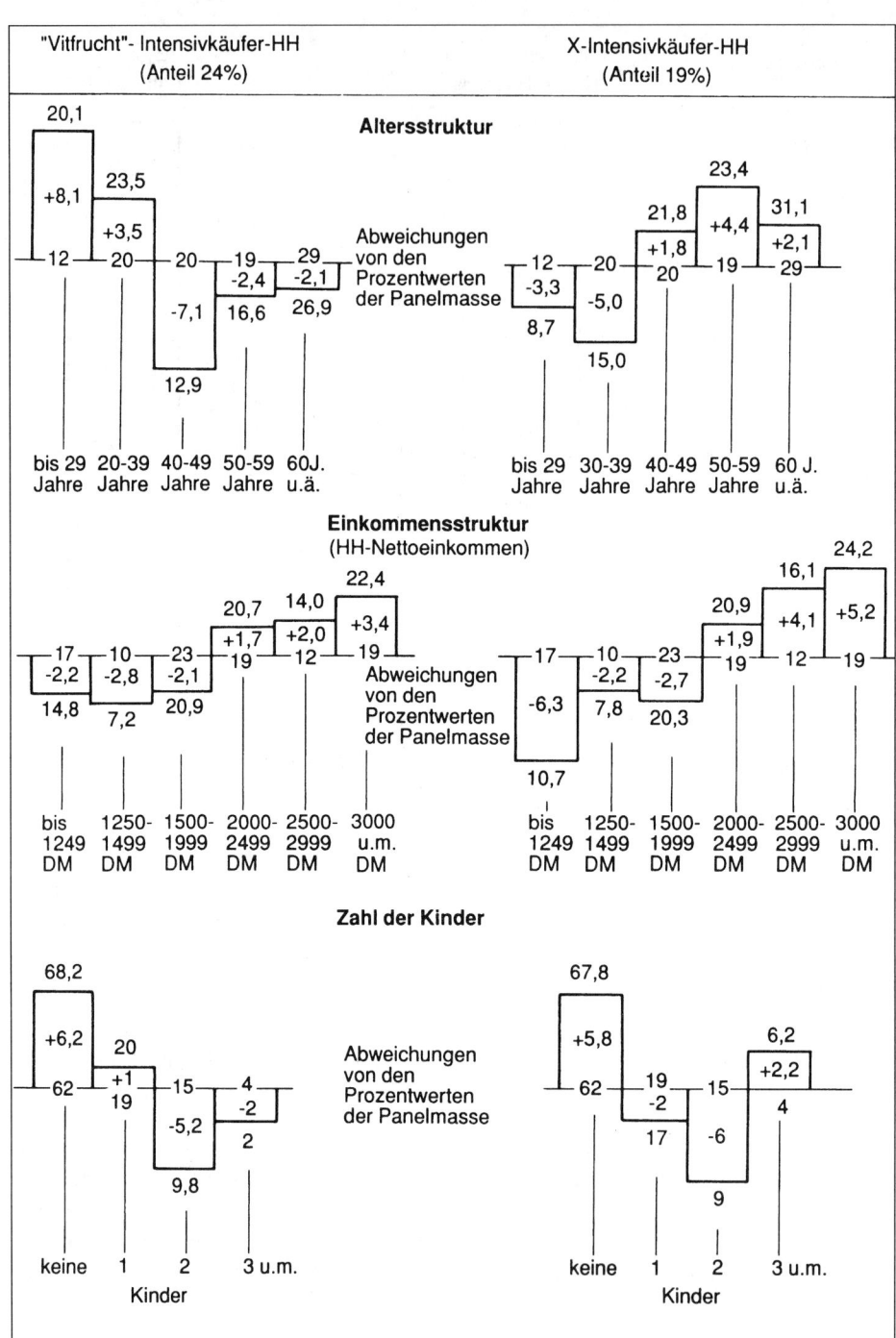

Abbildung 137: Käuferstrukturanalyse

Intensivkäuferhaushalten von X extremer ausgeprägt (z.B. Anteil der untersten Einkommensklasse: in der Panelmasse 17 %, bei den „Vitfrucht"-Intensivkäuferhaushalten 14,8 %, bei den X-Intensivkäuferhaushalten 10,7 %). Bezogen auf die Zahl der Kinder pro Haushalt lassen sich die beiden Konkurrenzprodukte ebenfalls vergleichen: In beiden Gruppen sind die kinderlosen Haushalte überdurchschnittlich (Panelstichprobe 62 %, „Vitfrucht" 68,2 %, X 67,8 %) und die Haushalte mit 2 Kindern unterdurchschnittlich repräsentiert (Panelstichprobe 15 %, „Vitfrucht" 9,8 %, X 9,0 %).

Zusammenfassend betrachtet, spiegeln sich die leichten Akzente, die sich bei den Paneleinfrageergebnissen bezüglich der Soziodemographie der Zielgruppe andeuteten, hier nun tatsächlich wider:

„Vitfrucht"-Intensivkäuferhaushalte

 haben jüngere Hausfrauen,

 haben keine Kinder,

 sind besser-verdienend.

Die Intensivkäufer der Konkurrenzmarke X sind vor allem älter, aber ebenfalls überproportional häufig kinderlos.

3.2.4 Bedarfsdeckung, Markentreue, Nebeneinanderverwendung

Die Analyse auf Basis derjenigen Haushalte, die in den ersten 6 Monaten mehrfach Saft und mindestens einmal „Vitfrucht" gekauft haben, führte bei „Vitfrucht" zu folgenden Ergebnissen (Abbildung 138):

So deckten beispielsweise 26 % aller Saft-Wiederkäuferhaushalte, die mindestens einmal „Vitfrucht" kauften, ihren Saftbedarf zu 25-49 % durch „Vitfrucht".

Es fällt ferner auf, daß „Vitfrucht" schon nach einem halben Jahr einen beträchtlichen Anteil (nämlich 10 %) an hundertprozentig treuen Stammkäuferhaushalten aufweisen kann.

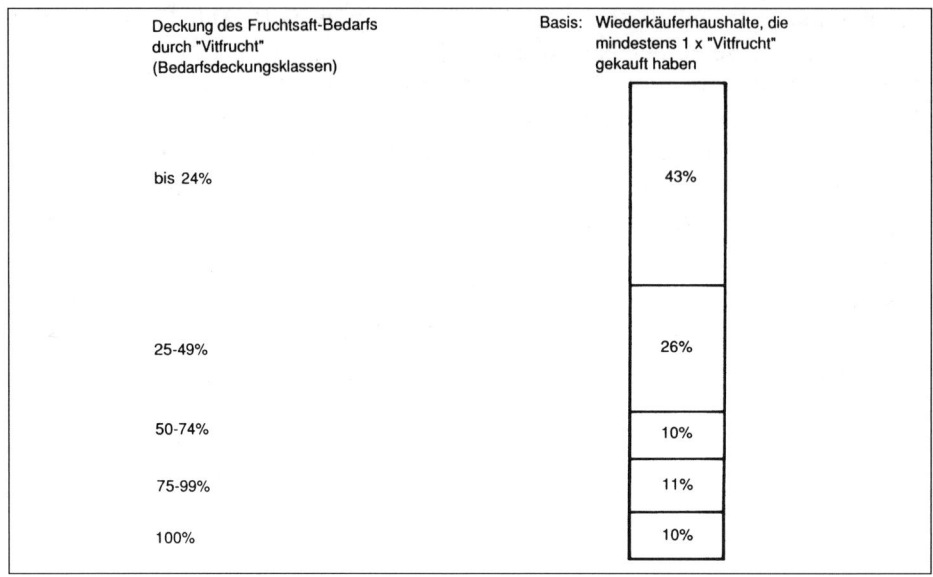

Abbildung 138: Bedarfsdeckung „Vitfrucht" nach 6 Monaten

Bei einer differenzierteren Untersuchung der **Markentreue** (= Verhältnis der Kaufhäufigkeit einer bestimmten Marke gegenüber der Kaufhäufigkeit aller Marken) werden in Abbildung 139 Intensivkäuferhaushalte (innerhalb der 6 Monate mindestens
siebenmal FS gekauft) daraufhin analysiert, wie oft sie welche Marken wählten.

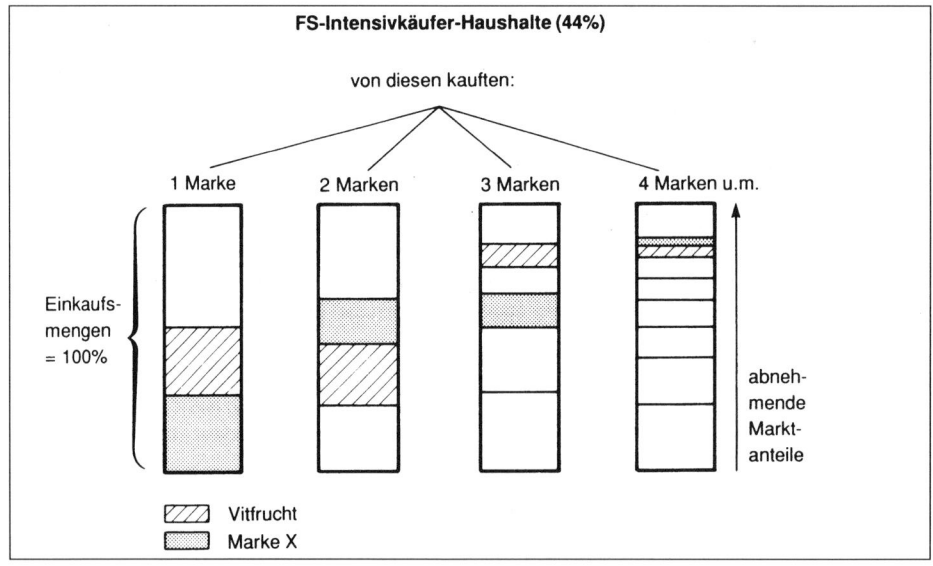

Abbildung 139: Analyse der FS-Intensivkäufer-Haushalte

420

Bei den Intensivkäufern, die in den 6 Monaten immer die gleiche Marke erwarben, hat also die Konkurrenzmarke X den höchsten, „Vitfrucht" den zweithöchsten Marktanteil (linke Säule). Es leuchtet unmittelbar ein, daß eine Marke mit hoher Markentreue einen überproportionalen Marktanteil in der Gruppe „nur 1 Marke im Analysezeitraum gekauft" aufweisen muß. „Vitfrucht" hat es also schon in der Anfangsphase geschafft, Stammkäufer an sich zu binden. Je mehr verschiedene Marken von den Intensivkäuferhaushalten gewählt wurden, um so geringer wird der Marktanteil.

Bei der Analyse der **Nebeneinanderverwendung** werden die nicht hundertprozentig markentreuen Käuferhaushalte von „Vitfrucht" in den einzelnen Bedarfsdeckungsklassen daraufhin untersucht, welche Marke(n) sie neben „Vitfrucht" noch kaufen. Dieser übrige Teil des Bedarfs wird in Mengen ausgedrückt und prozentuiert. Haushalt Y (Bedarfsdeckungsklasse 50-74 %) z.B. hat den Restbedarf zu 80 % über „Trink 10", zu 15 % über „Hohes C" und zu 5 % über „Aldi" gedeckt.

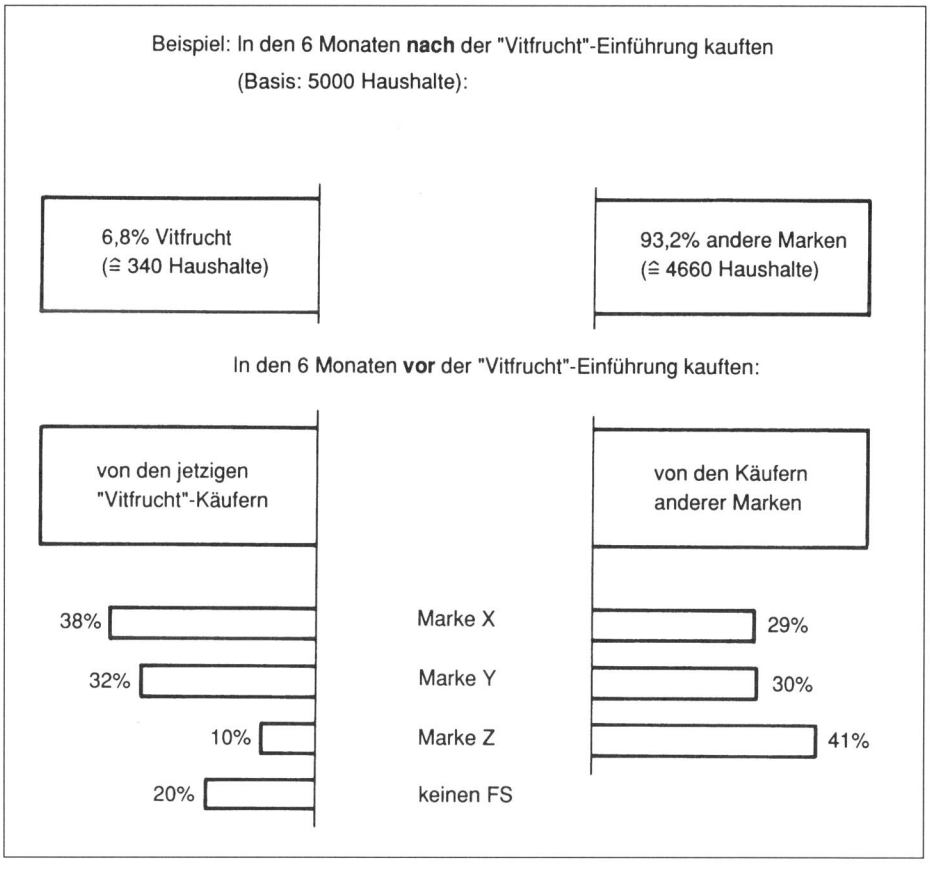

Abbildung 140: Käuferwanderungsanalyse

Auf diese Weise kann festgestellt werden, zwischen welchen Marken eine hohe Affinität besteht (hier z.B. zwischen „Vitfrucht" und „Trink 10") und wohin der Haushalt bei einer Bevorratungslücke im Handelsregal mutmaßlich jeweils abwandert.

3.2.5 Käuferwanderung

Bei der Einführung einer neuen Marke ist es sehr interessant, auf Kosten welcher Konkurrenten die neue Marke in den Markt eindringt, und/oder ob die neue Marke bisherige Nicht-Käufer zu aktivieren vermag und auf diese Weise zu einer Ausdehnung des Marktvolumens beiträgt.

Bei der einfachen Form der Käuferwanderungsanalyse (Abbildung 140) wird verglichen, welche Marke(n) die „Vitfrucht"-Käufer und Käufer anderer Marken in den 6 Monaten vor der Einführung von „Vitfrucht" gekauft haben. Basis ist dabei die Käuferkumulation (Reichweite).

Die Auswertung ergibt zwei wesentliche Sachverhalte:

- Vor allem die Hauptkonkurrenzmarke X verliert Käufer an „Vitfrucht".

- „Vitfrucht" kaufen auch solche Haushalte, die vorher keine FS-Konsumenten waren (unterste Säule).

3.2.6 Gain-and-Loss-Analyse

Einen detaillierten Einblick in die „Wanderbewegungen" der FS-Käufer verschafft die nun folgende Gain-and-Loss-Analyse:

Sie erklärt in einer Matrix die Mengenveränderungen alle Marken untereinander zwischen zwei Zeiträumen. Dazu ist es erforderlich, die Einkäufe jedes Panel-Haushalts einzeln zu registrieren und auf sein Markenwahlverhalten im Zeitablauf zu untersuchen. Die gesamten Marktabläufe, d.h. die Wanderungsbewegungen zwischen den Marken, ergeben sich aus der Akkumulation der Verhaltensweisen dieser kleinsten Einheiten.

Das prinzipielle Vorgehen wird an der folgenden Abbildung 141 verdeutlicht.

Die Gain-and-Loss-Analyse in unserem Fall bestätigt, daß „Vitfrucht" auch viele bisherige Nicht-Käufer von Saft ansprach und vor allem der Hauptkonkurrenzmarke X Käufer abnahm.

Haushalt A kaufte im I. Quartal (z.B. 6 Monate vor Neuprodukteinführung) 50 l FS der Marke X, im II. Quartal (z.B. 6 Monate nach Neuprodukteinführung) 40 l der Marke Y. Marke X verliert bei Haushalt A im II. Quartal 50 l, und zwar 40 l an Y und 10 l durch Minderkauf.

Zuwanderung vom I. zum II. Quartal	Abwanderung vom I. zum II. Quartal						
		X	Y	Z	Wieder-kauf	Minder-kauf	Nurkauf I. Qu.	Total I. Qu.
X		40 l			10 l		50 l
Y							
Z							
Wieder-kauf							
Mehr-kauf							
Nurkauf II. Qu.							
Total II. Qu.	40 l						

Haushalt B kaufte im I. Quartal 30 l der Marke Y, im II. Quartal 60 l der Marke Z.

Die Marke Z gewinnt also im II. Quartal 30 l von Y und 30 l durch Mehrkauf

Zuwanderung vom I. zum II. Quartal	Abwanderung vom I. zum II. Quartal						
		X	Y	Z	Wieder-kauf	Minder-kauf	Nurkauf I. Qu.	Total I. Qu.
X							
Y			30 l				30 l
Z							
Wieder-kauf							
Mehr-kauf			30 l				
Nurkauf II. Qu.							
Total II. Qu.			60 l				

Abbildung 141: Vorgehensweise der Gain-and-Loss-Analyse

Haushalt C hat im I.Quartal keinen FS gekauft, im II. Quartal kauft er 70 I X:

		Abwanderung vom I. zum II. Quartal						
		X	Y	Z	Wieder-kauf	Minder-kauf	Nurkauf I. Qu.	Total I. Qu.
Zuwanderung vom I. zum II. Quartal	X							
	Y							
	Z							
	Wieder-kauf							
	Mehr-kauf							
	Nurkauf II. Qu.	70 I						
	Total II. Qu.	70 I						

Durch Aggregierung der Bedarfsdeckung der **drei Haushalte** ergibt sich folgende Matrix:

		Abwanderung vom I. zum II. Quartal						
		X	Y	Z	Wieder-kauf	Minder-kauf	Nurkauf I. Qu.	Total I. Qu.
Zuwanderung vom I. zum II. Quartal	X		40 I			10 I		50 I
	Y			30 I				30 I
	Z							
	Wieder-kauf							
	Mehr-kauf			30 I				
	Nurkauf II. Qu.	70 I						
	Total II. Qu.	70 I	40 I	60 I				

Abbildung 141: Fortsetzung

3.2.7 Sonstige Ergebnisse

Die übrigen Resultate der Verbraucherpanel-Sonderanalyse, wie z.B. Kombinationsauszählung, Preishäufigkeitsverteilung und Brand Switching, vermitteln eine solide Tragfähigkeit des „Vitfrucht"-Konzeptes.

Ebenfalls durchgeführt wurde eine Prognose des zukünftigen Marktanteils nach Parfitt/Collins

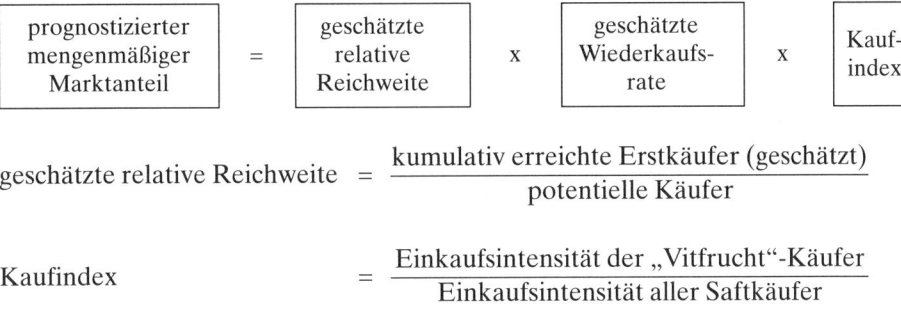

$$\text{geschätzte relative Reichweite} = \frac{\text{kumulativ erreichte Erstkäufer (geschätzt)}}{\text{potentielle Käufer}}$$

$$\text{Kaufindex} = \frac{\text{Einkaufsintensität der „Vitfrucht"-Käufer}}{\text{Einkaufsintensität aller Saftkäufer}}$$

In Anlehnung an die Panelresultate wird mit einer Reichweite von 7 %, einer Wiederkaufsrate von 45 % sowie einem Kaufindex von 1,1 gerechnet (d.h. „Vitfrucht"-Käufer verbuchen eine 10 % höhere Einkaufsintensität als der durchschnittliche Saftkäufer), und man kommt somit auf einen Prognosewert von 3,47 % (mengenmäßiger Marktanteil).

3.3 Ergebnisse der Verbraucherbefragung

Die hier in Anlage und Durchführung nicht weiter beschriebene Verbraucherbefragung brachte auszugsweise folgende Ergebnisse:

- „Vitfrucht" weist bereits drei Monate nach der bundesweiten Einführung einen hohen Bekanntheitsgrad auf.

- Die Einstellungen zu „Vitfrucht" entsprechen weitestgehend dem geplanten Produktprofil – bis auf eine etwas zu starke Betonung der Gesundheitskomponente bzw. zu schwache Betonung der Genußkomponente.

- Der Preis für „Vitfrucht" (durchschnittlich 2,65 DM pro Flasche) wird von den Verbrauchern voll akzeptiert.

Auch die übrigen Resultate dieser Erhebung können durchgängig positiv interpretiert werden.

Als Resümee dieser Befragung läßt sich somit eine „explizite Bestätigung des „Vitfrucht"-Konzeptes durch den Verbraucher" feststellen.

4. Fazit

Wie die Ergebnisse der Panelerhebungen und der Verbraucherbefragungen zeigen, wurden die vom Unternehmen in das Neuprodukt gesetzten Erwartungen mehr als zufriedenstellend erfüllt. Bereits ein halbes Jahr nach der Markteinführung zeichnet sich der erfolgreiche Weg von „Vitfrucht" ab.

Nicht zuletzt dank der Marktforschung, die alle entscheidungsrelevanten Informationen bereitstellte, wurde mit „Vitfrucht" ein Produkt geschaffen, das in konsequenter Anlehnung an Verbraucherbedürfnisse positioniert und entsprechend der Zielposition realisiert wurde.

Doch die Anwendung der Marktforschung geht bekanntlich über solche Hilfestellungen bei Neuproduktentwicklungen hinaus. Die nun anstehende Betreuung des Produktes im Markt sowie dessen evtl. notwendige Weiterentwicklung (als Reaktion auf sich verändernde Marktverhältnisse) erfordern auch künftig ihren permanenten Einsatz.

Die zukünftige Entwicklung der Marktforschung – Zusammenfassung und Ausblick

Läßt man den Inhalt der vorausgegangenen Ausführungen Revue passieren, so wird erkennbar, in welche Richtung die zukünftige Entwicklung geht.

Die **Dynamik** der Märkte wird weiter steigen, der Wettbewerb zunehmen, nicht zuletzt infolge der stärkeren Internationalisierung. Schon in der Vergangenheit wuchsen die Marktbearbeitungskosten schneller als der private Verbrauch, infolgedessen nimmt auch der Informationsbedarf in- und ausländischer Anbieter weiter zu. Je höher dabei das **Informationsniveau** und damit die Markttransparenz durch die Marktforschung angehoben wird, um so mehr wird wiederum nach zusätzlichen Informationen verlangt, die, wenn auch nur vorübergehend, dem einzelnen einen Wettbewerbsvorsprung ermöglichen. Wie in manchen anderen Bereichen auch, schrauben sich die Anforderungen immer höher, sie entwickeln eine Art Eigendynamik.

Durch die fortschreitende Konzentration im Einzelhandel stehen der Industrie, aber auch den Instituten inzwischen nachfragemächtige Handelsunternehmen gegenüber, die mittlerweile selbst Marktforschung betreiben (lassen). Das „Herrschaftswissen" der Hersteller ist also im Abnehmen begriffen.

Der Handel ist sich inzwischen auch längst des Wertes seiner Daten, die die Institute für die Industrie erheben, bewußt und verlangt dafür mittlerweile erhebliche Gegenleistungen in Form von Geld und/oder Marktinformationen.

Infolge der zunehmenden Gleichgewichtigkeit der Marktpartner kommt es schließlich auch zu einer zunehmenden Entkrampfung zwischen Industrie und Handel im Umgang mit Marktinformationen.

Die Verarbeitung des stetig wachsenden Datenanfalls wurde nur durch den Computer-Einsatz möglich. Diese rasante Entwicklung ist noch in vollem Gange und zeigt schwindelerregende Perspektiven auf, was die Verarbeitung, aber auch die Auswertungsmöglichkeiten riesiger Datenmengen angeht. Davon profitiert auch die in starker Expansion begriffene internationale Marktforschung.

Persönliche Interviews, das Ausfüllen von Panelberichtsbögen oder die manuelle Inventur bei Handelspanels gab es vor dreißig Jahren und wird es auch weiterhin geben. Wie aber anhand der Beispiele von Scanner-Kassen, CATI, CAPI, HAPPI, Telerim, Home-Scanner u.ä. gezeigt wurde, sind die elektronischen Erhebungs- und Übertragungstechniken auf stürmischem Vormarsch. Technisch machbar ist längst weit mehr als das, was den Befragten bislang zugemutet werden kann. Denn während die Datenübermittlung und -verarbeitung immer schneller und genauer wird, ist es mit der Auskunftsbereitschaft der Befragten eher zunehmend schlechter bestellt. Die Forderung: „Beantwortung nur gegen Vergütung" könnte den Instituten zunehmend Sorge machen.

Die technische Bewältigung grosser Datenmengen verführt in der Marktforschung leicht zu immer umfangreicherer Fragevolumina, welche Interviewer und Befragte gleichermaßen strapazieren und die Untersuchungsqualität gleichsam an der Wurzel beeinträchtigen (können).

Die größere **Schnelligkeit** bei der Datenerhebung, -übertragung und -verarbeitung allein setzt neue Maßstäbe und kommt den Wünschen der Auftraggeber nach einer umfassenden, schnellen und laufenden Unterrichtung entgegen. Diese Entwicklung ist bereits in vollem Gange und wird sich, beflügelt vom Umsatzstreben der Institute und vom Ehrgeiz der Marketing-Manager, in Zukunft weiter fortsetzen.

Ein weiterer Trend ist ebenfalls erkennbar, und zwar der nach einer zunehmenden **Datenvernetzung.** Ein Blick auf die Anlage von Testmärkten läßt erkennen, wie das Fernziel aussieht. Man will eine Verknüpfung der privaten Einkäufe mit den Abverkäufen des Handels sowie mit dessen Promotions, den Werbeaktivitäten von Industrie und Handel sowie mit der Medien-Nutzung der Verbraucher und das in Kombination mit deren soziodemographischen und psychographischen Merkmalen.

Nicht allein das Kaufverhalten, sondern auch möglichst alle (mit) beeinflussenden Marketing-Aktivitäten sollen total erfaßt werden, und das nicht nur beschränkt auf einzelne Warengruppen, sondern ausgeweitet auf die Gesamteinkäufe. Es fehlt dann eigentlich nur noch, daß die Berichtspersonen bzw. -haushalte zu jeder ihrer Einkaufsentscheidung auch noch eine Begründung mitliefern!

Ohnehin wäre es den Anbietern lieb, wenn das Einkaufsverhalten der Verbraucher noch transparenter als bisher wäre. Allenthalben ist ja das Bemühen zu erkennen, sich auf dem Umweg über Kundenkarten, Zahlungsverkehr u.ä. Kenntnis von den Einkäufen zu verschaffen, um damit ähnlich informiert zu sein wie die Versandhäuser, die damit ein sog. **Data-Base-Marketing** betreiben können.

Die künftige Entwicklung wird auch gekennzeichnet sein durch eine zunehmende **Datenverdichtung,** was bei der wachsenden Datenfülle auch nicht weiter verwundern kann. Das bedeutet im einzelnen eine Datenverarbeitung mit speziellem Kundenzuschnitt, aber auch im Hinblick auf Prognosen, Marktsimulationen und Analyse-Systeme, die Veränderungen im Markt aufspüren und anzeigen. Das erfordert einen vermehrten Rückgriff auf Datenbanken und eben mehr integrierte Forschungssysteme mit kompatiblen Datenstrukturen. Die rasante technische Entwicklung der Informationstechnik wird dabei in Zukunft vieles möglich machen, was gestern noch unmöglich erschien.

Literaturauswahl

Marktforschung/Entscheidungslehre

Albaum, G.: Research of Marketing Decisions, 5. Aufl. Englewood Cliffs, N.Y. 1990

Atteslander, P.; Bender, Ch.; Cromm, J.; Grabow, B.; Zipp, G.: Methoden der empirischen Sozialforschung, 6. Aufl., Berlin 1991

Bamberg, G.; Coenenberg, A.G.: Betriebswirtschaftliche Entscheidungslehre, 7. Aufl., München 1992

Blankenship, A.B., Breen, G.E., Dutka, A.: State of the Art Marketing Research, Lincolnwood, 2. Aufl. 1998

Böhler, H.: Marktforschung, 2. Aufl., Stuttgart u.a. 1992

Gaefgen, G.: Theorie der wirtschaftlichen Entscheidungen, 2. Aufl., Tübingen 1981

Green, P.E.; Tull, D.S.: Methoden und Techniken der Marketingforschung, 2. Aufl., Stuttgart 1982

Green, P.E.; Tull, D.S.; Albaum, G.: Research for Marketing Decisions, 5. Aufl., Englewood Cliffs, N.J., 1990

Hamann, P.; Erichson, B.; Scheel, W.D.: Entscheidungsanalyse im Marketing, Berlin 1975

Hamann, P.; Erichson, B.: Marktforschung, 3. Aufl., Stuttgart, Jena 1994

Heinzelbecker, K.: Marketing-Informationssysteme, Stuttgart u.a. 1985

Hüttner, M.: Informationen für Marketing-Entscheidungen, München 1979

Hüttner, M.: Grundzüge der Marktforschung, 4. Aufl., Berlin/New York 1989

Kastin, K.S.: Marktforschung mit einfachen Mitteln, München 1995

Kroeber-Riel, W.: Konsumentenverhalten, 5. Aufl., München 1992

Kuß, A.: Käuferverhalten, Stuttgart 1991

Lehmann, D.R., Gupta, S., Steckel, J.H.: Marketing Research, Addison-Wesley 1998

Mag, W.: Grundzüge der Entscheidungstheorie, München 1990

Meffert, H.: Marketingforschung und Käuferverhalten, 2. Aufl., Wiesbaden 1992

Rogge, H.J.: Marktforschung – Elemente und Methoden betrieblicher Informationsgewinnung, 2. Aufl., München/Wien 1992

Salcher, E.F.: Psychologische Marktforschung, Berlin/New York 1978

Schäfer, E.; Knoblich, H.: Grundlagen der Marktforschung, 5. Aufl., Stuttgart 1978

Tull, D.S.; Hawkins, D.I.: Marketing Research, 5. Aufl., New York 1990

Wolf, J.: Marktforschung, Landsberg 1988

Wyss, W.: Marktforschung von A-Z, Adligenswil 1991

Informationsquellen und -institute

BVM-Handbuch der Marktforschungsunternehmen 1995, Frankfurt/M. 1995

Esomar (Hrsg.): Who's Who der Marktforschung, 2. Bd., Amsterdam 1995

Gaul, W.; Förster, F.; Schiller, H.: Typologisierung deutscher Marktforschungsinstitute... In: Marketing ZFP, Nr. 3, 1986

Gesellschaft für Mathematik und Datenverarbeitung (GMD), Darmstadt

Informationszentrum Sozialwissenschaften, Bonn

Noelle-Neumann, E.: Qualitätskriterien transparent machen. In: Marktforschung (Hrsg. Tomczak/Reinecke), St. Gallen 1994

Reinecke, S.; Tomczak T.: Kostenmanagement in der Marktforschung. In: Marktforschung (Hrsg. Tomczak/Reinecke), St. Gallen 1994

Zentralarchiv für Empirische Forschung, Köln

Zentrum für Umfragen, Methoden und Analysen e.V. (ZUMA), Mannheim

Auswahlverfahren und -fehler

Althoff, St.: Auswahlverfahren in der Markt-, Meinungs- und empirischen Sozialforschung, Bd. 19 der Reihe Sozialwissenschaften, Pfaffenweiler 1993

Arbeitskreis Deutscher Marktforschungsinstitute ADM (Hrsg.): Muster-Stichproben-Pläne, bearbeitet von Schäfer, F., München 1979

Böltken, F.: Stichprobenverfahren, Stuttgart 1976

Cochran, W.G.: Stichprobenverfahren, Berlin/New York 1972

Gabler, S., Jürgen, H.P.: Stichproben in der Umfragepraxis, Köln/Opladen 1997

Hartung, J.; Elpelt, B.; Klösener, K.H.: Statistik: Lehr- und Handbuch der angewandten Statistik, 11. Aufl., München 1998

Heyn, W.: Stichprobenprobleme in der Investitionsgüter-Marktforschung. In: Der Marktforscher, Nr. 23, 1961

Kirschner, H.P.: Zu Stichprobenfehlerberechnungen im Rahmen der ADM-Stichprobenpläne. In: ZUMA-Nachrichten, Nr. 15, Mannheim 1984

Leiner, B.: Stichprobentheorie, 3. Aufl., München 1994

Krämer, W.: Denkste: Trugschlüsse aus der Welt des Zufalls und der Zahlen, Frankfurt a.M. 1995

Reichardt, H.: Statistische Methodenlehre für Wirtschaftswissenschaftler, 6. Aufl., Bielefeld 1976

Rinne: Taschenbuch der Statistik für Wirtschafts- und Sozialwissenschaften, Frankfurt/M.

Meßtheoretische Grundlagen

Borg, J., Staufenbiehl, Th.: Theorien und Methoden der Skalierung, 3. Aufl., Bern 1997

Diehl, I.M.; Mohr, H.U.: Durchführungsanleitungen für Statistische Tests, Weinheim/Basel 1977

Klapprott, J.: Einführung in die psychologische Methodik, Stuttgart/Berlin 1975

Lienert, G.A.: Testaufbau und Testanalyse, Weinheim 1969

Mayntz, R.; Holm, K.; Hübner, P.: Einführung in die Methoden der empirischen Soziologie, 4. Aufl., Opladen 1974

Roth, E. (Hrsg.): Sozialwissenschaftliche Methoden, München 1984

Schaich, E.: Schätz- und Testmethoden für Sozialwissenschaftler, München 1977

Schaich, E.: Die theoretischen Grundlagen der statistischen Hypothesenprüfung und ihre Konsequenzen für die Anwendung. In: WiSt. H. 5, 1982

Wettschureck, G.: Meßtechnisches Praktikum für Marktforscher, Hamburg 1977

Erhebungsmethoden und -instrumente

Allerbeck, K.: Die Entscheidung über Erhebungsmethoden und Methoden-Mix in der Wirtschafts- und Sozialforschung. Infratest Forschung GmbH & Co. KG (Hrsg.), München 1981

Anders, M.: Telefonbefragung – wissenschaftlich nicht fundiert? in: BVM marktforschungs-report, 6/88

Atteslander, P.: Methoden der empirischen Sozialforschung, 8. Aufl., Berlin 1995

Atteslander, P.; Kneubühler, H.U.: Verzerrungen im Interview, Opladen 1975

Bliesch, U.: Sinkende Befragbarkeit? (Infratest-Interviewer-Befragung) in: Context, Folge 13/1989

Dillman, D.A.: Mail and Telephone Surveys – The Total Design Method (TDM), New York 1978

Dorroch, H.: Meinungsmacher-Report – Wie Umfrageergebnisse entstehen, Göttingen 1994

Erichson, B.: Elektronische Panelforschung, in: Handbuch des Electronic Marketing, Hrsg. Hermanns/Flegel, München 1992

Frey, J.H.: Survey Research by Telephone, Beverly Hills 1983

Friedrichs, J.: Methoden der empirischen Sozialforschung, 12. Aufl., Opladen 1984

GfK Nürnberg (Hrsg.): Berufsbild Marktforscher – Das Image der Markt- und Meinungsforschung in Deutschland (Untersuchungsbericht) Nürnberg 1991

Groves, R.M.; Kahn, R.L.: Surveys by Telephone – A National Comparison with Personal Interviews, New York 1979

Grümer, K.-W.: Beobachtung, Stuttgart 1974

Günther, M., Vossebein, U., Wildner, R. Marktforschung mit Panels. Arten – Erhebung – Analyse – Anwendung. Wiebaden 1998.

Gutjahr, G.: Psychologie des Interviews in Praxis und Theorie, Heidelberg 1985

Frasch, G.: Der Rücklaufprozeß bei schriftlichen Befragungen, in: Empirische und methodologische Beiträge zur Sozialwissenschaft, Bd. 3 hrsg. von Falter/Pelka, Frankfurt 1987

Hafermalz, O.: Schriftliche Befragung – Möglichkeiten und Grenzen, Wiesbaden 1976

Holm, K.: Die Befragung, München 1975

Klass, J.: Das Leistungsspektrum computergesteuerter Telefoninterviews. In: planung und analyse, H. 3, 1989

Költringer, R.: Richtig fragen heisst besser messen, Mannheim 1997

König, R.: Handbuch der empirischen Sozialforschung, 14 Bände, Stuttgart 1969-1979

Kurz, H.: Die Genauigkeit von Umfrageergebnissen: eine empirische Analyse des Nonresponse-Bias, Wien 1987

Leverkus-Brüning, I.: Die Meinungslosen. Die Bedeutung der Restkategorie in der empirischen Sozialforschung, Berlin 1966

Litzenroth, H.A.: Neue Perspektiven für die Panelforschung... In: Jahrbuch der Absatz- und Verbrauchsforschung, H.3/1986

Mayer, H.: Verschiedene Möglichkeiten zur Erhöhung der Rücklaufquote bei schriftlichen Befragungen, in: Jahrbuch der Absatz- und Verbrauchsforschung, H. 3, 1977

Mayntz, H.; Holm, K.; Hübner, P.: Einführung in die Methoden der empirischen Soziologie, 4. Aufl., Opladen 1974

Meier, F.: Computergestützte Befragungen, in: Handbuch des Electronic Marketing, Hrsg. Hermanns/Flegel, München 1992

Noelle-Neumann, E., Petersen, T.: Alle, nicht jeder, Einführung in die Methoden der Demoskopie, München 1996

Reinecke, J.: Interviewer- und Befragtenverhalten, Opladen 1991

Ruppe, H.: Handelspanel, in: Poth, L. (Hrsg.): Marketing (Loseblattsammlung), Neuwied 1978

Schmalen, H.: Fragebogenrücklauf und Gewinnanreiz, in: Marketing ZFP H. 3, 1989

Sedlmeyer, K.-J.: Panelinformation und Marketingentscheidung, München 1983

Schwarz, N.; Strack, F., Hippler, H.P.: Kognitionspsychologie und Umfrageforschung: Themen und Befunde eines interdisziplinären Forschungsgebietes. In: Psychologische Rundschau, Nr. 42, 1991

StBA (Hrsg.): Pretest und Weiterentwicklung von Fragebogen, Schriftenreihe „Spektrum...“, Bd. 9, 1996

Ders.: Interviewereinsatz und -qualifikation, Bd. 11, 1998

Strobel, K.: Die Anwendbarkeit der Telefonumfrage in der Marktforschung, Frankfurt a.M. 1983

Sudman, S.; Bradburn, N.M.: Asking Questions, San Francisco 1983

Zentes, J. (Hrsg.): Neue Informations- und Kommunikationstechnologien in der Marktforschung, Berlin u.a. 1984

Testverfahren

Bauer, E.: Produkttests in der Marketingforschung, Göttingen 1981

Behrens, G.: Werbewirkungsanalyse, Opladen 1976

Bernhard, U.: Das Verfahren der Blickaufzeichnung. In: Forschungsgruppe Konsum und Verhalten (Hrsg.): Innovative Marktforschung, Würzburg, Wien 1983

Erichson, B.: TESI: Ein Test- und Prognoseverfahren für neue Produkte, in: Marketing ZFP, Heft 3/1981

Fischer, G.: Einführung in die Theorie psychologischer Tests, Bern u.a. 1974

Hossinger, H.P.: Pretests in der Marktforschung, Würzburg/Wien 1982

Ingold, D.: Individuelle Beobachtungstests. In: Marktforschung (Hrsg. Tomczak/ Reinecke). St. Gallen 1994

Koschnik, W.J. (Hrsg.): Standard-Lexikon für Mediaplanung und Mediaforschung, 2. Bd., 2. Aufl., München 1995

Koeppler, K.: Werbewirkungen definiert und gemessen, Braunschweig/Velbert 1974

Kroeber-Riel, W.; Neibecker, B.: Konsumentenemotionen, Messung durch computergestützte Verfahren, Würzburg 1985

Leven, W.: Werbewirkungsanalyse mittels Blickregistrierung. In: Jahrbuch der Absatz- und Verbrauchsforschung, Nr. 1, 1986

Meyer-Hentschel, G.: Aus der Ferne Gefühle messen? Beobachtung durch Thermographie... In: Communication aktuell, Juli 1980

Montgomery, D.C.: Design and Analysis of Experiments, New York u.a. 1976

Pelz, N.: Analyse der aktualgenetischen Verfahren für Werbeforschungspraxis, Diss. St. Gallen 1982

Rehorn, J.: Markttest. In: Marketing (Hrsg. Poth) Bd. 1, Neuwied 1977

Rehorn, J.: Werbetests, Neuwied 1988

Steidl, P.E.: Experimentelle Marktforschung, Berlin 1977

Stoffels, J.: Der elektronische Minimarkttest, Wiesbaden 1989

Zimmermann, E.: Das Experiment in den Sozialwissenschaften, Stuttgart 1972

Datenauswertung

Aaker, D.A.: Multivariate Analysis in Marketing: Theory and Application, Belmont 1971

Backhaus, K.; Erichson, B.; Plinke, W.; Weiber, R.: Multivariate Analysemethoden. Eine anwendungsorientierte Einführung, 8. Auflage, Berlin u.a. 1996

Bauer, F.: Datenanalyse mit SPSS, 2., überarbeitete Aufl., Berlin/Heidelberg/New York/Tokio 1986

Böhler, H.: Multivariate Verfahren, in: Poth, L. (Hrsg.): Marketing (Loseblattsammlung), Neuwied 1979

Borg, I.: Anwendungsorientierte Multidimensionale Skalierung, Berlin u.a. 1981

Bortz, J.: Statistik für Sozialwissenschaftler, 3. Aufl., Berlin/Heidelberg/New York 1989

Clauß, G.; Ebner, H.: Grundlagen der Statistik für Psychologen, Pädagogen und Soziologen, Thun/Frankfurt a.M. 1972

Dichtl, E.; Schobert, R.: Mehrdimensionale Skalierung – Methodische Grundlagen und betriebswirtschaftliche Anwendungen, München 1979

Eckes, T.; Roßbach, H.: Clusteranalysen, Stuttgart 1980

Eimer, E.: Varianzanalyse, Stuttgart 1978

Gaensslen, H.; Schubö, W.: Einfache und komplexe statistische Analyse, München 1973

Hartung, J.; Elpelt, B.: Multivariate Statistik: Lehr- und Handbuch der angewandten Statistik, München/Wien 1984

Kriz, J.: Statistik in den Sozialwissenschaften, Hamburg 1973

Kromrey, H.: Empirische Sozialforschung, 3. Aufl., Opladen 1986

Küffner, H.; Wittenberg, R.: Datenanalyse für Statistische Auswertungen – Eine Einführung in SPSS, BMDP und SAS, Stuttgart 1985

Lienert, B.G.: Verteilungsfreie Methoden in der Biostatistik, 2. Aufl., Meisenheim/Glan, 1978, Band 1-3

Revenstorf, D.: Lehrbuch der Faktorenanalyse, Stuttgart 1976

Sahner, H.: Schließende Statistik, Stuttgart 1971

Schaich, E.: Die theoretischen Grundlagen der statistischen Hypothesenprüfung... In: WiSt, H. 5, 1982

Schobert, R.: Die Dynamisierung komplexer Marktmodelle mit Hilfe von Verfahren der multidimensionalen Skalierung, Berlin 1979

Überla, K.: Faktorenanalyse, Berlin/Heidelberg/New York 1972

Wittenberg, R.; Cramer, H.: Datenanalyse mit SPSS, Stuttgart, Jena 1992

Marktsegmentierung

Banning, Th.E.: Lebensstilorientierte Marketing-Theorie... Heidelberg 1987

Bauer, E.: Markt-Segmentierung, Stuttgart 1977

Böhler, H.: Methoden und Modelle der Marktsegmentierung, Stuttgart 1977

Cathelat, B.: Socio-Styles-System, 2. Aufl., London 1993

Freter, H.: Marktsegmentierung, Stuttgart u.a. 1983

Langner, H.: Segmentierungsstrategien für den europäischen Markt, Wiesbaden 1991

Spellermann, A.: Soziale Differenzierung durch Lebensstile, Berlin 1996

Prognoseverfahren

Brockhoff, K.: Prognoseverfahren für die Unternehmensplanung, Wiesbaden 1977

Bruckmann, G. (Hrsg.): Langfristige Prognose, 2. Aufl., Würzburg/Wien 1978

Gisholt, O.: Marketing-Prognosen, Bern/Stuttgart 1976

Hansmann, K.W.: Kurzlehrbuch Prognoseverfahren, Wiesbaden 1983

Hübner, G.W.: SENSOR: Ein Testsystem zur Prognose des Markterfolges neuer Produkte. In: Interview und Analyse, Nov./Dez. 1982

Hüttner, M.: Markt- und Absatzprognosen, Stuttgart u.a. 1982

Hüttner, M.: Prognoseverfahren und ihre Anwendung, Berlin 1986

Hummrich, U.: Interpersonelle Kommunikation im Konsumgütermarketing... Bd. 8 Unternehmensführung und Marketing (Hrsg. H. Meffert), Wiesbaden 1976

Kaas, K.P.: Diffusion und Marketing, Stuttgart 1973

Meffert, H.; Steffenhagen, H.: Marketing-Prognosenmodelle, Stuttgart 1977

Lewandowski, R.: Prognose- und Informationssysteme und ihre Anwendung, Berlin 1974

Mertens, P.: Prognoserechnung, 4. Aufl., Würzburg, Wien 1981

Reibnitz, U.v.: Szenarien als Grundlage strategischer Planung, in: Harvard Manager, H. 1, 1983

Scheer, A.W.: Absatzprognosen, Berlin u.a. 1983

Schlittgen, R.; Streitberg, B.H.J.: Zeitreihenanalyse, 2. Aufl., München/Wien 1987

Schneeweiß, H.: Ökonometrie, Würzburg 1971

Weßner, K.: Strategische Marktforschung mittels kohortenanalytischer Designs, Wiesbaden 1989

Wildner, R.: Nutzung integrierter Paneldaten für Simulation und Prognose, in: Jahrbuch der Absatz- und Verbrauchsforschung, H. 2, 1991

Wimmer, F.: Stichwort „Kohortenanalyse". In: Handwörterbuch des Marketing (Hrsg.: Tietz, Köhler, Zentes), 2. Aufl., Stuttgart 1995

Wöller, R.: Absatzprognosen, Grundlagen für Entscheidungen im Marketing, Oberhausen 1980

Präferenzforschung

Böcker, F.: Präferenzforschung als Mittel marktorientierter Unternehmungsführung. In: Zeitschrift für Betriebswirtschaft, H. 38, 1986

Bleicker, U.: Produktbeurteilung der Konsumenten, Würzburg/Wien 1983

Büschken, J.: Conjoint-Analyse – Methodische Grundlagen und Anwendung. In: Marktforschung (Hrsg. Tomczak/Reinecke), St. Gallen 1994

Call, G.: Entstehung und Markteinführung von Produktneuheiten, Wiesbaden 1997

Green, P.E.; Srinivasan, V.: Conjoint Analysis in Marketing: New Developments with Implications for Research and Practise, in Journal of Marketing, H. 10, 1990

Hubel, W.: Präferenzanalyse mit neuen computergestützten Methoden, in: Handbuch des Electronic Marketing, Hrsg. Hermanns/Flegel, München 1992

Müller-Hagedorn, L.; Sewing, E.; Toporowski, W.: Zur Validität von Conjoint-Analysen, in: Zeitschrift für betriebswirtschaftliche Forschung, H. 2, 1992

Schubert, B.: Entwicklung von Konzepten für Produktinnovationen mittels Conjointanalyse, Stuttgart 1991

Stadtler, K.: Conjoint Measurement – Die Ganzheitsmethode in der empirischen Forschung. Veröffentlichung der Infratest Forschung AG, München 1989

Stadtler, K.: Methodisches Stichwort „Conjoint Measurement", in: planung und analyse, H. 4, 1993

Markenartikel-Forschung

Aaker, D.: Management des Markenwerts, Frankfurt/New York 1992

Berndt, R.; Sander, M.: Der Wert von Marken – Begriffliche Grundlagen und Ansätze zur Markenbewertung, in: Handbuch Markenartikel, Hrsg. M. Bruhn, Bd. II, Stuttgart 1994

Franzen, O.; Trommsdorf, V.; Riedel, F.: Ansätze der Markenbewertung und Markenbilanz, in: Handbuch Markenartikel, Hrsg. M. Bruhn, Bd. II, Stuttgart 1994

Hamann, P.: Der Wert einer Marke aus betriebswirtschaftlicher und rechtlicher Sicht, in: Marke und Markenartikel, Hrsg. E. Dichtl/W. Eggers, München 1992

icon Forschung & Consulting: Congreßberichte. Mit den Augen des Verbrauchers – Markenführung vor neuer Bewährung (1992); Brennpunkt Markenführung, Strategien und Konzepte für den Markenerfolg (1994).

Kroeber-Riel, W.: Die inneren Bilder des Konsumenten, in: Marketing ZFP Nr. 8, 1986

Maretzki, J.; Wildner, R.: Messung von Markenkraft, in: Markenartikel, H. 3, 1994

Riedel, F.: Die Markenwertmessung als Grundlage strategischer Markenführung, Heidelberg 1996

Sander, M.: Die Bestimmung und Steuerung des Wertes von Marken, Heidelberg 1994

Konkurrenzforschung

Breszki, E.: Konkurrenzforschung im Marketing, Wiesbaden 1993

Dreger, W.: Konkurrenz-Analyse und Beobachtung, Ehringen 1992

Görgen, W.: Strategische Wettbewerbsforschung, B.Gladbach/Köln 1992

Grahammer, D.: Konkurrenzbeobachtung und Konkurrenzanalyse, 3. Aufl., München 1984

Link, U.: Strategische Konkurrenzanalyse im Konsumgütermarketing, Idstein, 1988

Porter, M.E.: Wettbewerbsvorteile, 4. Aufl., Frankfurt/M. 1996

Simon, H.: Management strategischer Wettbewerbsvorteile, in: Wettbewerbsvorteile und Wettbewerbsmanagement (Hrsg. H. Simon), Stuttgart 1988

Wolfrum, B.: Grundlagen der Konkurrenzforschung. In: Marktforschung (Hrsg. Tomczak/Reinecke), St. Gallen 1994

Kundenzufriedenheitsforschung

Bruhn M.: Konsumentenzufriedenheit und Beschwerden, Frankfurt a.M., Bern 1982

Hoffmann, A.: Die Erfolgskontrolle von Beschwerdemanagement-Systemen, Frankfurt a.M. u.a. 1991

DMV u. Dt. Post AG (Hrsg.): Das Deutsche Kundenbarometer – Qualität und Zufriedenheit, erscheint jährlich im FGM-Verlag, München

Riemer, M.: Beschwerdemanagement, Frankfurt a.M. 1986

Scharnbacher, K., Kiefer G.: Kundenzufriedenheit, München, Wien 1996

Simon, H., Homburg, Ch. (Hrsg.): Kundenzufriedenheit, 2. Aufl., Wiesbaden 1997

Verschied. Verf. in: planung & analyse, Themenheft Kundenzufriedenheit und Kundenbindung (12 Beiträge), No. 4/97

Wimmer, F.: Das Qualitätsurteil des Konsumenten – Theoretische Grundlagen und empirische Ergebnisse, Bern et al. 1975

Marktforschung in gewerblichen Märkten

Backhaus, K.: Investitionsgütermarketing, 3. Aufl., München 1992

Engelhardt, W.H.; Günter, B.: Investitionsgüter-Marketing, Stuttgart 1981

Kern, E.: Der Interaktionsansatz im Investitionsgütermarketing, Berlin 1990

Kirsch, W.; Kutschker, M.; Lutschewitz, H.: Ansätze und Entwicklungstendenzen im Investitionsgütermarketing, 2. Aufl., Stuttgart 1980

Langer, H.; Sand, H.: Erfolgreiche Marktforschung im Investitionsgütervertrieb, Berlin/München 1983

Meyer, W.; Fischer, M.: Methoden zur Investitionsgütermarktforschung, Berlin 1975

Muchna, C.: Strategische Früherkennung auf Investitionsgütermärkten, Wiesbaden 1988

Spiegel-Verlag (Hrsg.): Der Entscheidungsprozeß bei Investitionsgütern, Hamburg 1982

Strothmann, L.H.: Investitionsgütermarketing, München 1979

Marktforschung im Einzelhandel

Barth, K.: Betriebswirtschaftslehre des Handels, 2. Aufl., Wiesbaden 1995

Berekoven, L.: Erfolgreiches Einzelhandelsmarketing, 2. Aufl., München 1995

Bost, E.: Ladenatmosphäre und Konsumentenverhalten, Heidelberg 1987

Falk, B.; Wolf, J.: Handelsbetriebslehre, 10. Aufl., Landsberg a.L. 1991

Froböse, M.: Mikrogeographische Segmentierung von Einzelhandelsmärkten, Wiesbaden 1995

Hansen, U.: Absatz- und Beschaffungsmarketing des Einzelhandels, 2. Aufl. Göttingen 1990

Heemeyer, H.: Psychologische Marktforschung im Einzelhandel, Wiesbaden 1981

Höller, W.: Warenpräsentation – Theoretische Grundlagen und empirische Analyse im Lebensmitteleinzelhandel, Diss. Essen 1987

Holliger, P.: Category Management. In: Marktforschung (Hrsg. Tomczak/Reinecke), St. Gallen 1994

Maurer, R.: Marketingforschung im Handel, Wien 1993

Oehme, W.: Handels-Marketing, 2. Aufl., München 1992

Rudolph, Th.: Die Marketingforschung als Grundlage für Profilierungserfolge im Einzelhandel. In: Marktforschung (Hrsg. Tomczak/Reinecke), St. Gallen 1994

Tietz, B.: Der Handelsbetrieb – Grundlagen der Unternehmenspolitik, 2. Aufl., München 1993

Schenk, H.O.: Marktwirtschaftslehre des Handels, Wiesbaden 1991

Schroer, P.: Stand und Entwicklungstendenzen zur Marktforschung im Handel, Essen 1985

Weissman, A.: Verbraucherpanel-Informationen als Grundlage für Marketingentscheidungen im Einzelhandel, München 1983

Wolf, J.: Markt- und Imageforschung im Einzelhandel, Regensburg 1981

Internationale Marktforschung

Bauer, E.: Internationale Marketingforschung, 2. Aufl. München, Wien 1997

Berekoven, L.: Internationales Marketing, 2. Aufl., Herne/Berlin 1985

Breit, J.: Die Marktselektionsentscheidung im Rahmen der unternehmerischen Internationalisierung, Wien 1991

Cateora, P.R.: International Marketing, 7. Aufl., Homewood/Ill. 1990

Douglas, S.P., Craig, S.C.: International Marketing Research, Englewood Cliffs, N.J. 1983

Groves, L.: Principles of International Marketing Research, Oxford 1994

Hehl, K.: Informationsgrundlagen der Europäischen Marktforschung, in: Handbuch Markenartikel (Hrsg. M. Bruhn) Bd. I, Stuttgart 1994

Holzmüller, H.H.: Konzeptionelle und methodische Probleme in der interkulturellen Management- und Marketingforschung, Stuttgart 1995

Müller, St., Kornmeier, M.: Grenzen der Standardisierung im internationalen Marketing, in: Jahrbuch der Absatz- und Verbrauchsforschung, H. 1, 1996

Stahr, G.: Auslandsmarketing, Bd. 1, Marktanalyse, Stuttgart u.a. 1979

Tietz, B.: Marktforschung, internationale, in: Macharzina, K.; Welge, M.K. (Hrsg.): Handwörterbuch Export und Internationale Unternehmung, Stuttgart 1989

Triandis, H.C., Berry, J.W. (Hrsg.): Handbook of Cross-Cultural Psychology, Vol. 2, Boston 1980

Wich, D.J.: Die Vergleichbarkeit von Befragungen im Rahmen der internationalen Konsumentenforschung, Diss. Nürnberg, Hamburg 1989

Wissmeier, U.K.: Strategien im internationalen Marketing, Wiesbaden 1992

Stichwortverzeichnis

MEFFERT Marketing Edition

Heribert Meffert
Marketing
Grundlagen marktorientierter Unternehmensführung
Konzepte – Instrumente – Praxisbeispiele
Mit neuer Fallstudie VW Golf
8.,vollständig neubearbeitete und erweiterte Auflage 1998,
XXIV, 1372 Seiten, gebunden, DM 78,–
ISBN 3-409-69015-8

Heribert Meffert
Marketing-Management
Analyse – Strategie – Implementierung
1994, XXII. 486 Seiten. Broschur, DM 69,80
ISBN 3-409-23613-9

Heribert Meffert/Manfred Bruhn
Dienstleistungsmarketing
Grundlagen – Konzepte – Methoden
3., vollständig überarbeitete und erweiterte Auflage 2000,
ca. 800 Seiten, gebunden, DM ca. 86,–
ISBN 3-409-33688-5

Heribert Meffert
Marketingforschung und Käuferverhalten
2., vollständig überarbeitete und erweiterte Auflage 1992,
XVIII, 474 Seiten, Broschur, DM 89,–
ISBN 3-409-23606-6

Heribert Meffert
Marketing
Arbeitsbuch
Aufgaben – Fallstudien – Lösungen
7., aktualisierte und erweiterte Auflage 1999,
VIII, 517 Seiten, Broschur, DM 58,–
ISBN 3-409-79086-1

Heribert Meffert/Manfred Bruhn
Marketing
Fallstudien
Fallbeispiele – Aufgaben – Lösungen
2., vollständig überarbeitete und erweiterte Auflage 1993,
IX, 363 Seiten, Broschur, DM 69,80
ISBN 3-409-23610-4

GABLER

BETRIEBSWIRTSCHAFTLICHER VERLAG DR. TH. GABLER GMBH,
ABRAHAM-LINCOLN-STRASSE 46, 65189 WIESBADEN

Gabler-Fachliteratur zum Thema „Marketing" (Auswahl)

Ludwig Berekoven/Werner Eckert/
Peter Ellenrieder
Marktforschung
Methodische Grundlagen
und praktische Anwendung
8., überarbeitete Auflage 1999,
449 Seiten, Broschur, DM 89,–
ISBN 3-409-36989-9

Manfred Bruhn
Marketing
Grundlagen für Studium und Praxis
4., überarbeitete und erweiterte Auflage
1999, 331 Seiten, Broschur,
DM 49,80
ISBN 3-409-43646-4

Manfred Bruhn
Marketing
Grundlagen für Studium und Praxis
1999, CD ROM in Smart-Box, DM 68,–
ISBN 3-409-19841-5

Franz-Rudolf Esch (Hrsg.)
Moderne Markenführung
Grundlagen – Innovative Ansätze –
Praktische Umsetzungen
2., aktualisierte Auflage 2000,
XX, 1164 Seiten, gebunden, DM ca. 98,–
ISBN 3-409-23642-2

Andreas Herrmann/Christian Homburg
(Hrsg.)
Marktforschung
Methoden, Anwendungen, Praxisbeispiele
2., aktualisierte Auflage 2000,
1152 Seiten, gebunden, DM ca. 98,–
ISBN 3-409-22391-6

Alfred Kuß/Thomas Tomczak
Marketingplanung
Eine Einführung in die marktorientierte
Unternehmens- und Geschäftsfeldplanung
1998, X, 228 Seiten, Broschur, DM 58,–
ISBN 3-409-13683-5

Hermann Sabel/Christian Weiser
Dynamik im Marketing
Umfeld – Strategie – Struktur – Kultur
2., überarbeitete und aktualisierte Auflage
1998, XIII, 425 Seiten, Broschur, DM 68,–
ISBN 3-409-23667-8

Hermann Simon
Preismanagement kompakt
Probleme und Methoden
des modernen Pricing
1995, X, 224 Seiten, Broschur, DM 68,–
ISBN 3-409-13232-5

Zu beziehen über den Buchhandel
oder den Verlag.

Stand: 1.2.2000
Änderungen vorbehalten.

GABLER

**BETRIEBSWIRTSCHAFTLICHER VERLAG DR. TH. GABLER GMBH,
ABRAHAM-LINCOLN-STRASSE 46, 65189 WIESBADEN**

GABLER

Andreas Herrmann/Christian Homburg

Marktforschung

2000, 1.152 Seiten, gebunden, DM 98,–
ISBN 3-409-22391-6

Stimmen zur ersten Auflage:
„Dieses Lehrbuch bietet einen fundierten und prägnant dargestellten Einstieg in die Marktforschung. In 40 Beiträgen decken renommierte Experten alle Aspekte der Marktforschung ab und gewährleisten eine umfassende Behandlung sowohl theoretischer Aspekte als auch praktischer Fragestellungen. Durch die Veranschaulichung der Marktforschung aus unterschiedlichen Branchen und vielfältige Beispiele wird der Stoff vertieft und leicht verständlich gemacht.“

absatzwirtschaft 9/99

„Gute Übersicht
In Zeiten kurzer Produktlebenszyklen, kritischer Nachfrager und intensiven Wettbewerbs, wo genaue Informationen über Marktgegebenheiten die Grundlagen für viele notwendige Unternehmensentscheidungen sind, ist ein Basislehrbuch ein wirkliches Desiderat. Der Gabler-Verlag legt es hier vor, ein umfangreiches Standardwerk, das [...] den neuesten Stand der Marktforschung dokumentiert. Mit seiner klar gegliederten Form wendet es sich an Wissenschaftler und Studenten, die einen Einblick über Marktforschungsaktivitäten in ausgewählten Unternehmen gewinnen können. Ebenso wendet es sich an den Praktiker, dem es Ideen für die Erfassung und Auswertung von Informationen über Marktgegebenheiten liefern soll. [...] Seriös“

werben & verkaufen Nr. 42, 10/99

Betriebswirtschaftlicher Verlag Dr. Th. Gabler GmbH, Abraham-Lincoln-Str. 46, 65189 Wiesbaden